● 本书获中国社会科学院出版基金资助

中国社会科学院文库
哲学宗教研究系列
The Selected Works of CASS
Philosophy and Religion

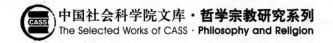

中国社会科学院文库·**哲学宗教研究系列**
The Selected Works of CASS · **Philosophy and Religion**

孔子与20世纪中国

KONG FU-TZU AND THE 20TH CENTURY CHINA

林甘泉　主编

林甘泉　田人隆　翟清福　编撰

中国社会科学出版社

图书在版编目(CIP)数据

孔子与20世纪中国/林甘泉等著.北京:中国社会科学
出版社,2008.7
ISBN 978-7-5004-6710-6

Ⅰ.孔…　Ⅱ.林…　Ⅲ.孔丘(前551~前479)—哲学
思想—影响—中国—研究　Ⅳ.B222.25

中国版本图书馆 CIP 数据核字(2008)第 101368 号

责任编辑　冯广裕
责任校对　徐幼玲
封面设计　孙元明
技术编辑　李　建

出版发行　中国社会科学出版社
社　　址　北京鼓楼西大街甲 158 号　　邮　编　100720
电　　话　010—84029450(邮购)
网　　址　http://www.csspw.cn
经　　销　新华书店
印刷装订　北京一二零一印刷厂
版　　次　2008 年 7 月第 1 版　　　印　次　2008 年 7 月第 1 次印刷
开　　本　710×980　1/16
印　　张　31.75　　　　　　　　　插　页　2
字　　数　533 千字
定　　价　50.00 元

《中国社会科学院文库》出版说明

《中国社会科学院文库》（全称为《中国社会科学院重点研究课题成果文库》）是中国社会科学院组织出版的系列学术丛书。组织出版《中国社会科学院文库》，是我院进一步加强课题成果管理和学术成果出版的规范化、制度化建设的重要举措。

建院以来，我院广大科研人员坚持以马克思主义为指导，在中国特色社会主义理论和实践的双重探索中做出了重要贡献，在推进马克思主义理论创新、为建设中国特色社会主义提供智力支持和各学科基础建设方面，推出了大量的研究成果，其中每年完成的专著类成果就有三四百种之多。从现在起，我们经过一定的鉴定、结项、评审程序，逐年从中选出一批通过各类别课题研究工作而完成的具有较高学术水平和一定代表性的著作，编入《中国社会科学院文库》集中出版。我们希望这能够从一个侧面展示我院整体科研状况和学术成就，同时为优秀学术成果的面世创造更好的条件。

《中国社会科学院文库》分设马克思主义研究、文学语言研究、历史考古研究、哲学宗教研究、经济研究、法学社会学研究、国际问题研究七个系列，选收范围包括专著、研究报告集、学术资料、古籍整理、译著、工具书等。

中国社会科学院科研局

2006 年 11 月

目　录

中　编

上　编

绪　　论

中国是一个有五千年文明的国家。中国的传统文化源远流长，丰富多彩，历代文化名人不计其数。但如果要举出一个最足以代表中国传统文化的历史人物，恐怕非孔子莫属。

孔子开创的儒家学派是春秋战国时代诸子百家中的显学之一。自从汉武帝大力表彰和推崇儒术之后，儒家思想很快成为封建社会的统治思想，孔子也逐渐成为全社会家喻户晓的"圣人"。"孔夫子"在中华帝国中的影响是如此巨大，以至于明朝后期来华的西方传教士敏锐地察觉到，利用孔子的崇高地位和威信对于他们在中国传播天主教十分重要。利玛窦在给罗马教廷的报告中，就曾建议"把文人宗派的主要人物孔夫子吸收到我们一方来，即照有利于我们的观点来诠释他遗留下来的某些令人争论不休的著作"①。虽然后来罗马教廷禁止天主教徒祭祖祀孔，导致康熙帝下令不许西洋人在中国传教。但孔子的名声，却在西方世界也传播开来了。

1840 年鸦片战争失败以后，中国开始沦为半殖民地半封建社会。传统儒学在空前未有的社会危机和民族危机面前，毫无应对之力。从封建知识阶层中分化出了一批先进分子，他们"以其极幼稚之'西学'知识，与清初启蒙期所谓'经世之学'者相结合"②，力图"师夷之长技"以抵抗西方列强的侵略。但是他们并没有认识到封建的政治经济制度和意识形态是阻碍中国变法图强的绊脚石。在他们的心目中，封建的纲纪伦常和孔子的"圣人"形象，都是不容触犯的。甚至到了康有为倡导变法维新，也要借助孔子的亡灵以造舆论，宣称变法维新乃是承接孔子改制之余绪。可是康有为以复原孔教为变法维新之先导的良苦用心，并没有得到一些顽固守旧派的认可。他们斥责康有为"其貌则孔也，其心则

---

① 《利玛窦全集》第 2 卷。引自谢和耐《中国和基督教》，耿升译，上海古籍出版社 1991 年版，第 41 页。

② 梁启超：《清代学术概论》，《饮冰室合集》第 8 册，《专集》之 34，中华书局 1989 年版，第 52 页。

夷也"①，把康有为、梁启超等维新派都视为离经叛道的孔教罪人。百日维新失败，慈禧太后下令缉拿康有为、梁启超，重要罪名之一即是"学术乖谬，大悖圣教，其所著作，无非惑世诬民离经畔道之言"②。具有讽刺意味的是，变法运动失败之后，无论是维新派、守旧派或洋务派，都还是竞相高举尊孔的大旗，用来证明自己政治主张的合法性。康有为流亡海外期间，组织保皇会，以尊孔为号召。洋务派则鼓吹"中学为体，西学为用"，主张欲图富强必须以"孔门之学"和"孔门之政"为根本。由此也可以看出，直到 19 世纪末年，尽管封建专制统治已经风雨飘摇，新学与旧学之争、西学与中学之争日益激烈，但孔夫子的"圣人"地位在许多人的心目中还是不容怀疑的。

　　历史跨进 20 世纪之后，孔子这位"大成至圣先师"的命运可就走上多舛之途了。20 世纪对于中国来说是一个翻天覆地的世纪，无论是政治、经济或思想文化领域都经历了巨大而深刻的变化。随着政治风云的变幻和不同社会思潮的碰撞，对孔子及其思想的历史定位和价值判断也毁誉交错，起伏不定，甚至出现了很富戏剧性的极大落差。尊孔与批孔的思想斗争，不仅演化成牵动全国上下的政治斗争，而且几乎贯穿 20 世纪大半个世纪的历史行程。时至今日，尊孔批孔的尘埃落定，孔子作为中国古代伟大的思想家、教育家和文化巨人的地位，基本上总算得到我国知识界和社会公众的认同。但对孔子及其思想的评价以及对孔子思想现代价值的认识，在知识界仍然存在着差异。我们的后代将来在阅读 20 世纪中国的历史时，很可能不太理解为什么对孔子这样一位历史人物会有如此歧异的认识和评价；对 20 世纪中国为什么会引发尊孔、批孔这样全国性规模的文化冲突和社会运动，也可能会感觉不可思议和惊讶。从政治上、理论上和学术上梳理一下孔子及其思想在 20 世纪中国的历史遭遇，应该说是我们这些从 20 世纪生活过来的学人需要做的一项工作。回顾这段历史，从中吸取一些经验教训，不但是历史学的重要课题，也有利于我们正在进行的有中国特色社会主义精神文明的建设。本书的撰写，就是想尽一点绵薄之力做个尝试，以期引起更多的学人对这个问题的关心。

　　"大成至圣先师"的偶像从神坛上跌落，虽然发生在 20 世纪初年，但孔子命运的这种变化，其实是 19 世纪后半叶中国沦为半殖民地半封建社会历史发展的必然结果。为了追寻孔子历史地位变化的轨迹，本书在开始时

---

　　① 苏舆编：《翼教丛编》卷六，《叶吏部与刘先端黄郁文两生书》，武昌重刻本，光绪二十四年。

　　② 《戊戌变法》第 2 册，《中国近代史资料丛刊》，神州国光社 1955 年版，第 104 页。

专列一章，简要回顾一下 20 世纪之前孔子及其思想的历史地位。发生在 19 世纪末年的戊戌变法，因其与孔子思想有密切关系，我们也专辟一章加以介绍，以便读者对 20 世纪初年尊孔和反尊孔思想斗争复杂的历史背景有所了解。全书分三编，1949 年中华人民共和国成立之前为上编，中华人民共和国成立至 1976 年"文化大革命"结束为中编，1976 年"文化大革命"结束之后为下编。

一百多年来孔子及其思想的历史命运，基本上可以梳理出三条线索：一是由于政治局势的演变，孔子的亡灵被某种特定的政治需要所利用，在全国范围内出现尊孔或批孔的思想政治斗争；二是有关孔子历史定位与历史评价的研究和讨论，由于论者历史观和方法论的差异，见仁见智，众说纷纭；三是对孔子生平、著作和思想的考辨，在前人研究的基础上，不断有所深入，有些问题已有共识。学术研究的事实判断和价值判断，可以百家争鸣，求同存异。本书对待这方面的各种意见，不敢轻易妄断是非，只是就我们看过的论著，在学理上有选择地加以介绍。但有些问题，间或也提出我们自己的看法。至于利用孔子亡灵为特定政治需要制造舆论的尊孔和批孔，本不属学术史的问题，但因其对 20 世纪中国的历史行程有重大影响，书中不得不花费较多的篇幅来叙述这段历史。

当今时代，文化越来越成为民族凝聚力和创造力的重要源泉。孔子和儒家的思想，是中华文化的重要组成部分。弘扬中华文化，批判继承孔子和儒家的思想遗产，取其精华，弃其糟粕，使之与当代社会相适应，与现代文明相协调，是我们建设中国特色社会主义精神文明的一项重要任务。随着中国的和平发展和综合国力的提高，以孔子思想为核心的儒家文化，也将对世界各国人民有巨大的吸引力，在多元化的世界文明格局中产生重要的影响。本书在结束对孔子及其思想一百多年来历史命运的回眸时，将对几个比较重要的问题谈谈我们的看法，希望得到专家和广大读者的指正。

第一章　20世纪以前的孔子

第一节　孔子的形象是怎样被神化的

孔子生于春秋时代鲁襄公二十二年（公元前551年），出身于一个没落的贵族家庭。和当时的许多贵族子弟一样，他本来有志于从政，希望施展自己的一番抱负，甚至于说过"苟有用我者，期月而已，三年有成"①这样的大话。但是春秋时期正是王纲解纽、礼乐崩坏的社会大变动年代，孔子主张"君君，臣臣，父父，子子"②，自然不会受到执政者的重用。他在鲁国担任的最高职务，是以司寇而摄相事。在公室和卿大夫的政治斗争漩涡中，他实际上不可能有什么作为。眼看自己已经遭到执政者的冷落，孔子只好带着一部分学生离开鲁国，周游列国。经过14年的飘泊，并没有找到能够让他施展抱负的诸侯国。失望之余，孔子只好回到鲁国，把主要精力都用来教育学生和整理中国古代的典籍。

鲁哀公十四年（公元前481年），鲁国贵族叔孙氏在大野泽打猎，其御者捕获一头怪兽，众人认为不吉利，叔孙氏把它赐给虞人。孔子见了这头怪兽后说："这是麒麟。"接着又喟然叹道："吾道穷矣！"③后代有学者认为孔子之所以发出哀叹，是因为麒麟"乃太平之兽，圣人之类也。时得而死，此天亦告夫子将殁之证，故云尔"④。次年，孔子的弟子子路在卫国的一次政变中被杀。孔子听了这个消息后十分悲伤，歌曰："太山坏乎！梁柱摧乎！哲人萎乎！"⑤不久，孔子就病重不起而溘然逝世，享年73岁，时为鲁哀公十六年（公元前479年）。

所谓麒麟被获是上天"告夫子将殁之证"，当然纯属后人附会之辞。

---

① 《史记·孔子世家》，中华书局1959年版。
② 《论语·颜渊》，《十三经注疏》下册，中华书局1980年版。
③ 《史记·孔子世家》。
④ 《史记·孔子世家》《集解》引何休曰。
⑤ 《史记·孔子世家》。

但孔子晚年在政治上很不得意，他眼看礼乐崩坏，世衰道微，自己的学说根本不被诸侯和执政的卿大夫所重视，心情忧愤，以至于预感自己将不久于人世，这种猜测大概不是毫无根据。因此我们可以说，孔子是郁郁不得志而死的。他肯定没有想到，他死之后，他的形象和思想后来竟会在中国历史上产生如此巨大而深远的影响。

从《论语》中可以看到，孔子生前所追求的人生价值，是当一个"君子"，他从不以圣人自许。他说："圣人吾不得而见之矣，得见君子者，斯可矣。"① 又说："若圣与仁，则吾岂敢，抑为之不厌，诲人不倦，则可谓云尔已矣。"② 孔子的弟子和儒家的早期传人视他们的老师为"圣人"，但这个"圣人"也只是一个出类拔萃的人③。譬如孟子认为伊尹、伯夷和孔子都是圣人，但伊尹、伯夷不如孔子。他引用有若的话说："圣人之于民，亦类也。出于其类，拔乎其萃，自生民以来，未有盛于孔子也。"④ 直到西汉时期，在有些儒生的心目中，孔子这个圣人都还保留着纯粹的人文色彩。生活在文景时代的韩婴说："孔子抱圣人之心，彷徨乎道德之域，逍遥乎无形之乡，倚天理，观人情，明终始，知得失。"⑤ 西汉末年的扬雄说："或曰：'孔子之事多矣，不用，则亦勤且忧乎？'曰：'圣人乐天知命，乐天则不勤，知命则不忧。'"⑥ 他们所说的圣人，并没有被神化，只不过人格力量超出于常人而已。司马迁在《史记》中把孔子列入《世家》，与其他先秦诸子区别开来，并且说："天下君王至于贤人众矣，当时则荣，没则已焉。孔子布衣，传十余世，学者宗之。自天子王侯，中国言《六艺》者折中于夫子，可谓至圣矣。"这个评价是相当高的。但是司马迁同样也没有神化孔子。神化孔子的始作俑者，应该说是汉高祖刘邦。

战国时代诸侯纷争，变法图强是当时的时代潮流。秦王朝统一六国之后，仍崇尚法家学说。孔子及其思想在这个时期，和他生前一样并没有受到统治者的重视。刘邦认为自己是"居马上得天下"，最初对儒家思想也是不感兴趣的。陆贾在他跟前称说《诗》、《书》，他很不耐烦，把陆贾骂了一顿。陆贾对刘邦说："居马上得之，宁可以马上治之乎？且汤武逆取

---

① 《论语·述而》。
② 同上。
③ 顾颉刚曾指出《诗》、《书》和《论语》中的"圣人"，是指聪明和有才干的人，见《春秋时的孔子和汉代的孔子》，《古史辨》第2册，朴社1930年版。
④ 《孟子·公孙丑上》，《十三经注疏》。
⑤ 《韩诗外传集释》卷5第2章，中华书局1980年版。
⑥ 《法言·修身》。

而以顺守之，文武并用，长久之术也。"① 他劝刘邦要实行仁政，轻徭薄赋，与民休息。刘邦听了觉得有道理，就令陆贾总结秦亡汉兴及以往成败之国的历史经验教训，用作施政的参考。陆贾所著十二篇，即《新语》一书。刘邦对儒生和儒家学说的态度从此有了改变。还有两件事对刘邦思想的转变也很有影响。一件是项羽垓下之战兵败自刎后，汉兵"围鲁，鲁中诸儒尚讲诵习礼，弦歌之音不绝"②。由于项羽原先被楚怀王封为鲁公，鲁地父老因此为楚坚守不降汉，刘邦"示鲁父老项羽头，鲁乃降"③。鲁地是孔子故乡，"圣人遗化"如此深厚，这不能不使刘邦有所触动。另一件事是刘邦当了皇帝后，最初"悉去秦苛仪法，为简易"，结果在朝会时"群臣饮酒争功，醉或妄呼，拔剑击柱"，简直不成体统。后来是叔孙通这个识时务的博士，征鲁诸生与其弟子"共起朝仪"，"令群臣习肄"。当长乐宫建成后，朝会时"自诸侯王以下莫不振恐肃敬"，"竟朝置酒，无敢讙哗失礼者"。"于是高帝曰：吾乃今日知为皇帝之贵也。"④ 这两件事，都让刘邦深深感到儒家所提倡的纲纪伦常对于维持封建统治来说实在是须臾不可或缺的，而孔子这个"圣人"也是封建统治者应该充分利用的偶像。高帝十二年（公元前195年），在相继剪除韩信、彭越、英布这些异姓诸侯王之后，刘邦"过鲁，以太牢祠孔子"⑤。太牢用牛、羊、豕三牲，是很高规格的祭祀。

　　原先瞧不起儒生和儒家思想的刘邦，在当上皇帝之后，却把孔子抬上神坛供奉起来，这似乎有点像历史在开玩笑。但它却清楚地表明，封建社会把孔子神化，从一开始就是和统治者的政治需要联系在一起的。西汉一代，继刘邦之后对此鼓吹最为起劲的，是董仲舒和王莽。董仲舒是汉代公羊学派著名的大儒，汉武帝时以贤良对策得到武帝的青睐。《汉书》本传说："仲舒对册，推明孔氏，抑黜百家，立学校之官，州郡举茂材孝廉，皆自仲舒发之。"他认为"孔子作《春秋》，先正王而系万事，见素王之文焉"。所谓"素王"，是指孔子虽未居帝王之位，但有帝王之德，代帝王立法。董仲舒还向武帝建议说：

　　　　春秋大一统者，天地之常经，古今之通谊也。今师异道，人异

① 《史记·陆贾列传》。
② 《汉书·儒林传》，中华书局1962年版。
③ 《史记·高祖本纪》。
④ 《史记·叔孙通列传》。
⑤ 《汉书·高帝纪》。

论，百家殊方，指意不同，是以上亡以持一统；法制数变，下不知所
守。臣愚以为诸不在六艺之科孔子之术者，皆绝其道，勿使并进。邪
辟之说灭息，然后统纪可一而法度可明，民知所从矣。

应该说，董仲舒重视礼乐教化，要求封建统治者改变亡秦赋敛无度和专任
刑罚的流弊，是有积极意义的。但是他主张"诸不在六艺之科孔子之术
者，皆绝其道，勿使并进"，显然是不利于学术和文化发展的文化专制政
策。他把儒家所倡导的纲纪伦常，都赋予了神学的色彩，从而把封建专制
主义的统治说成是上天有目的的安排。原先，儒家解释《春秋》大多是阐
发其微言大义，董仲舒援引阴阳五行之说，更掺合了许多迷信的成分。他
任职江都相，"以《春秋》灾异之变推阴阳所以错行，故求雨，闭诸阳，
纵诸阴，其止雨反是；行之一国，未尝不得所欲"①。董仲舒用迷信来解
"《春秋》灾异之变"，甚至连他的弟子也"以为大愚"②。

汉武帝虽然欣赏董仲舒为封建专制主义作理论辩护的说教，但他实际
上并没有真正独尊儒术，因为他知道单纯依靠儒家学说不足以巩固封建统
治秩序。用汉宣帝的话来说，"汉家自有制度，本以霸王道杂之"③，亦即
是采取儒法并用的两手。这种统治方略，自汉迄清，可以说基本上是历代
封建统治者所惯用的手法。不过汉武帝为了加强对人民的思想统治，却确
实把儒家学说提升到官方意识形态的地位。《汉书·儒林传》说，武帝立
五经博士和置学官弟子之后，"公卿大夫士吏彬彬多文学之士矣"。大批儒
生当上了官吏，改变了原先主要是由文法吏所组成的官僚队伍的结构。他
们宣扬礼乐教化，引礼入法，改善并强化了封建国家的统治职能。

西汉后期，政治腐败，社会危机加深。王莽专权以后，利用人心思变
的社会心理，为自己夺取政权大造舆论。王莽自比周公，热衷于制礼复
古。他封周公和孔子的后裔为褒鲁侯和褒成侯，追谥孔子为褒成宣尼公。
在他的鼓励下，符命和谶纬盛行。有的谶纬就伪托为孔子的预言，如所谓
《〈春秋〉演孔图》、《西狩获麟谶》等等。有的纬书还把《孝经》说成是
孔子所作。新莽灭亡后，刘秀和公孙述都曾利用谶纬来为自己宣传，说孔
子早就预言他们该当皇帝④。东汉的统治者自光武帝开始，都大力提倡儒
学，尊崇孔子。明帝、章帝、安帝皆亲临阙里，祭祀孔子，并赐孔子后嗣

---

① 《汉书·董仲舒传》。
② 同上。
③ 《汉书·元帝纪》。
④ 参见顾颉刚《秦汉的方士与儒生》，上海古籍出版社1978年版。

爵位。章帝"大会诸儒于白虎观，考详同异，连月乃罢"。他"亲临称制"，"顾命史臣，著为通义"，这就是班固奉命撰集的《白虎通义》①。书中援引谶纬释经，继董仲舒之后又给孔子思想增添了一层神学色彩。

魏晋士人习尚玄学，"指礼法为流俗，目纵诞以清高，遂使宪章弛废，名教颓毁"。永嘉之后，"丧乱弘多，衣冠礼乐，扫地俱尽"②。孔子和儒学的地位，因此也大不如前。但值得注意的是，即使是在十六国战乱期间，有的少数民族统治者也懂得要在中原地区发展自己的势力，需要借助孔子这尊偶像和重用儒生。如后赵石勒"增置宣文、宣教、崇儒、崇训十余小学于襄国四门，简将佐豪右子弟百余人以教之"③；前秦苻坚对人说："朕一月三临太学，黜陟幽明，躬亲奖励，罔敢倦违，庶几周、孔微言不由朕而坠，汉之二武其可追乎！"④ 到了隋唐，统一帝国再建，儒学重又复兴。唐太宗"立孔子庙堂于国学，以宣父为先圣，颜子为先师。大征天下儒士，以为学官"。又命颜师古考定《五经》，命孔颖达与诸儒撰定《五经正义》，"令天下传习"⑤。唐玄宗追赠孔子为文宣王，封孔子后嗣为文宣公⑥。宋真宗亲临曲阜谒孔庙，加谥孔子为玄圣文宣王⑦。宋仁宗改封孔子后嗣为衍圣公⑧。金朝灭北宋，袭封的衍圣公南渡，寓居衢州（今浙江建德）。他的兄弟留在曲阜，金熙宗也封他为衍圣公，于是"圣人之后"就有南宗和北宗之分。金熙宗还沿前代之例，亲诣曲阜孔庙奠祭⑨。北宋时形成的理学，在先前传统儒学的基础上，吸收了佛学和道教的思想，把儒学发展推向一个新的阶段。宋代书院发达，广招生徒，许多理学家都在书院讲学。以程颢、程颐、朱熹、陆九渊为代表的理学家不拘泥于名物训诂，重视发挥儒家学说的义理，并且用讲义、语录等形式阐述自己的思想。加上雕板印刷术的广泛应用，便于儒家经典和理学家著作的大量印行，这就为儒学向社会普及创造了有利条件。

元世祖忽必烈虽采用"汉法"治国，但对孔孟之道并不很欣赏。由于北宗的孔氏家族内部矛盾，元代前期衍圣公一度无人承袭。元成宗继位

---

① 《后汉书·儒林列传》，中华书局 1965 年版。
② 《晋书·儒林列传》，中华书局 1974 年版。
③ 《晋书·石勒载记》。
④ 《晋书·苻坚载记》。
⑤ 《旧唐书·儒学列传》，中华书局 1975 年版。
⑥ 《旧唐书·玄宗本纪》。
⑦ 《宋史·真宗本纪》，中华书局 1977 年版。
⑧ 《宋史·仁宗本纪》。
⑨ 《金史·礼志》，中华书局 1975 年版。

后，才又重视尊孔，并恢复衍圣公爵位。元武宗加封孔子为"大成圣文宣王"①。从元代开始，朱熹的《四书集注》成为科举考试的主要依据，朱子也就成为继孔孟之后儒家道统的主要代表人物。明太祖朱元璋对说过"民为贵，社稷次之，君为轻"②的孟子很恼火，曾下令撤去孔庙中孟子配享的神位，并且删削《孟子》的部分篇章。但他对孔子却尊崇有加。洪武元年"诏以太牢祀孔子于国学，仍遣使诣曲阜致祭"，又定制"每岁仲春、秋上丁，皇帝降香，遣官祀于国学"③。曲阜孔府档案记载，朱元璋对衍圣公孔克坚说："你祖宗留下三纲五常，垂宪万世的好法度，你家里不读书，是不守你祖宗的法度，如何中？"④ 这段话把封建统治者尊孔的原因和目的，透露得再清楚不过了。

清代前期，在推行文化专制主义高压政策的同时，并未改变历代封建统治者尊孔崇儒的方略。顺治帝"视学释奠，王公百官斋戒陪祀，衍圣公先期率孔、颜、曾、孟、仲五氏世袭五经博士和孔氏族人代表赴京陪祭"。顺治十四年（1657年），给事中张文光奏称："追王固诬圣，而'大成文宣'四字亦不足以尽圣，宜改题'至圣先师'。"顺治采纳他的建议，改称孔子为"至圣先师"⑤。康熙御书"万世师表"额悬文庙大成殿，并颁直省学宫；又把衍圣公的品秩由正二品改为正一品⑥。雍正诏谕："尧舜禹汤文武之道，赖孔子以不坠"⑦，规定文庙春秋二祀由皇帝亲祭，各省督抚学政上丁率属致祭。到了咸丰年间，祭孔"升为大祀"，行三跪九拜礼⑧。至此尊孔祭典之隆重，"远轶前代"⑨ 达到了高峰。

第二节　封建末世的儒学危机

17世纪来华的耶稣会士，在从北京寄回欧洲的信件中，对以儒家学说为代表的中国传统文化曾大加赞美。1687年儒家经典在巴黎译成拉丁文出版，更引起西方一些文化精英的巨大兴趣。莱布尼茨曾力言中国在社会组

---

① 《元史·武宗本纪》，中华书局1976年版。
② 《孟子·尽心》，《十三经注疏》。
③ 《明史·礼志》，中华书局1974年版。
④ 转引自何龄修等《封建贵族大地主的典型——孔府研究》，中国社会科学出版社1981年版。
⑤ 《清史稿·礼志》，中华书局1977年版。
⑥ 《清史稿·职官志》。
⑦ 《清史稿·礼志》。
⑧ 同上。
⑨ 同上。

织和社会事务管理方面实际上都比欧洲高明。伏尔泰于 1756 年出版的《道德论》也极力推崇中国文明，特别是中国的"道德和法律"。号称"西方孔夫子"的资产阶级古典经济学家魁奈，在 1767 年发表的《中国的专制主义》一书中，称中国的皇帝"是一个从好的意义方面来说的专制者"。西方学者认为，中国传统文化在传播到欧洲之后，曾经对欧洲的启蒙运动产生了重大的思想影响①。这些历史事实无疑可以提高我们对传统文化的自豪感，也有助于我们认真发掘和批判继承传统文化中的珍贵遗产。但是如果据此就认为中国传统文化远比欧洲近代文化优越，或者当真认为中国传统文化是欧洲启蒙运动的先导，这就未免幼稚和缺乏自知之明了。实事求是地说，明清之际来华耶稣会士向欧洲所传递的有关中国的信息，许多是片面的和不正确的；启蒙运动思想家和古典经济学家所描述的中国思想文化和政治经济制度，有的是受耶稣会士的影响，有的则是他们根据自己的需要对中国传统文化的误读和主观的想象。对于这些外国人来说，中国传统社会和传统文化当时的实际情况究竟如何，他们是根本无法了解也不认为需要深入了解的。

中国封建地主制经济具有很强的适应性和生命力，这是它得以延续两千多年的重要原因。但是这并不等于说它没有发展变化和注定要一直延续下去。许多历史学者的研究成果表明，明代中叶在苏松杭嘉湖和珠江三角洲等少数地区，在一些行业中已经稀疏地出现了资本主义生产关系的萌芽。总的来说，明清时期商品经济有了较大的发展，无论是土地的产权关系和地租形态或直接劳动生产者的人身依附关系，都有一些新的变化，这些变化意味着封建经济结构已经开始松解。但是，由于封建生产方式的牢固性与封建上层建筑、封建宗法关系的阻碍和压制，资本主义生产关系的萌芽终究未能成长起来。中国封建社会内部出现过资本主义萌芽，与资本主义生产方式在中国封建社会内部未能成长起来，这是两个不能混为一谈的问题。在思想学术领域，明代出现了具有"异端"色彩的泰州学派。王艮认为，"圣人经世，只是家常事"；"圣人之道无异于百姓日用"②。李贽进一步提出，不必以"孔子之是非为是非"③，"若必待取给孔子，则千古以前无孔子，终不得为人乎?"④ 他们的思想反映了当时市民阶层反对封建

---

① 以上材料参见费正清《美国与中国》，孙瑞芹、陈泽宪译，商务印书馆 1973 年版。
② 《明儒王心斋先生遗集》卷一，《语录》，引自侯外庐、邱汉生、张岂之主编《宋明理学史》下册，人民出版社 1984 年版，第 435 页。
③ 李贽：《藏书·世纪列传总目前论》。
④ 李贽：《焚书》卷一，《答耿中丞》。

道学的价值观，因而受到封建统治阶级的敌视。李贽的著作屡遭禁毁销版，本人最后也被迫害致死。明后期政治极其腐败，社会经济遭到严重破坏，阶级矛盾激化。随着社会危机的日益加深，儒学本身的危机也明显暴露出来。东林学派领袖顾宪成针对当时士人或空谈性命，或离经叛道，悲叹说："孔子大圣一腔苦心，程朱大儒穷年毕力，都付诸东流也已矣。然则承学将安所持循乎？异端曲说，纷纷藉藉，将安所取正哉？"①

明清易代，比起明后期的统治者来，清前期的几个皇帝及其谋臣显然要有作为得多。康熙、雍正、乾隆三朝，是清代国力最鼎盛的时期，也是中国封建社会最后的繁荣期。但是就社会经济的发展来说，"死的拖住活的"的局面并没有改变，古老的中国仍然徘徊在近代的大门之外。而这时欧洲一些国家早已走出中世纪，经历了资产阶级革命和产业革命，开创了人类历史的一个新时代。"生产的不断变革，一切社会关系不停的动荡，永远的不安定和变动，这就是资产阶级时代不同于过去一切时代的地方。""不断扩大产品销路的需要，驱使资产阶级奔走于全球各地。它必须到处落户，到处创业，到处建立联系。"② 当西方殖民者以传教士、使节和商人为先驱来叩中华帝国的大门时，中国皇帝曾经坚定地捍卫了国家的主权和利益，并使得西方殖民者在相继征服了印度尼西亚和印度等东方国家之后，始终无法在中国取得立足之地。但是康雍乾三朝鼎盛的国力，并不能说明中国这时仍然居于世界各国的领先地位。进步和落后是相对而言的，一个国家的总体实力首先取决于它的经济发展状况。把中国放在当时世界历史发展的范围内来考察，它显然是大大落后了。而落后就要挨打，这是早晚必然发生的事情。

自从明成祖下令纂修《五经大全》、《四书大全》和《性理大全》三部大书并颁布天下之后，理学进一步确立了自己的思想统治地位。明清科举以八股取士，《四书》、《五经》和程朱的集注成为考试的主要内容。许多读书人的思想既受理学的禁锢，又专以八股时文为务，结果真正成了"百无一用是书生"。《儒林外史》中的马二先生曾经对"举业"（八股文）发了一通宏论：

......"举业"二字，是从古及今，人人必要做的。就如孔子生在

---

① 《东林书院志》卷二，《东林会约》，引自傅衣凌主编《明史新编》，人民出版社1993年版，第423页。

② 马克思和恩格斯：《共产党宣言》，《马克思恩格斯选集》第1卷，人民出版社1972年版，第254页。

春秋时候，那时用"言扬行举"做官，故孔子只讲得个"言寡尤，行寡悔，禄在其中"：这便是孔子的举业。到汉朝，用贤良方正开科，所以公孙弘董仲舒举贤良方正：这便是汉人的举业。到唐朝，用诗赋取士；他们若讲孔孟的话，就没有官做了，所以唐人都会做几句诗：这便是唐人的举业。到宋朝，又好了，都用的是些理学的人做官，所以程朱就讲理学：这便是宋人的举业。到本朝，用文章取士，这是极好的法则。就是夫子在而今，也要念文章，做举业，断不讲那"言寡尤，行寡悔"的话。何也？就日日讲究"言寡尤，行寡悔"，那个给你官做？孔子的道，也就不行了。

吴敬梓的《儒林外史》表面上讲的是明代后期的情况，实际上书中人物的原型多取之于他生活的雍正时代，有一些就是他的朋友。鲁迅在《中国小说史略》中称吴敬梓"方侨居于金陵也，时距明亡未百年，士流盖尚有明季遗风，制艺而外，百不经意，但为矫饰，云希圣贤。敬梓之所描写者即此曹"。马二先生把八股文的起源与孔子联系起来，这当然是胡扯。但吴敬梓通过马二先生之口，讽刺封建统治者并不需要读书人真正身休力行孔孟之道，如果真正照孔子所说的去做，"那个给你官做？孔子的道，也就不行了"，这是对儒学危机深刻的揭露。

康熙、雍正和乾隆都竭力推行文化专制主义，乃至于大兴文字狱。龚自珍的诗句"避席畏闻文字狱，箸书都为稻粱谋"[1]，可以说是当时士林相当普遍的心态写照。清初作为宋明理学对立面而兴起的经世致用之学，在清政府文化专制主义政策的高压下，也逐渐走上了烦琐考据的道路。梁启超在《清代学术概论》中说："夫清学所以能夺明学之席而与之代兴者，毋亦曰彼空而我实也。今纷纭于不可究诘之名物制度，则其为空也，与言心言性者相去几何？"这是对乾嘉汉学末流的弊病很中肯的批评。学术思想严重脱离实际，也是儒学危机的一个重要表现。

嘉道时期，英国东印度公司输入的鸦片激增，不但摧残吸烟者的身心健康，而且造成大量白银外流，引起财政危机。与此同时，清政府日益腐败，社会矛盾不断激化。嘉庆元年（1796 年）爆发的白莲教起义，历时九年，波及川、楚、陕、甘、豫五省。在这种情况下，少数有识之士已经感觉到清王朝正在走向衰落，如果不改弦更张，前途不堪设想。龚自珍就明确提出："自古及今，法无不改，势无不积，事例无不变迁，风气无不移易"[2]；"一祖之法无

---

① 龚自珍：《咏史》，《龚定庵全集类编》卷 15，夏田蓝编，中国书店 1991 年版。
② 龚自珍：《上大学士书》，《龚定庵全集类编》卷 7。

不敝，千夫之议无不靡。与其赠来者以勚改革，孰若自改革"①。但当时朝野上下浑浑噩噩，要求改革的微弱声音根本起不了任何作用。

1840 年的鸦片战争，轰开了古老中华帝国的大门，封建的中国开始沦为半殖民地半封建的中国。鸦片战争的失败不但暴露了清政府的腐败无能，也暴露了许多士大夫的颠顶无知。所幸的是，外国殖民者的侵略终于使一些人清醒过来。林则徐不但坚决主张禁烟和抵抗英军侵略，还非常注意"悉访夷情"，了解外国。魏源在鸦片战争后出版《海国图志》，主张"师夷长技以制夷"。稍后的冯桂芬在《校邠庐抗议》一书中，大胆提出要老老实实承认自己落后，学习外国以图强："夫所谓不如，实不如也。忌嫉之无益，文饰之不能，勉强之无庸，向时中国积习长技俱无所施"；"道在实知其不如之所在，彼何以小而强，我何以大而弱，必求所以如之，仍亦存乎人而已矣"②。正是由于从士大夫的旧营垒中分化出来了一批开始睁开眼睛看世界的先进分子，其影响所及，就促使许多知识精英"对外求索之欲日炽，对内厌弃之情日烈，欲破壁以自拔于此黑暗，不得不先对于旧政治而试奋斗，于是以其极幼稚之'西学'知识，与清初启蒙期所谓'经世之学'者结合，别树一派，向于正统公然举叛旗矣"③。

值得注意的是，像林则徐、魏源、冯桂芬这些反对固步自封、主张"师夷长技"的先进人物，在对待封建的纲纪伦常和对待孔子的问题上，没有例外地都采取坚决维护的态度。他们所要学习的外国的"长技"，主要是船坚炮利等器用技术。冯桂芬算是走得比较远一些，他所主张的"采西学"包括自然科学的基础知识。但他仍然强调："如以中国之伦常名教为原本，辅以诸国富强之术，不更善之善者哉！"④ 这些改革派唯恐那些反对变法的顽固派攻击自己离经叛道，就极力辩解变法图强并不违背"圣人"之意，"孔子得位行道，必早有以大变其法"⑤；并声称自己的主张"要以不畔于三代圣人之法为宗旨"⑥。

鸦片战争前后这些追求变法图强的先进人物，不敢触动封建的纲纪伦常和孔子"圣人"的光环，这是完全可以理解的。他们生活的时代虽然已经是封建末世，但封建的政治制度和意识形态仍然具有强大的禁锢作用。这些人不但害怕别人指责自己离经叛道，他们从传统文化那里受到的教

① 龚自珍：《乙丙之际箸议第七》，《龚定庵全集类编》卷 4。
② 冯桂芬：《校邠庐抗议·制洋器》，中州古籍出版社 1998 年版。
③ 梁启超：《清代学术概论》，《饮冰室合集》专集之 34，第 52 页。
④ 冯桂芬：《校邠庐抗议·采西学议》，中州古籍出版社 1998 年版。
⑤ 《魏源集》上册，《默觚·治篇》，中华书局 1975 年版。
⑥ 冯桂芬：《校邠庐抗议·自序》。

育，也使自己认为绝不可以成为名教的罪人。传统是一种巨大的保守力量。"一切已死的先辈们的传统，像梦魇一样纠缠着活人的头脑"①。当现实的经济关系还未能形成先进的社会阶级和先进的思想理论时，要求少数从旧营垒中分化出来的先进人物与旧的传统决裂，这显然是不切实际的。但从另一方面来说，无论是封建的纲纪伦常或是所谓的"圣人之法"，在当时已成为社会进步和社会改革的绊脚石，这些希望变法图强的先进人物仍然把它紧紧抓住，这又不能不说是他们进步思想的局限性。

第三节 太平天国的批孔批儒

鸦片战争以后，清政府为了支付巨额赔款，加强了对广大农民的搜刮。由于银贵钱贱，无形中又加重了农民的经济负担。再加上各地自然灾害频仍，大批农民破产，成为无业游民。农民抗租抗粮的斗争，此伏彼起。1851 年，终于爆发了震撼中外的太平天国起义。如果说在当时的许多士大夫中间，孔子的形象和儒家思想还是神圣不可动摇的话，在太平天国起义中，我们看到的却是另一番景象。

太平天国起义是旧式农民战争发展的最高峰。以洪秀全为首的起义领导核心建立了"拜上帝会"，利用宗教迷信来激发群众和组织群众，从而使这场革命得到了迅速发展。"拜上帝会"② 只承认"天父"、"天兄"的权威，把阎罗王、菩萨等神佛都视为魔鬼邪神。与此同时，把孔子这个"圣人"也打翻在地。早在起义前的 1843 年，洪秀全与其表兄弟在共读《劝世良言》时，就"将偶像扫除，并将塾中孔子牌位弃去"③。后来太平天国出版的《太平天日》一书，还记述了洪秀全 1837 年病中幻觉被天使接到天堂，天父上帝当他的面斥责孔丘之书"甚多差谬"，命天使捆绑鞭打孔丘④。

洪秀全在组织拜上帝会之前，曾多年充当农村蒙馆的塾师，并曾多次参加科举考试。作为一个读书人，传统文化对他无疑也有深刻的影响。为什么这样一个被儒家思想熏陶过的人，竟然要撤除孔子的牌位，甚至要鞭打孔子？能不能说，他的这种行为是农民革命思想的表现呢？这是一个值

---

① 马克思：《路易·波拿巴的雾月十八日》，《马克思恩格斯全集》第 8 卷，人民出版社 1961 年版，第 121 页。

② 有的学者认为应称为"拜上帝教"或"上帝教"。

③ 洪仁玕述、韩山文记：《太平天国起义记》，简又文译。见《太平天国》第 6 册，神州国光社 1952 年版。

④ 田余庆主编：《太平天国史料》，开明书店 1950 年版。

得深入探讨的问题。

洪秀全多次应试不第，心中会充满愤懑是可以想见的。1836 年他在广州偶然得到了梁发编写的《劝世良言》，当时他对这本宣传基督教的小册子并没有认真研究。但从次年洪秀全生病所产生的幻觉来看，我们有理由相信，书中第一部分《真传救世文》抨击文昌和魁星的一段话，对他肯定产生了影响。《真传救世文》指出，追求功名的士子都竭力膜拜文昌和魁星，希望这两个偶像保佑他们"联捷高中"，但是"何故各人都系同拜此两像，而有些自少年读书考试，乃至七十、八十岁，尚不能进黉门为秀才呢？还讲什么高中乎！难道他不是年年亦拜这两个神像么？何故不保佑他高中呵？"① 对于一个屡次应试都遭到挫折的读书人来说，这段话显然有很大的煽动性，在他脑海中不能不留下深刻的印象。第二年，洪秀全再次赶考，仍然失败，回家后生了一场病。这时，《劝世良言》的宣传收到效果了。他幻觉自己到了天堂，见到天父上帝斥责孔丘之书"甚多差谬"，甚至要把孔丘捆绑鞭打。其实，这只不过是自己平日对以《四书》、《五经》为主要考试内容的科举制度的不满在梦中的发泄而已。

1843 年，洪秀全最后一次应试不第。他重新找出了《劝世良言》认真阅读，并且产生了一种大彻大悟的感觉。他不再相信一切邪神偶像，决心皈依上帝。他也不再相信科举，放弃了对功名的追求。正是在这种思想支配下，他和也是塾师的冯云山把孔子的牌位从书塾中撤掉了。自从实行科举制度以来，历朝历代的读书人都把孔子这位先师视若神明，顶礼膜拜。如今洪秀全居然把"大成至圣先师"的牌位撤掉，这等于公开宣布自己要与孔子和儒家学说决裂。可以想象，这种惊世骇俗的举动在本村和邻村会引起何等巨大的震动。

洪秀全对孔子和儒家学说的叛逆，应该说是具有反封建意义的进步举动。因为秦汉以后，经过历代统治者的粉饰，孔子不仅被神化，而且已成为封建纲纪伦常的护法。儒家学说经过一些道学家的推衍解释，也已成为禁锢人们思想的绳索。但是，洪秀全对待孔子和儒家学说的这种态度，与农民的革命思想并没有关系，尽管他是出身于农民的读书人。封建社会的农民受地主阶级与封建国家的剥削和压迫，他们有要求平均平等的朴素的革命思想，但他们摆脱不了封建纲纪伦常的思想束缚，也不会想到要和孔子与儒家学说决裂。洪秀全撤掉孔子的牌位以及在梦幻中捆绑鞭打孔子，与其说是表达了农民的革命思想和愿望，不如说是反映了那些屡次应试失

---

① 梁发：《劝世良言》，香港基督教辅侨出版社 1959 年版。转引自沈元《洪秀全和太平天国革命》，《历史研究》1963 年第 1 期。

败而对科举制度感到绝望并迁怒于孔子和儒家学说的底层读书人的愤怒情绪。

作为一个读书人，洪秀全长期受过儒家思想的教育，熟读四书五经。如果说传统观念是一种巨大的保守力量的话，那么它在洪秀全身上同样也会起作用。因此，尽管洪秀全在大彻大悟之后宣布了与孔子和儒家学说决裂，但是他实际上并不可能真正做到决裂。这也就是为什么他在起义前后，在这个问题上的表现并不一致的原因所在①。有的学者曾指出，洪秀全起义前写于 1844—1848 年间的《原道救世歌》、《原道醒世训》、《原道觉世训》等文献，内容虽然是劝世人独拜上帝，但书中也称引了儒家经籍和典故，并以孔子为"正人"②。金田起义后，太平军所到之处，虽被封建地主阶级指责为"毁宣圣之木主，十哲两庑，狼藉满地"③，但其间也有相反的报道，说太平军"自孔圣不加毁灭外，其余诸神概目为妖"④。只是在1853 年 3 月太平天国建都南京后，需要制订各项政策措施时，洪秀全才明确把焚禁孔孟之书作为一项文化政策加以推行。当时就有文人以"禁孔孟书"为题写诗攻击太平天国说："敢将孔孟横称妖，经史文章尽日烧。灭绝圣贤心枉用，祖龙前鉴正非遥。"⑤ 还有一位秀才在诗中对太平天国的"禁妖书"更有具体的描述："尔本不读书，书于尔何辜。尔本不识孔与孟，孔孟于尔亦何病。搜得藏书论担挑，行过厕溷随手抛，抛之不及以火烧，烧之不及以水浇。读者斩，收者斩，买者卖者一同斩。"⑥ 太平天国是否真的对"妖书"的读者、收者、买者和卖者都处死刑值得怀疑，但问罪大概是确实的。1853 年太平天国出版的《诏书盖玺颁行论》就有一篇文章明确说："凡一切孔孟诸子百家妖书邪说者尽行焚除，皆不准买卖藏读也，否则问罪也。"⑦

除了焚禁孔孟书之外，洪秀全在重刻重印自己《原道救世歌》等著作时，还对起义之前初刻的版本中称引孔孟和儒家经典的内容，进行了删削和修订。如《原道救世歌》原有"试辟人间子事父，贤否俱循《内则

---

① 王庆成在《太平天国的文献和历史》一书中，曾经对洪秀全在这方面前后的不同表现作了详细考察，见该书第六章第二节《儒学在太平天国》，社会科学文献出版社 1993 年版。

② 参见王庆成《太平天国的文献和历史》。

③ 曾国藩：《讨粤匪檄》，《曾文正公全集·文集》卷 2。

④ 佚名：《粤匪湖南纪略》，引自王庆成《太平天国的文献和历史》，第 382 页。

⑤ 《山曲寄人题壁》，引自王庆成《太平天国的文献和历史》，第 383 页。

⑥ 马寿龄：《金陵癸甲新乐府五十首》《中国近代史资料丛刊》，《太平天国》第 4 册，神州国光社 1952 年版。

⑦ 《太平天国》第 1 册，神州国光社 1952 年版。

篇》"句，《内则》是《礼记》中的一篇，修订本将后半句改为"贤否俱宜侍养虔"。《原道醒世训》原引"孔丘曰大道之行也，天下为公"大段，修订本全删。①

洪秀全把焚禁孔孟之书作为一项文化政策加以推行，表明他决心清除孔孟之道对太平天国意识形态的影响。但是这个政策却遭到杨秀清的抵制。就在1853年5月，杨秀清忽然称天父下凡附体，宣称："天命之谓性，率性之谓道，以及事父母能竭其力、事君能致其身，此等尚非妖话，未便一概全废。"② 这里所引的两句话，见于《中庸》、《论语》。次年3月，杨秀清更以天父的名义作指示：

> 曾贬一切古书妖书。但《四书》《十三经》，其中阐发天情性理者甚多，宣明齐家治国孝亲忠君之道亦复不少。故尔东王奏旨，请留其余他书。凡有合于正道忠孝者留之，近乎绮靡怪诞者去之。至若历代史鉴，褒善贬恶，发潜阐幽，启孝子忠臣之志，诛乱臣贼子之心，劝惩分明，大有关于人心世道。再者，自朕造成天地之后，所遣降忠良俊杰，皆能顶起纲常，不纯是妖。所以名载简编，不与草木同腐，岂可将书毁弃，使之淹没不彰？今又差尔主天王下凡治世，大整纲常，诛邪留正，正是英雄效命之秋。彼真忠顶天者，亦是欲图名垂千古，留为后人效法。尔众小当细详尔天父意也。③

杨秀清也是农民出身，以种山烧炭为业。他识字很少，并不像洪秀全那样受过《四书》《五经》的教育。上引以天父名义所作的指示，显然是由他身边的读书人捉刀。但杨秀清同意作这样的指示也是没有疑问的。这样，在太平天国领导人对待孔孟之道的态度问题上，我们看到了一种奇特的反差：受过儒家经典教育的洪秀全对《四书》《十三经》深感厌恶并要加以焚禁，而没有受过儒家经典教育的杨秀清却对儒家经典怀有敬意并要加以保护。这种奇特的反差当然包含有洪、杨二人争夺领导权的因素，但从思想文化影响的层面考察，可以说更为重要的是反映了西方基督教文化与中国儒家传统文化的深刻矛盾。

洪秀全的思想和太平天国运动是半殖民地半封建中国社会矛盾的产物，而不是基督教在中国传播的结果。农民痛恨腐败的清政府的统治，不

---

① 参见王庆成《太平天国的文献和历史》，第385页。
② 张德坚编：《贼情汇纂》卷12，《太平天国》第3册，神州国光社1952年版。
③ 《天父天兄圣旨》，《太平天国》第1册，神州国光社1952年版。

堪忍受清政府和地主阶级的剥削和压迫，这才是那场农民战争之所以爆发的深刻根源。但是我们也不能否认拜上帝会在这场旧式农民战争中所起的动员和组织作用，更不能否认洪秀全本人确实受基督教神学教义的巨大影响。1860 年，有几个外国传教士在访问了太平天国所管辖的苏州之后，曾经在报告中对这场起义的参加者作这样的描述：

> 扫除偶像崇拜以及建立真神崇拜是他们的奋斗目标，他们在宗教上和驱逐满人与征服帝国的事业上是同样忠诚的……他们感到他们要完成一种工作，他们深信在完成这种工作的时候，他们是被没有错误的手所指引着，被全能的臂膀所支持着，这就是他们所得到的神灵的启示。①

太平天国的将士未必都像这些传教士所说的那样对宗教极其虔诚，但作为拜上帝会创始人的洪秀全，无疑是一个宗教的狂热分子。如果说他早先把孔子牌位撤掉还只是对科举制度不满的一种发泄的话，当他创立拜上帝会并发动起义之后，他的心目中只有一个唯一的真神天父上帝。随着太平军的节节胜利和建都南京，他觉得自己确实是"被没有错误的手所指引着，被全能的臂膀所支持着"。为了表示对天父上帝的忠诚，他不但要废除一切妖魔神怪的偶像崇拜，而且把"妖魔作怪之由"，归咎于"孔丘教人之书多错"。洪秀全在颁布的诏书中称上帝对他说："孔丘所遗传之书，即是尔在凡间所读之书，此书甚多差谬，连尔读之，亦被其书教坏了。"又说：

> 天父上主皇上帝因责孔丘曰："尔因何这样教人糊涂了事，致凡人不识朕，尔声名反大过于朕乎？"孔丘始则强辩，终则默想无辞……孔丘见高天人人归咎他，他便私逃下天，欲与妖魔头偕走。天父上主皇上帝即差主同天使追孔丘，将孔丘捆绑解见天父上主皇上帝；天父上主皇上帝怒甚，命天使鞭挞他。孔丘跪在天父兄基督前再三讨饶，鞭挞甚多，孔丘哀求不已，天父上主皇上帝乃念他功可补过，准他在天享福，永不准下凡。②

西方传教士来华传教后，曾因儒家传统文化和基督教的教义有许多扞格矛盾之处，加上礼仪不合，而感到十分苦恼。洪秀全不仅信奉基督教，而且

---

① 吟唎：《太平天国革命亲历记》，中译本，中华书局 1961 年版，第 220 页。
② 《太平天日》，《太平天国》第 2 册，神州国光社 1952 年版。

斥责孔子所传之书"甚多差谬",把人"教坏了",甚至还把孔子捆绑鞭挞,这对于西方传教士说来是十分惬意的事情。这也就是为什么太平天国起义初期一些西方传教士对它持赞赏态度的重要原因。

杨秀清虽然没有受过《四书》《五经》的正规教育,但不等于说他没有受到儒家思想的影响。1848 年,当洪秀全、冯云山不在紫荆山区时,为了稳定拜上帝会群众的人心,他假借天父附身,成为天父的代言人。这纯粹是中国传统社会弄神闹鬼的巫术把戏,与基督教的神学传统毫不相干。建都天京以后,杨秀清和洪秀全争夺领导权的矛盾日趋明朗。比起洪秀全来,杨秀清对基督教的热情显然淡薄得多。他的周围有一批替他出谋画策和司笔墨的文人。这些人长期受儒家经典的教育而并不信仰基督教,他们当然不会放弃机会利用洪杨的矛盾,对杨秀清施加影响。杨秀清既然不像洪秀全那样忠诚于基督教的神学观,他也就只能和历史上所有农民起义的领袖一样,从封建的传统文化那里汲取自己的思想营养。为了和洪秀全相抗衡,他依仗自己天父代言人的地位,公开表明不同意洪秀全否定孔子和儒学的政策。他先是称天父下凡附体,指称儒家经典中有些内容"尚非妖话,未便一概全废"①。其后又再次以天父的名义下达指示:"《四书》《十三经》,其中阐发天情性理者甚多,宣明齐家治国孝亲忠君之道亦復不少";同意准东王所奏"凡有合于正道忠孝者留之,近乎绮靡怪诞者去之"②。完全是维护儒家思想和封建纲纪伦常的口吻。与此同时,杨秀清还假借天父下凡说:"朕今日下凡,非为别事。只因尔等将番邦存下的旧遗诏书、新遗诏书颁发,其旧遗新遗诏书,多有记讹。尔稟报韦正、翼王、稟奏东王,启奏尔主,此书不用出先。"③ 所谓旧遗新遗诏书,即《圣经》之《旧约》、《新约》。在此之前,太平天国曾陆续刻印颁行。杨秀清认为《旧约》、《新约》"多有记讹",显然是因为其中有些内容并不符合中国的实际和太平天国的政治需要。"此书不用出先",即下令停止出版。

由于杨秀清是以天父的名义发令,尽管洪秀全并不同意杨秀清的做法,也只能采取妥协的态度。《旧约》、《新约》是暂时停止出版了。对儒家经典的政策则由焚禁改为删订,规定一切"妖书""静候删改镌刻颁行之后,始准读书"④。曾经在天京居住的张汝南,在《金陵省难记略》中对于太平天国删书的情况曾有记述:

① 张德坚编:《贼情汇纂》卷 12,《太平天国》第 3 册,神州国光社 1952 年版。
② 《天父天兄圣旨》,《太平天国》第 1 册,神州国光社 1952 年版。
③ 同上。
④ 《贼情汇纂》卷 8,《太平天国》第 3 册,神州国光社 1952 年版。

始以《四书》《五经》为妖书，后经删改准阅。惟《周易》不
用，他书涉鬼神丧祭者削去。《中庸》鬼神为德章，《书》金縢，
《礼》丧服诸篇，《左传》石言、神降，俱删。《孟子》则可以祀上
帝，上帝上加皇字。《诗》荡荡上帝、上帝板板，皆加皇字。

《论语》夫子改孔某，子曰改孔某曰。①

太平天国是否正式出版经过删改的《四书》《五经》，学者间有不同的看
法②，但大家都确认删书确有其事。从张汝南的记述和其他有关记载来看，
所删掉的内容主要涉及与拜上帝会教义不合的鬼神丧祭文字，以及触犯上
帝尊严的帝王称呼。这表明洪秀全虽然不得不妥协而准许《四书》《五经》
流传，但他还是坚持天父上帝是唯一真神和反对鬼神偶像崇拜的教义，不
准《四书》《五经》中有与此相抵触的文字保留下来。而在天京内讧、杨
秀清被诛杀之后，《旧约》和《新约》又恢复了出版。

洪秀全和杨秀清对待孔子和儒家经典的不同态度，反映了西方基督教
文化传入中国以后和中国儒家传统文化的冲突。但就洪、杨二人的具体意
见不合而言，却很难说是新旧意识形态的矛盾。杨秀清受其周围封建文人
的影响，要维护孔孟之道和封建的纲纪伦常，这是旧式农民战争领导者局
限性和落后性的一种表现。但他反对焚禁儒家经典，对保存历史文化遗产
的贡献却是不可抹杀的。洪秀全把孔子拉下神坛，还原为凡人"孔某"，
这比封建社会的异端思想家无疑更富有进步性。但他从根本上说来，并没
有能够与儒家思想和封建纲纪伦常决裂。在他的诗文中，经常可以看到宣
扬封建纲纪伦常的字句。与此同时，在太平天国内部还实行一套严格的封
建等级制度。洪秀全之所以要推行焚禁儒家经典、清除孔孟之道影响的文
化政策，与其说是出之反封建思想的驱动，不如说是在基督教神学观支配
下的一种偏执行为。他既没有也不可能有什么新的思想武器来批判孔孟之
道，而焚禁儒家经典只能说是对历史文化遗产的一种肆意破坏。在焚禁
《四书》《五经》的命令遭到抵制之后，洪秀全只能下令把书中那些他认为
触犯拜上帝会教义和天父权威的字句删掉。至于这些被删去个别篇章和字
句的儒家经典，是否仍然宣扬儒家的思想体系和封建的纲纪伦常，他是不
予考虑的。

---

① 《太平天国》第 4 册，神州国光社 1952 年版。

② 王庆成认为太平天国迄未出版删改后的四书五经，见所著《太平天国的文献和历史》，第
393、394 页。

尽管洪秀全并没有真正与孔孟之道决裂，但是他创立的拜上帝会以及太平天国所实行的各项制度政策，在一些封建卫道者看来都是对圣人名教和孔孟之道不可饶恕的背叛。1854年，曾国藩率领湘军进攻太平天国时，发表了著名的《讨粤匪檄》，文中说：

> 自唐虞三代以来，历世圣人，扶持名教，敦叙人伦，君臣父子，上下尊卑，秩然如冠履之不可倒置。粤匪窃外夷之绪，崇天主之教，自其伪君伪相，下逮兵卒贱役，皆以兄弟称之……农不能自耕以纳赋，而谓田皆天王之田；商不能自贾以取息，而谓货皆天王之货；士不能诵孔子之经，而别有所谓耶稣之说、《新约》之书。举中国数千年礼义人伦，《诗》、《书》典册，一旦扫地荡尽。此岂独我大清之变，乃开辟以来名教之奇变，我孔子、孟子之所痛哭于九泉！凡读书识字者，又乌可袖手安坐，不思一为之所也！①

檄文还指责太平军"焚郴州之学宫，毁宣圣之木主，十哲两庑，狼藉满地"②。曾国藩对太平天国的攻击，是很有煽动性的，它不仅在士林中引起了广泛的共鸣，对于历来崇敬孔子和深信名教的市民和农民来说，显然也有影响。从太平天国起义运动的全部历史来看，排斥孔孟、焚禁孔孟之书虽然只能说是一段插曲，并没有贯彻始终，但它终究授人以柄，使得相当多的读书人都站在清朝方面与起义农民为敌，这不能不说是太平天国失败的一个重要原因。但由此也证明了，孔孟之道从根本上说来，是维护封建统治的大防。

第四节 "中学"、"西学"之争与孔孟之道

19世纪60年代至90年代，帝国主义列强加紧了对中国的侵略。如果说1840年鸦片战争的失败还只是刺激了一些开明的士大夫认识到必须"师夷长技以制夷"，否则将无法和西方侵略者相抗争的话；1860年第二次鸦片战争的失败则使封建统治阶级中相当多的人，包括一些掌握实权的满汉大臣也不得不承认中国需要学习外国以谋"自强"，否则国家将无宁日。而英法等国帮助清政府镇压太平天国起义，又使清廷的一些当权派产生一种幻想，以为只要妥善办理外交，对列强采取羁縻政策，就可以中外相安

---

① 《曾文正公全集·文集》卷2。
② 同上。

无事。正是在这样的思想支配下，从 19 世纪 60 年代开始，由清政府倡导的自上而下的洋务运动勃然兴起。

咸丰十年十二月（1861 年），恭亲王奕诉、大学士桂良、户部左侍郎文祥奏请在京师筹建总理各国事务衙门。经咸丰帝批准，次年正式成立。同治元年（1862 年），总理衙门设立同文馆，招收学生学习英、法、俄文。同治五年，奕诉奏请在同文馆添设天文算学馆，招取满汉翰林、进士、举人、贡生及科举正途出身五品以下官员入馆学习，延聘西人教习，并拟订章程六条①。这个培养天文、数学专门人才的方案应该说是切实可行的，但在当时却引起一场轩然大波。先是监察御史张盛藻上奏说："臣愚以为朝廷命官必用科甲正途者，为其读孔、孟之书，学尧、舜之道，明体达用，规模宏远也，何必令其习为机巧，专明制造轮船、洋枪之理乎？……若令正途科甲人员习为机巧之事，又藉升途、银两以诱之，是重名利而轻气节，无气节安望其有事功哉？"② 张盛藻只是一名御史，说话不够分量。慈禧太后和同治帝因为已经批准总理衙门的方案，不予理睬。但是紧接着大学士倭仁又上奏：

> 窃闻立国之道，尚礼义不尚权谋；根本之图，在人心不在技艺。今求之一艺之末，而又奉夷人为师，无论夷人诡谲未必传其精巧，即使教者诚教，学者诚学，所成就者不过术数之士，古今来未闻有恃术数而能起衰振弱者也。……今复举聪明隽秀，国家所培养而储以有用者，变而从夷，正气为之不伸，邪气因而弥炽，数年以后，不尽驱中国之众咸归于夷不止？③

倭仁是贵族重臣，又是有名的理学家。他认为"天文、算学为益甚微，西人教习正途，所损甚大"④，这个意见不能不引起朝廷的重视。奕诉等人对倭仁的指责不敢正面予以驳斥，而是采取了以退为进的应付策略。他们奏称："臣等查阅倭仁所奏，陈义甚高，持论甚正，臣等未曾经理洋务之前，所见亦复如此。而今日不敢专恃此说者，实有不得已之苦衷。"什么苦衷呢？"中外交涉事务，万分棘手"，朝臣"议和议战，大率空言无补"。接

---

① 《洋务运动》第 2 册，《中国近代史资料丛刊》，上海人民出版社 1961 年版，第 23—27 页。
② 同上书，第 29 页。
③ 同上书，第 30、31 页。
④ 同上书，第 30 页。

着反将了倭仁一军："该大学士既以此举为窒碍，自必别有良图，如果实有妙策可以制外国而不为外国所制，臣等自当追随该大学士之后，竭其椿昧，悉心商办，以示和衷共济，上慰宸廑。如别无良策，仅以忠信为甲胄，礼义为干橹等词，谓可折冲樽俎，足以制敌之命，臣等实未敢信。"①慈禧太后明知倭仁不懂洋务，故意与他为难，要他另行设馆，督饬办理。倭仁赶忙上奏推辞并声明："窃奴才前以夷人教习正途，有妨政体，故力陈其不可，所以尽当言之分，非争意气之私也。"②

　　倭仁、张盛藻等人与总理衙门的争论，实际上是鸦片战争之后有关"中学"与"西学"争论的继续。林则徐等人提出"师夷长技以制夷"，遭到许多守旧派的反对。但是到了第二次鸦片战争，英法联军兵临城下，咸丰帝从北京仓皇出逃，清政府被迫和侵略者缔结更加屈辱的和约。朝野舆论的主流至此已经不得不老实承认洋人器械技艺的先进，急思引进西学以自强。如果总理衙门只是招收一般平民子弟学习天文算学，也许倭仁等人还不至于这样激烈地反对。问题是总理衙门要"专用正途科甲人员"入馆学习，这就为倭仁等守旧派所不容了。总理衙门本来认为科甲正途人员是"读书明理之士"，不会"为洋人引诱误入歧途"。可是在倭仁、张盛藻等人看来，让熟读"孔孟之书"的正途科甲人员学习天文算学这些术数末艺，而且是"师事夷人"，这简直是对孔孟之道的大不敬，是"举聪明隽秀、国家所培养而储以有用者，变而从夷"，后果必然是"正气为之不伸，邪氛因而弥炽"，数年以后，岂不是要"尽驱中国之众咸归于夷不止"。这些守旧派根本没有想一想自己的立论是何等的可笑和站不住脚：既然熟读孔孟之书的正途科甲人员都是"明体达用，规模宏远"的精英之材，而孔孟之道又远比天文算学要优越高妙，怎么让他们学习一些天文算学的知识就要败下阵来，"变而从夷"呢？

　　倭仁、张盛藻认为，只有"孔孟之书"才能"养臣民之气节"，让正途科甲人员学习"机巧之事"，无从培养气节，"无气节安望其有事功哉"？又说，"夷人吾仇也"，"朝廷亦不得已而与之和耳，能一旦忘此仇耻哉"？这种以"气节"和"民族大义"为借口而反对学习外国科学知识的理由也完全是歪理。西方列强对中国的侵略，在中国烧杀抢掠，诚然要引起每一个有血性的中国人的满腔仇恨。正是这种国破家亡的仇恨，激励了中国人民奋起反抗外国侵略者。但是正确的态度应该是把侵略中国的列强决策者以及那些肆意烧杀抢掠中国人民的外国强盗，与广大的外国人民区别开

---

① 《洋务运动》第2册，第31、33页。
② 同上书，第38页。

来，不能不分青红皂白把所有的外国人都视为"仇人"，更不能把西方先进的科学技术都当做"仇人"的东西而盲目加以排斥。事实上，如果拒绝学习外国先进的东西，一味以"孔孟之道"为立国之本，恰恰不可能洗雪国耻，而只能永远处于落后挨打的地位。至于谈到"气节"，且不说对属于封建道德的"气节"要作阶级分析，历史证明，"孔孟之书"固然培养了不少有"气节"的读书人，但熟读"孔孟之书"而毫无"气节"者，不论在历朝历代或在鸦片战争之后，也大有人在。即使正途科甲人员都只读"孔孟之书"而不学习天文算学知识，也不能保证他们都能深明民族大义而保持民族气节。

有关同文馆设立天文算学专馆的这场争论，最后以倭仁等人的输理而告一段落。但是关于"中学"和"西学"之争并没有结束。自从秦汉以来，读书人都把"孔孟之书"视为神圣的经典；后来的科举制度，更把"孔孟之书"当做仕宦的敲门砖。如今总理衙门居然要让正途科甲人员专攻天文算学，这对于许多士人来说确实是匪夷所思的一项惊人举措。据说张盛藻的奏疏一出，"都下一时传诵，以为至论。虽未邀俞允，而词馆曹郎皆以下乔迁谷为耻，竟无一人肯入馆者"①。有的人则贴纸作对子，攻击同文馆"未同而言，斯文将丧"；"孔门弟子，鬼谷先生"②。结果同文馆虽然招考了，但"数月于兹，众论纷争，日甚一日，或一省中并无一二人愿投考者，或一省中仅有一二人愿投考者，一有其人，遂为同乡、同列之所不齿。……其来者既不恤人言，而攻者愈不留余地，入馆与不入馆，显分两途，已成水火，互相攻击之不已"③。直到光绪年间，洋务运动虽然已经取得了一定成效，有些官僚仍然抱着封建道统和章句之学不放，极力排斥西学。他们在条奏中争辩说：

> 以章句取士，正崇重尧、舜、周、孔之道，欲人诵经史，明大义，以敦君臣父子之伦也。人若不明大义，虽机警多智，可以富国强兵，或恐不利社稷。④

中国自尧舜以道统传心，孔孟以圣贤重教，历数千年如一日。即偶有邪说异端，簧鼓煽惑于其间，亦皆旋起旋灭，而于大道初无所加

---

① 李岳瑞：《春冰室野乘》。

② 翁同龢：《翁文恭公日记》第 7 册，同治六年二月二十四日，引自丁伟志、陈崧《中西体用之间》，中国社会科学出版社 1995 年版，第 85 页。

③ 通政使于凌辰奏摺，《洋务运动》第 2 册，上海人民出版社 1961 年版，第 39 页。

④ 大理寺少卿王家璧奏摺，《洋务运动》第 1 册，上海人民出版社 1961 年版，第 129 页。

损。盖天经地义，万古不磨，中国之异于海外者在此，虽彼苍亦不能
强之使同也。①

由此可见，在第二次鸦片战争以后，尽管在朝野中已有越来越多的人认识
到必须引进西学以自强，但遇到的阻力仍然很大。其实洋务派所要引进的
无非也就是矿产开采、机器制造以及天文算学等所谓"机巧"、"术数"之
学，他们根本就不敢触动封建专制制度和封建的纲纪伦常，更谈不到引进
西方的政治制度、社会制度。但就是这样皮毛的改良，也都为一些守旧派
所不容。以"中学"与"西学"为表现形式的新旧文化观念的矛盾和斗
争，成为 19 世纪后期中国国家生活中的一件大事。

　　守旧派官僚攻击洋务运动将导致"用夷变夏"，使尧、舜、周、孔的
"圣人之道"坠失，这是洋务派最担当不起的罪名。因为对于大多数洋务
派说来，"圣人之道"和"夷夏大防"也是他们视为不可更改的政治信条，
如果在这个原则问题上犯了错误，就要成为士林所唾骂的名教罪人。包括
曾国藩、李鸿章、左宗棠和张之洞这些掌握大权的封疆大吏，都不愿意冒
险越过这条底线。正因为如此，洋务派不得不千方百计地说明西学和洋务
与圣人名教并不矛盾。

　　明清之际西学传入中国时，有些封建士大夫已有"西学中源"之说。
但那时的西学在朝野之士看来，并不足以威胁中国圣人的名教。而在洋务
运动兴起时，"西学"和"中学"的矛盾，显然已成为洋务派必须面对的
难题。把西学说成源于中国，是洋务派抵挡守旧派攻击的一个盾牌。同治
五年（1866 年），以奕䜣为首的总理各国事务衙门在奏请同文馆设立天文
算学专馆时就强调天文算学，"其实固中国之法也"，其余西学"亦无不如
此"，"中国创其法，西人袭之，中国傥能驾而上之，则在我既已洞悉根
原，遇事不必外求，其利益正非浅鲜"②。值得注意的是，当时一些具有早
期改良主义思想的知识分子也都有这种"西学中源"的观点。我们甚至有
理由认为，正是这些具有早期改良主义思想的知识分子，为洋务派官僚提
供了"西学中源"的新论点。

　　曾经因为给太平天国上书而被清朝政府下令缉捕的王韬，在流亡香港
期间，曾撰写了一系列宣传变法自强的文章。他在《原学》一文中说：
"中国，天下之宗邦也，不独为文字之始祖，即礼乐制度、天算器艺，无
不由中国而流传及外。当尧之世，羲和昆仲已能制器测天，用璇玑玉衡以

---

① 方浚颐：《二知轩文存·议覆赫威两使臣论说》，《洋务运动》第 1 册，第 458 页。
② 《洋务运动》第 2 册，第 24 页。

齐七政；而兄弟四人分置于东西南朔，独于西曰昧谷者，盖在极西之地而无所纪限也。当时畴人子弟，岂无授其学于彼土之人者，故今借根方犹称为东来法。乃欧洲人必曰东来者，是指印度而非言震旦也，不知印度正从震旦得来。欧人之律历、格致大半得自印度，而印度则正授自中原。”① 王韬所说的羲和昆仲制器测天、畴人子弟授学于西土云云，显然都是不可信的传说和推测之词；而所谓欧洲律历、格致得自印度，印度则授自中国这种说法，则反映了当时一般热心宣传西学的人士对西方文化的源流实际上完全懵然无知。但这种自欺欺人的“西学中源”论，既可以满足许多士大夫根深蒂固的传统文化优越感，又可以用来对付守旧派把引进西学说成是“用夷变夏”的攻击，因而它在一些主张变法图强的知识分子中间相当流行。

与王韬同样有着早期改良主义思想的郑观应，其《盛世危言》一书首篇《道器》说：

> 自《大学》亡《格致》一篇，《周礼》阙《冬官》一册，古人名物象数之学，流徙而入于泰西，其工艺之精，遂远非中国所及。盖我务其本，彼逐其末；我晰其精，彼得其粗；我穷事物之理，彼研万物之质。秦汉以还，中原板荡，文物无存，学人莫窥制作之原，循空文而高谈性理，于是我堕于虚，彼征诸实。不知虚中有实，实者道也；实中有虚，虚者器也。合之则本末兼赅，分之乃放卷无具。昔我夫子不尝曰由博返约乎？夫博者何？西人之所骛格致诸门，如一切汽学、光学、化学、数学、重学、天学、地学、电学，而皆不能无所依据，器者是也。约者何？一语已足以包，性命之原而通天人之故，道者是也。②

郑观应这里所宣扬的同样是“西学中源”论。但他指出西人务实，其“工艺之精”，“远非中国所及”，又批评秦汉以还士人“循空文而高谈性理”，“堕于虚”，这还算是比较清醒的态度。值得注意的是，郑观应提出了中西文化的整合问题。他认为中西文化的互相吸收，将会发生“同轨同文同伦”的效应，这是一种相当超前的见解。遗憾的是，他未能摆脱把孔子学说看做是先验的“弥论宇宙，涵盖古今，成人成物，生天生地”的“大道”这种陈旧的文化观念，因而得出中西文化“分歧之教”在数百年后

① 王韬：《弢园文录外编》，中州古籍出版社 1998 年版。

② 《增订盛世危言初二三编》，光绪壬寅书业德记版。

"必寖衰而折入于孔孟之正趋"的错误结论。

早年曾入曾国藩幕府的薛福成，后来成为李鸿章办洋务的得力助手。1889 年被清廷任命为出使英、法、意、比四国钦差大臣。他在欧洲实地考察之后，体会到"欧美两洲，各国勃焉兴起之机，在学问日新，工商日旺，而其绝大关键，皆在近百年中"①。但在《出使日记》中他又写下了这样一段话：

> 上古之世，制作萃于中华。自神圣迭兴，造耒耜，造舟车，造弧矢，造网罟，造衣裳，造书契。当鸿荒草昧，而忽有此文明，岂不较今日西人之所制作尤为神奇？特人皆习惯而不察耳。即如《尧典》之定四时，《周髀》之传算术，西人星算之学，未始不权舆于此。其他有益国事民事者，安知其非取法于中华也？昔者宇宙尚无制作，中国圣人仰观俯察，而西人渐效之；今者西人因中国圣人之制作，而踵事增华，中国又何尝不可因之？……吾又安知数千年后，华人不因西人之学，再辟造化之灵机，俾西人色然以惊，皋然而企也？②

薛福成出使欧洲四国时，洋务已经成为清政府的热门，洋务派完全不必用"西学中源"论来保护自己免受守旧派的攻击。但是就连薛福成这样被认为谙于洋务的人，还在重弹"西学中源"的老调。这说明中国传统文化在与西方近代文化碰撞之后虽然已经败下阵来，但它已往的光圈仍然萦绕在许多知识分子精英的脑海中，虽主张改革的新派人士亦不能免。被传统文化昔日的光圈所锢蔽，应该说是中国走向近代化过程中民族心理层面上的一种障碍。但是话说回来，我们反对盲目的传统文化优越感，并不可以由此而否定对优秀传统文化的自豪感。如果没有这种民族自豪感，完全拜倒在西方文化之前，要使国家强盛和自立于世界民族之林也是不可能的。在经过了一个世纪之后，当我们今天读到薛福成所写的"吾又安知数千年后，华人不因西人之学，再辟造化之灵机，俾西人色然以惊，皋然而企也"，却又不能不为他的爱国情怀而怦然心动！

从王韬、郑观应、薛福成等人的著述中，我们可以看到，他们在宣传"西学中源"论的同时，已经初步提出了后来广为流行的"中学为体，西

---

① 丁凤麟、王欣之编：《薛福成选集》，上海人民出版社 1987 年版，第 581、582 页。

② 同上。

学为用"① 的论点，只不过所谓"体"与"用"是以"道"与"器"等不同的概念加以表达而已。王韬在郑观应的《易言》原跋中说：

> 形而上者道也，形而下者器也。夫杞忧生（郑观应之化名——引者）之所欲变者器也，而非道也。……孔子圣之时者也，于四代之制，斟酌损益，各得其宜，曰行夏之时，乘殷之辂，服周之冕，乐则韶舞。诚使孔子生于今日，其于西国舟车枪炮机器之制，亦必有所取焉。器则取诸西国，道则备自当躬，盖万世不变者，孔子之道也。孔子之道，儒道也，亦人道也。道不自孔子始，而道赖孔子明。②

郑观应在《盛世危言》初刊自序中也说：

> 《中庸》曰："君子而时中。"《孟子》曰："孔子圣之时者也。"时之义大矣哉！《易》"穷则变，变则通，通则久。"……中体也，所谓不易者圣之经也。时中用也，所谓变易者圣之权也。无体何以立？无用何以行？无经何以安常？无权何以应变？③

按照王韬和郑观应的解释，孔子之所以是"圣之时者也"，就因为他既代表了不变的经体，又能因时应变而权用。坚持孔子之道与适应世界形势采用西方器用之学并不矛盾，即使是孔子生于当世也是会这样做的。洋务派的思想家把孔子这个圣人抬出来为自己辩护，对于守旧派斥责洋务运动变改"圣人之道"是有力的回击。但由于他们把孔子之道说成是"万世而不变"的常经，这却使他们在理论上不免处于一种进退失据的境地。人们可以提出这样的疑问：既然孔子是主张变通的"圣之时者也"，为什么又说"孔子之道"是不变的常经？所谓"道"和"体"，如果抽掉了"器"和"用"，其具体内容又是何所指呢？郑观应说，中国"务其本"，西方"逐其末"，又说"我堕于虚，彼征诸实"，似乎"本"是"虚"的，"末"是"实"的。但他紧接着又说："虚中有实，实者道也；实中有虚，虚者器也。合之则本末兼赅，分之乃放卷无具。"这种前后矛盾的表述，反映了

---

① 光绪二十二年（1896 年）协办大学士吏部尚书孙家鼐在《议复开办京师大学堂折》中明确提出："今中国京师创立大学堂，自应以中学为主，西学为辅；中学为体，西学为用；中学有未备者，以西学补之；中学其失传者，以西学还之。以中学包罗西学，不能以西学凌驾中学，此是立学宗旨。"见《戊戌变法》第 2 册。
② 《增订盛世危言初二三编》，光绪壬寅业德记版。
③ 同上。

他对中西文化根本差异的理解是混乱的。

把中国传统文化的精华归结为"孔子之道",乃是一种浮浅和片面的认识。"孔子之道"是什么？洋务派有时把它说得很虚很玄,有时又把它简单地说成是封建的政教和纲纪伦常。较早的如冯桂芬在《校邠庐抗议·自序》中,声称自己的主张"要以不畔于三代圣人之法为宗旨",他所说的"圣人",是包括孔子在内的。在《采西学议》中,他更明确提出："如以中国之伦常名教为原本,辅以诸国富强之术,不更善之善者哉?"王韬在鼓吹变法的同时,说泰西之法"皆器也,而非道也,不得谓治国平天下之本也。夫孔之道,人道也,人类不尽,其道不变。三纲五常,生人之初已具,能尽乎人之分所当为,乃可无憾。圣贤之学,需自此基"①。郑观应曾经表示同意湖广总督张树声所说的"西人立国,具有本末,虽礼乐教化远逊中华,然其驯致富强,亦具有体用"②。如果沿着这个思路进一步深化,本来可以得出所谓"体用"、"本末"都有一个时代性和民族性的问题,但无论是张树声或郑观应都没有也不可能得出这样的结论。郑观应在解释"道"与"器"的关系时,反而强调"自天子以至于庶人",都应该"以修身为本","此中国自伏羲神农黄帝尧舜禹汤文武以来,列圣相传之大道,而孔子述之,以教天下万世者也"③。薛福成在议海防之策时则说："防之之策,有体有用。言其体,则必修政刑、厚风俗、植贤才、变旧法、祛积弊、养民练兵、通商惠工,俾中兴之治业,蒸蒸日上……言其用,则筹之不可不豫也。"④ 他这里所谈的"体"、"用",实际上已超出了"海防"的对策,而是涉及到各项制度的改革。他把制度的改革视为"体",这是非常难能可贵的。但薛福成在别的地方却又说："中国所长,则在秉礼守义,三纲五常,犁然罔斁。盖诸国之不逮亦远焉。为今之计,莫若勤修政教,而辅之以自强之术。其要在夺彼所长,益吾之短,并审彼所短,用吾之长。中国之变,庶几稍有瘳乎。"⑤ 后来他在出使欧洲四国的日记中,甚至说："孔子之教,则如日月经天,阅万古而益明。欧亚诸洲,不与中国相通则已;通,则其教未有不互行者。"⑥ "孔子之道,亦必遍行于五大洲,为所尊亲无疑也。"⑦ 这就不仅与先前所说的视制度改革为"体"

---

① 《弢园文录外编·变法上》。
② 《盛世危言》初刊自序。
③ 《盛世危言·道器》。
④ 《上曾侯相书》,《薛福成选集》,第23页。
⑤ 《赠陈主事序》,《薛福成选集》,第45页。
⑥ 《出使日记》光绪十六年三月十五日,《薛福成选集》,第581页。
⑦ 《出使日记续刻》光绪十八年正月二十六日,《薛福成选集》,第601页。

大相径庭，而且认为"孔子之道"将为世界各国所尊亲，这种结论也是毫无根据的。

前文指出，洋务派思想家之所以反复强调"圣人之道"、"孔子之道"是"万世不变"之"体"，而西学只是变的"器用"，很重要的一个原因是为了对付守旧派指责洋务运动"用夷变夏"的攻击。但是我们不能把"中体西用"论的提出，完全看做只是洋务派为推动改革而作出的一种策略的妥协。因为包括王韬、郑观应、薛福成这些具有初期改良主义思想的文化精英在内，所有的洋务派都是从小就在孔孟之道的思想教育下成长起来的。当他们睁开眼睛看世界时，传统文化的情结仍然牢牢地支配着他们的思想。在"中学为体"这个事关名教的根本问题上，要他们和守旧派划清界限显然是很困难的①。但也正因为在这个根本问题上和守旧派划不清界限，洋务派在和守旧派作斗争时，就不免带有很大的软弱性和妥协性。

如果说洋务派最初提出"中学为体，西学为用"时，其重点还在于辩解兴办洋务并不违反"圣人之道"和封建纲纪伦常的话，到了戊戌变法时，在一些洋务派那里，"中体西用"论已经成为他们反对维新运动的重要思想武器。张之洞的《劝学篇》就是这样的一个典型。张之洞也是洋务派，并且在兴办实业方面做出了一些成绩。他号称清流，尤重名教，认为李鸿章"不知有所谓教者，故一切行政用人，但论功利而不论气节，但论材能而不论人品"②。曾入张之洞幕府的辜鸿铭说："文襄之效西法，非慕欧化也；文襄之图富强，志不在富强也。盖欲借富强以保中国，保中国即所以保名教。吾谓文襄为儒臣者为此。"③ 说张之洞志不在图中国之富强，这有点冤枉他。但认为张之洞是"欲借富强以保中国，保中国即所以保名教"，这的确符合张之洞的思想实际。张之洞在《劝学篇》中强调："欲强中国存中学，则不得不讲西学。然不先以中学固其根柢，端其识趣，则强者为乱首，弱者为人奴，其祸更烈于不通西学者矣。"④ 他所说的"中学"，包括经史子集四部在内的传统文化，"孔门之学"和"孔门之政"则是传统文化的根本。张之洞说：

---

① 丁伟志、陈崧的《中西体用之间》指出，在"中学与西学之争"中，"论战双方都在力证自己才是真正的卫道之士，至于洋务派之尊崇纲常名教在何种程度上是出自信仰之真诚，何种程度上是出自策略之需，则因人而异，且难以分割得清楚"（见该书，中国社会科学出版社 1995年版，第 172 页）。

② 《张文襄幕府纪闻》，黄兴涛等译：《辜鸿铭文集》上册，海南出版社 1996 年版，第 418页。

③ 同上书，第 419 页。

④ 《劝学篇·内篇·循序》，《张文襄公全集》。

　　孔门之学，博文而约礼，温故而知新，参天而尽物。孔门之政，尊尊而亲亲，先富而后教，有文而备武，因时而制宜。孔子集千圣，等百王，参天地，赞化育。……今日学者，必先通经以明我中国先圣先师立教之旨；考史以识我中国历代之治乱，九州之风土；涉猎子集以通我中国之学术文章。然后择西学之可以补吾阙者用之，西政之可以起吾疾者取之，斯有其益而无其害。[①]

"西学之可以补吾阙者用之，西政之可以起吾疾者取之"，张之洞这个主张说明他是一个开明的洋务派，这是他在兴办实业等方面能够作出一定成绩的重要思想基础。就此而言，张之洞对中国近代化的历史进程是有贡献的。但是他强调必须"先以中学固其根柢，端其识趣"，否则"其祸更烈于不通西学者"，这显然就为中国的近代化设置了层层障碍。他颂扬孔子"集千圣，等百王，参天地，赞化育"，对"孔门之学"和"孔门之政"推崇备至。而所谓"孔门之学"和"孔门之政"，其实就是历代相沿的封建的思想观念和政治信条。张之洞把孔子神化和偶像化，也不过是历代封建卫道者惯用的手法而已。

---

① 《劝学篇·内篇·循序》，《张文襄公全集》。

第二章　戊戌变法与孔子

　　甲午中日战争失败后，清政府签订了割地赔款、丧权辱国的马关条约。历史证明洋务运动无法改变中国积贫积弱而被侵略掠夺的悲惨命运。中国被帝国主义列强瓜分的民族危机迫在眉睫，激发了全国人民掀起救亡图存爱国斗争的高潮。以孙中山为代表的资产阶级和小资产阶级革命派，开始策划以武装斗争推翻腐败的清政府的统治。一部分资产阶级改良派，则谋求推动清政府自上而下变法维新。在20世纪前夜，中国发生了一个震动中外的政治事件：戊戌变法。它的代表人物是康有为、梁启超、谭嗣同、严复等人。这场变法维新运动，把孔子及其思想学说深深地卷入政治斗争之中。

第一节　求助孔子亡灵：康有为推动
变法的理论准备

　　康有为（1858—1927年），广东南海人，出身于官僚地主家庭。他的老师朱次琦是有名的理学大师，其学"扫去汉宋之门户，而归宗于孔子"，对康有为深有影响。光绪五年（1879年），康有为开始接触西学。光绪八年（1882年），赴顺天乡试不第，返家时"道经上海之繁盛，益知西人治术之有本，舟车行路，大购西书以归讲求焉"。光绪十四年（1888年），再次赴顺天乡试又不售。康有为"计自马江败后，国势日蹙，中国发愤，只有此数年闲暇，及时变法，犹可支持，过此不治，后欲为之，外患日逼，势无及矣"。于是他向光绪帝上万言书，"极言时危，请及时变法"①，但奏书被执政大臣截留。康有为颇为失意，回到广州后，开堂讲学，梁启超、陈千秋等人皆来受业。据《康南海自编年谱》，光绪十六年（1890年），康有为在长兴学舍告诸弟子"以孔子改制之意，仁道合群之原，破

---

　　① 《康南海自编年谱》，《中国近代史资料丛刊》，《戊戌变法》第4册，神州国光社1953年版，第112、116、120页。

弃考据旧学之无用"，"既而告以尧舜三代之文明，皆孔子所托"。次年
《新学伪经考》刻成，随即又命学生助撰《孔子改制考》。

　　康有为青年时代曾一度醉心于佛教经典，但即使在当时，他也认为，
"佛以仁柔教民，民将复愚，愚则圣人出焉，孔教复起矣，故始终皆不能
外孔教也"①。光绪二十年（1894 年），康有为赴桂林讲学，说过这样一
段话：

> 　　天下之所宗师者，孔子也，义理制度皆出于孔子，故学者学孔子
> 而已。孔子去今三千年，其学何在？曰在《六经》，夫人知之，故经
> 学尊焉。凡为孔子之学者，皆当学经学也。②

儒家的经学作为一种精神产品，有它相对独立的发展历史。它在不同的时
期会随着物质资料生产和社会关系的发展变化而有所演变。但经学的传统
思想体系又是一种巨大的保守力量，当人们企图进行某种政治改革或社会
改革时，他们都不能不面对像梦魇一样纠缠着活人头脑的儒家思想传统。
反对改革的人会请出儒家的亡灵来捍卫祖宗旧法，让死的拖住活的；主张
改革的人也不得不借助儒家亡灵来为自己辩护，争取尊重传统的社会公众
的同情。王莽想缓和西汉末年的社会危机，实行某些改革，不能不从《周
礼》寻找历史根据。王安石变法，也不得不附会《周礼》经义"以钳儒者
之口"③。康有为要推动变法救亡图强，同样求助于孔子的亡灵和儒家经
典。但是时代不同，他的理论设计已经带有近代改良主义思想的色彩，而
且其历史作用也远非是王莽改制和王安石变法所能比拟的。

　　康有为变法维新的思想理论基础是今文经公羊学的《春秋》三世说和
西方近代的庸俗进化论。《春秋公羊传》说，孔子修《春秋》蕴含微言大
义，"所见异辞，所闻异辞，所传闻异辞"。所见三世，所闻四世，所传闻
五世。《春秋》"哀、定、昭，君子之所见也；襄、成、文、宣，君子之所
闻也；僖、闵、庄、桓、隐，君子之所传闻也"④。公羊学家把孔子所见、
所闻、所传闻的三世，说成是"据乱世"、"升平世"、"太平世"。康有为
将公羊学家的三世说，附会西方庸俗进化论的社会学说，构建了他自己的
社会历史观：

---

① 《性学篇》，《康有为政论集》上册，汤志钧编，中华书局 1981 年版，第 13 页。
② 《桂学答问》，《康有为政论集》，第 101 页。
③ 《四库全书总目提要·〈周官新义〉》。
④ 董仲舒：《春秋繁露·楚庄王》，涵芬楼影印《两京遗编》。

人道进化皆有定位，自族制而为部落，而成国家，由国家而成大统。由独人而渐立酋长，由酋长而渐正君臣，由君主而渐为立宪，由立宪而渐为共和。……盖自据乱进为升平，升平进为太平，进化有渐，因革有由，验之万国，莫不同风。①

康有为认为，孔子"生当据乱之世，今者，大地既通，欧美大变，盖进至升平之世矣。异日，大地大小远近如一，国土既尽，种类不分，风化齐同，则如一而太平矣。孔子已预知之"②。既然社会历史发展的规律是由"据乱之世"进而至"升平之世"，将来还要进于"太平"之世，那么"一代之兴，不能不损益为新制"③。康有为就是由此而得出变法维新的政治主张。应该说，康有为这种顺序渐变的历史观，显然有别于同样治公羊学的董仲舒的历史观，具有较大的进步性。董仲舒认为"道之大原出于天，天不变，道亦不变"④。"新王必改制者，非改其道，非变其理"，而只须"徙居处，更称号，改正朔，易服色"，制礼作乐；至于"人伦道理政治教化习俗文义"，那是可以"尽如故"的⑤。康有为虽然不敢触动传统的伦理道德规范，但他已要求改变封建的政治、经济和社会制度，尽管这种变革的要求非常有限而胆怯，并且是借助于孔子这位圣人的微言大意。

梁启超在《清代学术概论》中，把《新学伪经考》和《孔子改制考》对晚清思想界之影响，概括为以下四点：

一、教人读古书，不当求诸章句训诂名物制度之末，当求其义理。所谓义理者，又非言心言性，乃在古人创法立制之精意。于是汉学宋学皆所吐弃，为学界别辟一新殖民地。

二、语孔子之所以为大，在于建设新学派（创教），鼓舞人创作精神。

三、《伪经考》既以诸经中一大部分为刘歆所为讬，《改制考》复以真经之全部分为孔子讬古之作，则数千年来共认为神圣不可侵犯之经典，根本发生疑问，引起学者怀疑批评的态度。

---

① 康有为：《论语注·为政》，中华书局 1984 年版。
② 同上。
③ 同上。
④ 《汉书·董仲舒传》。
⑤ 董仲舒：《春秋繁露·楚庄王》。

四、虽极力推挹孔子，然既谓孔子之创学派与诸子之创学派，同一动机，同一目的，同一手段，则已夷孔子于诸子之列。所谓"别黑白定一尊"之观念，全然解放，导人以比较的研究。①

梁启超的上述概括，对其老师的评价虽然有所拔高，但《新学伪经考》和《孔子改制考》对于晚清知识界的思想影响确实是巨大的。在康有为之前，无论是经今古文的考辨或汉学宋学的分途，学者基本上都是在承认儒家道统神圣不可侵犯的前提下著书立说的。康有为尽管也"极力推挹孔子"，但《伪经考》和《改制考》认为包括孔子在内的先秦诸子皆托古以申其说，《六经》为孔子改制之作，则如梁启超所说："诸所主张，是否悉当，且勿论，要之此说一出，而所生影响有二：第一，清学正统派之立脚点，根本摇动；第二，一切古书，皆须从新检查估价，此实思想界之一大飓风也。"②

康有为早年酷好《周礼》，23岁（1880年）时，"治经及公羊学，著何氏纠缪，专攻何邵公者，既而自悟其非，焚去"③。究竟是什么原因使他转向今文经学，认定古文经乃刘歆伪造和《六经》乃孔子改制之作呢？在康有为撰写《新学伪经考》和《孔子改制考》之前，张之洞的学生廖平写就的《辟刘篇》和《知圣篇》已提出了和康有为相类似的观点。康有为对自己学术思想的转变是否受廖平的影响，始终讳莫如深。但1890年康有为和廖平曾在广州相会论学，这是客观事实。后来廖平在给康有为的信中说："吾两人交涉之事，天下所共闻之……然足下深自讳避，致使人有向秀之谤④，每大庭广众中，一闻鄙名，足下进退不能自安，浅见者又或以作俑驰书归咎鄙人，难于此酬答，是吾两人皆失也。"⑤ 廖平如此坦言质问，而康有为未见有反驳之辞，足见廖说属实。梁启超在《清代学术概论》中也说："有为早年酷好《周礼》，尝贯穴之著《政学通议》。后见廖平所著书，乃尽弃其旧说。"他认为廖平"晚年以张之洞故，复著书自驳，其人固不足法，然有为之思想受其影响，不可诬也"。这桩学术公案，经

---

①　梁启超：《饮冰室合集》，专集之34，中华书局1989年版，第58页。

②　梁启超：《清代学术论》，《饮冰室合集》专集之34，第56页。

③　《康南海自编年谱》，《中国近代史资料丛刊》，《戊戌变法》第4册，神州国光社1953年版。

④　廖平所谓"向秀之谤"，指西晋郭象注《庄子》剽窃向秀注文的学术公案，事见《晋书·郭象传》。

⑤　《廖平与康有为书》，引自黄开国《廖平评传》，百花洲文艺出版社1993年版。

过一些学者的考辨，基本上已弄清是非①。但是，肯定《新学伪经考》和
《孔子改制考》的学术观点受廖平的影响，并不足以动摇康有为作为维新
变法运动领袖的地位。经今古文学之争，由来已久。清代公羊学的复兴，
庄存与、刘逢禄、龚自珍等人已挽前辂。廖平的《辟刘》、《知圣》，实际
上还是沿着传统经学家的路数判析今古文学，尊今抑古。就学术史而言，
廖氏自有其不可抹杀之贡献。但他的《辟刘》、《知圣》并没有像康有为的
《新学伪经考》和《孔子改制考》那样在社会上产生巨大的影响。之所以
有如此重大区别，关键就在于廖平尽管认为古文经为刘歆伪作，也提出孔
子以素王改制之说，但他只是在经学层面上做考辨文章，并没有和现实社
会政治联系起来和要求改革的想法。戊戌变法失败后，廖平曾极力表白他
与康有为的思想根本不同："窃以为心术学问，古分两途。正人端士，使
为今学，正也；古学，亦正也。金人宵小，使有今学，邪也；古学，亦邪
也。"② 也就是说，他的《辟刘》和《知圣》纯是"学问"，与康有为的
《新学伪经考》和《孔子改制考》另有"心术"有别。其实，他们思想的
不同谈不上是"正"与"邪"的区别，而不过是学术与政治有无联系的问
题。康有为在撰写《新学伪经考》和《孔子改制考》之前，已经开始追求
维新变法的活动。1888 年他第一次向光绪帝上书，已"极言时危，请及时
变法"。但被当时守旧派大臣所阻隔，还遭到"朝士大攻之"③。清政府允
许办洋务，但不允许改变祖宗制度。当康有为看到廖平的著作以后，廖平
关于孔子以素王改制为后世立法的观点显然对他有很大启发，等于给他提
供了一个重要的思想武器。康有为在《孔子改制托古考》中说："圣人但
求有济于天下，则言不必信，惟义所在。无征不信，不信民不从，故一切
制度托之三代先王以行之。……布衣改制，事大骇人，故不如与之先王，
既不惊人，自可避祸。"这与其说康有为在诠释孔子的托古改制，不如说
是他自己思想的表白。既然孔子可以托古改制在前，他为什么不可以托古
改制在后？召唤圣人的亡灵为自己的变法主张开道，岂不是可以激起知识
阶层对变法的同情，又可以抵挡反对变法的守旧派的攻击吗？

　　康有为在《孔子改制考》中借孔子之正名说：

　　　　夫王者之正名出于孔氏。何谓之王？一画贯三才谓之王，天下归
　　往谓之王。天下不归往，民皆散而去之，谓之匹夫。以势力把持其民

---

①　参见黄开国《廖平评传》。

②　廖平：《家学树坊》，转引自黄开国《廖平评传》。

③　《康南海自编年谱》，《戊戌变法》第 4 册，第 120 页。

谓之霸。残贼民者谓之民贼。夫王不王，专视民之聚散向背名之，非谓其黄屋左纛，威权无上也。①

又说：

> 读《王制》选士、造士、俊士之法，则世卿之制为孔子所削，而选举之制为孔子所创，昭昭然矣。②
>
> 儒是以教任职，如外国教士之入议院者……至于今日，身为儒而口不谈道，若与俗人同。则教之尽失，而仍以教托之，悲夫！③

像这样一些带有西方近代政治色彩的议论，其思想高度在主张孔子改制说的廖平那里，是不可能达到的。梁启超说："南海以其所怀抱，思以易天下，而知国人之思想束缚既久，不可以猝易，则以其所尊信之人为鹄，就其所能解者而导之，此南海说经之微意也。而其影响，则既若此，近十年来，我思想界之发达，虽由时势所造成，欧美科学所簸动，然谓南海学说无丝毫之功，虽极恶南海者，犹不能违心而为斯言也。"④ 梁氏这段评论虽然个别地方还有商榷余地，但他所说康有为对近代思想启蒙所作的贡献，大体上是符合实际的。廖平把康有为的"心术"斥责为"邪"，殊不知他自己的著作正是因为缺乏关怀现实政治的"心术"，因而也就不可能像康有为的著作那样在社会上引起巨大的反响。《辟刘》、《知圣》与《新学伪经考》、《孔子改制考》在思想史上地位之轩轾，也就在于此。

光绪二十一年（1895 年），康有为入京会试，联络各省举子一千多人签名要求对日拒和、迁都、练兵、变法，这便是所谓的"公车上书"。但此次上书又被都察院拒绝转递。这年会试康有为成进士，授工部主事。他上清帝的第三书终于送达光绪帝手中，而且颇受赏识。光绪帝受中日战争失败和《马关条约》奇耻大辱的刺激，决心变法图强。光绪二十四年（1898 年），康有为又连续向光绪帝上书。并进呈《日本变政考》、《俄大彼得变政记》等书。光绪帝于是颁布明定国是上谕，开始了戊戌"百日维新"。

光绪二十一年（1895 年），康有为在张之洞支持下，于上海成立强学

---

① 《孔子改制考》卷 8，中华书局 1958 年版，第 195 页。
② 同上书，第 238 页。
③ 同上书，第 191 页。
④ 梁启超：《论中国学术思想变迁之大势》，《饮冰室合集·文集》之 7，第 99 页。

会。《上海强学会章程》规定："今设此会，聚天下之图书器物，集天下之心思耳目"，"上以广先圣孔子之教，下以成国家有用之才"①。光绪二十四年（1898 年），康有为在京师发起成立保国会，明确提出该会的宗旨是"以图保全国地、国民、国教"，"为保圣教之不失"②。所谓"国教"、"圣教"，也就是孔教。在百日维新中，康有为还专门上书奏"请尊孔圣为国教立教部教会以孔子纪年而废淫祀"③。在康有为及其门徒的策动下，全国各地先后成立了许多学会，创办了一些学校。这些学会与学校的章程除了揭橥变法图强之外，都标榜弘扬孔门圣教为宗旨。《武昌质学会章程》首条曰"崇儒"，称："孔道不明，世变日亟，探原乱本，良用恫心。今虽分别条流，随性所近，仍宜推本道术，轨范儒先，庶学有本原，隄彼流宕。"④ 梁启超办湖南时务学堂时，其《学约》说："今设学之意，以宗法孔子为主义"；"彼西人之所以菲薄吾教，与陋儒之所以自蔑其教者，由不知孔子之所以为圣也"；"盖孔子之教，非徒治一国，乃以治天下。……他日诸生学成，尚当共矢宏愿，传孔子太平大同之教于万国，斯则学之究竟也"⑤。徐勤在横滨办中国大同学校，感慨"我民工商外域，遍于五洲，曾不闻有倡祀孔子，尊崇教旨之事者，西人以无教目我，良不诬也"，特规定学校"尊教"之礼："立孔子之像，复七日来复之义，作尊圣之歌，行拜谒之礼，使朝夕讽诵，咸沾教泽。"⑥

　　康有为的《新学伪经考》和《孔子改制考》为戊戌变法准备了思想理论武器，从这一视角来看，它们无疑具有重要的历史价值。但如果从学术史的角度来考察，这两本书有许多观点都是很难令人信服的。经今古文之争是中国学术史上长期聚讼纷纭的问题。刘歆领校中秘书时，有无增窜经文？《左传》和《国语》是否本自一本？这些都是可以研究的问题。但廖平、康有为认为汉代古文经完全出自刘歆伪造，这却是一种非常武断的臆说⑦。康有为在《新学伪经考》中说：

---

①　《戊戌变法》第 4 册，第 389 页。

②　同上书，399 页。

③　同上书，第 2 册。

④　同上书，第 4 册，第 442 页。

⑤　梁启超：《湖南时务学堂学约》，《饮冰室合集·文集》之 2，第 28、29 页。戊戌变法失败后，梁启超改变了原来的观点，撰《保教非所以尊孔论》，声称"与著者数年前之论相反对，所谓我操我矛以伐我者也"。见《饮冰室合集·文集》之 9，第 50 页。

⑥　《戊戌变法》第 4 册。

⑦　参见刘起釪《尚书学史·刘歆请立〈古文尚书〉之争》，中华书局 1989 年版。

王莽以伪行篡汉国，刘歆以伪经篡孔学：二者同伪，二者同篡，伪君伪师，篡君篡师，当其时一大伪之天下，何君臣之相似也？然歆之伪《左氏》在成哀之世，伪《逸礼》、伪《古文书》、伪《毛诗》，次第为之，时莽未有篡之隙也，则歆之畜志篡孔学久矣。遭逢莽篡，因点窜其伪经以迎媚之。歆既奖成莽之篡汉矣，莽推行歆学，又征召为歆学者千余人诣公车，立诸伪经于学官，莽又奖成歆之篡孔矣。①

刘歆确实是王莽的心腹，但他受命协助其父刘向领校秘书，是在成帝河平年间，其时王莽虽是外戚，由于其父早死，在叔伯兄弟中，是最没有权势的。康有为也承认，"时莽未有篡之隙也"。既然如此，刘歆有什么必要"点窜其伪经以迎媚之"呢？刘向是治《穀梁春秋》的今文学家。《汉书·楚元王传》说他和刘歆"父子俱好古，博见强志，过绝于人"。刘歆在刘向生前常引《左传》解经，"数以难向，向不能非间也"。我们很难想象，如果《左传》是刘歆伪造以助王莽篡汉，与刘歆同领校秘书而对外戚王氏多有讥刺的刘向，竟然对刘歆的作伪会没有察觉。总之，刘歆在引《左传》解经时，容或有增窜某些文字的可能，但说他为配合王莽篡汉而伪造《左传》和《古文尚书》、《周礼》、《逸礼》诸经，实属虚妄之断案。梁启超曾协助康有为撰写《新学伪经考》，就连他也不能不承认"有为以好博好异之故，往往抹杀证据或曲解证据，以犯科学家之大忌，此其所短也"②。

康有为声称要恢复孔子及其教义的本来面目，但他实际上并没有能够洗刷掉后世加在孔子身上的种种粉饰。相反，在他的笔下，又出现了另一个经他伪饰的孔子。例如，他断言"三代之文明皆孔子所托"，《六经》"皆孔子所作"，"中国义理制度皆立于孔子"，"孔子为教主，为神明圣王"等等，都是不符合历史实际的。《汉书·儒林传》说："古之儒者，博学虖六艺之文。六艺者，王教之典籍，先圣所以明天道，正人伦，致至治之成法也。周道既衰，坏于幽、厉，礼乐征伐自诸侯出，陵夷二百余年而孔子兴。"孔子自称"述而不作，信而好古"③。他为了讲学，整理修订过"六经"，但作为"王官之学"的"六经"并非他创造的作品。孔子

---

① 《〈汉书·刘歆·王莽传〉辨伪》，《康有为全集》第 1 集，上海古籍出版社 1992 年版，第 725 页。

② 梁启超：《清代学术概论》，《饮冰室合集》专集之 34，第 57 页。

③ 《论语·述而》，《十三经注疏》。

"祖述尧、舜,宪章文、武"①,希望发扬光大周公之道,甚至因长久"不复梦见周公"② 而引以为憾。他依托先前的传统文化并赋予新的诠释而建立了儒家学派,但传统文化和儒者并非始自孔子。

"孔教"、"儒教"一词,如果是指孔子和儒家的思想学说教化,未尝不可以成立。但这种意义上的孔教、儒教,显然与宗教的通常指称并不是一回事。关于这个问题,严复的说明比较清楚。他说:"须知目下所用教字,固与本意大异。名为教者,必有事天事神及一切生前死后幽杳难知之事,非如其字本义所谓,文行忠信授受传习已也。故中国儒术,其必不得与道、释、回、景并称为教甚明。"③ 而康有为之要求立孔教为国教,"自京师城野省府县乡,皆独立孔子庙,以孔子配天,听人民男女,皆祀谒之,释菜奉花,必默诵圣经"④,显然已超出德行教化的涵义,而具有神道设教的性质。康有为明确说:"儒者传道,不为其国,但以教为主。如佛氏及今耶、回诸教皆然,务欲人国之行其教也。"⑤ 又说:"孔子方没,儒书大行如此,所谓鲁以儒教也。凡教主皆生前其道大行,佛、回亦然,惟远方外国乃迟之又久耳。"⑥ 梁启超称康有为是"宗教家",认为佛教和基督教对康有为有深刻影响:"先生幼受孔学,及屏居西樵,潜心佛藏,大澈大悟;出游后,又读耶氏之书,故宗教思想特盛,常毅然以绍述诸圣普度众生为任。"⑦ 康有为是否"宗教家"可置不论,但他竭力要把孔教宗教化,并把孔子视为教主,则是事实。

春秋战国时期社会发生激烈变动,"百家之学,时或称而道之"⑧。康有为把先秦诸子百家争鸣的景象称为诸子"并起创教",又说"盖当时诸子纷纷创教,竞标宗旨,非托之古,无以说人"⑨,这纯属牵强附会。而为了证明孔子创教是适应当时历史的潮流,康有为不仅把《汉书·艺文志》所载的"诸子十家"都说成"创教",还把原壤、少正卯、白圭、陈仲子等一些特立独行的隐者、游士、商人等,都列入"创教"者的队伍,这更

　　① 《礼记·中庸》,《十三经注疏》。

　　② 《论语·述而》,《十三经注疏》。

　　③ 《支那教案论按语》,《严复集》第 4 册,中华书局 1986 年版。

　　④ 《请尊孔圣为国教立教部教会以孔子纪年而废淫祀折》,《康有为政论集》上册,中华书局 1981 年版。

　　⑤ 《孔子改制考·儒教为孔子所创考》,《康有为全集》第 3 集,上海古籍出版社 1992 年版,第 198—199 页。

　　⑥ 同上书,第 210 页。

　　⑦ 梁启超:《南海康先生传》,《饮冰室合集》文集之 6,第 67 页。

　　⑧ 《庄子·天下篇》,郭庆藩辑《庄子集释》,中华书局 1961 年版。

　　⑨ 《孔子改制考·诸子创教改制考》,《康有为全集》第 3 集,第 60 页。

是一种非常荒唐的说法。

梁启超指出，康有为认为"欲救中国，不可不因中国人之历史习惯而利导之；又以为中国人公德缺乏，团体散涣，将不可以立于大地。欲从而统一之，非择一举国人所同戴而诚服者，则不足以结合其感情，而光大其本性，于是乎以孔教复原为第一著手"①。梁启超的这个分析，有助于我们理解康有为在主张变法维新的同时，为什么又强烈地要求清政府和知识界尊孔保教。当然，这与康有为想通过立孔教为国教而跻身于帝王师的政治野心也有一定关系。由于"百日维新"的夭折，康有为立孔教为国教的主张并没有得到实现。但他并没有灰心丧气，在此后的政治活动中，始终把君主立宪与尊孔保教作为自己追求的重要目标。

第二节　梁启超、谭嗣同、严复对
"尊孔保教"的态度

推动戊戌变法的资产阶级改良派，并没有一个严密的政治组织。在康有为的身边，除了他的学生之外，还有一批主张或同情变法维新的文化精英，以及少数开明的官僚和士绅。这些人的政治思想和政治主张，其实并不完全一致，有的相当保守，有的则较为激进。梁启超、谭嗣同、严复等人，是参加变法维新最积极和最活跃的分子，他们对孔子和儒学的认识，与康有为虽有所不同，但在尊孔保教这个问题上，却基本上是赞同康有为的意见的。

康有为在广州开堂讲学时，梁启超是他的第一批学生。梁启超在其所撰康有为的传记中，自称对于他老师发明孔教的观点"盖不能无异同"，但对康有为"能于数千年后以一人而发先圣久坠之精神，为我中国国教放一大光明"，是"心悦诚服"的②。百日维新前，梁启超在《变法通义》中说："法者天下之公器也，变者天下之公理也。大地既通，万国蒸蒸，日趋于上。大势相迫，非可阏制，变亦变，不变亦变。变而变者，变之权操诸己，可以保国，可以保种，可以保教。"他慨叹中国号称四万万人，"然而妇女不读书，去其半矣，农工商兵不知学，去其十之八九矣"，其余一二"从事于《四书》《五经》者，彼其用心，则为考试之题目耳，制艺之取材耳，于经无与也，于教无与也"。即使有些"通人志士，或笺注校勘，效忠于许郑，或束身自爱，归命于程朱"，对于古人之微言大义，也

---

① 梁启超：《南海康先生传》，《饮冰室合集》文集之6，第67页。
② 同上书，第69页。

鲜能留意,"则亦不过学其所学,于经仍无与也,于教仍无与也"。梁启超认为,这种"无用之学"的情况如果不改变,"吾恐二十年以后,孔子之教将绝于天壤,此则可为痛哭者也"①。在《论支那宗教改革》的讲演中,梁启超大肆鼓吹康有为提倡的"孔子之真教旨",称孔教乃"进化主义非保守主义;平等主义非专制主义;兼善主义非独善主义;强立主义非文弱主义;博包主义(亦谓之相容无碍主义)非单狭主义;重魂主义非爱身主义"②。在致伍廷芳的信中,他还竭力主张在华工聚居的外国"设建孔庙,立主陈器,使华工每值西人礼拜日,咸诣堂瞻仰拜谒,并听讲圣经大义,然后安息"③。总之,在戊戌变法之前和变法期间,梁启超基本上是赞同康有为对孔子思想的诠释而且拥护尊孔保教的。

梁启超之所以把孔教视为宗教,主张尊孔保教,除了受康有为的影响之外,还与他对宗教的片面理解有关。他认为"言穷理则宗教家不如哲学家,言治事则哲学家不如宗教家","无宗教思想则无统一","无宗教思想则无希望","无宗教思想则无解脱","无宗教思想则无忌惮","无宗教思想则无魄力","大人物所以能为惊天动地之事业者,亦常赖宗教"。正因为有这种片面的理解,尽管他自称不喜欢迷信,却又认为宗教对于"治事"不可或缺。事实上,沉迷于宗教也可以使人消极避世和无所作为,乃至于导致非理性的作为。梁启超承认"宗教与迷信常相为缘故,一有迷信,则真理必掩于半面,迷信相续,则人智遂不可得进,世运遂不可得进"④。按照他后一种说法,孔子学说显然不能被视为宗教。也许正因为梁启超的宗教观有这种矛盾,才使得他后来否定了自己把孔教视为宗教的观点,并写了《保教非所以尊孔论》的文章。

谭嗣同(1865—1898 年),湖南浏阳县人。他"少年曾为考据笺注金石刻镂诗古文辞之学,亦好读中国古兵法。三十岁以后,悉弃去,究心泰西天算格致政治历史之学,皆有心得"⑤。对于佛学和基督教义,谭嗣同也颇有研究。马关条约签订后,他悲愤赋诗:"世间无物抵春愁,合向苍冥一哭休。四万万人齐下泪,天涯何处是神州。"⑥ 表达了他强烈的爱国主义情怀。康有为在北京鼓吹变法时,谭嗣同慕名前往谒见未遇,梁启超向他介绍康有为的思想,谭嗣同十分佩服,遂自称康门私淑弟子。

---

① 梁启超:《变法通议》,《饮冰室合集》文集之 1,第 18、19 页。
② 梁启超:《饮冰室合集》文集之 3,第 55、56 页。
③ 梁启超:《致伍秩庸星使书》,《饮冰室合集》文集之 3,第 5 页。
④ 梁启超:《论宗教家与哲学家之长短得失》,《饮冰室合集》文集之 9,第 46—49 页。
⑤ 梁启超:《谭嗣同传》,《饮冰室合集》专集之 1,第 109 页。
⑥ 《有感一首》,蔡尚思、方行编:《谭嗣同全集》下册,中华书局 1981 年版。

谭嗣同认为孔子思想的一大亮点，是对君权神授观念的批判。他指出：

> 中国自绝地天通，惟天子始得祭天。天子既挟一天以压制天下，天下遂望天子俨然一天，虽胥天下而残贼之，犹以为天之所命，不敢不受。民至此乃愚入膏肓，至不平等矣。孔出而变之，删《诗》《书》，订《礼》《乐》，考文字，改制度，而一寓其权于《春秋》。《春秋》恶君之专也，称天以治之，故天子诸侯，皆得施其褒贬，而自立为素王。①

历来儒家后学都强调《春秋》的大义是尊王和注重名分，谭嗣同却认为孔子于《春秋》"恶君之专也，称天以治之"，因而对"天子诸侯，皆得施其褒贬，而自立为素王"，这实在是相当大胆而新颖的见解。谭嗣同还举孔子应佛肸、公山不狃之召一事评论说：

> 彼君之不善，人人得而戮之，初无所谓叛逆也。叛逆者，君主创之以恫喝天下之名。不然，彼君主未有不自叛逆来者也。不为君主，即詈之以叛逆；偶为君主，又谄以帝天。中国人犹自以忠义相夸示，真不知世间有羞耻事矣。夫佛肸、公山之召而欲往，犹民主之义之仅存者也，此孔之变教也。②

谭嗣同把孔子塑造成反对君主专制的民主主义者，并不符合孔子的历史真实面目，他实际上是借孔子的亡灵来表达自己对君主专制制度的不满。谭嗣同在谈到君臣关系时说：

> 生民之初，本无所谓君臣，则皆民也。民不能相治，亦不暇治，于是共举一民为君，夫曰共举之，则非君择民，而民择君也。夫曰共举之，则其分际又非甚远于民，而不下侪于民也。夫曰共举之，则因有民而后有君；君末也，民本也。……夫曰共举之，则且必可共废之。君也者，为民办事者也；臣也者，助办民事者也。③

---

① 《仁学》，《谭嗣同全集》下册，第333页。
② 同上书，第334页。
③ 同上书，第339页。

谭嗣同这里表达的"君末"、"民本"、"君也者，为民办事者也"的观点，
已经远远超出传统的"民本"思想的涵义，而带有鲜明的近代民主色彩。
对于封建的三纲五常，谭嗣同也持严厉的批判态度。他说：

> 忠者，共辞也，交尽之道也，岂可专责之臣下乎？孔子曰："君
> 君臣臣。"又曰："父父子子，兄兄弟弟，夫夫妇妇。"教主言未有不
> 平等者。古之所谓忠，中心之谓忠也。抚我则后，虐我则雠，应物平
> 施，心无偏袒，可谓中矣，亦可谓忠矣。君为独夫民贼，而犹以忠事
> 之，是辅桀也，是助纣也。①

谭嗣同赋予君臣、父子、兄弟、夫妇一种双方权利与义务相统一的关系。
所谓"教主言未有不平等者"，很难说符合孔子思想的原意，但由此可见
他很注意从孔子思想中发掘乃至引申出一些民主性的因素。谭嗣同指出：
"君臣之祸亟，而父子、夫妇之伦遂各以其名势相制为当然矣。此皆三纲
之名之为害也。"② 在他看来，"君臣一伦，实黑暗否塞，无复人理"③；五
伦之中只有朋友一伦"于人生最无弊而有益"，"兄弟于朋友之道差近，可
为其次；余皆为三纲所蒙酷，如地狱矣"。他甚至说，按照孔教的教义，
五伦可"以朋友之道贯之，是四伦可废也"④。
　　谭嗣同对三纲五伦批判的深度和力度，远非康有为和梁启超等人所能
及。他大声疾呼，要"冲决君主之网罗"，"冲决伦常之网罗"⑤。但是他
却同意称孔子学说为孔教，而且主张应该树立孔子教主的权威。他说：

> 无论何教无不专事其教主，使定于一尊而牢笼万有。故求财者往
> 焉，求子者往焉，求寿者往焉。人人悬一教主于心目之前，而不敢纷
> 驰于无定，道德所以一，风俗所以同也。中国则不然，各府县孔子
> 庙，惟官中学人始得祭之，至不堪亦必费数十金捐一监生，赖以升降
> 拜跪于其间。农夫野老，徘徊观望于门墙之外，既不识礼乐之声容，
> 复不解何所为而祭之，而己独不得一与其盛，其心岂不曰孔子庙一势
> 利之场而已矣！如此又安望其教之行哉？⑥

---

① 《仁学》，《谭嗣同全集》下册，第 340 页。
② 同上书，第 348 页。
③ 《上欧阳中鹄》，《谭嗣同全集》下册，第 462 页。
④ 《仁学》，《谭嗣同全集》下册，第 350 页。
⑤ 同上书，第 290 页。
⑥ 同上书，第 465 页。

谭嗣同认为与佛教、基督教相比，孔教"最为不幸"，因为"孔之时，君子之法度，既已甚密而且繁，所谓伦常礼义，一切束缚箝制之名，既已浸渍于人人之心，而猝不可与革，既已为据乱之世，孔无如之何也"①。他还指出，孔教原始教义失传后，孔学为荀子的学说所冒充：

> 孔学衍为两大支：一为曾子传子思而至孟子，孟故畅宣民主之理，以竟孔之志；一由子夏传田子方而至庄子，庄故痛诋君主，自尧、舜以上，莫或免焉。不幸此两支皆绝不传，荀乃乘间冒孔之名，以败孔之道。曰"法后王，尊君统"，以倾孔学也。曰"有治人，无治法"，阴防后人之变其法也。又喜言礼乐政刑之属，惟恐箝制束缚之具之不繁也。②

谭嗣同还批判李斯、叔孙通、刘歆、桓荣、韩愈等人和宋明理学诸儒对孔教的歪曲窜改，他得出结论说：

> 二千年来之政，秦政也，皆大盗也。二千年来之学，荀学也，皆乡愿也。惟大盗利用乡愿，惟乡愿工媚大盗。二者交相资，而罔不托之于孔。③

谭嗣同把孔子描绘为追求自由平等的救世主，而把儒家的三纲五伦归咎于冒充孔学的荀学，把秦汉以后的封建思想文化都斥为乡愿，这显然不是一种实事求是的认识。荀子引"法"入"礼"，改造了孔门弟子传播的儒学，乃是顺应历史发展的学术进步。谭嗣同对荀子学说的贬斥，反映了他带有近代启蒙色彩的思想具有非历史主义的历史局限性。

严复（1853—1921 年），福建侯官人，曾被清政府选送英国学习海军驾驶。归国后任教于福州船政学堂。他接触的西方自然科学和社会科学知识比其他维新派人物都多得多，先后翻译过赫胥黎的《天演论》、亚当·斯密的《原富》、孟德斯鸠的《法意》和甄克思的《社会通诠》等西方资产阶级学术著作，对中国近代思想启蒙产生过重要影响。甲午战争失败对严复的刺激很大，促使他迅速投入变法维新运动。他在天津《直报》连续

---

① 《仁学》，《谭嗣同全集》下册，第 334 页。
② 同上书，第 335 页。
③ 同上书，第 337 页。

发表《论世变之亟》、《原强》、《辟韩》、《救亡决论》等著名政论。严复认为，中国的根本问题在于"民力已苶，民智已卑，民德已薄"，而朝野之士"尚自诩冠带之民，灵秀之种，周孔所教，礼义所治"①。"如今日中国不变法，则必亡是已。然则变将何先？曰莫亟于废八股。夫八股非自能害国也，害在使天下无人才"②。严复曾经四次赴科举考试不第，所以他对八股取士之弊体会特别深刻。他甘冒天下之大不韪宣称："盖欲救中国之亡，则虽尧、舜、周、孔生今，舍班孟坚所谓通知外国事者，其道莫由；而欲知外国事，则舍西学洋文不可，舍格致亦不可。盖非西学洋文，则无以为耳目；而舍格致之事，将仅得其皮毛，瞀井瞀人，其无救于亡也审矣。"③

严复受过西方近代政治学说和社会学说的熏陶，他对君臣君民关系的诠释已有别于封建纲纪的正统观念，而闪耀着资产阶级民权思想的火花。他批评韩愈《原道》视君权至上为天经地义的说法，把君主和臣民的关系看做是历史早期阶段强凌弱社会分化的产物："君也臣也刑也兵也，皆缘卫民之事而后有也；而民之有待于卫者，以其有强梗欺夺患害也"。倘若没有"强梗欺夺"为害于民，"又安用此高高在上者，腏我以生，出令令我，责所出而诛我，时而抚我为后，时而虐我为仇也哉"④。基于这样的认识，他认为"秦以来之为君，正所谓大盗窃国者耳。国谁窃，转相窃之于民而已"⑤。

严复不仅谴责封建君主专制，而且对维护封建君主专制的儒家学说也提出了批评：

> 今日请明目张胆为诸公一言道破可乎？四千年文物，九万里中原，所以至于斯极者，其教化学术非也。不徒嬴政、李斯千秋祸首，若充类至义言之，则六经五子亦皆有难辞。嬴、李以小人而陵轹苍生，六经五子以君子而束缚天下。⑥

和戊戌变法时期的康有为相比较，严复当时的近代启蒙思想要强烈得

---

① 严复：《原强》修订稿，《严复集》第 1 册，中华书局 1986 年版，第 20 页。
② 严复：《救亡决论》，《严复集》第 1 册，第 40 页。
③ 同上书，第 46 页。
④ 严复：《辟韩》，《严复集》第 1 册，第 34 页。
⑤ 同上书，第 35 页。
⑥ 严复《救亡决论》，《严复集》第 1 册，第 54 页。《戊戌变法》第 3 册所收《救亡决论》漏载此段文字。

多。但是资产阶级改良派的阶级本质，使他一只脚跨进了近代思想的门槛，另一只脚却又被封建思想所羁绊。他虽然批判君主专制，却又说："然则及今而弃吾君臣可乎？曰是大不可。何则？其时未至，其俗未成，其民不足以自治也。彼西洋之善国且不能，而况中国乎？"① 他的《辟韩》曾引起一些改良派同道的不满，认为按照他的观点，"则孔子之道孟子之道皆可辟"。严复在给友人的信中，特别声明这是对他的误解，自己绝无否定孔孟之道的意思："至于尧、舜、禹、汤、文、武、周公、孔、孟氏之道，诚取其说而深观之，固无可辟。即有大经大法行之于今世而不宜者，亦时为之，而群圣相承之用心，则固卓然无可议者也。"② 这说明在他身上，西方资产阶级近代文化和中国封建传统文化的影响不仅同时并存，而且后者的影响更为根深蒂固。严复后来向颓唐和守旧倒退，固然与当时的政治局势有关，但更深层的原因，则在于他思想的内在矛盾③。

第三节　顽固守旧派借口尊孔攻击变法维新

尽管康有为及其门徒主张定孔教为国教，立孔子为教主，但是在反对变法维新的顽固守旧派看来，他们却是孔孟之道的叛逆者和名教罪人。《新学伪经考》刊行后不久，就有人上奏光绪帝，斥其"诋毁前人，煽惑后进，于士习文教，大有关系，请饬严禁"。光绪帝下令两广总督李瀚章查究，"如果康祖诒所刊《新学伪经考》一书实系离经畔道，即行销毁，以崇正学而端士习"。结果以李翰章上奏"查明《新学伪经考》乃辨刘歆之增窜圣经，以尊孔子，并非离经，既经奏参，即饬其自行抽毁"而把此事了结④。

光绪帝接见康有为并决心推行变法之后，朝野的守旧派虽然不敢公开反对皇上，却集中攻击康梁等人以"邪说"煽惑人心，非圣无法。御史文悌在呈光绪帝的奏折中说：

---

① 严复：《辟韩》，《严复集》第 1 册，第 34—35 页。

② 严复与周同愈书，《严复集》第 3 册，第 718 页。

③ 严复在给梁启超的信中曾"谓教不可保，而亦不必保；又曰保教而进，则又非所保之本教也"。有的学者据此认为严复反对"保教"。其实严复认为儒教与宗教有别，他对于以孔子学说为核心的儒教始终是笃信的。他在《〈支那教案论〉按语》中说："中国言道德礼义，本称天而行，但非由教而起耳……然则中国固无教乎？曰有，孝则中国之真教也。百行皆原于此，远之以事君则为忠，迩之以事长则为悌……唯信之笃，故能趋死不顾利害，而唯义之归。"

④ 《戊戌变法》第 2 册，第 483—484 页。

康有为数来奴才处，送奴才以所著书籍数种。阅其著作，以变法为宗，而尤堪骇诧者，托词孔子改制，谓孔子作《春秋》，西狩获麟，为受命之符，以春秋变周，为孔子当一代王者，明似推崇孔教，实则自申其改制之义。……及聆其谈治术，则专主西学，欲将中国数千年相承大经大法，一扫刮绝。①

有一个名曾廉的士人，甚至上封事要求将康梁处死：

臣窃见工部主事康有为，迹其学问行事，并不足与王安石比论，而其字则曰长素。长素者，谓其长于素王也。臣又观其所作《新学伪经考》、《孔子改制考》诸书，熿乱圣言，参杂邪说，至上孔子以神圣明王传世教主徽号。盖康有为尝主泰西民权平等之说，意将以孔子为摩西，而己为耶稣；大有教皇中国之意，而特假孔子大圣借宾定主，以风示天下。故平白诬圣造为此名，其处心积虑，恐非寻常富贵之足以厌其欲也……康有为、梁启超乃舞文诬圣、聚众行邪、假权行教之人，臣谓皇上当斩康有为、梁启超以塞邪慝之门，而后天下人心自靖，国家自安。②

曾任广雅书院主讲的御史朱一新，与康有为素有交往，对其《新学伪经考》、《孔子改制考》很不以为然。他在给康有为的信中说：

自顷道术衰息，邪说朋兴，圣学既微，异教遂乘间而入。气机之感召，固有由来，忧世者亟当明理义以正人心，岂可倡为奇邪，启后生以毁经之渐。……《六经》更二千年，忽以古文为不足信，更历千百年，又能必今文之可信耶？欲加之罪，何患无辞？③

又说：

今托于素王改制之文，以便其推行新法之实，无论改制出于纬书，未可尽信，即圣人果有是言，亦欲质文递嬗，复三代圣王之旧制

---

① 《戊戌变法》第 2 册，第 1 页。
② 同上书，第 494 页。
③ 《朱蓉生侍御史答康有为第三书》，见苏舆编《翼教丛编》卷 1，光绪二十四年武昌重刻本。

耳，而岂用夷变夏之谓哉？①

湖南巡抚陈宝箴思想比较开明，倾向变法维新。在他的支持下，梁启超受聘为湖南省城时务学堂的总教习。梁氏手订的学堂学约虽称"以宗法孔子为主义"，但讲课内容其实是提倡"取六经义理制度微言大义，一一证以近事新理以发明之"②。时务学堂和南学会在青年学子中的影响日益扩大，引起了一些顽固守旧派的恐慌和愤怒。曾任吏部主事请假回籍的叶德辉著文说：

> 康有为之徒煽惑人心，欲立民主，欲改时制，乃托于无凭无据之公羊家言，以遂其附和党会之私智，此孔子所谓言伪而辩之少正卯也。③
>
> 数十年来，学子人才，固不必收效于名物训诂，亦不必得力于微言大义。康门之士，每欲举一切旧学之书，大声疾呼而废之。于是人不知有古书，惟知有康学。将来外人用事，尊南海如钜子，奉时务为前驱，此其处心积虑，视始皇坑儒愚黔首之智尤为过之。④

叶德辉还专门针对康有为所著《长兴学记》写了一篇《驳义》说：

> 康梁之书，所以煽动一时之耳目者，其立法至简，其卒业至易，其居心至巧。外假大同之说，内溃名教之防，而其推行之速也，则以上有奥援，下有党众。海内不学之士，可以文其固陋。不轨之徒，可以行其党会。其始倡言变法以乱政，甚继阴乘变法而行教……其徒日繁，乃相率而鸣于众曰康学。嗟乎！紫色蛙声，余分闰位，假素王之名号，行张角之秘谋。尼山有灵，岂能听其流毒宇内哉！吾终见其灭亡已矣。⑤
>
> 数年以来，康梁倡为伪经、改制、平等、民权之说，于是《六经》去其大半，而学不必一年而成。民无论智愚，人人得申其权，可以犯上作乱。⑥

---

① 《朱蓉生侍御史答康有为第四书》，见苏舆编《翼教丛编》卷1，光绪二十四年武昌重刻本。
② 梁启超：《湖南时务学堂学约》，《饮冰室合集》文集之2，第28页。
③ 叶德辉：《輶轩今语》，《翼教丛编》卷4。
④ 同上。
⑤ 叶德辉：《叶吏部长兴学记驳义》，《翼教丛编》卷4。
⑥ 同上。

　　为了消除时务学堂在知识分子中的影响，曾任国子监祭酒的王先谦和叶德辉联络一批地方豪绅向巡抚衙门递进《湘绅公呈》，要求对时务学堂"严加整顿，屏退主张异学之人，俾生徒不为邪说诱惑，庶教宗既明，人才日起，而兼习时务者不至以误康［学］为西［学］，转生疑阻"①。王先谦等还订立《湘省学约》，斥责康梁"背叛君父，诬及经传"，要求湖南的青年学子"屏黜异说，无许再行扬播，煽惑人心；其被诱从者，均宜悔改"②。

　　邵阳贡生樊锥响应康梁的号召，在家乡发起成立南学会分会。当地士绅竟然煽动一部分军民，齐集学宫大成殿，祷告至圣先师孔子，宣布"立将乱民樊锥驱逐出境，永不容其在籍再行倡乱，并刊刻逐条四处张贴，播告通省"。樊锥被邵阳士绅驱逐出境的罪名是"首倡邪说，背叛圣教，败灭伦常，惑世诬民"。他究竟首倡什么"邪说"呢？无非就是宣传过西方的民主平等学说。但樊锥在邵阳南学分会的章程中明确规定："伦常乖舛，违背孔教者，虽有保人，不准入会。"说明该会的宗旨并不敢逾越孔教纲纪伦常的樊篱。而这样的规定仍然不能得到守旧派的谅解。他们在驱逐樊锥的告白中，针对这条规定指责南学分会说：

　　　　若然，则樊锥永宜屏绝，不准入会，盖平等邪说自樊锥倡之也。人人平等，权权平等，是无尊卑亲疏也。无尊卑是无君也，无亲疏是无父也。无父无君，尚何兄弟夫妇朋友之有？……似此灭绝伦常，岂格外更有违背者乎？若而人者在会，诸公宜何如处治，以挽伦纪，以扶圣教，岂直屏绝已哉！③

　　守旧派骂维新派是"无父无君"、"灭绝伦常"，这显然是一种莫须有的罪名，完全暴露了守旧派的冥顽和蛮横无理。但由此也说明，维新派企图在引进西方近代政治思想和政治制度的同时，仍然坚持孔孟之道的绝对权威，这不仅在实践上不会见容于顽固守旧派，而且在理论上也使自己处于自我矛盾的尴尬境地，因为封建的纲纪伦常和近代的"平等"、"民权"学说确实是有矛盾的，而且是无法调和的。维新派在谈论以孔孟之道为代表的"圣教"时，对其含义和边际通常并没有明确的界定。像谭嗣同这样

---

　　① 《湘绅公呈》，《翼教丛编》卷 5。
　　② 《湘省学约》，《翼教丛编》卷 5。
　　③ 《邵阳士民驱逐乱民樊锥告白》，《翼教丛编》卷 5。

的激进分子对纲常名教是采取批判态度的，而包括康有为在内，更多的维新派则要求维护纲常名教。事实上作为封建社会主流意识形态的儒学，经过两千多年的发展之后，要把封建的纲常名教剥离出来，而使"民权"、"平等"这些近代启蒙思想附丽于孔孟之道，确实是十分困难的。因此，尽管维新派也努力想把自己打扮成孔孟之道的卫道者，但在顽固守旧派看来，"权既下移，国谁与治？民可自主，君亦何为？是率天下而乱也。平等之说，蔑弃人伦，不能自行，而顾以立教，真悖谬之尤者"①。所以他们攻击维新派鼓吹"平等"、"民权"是对封建纲纪伦常的破坏和对孔孟之道的亵渎，也就振振有词了。

　　有意思的是，康有为及其门人费尽口舌要求定孔教为国教、尊孔子为教主，不仅无助于缓和守旧派和维新派的矛盾，反而招来了守旧派的讽刺和斥责。叶德辉说：

　　　　康有为平日慨然以孔教自任，其门下士持论至欲仿礼拜堂仪注拜孔子庙，此等猥鄙之事，楚鬼越礿则有之，岂可施之于大成至圣之前乎。且中人孩提入塾，无不设一孔子位，朝夕礼揖，至于成人，但求不悖于人伦，以对越孔子在天之灵，处则为孝子，出则为忠臣，虽不祀孔子，孔子亦岂汝咎？②

　　在叶德辉看来，中国人通常设一孔子牌位，"朝夕礼揖，至于成人"，不用许多膜拜仪式，只要遵循礼教，"处则为孝子，出则为忠臣"，"虽不祀孔子"，孔子也不会怪罪。康有为鼓吹祀孔"释菜奉花，必然诵圣经"，讲生"以七日休息，宣讲圣经"，既是仿效西方"礼拜堂仪注"，也有如"楚鬼越礿"的"猥鄙之事"。叶德辉还指出，康有为"隐以改复原教之路得（指德国宗教改革运动发起者马丁·路德——引者）自命"，"其貌则孔也，其心则夷也"③。康有为苦心积虑地要求定孔教为国教，想请孔子的亡灵来为变法维新运动护法，却仍然被顽固守旧派视为"其心则夷"的孔教背叛者，这实在也是历史绝妙的讽刺！

　　百日维新失败之后，谭嗣同等六君子被杀害，康有为、梁启超逃亡国外，拥护新政的一些官吏也相继被革职或放逐。反对变法维新的顽固守旧派在思想文化领域乘机进行反扑，大肆攻击维新派违背孔子"圣教"的

---

① 《岳麓书院宾凤阳等上王益吾院长书》，《翼教丛编》卷5。
② 叶德辉：《叶吏部与刘先端黄郁文两生书》，《翼教丛编》卷6。
③ 同上。

"邪说"。平江人苏舆在叶德辉的支持下，把先前御史安维峻请求毁禁《新学伪经考》的奏折，御史文梯严劾康有为名为保国实为乱国的奏折，御史朱一新反对康有为说经改制的书信，张之洞的《劝学篇》，以及王先谦、叶德辉、宾凤阳等人攻击康有为、梁启超和樊锥的书信、批注、告示等材料汇编付梓，题为《翼教丛编》，广为散发。书名"翼教"，表明顽固守旧派把反对变法维新的斗争，完全看做是一场捍卫孔门圣教和纲纪伦常的思想斗争。

第四节　洋务派对维新派尊孔保教的反应

康有为提出尊孔保教的口号，为变法维新涂上一层保护色，最初确实争取到部分朝野人士的支持和同情。强学会成立时，湖广总督张之洞、两江总督刘坤一，以及新建陆军督办袁世凯等人都列名参加，有的还捐款赞助。洋务派官僚对变法维新表示同情和支持，让康有为和梁启超等维新派产生过一些幻想，以为维新派和洋务派可以联手推行变法运动。1895 年，康有为游说张之洞成立上海强学会，宣言就是由康有为起草而以张之洞的名义发表的①。《上海强学会章程》规定，"入会诸君，原为讲求学问。圣门分科，听性所近，今为分门别类，皆以孔子经学为本"②，这算是维新派和洋务派共同商定的规章。但时隔不久，北京强学会遭到守旧派的参劾而被慈禧太后下令封闭，上海强学会也随之销声匿迹了。

随着维新运动的发展，张之洞和维新派的矛盾日益明朗化。维新派虽然只是要求实行君主立宪制的政治改革，但君主立宪制意味着君权要受到一定限制，而民权要得到一定承认。老谋深算的张之洞知道以慈禧太后为首的顽固守旧派肯定不能容忍君主专制制度这种祖宗旧法被君主立宪制所取代，而且也预料到维新派虽然有光绪帝的支持，肯定不是以慈禧太后为首的顽固守旧派的对手。在康有为组织的保国会名噪朝野而百日维新尚未正式开张之前，张之洞就抢先一步发表《劝学篇》，表示"绝康梁并以谢天下"③，和维新派划清界限。

光绪二十四年（1898 年）春，康有为在北京成立保国会，章程开宗明义说："本会以国地日割，国权日削，国民日困，思维持振救之，故开斯会以冀保全，名为保国会。"随后提出该会宗旨："为保全国家之政权土

---

① 《上海强学会序》，《康有为政论集》上册。
② 《上海强学会章程》，《上海强学会后序》附，《康有为政论集》上册。
③ 黄兴涛等译：《辜鸿铭文集》上册，《张文襄幕府纪闻》，海南出版社 1996 年版。

地；为保人民种类之自立；为保圣教之不失"① 等等。由于保国会揭橥的
"保国"，主要是指保全"国地"、"国权"和"国民"，因而招来满族大臣
指其"保中国不保大清"的攻击。张之洞在《劝学篇》中说："吾闻欲救
今日世变者，其说有三：一曰保国家，一曰保圣教，一曰保华种。夫三事
一贯而已矣。保国保教保种，合为一心，是谓同心。保种必先保教，保教
必先保国。"② 至于何谓"保国"，张之洞在书的序言中明确指出：

> 曰教忠，陈述本朝德泽深厚，使薄海臣民咸怀忠良，以保国也。
> 曰明纲，三纲为中国神圣相传之至教，礼政之原本，人禽之大防，以
> 保教也。曰知类，闵神明之胄裔，无沦胥以亡，以保种也。

可见张之洞所说的"保国"，就是要保"德泽深厚"的"本朝"，使"薄
海臣民咸怀忠良"。而所谓"本朝"，也就是以满族皇室为主体的清朝廷。
如果说维新派号召的"保国"在慈禧太后为首的清廷和守旧派看来是只
"保中国不保大清"的话，张之洞所宣扬的"保国"则明显适应了后者的
需要，强调"保中国"首先要"保大清"。

把"保中国"归结为保朝廷，这是以维持名教为己任的张之洞必然得
出的结论。他虽然不反对变法，但认为必须在固守纲纪伦常的前提下实行
变法，否则就会天下大乱。他强调："夫不可变者，伦纪也，非法制也；
圣道也，非器械也；心术也，非工艺也。""所谓道本者，三纲四维是也。
若并此弃之，法未行而大乱作矣。若守此不失，虽孔孟复生，岂有议变法
之非者哉！"③ 正因为三纲不可变，所以他力辟民权之议，认为："使民权
之说一倡，愚民必喜，乱民必作，纪纲不行，大乱四起，倡此议者岂得
独安？"④

张之洞在《劝学篇》的序言中对维新派和守旧派的论争有一段评论：

> 今日之世变，岂特春秋所未有，抑秦汉以至元明所未有也。……
> 海内志士，发愤扼捥，于是图救时者言新学，虑害道者守旧学，莫衷
> 于一。旧者因噎而食废，新者歧多而亡羊。旧者不知通，新者不知
> 本。不知通则无应敌制变之术，不知本则有非薄名教之心。夫如是则

---

① 《保国会序》附，《康有为政论集》上册。
② 《劝学篇·内篇·同心》，《张文襄公全集》。
③ 《劝学篇·变法》，《张文襄公全集》。
④ 《劝学篇·正权》，《张文襄公全集》。

旧者愈病新，新者愈厌旧。交相为瘉，而恢诡倾危乱名改作之流遂杂
出其说以荡众心。学者摇摇，中无所主。邪说暴行，横流天下。敌既
至无与敌，敌未至无与安。吾恐中国之祸不在四海之外而在九洲之
内矣。

从表面上看，这段话左右开弓，对维新派和守旧派各打五十大板。但明眼
人都看得出，其矛头主要是对着维新派的。所谓"恢诡倾危乱名改作之
流"，更明显是指着康有为等人。光绪帝看了张之洞进呈的《劝学篇》后，
认为"持论平正，通达于学术人心，大有裨益"，下令军机处颁发各省督
抚学政各一部，"俾得广为刊布，实力劝导，以重名教"①。这说明张之洞
为维持名教而撰写此书的用心是收到了一定效果的。但我们由此也可以更
清楚地认识到，如果说在洋务运动兴起之初，"中学为体，西学为用"论
对于推动改革还起了一定积极作用的话，到了戊戌变法时，在守旧派已不
再一味拒绝洋务，而维新派正要突破洋务派的藩篱而把改革从器用层面推
向制度层面的形势下，以张之洞《劝学篇》为代表的"中体西用"论，视
维新派为"邪说"，鼓吹"尊朝廷"，"保圣教"，"重名教"，实际上已经
成为阻碍中国历史变革的绊脚石。而这一切，又都是以维护"孔门之学"、
"孔门之政"的名义进行的。

　　戊戌变法失败后，张之洞秉承慈禧太后意旨，设法缉拿康有为、梁启
超，取缔维新派人士创办的南学会，又电请慈禧太后严惩维新党人，特别
卖力气。他还向清廷表功："湖北地方经之洞切谕，向来康说不行，凡官
绅士民无不深恶康党之人"②，竭力掩饰在变法运动初期曾保荐梁启超、杨
锐的投机态度。1903 年，张之洞与张百熙、荣庆会衔奏定的《学务纲要》
称："中国之经书，即是中国之宗教，若学堂不读经书，则是尧舜禹汤文
武周公孔子之道所谓三纲五常者尽行废绝，中国必不能立国矣。"③ 说明他
始终没有改变维护封建纲常名教的顽固态度。

---

① 《劝学篇》卷前引上谕，《张文襄公全集》。
② 《戊戌变法》第 2 册，第 619 页。
③ 舒新城：《中国近代教育史资料》上册，中华书局 1988 年版，第 203 页。

第三章 辛亥革命前尊孔与
反尊孔的思想论争

第一节 资产阶级改良派和革命派
关于立宪与共和之争

资产阶级改良派推动的戊戌变法，从 1898 年的 6 月到 9 月，只延续了一百多天，就以慈禧太后发动政变重新训政而告夭折。康有为等人把改革的希望寄托在毫无实权的光绪帝和两面三刀的野心家袁世凯身上，这就注定了他们必然被不甘心放弃权力的慈禧太后和荣禄等顽固守旧派所暗算和击败。变法的夭折和六君子的被杀害唤醒了一些原先幻想通过立宪改良而使中国富强的人们，把他们推向从事共和革命的道路。但康有为并没有从自己的失败中吸取应有的教训。他在流亡海外期间，继续坚持拥戴光绪帝立宪改良的政治主张，在美洲华侨中宣称："今中国虽危弱，而实篡后权臣一二之故耳。皇上复位，则吾四万万同胞之兄弟皆可救矣。"① 康有为还利用孔子在国人中的巨大影响，把尊孔与保皇联系起来，鼓吹"中土孔子之教，敬天而爱人，尚公而亲亲，忠孝信义，爱国亲上，及四千年之礼俗史事，尤吾国人所宜不忘而熟讲者也"；呼吁华侨"怀故国，思孔教"，举办学校"以上答明诏，下育髦士"②。在海外华侨中发起成立保皇会，广为募捐，以供他和其弟子作为活动的经费。

义和团运动失败，八国联军攻陷北京后，康有为甚至寄希望于帝国主义列强能支持光绪帝复辟和自己辅政。他在给英国外交部骆士端（Lausdoune）的信中说："彼西后走入山西，无意回京，亦不能它往，各国可请皇上复位"；"今上绝无人保护，欲保救上，必免守旧大臣及增外人者"。"刘坤一、张之洞昔虽新党，后因太后势力大而归之复守旧，勿听其言"。又说："若皇上独复位，而不授新党权以佐之，则亦无益。望各国必须授

---

① 《游域多利温哥华二埠记》，《康有为政论集》上册。
② 《域多利义学记》，《康有为政论集》上册。

权新党理事,乃可有济。现北京联军不可撤,若撤北兵,则西后复放肆矣。且乃留此兵,以保护皇上用新党大臣,如此则中国可振救矣。"① 康有为的这番说词,完全暴露了他动辄以《春秋》大义责人的虚伪。为了以"帝王师"的身份掌握国家实权,他已经不惜请求帝国主义列强留驻北京并"授权新党理事"。可惜侵华列强自有他们的打算,他们看准了光绪帝和康有为根本不是慈禧太后和荣禄等顽固派的对手。为了保障他们在中国能攫取更多的利益,他们宁愿选择与李鸿章、袁世凯、张之洞、刘坤一这些拥有实力的洋务派打交道。

慈禧太后授权李鸿章、奕劻签订卖国的《辛丑条约》,使她得以结束在西安的"蒙难"回到北京。清廷除了血腥镇压义和团的残余势力外,还处死、流放了一批附和过义和团的官员。慈禧太后以光绪帝的名义下罪己诏,表示要"量中华之物力,结与国之欢心"②。为了讨好帝国主义列强,她改变以前反对变法的顽固态度,表示要推行"新政",在文告中说:"尔中外臣工,须知国势至此,断非苟且补苴所能挽回厄运,惟有变法自强,为国家安危之命脉,亦即中国民生之转机。予与皇帝为宗庙计,为臣民计,舍此更无他策。"③ 在此后几年中,清政府确实也出台了一些"新政"的政策措施,诸如奖励兴办实业,废除科举考试制度,创办新式学堂等。1905 年五月,直隶总督袁世凯、湖广总督张之洞等联衔奏请立宪,慈禧太后决定派载泽、端方等五大臣出洋考察政治,作出准备实行立宪的姿态。

但是以慈禧太后为首的顽固派并非真心想改革腐朽的封建制度,他们接过了洋务派的论调,声称:"世有万古不易之常经,无一成不变之治法……不易者三纲五常,昭然如日星之照世。而可变者令甲令乙,不妨如琴瑟之改弦。"④ 张之洞等人在筹办学堂时特别强调:"中国虽贫弱,而人心尚不至离散,以人诵经书,纲常名教礼义廉耻之重浸灌人心深固而不可摇动故也。西国学堂皆有宗教一门,经书即中国之宗教也。"⑤ 其后在《厘定学堂章程折》中又提出:"至于立学宗旨,无论何等学堂,均以忠孝为本,以中国经史之学为基,俾学生心术一归于纯正,而后以西学瀹其智识,练其艺能,务期他日成材,各适实用,以仰副国家造就通才,慎防流

---

① 康有为:《中国内情五策论》,见上海市文物保管委员会编《康有为与保皇会》,上海人民出版社 1982 年版。

② 《义和团档案史料》下册,中华书局 1959 年版。

③ 同上。

④ 同上。

⑤ 《张文襄公全集》卷 57。

弊之意。"①

清政府的所谓"新政",在资产阶级改良派中引起了一些幻想。康有为在给梁启超等门人的信中,告诫他们不要受革命党人的影响,并渲染革命必导致分裂和亡国的危险,声称:"今日惟攻废立首贼、拳匪罪魁之荣禄,请复辟、求民权、定宪法而已。舍是而发妄想,皆恐中国寿命之不长,而促其灭亡之命也。"② 1906 年 10 月,康有为发出改保皇会为国民宪政会的文告,宣称:"昔以皇上变法,舍身救民,蒙险难,会众咸戴,以为非保圣主,不能保中国,故立会以保皇为义。今上不危,无待于保,会务告藏。适当明诏,举行宪政,国民宜预备讲求,故今改保皇会名为国民宪政会,亦称为国民宪政党,以讲求宪法,更求进步。"③

梁启超逃亡日本后,一度与孙中山领导的革命党人有较多的接触,思想上多少受了一些影响。他所主持的《清议报》和《新民丛报》,介绍了不少西方资产阶级哲学、社会学和政治学的学说,以及各国革命的历史。他此时虽然仍追随康有为保皇立宪的政治主张,但却表现了对革命的一定同情,而且在自由和民权的问题上和其师颇有扞格不合之处。梁启超自称"其保守性与进取性常交战于胸中,随感情而发,所执往往前后矛盾"④,确实反映了他矛盾的心情。1900 年,他在给康有为的信中说:"来示关于自由之义,深恶而痛绝之,而弟子始终不欲弃此义。窃以为于天地之公理与中国之时势,皆非发明此义不为功也⋯⋯言自由者无他,不过使之得全其为人之资格而已。质而论之,即不受三纲之压制而已,不受古人之束缚而已。"又说:"夫子谓今日'但当言开民智,不当言兴民权',弟子见此二语,不禁讶其与张之洞之言,甚相类也。夫不兴民权则民智乌可得开哉。"⑤

但是梁启超这种动摇于革命与立宪之间的矛盾心情,在 1903 年之后逐渐起了变化,以至于完全投向了立宪派一边。促使梁启超发生这种变化的外因,一是康有为的压力,二是他不满于革命派有些人的作为。1905 年,梁启超在《开明专制论》中,借口"革命决非能得共和而反以得专制",

---

① 《张文襄公全集》,卷 61。

② 《与同学诸子梁启超等论印度亡国由于各省自立书》,《康有为政论集》上册。

③ 《布告百七十余埠会众丁末新年元旦举大庆典告藏保皇会改为国民宪政会文》附《行庆改会简要章程》,《康有为政论集》上册。

④ 《清代学术概论》,《饮冰室合集·专集》之 34,第 63 页。

⑤ 《致南海夫子大人书》,光绪二十六年(1900 年)四月,见丁文江、赵丰田编《梁启超年谱长编》,上海人民出版社 1983 年版。

公开主张"中国今日当以开明专制为立宪制之预备"①。在另一篇文章中，他又以"今日中国国民未有能为共和国民之资格"为理由，声称："吾既确信共和立宪之万不能行，行之则必至于亡国，而又信君主立宪之未能遽行，行之则弊余于利，而徒渎宪政之神圣。然则为今日计，舍开明专制外，更有何涂之从？"② 这表明梁启超已经完全站到了改良派一边。

作为资产阶级改良派，康有为和梁启超有一个共同点，就是轻视和害怕人民群众。在他们看来，管理国家是他们这些有教养的知识阶层的专利，普通老百姓是没有资格的。同为资产阶级改良派的黄遵宪，对此讲得更为露骨。他在给梁启超的信中说："总而言之，胥天下皆蚩蚩无知碌碌无能之辈而已。以如此无权利思想，无政治思想，无国家思想之民，而率之以冒险进取，耸之以破坏主义，譬之八九岁幼童，授以利刃，其不至引刀自戕者几希！"因此他得出的结论是："每念中国二千年来专制政体，素主帝天无可逃、神圣不可犯之说，平生所最希望，专欲尊主权以导民权，以为其势较顺，其事稍易。"③ 这些自视为文化精英的资产阶级改良派只看到了广大群众落后愚昧的一面，而没有看到群众中所蕴藏的巨大革命力量。他们希望中国改变积弱积贫的局面，但又惟恐政治制度和社会制度的变革会损害他们的既得利益。他们宁愿容忍清政府的腐败和对人民的压迫，而不能容忍革命对旧有社会秩序的破坏。

戊戌变法失败以后，以孙中山、黄兴等人为代表的资产阶级革命派在群众中的影响迅速扩大。1905 年 8 月，孙中山、黄兴、宋教仁等在日本建立统一的革命组织中国同盟会，推举孙中山为总理。同盟会决定以"驱除鞑虏，恢复中华，创立民国，平均地权"十六个字为宗旨，并在全国各地和海外积极开展活动。革命形势的发展，使得资产阶级改良派和革命派的矛盾更加深和突出了。围绕着中国究竟应该选择君主立宪或是共和革命的道路，这两个资产阶级政治派别展开了一场激烈的论战。

针对改良派的政治主张，资产阶级革命派旗帜鲜明地提出："所谓国者，果谁有之乎？曰：人人有之，即舆夫走卒亦得而有之；人人不能有之，即帝王君主亦不得而有之。人人有之者，谓人人对国有应尽之义务，既为一国之人，即无所逃于一国之中也。人人不能有之者，谓人人于国有

---

① 《饮冰室合集·文集》之 17，第 50 页。

② 梁启超：《答某报第四号对於新民丛报之驳论》，《饮冰室合集·文集》之 18，第 62、88 页。

③ 《水苍雁红馆主人来简》，载《新民丛报》第 24 期，1903 年 1 月 13 日。"水苍雁红馆主人"即黄遵宪。引自张枬、王忍之编《辛亥革命前十年间时论选集》第 1 卷上册，三联书店 1960 年版，文章题目《驳革命书》系编者所加。

应得之权利，苟以一人而用其专制之权，是一国之所不容也。"① 人人对国家都既有义务又有权利，这就容不得"一人而用其专制之权"。中国"久已为列强俎上之肉，釜中之鱼"，要避免亡国的惨祸，关键"在种吾民革命之种子，养吾民独立之精神"，"一言以蔽之曰：民权而已"②。环视世界各国历史，"凡国之所以因祸而为福，转败而为功者，必赖千百志士不畏艰难以肩巨任，杀身以易民权，流血以购自由，前仆后兴，死亡相继，始能扫荡专制之政治，恢复天赋之权利。此今日民权之世界所由来也"③。

1903 年，邹容写成《革命军》，以高昂的激情号召："我中国今日欲脱满洲人之羁缚，不可不革命。我中国欲独立，不可不革命。我中国欲与世界列强并雄，不可不革命。我中国欲长存于二十世纪新世界上，不可不革命。我中国欲为地球上名国，地球上主人翁，不可不革命。革命哉！革命哉！我同胞中老年、中年、壮年、少年、幼年、无量男女，其有言革命而实行革命者乎？我同胞其欲相存相养相生活于革命也，吾今大声疾呼，以宣布革命之旨于天下。"④ 同年，章太炎发表《驳康有为书》，对康有为论"中国只可立宪，不能革命"的理由进行了全面的驳斥。文中指出，无论是革命或立宪，都是要靠"兵刃得之"。"英、奥、德、意诸国数经民变，始得自由议政之权"；"日本立宪之始，虽徒以口舌成之，而攘夷复幕之师在其前矣。使前日无此血战，则后之立宪亦不能成"。康有为认为中国民智未开，不可革命。章太炎批驳说："夫公理未明，旧俗俱在之民，不可革命，而独可立宪，此又何也？岂有立宪之世，一人独圣于上，而天下皆生番野蛮者哉？……人心之智慧，自竞争而后发生，今日之民智，不必恃他事以开之，而但恃革命以开之。"⑤

1905 年，孙中山在东京留学生的欢迎会上批判了康有为认为中国只能由专制而君主立宪，由君主立宪而始共和的谬论，指出康有为是"反夫进化之公理也，是不知文明之真价。且世界立宪亦必以流血得之，方能称为真立宪。同一流血，何不为直截了当之共和，而为此不完备之立宪乎？"⑥ 朱执信在《民报》发表的文章指出，康有为等人要通过立宪来消除

① 《原国》、《国民报》第 1 期，1901 年 5 月 10 日，见《辛亥革命前十年间时论选集》第 1 卷上册。

② 《二十世纪之中国》，《国民报》第 1 期，见《辛亥革命前十年间时论选集》第 1 卷上册。

③ 《中国灭亡论》，《国民报》第 2、3、4 期，见《辛亥革命前十年间时论选集》第 1 卷上册。

④ 《辛亥革命前十年间时论选集》第 1 卷下册。

⑤ 章太炎：《驳康有为书》，《辛亥革命前十年间时论选集》第 1 卷下册。

⑥ 《辛亥革命前十年间时论选集》第 2 卷上册。

满汉之间的界限是不可能的，"欲令满汉之界感情不恶，非有以复之不可也。其复之之手段，则仅革命而已。革命以往，满汉之界不待人消之而消者也。苟不革命，即虽尽其力以图消之，吾知其无一效者也"①。

资产阶级革命派和改良派关于中国应作出何种政治选择的这场论战，是以革命派的胜利宣告结束的。1907 年，《新民丛报》刊登的一篇文章说："数年以来，革命论盛行于国中，今则得法理论、政治论以为之羽翼，其旗帜益鲜明，其壁垒益森严，其势力益旁薄而郁积，下至贩夫走卒，莫不口谈革命，而身行破坏。"② 这等于公开承认主张君主立宪的改良派的失败。但是康有为并不愿意放弃自己的政治主张，而是利用孔子的亡灵，打出尊孔的旗号，继续鼓吹君主立宪适合中国的国情。

第二节　改良派在尊孔保教问题上的意见分歧

康有为在维新运动中假托孔子改制来为变法辩护；到了辛亥革命前夜，他又援引孔子的学说作为中国"只可行立宪不可行革命"的根据。同一个孔子的亡灵，随着时局的演变，成为他可以任意打扮的偶像。1902 年他在给美洲华侨的信中写道：

> 我中国万里地方之大，四万万人民之众，五千年国俗之旧，不独与美迥绝不同，即较于法亦过之绝远。以中国之政俗人心，一旦乃欲超跃而直入民主之世界，如台高三丈，不假梯级而欲登之；河广十寻，不假舟筏而欲跳渡之，其必不成而堕溺，乃必然也。夫孔子删《书》，称尧、舜以立民主，删《诗》，首文王以立君主；系《易》，称见群龙无首，天下治也，则平等无主。其为《春秋》，分据乱、升平、太平三世。据乱则内其国，君主专制世也；升平则立宪法，定君民之权之世也；太平则民主，平等大同之世也。孔子岂不欲直至太平大同哉，时未可则乱反甚也。今日为据乱之世，内其国则不能一超直至世界之大同也；为君主专制之旧风，亦不能一超至民主之世也。③

康有为在戊戌变法以前，曾经说："吾中国二千年来，凡汉、唐、宋、明，不别其治乱兴衰，总总皆小康之世也。"又说："今者中国已小康矣，而不

---

① 朱执信：《论满洲虽欲立宪而不能》，见《辛亥革命前十年间时论选集》第 2 卷上册。
② 与之：《论中国现在之党派及将来之政党》，《辛亥革命前十年间时论选集》第 2 卷上册。
③ 《答南北美洲诸华商论中国只可行立宪不可行革命书》，《康有为政论集》上册。

求进化，泥守旧方，是失孔子之意，而大悖其道也，甚非所以安天下乐群生也，甚非所以崇孔子同大地也。"① 所谓"小康之世"，也就是"升平世"。如今他为了倡导君主立宪，又把清朝以前的"君主专制世"都说成是"据乱世"，认为要达到民主平等的"太平世"必须先经过"立宪法，定君民之权"的"升平世"。如果想超跃君主立宪而追求民主平等，是"时未可则乱反甚也"。同样是以公羊学家《春秋》三世说比附现实，但康有为在戊戌变法前后的说法却大相径庭，这种变化正反映了他的政治主张由进步而转向反动。

1907 年，在代表海外中华宪政会向清政府所上的请愿书中，康有为又进一步阐述了君主立宪才符合孔子经义的观点：

> 中国政教之原，皆出孔子之经义。孔子作《春秋》以定名分，君不曰全权，而民不为民权，但称其名而限其分，人人皆以名分所应得者，而行之保之。君不夺民分，民不失身家之分，则自上而下，身安而国家治矣。宪法之义，即《春秋》名分之义也。中国数千年之能长治久安，实赖奉行经义，早有宪法之存。惜经义之名分，以教宗话言奉之，而未尝立国会，以誓盟守之，渝盟则殛之，故汉、唐、宋、明，二千年来，宪法若有而若无，以是政治逊于泰西，而大势沦于危弱。②

康有为认为"宪法之义，即《春秋》名分之义"，这种说法不但是对近代国家宪法含义的信口开河，也是对孔子思想的肆意歪曲。且不说孔子是否《春秋》的作者，所谓《春秋》的"名分"，也只是出于康有为本人的发挥。照康有为所说，"中国数千年之能长治久安，实赖奉行经义，早有宪法之存"；只是因为没有立国会，"以誓盟守之，渝盟则殛之"，才使得"宪法若有而若无，以是政治逊于泰西，而大势沦于危弱"。果真如此，自鸦片战争以后，一切有识之士为引进西学、变法维新而奔走呼号，乃至流血牺牲，岂不都是多此一举？把康有为的上述言论和他在戊戌维新运动中的言论相对照，可以看出他为了保皇，甚至连自己昔日的变法主张也不惜加以否定了。

针对资产阶级革命派提倡自由和革命，康有为说："夫自由之义，孔门已先倡之矣。昔子贡曰：'我不欲人之加之我也，吾亦欲无加之人。'不

---

① 《礼运注叙》（1897 年），《康有为政论集》上册。
② 《海外亚美欧非澳五洲二百埠中华宪政会侨民公上请愿书》，《康有为政论集》上册。

欲人加，自由也；吾不加人，不侵犯人之自由也。"他认为中国近数十年之讲求变法者，"一误于空名之学校"，"再误于自由革命之说"，不知"救国至急之方"，"惟在物质一事而已"，亦即"惟有工艺汽电炮舰与兵而已"。这种说法，等于退回到先前一些洋务派的论调。难怪康有为这时也和洋务派一样，宣称欧美列强物质文明虽然胜过中国，"若以道德论之，则中国人数千年以来受圣经之训，承宋学之俗，以仁让为贵，以孝弟为尚，以忠敬为美，以气节名义相砥，而不以奢靡淫佚奔竞为尚，则谓中国胜于欧、美人可也"①。他一方面攻击革命给社会造成动乱和破坏，另一方面则把中国传统社会描绘成一幅十分和谐美妙的图景："吾中国二千年改郡县后，既无世诸侯大夫，人人平等，无封建之压制，民久自由，学业宗教，士农工商，皆听自为之，外不知兵革徭役，上可为公卿将相，学校遍于全国，僻壤穷乡，亦多读书识字者，儒教成俗，人知忠信礼义，而不待密为法律以治之，至今欧、美人皆称吾国人之信义，抑于道之以德、齐之以礼，虽未至耶，亦庶几近之。"②

康有为在戊戌变法时，就竭力主张尊祀孔子为国教教主，"令官立教部，而地方立教会"，"自京师城野省府县乡，皆独立孔子庙，以孔子配天，听人民男女皆祀谒之"③。变法失败逃亡海外后，他仍然不改初衷，把"保国"、"保种"、"保教"联系在一起。但是在这个问题上，同是主张君主立宪的梁启超，这时的意见却发生了变化。

1902 年，梁启超在《论中国学术思想变迁之大势》中，曾经提到"儒教之所最缺点者，在专为君说法，而不为民说法"，"试观二千年来，孔教极盛于中国，而历代君主能服从孔子之明训，以行仁政而事民事者，几何人也"？他还指出："孔子之恶一尊也亦甚矣，此乃孔子之所以为大所以为圣，而吾所顶礼赞叹而不能措者也。""吾孔子非自欲以其教专制天下也，末流失真，大势趋于如是，孔子不任咎也。"④ 正因为肯定孔子讨厌"一尊"，所以梁启超非常反对把孔子当做宗教性的教主。他在同年撰写的《保教非所以尊孔论》中提出："倡保教之议者，其所蔽有数端，一曰不知孔子之真相，二曰不知宗教之界说，三曰不知今后宗教势力之迁移，四曰不知列国政治与宗教之关系。"⑤

① 《物质救国论》，《康有为政论集》上册。
② 《法国大革命记》，《康有为政论集》上册。
③ 《请尊孔圣为国教立教部教会以孔子纪年而废淫祀折》，《康有为政论集》上册。
④ 《饮冰室合集·文集》之 7，第 55、57 页。
⑤ 《饮冰室合集·文集》之 9，第 51 页。

梁启超认为，"西人所谓宗教者，专指迷信宗仰而言，其权力范围，乃在躯壳之外，以灵魂为根据，以礼拜为仪式，以脱离尘世为目的，以涅槃天国为究竟，以来世祸福为法门。诸教虽有精粗大小之不同，而其概则一也"。孔子学说与此不同，"其所教者，专在世界国家之事，伦理道德之原，无迷信，无礼拜，不禁怀疑，不仇外道。孔教所以特异于群教者在是。质而言之，孔子者，哲学家经世家教育家而非宗教家也。西人常以孔子与梭格拉底并称，而不以之与释迦耶稣摩诃并称，诚得其真。夫不为宗教家，何损于孔子"？总之，"孔子人也，先圣也，先师也，非天也，非鬼也，非神也。强孔子以学佛耶，以是云保，则所保者，必非孔教矣"①。

梁启超还进一步指出保教之说束缚国民的思想。他说：

> 彼欲广孔教之范围也，于是取近世之新学新理以缘附之，曰某某者孔子所已知也，某某者孔子所曾言也。其一片苦心吾亦敬之，而惜其重诬孔子而益阻人思想自由之路也。……以孔子之圣智，其所见与今日新学新理相暗合者必多多，此奚待言。若必一一而比附之纳入之，然则非以此新学新理厘然有当于吾心而从之也，不过以其暗合于我孔子而从之耳。是所爱者仍在孔子，非在真理也。万一遍索之于四书六经，而终无可比附者，则将明知为铁案不易之真理，而亦不敢从矣。万一吾所比附者，有人从而剔之，曰孔子不如是，斯亦不敢不弃之矣。若是乎真理之终不能饷遗我国民也。②

梁启超这里所批评的取新学新理缘附孔子学说之人，实际上也包括其老师康有为在内。在致康有为的信中，梁启超把自己反对"保教"的观点表达得更加鲜明。他写道：

> 至于保教一事，弟子亦实见保之无谓。……弟子以为欲救今日之中国，莫急于以新学说变其思想（欧洲之兴全在此），然初时不可不有所破坏。孔学之不适于新世界者多矣，而更提倡保之，是北行南辕也。……顷与树园、慧儒、觉顿、默厂等思以数年之功著一大书，揭孔教之缺点，而是正之，知先生必不以为然矣。③

---

① 《饮冰室合集·文集》之9，第52页。

② 同上书，第56页。

③ 光绪二十八年（1902年）四月致康有为信，见丁文江、赵丰田编《梁启超年谱长编》，上海人民出版社1983年版。

梁启超信中所说的树园、慧儒、觉顿、默厂四人，都是万木草堂的弟子。由此可见在康有为的学生中，不同意"尊孔保教"主张的并不止梁启超一人。在如何对待孔子和孔子学说的问题上，梁启超此时的观点显然比他的老师要理性得多。他的有些认识，甚至在今天对于如何正确继承孔子的思想遗产，也还值得我们认真借鉴。

在戊戌变法运动中与康、梁同属"新党"的黄遵宪（1848—1905年），对尊孔保教则有自己的看法。黄遵宪是积极主张引进西学而反对以保存国粹为当务之急的。他曾经说："若中国旧习，病在尊大，病在固蔽，非病在不能保守也。今且大开门户，容纳新学。俟新学盛行，以中国固有之学，互相比较，互相竞争，而旧学之真精神乃愈出，真道理乃益明，届时而发挥之，彼新学者或弃或取，或招或拒，或调和或并行，固在我不在人也。"① 这种对待中西文化交流的开明态度，与主张"中学为体，西学为用"的张之洞等洋务派显然有别。梁启超发表《保教非所以尊孔论》后，黄遵宪写信给梁氏说："今日但当采西人之政，西人之学，以弥缝我国政学之敝，不必复张吾教，与人争是非短长。""大哉孔子，包综万流，有党无仇，无所谓保卫也。""孔子所言之理具在，千秋万世，人人之心，人类不灭，吾道必昌，何惜于保卫？今忧教之灭，而唱保教，犹之忧天之堕地之陷，而欲维持之，亦贤知之过矣。"② 黄遵宪还认为，孔子的思想与后儒的论说要加以区别，对专制君主假借孔子学说实行专制统治可以进行批判，但不应以此诟病孔子。他在给梁启超的信中说：

> 报中近作，时于孔教有微词，其精要之语，谓上天下泽之言，扶阳抑阴之义，乃为专制帝王假借孔子依托孔子者，借口以行其压制之术。此实协于公理，吾爱之、重之、敬之、服之。虽然，儒教不过九流之一，以是诟儒，儒无可辞，惟孔子实不当以儒教限之。……举世界各教主而絜短较长，孔子无专长，亦少流弊。吾胸中有一孔子，其圣在时中。……无论何教，欲挟彼教之长以陵孔子，吾能举孔子之语以正之拒之；无论何人，欲抉孔子之短以疑孔子，吾能举孔子之语以解之驳之。吾欲著一书曰《演孔》，以明此义，他日当再公论定也。……儒教可议者尚多，公见之所及，昌言排击之，无害也。孟子亦尚有可疑者，……惟仲尼日月无得而毁，请公慎之。③

① 《致饮冰主人书》，引自《梁启超年谱长编》，第 292—293 页。
② 引自《梁启超年谱长编》，第 279—281 页。
③ 《水苍雁红馆主人来简》，《新民丛报》第 20 号，引自《梁启超年谱长编》，第 292 页。

黄遵宪认为不应把后儒对儒家教义的论说与孔子思想混为一谈，更不应该把专制君主假借孔子名义行专制之实归罪于孔子，这意见是正确的。但如果说儒教之"可议者"与孔子思想毫无关系，乃至认为不能"抉孔子之短以疑孔子"，把孔子视为"日月无得而毁"，这就令人很难同意了。黄遵宪对孔子及其思想的态度，反映了他思想保守的一面。他在文化思想上的这种保守性，与其"平生所最希望，专欲尊王权以导民权，以为其势较顺，其事较易"① 的政治主张又是分不开的。

第三节　革命派对孔子和儒学的评论

如果说资产阶级改良派在尊孔的前提下对保教有意见分歧的话，资产阶级革命派在对待孔子的态度上同样也显示出有所差异。

1902 年春，蔡元培、蒋观云、林獬等在上海发起成立中国教育会，"表面办理教育，暗中鼓吹革命"②。章太炎、吴稚晖等人都是教育会的董事，刘师培也积极参加了教育会的活动。1905 年，邓实、黄节、马叙伦、刘师培等发起成立国学保存会，创办《国粹学报》。章太炎这时虽因"苏报案"身陷囹圄，但由于他是公认的国学大师，又是著名的革命家，因而被国学保存会的同仁视为思想导师。《国粹学报》标榜以"发明国学保存国粹"为宗旨要求弘扬"黄帝尧舜禹汤文武周公孔子之学"③。它的撰稿人虽然比较复杂，但就国学保存会的基本力量而言，却是一批有浓烈爱国主义和排满革命思想的知识分子。上述中国教育会和国学保存会一些重要人物对待孔子及其思想的态度，在当时资产阶级革命派中是很有代表性的。

章太炎（1869—1936 年），原名炳麟，字枚叔，浙江余杭人。戊戌变法之前曾参加康有为所发起的强学会的活动，但他的学术思想从一开始就与康有为不合。他在《自述治学》中说："余幼专治《左氏春秋》，谓章实斋六经皆史之语为有见……方余之有一知半解也，《公羊》之说，如日中天，学者煽其余焰，簧鼓一世，余故专明《左氏》以斥之。"④ 1897 年，

---

① 黄遵宪：《致新民师函丈书》，引自《梁启超年谱长编》，第 306 页。

② 蒋维乔：《中国教育会之回忆》，《辛亥革命》第 1 册，《中国近代史资料丛刊》，上海人民出版社 1959 年版。

③ 黄节：《"国粹学报"叙》，《国粹学报》第 1 期，引自张枬、王忍之主编《辛亥革命前十年间时论选集》第 2 卷上册，三联书店 1963 年版。

④ 汤志钧编：《章太炎年谱长编》上册，中华书局 1979 年版，第 30 页。

章太炎在梁启超创办的上海《时务报》馆任职，"尝叩梁以其师宗旨，梁以变法维新及创立孔教对，章谓变法维新为当世之急务，惟尊孔设教有煽动教祸之虞，不能轻于附和"①。1899 年，章太炎所著《訄书》原刊本出版，书中以《尊荀》为首篇，以《独圣》为终篇，虽然有批儒的言论，但并未触及孔子。在次年的《訄书》手校本中，却把《尊荀》篇和《独圣》上下篇都删除了，同时增加了《原学》、《订孔》等篇。1904 年，经过"删革"的《訄书》出版。书中称孔子为"古良史"，"孔子死，名实足以偾者，汉之刘歆"。把两千年来尊为圣人的孔子与刘歆相提并论，这无异于抹掉了孔子头上的神圣光圈，"而孔子遂大失其价值，一时群言，多攻孔子矣"②。

1906 年，章太炎出狱后，赴日本任《民报》编辑。他在当年《国粹学报》第 8、9 号发表的《诸子学略说》中指出："盖中国学说，其病多在汗漫，春秋以上，学说未兴，汉武以后，定一尊于孔子，虽欲放言高论，犹必以无碍孔氏为宗，强相援引，妄为皮傅。愈调和者，愈失其本真；愈附会者，愈违其解故。故中国之学，其失不在支离，而在汗漫。"章太炎肯定"孔氏之功则有矣，变禨祥神怪之说而务人事，变畴人世官之学而及平民，此其功亦复绝千古"。但他认为，"二千年来，此事已属过去，独其热中竞进耳"。章太炎指出，"儒家之病，在以富贵利禄为心。盖孔子当春秋之季，世卿秉政，贤路雍塞，故其作《春秋》也，以非世卿见志（公羊家及左氏家张敞皆有其说），其教弟子也，惟欲成就吏材，可使从政。而世卿既难猝去，故但欲假借事权，便其行事。是故终身志望，不敢妄希帝王，惟以王佐自拟"。章太炎还对儒家提倡的中庸之道进行了尖锐的批判，指出"所谓中庸者，是国愿也，有甚于乡愿者也。孔子讥乡愿，而不讥国愿，其湛心利禄，又可知也。君子'时中'、'时伸'、'时绌'，故道德不必求其是，理想亦不必求其是，惟期便于行事则可矣。用儒家之道德，故艰苦卓厉者绝无，而冒没奔竞者皆是。俗谚有云：'书中自有千钟粟'。此儒家必至之弊"③。1907 年，章太炎在一次讲演中抨击孔教说："孔教最大的污点是使人不能脱离富贵利禄的思想。汉武帝专尊孔教以后，这热衷于富贵利禄的人，总是日多一日。我们今日想要实行革命，提倡民权，若夹杂一点富贵利禄的心，就像微虫微菌可以残害全身。所以孔教是

---

① 冯自由：《中华民国开国前革命史》，见《章太炎年谱长编》上册，第 36 页。

② 许之衡：《读〈国粹学报〉感言》，《国粹学报》第 6 期，见《辛亥革命前十年间时论选集》第 2 卷上册，第 46 页。

③ 朱维铮、姜义华编注：《章太炎选集·论诸子学》，上海人民出版社 1981 年版。

断不可用的。"①

　　章太炎对儒家热衷富贵中庸之道的批判，虽不免有所偏激，但儒家的道德观确实有虚伪的一面，许多儒生热衷于富贵利禄，这也是事实。有的人把儒家的道德观和价值观理想化，似乎儒家多以操守自持，不慕富贵利禄，这是不符合历史实际的。章太炎这时对孔子和儒家思想之所以持如此激烈的批判态度，与他对当时知识界许多政客的不满有关。辛亥革命前夜，章太炎在海外发表的《诛政党》一文，曾经列举了知识界的七类"党人"，认为他们"操术各异，而竞名死利，则同为民蠹害，又一丘之貉也"②。文中矛头所指，主要是地主阶级和资产阶级的立宪派分子。但章太炎这时与革命派的一些人发生了龃龉，他把政党不分青红皂白地痛骂一气，显然也包含有对革命党人的意气用事。把现实政治斗争中的一些个人感受和情绪，带到学术研究中来，自然也就不免带有感情色彩和陷入片面性。

　　刘师培（1884—1919 年），又名光汉，字申叔，江苏仪征人，出身经学世家。少年即负盛名，章太炎对他的国学根柢十分欣赏。1904 年至 1906 年，刘师培在《警钟日报》和《国粹学报》上发表了《论孔教与中国政治无涉》、《论孔子无改制之事》等文，反对康有为把孔教宗教化和政治化的活动。他指出："孔门所言之教皆指教育言，非指宗教言，即有改制之文，亦与宗教无涉。若祀神之言，又大抵沿中国古籍之语，其所受学士崇信者不过以著述浩繁，弟子众多，而又获帝王之表章耳，于传教亦无涉也。""盖世之谓孔学影响政治者，仅有三端，一则区等级而判尊卑，一则薄事功而尚迂阔，一则重家族而轻国家。然皆神权时代之思想，而孔子沿用其说耳。降及后世，习俗相仍，以士民之崇信孔学也，于是缘饰古经附合政治，此则后世之利用孔学，非果政治之原于孔教也。"③ 值得注意的是，刘师培不但认为孔子只是"订六经"而非"作六经"，他还认为孔学实兼明诸子之学，"后世之儒但知孔子为儒家，而不知孔子所发明者实不仅儒家之学"④。刘师培还指出，所谓孔子改制之说本于谶纬，并不足信。"自变法之说盛行，主斯说者乃取公羊家改制之说，以古况今，又欲实行其保教之说，乃以儒教为孔子所创，六经为孔子所作。其有不言创教改制者，则目为伪经。……今以六经所言，均孔子所伪托，则古代之史失传；

---

①　章太炎 1907 年 1 月的演说，见《民报》第 6 号，科学出版社 1957 年影印本。
②　汤志钧编：《章太炎年谱长编》上册，1911 年，中华书局 1979 年版。
③　《刘申叔遗书》下册，江苏古籍出版社 1997 年版。
④　《孔子与诸子学之关系》，《刘申叔遗书》下册。

且既奉孔子为教主，崇尚孔子所定之制，则凡政治与孔学不合者，均将不论其利弊得失，悉屏而不行，则革新之机转塞。在创此说者，固以为此说一行，必可转移人民之视听，而无如其立说之无根也，岂足成为确当之论乎！"① 刘师培认为孔子改制并无史实根据，而且此说实际上仍是以孔子之是非定是非，凡政治与孔学不合者，则不论其利弊得失，都被摒弃，这使革新之机转塞。他对康有为尊孔的这一批评，无论是从学理上或从政治上来说，都是有说服力的。

章太炎和刘师培都崇信古文经而反对康有为的伪经说。他们认为孔子只是一个史学家、教育家和政治家，而不是什么"教主"。在打破汉代以来对孔子的神化方面，他们比康有为大大前进了一步。刘师培虽然没有像章太炎那样尖锐地指责孔子"湛心利禄"，但他也批评孔子的尊君主张适应了君主专制的需要，认为康有为和梁启超用古书附会西书说孔子注重民权并不符合历史事实。他还指出孔子"信人事而并信天事"，并没有完全摆脱迷信色彩；"重文科而不重实科"，轻视技能的培养；"有持论而无驳诘"，理论之是非无从辨别；"执己见而排异说"，开学术专制之先河②。

与章太炎、刘师培把批评的矛头指向孔子不同，国粹派的其他重要成员如黄节、邓实等，则把"孔学"、"国学"和"君学"区别开来，认为自秦汉以后，历代统治阶级所提倡的儒学实际上是"君学"而不是原来意义上的"孔学"和"国学"。黄节在《孔学君学辨》中指出："盖自秦以来，当世之所谓孔学者，君学而已矣。""儒学之真日远日失，彼时君臣借孔子以束缚天下之人之思想言论，其祸皆因汉初儒者有以致之，是故后世之所谓尊孔学者，尊君学而已矣。"③ 邓实在《国学无用辨》中则说："君学者，经历代帝王之尊崇，本其学说，颁为功令，而奉为治国之大经，经世之良谟者也。其学之行于天下，固已久矣。若夫国学者，不过一二在野君子，闭户著书，忧时讲学，本其爱国之忧，而为是经生之业，抱残守缺，以俟后世而已。其学为帝王所不喜，而亦为举世所不知。学者不察，漫与君学同类而非之，曰无用无用。呜呼！其果真无用欤，抑其不知用也？"④ 黄节、邓实指出历代君臣"借孔子以束缚天下之人之思想言论"，主张在提倡复兴古学时，要把统治阶级所利用和曲解的"君学"与孔子的

① 《论孔子无改制之事》，《刘申叔遗书》下册。
② 《孔学真论》，《国粹学报》第2年第5期。
③ 《政艺通报》1907年第1号。引自郑师渠《晚清国粹派》，北京师范大学出版社1997年版，第125、354页。
④ 《国粹学报》第30期，《辛亥革命前十年间时论选集》第2卷下册，第632页。

真实思想区别开来，还要把国学的内涵从儒学扩大到诸子学，这些意见都是相当精当的。但是他们却没有进一步深究，为什么孔子的思想学说能为历代专制君主所利用？是不是孔子的思想学说本身就存在着能被专制君主利用的消极因素？就此而言，他们对孔学的认识显然就不如章太炎和刘师培了。

在东京中国留学生办的刊物中，还有一个具有资产阶级革命派色彩的《河南》，也经常刊登一些批判封建制度和鼓吹个性解放的文章。其中值得注意的是署名凡人的《无圣篇》和《开通学术议》。文章对所谓"圣学"和"圣道"进行了尖锐的揭露，指出孔孟学说虽不无可取之处，但"以为至圣"，这就必然禁锢人们的思想，妨碍学术的发展，"中国之学，上有老、墨，下有百家，非独为孔子，则孔子无代表之实也明甚。假曰代表，乃代表其一时，非代表于永世。今日有大于孔子者，则代表将移于今；后日有大于今日代表者，则代表复移于后"①。文章还分析了一味尊孔、锢蔽学术的危害，指出：

> 自今以往为东西洋文明竞争学战胜负时代，必主张适用学理，融会东西之学说，乃能革旧弊，明新法，造就新世界，以立于天演淘汰之中也。今中国固守旧说不少变，学堂以经学为主，科学为用；功令益尊孔子，升为大祀，排斥异说不遗余力；而学界号为开通者，莫或敢倡学说之改革，其迂者且尊孔子为空前绝后之大圣人，仰若神明，信为国是，日求昌明圣学为主义。呜呼，学术蔽塞若此，吾恐学堂遍立，办理得人，上提倡之，下响应之，而中国之学术实足自亡其国而已矣！②

应该说，无论是对孔学的批判或是对中国文化发展取向的分析，作者的上述意见都是比较中肯而富于理性精神的。

第四节　无政府主义者对封建纲纪伦常和孔子的抨击

1907 年，刘师培应章太炎之邀，偕其妻何震赴日本。刘师培任《民报》编辑，何震则主编《天义报》。当时无政府主义思潮在日本思想界相

---

① 《无圣篇》，《河南》第 5 期，《辛亥革命前十年间时论选集》第 3 卷，第 269 页。
② 《开通学术议》、《河南》第 5 期，《辛亥革命前十年间时论选集》第 3 卷，第 341 页。

当流行，不少流亡日本的中国革命党人和留学生都受到影响。刘师培、何震夫妇一度成为相当活跃的无政府主义者。刘师培、张继发起成立社会主义讲习会，宣称"吾辈之宗旨，不仅以实行社会主义为止，乃以无政府为目的者也"①。章太炎一度也是该会的积极分子，后来因和刘师培夫妇发生矛盾，才脱离该会并转而批判无政府主义。

刘师培夫妇在《天义报》上发表的文章，鼓吹"废财"、"废兵"、"人类均力"（"人人为工，人人为农，人人为士，权利相等，义务相均"）、"男女平等"、"废灭国家，不设政府"。他们一方面对现实社会秩序进行了激烈的抨击，另一方面却又曲解历史，认为"中国自三代以后，名曰专制政体，实则与无政府略同"。这就使自己陷入理论上自相矛盾的境地。刘师培和何震宣称"儒家虽崇礼教，然仅以德礼化民，不欲以政刑齐民，醉心于无讼去杀之风，一任人民之自化，此固主张非干涉者也。道家若老庄诸子，则又欲废灭一切之人治，一任天行之自然，制度典则，弃若弁髦，则亦主张非干涉者也"。以此，中国传统社会"法律不过虚文，官吏仅同虚设，人民之于官吏，无依赖之心，官吏之于朝廷，以虚诬相饰。致举国之中，无一有权之人，亦无一奉法之人，政治之放任，至此而达于极端"②。他们的思想既反映了一般无政府主义者所共有的向往绝对平均平等的反动空想，又表现出处在社会激烈变动中一部分怀有封建文化情结的知识分子所特有的复古主义的倾向。

曾在《苏报》案中被章太炎怀疑有向清政府告密行为的吴稚晖（1865—1953年），1906年在巴黎与李石曾（1881—1973年）、张静江（1877—1950年）等人发起组织"世界社"，次年创办《新世纪》周刊，由吴稚晖主持笔政。《新世纪》也是宣传无政府主义的刊物，但同时又支持孙中山领导的政治革命。真民（李石曾）说"政治革命为权舆，社会革命为究竟"③。他们所追求的"社会革命"，主张"无国界，无种界，无人我界，以冀平等；无政府，无法律，无纲常，以冀自由"④，亦即是无政府主义的理想。《新世纪》派对封建的纲纪伦常进行了猛烈的抨击。他们不

---

① 《社会主义讲习会第一次开会记事》，《天义报》第6期，《辛亥革命前十年间时论选集》第2卷下册，第944页。

② 何震、刘申叔：《论种族革命与无政府革命之得失》，《天义报》第6、7期，《辛亥革命前十年间时论选集》第2卷下册，第947页。引文中原有的夹注略去。

③ 真民（李石曾）：《革命》，《新世纪丛书》第1集，《辛亥革命前十年间时论选集》第2卷下册，第998页。

④ 真民：《伸论民族、民权、社会三主义之异同再答来书论"新世纪"发刊之趣意》，《新世纪》第6期，《辛亥革命前十年间时论选集》第2卷下册，第1008页。

但骂皇帝，而且骂祖宗。有一篇作者署名"真"，可能即是李石曾所写的题为《祖宗革命》的文章，提出"于科学中，祖宗仅为传种之古生物耳，及其死则其功用已尽，复何神灵之有"，号召废除"含有祖宗迷信性质之礼仪"①。还有一篇也是署名"真"，题为《三纲革命》的文章则指出：

> 君亦人也，何彼独享特权特利？曰因其生而为君，是天子也。此乃迷信，有背科学。若因其有势力故然，此乃强权有背真理。……君与臣皆野蛮世界之代表，于新世纪中，君与臣皆当除灭。惟有人与社会，人人平等。
>
> 就科学言之，父之生子，唯一生理之问题，一先生一后生而已，故有长幼之遗传，而无尊卑之义理。……子幼不能自立，父母养之，此乃父母之义务，子女之权利。父母衰老不能动作，子女养之，此亦子女义务，父母之权利。
>
> 男女之相合，不外乎生理之一问题。就社会言之，女非他人之属物，可从其所欲而择交，可常可暂。……若经济平等，则人人得自立。聚散自由，有男女之聚处，而无家庭之成立。是时也，家庭灭，纲纪无，此自由平等博爱之实行，人道幸福之进化也。②

《新世纪》派对于封建纲纪伦常的批判，其激烈程度可以说远远超过了此前知识界任何人的批判。他们甚至公开提出了"无父无君无法无天"的口号③。他们这些惊世骇俗的言论虽然对封建纲纪伦常也起了一定的冲击作用，但由于缺乏理性的思考，却无法被广大的社会公众所接受。例如父子夫妻的关系既是一种血缘和性爱的关系，也是一种社会关系，把它完全说成是一种人的生理关系，没有把一个社会所应当维持的正常的家庭道德规范，与不合理的封建的纲纪伦常加以区别，甚至提倡消灭家庭，男女"聚散自由"，这显然是不可能得到社会公众认可的。

《新世纪》派不仅抨击封建纲纪伦常，还把批判的矛头直接指向孔子。有一篇作者署名"绝圣"题为《排孔征言》的文章写道：

---

① 真：《祖宗革命》，《新世纪》第2、3期，《辛亥革命前十年间时论选集》第2卷下册，第979页。

② 真：《三纲革命》，《新世纪》第11期，《辛亥革命前十年间时论选集》第2卷下册，第1016、1018页。

③ 四无：《无父无君无法无天》，《新世纪》第52期，《辛亥革命前十年间时论选集》第3卷。

支那者，政教混合之国也，亦恐惧，亦迷信，故至今日始梦呓立宪。为此厉阶者，非孔丘乎！孔丘之为宗教家否，吾不过问。惟自政府之所利用、人民之所迷信之一方面观之，虽喙长三尺者，能辨其无宗教之现象乎？呜呼，孔丘砌专制政府之基，以荼毒吾同胞者，二千余年矣。今又凭依其大祀之牌位，以与同胞酬酢。立宪党之如何舞蹈，吾不能知。独怪热心革命者，或发扬周秦诸子，或排斥宋元诸人，而于孔丘则不一注意。夫大祀之牌位一日不入火刹，政治革命一日不克奏功，更何问男女革命，更何问无政府革命。擒贼先擒王，不之知，抑毋亦有所迷信乎！吾请正告曰：欲世界人进于幸福，必先以孔丘之革命。……孔丘之革命奈何？往者有取其片言只行而加戏谑斥驳者矣，顾杯水耳。以孔毒之入人深，非用刮骨破疽之术不能庆更生。①

文章的作者认为孔子是两千年封建专制统治的罪魁祸首，如果不实行"孔丘之革命"，就谈不到"政治革命"、"男女革命"、"无政府革命"的成功，也谈不到中国人民和世界人民的幸福。像这样激烈的反孔言论，对于当时的知识界来说，也是闻所未闻的。孔子的思想学说诚然长期被封建专制主义所利用，但把有些人鼓吹君主立宪的政治主张完全归咎于孔子的影响，把"孔丘之革命"说成是中国人民和世界人民"进于幸福"的必要前提，这显然是一种不实事求是的夸张之词。

"无政府主义是绝望的产物。它是失常的知识分子或游民的心理状态，而不是无产者的心理状态。"②《新世纪》派的无政府主义思想虽然来自蒲鲁东、巴枯宁和克鲁泡特金等欧洲著名无政府主义者学说的影响，但他们同样也具有"失常的知识分子或游民的心理状态"。他们痛恨封建专制制度和封建纲纪伦常，也看到了资本主义社会的种种弊病，但是却找不到建立一种合理的社会制度的途径。他们把社会主义和无政府主义混为一谈，又把社会革命理解为否定一切社会约束和道德规范的"革命"。他们对封建制度和资本主义制度的批判虽然也具有一定的历史合理性，但他们的思想不但违反社会发展规律，也完全超越了中国的实际国情。他们对孔子的抨击，更多地是一种个人"绝望"情绪的发泄，而不是建立在科学分析基础上的理性批判。

---

① 《新世纪》第52期，《辛亥革命前十年间时论选集》第3卷。
② 列宁：《无政府主义和社会主义》，《列宁选集》第1卷，人民出版社1972年版，第218页。

　　《新世纪》是在远离中国的巴黎出版的刊物，它的实际影响远不如同盟会在东京出版的《民报》。后者虽然也曾刊登过一些介绍无政府主义学说和俄国虚无党人的文章，但总的说来对无政府主义持批判的态度。章太炎与社会主义讲习会分手之后，在《民报》撰文指出"无政府主义者，与中国国情不相应，是亦无当者也。其持论浅率不周，复不可比于哲学"①。铁铮（雷照性）在《政府说》中，认为"无政府者，藐运会而先之也"。所谓"运会"，即历史发展的潮流。无政府主义者"不排满革命以建共和政府"，是"玩运会而后之者"，"本以去政府，而适以保护满政府，主义不相容，而事实转相合"②。梦蝶生（叶夏声）在《无政府党与革命党之说明》中则分析了无政府主义和社会主义的区别，指出"苟无强力之国家，则人民权利自由无保障。因是之故，社会党常欲借国家以实行共产主义，其理想有根据可实行"，而无政府主义的理想不过是一种"梦幻"而已③。这些文章对于无政府主义的批评，应该说都是切中要害的。

---

① 章太炎：《排满平议》，《民报》第 21 期，《辛亥革命前十年间时论选集》第 3 卷。
② 《民报》第 17 期，《辛亥革命前十年间时论选集》第 2 卷下册，第 811 页。
③ 《民报》第 7 期，《辛亥革命前十年间时论选集》第 2 卷下册，第 496 页。

第四章　民国初年的尊孔
复古闹剧

第一节　孔教会要求定孔教为国教

　　1911 年的辛亥革命虽然是一次不彻底的资产阶级民主革命，但是它对半殖民地半封建旧中国政治生态和社会生态的冲击却是不可低估的。两千多年的封建君主制度被推翻了，依附于封建政治秩序的封建文化面临着"皮之不存，毛将焉附"的尴尬境地。1912 年元月，刚刚成立的南京临时政府教育部颁布《普通教育暂行办法》，规定"小学读经科一律废止"，"清学部颁行之教科书一律禁用"①。2 月，内务、教育两部通知各省："民国通礼，现在尚未颁行。在未颁行之前，文庙应暂时照旧致祭，唯除去跪拜之礼，改行三鞠躬，祭服则用便服。"② 同月，临时政府教育总长蔡元培发表《对于新教育之意见》，指出："满清时代，有所谓钦定教育宗旨者，曰忠君，曰尊孔，曰尚公，曰尚武，曰尚实。忠君与共和政体不合，尊孔与信教自由相违。"③ 7 月，由北京政府教育部召开的临时教育会议讨论了学校尊拜孔子的提案，认为："孔子非宗教家，尊之有其道，教育与宗教不能混合为一；且信教自由，为宪法公例，不宜固定一尊。"④ 它实际上是废除了祀孔的仪式。教育会议还呈请教育部移文内务部，要求将各省文庙学田交由地方自治机关管理，按年征收田租，专充地方补助小学经费之用⑤。

　　如果说辛亥革命以前，孔"圣人"地位的动摇主要还是表现在社会思

---

　　① 《教育杂志》第 3 卷第 10 期，转引自韩达编《1911—1949 评孔纪年》，山东教育出版社 1985 年版。

　　② 《辛亥革命资料》，转引自韩达编《1911—1949 评孔纪年》，山东教育出版社 1985 年版。

　　③ 《临时政府公报》第 13 号，《教育杂志》第 3 卷 11 号（1912 年 2 月），见高平叔编《蔡元培全集》第 2 卷，中华书局 1984 年版。

　　④ 舒新城：《中国近代教育史资料》上册，又见《1911—1949 评孔纪年》。

　　⑤ 陈焕章：《斥中央教育会议破坏孔教之罪》，见柯璜编《孔教十年大事》卷 1。

想层面上的话，如今由主管全国教育的政府部门下令停止读经和祀孔，甚至把文庙的田租收入拨归各地的学校充作教育经费，这对于一些封建道统观念很强的人说来，显然是无法接受的。他们认为这种"无礼无义，违法蔑天"①的举动如不加以制止，孔教就要式微，纲纪伦常也将沦亡，于是在全国范围内掀起了一阵尊孔复古的鼓噪。而这阵鼓噪的领军人物，竟然是先前以鼓吹变法维新而驰名海内外的康有为。

康有为早在戊戌变法时，就曾上奏光绪帝请"尊孔圣为国教立教部教会以孔子纪年"②。变法失败逃亡海外期间，他在华侨中倡议建立孔教会。辛亥革命后，康有为仍然坚持君主立宪的政治立场，并把尊孔保教与君主立宪制度直接挂起钩来。当武昌起义军兴，全国各地纷纷响应，清帝不得不逊位时，康有为忧心忡忡，撰写《救亡论》，攻击共和革命是"动于感情而无通识"。他认为中国"积四千年君主之俗"，一旦废除君主制，必然引起内乱，生灵涂炭，"与其他日寻干戈以争总统，无如仍迎一土木偶为神而敬奉之，以无用为大用，或可以弭乱耳"。"夫神者在若有若无之间，而不可无者也。不明鬼神则陋民不悟，故先圣以神道设教，美饰其庙宇，厚费其牲醴香火，率百官万民，拳跪以事之，而不肯稍惜其费，稍吝其恭焉。"康有为还提出："以中国四万万人中，谁能具超绝四万万人而共敬之地位者，盖此资格，几几难之，有一人焉，则孔氏之衍圣公也。"③西方的君主立宪政体，政教分离，与神道设教毫不相干。康有为是一个"君主立宪"迷，却异想天开地要捧出"孔氏之衍圣公"当皇帝或总统，实行"神道设教"，"以无用为有大用"。人们完全有理由怀疑：把孔子的后裔当做土木神偶来愚弄人民，这究竟是尊重孔子还是在亵渎孔子？康有为的这种荒唐主张不但受到进步人士的严厉批判，就连他的弟子梁启超也觉得需要和他划清界限了。

辛亥革命虽然推翻了封建君主专制制度，创建了共和国，但以孙中山为首民主革命派却把胜利果实拱手送给了大地主大买办阶级的代表人物袁世凯，帝国主义和封建主义在中国的统治势力并没有退出历史舞台。军阀、政客和土豪劣绅继续把持中央和地方政权，为非作歹，人民依然处于水深火热之中。这种情况为康有为攻击共和革命提供了一个口实。1912年6月，他在《中华救国论》中抨击时政说："今共和数月矣，所闻于耳，触于目者，悍将骄兵之日变也，都督分府之日争也，士农工商之失业也，

---

①　陈焕章：《斥中央教育会议破坏孔教之罪》，见柯璜编《孔教十年大事》卷1。

②　汤志钧编：《康有为政论集》上册，中华书局1981年版，第279页。

③　《救亡论》，《康有为政论集》下册，第675、676页。

小民之流离饿毙也，纪纲尽废，法典皆无，长吏豪猾，土匪强盗，各自横行，相望成风。"又说："今者共和告成，君主已去，乃由据乱而入升平之世，孔子自有升平太平大同之道，推诸四海而准者也。……然则今在内地，欲治人心，定风俗，必宜遍立孔教会，选择平世大同之义，以教国民，自乡达县，上之于国，各设讲师，男女同祀，而以复日听讲焉。"① 康有为对时局的抨击固然揭露了民初政治和社会的真实情况，但他无视辛亥革命推翻封建君主专制制度推动中国历史前进的伟大功绩，把由于革命不彻底而遗留下来的旧中国的种种黑暗归咎于革命，认为中国国情不宜于实行共和民主，这完全是他顽固主张君主立宪制度的错误偏见。至于说要用孔教"治人心，定风俗"以救中国，"由据乱而入升平之世"，这更是一种自欺欺人之谈。倘若孔教真有如此大的法力，孔教没有衰微之前的中国，岂不是早就应该进入"升平世"、"太平世"了。儒家的思想统治伴随封建君主专制制度两千年，"士农工商之失业"，"小民之流离饿毙"，"长吏豪猾，土匪强盗，各自横行，相望成风"，这些现象不是历朝历代史不绝书吗？

1913 年，康有为的弟子陈焕章（1881—1933 年）约请沈曾植、朱祖谋、梁鼎芬等人在北京成立孔教总会，并筹备出版《孔教会杂志》。康有为在为孔教会所写的序中说：

> 中国数千年来奉为国教者，孔子也。大哉孔子之道，配天地，本神明，育万物，四通六辟，其道无乎不在。……如使人能去饮食男女别声被色，则孔子之道诚可离也，无如人人皆必须饮食男女别声被色，故无论何人，孔子之道不可须臾离也。……今者废教停祀毁庙之议日有闻，甚至躬长教育之司，而专以废孔教为职志者，若无人保守奉传，则数千年之大教将坠于地，而中国于以永灭，岂不大哀哉！②

在为孔教会所写的另一篇序中，康有为又说：

> 吾中国数千年之为治，实有然也，未尝无法律，而实极阔疏，未尝无长上，而皆不逮下，上虽专制，而下实自由，狱讼鲜少，赋敛极薄，但使人知礼义忠信之纲，家知慈孝廉节之化而已。嗟乎！何由而致是哉，昧昧我思之，岂非半部《论语》治之耶？……自共和以来，

---

① 《中华救国论》，《康有为政论集》下册，第 703、729 页。
② 《孔教会序一》，《康有为政论集》下册，第 732、734 页。

礼乐并废，典章皆易，道揆法守，扫地无余，遂至教育之有司，议废孔子之祀典，小则去拜跪而行鞠躬，重则废经传而裁俎豆，黉序鞠茂草之场，庙堂歇丝竹之声。呜呼！曾不意数千年文明之中华，一旦论胥，至为无教之国也，岂不哀哉。①

康有为在戊戌变法上书光绪帝时，曾力陈"旧习既深，时势大异，非尽弃旧习，再立堂构，无以涤除旧弊，维新气象"②。如今他却以孔教遭到"停祀毁庙"为借口，大肆攻击辛亥革命的除旧并对数千年的专制统治歌功颂德，称"上虽专制，而下实自由，狱讼鲜少，赋敛极薄"，可见他的思想已经倒退到与戊戌变法运动中那些攻击他的顽固守旧派没有什么区别了。康有为在戊戌变法失败后始终摆脱不了对光绪皇帝的知遇之感，又希冀自己成为覆盖全国的孔教的掌门人，这就是他从一个维新派倒退到与顽固守旧派沆瀣一气的原因所在。

康有为对有些人称孔子为"大政治家"、"大教育家"、"大哲学家"而不尊为教主非常反感，认为："降教主，革圣号，而为一业之名家，此真谤圣之蜚言，毁教之诡术，不可不疾呼而明辩也。孔子为中国改制之教主，为创教之神明圣主。孔子以前之道术，则孔子集其大成。孔子以后之教化，则吾中国人饮食男女坐作行持，政治教化，矫首顿足，无一不在孔子范围中也。岂惟中国，东亚皆然。……若曰政治家、教育家、哲学家而已，则何足尊，且何能配上帝而信之尊之哉?"③ 从康有为的上述言论可以看出，他的"尊孔"并不是尊重孔子的历史地位和对中国传统文化的贡献，而是要把孔子打扮成为"配上帝"的"教主"和"圣王"，对孔子的这种神化，其实是对孔子形象的极大歪曲。

1912 年 12 月，孔教会发起人陈焕章、朱祖谋、梁鼎芬、陈三立、沈曾植、麦孟华等上书临时大总统袁世凯和教育部、内务部，申请准予该会正式立案。这时蔡元培已辞去教育总长职务。教育部批示："当兹国体初更，异说纷起，该会阐明孔教，力挽狂澜，以忧时之念，为卫道之谋，苦心孤诣，殊堪嘉许。"④ 内务部批示："该发起人等鉴于世衰道微，虑法律之有穷，礼义之崩坏，欲树尼山教义，以作民族精神，发起该会，以昌明

① 《孔教会序二》，《康有为政论集》下册，第 735 页。
② 《上清帝第四书》，《康有为政论集》上册，第 152 页。
③ 《中国学会报题词》，《康有为政论集》下册，第 799 页。
④ 《孔教会杂志》第 1 卷第 1 号，1913 年 2 月，引自韩达编《1911—1949 评孔纪年》，第 8 页。

孔教、救济社会为宗旨……具见保存国粹之苦心，所订开办简章，尚属切实妥叶，自应查照约法，准予立案。"① 这样，经过一番紧锣密鼓的筹备之后，孔教会就正式登场了。

孔教会的成立有鲜明的政治目的，陈焕章本人对此也不讳言。他在《论废弃孔教与政局之关系》一文中说：

> 民国初立，一利未兴，一弊未除，而惟以废孔教为事，是废除我中国数千年来所恃以相生相养之最大利矣。大利既除，故大弊朋兴。吾诚不解开创民国者之何以倒行逆施若是之甚也。……清季虽不昌明孔教，尚未废弃孔教，故其政局虽坏，犹愈于今。今日废弃孔教，驱一国之人，而入于无教之禽兽，故并清季而不如也。国之将亡，本必先颠，其此之谓乎。②

在陈焕章看来，无论南京临时政府或北京政府，都是废弃孔教的罪人。民国代替清朝，不但是"以乱济乱"，而且是"驱一国之人，而入于无教之禽兽"。这样的民国，岂不是大大不如清朝？由此得出的结论必然是：辛亥革命错了，还是不革命好。

为了配合孔教会的成立，陈焕章以所撰《论孔教是宗教》、《论中国今日当昌明孔教》两文，合印成《孔教论》一书，在上海发行，并请英国传教士李提摩太、德国传教士费希礼为该书撰写序言。陈焕章在书中说，中国久受孔教之益，"虽无成文之宪法，而有孔教经义以代之。举凡人身自由、信教自由、言论自由、出版自由、集会自由之属，他国于近世以流血而得之者，吾中国早于二千年前，以孔子经义安坐而得之。美哉孔教乎，吾国人之受福良多矣"。他还针对革命之后"无识者或疑孔教有不能适用之处"，逐条加以批驳，指出"君臣之伦只有进化并无绝灭"，孔教中"臣之与君，名异而实同，夫岂一为人臣，遂失其平等自由也哉"！甚至说孔子"痛恶专制"，"渴望共和"，"提倡革命"，秦汉之后"中国之尚得尊重民权者，则以有孔子之义理在也"。"人类之有宗教思想也，性也，不能无者也。自野蛮半化以至文明，最高之民族，无不有教，无不有其所奉之教主。其无教者惟禽兽斯已耳，非人类也。今乃有孔教非教之邪说，然则中国不将为无教之国乎，吾数万万同胞，不将为无教之禽兽乎"③。这位康门

---

① 柯璜编：《孔教十年大事》卷 7，山西宗圣会出版。
② 《民国经世文编·宗教》第 39 册，1914 年上海经世文社印行。
③ 陈焕章：《中国今日当昌明孔教》，见柯璜编《孔教十年大事》卷 5。

弟子曲解孔子学说和为孔教造舆论的本领，真可谓登峰造极了。

李提摩太在为《孔教论》写的序言中，对陈焕章的文章大加称赞，认为"词意精详，语有根柢"。他批评"立国不需宗教之说"，称"徧览古今，凡立国于世界，苟无宗教，未见其能久存者。国之有宗教，犹人之有道德，人无道德，则为众弃，国无宗教，则为人役"。照这位教士的说法，中国自鸦片战争之后之所以被帝国主义列强所宰割，似乎也应归咎于"国无宗教"了。值得注意的是，李提摩太一方面声称他"虽隶耶教，然于孔教之精义，亦莫不乐闻之也"，另一方面又说"世界国家之组织，必先割据而后统一，吾于宗教亦复云然。古世各地隔处，教派分歧，今世界大同，学术技艺，均有共同之趋势，则世界宗教，亦应联合统一，协力以救世人"①。李提摩太虽然没有说明"世界国家之组织"和世界宗教"当如何""统一"，但从他在其他场合的言论，我们不难了解他所说的"统一"究竟是怎么一回事。戊戌变法时，他为光绪帝出谋划策，鼓吹"欲行新政诸法，必须延请精通各国时务头等在行之人，则凡事自无不妥善"，声称"今日治国之道，仅有三大端：泰西各国救世教一也，中国儒教二也，土耳其等国回教三也，而宰治之最广者实惟救世教"。所谓"救世教"，即指基督教。

李提摩太还宣称，中国必须"博考西学"，"倘能善与人同，易不知而进于知，则救华之机，全在此举"②。显然，在李提摩太的心目中，中国的儒教虽然也是一种"治国之道"，但就世界各国的发展趋势而言，"国家之组织"和"宗教"的"统一"，最后还是会统一于西方的"救世教"亦即基督教文明。

在孔教会成立前后，全国各地相继成立了不同名目的尊孔组织。据柯璜所编《孔教十年大事》记载，山西有赵戴文、景定成等发起的"宗圣会"和阎锡山担任社长的"洗心社"，山东有王锡蕃、刘宗国等发起的"孔道会"；其余"以宏道尚德集社于中外者，所在而有"，如北京的"孔社"和"道德学社"，扬州的"尊孔社"，四川内江的"至圣社"，上海的"仓圣社"，香港的"孔道大会"等等。

1913年8月，孔教会代表陈焕章、严复、夏曾佑等上书参议院和众议院，请求定孔教为国教，请愿书说：

　　窃维立国之本，在乎道德，道德之准，定于宗教。我国自羲炎立

----

① 柯璜编：《孔教十年大事》卷2。
② 《戊戌变法》第3册，神州国光社1952年版，第243、245页。

国以来，以天为宗，以祖为法，以伦纪为纲常，以忠孝为彝训，而归本于民。……至汉武罢黜百家，孔教遂成一统。自时厥后，庙祀于全国，教职定为专司，经传立于学官，敬礼隆于群校。凡国家有大事则昭告于孔子，有大疑则折衷于孔子。一切典章制度、政治法律，皆以孔子之经义为根据，一切义理、礼俗、习惯，皆以孔子之教化为依归，此孔子为国教教主之所由来也。历观往史，非无不好儒术之主，偏信释老之君……皆不敢不服从民意，奉孔教为国教。今日国体共和，以民为主，更不容违反民意，而为专制帝王之所不敢为。……中国今日若仅言信教自由，并不规定国教，则人将疑立法者有破坏国教之意而假信教自由之号以行之，其祸必至于国粹沦亡，国基颠覆，国性消灭，国俗乖戾，而国且不保矣。①

宗圣会、孔道会等也都纷纷上书，要求定孔教为国教。孔道会的请愿书说："一般肤浅之徒，不明各国之宪法，谬称五族共和，尊孔不合之语，因而没收学田，停止祀孔，纪纲扫荡，礼法荆榛，皆所弗恤。何怪乎改革以来，日谈文明，而日趋蛮野；日图治理，而日增破败。剽悍狙诈以用事出有因，残杀劫掠以为能，祸患之来，尚不知伊于胡底，此皆国家不尊崇国教影响之所及也。"②

1913 年 9 月，副总统兼湖北都督黎元洪致电国务院、参众两院及各省都督、民政长、议会，支持陈焕章等"奉孔教为国教"的要求。电文说："大乱之起，倡自邪说，继以暴行，故欲觉世牖民，其功必在立教"，应"速定国教藉范人心，孔道一昌，邪诐斯息"③。继黎电之后，河南、广东、江西等省都督、民政长纷纷通电表示赞同。同年 9 月，教育部致电各省都督、民政长暨各将军、都统，据孔子七十世孙孔广牧《孔子生卒年月日考》，将孔子生日农历 8 月 27 日定为圣节，通令全国学校放假一日，并在校内行礼，"以维世道，以正人心，以固邦基，而立民极"④。为纪念孔子诞辰，各地纷纷举行祀孔典礼。孔教会在山东曲阜召开第一次全国大会，与会者多达两三千人。副总统、国会、内务部、大理院和各省都派代表参加。大会推举康有为为总会长，陈焕章为总干事。

1913 年 10 月，国会宪法起草委员会制订的宪法草案三读通过。这

① 柯璜编：《孔教十年大事》卷 8。
② 同上。
③ 《黄陂政节》第 21 册，引自韩达编《1911—1949 评孔纪年》。
④ 《政府公报》1913 年 9 月 24 日，引自韩达编《1911—1949 评孔纪年》。

部宪法因为是在北京天坛制订的，人们称它为"天坛宪法草案"。由于多数委员反对，在宪法草案二读时，已将定孔教为国教的议案否定。但有的议员又提出动议，要求加入"国民教育，以孔子之道为修身大本"的条文，经过协商，终于在通过三读时加入了上述条文。孔教会人士对此并不满足，仍坚决要求在宪法中规定孔教为国教，并对宪法起草委员会进行攻击。康有为在《乱后罪言》中说："中国之人心风俗礼义法度，皆以孔子教为本，若不敬孔教而灭弃之，则人心无所附，风俗败坏，礼化缺裂，法守扫地。……今乃至绝百神，废天坛，停丁祭，收文庙之祭田，甚者乃毁孔庙，禁读经，至议宪法起草委员，竟有主持阻格之，不立为国教者，于是时孔子几等于考生之被荐不售而落卷矣。呜呼！不敬莫大于是。"[1] 湖南孔教会发表专文，称"财政匮乏不足忧，兵气浮嚣不足忧，政事纷扰不足忧，边围震惊不足忧，乱党觊觎以逮外交棘均不足忧，而惟此关系人心生死之国教，竟为宪法起草委员会所否决，可为痛哭"[2]。陈焕章则代表孔教会总会发表告全国同胞书，把宪法起草委员会否决国教称为"天祸中国"，攻击临时约法"不明定原有之国教为国教，以致两年以来道德败坏，人心险诈，秩序紊乱，伦理销沉，家无以为家，国无以为国，人无以为人，将相率而入于禽兽，虽古称洪猛之祸，未有烈于今日者也"。陈焕章声称，"孔教既有数千年之历史，则须知今虽不定于宪法，孔教岂其遂亡？况大道终亦必明，其势将不定于宪法不止"。号召"全国人士，抵死力争，务使宪法规定孔教为国教而后止"[3]。副总统黎元洪、江苏省都督冯国璋以及其他一些省的军政首长也致电袁世凯和参众两院，反对宪法起草委员会的决议。冯国璋在电文中说："国璋一介武夫，罔知大义，窃以保教即所以保国，保国即所以保种。值此国基未固，邪说朋兴，惟有尊崇我固有之孔教，或尚可为千钧一发之维。若听其谬种流传，旧防悉溃，恐斯民之陷溺日甚，不相率而为禽兽者几希。生死关头，争此一著，应请大总统主持于上，京外行政各司法主持于下，俾我国会议员提出孔教会请愿书迅予正式通过，列为条文，编制宪法，庶几鼓舞群伦，共趋正轨。"[4]

康有为、陈焕章为首的孔教会人士要求定孔教为国教，主要理由是辛

---

① 汤志钧：《康有为政论集》下册，第917页。

② 张鸿藻：《湘孔教会哀宪法起草委员会否决国教尊孔论》，柯璜编：《孔教十年大事》卷1。

③ 陈焕章：《孔教会为宪法起草委员会否决国教敬告全国同胞书》，柯璜编：《孔教十年大事》卷8。

④ 柯璜编：《孔教十年大事》卷8。

亥革命以后孔子和儒家思想的地位受到冲击，造成"道德败坏，人心险诈，秩序紊乱，伦理销沉"，如果不定孔教为国教，中国就面临着亡教、亡国、亡种的危险。其实，辛亥革命推翻清朝统治之后，南京临时政府只不过废除了小学读经和学校跪拜孔子的仪式。担任教育总长的蔡元培发表《对于新教育之意见》，在指出"忠君与共和政体不合，尊孔与信教自由相违"的同时，特别声明"教育界何以处孔子，及何以处孔教，当特别讨论之"①，并没有完全否定孔子历史地位的意思。至于说学校撤掉孔子的牌位，小学取消读经课程，有些地方把文庙学田的租入拨充学校的经费，都是共和国建立以后无可厚非的改革，也谈不到是对孔子的不尊重。但封建卫道士们连这样一些温和的改革都不能容忍，一再指责由于孔教受到冲击，使整个国家的秩序紊乱，纲纪荡尽。这种指责归根到底是在攻击辛亥革命错了，制造共和政体并不适用于中国的舆论。康有为甚至借外国人的口吻说："今欧、美、日人，皆议中国近日之危乱，远过晚清，谓国愈纷而无力统一，国愈贫而无术理财，政府无权不能行治，旧制尽扫而乱状日出，其不承认也以此，其日议借债而不肯借债以此，皆谓中国不适于共和也。"② 实际上如前文所说，民国初年政治黑暗、社会动乱的根本原因并不在于孔教受到冲击而导致了伦理道德的堕落，更与推翻帝制改建共和没有关系，而是因为辛亥革命的果实被袁世凯窃取，半殖民地半封建旧中国的社会性质并没有改变。康有为、陈焕章等人把自己打扮成道德高尚的圣人门徒，对社会风气的败坏忧心忡忡。其实有些孔教会人士和支持他们的军阀官僚政客，恰恰是丧廉寡耻、行为卑鄙龌龊的伪君子。康有为一方面大声疾呼不能容忍"人心之堕落"，"教化之陵夷"，另一方面又主张议院政府不要干预社会风俗，反对禁止赌博、卖淫嫖娼和迷信淫祀③，这也表现了他的道德说教是何等的虚伪。

　　当孔教会和各地尊孔团体鼓噪要求定孔教为国教之际，也正是袁世凯阴谋复辟帝制推翻共和政体之时。孔教会人士对待袁世凯窃国活动的态度虽然并不完全一样，有的积极参与或迎合顺从，有的则持反对态度。但不管他们各个人的政治表现如何有别，民国初年这场尊孔闹剧在客观上是符合袁世凯复辟帝制的政治需要的。袁世凯复辟帝制的第一步是制造民主共和政体不适合中国国情的舆论，孔教会和其他尊孔人士攻击辛亥革命废弃祀孔读经，导致纲纪伦常荡然，社会秩序混乱，甚至认为民国不如前清，

①　《蔡元培全集》第 2 卷，中华书局 1984 年版，第 136 页。
②　《中国以何方教危论》，《康有为政论集》下册，第 810 页。
③　《议院政府无干预民俗说》，《康有为政论集》下册，第 826 页。

这正好为袁世凯的复辟帝制活动提供了舆论借口。

第二节 袁世凯利用尊孔复辟帝制

孔教会成立之际，袁世凯与其党羽正在密谋对付由同盟会改组的国民党。他认为尊孔复古思潮有利于建立自己的独裁统治，因而不失时机地大力加以支持。1913 年 2 月，北洋将领张勋在《孔教会杂志》发表了《上大总统请尊崇孔教书》，声称"孔子为我国宗教初祖，道冠为王，功垂万载"，"是以汉唐以降，下迄明清，国祚虽有推移，尊崇初无二致，匪偶然也，道在故也"。他指责有些人"以为孔教偏重尊君，今君道既废，则其教应归渐灭，于是谬说庞兴，吠声相应"，"所至议毁圣像者有之，欲废儒书者有之，而一二营私图利者流，觊觎非分，竟欲藉此时期，侵夺上祭公产，除先圣林庙者，其丧心病狂，非圣不道，为何如也"。张勋最后提请"大总统剀切宣谕，表示尊崇，由所司通饬各省，凡先圣林庙所在，一律并加保护"，"匪特保存国粹，亦以维系人心"①。张勋的上书是一个信号，表明袁世凯要亲自出面为"圣人"护法了。

1913 年 4 月，北京孔社成立，袁世凯派代表致祝词说："民国肇始，帝制告终，求所以巩固国体者，惟阐发孔子大同学说，可使共和真理深入人心"。他批评"有疑提倡尊孔不合法律者"是"属拘墟之见"，认为"中国之尊孔，有数千年历史之关系，四万万人心理所同，况共和政治为人民全体已成，思想发达，言语自由，尤非专制时代学说，定于一尊可比"②。孔教会的尊孔鼓噪，明目张胆地攻击辛亥革命与共和政体，袁世凯却宣称提倡尊孔"可使共和真理深入人心"，这无异于给那些封建卫道士发了一道护身符，鼓励他们更加肆无忌惮地把尊孔活动政治化。同年 6 月，袁世凯发布《尊孔祀孔令》，批评"近自国体改革缔造共和，或谓孔子言制大一统而辩等，咸疑其说与今之自由平等不合，浅妄者流，至悍然倡为废祀之说。此独无以识孔子之精微，即于平等自由之真相亦未有当也"。表示"本大总统维持人道，夙夜兢兢，每于古今治乱之源，政学会通之故，反复研求，务得真理，以为国家强弱存亡所系。惟此礼义廉耻之防，欲遏横流，在循正轨，总期宗仰时圣，道不虚行，以正人心，以立民极"。命令还提到，"前经国务院通电各省，征集多数国民祀孔意见"，"应俟各省一律议复到京，即查照民国体制，根据古义，将祀孔典礼，折衷至当，

---

① 《孔教会杂志》第 1 卷第 1 号，引自韩达编《1911—1949 评孔纪年》，第 12 页。
② 《孔社创刊号》，引自韩达编《1911—1949 评孔纪年》，第 16 页。

详细规定，以表尊崇，而垂久远"①。在袁世凯的鼓励下，各地军阀政客和士绅要求尊孔祀孔的呼声一浪高过一浪。针对袁世凯"尊孔祀孔令"所包藏的祸心，上海《中华民报》在社论《袁世凯命令书后》中曾指出，"所以如此者，固孔子力倡尊王之说，欲利用之以恢复人民服从专制之心理"；"计虽至巧，然明眼人多能辨之，由各方面观之，袁世凯近日之乱命，仍是愚民与防民之故智耳"。②

1913 年 9 月，孔教会经教育部批准，在北京国子监举行"仲秋丁祭祀孔"，到会千余人，有外国报界、教育界、外交界人员参观。梁士诒代表大总统袁世凯、众议院议长汤化龙参加献礼。梁士诒称："大总统有种种困难，深望社会上有贤人君子出，而道民以德，且深望国会中人，早宣各种法律，俾收齐民以礼之效。"③ 梁士诒暗示袁世凯虽热心尊孔，但受到共和政体的约束，这显然是为袁世凯的称帝埋下了伏笔。

1913 年 10 月，国民党员占多数的国会宪法起草委员会否决了以孔教为国教的提案，但对孔教会的尊孔鼓噪又作了一定妥协，在宪法草案中规定了"国民教育以孔子之道为修身大本"的条文。孔教会对此并不满意，发表告全国同胞书，攻击临时约法为"天祸中国"，号召各界人士"抵死力争，务使宪法规定孔教为国教而后止"④。

1914 年 1 月，袁世凯下令公布由他设置的政治会议议决之祀孔典礼。命令称："金以为崇祀孔子，乃因袭历代之旧典。议以夏正春秋丙丁为祀孔之日，仍从大祀。其礼节、服制、祭品与祭天一律。京师文庙应由大总统主祭，各地方文庙，应由长官主祭"。"其它开学首日，孔子生日，仍听从习惯，自由致祭，不得特为规定"⑤。随后又颁布"祭圣告令"称：

> 近自国体变更，无识之徒，误解平等自由，逾越范围，荡然无守，纲常沦弃，人欲横流，几或为土匪禽兽之国。幸天心厌乱，大难削平，而黉舍鞠为荆榛，鼓钟委于草莽，使数千年崇拜孔子之心理，缺而弗修，其何以固道德之藩篱，而维持不敝。本大总统躬膺重任，早作夜思，以为政体虽取革新，而礼俗要当保守。……前经政治会议议决祀孔典礼，业已公布施行。九月二十八日为旧历秋仲上丁，本大

---

① 《政府公报》1913 年 6 月 23 日，引自韩达编《1911—1949 评孔纪年》，第 17、18 页。
② 引自韩达编《1911—1949 评孔纪年》，第 18 页。
③ 《孔教会杂志》第 1 卷第 8 号，引自韩达编《1911—1949 评孔纪年》，第 24 页。
④ 引自韩达编《1911—1949 评孔纪年》，第 28 页。
⑤ 1914 年 2 月《政府公报》，引自韩达编《1911—1949 评孔纪年》，第 30 页。

> 总统谨率百官举行祀孔典礼，各地方孔庙由各该长官主祭，用以表示人民，俾知国家以道德为重，群相兴感，潜移默化，治进大同，本大总统有厚望焉。①

这样，辛亥革命后已经废弛的祀孔典礼，又以大总统命令的形式恢复了。同年9月28日，袁世凯亲率百官至文庙三跪九叩，祀孔行礼。此前袁世凯还公布《崇圣典礼》，规定"衍圣公膺受前代荣典，均仍旧。其公爵按旧制由宗子世袭"②。

1914年5月，北京政府教育总长汤化龙为崇经尊孔上书袁世凯，提出"于中小学校修身或国文课程中，采取经训，一以孔子之言为旨归"。袁世凯批示："卓识伟论。由部即本斯旨详细审订可也。"③ 教育部随即饬令全国学校和书坊执行并规定："从前业经审定发行之本，如有违背斯义或漏未列人者，并即要慎改订呈部审查，以重教育。"④ 辛亥革命后已经废除的小学读经课程，也变相地恢复了。

袁世凯在戊戌变法运动中曾耍两面派并出卖光绪帝。康有为从海外归国后，袁世凯刻意拉拢，邀其入京"主持名教"。康有为虽然没有入京，但看到袁世凯提倡尊孔复古，赞美封建的纲纪伦常，也就改变了对袁世凯的态度。他在给袁世凯的电文中说："承许翼教相助，拯救人心，咸不去怀，中国犹有望耶。"并向袁世凯建议："伏望明公亲拜文庙，或就祈年殿尊圣配天，令所在长吏，春秋朔望，拜谒孔圣，下有司议，令学校读经，必可厚风化，正人心。"⑤

袁世凯拉拢的另一个文化名人，是对近代思想启蒙运动产生过重大影响的严复。辛亥革命后，严复的思想日趋保守。他在给友人的信中说："暮年观道，十八、九殆与南海（指康有为——引者）相同，以为吾国旧法断断不可厚非。"⑥ 又说："一切学说法理，今日视为玉律金科，转眼已为蓬庐刍狗，成不可重陈之物。譬如平等、自由、民权诸主义，百年已往，真如第二福音；乃至于今，其弊日见，不变计者，且有乱亡之祸。"⑦ "往闻吾国腐儒议论谓：'孔子之道必有大行人类之时。'心窃以为妄语，

---

① 《大总统祭圣告令》，柯璜编：《孔教十年大事》卷7，宗圣社。
② 《东方杂志》第10卷第10号，见韩达编《1911—1949评孔纪年》，第31页。
③ 柯璜编：《孔教十年大事》卷7。
④ 《教育杂志》第9卷第5号，引自韩达编《1911—1949评孔纪年》，第33页。
⑤ 《复总统电三》，《康有为政论集》下册，第925页。
⑥ 1917年1月24日致熊纯如信，《严复集》第3册，中华书局1986年版。
⑦ 1917年4月26日致熊纯如信，《严复集》第3册。

今乃听欧美通人议论，渐复同此……即此可知天下潮流之所趋矣。"① 从上引严复所说自己思想的变化，可以看出他已经完全丧失了先前那种追求社会进步的理想和锐气。他之所以和陈焕章等人联名上书参众两院要求定孔教为国教，乃至加入筹安会为袁世凯称帝劝进，也和他晚年的这种思想变化有密切关系。

袁世凯称帝失败后，严复为自己列名发起筹安会辩解说："筹安会之起，杨度强邀，其求达之目的，复所私衷反对者也。然而丈夫行事，既不能当机决绝，登报自明，则今日受责，即亦无以自解。"② 严复和袁世凯的关系诚然不如杨度亲近，但他说自己私衷反对成立筹安会，是受杨度"强邀"才加入，这种辩解是十分苍白无力的。当袁世凯镇压"二次革命"时，严复就认为国民党人"不察事势，过尔破坏，大总统诚不得已而用兵"；又称颂袁世凯"于国变日受职，各国同日承认，亦几天与人归矣"③。袁世凯称帝失败后，朝野都反对他继续担任总统，严复却说"项城此时一去，则天下必乱，而必至于覆亡"，主张"取消帝制后，复劝项城退位，则又万万不能"④；甚至坚持认为，"共和之万万无当于中国，中外人士，人同此言。杨、孙之议，苟后世历史，悉绝感情，出而评断，固亦未必厚非"⑤。所谓"杨、孙之议"，即指杨度、孙毓筠的筹安会之议。可见严复始终没有认为袁世凯的帝制复辟是违反历史潮流的反动行为。还应该指出的是，杨度虽然是筹安会的主要发起人，但他拥袁失败后，能够吸取教训，改变自己的政治立场，随着时代前进，终于成为无产阶级革命队伍中的一员，而严复相形之下，却是以一个时代的落伍者而为自己的历史画上句号的。

由于有孔教会和筹安会这些"文化精英"的拥戴，袁世凯觉得可以放手进行帝制复辟活动了。1915 年 9 月，直隶、河南两省的孔社，先后上书参政院，请"早定君主立宪"，"复尊君崇上之本"。10 月，衍圣公孔令贻电复宪政协会，赞成袁世凯称帝，"并望劝进，早日登基"。12 月，又上书袁世凯，劝袁"早正位号"。同月，山东孔教会的王锡蕃等致电国民会议事务局、宪政协进会请求劝进袁世凯称帝电文说："锡蕃等既以孔道为宗，即以经训为重，懔非后罔事之义，惧无主乃乱之危，用敢公电恳求，敬乞

---

① 1918 年 7 月 11 日致熊纯如信，《严复集》第 3 册。
② 同上。
③ 1913 年 10 月 20 日致熊纯如信，《严复集》第 3 册。
④ 1918 年 7 月 11 日致熊纯如信，《严复集》第 3 册。
⑤ 1916 年 5 月 2 日致熊纯如信，《严复集》第 3 册。

迅锡筹维，再行劝进。"①

1915 年 12 月，袁世凯下令设立登极大典筹备处，改民国五年为洪宪元年，改总统府为新华宫。这个独夫民贼只待择吉日龙袍加身了。但他没有想到，民主共和制度已经深入人心，复辟帝制的倒行逆施只能引起人民的反抗怒潮而自取灭亡。以孙中山为首的国民党人发动了多次武装起义，进步党的党魁梁启超也明确表示了反袁的态度。袁世凯的老部下如段祺瑞、冯国璋等北洋军阀，眼看洪宪帝制成不了气候，也与他拉开了距离。原云南都督蔡锷摆脱了袁世凯的监视，从北京潜回昆明。1916 年元旦，蔡锷率领的护国军在昆明校场誓师，发布讨袁檄文，在全国迅速得到了广泛支持。袁世凯派兵镇压，但北洋军的士气低落，出师不利。日、英、俄等国这时也改变了当初支持袁世凯的态度，对他的称帝提出警告。在内外交困的形势下，袁世凯不得不下令撤销帝制，妄想继续再做总统。但是，各地的反袁斗争已经如火如荼，就连他原先视为亲信的一些北洋军阀也劝他退位。袁世凯忧愤交加，染病不起，1916 年 6 月终于一命呜呼。

第三节　袁世凯死后尊孔闹剧继续上演

洪宪帝制的夭折，对于那些把"翼教"重任寄托在袁世凯身上的封建卫道士们来说，无疑是一个重大的打击。但这些人多数并没有直接参与帝制复辟的策划，因而帝制丑剧收场后，除了严复因为参加筹安会而被牵连外，其他的人都安然无事。加以代替袁世凯上台的黎元洪和冯国璋、段祺瑞等人，本来就是尊孔的积极支持者，因此这些封建卫道士的尊孔复古气焰，并没有随着袁世凯的败亡而有所收敛。

袁世凯死后，宪法审议会复会，有的议员提议删除其中的尊孔条文。内政部也重申废止跪拜孔子之礼。这下子引起了尊孔派再次要求定孔教为国教的喧嚣。

康有为在护国军起事时，眼看袁世凯大势已去，曾致电袁世凯劝其退位，同时还致电美国总领事劝美商不要借款给袁世凯，从而为自己捞取了一笔政治资本。袁世凯死后，总统黎元洪、国务总理段祺瑞都邀他入京，咨询大政方针。康有为关心的仍是尊孔祀孔。1916 年 9 月，他在给黎元洪和段祺瑞的信中，指责当政者"两月来不闻一经国之图，不见一救亡之策，隐忧方危疑，大祸在眉睫。乃议员建议之先声，在黜孔教，国务有司

---

① 《君宪纪实》第 1 册，见韩达编《1911—1949 评孔纪年》，第 39 页。

所先行，在禁拜圣，令天下骇怪笑骂，岂不异哉"。"在今诸公，读孔子之书，行孔子之伦，乃敢攻孔子，不解何由，或恶孔教礼义廉耻之严，不便其纵欲营利之行，故必毅然破之而后便耶？或出媚外好新耶？然万国视我其谓之何？"①　在另一封致黎元洪和段祺瑞的电文中，康有为竟然放言："万国礼教主无不跪，中国民不拜天不奉耶、回，又不拜孔子，留此膝何为？"②　在他看来，中国人原先既跪拜皇帝又跪拜孔子，如今皇帝被赶走了，孔子又不让跪拜，留下双膝有什么用处？这位南海"圣人"无法认识，中国人习惯跪拜的时代早已一去不复返了。只有他这样顽固的时代落伍者，才会产生"留此膝何为"这种荒谬的想法。而他大概也没有想到，这句名言会使他永远在历史上蒙羞。

据柯璜编、山西宗圣会出版的《孔教十年大事》记载，袁世凯死后，在宪法审议会重新讨论是否应规定孔教为国教问题时，全国各地一些督军、省长、商绅名流和尊孔团体纷纷致书致电大总统、国务院和参众两院，要求定孔教为国教。各种奇谈怪论此呼彼应，诸如："国教不定，则隐患日深，一旦溃隄决防，行见我祖国五千年声明文物，扫地以尽"③；"国有宗教，犹人之有灵魂也。无魂之人，是谓非人；无教之国，是谓非国"④；"年来误会自由，防闲尽隳，禽兽塞途，廉耻道丧，此国不亡，是无天理。值大命将倾之际，求一起死回生之术，非扶翼孔教，培植人格，绝无余悸"⑤。张勋、倪嗣冲、姜桂题、张作霖等军阀在致黎元洪和段祺瑞的电文中，还公开指责"自革变以后，祀天祭孔之礼皆废，文庙鞠为茂草，夺其祭田。顷国会又议者纷纷，而内务部敢擅禁拜跪，兴废反覆，视大教如儿戏，攻难纷争，视圣教如弁髦"；要求"大总统提议于国会，照旧定孔教为国教，保存郡县学宫，及其学田祭田，设奉祭生，行拜跪礼，编入宪法，永不得再议。庶中国人知所归依，风俗得以归厚，而后立国有本，乃可救亡"⑥。

当宪法会议在袁世凯死后重新审议天坛宪法草案时，有的议员以袁世凯利用孔教为由，提议删除宪法草案中有关"国民教育以孔子之道为修身大本"的条文。如何看待袁世凯的尊孔祀孔，成了尊孔派无法迴避的问题。对此，他们作了多方狡辩。陈焕章等人在上参众两院请定国教的请愿

---

① 《致北京节》，《康有为政论集》下册，第 955 页。

② 《致北京电》，《康有为政论集》下册，第 958 页。

③ 《希社会体请定国教书》，柯璜编：《孔教十年大事》卷 8。

④ 《江苏孔教会请定国教书》，柯璜编：《孔教十年大事》卷 8。

⑤ 《福建政界通电》，柯璜编：《孔教十年大事》卷 8。

⑥ 《各省督军省长电大学总统总理》，柯璜编：《孔教十年大事》卷 8。

书中说："袁氏之所以失败者，亦惟违背孔教之故，非利用孔教之故也。彼不立民信，不顺民心，故虽以廿年政治之积威，四载总统之实力，而民亲不与，亡也忽焉。"这些人还假借民意，威胁国会议员说："自古至于今，与民为仇者，有迟有速，而民必胜之。好恶拂人之性，菑必逮乎身。殷鉴不远，观于袁氏而可知矣。诸公试自思之，为代表民意而来乎，抑为假托代表民意之招牌，以实行违反民意之手段而来乎。"① 特别荒唐的是，他们居然指责反对祭天祭孔的议员说：

> 即袁氏时代，亦根本于真正民意而公布祭天祭孔之制焉。盖虽无国教之名，而国教之实犹未尽泯也。袁氏将来不可磨灭之处，即在于是。岂可以自称国民代表之议员，而竟不能如袁氏之真能代表民意于万一乎：乃众议院中，意有败类之议员，提出明令取消祭天祭孔建议者，无天无教诚可为国会之羞矣！②

在这些封建卫道士的笔下，袁世凯利用祭天祭孔为自己称帝制造舆论，不是一种复古倒退的丑行，反而是他"有不可磨灭之处"的历史业绩，这真是颠倒黑白的一派胡言乱语！

在《孔教十年大事》一书中，还收入了不少为袁世凯尊孔涂脂抹粉的谬论，诸如：

> 自约法规定信教自由以来，我孔教何尝享一日自由之保障。毁学宫，夺祭田，废祀典，纷纷至今，其不沦胥以丧者，幸赖袁氏虽暴，尚知假托维持耳，此皆诸公所亲见也。今当制定宪法之时，又安可再蹈其覆辙？③
>
> 夫袁氏之与孔子，直可谓之渺不相涉。何则？袁氏非真尊孔之人也。即曰尊孔，其德其才皆不足与于尊孔之列者也。……且夫袁氏之败，失人心也。失人心之事非一，若其尊孔则窃思收拾人心，差强人之事，千秋万世，罪袁氏者必不以此。④
>
> 今犹有谓者袁总统所发命令，非一举荡灭，不足显刷新之治，祀

---

①　柯璜编：《孔教十年大事》卷8。

②　同上。

③　《浙江孔教会请定国教书》，柯璜编：《孔教十年大事》卷8。

④　陈朝爵：《驳宪法会议拟删宪法草案国民教育以孔子之道为修身之大本条文书》，柯璜编：《孔教十年大事》卷8。

> 天祭孔，亦其一端。夫天不以降生莽莽，而灭其尊崇，岂孔子以袁氏
> 虚礼，讵灭其垂教精诣乎？况基督各教，前为袁总统祈福者，报章有
> 称袁总统捐助基督教青年会者，亦有确据，其又何说之词耶？①

从上引言论可以看出，这些封建卫道士在袁世凯被全国人民所唾弃的时候，一方面想把他们的尊孔闹剧说成与这个窃国大盗无关，声称袁世凯并非"真尊孔之人"；但另一方面又禁不住还要为袁世凯的尊孔评功摆好，认为这是他得人心、顺民意的德政。这种自我矛盾的遁词，正反映了他们进退维谷的尴尬心态。

1917 年 2 月，张勋、倪嗣冲再次致电总统黎元洪及各省督军省长，叫嚣若不将孔教列入宪法，就是"溃决藩篱"，"举礼义廉耻之大防扫地以尽"，"国于天地，将谁与立"。他们还纠合各省督军省长致电北京政府及参众两院，攻击反对把孔教列入宪法的议员，扬言如不"定孔教为国教"，就要解散国会，另组宪制机构，"安见宗教之战，不于我国见之"②。同年3 月，山东、浙江、江苏、安徽、山西、广东、湖北、湖南、福建、直隶、云南、四川、陕西、奉天、黑龙江、广西等省尊孔社团在上海组织"全国公民尊孔联合会"，要求在宪法中定孔教为国教，推举陈焕章为会长，张勋、康有为等为名誉会长，并派代表进京请愿。

尽管孔教会和北洋军阀继续上演尊孔闹剧，但时代变了，他们逆历史潮流而动的喧嚣并未在知识界和社会公众中得到广泛支持，相反还引起了强烈的抵制。在尊孔和反尊孔两种舆论的压力下，国会宪法审议会采取了调和的态度。1917 年 5 月，该会否决定孔教为国教的议案，撤销天坛宪法草案中关于"国民教育以孔子之道为修身大本"的条文，并将原草案中"中华民国人民有信仰宗教之自由，非依法律不受限制"的条文，改为"中华民国人民有尊崇孔子及信仰宗教之自由，非依法律不受限制"。但这种调和态度仍然受到尊孔派的强烈反对。陈焕章发表告国人书说：

> 我至圣先师二千四百六十八年，岁次丁巳，三月二十四日，即中
> 华民国六年五月十四日未时，我国家我国民所托命之孔教，竟被宪法
> 会议之议员某某大革其命，呜呼痛哉！……宪法草案虽未规定国教，
> 然亦不排孔子于教之外。且第十九条第二项明定之曰"国民教育以孔
> 子之道为修身大本"，则孔教之道尚有普及于国民之望也。乃今宪法

---

① 常赞春：《上国会请定国教书》，柯璜编：《孔教十年大事》卷 8。

② 《民国日报》1917 年 2 月 9 日，转引自韩达编《1911—1949 评孔纪年》，第 56 页。

会议竟并此不完不备之条文亦不予通过，且变本加厉，空设"尊崇孔子"四字以愚弄国民而明排孔教于教之外，以引起吾国空前之教争。于宪法第十一条修坏之曰："中华民国人民有尊崇孔子及信仰宗教之自由，非依法律不受限制"。盖至是而孔教之命乃被此等亡国绝种之宪法所革去矣。邦人诸友，莫肯念乱，谁无父母，其将坐视数千年之大教，断送于违反民意之议员之手乎；抑将以保教为国，保种之道，竭力以自救乎?!①

陈焕章列举宪法会议决议的 12 条罪过，大致是：（一）"此条文不称孔教而但称孔子，是剥夺孔教之儒教资格，屏之于各宗教之外，使不得与各宗教平等"。（二）"不称孔教而但称孔子，是剥夺孔子之教主资格"。（三）"不言信仰孔子而但言尊崇，是贬抑孔子，使之不足供人民之信仰"，"名为尊而实无其位，名为崇而实无其礼"。（四）"置尊崇孔子于信仰宗教之外，是剥夺孔教徒信仰孔教之自由，使不得与各教徒同受宪法之保障"。（五）"不言人民有信仰孔教之自由而排孔子于宗教之外，是驱迫人民舍弃孔教而信仰外教，使之非信仰外教即无从得宗教上之信仰"。（六）"仅许人民有尊崇孔子之自由，而不言国家之尊孔典礼须别以法律定之，是欲取消国家之尊孔典礼须别以法律定之，是欲取消国家之尊孔成法"，"而未来之尊孔法案将无从提出"。（七）"仅言人民有尊崇孔子之自由，并非言有尊崇孔子之义务，是贬抑孔子使之不能必得人民之尊崇"。（八）"不曰孔教而但曰孔子，是贬抑孔子置之寻常历史英雄之列"，"而孔子内圣外王之道，备天地之美称神明之容者，遂暗而不明，郁而不发"。（九）"条文虽言尊崇孔子，而实则侮辱孔子，使侪于普通人类之列"。（十）"不称孔教为教"，"实含有蔑视国民之意味"。（十一）"条文虽许人民有尊崇孔子之自由，而又言非依法律不受限制，则是吾民之尊崇孔子，且将受法律之限制矣"。（十二）"尊崇孔子既仅听诸人民之自由，则国家祀孔之经费将不能由国库支出，而国家之祀孔典礼将不能保存"；"各省孔庙将不能由国家保管，而近年来变卖侵占折毁孔庙之风将愈推愈广"，"孔庙之产业将无恢复之希望"；"宪法既不认孔教为国教，则全国人民将无学校读经之自由"，"全国之孔教徒将不得组织教会之自由，而孔教团体将不得与各宗教团体同受宪法上同等之保护"②。

在经过几十年之后，我们今天来欣赏陈焕章的这篇奇文，不免要为其

① 陈焕章：《国会宪法会议对于孔教大革命敬告国人书》，柯璜编：《孔教十年大事》卷 8。

② 柯璜编：《孔教十年大事》卷 8。

逻辑混乱和胡搅蛮缠而觉得可气又可笑。这些尊孔的卫道士实在拿不出什么像样的理论武器，来说明他们并非真正尊崇孔子及其思想的历史地位和价值，而只是一味把孔子当做膜拜的宗教偶像。他们不愿意看到人民有思想自由和信仰自由，还企图像两千年来的封建统治阶级那样，利用孔子和孔教来束缚人们的思想，箝制人们的信仰。

　　1917 年 7 月，张勋在北京发动政变，解散国会。他错误地估计形势，认为这是实现君主立宪政治主张的绝好机会，兴致勃勃地把前清废帝溥仪重新拥上皇帝的宝座。康有为参与政变的策划，"代草诏书，用虚君共和之意，定中华帝国之名"①。溥仪复辟后发布上谕，要"以纲常名教为精神之宪法，以礼义廉耻收溃决之人心"②。但共和民主潮流的历史已不可逆转，张勋扶持溥仪复辟的阴谋不到半个月就被粉碎。康有为在美国使馆的庇护下逃出北京。他此后虽然仍坚持反对共和民主的政治立场，有时也还著文演说，鼓吹尊孔，但孔教会的影响已大不如前，他本人在中国政治舞台上也逐渐淡出了。

第四节　章太炎、蔡元培等人
反对定孔教为国教

　　孔教会鼓吹尊孔，如果只是希望尊崇孔子的一种文化诉求，可能在知识界会得到很多人的赞同，因为孔子作为中国传统文化的宗师，毕竟长期以来在知识分子中受到广泛的敬仰。但孔教会要求宪法定孔教为国教，这就不仅是一个文化诉求问题，而是一种对全国人民有约束力的政治诉求了。康有为、陈焕章等人寻求袁世凯和北洋军阀的支持，攻击辛亥革命和共和政体，更是广大知识分子所无法接受的政治取向。在孔教会上演尊孔闹剧时，有些人对其弘扬孔教的宗旨虽表示赞同，但却不赞成定孔教为国教。1913 年 8 月，张东荪在《孔教会杂志》发表《余之孔教观》，称赞孔教会"一则欲以宗教挽回人心，二则欲以保存东方固有之文明，其用意诚美备矣"，但他又明确表示不同意从法制上规定孔教为国教，认为"孔教所诠乃中国独有之文明；数千年之结晶，已自然的为国教矣"；"然而近人谋建议案于国会，欲定孔教为国教，且以祀孔配天，此无足为孔子增光，殆亦画蛇添足之类，无足取也"③。文化界其他一些人士，也对孔教会的尊

---

① 《与徐世昌书》，《康有为政论集》下册，第 994 页。
② 《东方杂志》第 4 卷第 8 号，引自韩达《1911—1949 评孔纪年》，第 65 页。
③ 《孔教会杂志》第 1 卷第 8 号，引自《民国经世文编·宗教》第 39 册。

孔活动提出了尖锐批评。

章太炎早在辛亥革命之前，就曾因"尊孔设教有煽动教祸之虞"，批评过康有为要求定孔教为国教的主张。[①] 辛亥革命后他的立场并没有改变。袁世凯阴谋复辟帝制时，章太炎因拒绝袁世凯的拉拢被软禁。他把袁世凯奖赏的大勋章当做扇坠，到总统府痛斥袁世凯包藏祸心，表现了一个资产阶级革命家的高风亮节。1913 年，针对袁世凯下令各省"尊孔祀孔"，章太炎在给家人的书信中写道："近又有人欲以孔教为国教，其名似顺，其心乃别有主张，吾甚非之。"[②] 随后又公开发表《驳建立孔教议》，指出"孔教本非前世所有，则今者固无所废，莫之废则亦无所复矣。愚以为学校瞻礼，事在当行；树为宗教，杜智慧之门，乱清宇之纪，其事不便"。章太炎认为，"孔子者，学校诸生所尊礼，犹匠师之奉鲁班，缝人之奉轩辕，胥吏之奉萧何，各尊其师，思慕反本，本不以神祇灵鬼事之，其魂魄存亡亦不问，又非能遍于兆庶也"。"今以士人拜谒孔子，谓孔子为教主，是则轩辕、鲁班、萧何，亦居然各为教主矣"。文中还指出："孔子所以为中国斗杓者，在制历史、布文籍、振学术、平阶级而已。""总是四者，孔子于中国，为保民开化之宗，不为教主。世无孔子，则宪章不传，学术不起，国沦戎狄而不复，民居卑贱而不升，欲以名号列于宇内通达之国难矣。今之不坏，系先圣是赖，是乃其所以高于尧、舜、文、武而无算者也。"[③] 章太炎称"平阶级"是孔子对中国历史的一大贡献，这种说法虽不够恰当，但他没有像康有为等人那样神化孔子，而是把孔子看做中国历史学的开山祖师和中国传统文化的不祧宗师，无疑更接近孔子的真实面目。

章太炎这个时期还写过一篇《反对以孔教为国教篇，示国学会诸生》的未刊稿，文中批评康有为"嫌儒术为周、孔通名，于是特题孔教，视宋儒道统之说弥以狭隘，其纰缪亦滋多矣"。他尖锐地揭露了康有为等人要求定孔教为国教的政治用心及其后患：

> 夫其意岂诚在宗教耶？点窜《尧典》、《舜典》以为美，涂改《清庙》、《生民》以为文，至于冕旒郊天，龙衮备物，民国所必不当行者，亦可借名圣教，悍然言之。政教相揉，不平者必趋而入于天方、基督，四万万人，家为仇敌，小则为义和团之争，大乃为十字军之战，祸延于百年，毒流于兆庶。……今为诸君说是者，以其寄名孔

---

① 汤志钧编：《章太炎年谱长编》上册，1896 年，中华书局 1979 年版。
② 同上书，1913 年。
③ 《雅言》第 1 期，收入《太炎文录》初编卷 2，见《章太炎年谱长编》上册。

子，所托至尊，又时时以道德沦丧，借此拯救为说，足以委曲动人，顾不知其奸言莠行，有若是者。①

章太炎在民国初建时，对袁世凯和黎元洪都曾有过幻想，并且提出过"革命军起，革命党消"的错误口号。后来看清袁世凯的真面目，反对袁世凯独裁和称帝，反对定孔教为国教，这是他一生中继"苏报案"之后的又一段光荣历史。但是他晚年的思想却也不免趋于颓唐。他认为自己创建民国的功劳不下于孙中山，常为地位屈居于孙中山之下而忿忿不平，乃至于与孙中山屡生芥蒂。1918 年退居上海之后，章太炎逐渐远离时代的潮流，"身衣学术的华衮，粹然成为儒宗"②。他在一次讲演中说，"我从前倾倒佛法，鄙薄孔子、老、庄，后来觉得这个见解错误"③。在致柳诒徵的信中又检讨了自己从前批孔的言论。信中说："鄙人少年本治朴学，亦唯专信古文经典，与长素辈为道背驰。其后深恶长素孔教之说，遂至激而诋孔。中年以后，古文经典笃信如故，至诋孔则绝口不谈。亦由平情斠论，深知孔子之道，非长素辈所能附会也。"④ 1926 年军阀孙传芳组织修订礼制会，章太炎应邀担任会长，因而遭到时论非议。鲁迅在提到他的这位老师时，曾深为其"用自己所手造的和别人所帮造的墙，和时代隔绝了"而惋惜⑤。这时的章太炎已经从学术上的尊孔倒退到思想上的复古了。

蔡元培在辛亥革命后曾任南京临时政府的教育总长，他发表的《对于新教育之意见》，明确指出"忠君与共和政体不合，尊孔与信教自由相违"⑥。1916 年 12 月，北京信教自由会开会讨论国教问题，刚被任命为北京大学校长的蔡元培应邀到会演说。他开宗明义表示对要求定孔教为国教之议"深致骇异"。指出"宗教是宗教，孔子是孔子，国家是国家，各有范围，不能并作一谈"。蔡元培说：

　　夫孔子之说，教育耳，政治耳，道德耳。其所以不废古来近乎宗教之礼制者，特其从俗之作用，非本意也。季路问事鬼神，曰："未

---

① 《章太炎年谱长编》上册，1913 年。

② 鲁迅：《关于太炎先生二三事》，《且介亭杂文末编》，《鲁迅全集》第 6 卷，人民文学出版社 1958 年版。

③ 《章太炎年谱长编》下册，1921 年。

④ 同上书，1922 年。

⑤ 鲁迅：《关于太炎先生二三事》，《且介亭杂文末编》，《鲁迅全集》第 6 卷，人民文学出版社 1958 年版。

⑥ 《蔡元培全集》第 2 卷，中华书局 1984 年版。

能事人，焉能事鬼？"问死，曰："未知生，焉知死？"是孔子本身对于宗教，已不啻自划界限。且宗教之成也，必由其教主自称天使，创立仪式，又以攻击异教为惟一之义务。孔子宁有是耶？孔子自孔子，宗教自宗教，孔子、宗教，两不相关。"孔教"二字，当［尚］能成一名词耶？

至于国家，乃一政治的团体，以政治为其界限。……所以一国之中，不妨有各种宗教；而宗教之中，可以包含多数国家之人民。既以国家为界，即不复能以宗教为界；既以宗教为界，即不能复以国家为界。换言之，既论国界，即不论教界，故国家不干涉宗教；既论教界，即不论国界，故宗教亦不能干涉国家。国家自国家，宗教自宗教，"国教"二字，尚能成一名词耶？

孔教不成名词，国教亦不成名词，然则所谓"以孔教为国教"，实不可通之语。①

蔡元培在担任北京大学校长期间，提出"思想自由"、"兼容并包"的办学方针，对推动新文化运动起了重要的作用。他虽然尊崇孔子，却反对尊孔派把孔子神化。他认为不能把孔子和宗教与国家"并作一谈"，指出"孔教"和"国教"这样的名词实际上都不能成立，分析合乎逻辑，因而也就有很大的说服力。

如果说，章太炎、蔡元培对要求定孔教为国教的批评还比较温和的话，陈独秀、李大钊的批判就要尖锐得多。他们两人的有关言论，本书下一章专门另有叙述。这里还要介绍的是另外一些人对这场尊孔复古闹剧的评论。

曾任《国民公报》社长和北京大学教授的蓝公武（1887—1957 年），1915 年 1 月发表《辟近日复古之谬》，文中说："比者国内复古之声大盛，皇皇军令，无非维系礼教；济济多士，尽属老成硕望。政府既倡之于上，社会复应之于下。孔教会遍布于国中，而参政亦有奖劝忠孝节义之建设。将使新造之邦，复见先化之治，诚盛业矣。然吾窃有所不解。"蓝公武认为，"时代迁移则古今易辙，文化相接则优劣立判。居今之世，而欲复古之治，以与近世列强之科学智识国家道德相角逐，是非吾人所大惑不解者耶"。在蓝公武看来，"中国之礼教所谓忠孝节义者，无一不与近世国家之

---

①　蔡元培演说词先后刊载于《新青年》第 2 卷第 5 号（1917 年 1 月 1 日）和《东方杂志》第 14 卷第 3 号（1917 年 3 月 15 日）。后来他重新改写，辑入北京大学新潮社编印的《蔡子民先生言行录》。本文引自高平叔编《蔡元培全集》第 2 卷，中华书局 1984 年版。

文化相背反"，"与近世国家之有机组织不相容，与近世之经济组织不相容，与近世之法治不相容，与近世教育制度不相容，与近世人格观念不相容"。蓝公武指出复古逆流实为中国前途之忧，"持以为改革之道者，不在复古而在革新；不在礼教而在科学；不欲以孔孟之言行为表率，而欲奉世界之伟人为导师"①。

黄远生（黄远庸，1885—1915年）是民国初年的名记者，在政界颇有影响。他在1915年1月发表的《新年闲话》中说，当"尊孔主义"这种"反动思潮"初起时，他就断言："此种思潮之为一种回光返照，决不能久。""盖以今日科学发明时期，孔教既非同一种迷信的宗教令人不可思议，既可入于思议之范围，则孔学（余不名为孔教）非以今日科学演译而归纳之，则其真价值无由发现昌明。……今之昌明孔教者，袭韩昌黎以来之余唾，而其言行矛盾，不可究诘，此在往日道统独尊禁绝思议之时代则可，若在今日，安能令多数思想复杂之青年餍悦而满足乎。孔学必昌，而昌孔学者，决非今日之昌明孔教者所能为，此吾曹所敢断言也。"②

民国初年的知识界还有相当一部分人，并不笼统地反对尊孔，而是反对把孔教看做是宗教，尤其反对定孔教为国教。如许世英认为："孔道与宗教原理本不相符，世俗相沿，动称孔教，究其解释，乃教育之教，非宗教之教也。""方今科学之力大，迷信之毒衰；自由之帜张，神权之界缩。倘复重兴国教，树之门墙，试问蒙回西藏，能弃其固有之旧教，服从国立之新教耶？试问民国宪法，能将蒙回西藏摈之国教之外，而仍认其旧教耶？"③艾知命则列举以孔教为国教的四大弊病："激起宗教之纷争"；"破坏五族之共和"；"违背民国之约法"；"阻碍政治之统一"。他认为："中国本不以宗教为重轻，则国教可不必立；而言五族共和，则国教尤不可立。"孔子只能说是教育家、政治家，而非宗教家。针对有人视孔教为宗教的观点，艾知命指出："宗教推言果报，而孔子虽当乱臣贼子大作之时，惟欲以王法惩之，概不以果报警世。宗教常好言死后，而孔子答子路之问，则曰'未知生，焉知死'。宗教善事祈祷，而孔子有疾不祷。宗教不论政治，不说官方，而孔子言为政事君，十居其五。据此可知孔子之非立教者，即非宗教家矣。"④

---

① 《大中华》第1卷创刊号，引自韩达编《1911—1949评孔纪年》，第36、37页。
② 《远生遗著》，商务印书馆1981年版。
③ 许世英：《反对孔教为国教呈》，《民国经世文编·宗教》第39册。
④ 艾知命：《上国务院暨参众两院信教自由不立国教请愿书》，《民国经世文编·宗教》第39册。

第五节　梁启超、辜鸿铭对孔教和
孔教会的态度

民国初年，当康有为和孔教会策动上演尊孔复古闹剧时，有两个人的态度特别值得注意，即梁启超和辜鸿铭。

戊戌变法失败后，康、梁逃亡海外。康有为鼓吹"保国"、"保种"、"保教"，梁启超并不赞成，曾经公开发表《保教非所以尊孔论》，反对把孔子当做宗教性的教主。辛亥革命后不久，梁启超在《新中国建设问题》中比较虚君共和与民主共和两种政体之利弊，认为这两种政体在中国都很难实行，表现了资产阶级改良派在革命已经爆发之后的进退失据。但他在文中对康有为所提出的迎立衍圣公为皇帝的主张，却明确指出"不能行"，理由是"夫既以为装饰品，等于崇拜偶像，则何人不可以尸此位者"；何况"孔子为一教主，今拥戴其嗣为一国元首，是否能免政教混合之嫌，是否能不启他教教徒之疑忌"，也是"极难解决之问题"①。梁启超在民国初年虽然也逐渐变成一个政界名流，但他和康有为还有所不同。康有为自始至终没有放弃当帝王师的念头，正是这种政治野心使他在清王朝已经被推翻之后仍然醉心于鼓吹君主立宪；而他之所以要求立孔教为国教，尊衍圣公为"虚君"，也就是希望自己有朝一日还可以像戊戌变法时期一样成为帝王的辅弼。梁启超虽然在政治上也不甘寂寞，但他不像康有为有那样大的政治野心。因此，辛亥革命后他经过一度彷徨，很快就放弃君主立宪的政治主张，转到拥护共和的阵营。原先他对康有为鼓吹"尊孔保教"就持有异议，这时自然更不会同意迎立衍圣公为"虚君"的荒谬想法。他们师徒二人在君主立宪和尊孔问题上的意见分歧，表明随着历史的发展，资产阶级改良派也在分化。梁启超的思想带有较多自由主义的色彩，而康有为的思想则拖着一个较长的封建主义的尾巴。两人在政治上和思想上的分道扬镳，在袁世凯当上总统和阴谋复辟帝制时，就更加凸显出来了。

1913年，当陈焕章、严复等人代表孔教会上书参政两院，要求定孔教为国教时，梁启超也列名其中。同年在为进步党草拟中华民国宪法草案时，梁启超对"中华民国以孔子教为风化大本"条文专门作了说明：

> 我国之尊孔教，久成事实，许信教之自由，亦久成事实。两皆事

---

① 梁启超：《饮冰室合集》文集之27，第46页。

实，则此条之规定，本属骈枝。惟本宪法既从各国通例，将各种自由权悉为列举，信教一项，不容独遗。然比年以来，国人多误解信教自由之义，反成为毁教自由。孔教屡蒙污蔑，国人固有之信仰中坚，日以摇动削弱，其影响及于国本者非尠，故以为既将许信教自由之事实，列入宪法，同时亦宜将崇仰孔教之事实，一并列入也。①

梁启超 1913 年为国务总理熊希龄起草的《政府大政方针宣言书》也说：

> 我国二千年来之社会，以孔子教义为结合之中心。论者或疑国体既变而共和，孔子遂亦无庸尊尚，是非惟不知孔子，抑亦不知共和也。故政府所主张，一面既尊重人民信教之自由，一面仍当以孔教为风化之本。②

把此时梁启超对待孔教的态度，与他先前所写的《保教非所以尊孔论》作一比较，可以看出他前后的观点既有一贯之道，也有一些变化。他尊崇孔子和孔教，这是一贯的。但他先前反对把孔教（孔子学说）看成一种宗教，而此时却赞同孔教也是一种宗教，认为"崇仰孔教"是"信教自由"应有的题中之义。就认同孔教是一种宗教而言，梁启超的观点显然是从先前后退了。但梁启超替熊希龄起草的政府施政方针和代进步党起草的宪法草案说明，并不能完全看做是他自己的意见。因此我们也就不能认为，他此时对待孔教的态度和康有为、陈焕章等人已经没有什么区别。他随后所写的文章，应该说更能准确地反映他个人的观点。

1916 年，当孔教会要求定孔教为国教的鼓噪甚嚣尘上时，梁启超却对有些人把孔子当做宗教性的教主表示了不以为然的态度。他指出有些尊孔的人"见夫世界诸宗，多有教会，党徒传播，其道乃昌，欲仿效之，以相拒图。于是倡教部之制，议配天之祀，其卫道之心良苦。其仪式结集，且大有异于昔儒之所为，吾以为此又欲推挹孔子以与基督摩诃末争席，其蔽抑更甚焉"③。梁启超这里所批评的，正是孔教会那些"卫道之心良苦"的人士。他指出这些人把孔子推为宗教化的教主，其尊孔的方式"大有异于昔儒之所为"，实在是一种很不明智的行为。梁启超接着说：

---

① 《进步党拟中华民国宪法草案》，《饮冰室合集》第 4 册，《文集》之 30，第 62 页。
② 《饮冰室合集》第 4 册，《文集》之 29，第 122 页。
③ 《孔子教义实际裨益于今日国民者何在欲昌明之其道何由》，《饮冰室合集》第 4 册，《文集》之 33，第 61 页。

夫敬其人而祀之，此自我国崇德报功之大义，吾素所主张，岂敢
有异议。即聚同人以讲习摩厉，亦凡百学术所宜然，岂独于孔学而有
所反对。然谓教义之兴替，以祀典之有无及其仪制之隆杀为轻重，则
吾之愚蒙诚不得其解。今祀孔典礼则已颁矣，国之元首既临雍以为倡
矣，吾侪为孔子徒者，曷尝不诚欢诚忻？然谓此即有加于孔子，且以
此卜孔道之行，则吾未之敢承。苟无道焉以使孔子教义普及于众，俾
人人可以率由，则虽强国人日日膜拜，于孔子究何与者？①

梁启超指出孔子"教义之兴替"，与"祀典之有无及其仪制之隆杀"没有
关系，这个批评对于那些要求祀孔拜孔的人可以说切中要害。袁世凯以国
家元首的身份亲临文庙祭祀，使一些尊孔卫道士欢欣若狂。而梁启超则认
为这并无助于增加孔子的光荣，也不能据此说明"孔教之行"。他所表现
出的理智态度，与那些封建卫道士企图借助政治权力把孔教宗教化形成了
鲜明的对照。

特别值得指出的是，针对有些人把民国初年的政治腐败和道德沦落，
归咎于国体的变革和孔教没有受到尊崇，梁启超专门发表了《复古思潮平
议》一文。他分析了复古思潮产生的社会原因，尖锐指出有些守旧派"欲
挫新学新政之馀而难于质言，则往往假道德问题以相压迫"，"一切以府罪
于其所不喜之新学新政"。"竺旧者流，侈然以道德家为其专卖品，于是老
官僚老名士之与道德家，遂俨成三位一体之关系。而欲治革命以还道德堕
落之病者，乃径以老官僚老名士为其圣药，而此辈亦几居之不疑"。梁启
超说：

平心论之，中国近年风气之坏，坏于佻浅不完之新学说者，不过
什之二三，坏于积重难返之旧空气者，实什而七八。今之论者，动辄
谓自由平等之邪说，深中人心，将率天下而入于禽兽，申令文告，反
复诵言，坐论偶语，群焉集矢，一若但能廓清此毒，则治俗即可立致
清明。……夫假自由平等诸名以败德者，不过少数血气未定之青年，
其力殊不足以左右社会。若乃所谓士大夫居高明之地者，开口孔子，
闭口礼教，实则相率而为败坏风俗之源泉。今谋国者方日日蹈二十年
来之覆辙，汩流以扬波，而徒翘举方严广漠之门面语，曰尊崇孔子曰

① 《孔子教义实际裨益于今日国民者何在欲昌明之其道何由》，《饮冰室合集》第4册，《文
集》之33，第61—62页。

维持礼教者以相扇奖，冀此可以收效。殊不知此等语者，今之所谓士大夫，人人优能言之，无所施其扇奖；其在一般社会，则本自率循，又无所深待于扇奖。而欲求治俗之正本清源，要视乎在上位者之真好恶以为祈响，义袭而取，恐未有能济者也。①

梁启超的《复古思潮平议》是因蓝公武批判复古思潮而引发的。他虽然不同意蓝公武对于忠孝节义的偏激批判，但全文的锋芒却是针对孔教会等团体的一些封建卫道士。他对"开口孔子，闭口礼教"的守旧"士大夫"和"谋国者"的讥诮抨击，可谓十分深刻和犀利。梁启超在民国初年虽也跻身于政客名流之列，他在当时政治风云中的表现也不免招来物议，但他反对袁世凯和张勋的帝制复辟，反对把民国初年的黑暗政治和社会动乱归咎于辛亥革命之后的"新学新政"，这个明智的政治态度显然与当时一些封建卫道士有重大的区别。

辛亥革命后，朝野上下剪辫留发，以示革故鼎新。曾经为张之洞幕府的辜鸿铭（1856—1928 年）为了表示反对共和政体和对清皇室的忠诚，仍然拖着一根发辫。他还公然撰文为慈禧太后辩护，赞赏小脚和纳妾等陋俗。论者通常把辜鸿铭视为十足的顽固守旧派，但他的思想其实相当复杂。辜鸿铭从小在国外游学受过系统的西方教育，通晓英、德、法、希腊、拉丁等多种外语，对西方文明有相当深入的了解，资本主义的西方文明在他的思想中不会不留下一定的烙印。他曾撰文对西方文明进行尖锐的抨击，这实际上是他通过亲身经历对资本主义制度下各种不合理社会现象的一种反应。他认为："前一世纪的欧洲自由主义是有文化教养的，今日的自由主义则丧失了文化教养。过去的自由主义读书并且懂得思想；现代的自由主义为自身利益却只看报，断章取义、只言片语地利用过去那美妙的自由主义惯用语。前一世纪的自由主义是为公理和正义而奋斗，今天的假自由主义则为法权和贸易特权而战。过去的自由主义为人性而斗争，今天的假自由主义只是卖力地促进资本家与金融商人之既得利益。"② 类似这样的思想认识，显然是清末民初一般的顽固守旧派无法达到的。但辜鸿铭确实又有浓厚的守旧复古的思想。他对西方近代文明弊病的根源及其出路无法找到解答，只能把希望寄托在经过他美化了的中国古代圣人的道德教义的践履上。他从中西文明的比较中，得出了中国传统文化优越于西方近

---

① 《饮冰室合集》第 4 册，《文集》之 33，第 70—71 页。

② 《文明与无政府状态或远东问题中的道德难题》，黄兴涛等译：《辜鸿铭文集》上册，海南出版社 1996 年版。

代文化的结论，又荒谬地把中国传统文化的一些糟粕也都和精华掺合在一起加以赞美。

民国初年辜鸿铭任教于北京大学。他是封建纲常名教的积极鼓吹者，因而对袁世凯出卖清皇室十分不满，并且参与了张勋的复辟活动。但是他对纲常名教的诠释，却有别于一般的封建卫道士。他在日本时，曾任日本文部大臣的菊池男爵问他《春秋》中的"名分大义"应该怎样翻译，辜鸿铭将其译为"有关名誉与责任的重大原则"。他认为"名教"是一种"人的廉耻感"，也可以说是一种"名誉的宗教"①。中国传统文化中的"名教"，是建立在人身隶属关系基础上的一种道德规范。辜鸿铭对名教的这种解释，显然淡化了名教所具有的窒息人的天性的强制性质，而把它美化为人基于天生的廉耻感而主动采取的一种道德修养。辜鸿铭所说的"廉耻感"，是类似西方基督教文化"原罪感"的一种观念。他正是企图通过这样的诠释，来博取西方人对中国封建纲常名教的理解和赞赏。如果说他也是一个封建卫道士的话，他显然是希望给中国的封建礼教穿上一件西方近代的外衣，以此来延续已经腐朽的封建意识形态的寿命。

辜鸿铭虽然说名教是一种"名誉的宗教"，但这完全不是在佛教、基督教和伊斯兰教这些宗教的本义上来说的。他并不同意把儒教宗教化，因为他认为"宗教是一种感情，一种激情的东西，它与人的灵魂相联系"②，而儒教与此并不相干。辜鸿铭说：

> 实质上，中国人之所以没有对于宗教的需要，是因为他们拥有一套儒家的哲学和伦理体系，是这种人类社会与文明的综合体儒学取代了宗教。人们说儒学不是宗教，的确，儒学不是欧洲人通常所指的那种宗教。但是，我认为儒学的伟大之处也就在于此。儒学不是宗教却能取代宗教，使人们不再需要宗教。③

辜鸿铭指出，"在中文里，宗教与教育所用的是同一个'教'字"，"学校就是孔子国家宗教里的教堂"。但是，中国的学校又不同于其他国家宗教中的教堂，孔子也不同于其他国家宗教中的教主。他说：

> 学校——中国国教里的教堂，同其他宗教里的教堂一样，也是通

---

① 《中国人的精神》，《辜鸿铭文集》下册。
② 同上。
③ 同上。

过唤醒、激发人们的热情，使之服从道德行为的规范。但是，中国的
学校所唤醒的那份感情，与宗教的教堂所激发出的那种激情相比，是
有所不同的。在中国，学校——孔子国教的教堂，它不是靠鼓励、煽
动对孔子狂热的、无限的个人崇拜来激发人们的热情。事实上，孔子
在世之时，并没有鼓励弟子对他进行狂热的、无限的个人崇拜。直到
他死后，才被人们尊奉为至圣先师，并为世人所熟知。然而，无论是
生前还是死后，孔子都没有像教主那样，受到过狂热的、无限的个人
崇拜。中国大众对孔子的尊奉，不同于伊斯兰国家的百姓对穆罕默德
的崇拜，不同于欧洲的群众对耶稣的崇拜，孔子不属于宗教创始者那
一类人。①

　　辜鸿铭在国外对欧洲人发表这些意见时，国内以孔教会为代表的一批
尊孔派正狂热要求定孔教为国教、把孔子奉为教主。辜鸿铭也是一个尊孔
派，但是他对孔子和孔教的辩护，其思维方式和论证方式却和孔教会那些
卫道士有很大不同。康有为、陈焕章和其他一些孔教会人士心目中的孔
子，还是两千年来被神化的圣人，他们认为不把孔教定为国教就是把儒教
"屏之于各宗教之外"，是"剥夺孔子之教主资格"。他们要求人们对孔子
像对神灵偶像一样地虔诚跪拜，而实际上是用愚昧的迷信来代替对孔子的
理性信仰。辜鸿铭则是把孔子说成一个富有理性的思想家和教育家，他启
发人们用道德自律来维护社会的和谐和稳定。在为西方人所写的一组《孔
教研究》短文中，辜鸿铭认为"如果人们乐意"，可以称孔教为"宗教"，
也可以称之为"道德体系"，"它告诉人们作为公民应如何生活，即是为那
些卡莱尔说的'要纳税，付租金和有烦恼'的人所设的宗教"。一个人
"遵循孔教的教义准则去生活要比遵循佛教和基督教的教义要难得多"，因
为他"不仅要思索其灵魂状态和对上帝的义务，还要考虑对于人类的义
务。要确实履行其责任、善行和彬彬之礼，要像对待岳母似地对待共和国
总统"②。对于西方人来说，辜鸿铭笔下的孔教比孔教会人士所宣扬的孔教
更富有近代色彩，因而也更值得尊敬和更有吸引力。
　　辜鸿铭对于孔教会狂热的造神运动是十分反感的，看一看他对孔教会
和其他一些尊孔的"新学"人士的挖苦和讽刺很有意思。他说：

　　　　中国古代的饱学之士，虽然难免有着自身的不足，但他们或多或

---

①　《中国人的精神》，《辜鸿铭文集》下册。
②　《呐喊孔教研究之二》，《辜鸿铭文集》上册。

少地都具有一些高雅的情趣。他们厌恶大型的集会——有茶、点心及饮料在一个偌大的厅堂里举行的聚会。人们从没有听说过古学馆的鸿儒们在掌声四起、彩旗飘扬、面向公众、人头攒动的聚会大厅里作报告。……古代学馆的儒生们仰慕孔子，他们学习研究孔子，力争理解并按照他的学说去做。但他们却并不想建立孔教会，并不会自己高呼并试图使别人也一道高呼"孔子！孔子！"①

　　古代学馆的儒生们只是为了自己增长才能而学习，满足他们自己的需要，就着昏黄的油灯，三更灯火五更眠，学习和研究古代的美德与智慧，通过这种方式他们就能学到真知识，并拓展心胸。……可是"新学"下的学生却不效法此道，即不是三更灯火五更眠，就着油灯研习古往的智慧和美德，而是以各种各样的方式涌向电灯明亮的孔教会大厅，慷慨激昂地向人们进述怎样建立一个完美的儒家教育体制，或者找到灯光明亮的基督教青年会聚会大厅，去作报告向人们讲授怎样使每个人在社会公德方面像作报告的人一样臻于完美！②

辜鸿铭批评孔教会和所谓"新学"人士不是刻苦学习孔子的学说，增长知识和才能，并力争理解和实践孔子的学说，而是热衷于举行聚会，在电灯明亮、掌声四起、彩旗飘扬的大厅里向公众作报告。他们表面上用孔子的学说教育公众，实际上是在炫耀和推销自己，"向人们讲授怎样使每个人在社会公德方面像作报告的人一样臻于完美"！事实确实也是如此。那些要求定孔教为国教而吵吵闹闹的政客、军阀和各界名流，有几个是真正对孔子和孔子思想有研究的饱学之士呢？更不用说有谁是真正在践履孔子富有人民性的学说了。

　　我们把辜鸿铭的尊孔言论视为有别于康有为、陈焕章和其他一些孔教会人士的另一种声音，并不是要洗刷他"顽固派"的恶名。辜鸿铭不但是一个尊孔派，也是一个复古派。康有为和辜鸿铭都反对辛亥革命和共和政体，但前者毕竟是维新变法的弄潮儿，而后者则赞美慈禧太后是一位"彻底保住了帝国遗产"的"能干的政治家"，攻击光绪帝"犯下了试图毁弃她的劳绩及其帝国遗产的罪行"③。仅就对戊戌变法运动的态度而言，辜鸿铭在政治上显然比康有为落后反动，说他是顽固派一点也不冤枉他，何况

---

① 《呐喊孔教研究之二》，《辜鸿铭文集》上册。
② 同上。
③ 《已故皇太后——致〈字林西报〉编辑的信》，《辜鸿铭文集》上册。

他直到民国初年还始终坚持"纲常名教定国论"①。我们把他和康有为、陈焕章等孔教会人士区别开来,只是想说明像辜鸿铭这种顽固的守旧派,由于长期受西方近代文化教育的熏陶,他在维护封建的旧思想、旧道德和旧制度方面善于利用一些西方近代文明的观念和话语来加以装饰,甚至加以改良,不像康有为、陈焕章等孔教会人士那样语言陈腐而无味。而且我们应该承认,与一些不学无术的孔教会人士不同,辜鸿铭无论是对于中国传统文化或西方基督教文明,其学识的根底都是相当深厚的,这就是辜鸿铭这个人思想的复杂之处。

① 《辜鸿铭讲演集》,《辜鸿铭文集》下册。

第五章 五四新文化运动与批孔狂飙

1919 年的五四运动揭开了中国近代历史的新篇章。这场爱国群众运动虽然爆发于 1919 年 5 月，但作为它的先导的新文化运动，却是在此之前几年就开始酝酿和兴起的。

袁世凯复辟帝制失败之后，勾结帝国主义列强的北洋军阀和各省的封建势力仍然控制着中国的统治权，政治腐败、社会黑暗状况依然没有改变。以尊孔复古和提倡纲纪伦常为标志的封建旧思想、旧道德和旧文化，仍然在全国四处泛滥。原先以为推翻君主制、建立共和制以后中国就可以加速前进的知识界，突然发现许多阻碍中国近代化的绊脚石，实际上并没有被共和革命搬走。污浊的社会现实教育了知识界中的一些先进分子，他们痛切地醒悟到，中国要进步，民族要复兴，必须进行一场思想文化革命。1915 年 9 月创刊的《青年杂志》（1916 年 9 月改名为《新青年》），最早吹响了新文化运动的号角。

第一节 陈独秀对孔教和尊孔派的批判

《新青年》的创办人陈独秀（1879—1942 年），字仲甫，安徽怀宁（今安庆）人。曾留学日本，与张继、苏曼殊等组织革命团体青年会。武昌起义前后，在安徽、浙江参加推翻清政府的革命活动。民国初年参加讨伐袁世凯。1915 年创办《青年杂志》，1917 年任北京大学文科学长。他在《青年杂志》创刊号上发表的《敬告青年》① 说：

> 新陈代谢，陈腐朽败者无时不在天然淘汰之途，与新鲜活泼者以空间之位置及时间之生命。……准斯以谈，吾国之社会，其隆盛耶？抑将亡耶？非予之所忍言者。彼陈腐朽败之分子，一听其天然之淘

---

① 陈独秀：《敬告青年》，《独秀文存》卷1，安徽人民出版社 1987 年版。

汰，雅不愿以如流之岁月，与之说短道长，希冀其脱胎换骨也。予所欲涕泣陈词者，惟属望于新鲜活泼之青年，有以自觉而奋斗耳！

陈独秀提出判别思想"新鲜活泼"和"陈腐朽败"的六条标准：一、"自主的而非奴隶的"；二、"进步的而非保守的"；三、"进取的而非退隐的"；四、"世界的而非锁国的"；五、"实利的而非虚文的"；六"科学的而非想像的"。这六条标准，实际上已经揭橥了科学与民主的口号。陈独秀在文中说：

> 科学者何？吾人对于事物之概念，综合客观之现象，诉之主观之理性而不矛盾之谓也。……近代欧洲之所以优越他族者，科学之兴，其功不在人权说下，若舟车之有两轮焉。
>
> 等一人也，各有自主之权，绝无奴隶他人之权利，亦绝无以奴自处之义务。……世称近世欧洲历史为"解放历史"：破坏君权，求政治之解放也；否认教权，求宗教之解放也；均产说兴，求经济之解放也；女子参政运动，求男权之解放也。

中国近代启蒙思想的萌发，可以追溯到明清之际。但长期以来，在封建的政权、族权、神权和夫权四大绳索的严重束缚下，要求个人的自然权利和个性解放的呼声不仅非常微弱，而且常常是以一种扭曲的形式出现的。五四新文化运动在辛亥革命推翻了封建帝制的基础上，为近代启蒙思想挣脱代表封建宗法制度和思想的四条绳索的进军吹响了号角。它的火力，首先集中在对封建礼教的批判上。1916 年新年伊始，陈独秀在一篇文章中号召青年要"尊重个人独立自主之人格，勿为他人附属品"。他指出以"三纲为主要内容的封建礼教，是使中国人丧失独立自主人格的枷锁"。文中说：

> 儒者三纲之说，为一切道德政治之大原。君为臣纲，则民于君为附属品，而无独立自主之人格矣。父为子纲，则子于父为附属品，而无独立自主之人格矣。夫为妻纲，则妻于夫为附属品，而无独立自主之人格矣。率天下之男女为臣为子为妻，而不见有一独立自主之人者，三纲之说为之也。缘此而生金科玉律之道德名词，曰忠，曰孝，曰节，皆非推己及人之主人道德，而为以己属人之奴隶道德也。①

---

① 《一九一六年》，《青年杂志》第 1 卷第 5 号，《独秀文存》卷 1，安徽人民出版社 1987 年版。

在随后发表的《吾人最后之觉悟》一文中，陈独秀进一步指出：

> 三纲之根本义，阶级制度是也。所谓名教，所谓礼教，皆以拥护此别尊卑明贵贱制度者也。……吾人果欲于政治上采用共和立宪制，复欲于伦理上保守纲常阶级制，以收新旧调和之效，自家冲撞，此绝对不可能之事。盖共和立宪制以独立平等自由为原则，与纲常阶级制为绝对不可相容之物，存其一必废其一。倘于政治否认专制，于家族社会仍保守旧有之特权，则法律上权利平等、经济上独立生产之原则破坏无余，焉为并行之余地？①

陈独秀认为，只有采用共和立宪制的政治觉悟是不够的，"伦理的觉悟，为吾人最后觉悟之最后觉悟"。他还明确宣布："进化公例，适者生存，凡不能应四周之情况之需求而自处于适宜之境者，当然不免于灭亡。"②

以进化论和西方近代社会政治学说为思想武器，把中国的振兴寄托在"为新鲜活泼而适于今世之争存"的"新青年"身上，是新文化运动领军人物共同的思想特点。在他们看来，既然"新陈代谢"是历史发展的规律，那些陈腐朽败的旧思想、旧道德、旧文化自然是应该扫除的对象。陈独秀宣称，"固有之伦理、法律、学术、礼俗，无一非封建制度之遗"，"吾宁忍过去国粹之消亡，而不忍现在及将来之民族，不适世界之生存而归消灭也"。

用"优胜劣败"，"适者生存"的公式来判断传统文化是否有存在的价值，这是一种庸俗进化论的观点。事实上，一个民族和国家的盛衰兴亡虽然与其传统文化的影响不无关系，但是决定该民族和国家历史发展的主要因素是生产力和生产关系的发展变化，而不是思想文化。"在一切意识形态领域内传统都是一种巨大的保守力量。但是，这些材料所发生的变化是由造成这种变化的人们的阶级关系即经济关系引起的。"③ 传统文化在传承过程中，随着经济关系和阶级关系的变化，会有所损益，有所变异。先进的阶级和社会力量可以通过对传统文化的批判继承，做扬弃和转化工作，而不能简单粗暴地把传统文化当做脏水一样泼掉。不论是批判的武器，或

---

① 《吾人最后之觉悟》，《青年杂志》第 1 卷第 5 号，《独秀文存》卷 1，安徽人民出版社 1987 年版。

② 同上。

③ 恩格斯：《路德维希·费尔巴哈和德国古典哲学的终结》，《马克思恩格斯选集》第 4 卷，人民出版社 1972 年版，第 253 页。

是武器的批判，其实都是不可能使传统文化轻易"消亡"的。

陈独秀在《敬告青年》中虽然说"固有之伦理、法律、学术、礼俗，无一非封建制度之遗"，"吾宁忍过去国粹之消亡，而不忍现在及将来之民族，不适世界之生存而归消灭"，但我们不能由此而推论他主张"消灭"中国的传统文化。他的立意在于提出新鲜活泼、积极进取而适应世界历史发展潮流的民族精神。所以他在文中又说："夫生存竞争，势所不免，一息尚存，即无守退安隐之余地。……吾愿青年之为孔、墨，而不愿其为巢、由。"巢父、许由相传是古代的隐士。陈独秀希望青年效法孔子、墨子，而不希望他们效法巢父，许由，可见他对孔子、墨子的历史地位还是给予肯定的。《新青年》创刊之始，并没有把批判的矛头对准孔子，那么为什么后来很快又掀起了批孔狂飙呢？

本书前章提到，袁世凯为了复辟帝制，利用以康有为、陈焕章为代表的孔教会制造尊孔复古舆论。袁世凯死后，孔教会并没有停止尊孔复古的活动，反而是加紧要求立孔教为国教的鼓噪。1916年，北京政府的宪法审议会讨论是否定孔教为国教，争论十分激烈。各地尊孔会社和各省军阀政客函电交驰，上书请愿，络绎不绝。陈独秀敏锐地察觉到，尊孔与反尊孔的争论已经成为国内政治生活中的一场严重斗争。1916年10月，他在《驳康有为致总统总理书》中说：

> 中国帝制思想，经袁氏之试验，或不致死灰复燃矣。而康先生复于别尊卑，重阶级，事天尊君，历代民贼所利用之孔教，锐意提倡，一若唯恐中国人之"帝制根本思想"或至变弃也。[①]

陈独秀逐一批驳了康有为要求定孔教为国教的理由，指出康有为所谓"中国不拜教主，岂非自认为无教之人乎"，完全是一种缺乏常识的说法。"吾国非宗教国，吾国人非印度犹太人，宗教信仰心由来薄弱，教界伟人不生此土。即勉强杜撰一教宗，立一教主，亦必无何等威权，何种荣耀。若虑风俗人心之漓薄，又岂干禄作伪之孔教所可救治？"[②] 随后，他又发表《宪法与孔教》一文说：

> "孔教"本失灵之偶像，过去之化石，应于民主国宪法不生问题。只以袁皇帝干涉宪法之恶果，天坛草案遂于第十九条附以尊孔之

① 《青年杂志》第2卷第1号，《独秀文存》卷1，安徽人民出版社1987年版。
② 同上。

文，敷衍民贼，致遗今日无谓之纷争。然既有纷争矣，则必演为吾国极重大之问题。其故何哉？盖孔教问题不独关系宪法，且为吾人实际生活及伦理思想之根本问题也。……使孔教会仅以私人团体立教于社会，国家固应予以与各教同等之自由。使仅以"孔学会"号召于国中，尤吾人所赞许。今乃专横跋扈，竟欲以四万万人各教信徒共有之国家，独尊祀孔氏，竟欲以四万万人各教信徒共有之宪法，独规定以孔子之道为修身大本……挟堂堂国宪，强全国之从同，以阻思想信仰之自由，其无理取闹，宁非奇谈！①

　　孔教会要求定孔教为国教，"一切典章制度、政治法律、皆以孔子之经义为根据，一切义理、礼俗、习惯，皆以孔子之教化为依归"②。倘若此提议能够通过载入宪法，还有什么共和宪政可言？陈独秀辛辣地指出："我想主张孔教加入宪法的议员，他必定忘记了他自己是共和民国的议员，所议的是共和民国的宪法。与其主张将尊崇孔教加入宪法，不如爽快讨论中华国体是否可以共和。"③

　　针对康有为在当时那股尊孔复古逆流中所起的带头羊的恶劣作用，陈独秀指出，戊戌庚子之际，康有为"以时务知新主义号召国中"，被一些"尊古守旧者"斥为"离经叛道"的"名教罪人"。那时候，包括陈独秀本人这样的"后生小子"，都"愤不能平，恒于广座为康先生辩护"。"不图当日所谓离经叛道之名教罪人康有为，今亦变而与夫未开化时代之人物之思想同一臭味。其或自以为韩愈、孟轲，他人读其文章，竟可杂诸《翼教丛篇》、《劝学篇》中，而莫辩真伪"。陈独秀嘲笑说，康有为想当韩愈、孟轲，"然此荣誉当让诸当代卫道功臣叶德辉先生。叶先生见道甚早，今犹日夜太息痛恨邪说之兴，兴于康有为而莫可息，人心之坏，坏于康有为而莫可正，居恒欲手刃其人，以为叛道离经者戒。康先生闻之，能勿汗流浃背沾衣耶"④？叶德辉在戊戌变法运动中极力反对变法维新，变法失败后又支持苏舆编印《翼教丛编》，搜罗顽固守旧派的文章，肆意攻击康有为、梁启超等维新派。民国初年他不改旧态，敌视共和制度，充当筹安会湖南

---

① 《青年杂志》第 2 卷第 2 号，《独秀文存》，安徽人民出版社 1987 年版。
② 孔教会代表陈焕章、严复等人给参议院和众议院的上书，见柯璜编《孔教十年大事》卷 8。
③ 《旧思想与国体问题》，《新青年》第 3 卷第 3 号，《独秀文存》卷 1，安徽人民出版社 1987 年版。
④ 《孔子之道与现代生活》，《新青年》第 2 卷第 4 号，《独秀文存》卷 1，安徽人民出版社 1987 年版。

分会会长，为袁世凯复辟帝制效劳。他在所著《经学通诰》中，仍不忘痛斥康有为是"虚诞陋儒，托经术以祸天下，此乃亡国之妖孽，更不必与之言学矣"①。康有为从先前被叶德辉之流咒骂为"名教罪人"的维新派，变成为维护封建纲常名教的卫道者，但叶德辉仍然不能原谅他是"邪说之兴"的始作俑者，恨之入骨，这对康有为来说是一个很大的讽刺。陈独秀借此对康有为的挖苦，可以说是最恰当不过了。

陈独秀尖锐地指出，以孔教会为代表的尊孔派要求定孔教的鼓噪，已经不是单纯尊崇孔子和儒家学说的文化诉求，而是继续在为帝制复辟制造舆论的政治诉求，这是对孔教会尊孔复古活动政治实质一针见血的揭露。当时上海中外报纸曾谣传袁世凯未死，引起人心惊恐，各方人士作种种猜测。陈独秀借此谣传以《袁世凯复活》为题，著文抨击尊孔复辟派说："吾耳日闻袁世凯之宣言，吾目日见袁世凯之行事，奈何痴人果以为袁世凯之已死耶？""袁世凯未死！袁世凯复活！此声也，不祥之声也。吾何忍作此声以扰国人之好梦？然黑魆魆中，实有老狢，呼之欲出。"② 形势的发展证实了他的担忧，很快就发生了张勋复辟政变事件。

北洋军阀张勋在辛亥革命后仍然留着辫子，人称"辫帅"。他是顽固反对共和革命的复辟狂，也是最热心支持孔教会的尊孔派，1917 年 7 月，张勋利用总统黎元洪和内阁总理段祺瑞的矛盾，从徐州带兵入京，发动政变，拥立清废帝溥仪。康有为和一些清朝遗老旧臣，都参与了这次复辟政变的策划。他们刚刚粉墨登场，尚未控制住北京的局势，就匆匆发布"上谕"，宣称要"以纲常名教为精神之宪法，以礼义廉耻收溃决之人心"③，充分暴露了这批尊孔派就是"复辟党"的真实面目。张勋复辟失败之后，陈独秀专门写了一篇题为《复辟与尊孔》的文章，指出"孔教与共和乃绝对两不相容之物，存其一必废其一"；"盖主张尊孔，势必立君；主张立君，势必复辟"。袁世凯和张勋之所以能够发动帝制复辟，就因为"与复辟论相依为命之尊孔论，依旧盛行于国中也"。陈独秀还指出："张（勋）康（有为）虽败，而所谓孔教会、尊孔会，尚遍于国中，愚皆以为复辟党也。"④ 把尊孔派都扣上"复辟党"的帽子，是偏激的说法。但当时的"复辟党"以及暗中支持帝制复辟的北洋军阀和封建遗老遗少，又确实都是一些尊孔派，并且继续借孔子这个"圣人"的名义为复辟制造舆论。这

① 参见杜迈、张承宗《叶德辉评传》，岳麓书社 1986 年版。
② 《独秀文存》卷 1，安徽人民出版社 1987 年版。
③ 《东方杂志》第 4 卷第 8 号，引自韩达编《1911—1949 评孔纪年》。
④ 陈独秀：《复辟与尊孔》，《新青年》第 3 卷第 6 号，《独秀文集》卷 1。

也就难怪陈独秀要一改 1916 年以前的态度，而把批判的火力集中到孔子身上了。

　　陈独秀虽然激烈批判孔子和儒家思想，但是他并没有完全否定孔子和儒家思想的历史价值。在给常乃德的一封信中，陈独秀说：

> 夫孔教之为国粹之一，而影响于数千年来之社会心理及政治者最大，且为当时社会之名产，此均吾人所应绝对承认者。惟吾人今日之研究，乃孔教果能实行于今世而有益与否之问题。果能实行而有益于今之社会，则数千年之国粹，吾人亦何忍无故废弃之？果实行于今之社会，不徒无益而且有害，吾人当悍然废弃之，不当有所顾惜。……学理而至为他种势力所拥护所利用，此孔教之所以一文不值也。此正袁氏执政以来吾人所以痛心疾首于孔教而必欲破坏之也。①

　　陈独秀的这段话，明确揭示了新文化运动批孔的缘由和意义，说明他并非对孔孟之道存有任何主观的偏见，而是由于一班尊孔派硬要把已经"不适今世之孔道，支配今世之社会国家"。张勋复辟事件更说明，一些尊孔派和复辟派相互勾结，始终没有停止复辟帝制的阴谋活动，这正是陈独秀"痛心疾首于孔教而必欲破坏之"的重要原因。在给《新青年》一位读者的复信中，陈独秀还说："孔教亦非绝无可取之点"，但"吾人爱国倘不为爱孔心所排而去，正应以其为历史上有力之学说，正应以其为吾人精神上无形统一人心之具，而发愤废弃之也"②。"爱国心"压倒了"爱孔心"，明知孔教并非"绝无可取之点"，但因为它"不适今世"而"支配今世"，妨碍了国家的进步和富强，不能不"发愤废弃之"，这是新文化运动一些斗士们的共同心态。如果我们对于他们这种心态之所以产生的历史环境有所了解，也就不难理解他们为什么会有那样一些过激的批孔言论了。

第二节　李大钊、吴虞对孔子和封建礼教的批判

　　李大钊（1889—1927 年），字守常，河北乐亭人，曾留学日本，广泛涉猎社会科学书籍，开始接触马克思主义，并参加中国留学生反对袁世凯的斗争。1916 年回国，1918 年任北京大学图书馆主任。又主编《晨钟报》并任《甲寅日刊》编辑。《新青年》创刊后，他是主要撰稿人之一。在

---

　　①　陈独秀对常乃德来信的答复，《新青年》第 5 卷第 2 号《通信》，《独秀文集》卷 3。
　　②　陈独秀对俞颂华来信的答复，《新青年》第 3 卷第 1 号《通信》，《独秀文集》卷 3。

《青春》一文中，他以乐观的激情呼喊"以青春之我，创建青春之家庭，青春之国家，青春之民族，青春之人类，青春之地球，青春之宇宙"①，表现了与旧思想、旧道德、旧文化决裂的战斗热情。

1917 年 1 月，李大钊发表《孔子与宪法》，批判宪法草案中有关"国民教育以孔子之道为修身大本"的规定。他说：

> 孔子者，历代帝王专制之护符也。宪法者，现代国民自由之证券也。专制不能容于自由，即孔子不当存于宪法。今以专制护符之孔子，入于自由证券之宪法，则其宪法将为萌芽专制之宪法，非为孕育自由之宪法也；将为束制民彝之宪法，非为解放人权之宪法也；将为野心家利用之宪法，非为平民百姓日常享用之宪法也。此专制复活之先声也。此乡愿政治之见端也。②

李大钊还指出，孔子只是一部分"孔子之徒"心目中的"圣人"，"以一部分人尊崇之圣人，入于全国所托命之宪法，则其宪法将为一部分人之宪法，非国民全体之宪法也"。他甚至以激烈的口气说："孔子者，数千年前之残骸枯骨也"，"以数千年前之残骸枯骨，入于现代国民之血气精神所结晶之宪法，则其宪法将为陈腐死人之宪法，非我辈生人之宪法也；荒陵古墓中之宪法，非光天化日中之宪法也；护持偶像权威之宪法，非保障生民利益之宪法也"③。

李大钊的文章发表后，在社会上引起了强烈的反响。他在《自然的伦理观与孔子》一文中，从伦理观必须适应"自然进化之社会"的原理出发，对自己的观点作了进一步的发挥和解释：

> 余谓孔子为数千年前之残骸枯骨，闻者骇然，虽然，无骇也。孔子于其生存时代之社会，确足为其社会之中枢，确足为其时代之圣哲，其说亦确足以代表其社会其时代之道德。使孔子而生于今日，或更创一新学说以适应今之社会，亦未可知。而自然的势力之演进，断非吾人推崇孔子之诚心所能抗，使今日返而为孔子之时代之社会也。而孔子又一死而不可使之复生于今日，以应乎今日之社会而变易其说也。则孔子之于今日之吾人，非残骸枯骨也而何也？

---

① 《新青年》第 2 卷第 1 号，《李大钊文集》第 1 卷，人民出版社 1999 年版，第 194 页。
② 《甲寅》日刊 1917 年 1 月 30 日，《李大钊文集》第 1 卷，第 245 页。
③ 同上书，第 245、246 页。

余谓孔子为历代帝王专制之护符，闻者骇然，虽然，无骇也。孔子生于专制之社会，专制之时代，自不能不就当时之政治制度而立说，故其说确足以代表专制社会之道德，亦确足为专制君主所利用资以为护符也。历代君主，莫不尊之祀之，奉为先师，崇为至圣。而孔子云者，遂非复个人之名称，而为保护君主政治之偶像矣。使孔子而生于今日，或且倡民权自由之大义，亦未可知。而无如其人已为残骸枯骨，其学说之精神，已不适于今日之时代精神何也！故余之掊击孔子，非掊击孔子之本身，乃掊击孔子为历代君主所雕塑之偶像的权威也；非掊击孔子，乃掊击专制政治之灵魂也。[①]

李大钊的《孔子与宪法》一文，反映了五四时期初步接受唯物史观的先进知识分子在对待传统文化问题上的一种简单而偏激的思想。反对把孔子的思想学说载入宪法，这个意见无疑是正确的。但说孔子"学说之精神，已不适于今日之时代精神"，这却是对孔子学说的历史价值缺乏一分为二的具体分析。至于称孔子为"数千年前之残骸枯骨"，"历代帝王专制之护符"，这更是没有考虑到孔子在社会公众心目中所享有的崇高地位，很容易被误解为对孔子的亵渎。李大钊此文发表后，"闻者骇然"，这完全是可以理解的。好在李大钊很快就在第二篇文章中作了解释，声明"残骸枯骨"之说乃指孔子"已死而不可使之复生于今日，以应乎今日之社会而变易其说"，而"帝王专制之护符"也只是说孔子"为历代君主所雕塑之偶像的权威"，这样就等于修正了他在第一篇文章中的不当提法。李大钊说，孔子生于专制之时代，"自不能不就当时之政治制度而立说"，"使孔子而生于今日，或更创一新学说以适应今之社会，亦未可知"。有了这样的解释，就照顾到了人们对于孔子这个历史哲人的深厚感情。

李大钊在五四时期写了好几篇介绍马克思主义唯物史观的文章，他还试图用唯物史观来说明中国历史发展的深层原因。在《物质变动与道德变动》一文中，他指出道德的"本原不在天神的宠赐，也不在圣贤的经传"，而是"适应社会生活的要求之社会的本能"[②]。对中国的家族制度和孔门伦理的关系，李大钊也作了比较深刻的分析。他说：

中国的大家族制度，就是中国的农业经济组织，就是中国二千年来社会的基础构造。一切政治、法度、伦理、道德、学术、思想、风

---

① 《甲寅》日刊，1917年2月4日。《李大钊文集》第1卷，第249—250页。
② 《新潮》第2卷第2号，《李大钊文集》第1卷，第104页。

俗、习惯，都建筑在大家族制度上作他的表层构造。看那二千余年来支配中国人精神的孔门伦理，所谓纲常，所谓名教，所谓道德，所谓礼义，哪一样不是损卑下以奉尊长？哪一样不是牺牲被治者的个性以事治者？哪一样不是本着大家族制下子弟对于亲长的精神？所以孔子的政治哲学，修身齐家治国平天下，"一以贯之"，全是"以修身为本"。……总观孔门的伦理道德，于君臣关系，只用一个"忠"字，使臣的一方完全牺牲于君；于父子关系，只用一个"孝"字，使子的一方完全牺牲于父；于夫妇关系，只用几个"顺"、"从"、"贞节"的名辞，使妻的一方完全牺牲于夫，女子的一方完全牺牲于男子。孔门的伦理，是使子弟完全牺牲他自己以奉其尊上的伦理；孔门的道德，是与治者以绝对的权力责被治者以片面的义务的道德。孔子的学说所以能支配中国人心有二千余年的原故，不是他的学说本身具有绝大的权威，永久不变的真理，配作中国人的"万世师表"，因他是适应中国二千余年来未曾变动的农业经济组织反映出来的产物，因他是中国大家族制度上的表层结构，因为经济上有他的基础。[①]

李大钊对"孔门伦理"的剖析，并没有停留在大家族制度的表层结构上，而是进一步揭示了这种大家族制度的基础乃是静止停滞的农业经济组织。他还指出，由于中国的经济基础已经发生了变动，孔子学说再也不能适应中国现代的社会了。"就有几个尊孔的信徒，天天到曲阜去巡礼，天天戴上洪宪衣冠去祭孔，到处建筑些孔教堂，到处传布'子曰'的福音，也断不能抵住经济变动的势力来维持他那'万世师表''至圣先师'的威灵了。"[②] 李大钊的这些分析是很中肯的，但他也和陈独秀一样未能避免思想方法片面性的毛病。他把孔门的伦理道德，说成只是要求"臣的一方完全牺牲于君"，"子的一方完全牺牲于父"，"妻的一方完全牺牲于夫"，这种说法失之片面，因为孔子的伦理思想，对于君、父、夫的一方，也还是有一定道德要求的。

吴虞（1871—1949 年），字又陵，四川新繁人。1906 年留学日本，归国后任成都府中学堂教习。五四时期是《新青年》的主要撰稿人之一，

---

① 《由经济上解释中国近代思想变动的原因》，《新青年》第 7 卷第 2 号，《李大钊文集》第 1 卷，第 141—142 页。

② 同上书，第 146 页。

1920 年任北京大学教授，胡适称他和陈独秀是"攻击孔教最有力的两位健将"①。吴虞在给陈独秀的信中说："不佞常谓孔子自是当时之伟人，然欲坚执其学，以笼罩天下后世，阻碍文化之发展，以扬专制之余焰，则不得不攻之者，势也。"②

　　在五四新文化运动的斗士中，吴虞对儒家伦理思想的批判是比较犀利的。他认为欧洲久已脱离宗法社会，而中国始终"颠顿于宗法社会之中"，其主要原因"实家族制度为之梗也"。吴虞虽然未能像李大钊那样触及家族制度的经济基础，但他指出："详考孔氏之学说，既认孝为百行之本，故其立教，莫不以孝为起点，所以教字从孝。凡人未仕在家，则以事亲为孝；出仕在朝，则以事君为孝。能事亲事君，乃可谓之能立身，然后可以扬名于世。""孝之范围无所不包，家族制度之与专制政治遂胶固而不可分析。"封建统治者"其于销弭犯上作乱之方法，惟恃孝弟以收其成功"③。对家族制度、宗法社会和专制政治三者之间关系的这种分析，应该说是相当有见地的。吴虞还进一步指出，家族制度和宗法秩序必然演化为贵贱有别的阶级制度：

　　　　孔氏主尊卑贵贱之阶级制度，由天尊地卑，演而为君尊臣卑，父尊子卑，夫尊妇卑，官尊民卑。尊卑既严，贵贱遂别，几无一事不含有阶级之精神意味。故二千年来，不能铲除阶级制度，至于有良贱为婚之律，斯可谓至酷已。④

贵贱阶级之分既严，也就很难有公平之理。吴虞举孔子诛少正卯为例，说"自孔氏演此丑剧，于是后世虽无孔氏，而所诛之少正卯遍天下"⑤。

　　对于孔子的门徒和后学，吴虞的批评也非常尖刻。他认为，"孔氏之徒湛心利禄，故不得不主张尊王，使君主神圣威严，不可侵犯，以求亲媚"。儒家崇尚礼乐教化，但在吴虞看来，儒家制礼，首重等差，以礼定分，以分为理，"知分之为事，最近于专制之精神"。凡犯分即为犯律，所以"吾国之礼与刑实交相为用"。吴虞还指出，礼和道德完全不是一回事。

---

　　① 《〈吴虞文录〉序》，《胡适文存》第 1 集，黄山书社 1996 年版，第 582 页。
　　② 《答吴又陵》附吴虞来信，《独秀文存》卷 3，安徽人民出版社 1987 年版。
　　③ 吴虞：《家族制度为专制主义之根据论》，《新青年》第 2 卷第 6 号，《吴虞集》，四川人民出版社 1985 年版。
　　④ 吴虞：《儒家主张阶级制度之害》，《新青年》第 2 卷第 6 号，《吴虞集》，四川人民出版社 1985 年版。
　　⑤ 同上。

道德是循之天性，礼则是一种伪饰。"礼者，所以别尊卑贵贱也。义者，所以和君臣父子兄弟夫妇人道之际也"。儒家之所以鼓吹礼义，"殆由其以干禄为心，汲汲于从政"，"盖专制之朝，极之以礼，道德非其所尚也"①。吴虞得出的结论是：两千年来中国"守孔教之义，故专制之威愈衍愈烈"。"儒教不革命，儒学不能转轮，吾国遂无新思想、新学校，何以造新国民？悠悠万事，惟此为大已呀！"②

　　鲁迅的《狂人日记》发表之后，吴虞专门写了《吃人与礼教》的读后感③。他说："我读《新青年》里鲁迅君的《狂人日记》，不觉发生了许多感想。我们中国人，最妙是一面会吃人，一面又能够讲礼教。吃人与礼教，本来是极相矛盾的事，然而他们在当时历史上，却认为并行不悖的，这真正是奇怪了。"他举史书记载的一些杀人吃人的事例，如易牙蒸子献齐侯，刘邦诛彭越醢赐诸侯，臧洪、张巡杀妾以食守城兵将，得出结论说："孔二先生的礼教讲到极点，就非杀人吃人不成功，真是惨酷极了。一部历史里面，讲道德说仁义的人，时机一到，他就直接间接的都会吃起人肉来了。就是现在的人，或者也有没做过吃人的事；但他们想吃人，想咬你几口出气的心，总未必打扫得干干净净！"

　　吴虞是五四新文化运动的激进派，胡适称赞他是"中国思想界的一个清道夫"，是"'只手打孔家店'的老英雄"④。他对封建礼教的批判确实相当彻底和激烈，但也不免因情绪化而陷入偏颇和谬误。譬如他把儒家后学所作的《孝经》当做孔子思想的原型来批判，显然是不恰当的。再如，他说"礼教"与"吃人"本是"极相矛盾的事"，但在历史上奇怪地"并行不悖"，这个论点是对封建礼教虚伪性很巧妙的揭露。但通常说礼教"吃人"，是指它不尊重人的生命，以至于牺牲人的生命来维护纲纪伦常，并非真正"吃起人肉来了"。吴虞所引史书记载的"吃人肉"的个别例子，和儒家学说其实并无关系，显然不能说明礼教"吃人"、"杀人"的本质。由此推论说"孔二先生的礼教讲到极点，就非杀人吃人不成功"，这种随意性的说法就更难以成立了。

　　吴虞批孔言论虽然激烈，但他一生教书，并不参加任何反帝反封建的实际革命斗争。1925 年他由北京返回成都执教。1928 年对祀孔问题发表意

①　吴虞：《礼论》，《新青年》第 3 卷第 3 号，《吴虞集》，四川人民出版社 1985 年版。
②　吴虞：《儒家主张阶级制度之害》，《新青年》第 5 卷第 4 号，《吴虞集》，四川人民出版社 1985 年版。
③　吴虞：《吃人与礼教》，《新青年》第 2 卷第 6 号，《吴虞集》，四川人民出版社 1985 年版。
④　胡适：《〈吴虞文录〉序》，《胡适文存》第 1 集，黄山书社 1996 年版，第 582 页。

见，仍不改批孔初衷，言"或谓孔子学说为帝王所利用，非孔子之过。然帝王何不利用庄周、墨翟之学说，而偏利用孔子？则孔子学说必有可供帝王之利用者在，非徒然也"。又称"自来尊孔者多据孔子之一言一论以立说"，实不足信，"欲知孔学之是非，当就礼制之主张，尊卑贵贱，上下男女之阶级制度，专制主义，直接关系于吾人生命财产，权利义务者，加以讨论，而不能依据一二空言以为搪塞也"。吴虞对章太炎、梁启超由批孔而尊孔，颇有微词；对于康有为、陈焕章、罗振玉等尊孔复辟派更是斥为"其行为多不足道"[①]。但他晚年离开教育界，过着隐居生活，与时代潮流脱离，思想也日益趋于消极。

第三节 鲁迅、钱玄同、胡适对封建礼教和孔子的批判

近代中国文化革命的伟大旗手鲁迅，在五四运动初期不如陈独秀、李大钊和胡适的名气大，但是他在五四新文化运动中却有其独具的作用和深远的影响。陈独秀、李大钊在1921年中国共产党成立之后，大部分时间和精力都投入了政治斗争，对于思想文化问题无暇更多顾及。胡适在五四后期提出"多研究些问题，少谈些'主义'"，主张"应该尽力指导'国故家'用科学的研究法去做国故的研究，不当先存一个'有用无用'的成见"[②]，把反封建的"科学"与"民主"的口号阉割成了纯学理的问题。再往后，他虽然被某些文化精英视为自由主义的导师，而终其大半生实际上已成为国民政府的政坛中人。唯有鲁迅，他在五四时期以一个革命民主主义的文化斗士姿态出现，到20世纪20年代后期又转变为一个同情无产阶级革命的马克思主义文学家和思想家。鲁迅直到生命的最后一刻，坚持用文学形式，以笔作投枪和匕首，向帝国主义、封建主义和一切旧营垒中的帮凶帮闲作不懈的斗争。

鲁迅（1881—1936年），浙江绍兴人，早年留学日本，接受进化论和西方资产阶级尊重个性、张扬自由的启蒙思想的影响。回到国内后，鲁迅眼看辛亥革命的果实被袁世凯所篡夺，社会上弥漫着一种复古主义的思潮，他深感寂寞和痛苦。在异邦新声的刺激下，他呐喊："今索诸中国，为精神之战士者安在？有作至诚之声，致吾人于善美刚

---

① 吴虞：《对于祀孔问题之我见》，《吴虞集》，四川人民出版社1985年版。

② 胡适：《问题与主义》，1918年7月；《论国故学》，1919年8月；《胡适文存》第1集，黄山书社1996年版，第250、321页。

健者乎?"①《新青年》创刊之后,鲁迅发现自己并不孤独,于是积极投入新文化运动。

鲁迅在日本学医时,曾经看过一个日俄战争的电影画片。有一个据说是替俄国当侦探的中国人正要被日军砍头示众,旁边围着观看的许多中国人,"一样是强壮的体格,而显出麻木的神情"②。这个场面使鲁迅深受刺激,使他认识到"凡是愚弱的国民,即使体格如何健全,如何茁壮,也只能做毫无意义的示众的材料和看客","所以我们的第一要著,是在改变他们的精神"③。正是基于这样的认识,鲁迅前期创作的一些小说和杂文,多着力于剖析和批判中国落后的国民性,哀其不幸,恨其不争。他看到了古老的旧思想、旧道德、旧文化对广大人民特别是农民的精神束缚和毒害,"想对于根深蒂固的所谓旧文明,施行袭击,令其动摇,冀于将来有万一之希望"④。因此我们不难理解,为什么鲁迅的小说和杂文中有那么多的愤激之辞。

鲁迅和他同时代的一些文化精英一样,都受过传统文化的哺养,对于"国学"有深厚的根底。但是他却说:"我主张青年少读,或者简直不读中国书,乃是用许多苦痛换来的真话,决不是聊且快意,或什么玩笑,愤激之辞。"⑤ 鲁迅这些话,在我们今天看来可能产生一种疑惑,难道他说的真不是"玩笑,愤激之辞"? 难道他真的认为青年应"少读,或者不读中国书"? 我们当然应该相信鲁迅说的是他真实的思想,但更应该从他的话中看到他思想的矛盾和心中的痛苦。他的愤激之辞确实不是玩笑,而是"用许多苦痛换来的真话"。但他把这种无奈的愤激之辞说成不是愤激之辞,不仅道出了他心中真实苦痛,而且也折射出那个时代旧思想、旧道德、旧文化令人压抑和窒息的氛围。鲁迅说他常"觉得古人写在书上的可恶思想",自己"心里也常有";他"苦于背了这些古老的鬼魂,摆脱不开,时常感到一种使人气闷的沉重"。正是由于鲁迅的这种勇于自我解剖的精神,才使得他对旧思想、旧道德、旧文化的批判具有更大的说服力。

鲁迅没有像陈独秀、李大钊、吴虞那样激烈地批评孔子,而是经常对"孔老先生"、"孔二先生"作温和的揶揄和讽刺。如谈到孔子对鬼神的态度时说:

---

① 《摩罗诗力说》,《坟》,《鲁迅全集》第 1 卷,人民出版社 1956 年版,第 234 页。
② 《〈呐喊〉自序》,《鲁迅全集》第 1 卷,第 4 页。
③ 同上书,第 5 页。
④ 《两地书》,《鲁迅全集》第 9 卷,第 27 页。
⑤ 《写在"坟"后面》,《鲁迅全集》第 1 卷,第 365 页。

　　孔丘先生是深通世故的老先生，大约除脸子付印问题以外，还有深心，犯不上来做明目张胆的破坏者，所以只是不谈，而决不骂，于是乎俨然成为中国的圣人，道大，无所不包故也。否则，现在供在圣庙里的，也许不姓孔。①

鲁迅的《孔乙己》描写一个"好喝懒做"、"愈过愈穷"，乃至于"弄到将要讨饭"和"偶然做些偷窃的事"的封建文人，最后在众人的取笑中悄然离开鲁镇的酒店，从此再也没人见到他——"大约孔乙己的确死了"②。这篇小说极富象征性地表现了鲁迅认为以孔子为代表的儒家文化已经走到穷途末路的冷峻的观察。但是鲁迅是一个清醒的现实主义者，他认为封建的旧思想、旧道德、旧文化是注定要没落的，而现实的社会却还有许多人要竭力维护它，所以他决心"呐喊"，决心战斗，而且认为"费厄泼赖"（Fair play）应该缓行。"假使此后光明和黑暗还不能作彻底的战斗，老实人误将纵恶当作宽容，一味姑息下去，则现在似的混沌状态，是可以无穷无尽的"③。

　　鲁迅在他发表的第一篇小说《狂人日记》中，悲愤地控诉了中国几千年旧社会"人吃人"和封建礼教摧残人性的罪恶：

　　　　我翻开历史一查，这历史没有年代，歪歪斜斜的每叶上都写着"仁义道德"几个字。我横竖睡不着，仔细看了半夜，才从字缝里看出字来，满本都写着两个字是"吃人"！
　　　　没有吃过人的孩子，或者还有？救救孩子……④

1919年11月，鲁迅在《我们现在怎样做父亲》中说，中国的"圣人之徒"最恨人动摇他的伦常，"他们以为父对于子，有绝对的权力和威严；若是老子说话，当然无所不可，儿子有话，却在未说之前早已错了"。"就实际上说，中国旧理想的家族关系父子关系之类，其实早已崩溃。这也非'于今为烈'，正是'在昔已然'。历来都竭力表彰'五世同堂'，便足见实际上同居的为难；拼命的劝孝，也足见事实上孝子的缺少。而其原因，便全在一意提倡虚伪道德，蔑视了真的人情"。鲁迅认为，"中国觉醒的

---

① 《再论雷峰塔的倒掉》，《坟》，《鲁迅全集》第1卷，第296、297页。
② 《孔乙己》，《呐喊》，《鲁迅全集》第1卷，第24页。
③ 《论"费厄泼赖"应该缓行》，《坟》，《鲁迅全集》第1卷，第358页。
④ 《新青年》第4卷第5号，1918年5月。《鲁迅全集》第1卷，第12、19页。

人，为想随顺长者解放幼者，便须一面清结旧帐，一面开辟新路。就是开首所说的'自己背着因袭的重担，肩住了黑暗的闸门，放他们到宽阔光明的地方去；此后幸福的度日，合理的做人'。这是一件极伟大的要紧的事，也是一件极困苦艰难的事"①。

在此之前，鲁迅还发表了《我之节烈观》一文，深刻揭露了封建旧礼教要求妇女守节之不人道和不合理。文中说：

> 近来虚君共和是不提了，灵学似乎还在那里捣鬼，此时却又有一群人，不能满足，仍然摆头说道，"人心日下"了。于是又想出一种挽救的方法，他们叫作"表彰节烈"！……总而言之，女子死了丈夫，便守着，或者死掉；遇了强暴，便死掉；将这类人物，称赞一通，世道人心便好，中国便得救了。大意只是如此。②

鲁迅认为由汉至唐并没有鼓吹节烈，直到宋朝，"那一班'业儒'的才说出'饿死事小，失节事大'的话"。"即如失节一事，岂不知道必须男女两性，才能实现。他却专责女性；至于破人节操的男子，以及造成不烈的暴徒，便都含糊过去"。"历史上亡国败家的原因，每每归咎女子，糊糊涂涂的代担全体的罪恶，已经三千多年了。男子既然不负责任，又不能自己反省，自然放心诱惑；文人著作，反将他传为美谈"。鲁迅用事实说明节烈是"极难"、"极苦"、"无益社会国家，于人生将来又毫无意义的行为"，指出它"现在已经失了存在的生命和价值"。对于节烈的女人应该哀悼。"我们追悼了过去的人，还要发愿，要自己和别人，都纯洁聪明勇猛向上。要除去虚伪的脸谱。要除去世上害己害人的昏迷和强暴"。鲁迅写《我之节烈观》有强烈的针对性，民国初年，北京政府颁布的"褒扬条例"，还有专门褒扬妇女"守节"和"夫亡殉节"的条款，而当时的报纸上，也还时常刊登有颂扬"节妇"、"烈女"的记事和诗文。

瞿秋白在分析鲁迅思想的发展过程时说："他的士大夫家庭的败落，使他在儿童时代就混进了野孩子的群里，呼吸着小百姓的空气。这使得他真像吃了狼的奶汁似的，得到了那种'野兽性'。"作为"封建宗法社会的逆子"和"绅士阶级的贰臣"，鲁迅对于"宗法社会的旧道德，忠孝节义和腐烂发臭的古文化"，对于"一切种种士大夫的卑劣、丑恶和虚伪"，有

---

① 《新青年》第 6 卷第 6 号，1919 年 11 月。《鲁迅全集》第 1 卷，第 257 页。
② 《新青年》第 5 卷第 2 号，1918 年 8 月。《鲁迅全集》第 1 卷，第 236 页。

着深刻的了解，他"诅咒自己的过去，他竭力的要肃清这个肮脏的旧茅厕"①。鲁迅认为自己"从旧垒中来，情形看得较为分明，反戈一击，易制强敌的死命"②。他对于旧道德、旧思想、旧文化的批判不但很尖锐，而且具有韧性战斗的特点。当新文化运动的队伍起了分化，有些人变换了面孔，无批判地又赞美起"国粹"时，鲁迅始终保持着他那种彻底的反封建的战斗精神。

鲁迅的朋友钱玄同也是新文化运动的一位健将。钱玄同（1887—1939年），浙江吴兴人，曾留学日本，并师事章太炎。他原先虽反对帝制，却有浓厚的复古思想。但自"目睹洪宪皇帝之返古复辟，倒行逆施，卒致败亡也，于是大受刺激，得了一种极明确的教训，知道凡事是前进，决无倒退之理"③。他对家人说："'三纲'像三条麻绳，缠在我们的头上，祖缠父，父缠子，子缠孙，一代代缠下去，缠了2000年。'新文化'运动起，大呼解放，解放这头上缠的三条麻绳。我们以后绝对不许再把这三条麻绳缠在孩子们身上！"④《新青年》创刊后，他不仅积极参与编辑工作，还动员鲁迅投稿。为了把新文化运动推向深入，钱玄同曾化名"王敬轩"，致信《新青年》编辑部，故意以封建卫道士的口吻，肆意谩骂新文化运动。信中说：

> 辛亥国变以还，纪纲扫地，名教沦胥，率兽食人，人将相食。……贵报诸子，岂犹以青年之沦于夷狄为未足，必欲使之违禽兽不远乎。贵报排斥孔子，废灭纲常之论，稍有识者虑无不指发，且狂吠之谈，固无伤于日月，初无待鄙人之驳斥。⑤

"王敬轩"这封信，主要是攻击《新青年》创导的文学革命，但也涉及该刊对封建纲纪伦常的批判。钱玄同借"王敬轩"的谩骂，集中反映了顽固守旧派对新文化运动的仇视。《新青年》编辑部在同期发表刘半农的《复王敬轩书》，对王敬轩的谬论痛加驳斥，指出："本志排斥孔丘，自有排斥孔丘的理由。先生如有正当的理由，尽可切切实实写封信来，与本志辩

---

① 瞿秋白：《〈鲁迅杂感选集〉序言》，《瞿秋白文集》第2卷，人民文学出版社1953年版。

② 鲁迅：《写在"愤"后面》，《鲁迅全集》第1卷，第364页。

③ 周作人：《钱玄同的复古与反复古》，《文史资料选辑》第94辑，1984年版。

④ 秉维等：《回忆我们的父亲——钱玄同》，《新文学史料》第3辑，1979年，转引自吴锐《钱玄同评传》，百花洲文艺出版社1996年版。

⑤ 《新青年》第4卷第3号，1918年3月15日。"王敬轩"系钱玄同化名，见郑振铎编《中国新文学大系·文学论争集·导言》，上海文艺出版社1981年影印本。

驳。本志果然到了理由不能存立的时候，不待先生督责，就可在《新青年》杂志社中，设起香案，供起'至圣先师大成孔子'的牌位来！如先生对于本志所登排斥孔教的议论，尚未完全读过；或读了之后，不能了解或竟能了解了，却没有正当的理由来辩驳；只用那'孔子之道，如日月经天，江河行地'的空话来搪塞；或用那'岂犹以青年之沦于夷狄为未足，必欲使之违禽兽不远乎'的村妪口吻来骂人；则本志便要把先生所说的'狂吠之谈，固无伤于日月'两句话，回敬先生了。"① 钱玄同化名"王敬轩"和刘半农所演的这出"双簧戏"，深刻地揭露了那些封建卫道士面对新文化运动日益扩大的影响只能"狂吠"而无力辩驳的可怜嘴脸。

新文化运动的另一位领军人物胡适（1891—1962 年，安徽绩溪人），是近代中国自由主义思潮的代表性人物。胡适在新文化运动中的主要贡献是提倡白话文，推动文学革命。如就提倡思想解放和社会进步而言，他所起的作用比起陈独秀、李大钊、鲁迅等人来就要逊色得多。胡适当时所发表的文章，有时也显得相当激烈。如他在为《吴虞文录》所作的序言中，十分欣赏吴虞"只手打孔家店"的精神，甚至还说过下面这样一段话：

> 这个道理最明显：何以那种种吃人的礼教制度不挂别的招牌，偏爱挂孔老先生的招牌呢？正因为二千年吃人的礼教法制都挂着孔丘的招牌，故这块孔丘的招牌——无论是老店，是冒牌——不能不拿下来，捶碎，烧去！②

胡适这段话，大概是他在新文化运动中所写的最激烈的一段文字了。但这段话不应理解为他要"打倒"孔子，主张与孔子思想完全决裂。作为一个受过西方教育的新派人物，胡适对封建礼教确实是非常反感的。他曾经写过一篇《我的儿子》，不赞成把"儿子孝顺父母"列为一种信条，认为"我的儿子将来怎样待我，那是他自己的事。我决不期望他报答我的恩，因为我已宣言无恩于他"③。对于妇女的贞操问题，胡适特别反对"忍心害理的烈女论"，认为贞操理应是男女双方都要尊重对方的态度问题。"中国的男子要他们的妻子替他们守贞守节，他们自己却公然嫖妓，公然纳妾，公然'吊膀子'。再嫁的妇人在社会上几乎没有社交的资格；再婚的男子，多妻的男子，却一毫不损失他们的身份。这不是最不平等的事吗？"他还

---

①　《新青年》第 4 卷第 3 号。

②　《吴虞文录》，1921 年 6 月，《胡适文存》第 1 集，黄山书社 1996 年版。

③.《我的儿子》，《胡适文存》第 1 集，黄山书社 1996 年版，第 499 页。

引用《礼记·中庸》所载孔子说："君子之道四，丘未能一也。所求乎子以事父，未能也；所求乎臣以事君，未能也；所求乎弟以事兄，未能也；所求乎朋友，先施之，未能也。"认为孔子于五伦之中，只说了四伦，未免有点欠缺，"理该加上一句：'所求乎吾妇，先施之，未能也。'这才是大公无私的圣人之道"①。上引胡适对封建礼教的批评，可以说很中肯和富于理性。但是总的说来，胡适在新文化运动中所发表的文章，完全不像陈独秀、李大钊、吴虞、鲁迅等激进的民主主义者那样，对封建制度和封建意识形态的危害性有切肤之痛。他更像是一个有着西方文化涵养的绅士，在对封建的旧思想、旧道德、旧文化进行温和的"评判"。譬如对孔教会的尊孔复古活动，胡适是很不满的，曾批评说："孔教会的人每到了孔丘的生日，一定要举行祭孔的典礼，还有些人学那'朝山进香'的法子，要赶到曲阜孔林去对孔丘的神灵表示敬意！其实孔丘的不朽全在他的人格与教训，不在他那'在天之灵'。大总统多行了两次丁祭，孔教会多走两次'朝山进香'，就可以使孔丘格外不朽了吗？"② 但在《新思潮的意义》一文中他又说：

> 孔教的问题，向来不成什么问题，后来东方文化与西方文化接近，孔教的势力逐渐衰微，于是有一班信仰孔教的人妄想要用政府法令的势力来恢复孔教的尊严；却不知道这种高压的手段恰好挑起一种怀疑的反动。……现在大多数明白事理的人，已打破了孔教的迷梦，这个问题又渐渐的不成问题了。③

胡适说孔教会想用政府的势力来恢复孔教的尊严，结果只能是事与愿违，这意见是对的。但是说"孔教的问题向来不成什么问题"；"现在大多数明白事理的人，已打破了孔教的迷梦，这个问题又渐渐的不成问题了"；这却不符合事实。按照胡适的思想逻辑，孔教在西方文化传入中国之前，向来是不成问题的；至于孔教对中国历史发展究竟起了什么作用？孔教的衰微是否完全由于西方文化传入的缘故，有无其自身的原因？经过一番讨论之后，孔教问题是否"又渐渐的不成问题了"？胡适认为这些问题都不成其为问题，这种认识显然与陈独秀等人的认识相去甚远。

胡适认为新思潮的根本意义在于一种"评判的态度"，亦即尼采所说

---

① 《贞操问题》，《胡适文存》第 1 集，第 482 页。
② 《不朽》，《胡适文存》第 1 集，第 504 页。
③ 《新思潮的意义》，《新青年》第 7 卷第 1 号；《胡适文存》第 1 集，第 529 页。

的"重新估定一切价值"的态度。他把新文化运动的任务具体化为"研究问题，输入学理，整理国故，再造文明"①。在他看来，"文明不是笼统造成的，是一点一滴的造成的。进化不是一晚上笼统进化的，是一点一滴的进化的"②。这些意见如果孤立地看，不能说没有一点道理。但只提倡研究一个个具体的问题，不把这些问题与国家的政治经济和社会制度联系起来，只希望一点一滴的改良，不要求以新的制度代替旧的制度，所谓"再造文明"，显然只能是一句空话。

胡适在新文化运动中鼓吹"多研究些问题，少谈些'主义'"，在当时就受到了李大钊等人的批评。李大钊指出，"我们要想解决一个问题，应该设法使他成了社会上多数人共同的问题"，"使这社会上可以共同解决这个那个社会问题的多数人，先有一个共同趋向的理想、主义，作他们实验自己生活上满意不满意的尺度"。"不然，你尽管研究你的社会问题，社会上多数人却一点不生关系。那个社会问题，是仍然永没有解决的希望"③。胡适在《新思潮的意义》中开列了许多需要重新估定其价值的问题，如孔教问题、礼教问题、贞操问题、女子解放问题、教育改良问题、文学改革问题、父子问题，等等。这些问题其实都不是孤立的，要解决这些个别的问题，是和整个社会的改造分不开的。各种各样的"问题"诚然需要"研究"，但把研究"问题"与讨论改造社会的"主义"对立起来，不但有悖于新思潮的宗旨，在逻辑上也是讲不通的。胡适所列举的那些"问题"，难道不正是由于民主和科学这种新思潮的激发才引起社会的关心和注意吗？

胡适把文明价值的重估归结为一个个具体问题的研究，还表现在他对待"整理国故"的态度上。他批评林琴南这些"国粹党""不懂得国粹是什么东西，却偏要高谈'保存国粹'"，提出"若要知道什么是国粹，什么是国渣，先须要用评判的态度，科学的精神，去做一番整理国故的工夫"④。照此说来，整理国故就应该对历史文化遗产持批判继承的态度。可是胡适又强调做学问不当先存"狭义的功利观念"，强调"'国故学'的性质不外乎要懂得国故，这是人类求知的天性所要求的。若说是'应时势之需'，便是古人'通经而治平'的梦想了"⑤。既然整理国故只是满足个

---

① 《新思潮的意义》，《新青年》第 7 卷第 1 号；《胡适文存》第 1 集，第 527 页。
② 同上。
③ 李大钊：《再论问题与主义》，《李大钊文集》第 3 卷，人民出版社 1999 年版。
④ 《新思潮的意义》，《胡适文存》第 1 集，第 533 页。
⑤ 《论国故学——答毛子水》，《胡适文存》第 1 集，第 321 页。

人求知天性的一种要求，而不能"应时势之需"，又能对国家和社会"再造文明"起多大作用呢？

第四节　易白沙的《孔子平议》

在《新青年》掀起的批孔浪潮中，易白沙的《孔子平议》是当时较为集中和全面地对孔子思想学说进行分析批判的文章。易白沙指出：

> 天下论孔子者，约分两端：一谓今日风俗人心之坏，学问之无进化，谓孔子为之厉阶。一谓欲正人心，端风俗，励学问，非人人崇拜孔子，无以收拾末流。此皆瞽说也。国人为善为恶，当反求之自身，孔子未当保险公司，岂能替我负此重大之责。国人不自树立，一一推委孔子，祈祷大成至圣之默佑，是谓惰性。不知孔子无此权力。争相劝进，奉为素王，是谓大愚。①

易白沙反对国人把人心好坏、风俗善恶、学问进退都从孔子的影响去找原因，要孔子负责任。这对于批孔论者和尊孔论者双方在评价孔子时所存在的思想误区，是颇中肯綮的批评。孔子是一位思想家、教育家，他的思想和学说在他生前和身后的影响，都不应被随意地增饰放大。

易白沙认为孔子在春秋季世"只能谓之显世，不得称以素王"。由于弟子众多，"孔门学术赖以发扬，然在社会犹一部分之势力而已"。汉高祖"鉴秦始覆辙，不敢再溺秦儒冠，祠孔子以太牢"，"是为孔子身后第一次享受冷牛肉之大礼"。其后汉武帝"改良始皇之法术，欲蔽天下之聪明才志，不如专崇一说以灭他说，于是罢黜百家，独尊儒术，利用孔子为傀儡，垄断天下之思想，使失其自由"。"所谓尊孔，滑稽之尊孔也。典礼愈隆，表扬愈烈，国家之风俗人心学问愈见退落。孔子不可复生，安得严词拒绝此崇礼报功之盛德耶？"把孔子本人的思想和后代封建统治者"滑稽之尊孔"区别开来，指出"忧时之士，犹思继续演此滑稽之剧，挽救人心，岂知人心风俗即崩于此乎"，这是易白沙的卓见。但是易白沙并没有停留于此，他接着说："孔子以何因缘，被彼野心家所利用，甘作滑稽之傀儡，是不能不归咎孔子之自身矣。"

在易白沙看来，孔子之所以会被后世的野心家所利用，实有其主观的

---

① 易白沙：《孔子平议》上篇，《青年》第 1 卷第 6 号，1916 年 2 月；下篇见《新青年》第 2 卷第 1 号，1916 年 9 月。本节所引易白沙议论，皆出此文，不另注。

原因，分析起来大致是：

一、"孔子尊君权，漫无限制，易演成独夫专制之弊"。墨家鼓吹"人君善恶，天为赏罚，虽有强权，不敢肆虐"。法家主张"国君行动，以法为轨，君之贤否，无关治乱，法之有无，乃定安危"。这是先秦诸子限制君权的两种学说。孔子思想以君象天，"天子既超乎法律道德之外，势将行动自由，漫无限制，则修身齐家治国平天下诸空论，果假何种势力迫天子以不得不遵"？

二、"孔子讲学，不许问难，易演成思想专制之弊"。先秦"诸子并立，各思以说易天下。孔子弟子受外界刺激，对于儒家学术不无怀疑，时起问难"，但孔子"惟峻词拒绝其问"。"少正卯以大夫讲学于鲁，孔子之门，三盈三虚，不去者惟颜回，昔日威严，几于扫地。故为大司寇仅七日，即诛少正卯，三日尸于朝，示威弟子，子贡诸人为之皇恐不安。因争教而起杀机，是诚专制之尤者矣。"真理以辩论而明，学术由竞争而进。孔子不愿弟子问难，更不许弟子习他人之学，"不仅壅塞后学思想，即儒家自身学术亦难阐发"。

三、"孔子少绝对之主张，易为人所藉口"。孔子"立身行道，皆抱定一时字；教授门徒，亦因时因地而异"。门人"群相非谤，各以为圣人之言，岂非态度不明之故，酿成弟子之争端耶"？孔子"生平行事，尤无一定目的，杀身成仁，仅有空论"，"美其名曰中行，其实滑头主义耳，骑墙主义耳"。"此以行道为前提，小德不踰闲，大德出入可也。后世暴君假口于救国保民，污辱天下之名节，皆持是义"。

四、"孔子但重做官，不重谋食，易人民贼牢笼"。"君子谋道不谋食"，"学也禄在其中"，"是为儒门安身立命第一格言"。"孔子三月无君，则皇皇如也"。"虽干说诸侯，一君无所钩用，昔言禄在其中，已失效验，忧贫之事，其何可免？""夫孔子或志在救民，心存利禄，决非熏心禄饵，竦肩权贵，席不暇暖，尚可为之原恕，惟流弊所趋，必演成哗世取宠、捐廉弃耻之风俗。"

上引易白沙对孔子思想言行的分析，虽然有些不免失之片面，但却不完全是对孔子毫无根据的指责。宰我问学，认为三年丧制为期太长，孔子没有正面回答他的意见对不对，而是说如果你父母死了不到三年，你能心安理得地食稻衣锦，你就不必守三年之丧了。可是宰我走后，孔子却不满地斥责他"不仁"[1]。樊迟请求学种庄稼和蔬菜，孔子认为农艺之事不必

---

[1]　《论语·阳货》。

学，答以"吾不如老农"、"吾不如老圃"。但樊迟走后，孔子又生气说："小人哉，樊须也。"① 子路问事鬼神，孔子说："未能事人，焉能事鬼？"子路问死是怎么回事，孔子又说："未知生，焉知死。"② 这样的回答，确实有"滑头主义"之嫌。易白沙认为孔子授业不愿弟子问难，反对弟子从他人之学，也确有根据。再如，孔子说："君子谋道不谋食。耕也，馁在其中矣。学也，禄在其中矣。"③ 批评孔子"但重做官，不重谋食"，也并不冤枉孔子。

易白沙虽然指出孔子思想学说有不少缺点，容易被野心家利用，但他并不否定孔子"自有可尊崇者在"。他批评孔子热衷于干说诸侯，但也指出"夫孔子或志在救民，心存利禄，决非熏心禄饵，竦肩权贵，席不暇暖"。值得注意的是，易白沙说：

> 若论孔子宏愿，则不在素王，而在真王。盖孔子弟子，皆抱有帝王思想也。儒家规模宏远，欲统一当代之学术，更思统一当代之政治。彼之学术，所以运用政治者，无乎不备。几杖之间，以南面事业推许弟子。《说苑》曰：孔子言雍也可使南面。南面者，天子也。《盐铁论》曰：七十子皆诸侯卿相之才，可南面者数人。是孔子弟子上可为天子诸侯，下可为卿相。孔子亦自言如有用我者，吾其为东周；又言文王既没，文不在兹。此明以文王自任，志在行道，改良政治，非若野心家之囊橐天下。故干说七十二君，而不以为卑；应公山弗扰之召，而不嫌其叛。后人处专制时代，不敢公言南面之志，或尊为素王，或许以王佐，岂非厚诬孔子。

易白沙还引《史记·孔子世家》所载令尹子西阻止楚昭王以书社七百里封孔子一事，称孔子实有"王天下"之志。又引《史记》孔子弟子列传及《庄子》、《墨子》等书材料，言"儒家革命思想，非徒托诸空言，且行之事实"。"由诸家所说，子贡、宰我、阳虎、佛肸、漆雕开，皆欲据土壤，以施其治平之学。此处于专制积威之下，不得已而出此"。

汉魏以来，历代学者皆尊孔子为"素王"，以其有帝王之德而未居实位。康有为虽然鼓吹孔子为"改制立法之教主圣王"，也仍袭"素王"之称。易白沙称孔子之宏愿不在"素王"而在"真王"，认为孔子及其弟子

---

① 《论语·子路》。
② 《论语·先进》。
③ 《论语·卫灵公》。

具有"革命思想","欲据土壤以施其治平之学",可以说是相当大胆的新说。"南面"专指王侯是后起之义。孔子说:"雍(仲弓)也,可使南面。"① 此处"南面"不当如易沙白所作的"天子诸侯"理解。但易沙白认为孔子及其弟子多有从政以施展其才能的想法,却是事实。易白沙一方面剖析孔子思想易被后世野心家利用作为"滑稽之傀儡"的弊端,另一方面又指出孔子虽"心存利禄"而"志在救民",不论其具体观点是否完全可以成立,但对孔子所作的这种分析,就研究孔子的方法论而言,显然要比那些一味批孔或尊孔的人要高出一筹。

第五节　《新青年》批孔引起的社会反响

《新青年》创刊以后,以其对社会现实的关注和对旧思想、旧道德、旧文化"力排陈腐朽败"的战斗姿态,令读者耳目一新,在知识界迅速产生了巨大的影响。有的读者来信,称赞该刊"说理新颖,内容精美,洵为最有益青年之读物","凡我青年,宜手一编,以为读书之一助"②。尤其是《新青年》对孔教和封建礼教的批判,引起了许多青年的共鸣。这对于民国建立以来乌烟瘴气的尊孔复古逆流,无疑是一个沉重的打击,这是《新青年》为科学和民主在中国的传播立下的巨大功劳。

在响应《新青年》批判孔教的人士中,有的人并不像陈独秀、李大钊那样激烈,常乃德就是一个代表。他在给陈独秀的一封信中,对"孔教与帝制有不可离散之因缘"一语提出质疑说:"未审所谓孔教云者,指汉宋儒者以及今之号为孔教孔道诸会所依傍之孔教云乎,抑指真正孔子之教云乎(教者教训,非宗教也)?如指其前者,则仆可以无言。如指其后者,则窃以为过矣。孔子之教,一坏于李斯,再坏于叔孙通,三坏于刘歆,四坏于韩愈。至于唐宋之交,孔子之真训,遂无几微存于世矣。所可考见者,惟其一生之行迹耳。然亦经伪儒之涂附,而令人迷所选择。"③ 陈独秀在给他的复信中表示不同意他的看法,反诘说:"足下分汉宋儒者以及今之孔教孔道诸会之孔教,与真正孔子之教为二,且谓孔教为后人所坏。愚今所欲问者,汉唐以来诸儒,何以不依傍道法杨墨,人亦不以道法杨墨称之,何以独与孔子为缘而复败坏之也。"陈独秀认为:"孔门文史,由汉儒传之,孔门伦理道德,由宋儒传之,此事彰著,不可谓诬。谓汉宋之人独

---

① 《论语·雍也》。
② 《新青年》第 2 卷第 4 号《通信》,王统照来信,1916 年 12 月 1 日。
③ 常乃德致陈独秀信,见《新青年》第 2 卷第 4 号《通信》,1916 年 12 月。

尊儒家，墨法名农诸家皆废，遂至败坏中国则可；谓汉宋伪儒败坏孔教，则不可也。"① 常乃德后来在《我之孔道观》中，明确表示反对定孔教为国教和规定"国民教育以孔子之道为修身大本"，指出："若以孔道定教育大本，则必悉以孔道之精神纳入教育。其可行者固无妨，其不合于现世者，亦必强而行之，蹂躏思想自由，何可胜言？"他认为孔子学说的根本是"絜矩之道"，纲常之说即由此而出。"不过孔子之纲伦说出于絜矩之道，乃相对的义务，非如后儒所说，一方面绝对有权利而无义务，一方面绝对有义务而无权利"②。

有一位读者，在给陈独秀的信中，同意孔子之道已与今日社会"凿枘难容"，"势非破毁其教义，则必为吾族文化进步之绝大障碍"。但他又认为，"挽近世风浇漓，社会道德日益堕落，则所以维系人心者，又将何道之从耶？孔子之教义，虽多不适于今日时势，然其消极道德之信条，如礼让廉耻等，颇足以针砭今日之颓俗，吾人固当拳拳服膺并以此自励励人者也"③。这个读者的意见不无可取之处，但陈独秀在复信中认为"儒者作伪干禄，实为吾华民德堕落之源泉"，"若以孔子教义挽救世风浇漓，振作社会道德，未免南辕北辙也"④。孔子教义确实不足以挽救"世风浇漓"，但如果说孔子教义对"振作社会道德"毫无好处，甚至认为二者的关系完全是"南辕北辙"，这种说法就未免失之绝对化了。

由于《新青年》有些批评孔子和儒家思想的文章言辞过于激烈，也引起一部分读者的不满。吴虞的文章发表之后，有一个读者在给《新青年》的信中说："痛斥孔孟，甚至谓盗跖之为害在一时，盗丘之遗祸及万世，言之何愤激若是，似太不容情矣。夫孔子之言，间有不适用于共和时代者，识者早已详言。读圣贤书，知其意可矣，奚必备极丑诋以为快乎。"⑤还有一个读者，同意孔子学说"仅能适于当世之时，不能适于后世之时"，但认为不必"由今之道，而斥古人。取长去短可也，一笔抹杀之不可也"。"彼取数千年前之孔教，而强与数千年后地隔数万里欧西之学说，一一相附丽者，于理固谬。若夫挟持今日欧西之思想文化，而痛诋数千年前之孔教（如贵杂志关于孔子种种论说），宜若今世当务之急必先去孔教者，某不敏，诚不知用意安在"⑥。这些意见应该说都是较为理性而有参考价值

---

① 陈独秀复信见《新青年》第 2 卷第 4 号《通信》。

② 常乃德：《我之孔道观》，《新青年》第 3 卷第 1 号。

③ 傅桂馨致陈独秀信，见《新青年》第 3 卷第 1 号《通信》。

④ 陈独秀答傅桂馨信，1917 年 3 月 1 日，《独秀文存》卷 3。

⑤ 《新青年》第 3 卷第 3 号《通信》，毛义来信，1917 年 5 月 1 日。

⑥ 《新青年》第 3 卷第 1 号《通信》，"佩剑青年"来信，1917 年 3 月 1 日。

的，但遗憾的是，陈独秀都没有给予足够重视。

《新青年》激烈批孔批礼教，在一些封建卫道士眼里，是完全不能容忍的非圣无法的行为。前引钱玄同化名王敬轩给《新青年》的来信，谩骂《新青年》"排斥孔子，废灭纲常之论，稍有识者虑无不发指"，就是当时一些痛恨《新青年》的卫道士的真实写照。为了反击封建卫道士的肆意攻击，陈独秀发表了《本志罪案之答辩书》①，加以有力驳斥。陈独秀指出：

> 他们所非难本志的，无非是破坏孔教，破坏礼法，破坏国粹，破坏贞节，破坏旧伦理（忠孝节），破坏旧艺术（中国戏），破坏旧宗教（鬼神），破坏旧文学，破坏旧政治（特权人治），这几条罪案。

> 这几条罪案，本社同人当然直认不讳。但是追本溯源，本志同人本来无罪，只因为拥护那德莫克拉西（Democracg）和赛因斯（Science）两位先生，才犯了这几条滔天的大罪。要拥护那德先生，便不得不反对孔教，礼法，贞节，旧伦理，旧政治。要拥护那赛先生，便不得不反对旧艺术，旧宗教。要拥护德先生又要拥护赛先生，便不得不反对国粹和旧文学。

陈独秀还就社会上批评最为强烈的钱玄同废汉文的主张，表明了自己的态度。他说："钱先生是中国文字音韵学的专家，岂不知道语言文字自然进化的道理？""他只因为自古以来汉文的书籍，几乎每本每页每行，都带着反对德、赛两先生的臭味；又碰着许多老少汉学大家，开口一个国粹，闭口一个古说，不禀声明汉学是德、赛两先生天造地设的对头；他愤极了才发出这种激切的议论，像钱先生这种'用石头压驼背'的医法，本志同人多半是不大赞成的。"

为了抵制《新青年》反对旧思想、旧道德、旧文化的言论在社会上的影响，一些封建卫道士还组织团体，上书政府，出版刊物，大造舆论。1917 年 11 月，山西督军阎锡山成立"洗心社"，以"存心、养性、明德、新民为宗旨"，自任社长，并强令各县区设立分社。他声称："今欲求天下国家之治平，别无他法，只人人遵行圣人之道，则治平可望，舍斯则洪水猛兽滔滔方未艾也。"② 同年，四川省教育学会曾鉴、廖平、宋育仁等 299人联名上书北京政府，称"中国道德之要，备载群经，不读经何以言道

---

① 陈独秀：《本志罪案之答辩书》，《新青年》第 6 卷第 1 号，1919 年 1 月 15 日。
② 柯璜编：《孔教十年大事记》第 8 卷。

德,将何以为国乎!"要求"明令学校次第读经,以正人心,以明国教"①。
1919 年 1 月,刘师培、黄侃、陈汉章等人发起出版《国故月刊》,抨击新
文化运动是"功利倡而廉耻丧,科学尊而礼义亡,以放荡为自由,以攘夺
为责任,斥道德为虚妄,诋圣贤为国愿,滔滔者皆是也"②。1920 年 3 月,
北京政府西北筹边使徐树铮在北京成立"经史学社",规定参加学社听讲
者以"在职官吏及国会议员为限"。该社在《政府公报》登载的《经史社
缘起》说:"六经者圣人所以统天地之心,著善恶之归,明利害之分,通
人道之正。学者以此考其迹,观其用,察其言",提出要抵制"异说"之
传播,"惟经史实足以药之"③。著名桐城派古文家林纾(字琴南,1852—
1924 年)致信北京大学校长蔡元培,称"大学为全国师表,五常之所系
属,近者外间谣诼纷集,我公必有所闻,即弟亦不无疑信。……方今人心
丧敝,已在无可救挽之时,更侈奇创之谈,用以哗众。少年多半失学,利
其便已,未有不麋沸麇至而附和之者,而中国之命如属丝矣"。信中指责
有的人以"覆孔、孟,铲伦常为快",犹如"因童子之羸困,不求良医,
乃追责其二亲之有隐瘵,逐之,而童子可以日就肥泽,有是理耶"? 又说:
"若尽废古书,行用土语为文字","则凡京津之稗贩,均可用为教授
矣"④。林琴南这封信虽然没有点明所指何人,但他给北京大学校长蔡元培
写信,读者一看就知道是指在北大任教的陈独秀等人。蔡元培因此也就发
表公开信,予以严正驳斥。

蔡元培在信中质问林琴南说,北大讲义"涉及孔、孟者,惟哲学门中
之中国哲学史。已出版者,为胡适之君《中国上古哲学史大纲》,请详阅
一过,果有'覆孔、孟'之说乎? 特别讲演之出版者,有崔怀瑾君之《论
语足徵记》、《春秋复始》。哲学研究会中,有梁漱溟君提出'孔子与孟子
异同'问题,与胡默青君提出'孔子伦理学之研究'问题,尊孔者多矣,
宁曰覆孔"? "若大学教员于学校以外自由发表意见,与学校无涉,本可置
之不论。今姑进一步而考察之,则惟《新青年》杂志中,偶有对于孔子学
说之批评,然亦对孔教会等托孔子学说以攻击新学者而发,初非直接与孔
子为敌也"。关于所谓"铲伦常",蔡元培说:"试问有谁何教员,曾于何
书、何杂志,为父子相夷、兄弟相阋、夫妇无别、朋友不信之主张者乎?

---

① 《宗圣学报》第 2 卷第 6 册,转引自韩达编《1911—1949 评孔纪年》。
② 肖超然:《北京大学与五四运动》,《文史资料选编》第 4 辑。
③ 《政府公报》1920 年 6 月 27 日,转引自韩达编《1911—1949 评孔纪年》。
④ 林琴南致蔡元培信,最初刊登于《公言报》1919 年 3 月 18 日。《北京大学日刊》第 338
号(1919 年 3 月 21 日)发表蔡元培的复信时,一并刊布。见《蔡元培全集》第 3 卷,中华书局
1984 年版,第 272 页。

曾于何书、何杂志，为不仁、不义、不智、不信及无礼之主张者"？对于林琴南攻击胡适等人提倡白话文，蔡元培也作了有力的反驳。他在信的最后说，他主持北京大学，"循'思想自由'原则，取兼容并包主义"，"无论为何种学派，苟其言之成理，持之有故，尚不达自然淘汰之运命者，虽彼此相反，而悉听其自由发展"。他还举北大聘请辜鸿铭、刘师培任教为例说，"例如复辟主义，民国所排斥也，本校教员中，有拖长辫而持复辟论者，以其所授为英国文学，与政治无涉，则听之。筹安会之发起人，清议所指为罪人者也，本校教员中有其人，以其所授为古代文学，与政治无涉，则听之"①。

林琴南在致信蔡元培指责北京大学教授"覆孔孟、铲伦常"，有辱为人师表的同时，还在上海《新申报》发表一篇题为《荆生》的文言文小说，影射攻击文化运动诸君子。内容大意是：皖人田其美（陈独秀）、浙人金心异（钱玄同）和新归自美洲的狄莫（胡适）相约游京师陶然亭，"温酒陈肴，坐而笑语"。"田生中坐，叹曰：'中国亡矣，误者均孔氏之学。何由坚言伦纪，且何谓伦纪者？外国且妻其从妹，何以能强？天下有人种，即有父母，父母于我又何恩者？'狄莫大笑曰：'惟文字误人，所以至此。'田生以手抵几曰：'死文字安能生活学术，吾非去孔子、灭伦常不可！'……于是三人大欢，坚约为兄弟，力掊孔子。"忽有一伟丈夫名荆生者（林纾自况），破壁而入，"指三人曰：'汝适何言？中国四千余年，以伦纪立国，汝何为坏之？'"荆生把田其美等三人痛骂和揍了一顿之后说："今日吾当以香水沐吾手足，不应触尔背天反常禽兽之躯干，尔可鼠窜下山，勿污吾简。""三人相顾无言，敛具下山，回顾危阑之上，丈夫尚拊简，而俯视作狞笑也。"② 林琴南这篇小说在当时曾经轰动一时，他辱骂陈独秀等人是"背天反常禽兽"，充分反映了这帮封建卫道士对新文化运动恨之入骨而近乎丧失理性的心态。

新文化运动的重要舆论阵地，除了《新青年》外还有《新潮》和《每周评论》。后者先后由李大钊、陈独秀和胡适主编，前者则是傅斯年等一批北京大学的青年学生创办的。毛子水在《新潮》发表的《国故和科学的精神》说："因为我们中国民族，从前没有什么重要的事业；对于世界的文明，没有重大的贡献；所以我们的历史，亦就不见得有什么

---

① 《北京大学日刊》第 338 号（1919 年 3 月 21 日），《新潮》第 1 卷第 4 期（1919 年 4 月）转载，见《蔡元培全集》第 3 卷。
② 《每周评论》第 12 号（1919 年 3 月）转载。

重要。有这些缘故，所以国故在今日世界学术上，占不了什么重要的位置。"① 这是一种民族虚无主义的错误观点，理应受到读者的批评。但《新潮》所发表的批判旧礼教、旧思想、旧文化的文章，总的说来语气要比《新青年》缓和。傅斯年对旧的家庭制度的批判是比较激烈的。他认为"中国的家庭"是"破坏个性的最大势力"，是"万恶之源"。"可恨中国的家庭，空气恶浊……从他孩子生下来那一天，就教训他怎样应时，怎样舍己从人，怎样做你爷娘的儿子，决不肯教他做自己的自己。一句话说来，极力的摧残个性。""其余若妾的怪现状，姑媳的怪现状，姒娣的怪现状——更不消说。一句话说出来罢，总使得心神不能清白、能力无从发泄，一天一天向'不是人'做去。"傅斯年还对所谓"名教罪人"的舆论进行谴责，指出"名教本是罪人，那里有不名教的罪人，名教本是杀人的，那里有不杀人的名教"②。像这样对父权、夫权和名教稍微激烈的批判，也为一些人所不能容忍。1919 年 3 月，时任教育总长的傅增湘给北京大学校长蔡元培写信，称"自《新潮》出版，辇下耆宿，对于在事员生，不无微词"。又说："吾国伦理道义，人群纪纲，镂于人心，濡于学说，阅数百年来。其间节目条教，习惯蜕衍，或不适于现代，亦属在所不免。然而改革救正，自有其道。以积渐整理之功，行平实通利之策，斯乃为适。凡事过于锐进，或大反恒情之所习，未有不立蹶者。时论纠纷，喜为抨击，设有悠悠之辞，波及全体，尤为演进新机之累。甚冀执事与在校诸君一扬榷之，则学子之幸也。"③ 傅增湘并非顽固守旧派，但在顽固派的压力下，也不得不要求蔡元培对学生加以约束。蔡元培让傅斯年代笔，给傅增湘写了一封回信，表示"《新潮》持论，或有易致骇怪之处。元培自必勉以敬慎将事，以副盛情"④，这事才算了结。

1919 年初，京沪的报纸突然传出了陈独秀、胡适、钱玄同被北京大学解聘的谣言。3 月，《申报》、《公言报》相继报道，传闻陈独秀等人因出版物问题被教育部训令辞退。《公言报》载："经记者之详细调查，则知尚无其事，唯陈、胡等对于新文学之提倡，不第旧文学一笔抹杀，而且绝对的菲弃旧道德，毁斥伦常，诋排孔孟，并且有主张废国语而以法兰西文字

① 《新潮》第 1 卷第 5 号。
② 傅斯年：《万恶之源》，《新潮》第 1 卷第 1 号。
③ 傅增湘致蔡元培信，附于蔡元培复傅增湘信后，见《蔡元培全集》第 3 卷，第 286 页。
④ 《蔡元培全集》第 3 卷，第 285 页。

为国语之议。其卤莽灭裂，实亦太过。"① 这个谣言传开之后，引起了社会各界的愤慨。上海《时事新报》、《中华新报》、《民国日报》、北京《晨报》、《国民公报》等纷纷发表文章，对顽固守旧势力加以抨击，有的尖锐指出："旧派所执以罪北大教员者，曰排孔也。吾侪认孔子为我国政治哲学家之一，其学说之是非，后人自得而批评之。即有批评，自有赞、否之自由，无足深异者。若以反对孔子学说即为离经叛道，则西洋反对亚里士多德、柏拉图、索克拉特士诸贤之说者，亦皆为同罪矣。请问旧派者流曾闻西洋学界有此滑稽之议论否?"② 《每周评论》曾把有关的言论辑录在一起，编入该刊当年第17、19号。陈独秀则发表了《关于北京大学的谣言》一文，指出"迷顽可怜的国故党""不拿出自己的知识本领来堂堂正正争辩，总喜欢用'倚靠权势'、'暗地造谣'两种武器"，这是中国人"恶根性"的表现③。

五四新文化运动之后，不少学者在论述这场运动的批孔狂飚时，常提到"打倒孔家店"的口号。其所以会把"打倒孔家店"的口号和新文化运动联系起来，可能是因为胡适在《〈吴虞文录〉序》中说过吴虞是"只手打孔家店的老英雄"，以后辗转引用，就把"打孔家店"说成是"打倒孔家店"，并把它视为概括新文化运动冲决封建思想网罗的战斗口号。"打孔家店"和"打倒孔家店"，从字面上推敲，涵义是有区别的。"打"者，未必就要"打倒"。但胡适在称吴虞为"只手打孔家店的老英雄"时，也未必就斟酌过"打"和"打倒"的区别。重要的问题不在于用语，而在于怎样理解新文化运动批孔狂飚的历史意义。所谓"打倒孔家店"，如果指的是新文化运动在"德先生"和"赛先生"精神的鼓舞下，要推翻长期以来以孔孟之道为代表的封建思想统治，把人们从旧思想、旧文化、旧道德扼杀人的价值和个性的精神网罗中解放出来，那么用"打倒孔家店"的口号来形容新文化运动的宗旨，未尝不可以。但如果把"打倒孔家店"理解为要彻底与孔孟的思想和学说决裂，摒弃儒家的思想遗产，那显然是一种非历史主义的态度，是不可取的。毛泽东在充分肯定五四运动的伟大历史意义时曾指出，五四运动也存在着缺点，即那时的许多领导人物"没有历史唯物主义的批判精神，所谓坏就是绝对的坏，一切皆坏；所谓好就是绝

---

① 转引自《新潮》第1卷第4号。

② 渊泉：《警告守旧党》，原载北京《晨报》。录自1919年4月13日《每周评论》特别附录。转引自钟离蒙、杨凤麟编《中国现代哲学史资料汇编》第1集第1册，辽宁大学哲学系，1981年。

③ 《独秀文存》第1卷，安徽人民出版社1996年版，第402页。

对的好，一切皆好。这种形式主义地看问题的方法，就影响了后来这个运动的发展"①。新文化运动的一些健将确实存在这种形式主义看问题的思想方法，因而他们的一些言论相当偏颇。但是我们又应该注意到，当他们受到反驳或质疑而为自己辩护时，几乎没有例外地都要声明自己并不是完全否定孔子及其思想学说的历史地位和历史价值，只不过因为被统治阶级所利用的孔教已经成为社会进步的巨大障碍，所以要坚决反对和掊击。在如何对待孔子及其思想学说这份历史遗产的问题上，他们的言论实际上存在着一种虽偏激而无奈的矛盾。缺乏历史唯物主义的批判精神，使他们不可能提出对待历史文化遗产要批判继承的正确主张。五四新文化运动的这个缺点，既反映当时一些先进知识分子思想准备和理论准备的不足，也与当时特定的历史环境有关。

第六节　《学衡》派对新文化运动的态度

1922 年，南京东南大学的教授梅光迪、吴宓等人创办《学衡》月刊。创刊号刊首刊登孔子和亚里士多德的画像，并发表梅光迪的《评新文化者》一文。《学衡》一创刊，便摆开与新文化运动唱对台戏的阵势。

《学衡》简章标榜："论究学术，阐求真理，昌明国粹，融化新知。以中正之眼光，行批评之职事。无偏无党，不激不随。"② 该刊的经常撰稿人多数是曾经留学美、英、法等国的学者。梅光迪、吴宓曾在美国哈佛大学攻读西洋文学，学术思想深受美国新人文主义倡导者白璧德的影响。白氏主张汲取东西方自古以来多种文化之精华，从事专门研究，并汇通各种文化中普遍永恒之人文价值，建立与颓败的近代文明相抗衡的文化体系。他认为："孔子与亚里士多德立说在在不谋而合。比而观之，若欲窥见历世积储之智慧，撷取普通人类经验之精华，则当求之于我佛与耶稣之宗教教理，及孔子与亚里士多德之人文学说，舍是无由得也。"③《学衡》派标榜的"昌明国粹，融化新知"，便是把白璧德新人文主义应用到中国来的一种文化主张。他们认为论学只应辨是非精粗，"旧者不必是，新者未必非，然反是则尤不可"，因为"天理、人情、物象，既有不变者存，则世中事

---

① 《反对党八股》，《毛泽东选集》第 3 卷，人民出版社 1991 年版，第 831—832 页。

② 孙尚扬、郭兰芳编：《国故新知论——学衡派文化论著辑要》，中国广播电视出版社 1995年版。

③ 《白璧德论欧亚两洲文化》，吴宓译，见《国故新知论——学衡派文化论著辑要》。

事物物，新者绝少"①。正是基于对传统文化中有一种永恒性的价值存在的认识，《学衡》派主张："今欲造成中国之新文化，自当兼取中西文明之精华，而熔铸之，贯通之。吾国古今之学术德教，文艺典章，皆当研究之、保存之、昌明之、发挥而光大之。"② 他们不但对新文化运动批判旧思想、旧道德、旧文化的过激言论大加抨击，就连提倡白话文也持反对态度。

梅光迪在《评提倡新文化者》中说：

> 号为"新文化运动"者，甫一启齿，而弊端丛生，恶果立现，为有识者所诟病。……夫言政治法制者之失败，尽人皆知，无待余之哓哓，独所谓提倡"新文化"者，犹以工以自饰，巧于语言奔走，颇为幼稚与流俗之人所趋从，故特揭其假面，穷其真相，缕举而条析之。非余好为苛论，实不得已耳。

他指责新文化运动之倡导者"非思想家，乃诡辩家"；"非创造家，乃模仿家"；"非学问家，乃功名之士"；"非教育家，乃政客"③。

吴宓在《论新文化运动》中说：

> 近年国内有所谓新文化运动者焉，其持论则务为诡激，专图破坏，然粗浅谬误，与古今东西圣贤之所教导，通人哲士之所述作，历史之实迹，典章制度之精神，以及凡人之良知与常识，悉悖逆抵触而不相合。其取材则惟选西洋晚近一家之思想，一派之文章，在西洋已视为糟粕、为毒酖者，举以代表西洋文化之全体。其行文则妄事更张，自立体裁，非马非牛，不中不西，使读者不能领悟。其初为此主张者，本系极少数人，惟以政客之手段，到处鼓吹宣布，又握教育之权柄。值今日中国诸凡变动之秋，群情激扰，少年学子热心西学，而苦不得研究之地，传授之人，遂误以此一派之宗师，为惟一之泰山北斗，不暇审辨，无从决择，尽成盲从，实大可哀矣。④

《学衡》对新文化运动的批判，以柳诒徵的《论中国近世之病源》一文最为全面和激烈。文中说：

---

① 吴宓：《论新文化运动》，转引自《国故新知论——学衡派文化论著辑要》。
② 同上。
③ 《学衡》1922年1月第1期，转引自《国故新知论——学衡派文化论著辑要》。
④ 《学衡》1922年4月第4期，转引自《国故新知论——学衡派文化论著辑要》。

今人论中国近世腐败之病源，多归咎于孔子，其说始于日本人，而我国之好持新论者，益扬其波。某杂志中归狱孔子反复论辩者，殆不下数万言。青年学者，中其说之毒，遂误以反对孔子为革新中国之要图，一若焚经籍，毁孔庙，则中国即可勃然兴起，与列强并驱争先者。余每见此等议论，辄为之哑然失笑，非笑其诋毁孔子也，笑其崇孔子太过，崇信中国人太过。以数千年来未能完全实行之孔教（此教字，非宗教之教，即孔子所言之道理耳），竟认为中国惟一之病源，对症下药，毫不用其审慎也。夫医家误认病源，妄使攻伐，匪惟不能去病，病且益深……

今之论者，诋孔子曰：盗丘，谓其流毒不减于洪水猛兽，凡可以致怨毒于孔子之词，无所不用其极，余诚不解其用心。果如诸人之所说，必先立一前提曰：中国人实行孔子所言之道理，数千年来未之或替，举凡近世内政外交教育实业，种种不振，皆此实行孔子所言之道理者，为之厉阶，则归狱于孔子，吾诚不敢为孔子平反，且亦将从诸公之后，鸣鼓以攻孔子。无如自有历史以来，孔子之道，初未尝完全实行于中国国家社会之中。以余生平耳目闻见所及，实行孔子所言之道理者，寥寥可数，而充满于社会国家之人物，所作所为，无往而非大悖于孔教者……

反对孔子之说，最足以煽惑今人之心理者，曰：孔子尊君，演成独夫专制之弊也。此等议论，实发生于单简之脑筋，未尝就一事之前后四方，比较推勘，而轻下孟浪之语。无论孔子不独尊君，且不主张专制，第就孔子时代言之，桀、纣、幽、厉，皆先于孔子者也。是果有何人学说演成？稍治历史，即知此说之不能成立。推而论之，美法未行民主制以前，世界各国，自罗马曾行一度共和政治外，孰非君主政体？其专制最甚之国君，若路易十四、尼古拉斯第一等，皆奉孔子之教者乎？君主专制同也，而孔教之有无不同，则孔教非君主专制之主因必也……

次则科举之毒，亦为反对孔子者所藉口。科举之为善制与不，当别讨论。今第为不良之制，是亦科举自身之害，非孔子之害也。以利禄诱人，而假途于孔子之书，与假途于他人之书，其性质相同。[①]

柳诒徵指出，中国近世之四大变迁皆与孔子之教无关：鸦片战争"起

①　柳诒徵：《论中国近世之病源》，《学衡》1922 年第 3 期。引自孙尚扬、郭兰芳编《国故新知论——学衡派文化著辑要》，中国广播电视出版社 1995 年版。

于鸦片烟，请试思孔子曾教人吸鸦片烟乎"？甲午之战，"国势已颓，然其时军界中无实行孔教者也"。庚子之役，"肇于那拉氏，而成于刚端及拳匪。此三方者，又皆与孔子之教风马牛不相及也"。辛亥革命，真正革命家大半牺牲，"其奔走运动，迄民国成立，不变初志，确然欲树立民治主义者，殆无几人。其余侥幸因人，遂尸创造民国之功，攫党费，猎勋位，购洋房，拥姬妾，大失国人之信用，此又信孔子之教贻之祸乎"？柳诒徵还指出："民国之主倡孔教者，独康有为、陈焕章耳。稽其为人者，虑无不知其与孔子之教大相背戾，即不知其底蕴而翕然从之者几何？中国今日之病源，不在孔子之教，灼然明矣。""盖中国最大之病源，非奉行孔子之教，实在不行孔子之教。……今日社会国家重要问题，不在信孔子不信孔子，而在成人不成人，凡彼败坏社会国家者，皆不成人者之所为也。苟欲一反其所为，而建设新社会新国家焉，则必须先使人人知所以为人，而讲明为人之道，莫孔子之教若矣。"①

柳诒徵这篇文章，是《学衡》派对新文化运动批孔狂飙最雄辩的一篇反驳。梅光迪、吴宓攻击新文化运动领军人物为没有学问的"功名之士"，迎合无知群众的"政客"，这种论调近乎人身攻击，既没有说服力，也有失学者的风度。柳诒徵的文章有所不同，他指出"孔子之道初未尝完全实行于中国国家社会之中"；"独夫专制之弊"既见于孔子之前，也见于未有孔子之欧美各国；科举之害乃自身"不良之制"；这些意见都无可厚非。但他认为鸦片战争、甲午战争、八国联军以及辛亥革命这些影响中国近代史发展的重大事件，都与孔子之教无关，这种观察却未免流于肤浅。中国近代沦为半殖民地半封建社会既有外因也有内因。中国封建社会和封建专制制度在经过高度发展之后走向衰落和成为历史发展的绊脚石，不能说与孔子之教的消极成分毫无关系。柳诒徵在另一处说："中国最大之病根，非奉孔子之教，实在不行孔子之教。"这与他所说的"今日社会国家重要问题，不在信孔子不信孔子，而在成人不成人"自相矛盾，表明他还是认为中国社会的取向应"行孔子之教"。柳诒徵后来在《中国文化史》中说："孔子者，中国文化之中心也，无孔子则无中国之文化，自孔子以前数千年之文化，赖孔子而传。自孔子以后数千年之文化，赖孔子而开。即使自今以后，吾国国民，同化于世界各国之新文化，然过去时代之与孔子之关系，要为历史上不可磨灭之事实。"② 柳诒徵对孔子及其思想的这一评价，

---

① 柳诒徵：《论中国近世之病源》，《学衡》1922年第3期。引自孙尚扬、郭兰芳编《国故新知论——学衡派文化著辑要》，中国广播电视出版社1995年版。
② 柳诒徵：《中国文化史》第25章。

虽有其合理的因素，但总的说来，对孔子的历史作用显然是夸大的。

《学衡》派指责新文化运动领军人物错误地"以反对孔子为革新中国之要图"①，这确实击中了新文化运动过激派的要害。孔子思想学说对中国封建社会的历史发展既有正面影响，也有负面影响，但不管这种正面和负面的影响有多大，中国近代的积弱积贫，社会黑暗和政治腐败，以致面临被帝国主义列强瓜分的民族危机，既不能由孔子及其思想来负主要责任，也不能归咎于国人没有奉行孔子之教。新文化运动的过激派和学衡派在这个问题上都犯了一个同样的错误，就是颠倒了社会存在和社会意识的关系，不了解决定一个国家进步或落后的根本原因，不在于某些个人或某种思想学说所起的作用（这种作用当然是不可忽视的），而在于社会物质资料生产和科学技术的发展水平，在于社会经济基础和上层建筑是促进还是阻碍生产力的发展。

《学衡》派主张新文化的建设应该"昌明国粹，融化新知"，从表面上来说似乎是要融合中西文化。究竟什么叫"国粹"，他们并没有作出明确的说明，而实际上他们是把旧有文化都当做国粹。他们推崇欧洲的古典文化和美国的白璧德新人文主义，对杜威、罗素、马克思等人的学说则视为"偏浅卑俗"而加以排拒，这也不免是对"新知"的一种偏见。在《学衡》派看来，"中国之文化，以孔教为中枢，以佛教为辅翼；西洋之文化，以希腊罗马之文章哲理与耶教融合孕育而成。今欲造成新文化，则当先通知旧有之文化。……今既须通知旧有之文化矣，则当于以上所言之四者：孔教、佛教、希腊罗马之文章哲学及耶教之真义，首当着重研究，方为正道"②。可是融合孔教、佛教、希腊罗马文章哲学和耶稣教这四种旧有文化，难道就真能代表创造中国"新文化"的正道吗？

《学衡》派诸公是一些学贯中西的饱学之士，他们自命为最有资格创造新文化的精英。他们睥睨学界，视国人为无知群氓，甚至引"美儒"所说的"授新思想于未知运思之人，其祸立见"③来攻击新文化运动。其实，他们不了解任何人不论学问有多大，如果脱离中国的现实国情，脱离中国知识分子和广大人民最关心和最迫切需要解决的实际问题，想靠中外的所谓"圣道"来创造"新文化"，这纯粹是过着优闲生活的文化贵族的一种空想。"学衡"派之所以在近代中国社会未能产生重要的影响，其原因也正在于此。

---

① 柳诒徵：《论中国近世之病源》，《学衡》1922 年第 3 期。
② 吴宓：《论新文化运动》，《国故新知论——学衡派文化论著辑要》。
③ 梅光迪：《评提倡新文化者》，《国故新知论——学衡派文化论著辑要》。

第六章　东西文化论争中的
孔子和孔子思想

　　自从西方列强用大炮打开了中国的大门之后，所谓天朝大国的腐朽无能逐渐暴露无遗。到了五四时期，中国在经济、政治和思想文化各方面都大大落后于西方资本主义国家，这已经是一个不争的客观事实。顽固守旧的人自然还有，但大多数的知识分子显然都已认同中国必须向西方学习。就连原先洋务派所鼓吹的"中学为体，西学为用"的论调，这时也已经没有什么市场了。但是第一次世界大战的惨祸和资本主义各国所出现的社会危机，却促使一些人重新审视西方文明的历史后果，并且用另一种眼光来评价东西方文明的优劣得失，从而引起了有关东西方文化的一场论战。这场论战不仅涉及东西方文明的差异，而且提出了中国文化发展的道路取向问题。大体说来，新文化运动的倡导者如陈独秀、李大钊、胡适等，都是肯定西方文明的优越性而把东方文明看成是一种落后的和过时的文明，他们坚决主张中国应该走西方文明的道路。以伧父（杜亚泉，1873—1933年）和章士钊（1882—1973年）为代表的另一些人，则认为东方文明自有其异于西方文明的优越性，两种文明"抱合调和，为势所必至"①。他们认为中国应该学习西方文明以求自存，"然固有之道德学问，可资为本原者，不知所以保存而疏导之，是忘本也"②。还有一种意见，则以梁漱溟（1893—1988年）为代表。1922年，梁漱溟出版《东西文化及其哲学》，他把世界文化分为西方文化、中国文化和印度文化三种类型，认为我们中国人现在所应持的态度是："第一，要排斥印度的态度，丝毫不能容留；第二，对于西方文化是全盘承受，而根本改过，就是对其态度要改一改；第三，批评的把中国原来态度重新拿出来。"③

　　对于东西文化论争各方的意见作出评论，不是本书的任务。下面仅就

① 伧父：《静的文明与动的文明》，《东方杂志》第13卷第10号，1916年10月。
② 章行严（章士钊）：《新时代之青年》，《东方杂志》第16卷第11号，1919年11月。
③ 梁漱溟：《东西文化及其哲学》，第5章，商务印书馆1933年版。

论争中所涉及的孔子和孔子思想的评价问题，作一些介绍和评述。

第一节　《东方杂志》与《新青年》的论争

从新文化运动一开始，就有一种意见认为，新文化和旧文化是不能调和更不能融合的。1915 年 9 月，《青年杂志》创刊号登载汪淑潜的《新旧问题》一文提出："所谓新者无他，即外来之西洋文化也；所谓旧者无他，即中国固有之文化也"；"新旧之不能相容，更甚于水火冰炭之不能相入也"。同年 12 月，陈独秀也在《青年杂志》发表文章，从三个方面论证了东西方民族根本思想的差别：（一）"西洋民族以战争为本位，东洋民族以安息为本位"。（二）"西洋民族以个人为本位，东洋民族以家族为本位"。（三）"西洋民族以法治为本位，以实力为本位；东洋民族以感情为本位，以虚文为本位"①。陈独秀对东西方文明差异的论述反映了他的价值判断：西洋文明优于东洋文明，这是西方国家所以先进强盛，而中国所以落后贫弱的根本原因。这种价值判断在当时比较激进的知识分子中有一定的代表性，但它却是一种形式主义观察问题和片面的思维方法的表现。

汪淑潜和陈独秀的文章在知识界引起了一阵波澜。1916 年 10 月，《东方杂志》刊载伧父的《静的文明与动的文明》一文②。伧父即杜亚泉，浙江绍兴人，民国初期任上海商务印书馆编辑。他认为中国是静的社会，西洋是动的社会，静的社会发生静的文明，动的社会发生动的文明。他的文章值得注意之处，并不在于罗列中西文明表现为静与动的一些现象差异，而在于指出："自欧战发生以来，西洋诸国日以其科学所发明之利器戕杀其同类，悲惨剧烈之状态，不但为吾国历史之所无，亦且为世界从来所未有。吾人对于向所羡慕之西洋文明，已不胜其怀疑之意见，而吾国人之效法西洋文明者，亦不能于道德上或功业上表示其信用于吾人。"因此，伧父强调"吾人今后不可不变其盲从之态度，而一审文明真价之所在"，"吾国固有之文明，正足以救西洋文明之弊，济西洋文明之穷者"。随后，伧父又在《东方杂志》发表《战后东西文明之调和》和《迷乱之现代人心》两篇文章。《战后东西文明之调和》③ 认为经济与道德对于人类生活关系最

---

① 《东西民族根本思想之差异》，《青年杂志》第 1 卷第 4 号。《独秀文存》，安徽人民出版社 1987 年版。

② 《东方杂志》第 13 卷第 10 号。引自陈崧编《五四前后东西文化问题论战文选》，中国社会科学出版社 1989 年版。

③ 《东方杂志》第 14 卷第 4 号。引自陈崧编《五四前后东西文化问题论战文选》。

为重要，东洋社会之经济目的"图全体之平均"，西洋社会之经济目的"谋局部之发达"；西洋社会之道德"重力行而蔑视理性"，东洋社会之道德"讲理性而不能力行"。伧父说："西洋之社会主义，虽有种种差别，其和平中正者，实与吾人之经济目的无大异。孔子谓不患寡而患不均。社会主义所谓'各取所须（需）'亦即均之意义。吾东洋社会，无国家民族对抗之形势，故经济上尝注目于社会。孔孟之书，凡关于经济者，无不从社会全体着想。""吾人当确信吾社会中固有之道德观念，为最纯粹最中正者。"《迷乱之现代人心》》[①] 认为，"我国之有国是，乃经无数先民之经营缔造而成"，"周公之兼三王，孔子之集大成，孟子之拒邪说，皆致力于统整者"。"吾人在西洋学说尚未输入之时，读圣贤之书，审事物之理，出而论世，则君道若何，臣节若何，仁暴贤奸，了如指掌；退而修己则所以处伦常者如何，所以励品学者如何，亦若有规矩之可循"。西洋各种学说输入之后，"吾人之精神界中种种庞杂之思想，互相反拨，互相抵消，而无复有一物之存在"，导致了"精神界之破产"。"产生西洋文明之西洋人，方自陷于混乱矛盾之中，而亟亟有待于救济，吾人乃希望借西洋文明以救济吾人，斯真问道于盲矣！"以此，伧父主张："救济之道，在统整吾固有之文明，其本有系统者则明了之，其间有错出者则修整之。一面尽力输入西洋学说，使其融合于吾固有文明之中。西洋之断片的文明如满地散钱，以吾固有文明为绳索，一以贯之。"

《东方杂志》是当时国内颇有影响的刊物，杜亚泉又是该杂志的主编，他的文章发表之后，在知识界引起广泛注意。杜亚泉具有近代自然科学的一定素养，不同于一些对西方文明一窍不通的顽固守旧派。他指出第一次世界大战使欧洲资本主义国家的社会矛盾和黑暗面充分暴露，以及我国在东西方文明碰撞激荡下所出现的人心迷乱的现象，应该说都是事实。也正因为如此，他反对摒弃我国固有文明，主张调和东西方文明的意见，也就得到了不少人的同情。章士钊在一次对青年学生的讲演中说："调和者，社会进化至精之义也。""故今日之为青年者，无论政治方面，学术或道德方面，亦尽心于调和之道而已。""以今世文明，科学奋进，吾国暗陋，当然哀多益寡，以求自存。然固有之道德学问，可资为本原者，不知所以保存而疏导之，是忘本也。"[②] 杜亚泉和章士钊主张东西方文化可以调和，认为中国传统文化既需要改造也需要继承，反对新文化运动中有些人要求和

---

　　① 《东方杂志》第 15 卷第 4 号。引自陈崧编《五四前后东西文化问题论战文选》。
　　② 章行严：《新时代之青年》，1919 年 9 月在寰球中国学生会之演说，《东方杂志》第 16 卷第 11 号。引自陈崧编《五四前后东西文化问题论战文选》，中国社会科学出版社 1989 年版。

旧思想、旧文化、旧道德彻底决裂的激进主张，这些观点应该说是无可厚非的。但是他们所倡导的文化调和，是要求以中国的固有文明（主要是伦理道德）作为"一以贯之"的本原和绳索，把犹如"满地散钱"的西洋文明断片串连起来，加以"统整"，这实际上并没有摆脱先前"中学为体，西学为用"论者那种旧观念的窠臼。引进西方文明要与中国的实际相结合，但以传统伦理道德为核心的"中学"和"中国实际"乃是两个不同的概念。新文化运动中一些人主张与旧思想、旧文化、旧道德彻底决裂固然不免偏激，但是在当时的历史环境中如果不把旧思想、旧文化、旧道德的权威推翻，不把它几千年来所形成的网罗冲破，而还继续鼓吹用它作为"本原"的绳索来"统整"西方文明，显然不符合时代所要求的新文化建设的方向。杜亚泉看到西方资本主义文明的弊病，并且预言："由吾人之臆测，则经济之变动，必趋向于社会主义。"① 这是他的认识高于有些文化保守主义者之处。但是他认为社会主义思想在孔孟书中都已有之，"孔孟之书，凡关于经济者，无不从社会全体着想"，这种非历史主义的论点，却又反映了他对于中西文化差异的了解是极其肤浅乃至扭曲的。

　　1918 年 6 月，《东方杂志》发表平佚的译文《中国文明之评判》②。该文原载日本杂志《东亚之光》，主要内容是介绍德国学者台里乌司氏对辜鸿铭（译文把辜鸿铭称为"胡某"，"胡"为"辜"之音讹）在该国发表的两篇文章的评论。辜鸿铭认为中国文化优于欧洲文化，欧洲文化"不合于伦理之用"，乃"基于物质主义及恐怖与贪欲者也"。"欧洲人在学校所学者，一则曰知识，再则曰知识，三则曰知识；中国人在学校所学者为君子之道"。欧洲人"精神上之问题，即唯一之重大问题，非学于我等中国人不可"。孔子"示人以达于高洁深玄礼让幸福之唯一可能之道"，"至醇至圣之孔夫子当有支配全世界之时"。台里乌司氏说辜鸿铭之"忠告"虽"不免稚气"，但其言"诚切欧洲之弱点"，"使吾人倾听彼之言论使吾人对于世界观之大问题怅然有感矣"。

　　《中国文明之评判》在《东方杂志》发表后，陈独秀很快作出了反应。他在《新青年》发表《质问〈东方杂志〉记者》，并且加了一个副标题："《东方杂志》与复辟问题"③。文中联系此前《东方杂志》发表的一系列

---

　　① 《战后东西文明之调和》，《东方杂志》第 14 卷第 4 号。引自陈崧编《五四前后东西文化问题论战文选》。

　　② 《东方杂志》第 15 卷第 6 号。引自陈崧编《五四前后东西文化问题论战文选》。

　　③ 《东方杂志》第 15 卷第 4 号，1918 年 4 月，《独秀文存》卷 1，安徽人民出版社 1987 年版，第 184 页。

文章，提出了许多问题质问，诸如：

> 夫孔子之伦理如何，德国之伦理如何，辜鸿铭、康有为、张勋诸
> 人，固已明白昌言之，《东方》记者亦赞同之否？
>
> 近代中国之思想学术，即无欧化输入，精神界已否破产？假定即
> 未破产，伧父君所谓我国固有之文明与国基，能否使吾族适应于二十
> 世纪之生存而不削灭？
>
> 伧父君所谓我国固有之文明与国基，如此如此。请问此种文明此
> 种国基，倘忧其丧失忧其破产而力图保存之，则共和政体之下，所谓
> 君道臣节名教纲常，当作何解？谓之迷乱，谓之谋叛共和民国，不亦
> 宜乎？
>
> 胡氏谓："欧洲人在学校所学者，一则曰知识，再则曰知识，三
> 则曰知识；中国人在学校所学者，为君子之道"。夫个人人格之养成，
> 岂不为欧校所重？即按之实际，欧人中人格健全所谓 gentleman 者，其
> 数量岂不远胜于我中国人乎？崇拜孔夫子之中国人，其人格足当君子
> 者，果有几人？

伧父对于陈独秀的质问作了回答。他称征引辜鸿铭的著作并不等于引
辜鸿铭为同志，尊崇孔子伦理亦不能与赞同张勋并为一谈。但他承认：
"记者尊崇孔子伦理，且对于辜氏所言，凡业经征引而称许之者，皆表赞
同之意者也。"又说，他确认"君道臣节及名教纲常"为我国固有文明之
基础，但"共和政体决非与固有文明不相容者，民视民听，民贵君轻，伊
古以来之政治原理，本以民主主义为基础，政体虽改，而政治原理不
变"①。

陈独秀对伧父的质问，诚然有些尖刻，但伧父的答辩却是很难自圆其
说和无力的。比如他说征引辜鸿铭的著作并不等于引辜鸿铭为同志，可是
又说："对于辜氏所言，凡业经征引而称许之者，皆表赞同之意者也。"又
如他说："盖固有文明中有君道臣节名教纲常诸大端，乃已往之事实，非
《新青年》记者所得而取消。以往之事实，既不能取消，则不能禁人之记
忆之称述之，苟不用焚坑之法，虽加以谋叛之罪名，亦不能使之钳口而结
舌。"这分明是偷换双方意见分歧的焦点。陈独秀之所以批评伧父，"乃以
《东方》记者力言非统整己国固有君道臣节名教纲常之文明，不足以救济

---

① 伧父：《答〈新青年〉杂志记者之质问》，《东方杂志》第 15 卷第 12 号，1918 年 12 月。
引自陈崧编《五四前后东西文化问题论战文选》。

精神界之破产，不足以救济国是之丧失，不足以救济国家之灭亡"，而不是否定君道臣节名教纲常在历史上的存在事实及其在古代的"相当之价值"①。

平心而论，杜亚泉并非对西洋文明采取完全排斥的态度，更没有反对共和政体的意思。但他错误地认为民国初年的政治黑暗和人心迷乱是由于西洋文明输入，导致我国"精神界之破产"、纲纪伦常不复存在的结果，主张"统整吾固有之文明"以为"救济之道"。这个意见与陈焕章等孔教会人士的意见是一致的。本来，我国固有文明既有民主性的精华，也有封建性的糟粕。"君道臣节名教纲常"本质上是维护君权、父权、夫权的统治和束缚人民群众的精神枷锁，是近代民主共和理念的对立物。杜亚泉对固有文明的民主性精华和封建性糟粕未能加以区别，强调"以君道臣节名教纲常为基础之固有文明"可以和民主共和政体融合会通，又表示赞同辜鸿铭宣扬封建纲纪伦常的观点，这就难怪陈独秀要推论他与辜鸿铭是"同志"了。

陈独秀和杜亚泉这场有关东西文明的差异以及中国文明应走的道路的论争，实际上是五四新文化运动中并没有解决的中国文化发展取向的问题。在此后一个相当长的时期，它仍然是中国思想界和学术界争论不休的问题。1920年，梁启超赴欧洲考察，回国后发表了《欧游心影录》。他在书中以自己的亲身经历，描绘了第一次世界大战后资本主义各国的衰败和苦难，批判"科学万能之梦"，鼓吹"拿西洋的文明来扩充我的文明，又拿我的文明去补助西洋的文明，叫他化合起来成一种新文明"②。梁启超说：

> 近来西洋学者，许多都想输入些东方文明，令他们得些调剂。我仔细想来，我们实在有这个资格。何以故呢？从前西洋文明，总不免将理想实际分为两橛，唯心唯物各走极端。宗教家重来生，唯心派哲学高谭玄妙，离人生问题都是很远。科学一个反动，唯物派席卷天下，把高尚的理想又丢掉了。……孔、老、墨三位大圣，虽然学派各殊，"求理想与实用一致"，却是他们共同的归着点。如孔子的"尽性赞化"、"自强不息"，老子的"各归其根"，墨子的"上同于天"，都是看出有个"大的自我"、"灵的自我"和这"小的自我"、"肉的自我"同体，想要因小通大，推肉合灵。我们若是跟着三圣所走的路，

---

① 陈独秀：《再质问〈东方杂志〉记者》，《新青年》第6卷第2号，1919年2月，《独秀文存》卷1，第221页。

② 《饮冰室合集》专集之23，中华书局1989年版，第35—36页。

求"现代的理想与实用一致",我想不知有多少境界可以辟得出来哩①！

基于这种"化合"东西文明的认识,梁启超指出:"国中那些老辈,故步自封,说什么西学都是中国所固有,诚然可笑。那沈醉西风的,把中国什么东西,都说得一钱不值,好象我们几千年来,就象土蛮部落,一无所有,岂不更可笑吗?须知凡一种思想,总是拿他的时代来做背景。我们要学的,是学那思想的根本精神,不是学他派生的条件,因为一落到条件,就没有不受时代支配的。譬如孔子说了许多贵族性的伦理,在今日诚然不适用,却不能因此菲薄孔子。柏拉图说奴隶制度要保存,难道因此就把柏拉图抹杀吗?明白这一点,那么研究中国旧学,就可以得公平的判断,去取不至谬误了。"梁启超的《欧游心影录》把唯物论和唯心论、社会主义和资本主义一锅煮,认为它们都不是中国文化应该选择的方向,说法固然不妥,但他主张"化合"东西文明,提出对待传统文化要区别"那思想的根本精神"与其"派生的条件",这在当时来说却是一种比较理性的认识。

第二节　梁漱溟的《东西文化及其哲学》论孔子的人生"路向"

梁漱溟祖籍广西桂林,生于北京。他的父亲梁济是一位服膺儒学的前清遗老,民国初年因愤世嫉俗而投水自杀。梁漱溟早年嗜好佛学和印度哲学。1917 年以其所著《究元决疑论》受到蔡元培的赏识而被聘为北京大学讲师。1921 年,梁漱溟出版了由陈政、罗常培根据其讲演记录整理的《东西文化及其哲学》。该书自 1922 年改由上海商务印书馆出版后,至 1930 年先后发行 8 版,可见其影响之大。由此也奠定了梁漱溟被称为中国现代新儒家之宗师的地位。

梁漱溟在作《东西文化及其哲学》讲演时,说他"从二十岁以后,思想折入佛家一路,一直走下去,万牛莫挽,但现在则已变"。"我以前虽反对大家作佛家生活,却是自己还要作佛家生活"。"到现在我决然舍掉从来的心愿。我不容我看着周围种种情形而不顾——周围种种情形都是叫我不要作佛家生活的。一出房门,看见街上的情形,会到朋友,听见各处的情形,在在触动了我研究文化问题的结论"。"无论西洋人从来生活的猥琐

---

① 《饮冰室合集》专集之 23,中华书局 1989 年版,第 35—36 页。

狭劣，东方人的荒谬糊涂，都一言以蔽之，可以说他们都未曾尝过人生的真味，我不应当把我看到的孔子人生贡献给他们吗！然而西洋人无从寻得孔子，是不必论的；乃至今天的中国，西学有人提倡，佛学有人提倡，只有谈到孔子羞涩不能出口，也是一样无从为人晓得孔子之真，若非我出头倡导，可有那个出头？这是迫得我自己来做孔家生活的缘故"①。

　　梁漱溟这段开场白，表明他"做孔家生活"、宣传孔子思想，完全是有感于社会环境和社会思潮的混乱，使他不得不暂时放弃个人的生命情调而出头倡导以"孔家生活"来为中华民族的文化选择指引方向。他并没有放弃以"佛家生活"为自己安身立命的心愿，只是觉得当下的中国社会不容许自己这样做。他要倡导"孔家生活"，但却鄙弃康有为、陈焕章那些孔教会人士的尊孔活动。他批评康有为"数十年来冒孔子之名，而将孔子精神丧失干净！其弟子陈焕章办孔教会，我们一看所谓孔教者，直使人莫明其妙。而尤使我心里难过的，则其所为建筑教堂募捐启；纲细开列，捐二十万的，怎样铸全身铜像；捐十万的，怎样铸半身铜像；捐五万的，怎样建碑……引逗世人计量我出多少钱买多大的名好呢？我看了只有呕吐，说不上话来"②。梁漱溟甚至对陈独秀等新文化运动的斗士批判孔教也表示一定的同情。陈独秀说："欲建设新国家新社会，则对于此新国家新社会不可相容之孔教，不可不有彻底之觉悟，勇猛之决心，否则不塞不流，不止不行。"梁漱溟称赞说："陈君这段话也可以说是痛快之至，在当时只有他看的如此之清楚！"③由此可见，梁漱溟虽然声称自己要"做孔家生活"，但他对孔子和儒家思想的态度，与当时以孔教会为代表的尊孔派的态度是判然有别的。

　　《东西文化及其哲学》的基本论点是认为东西文化的差别不是先进落后的问题，而是所走的道路根本不同。五四新文化运动高举"赛先生"和"德先生"两面旗帜，意在推动中国走西方启蒙的道路。梁漱溟在书中说：

> 所有的西方化通是这"德谟克拉西"与前头所说"科学"两精神的结晶。分着说自然是一则表现于社会生活上，一则表现于学术思想上，但其实学术思想社会生活何能各别存立呢？所以这两种精神也就不相离的了。……这两种东西是西方化的特别所在，亦即西方化的长处所在，是人人看到的，并非我特有的见地。自这两年来新思想家所

① 梁漱溟：《东西文化及其哲学·自序》，商务印书馆1933年版。
② 梁漱溟：《东西文化及其哲学》第4章。
③ 同上书，绪论。

反复而道，不厌求详的总不过是这个，也并非我今天才说的。所可惜的，大家虽然比以前为能寻出条贯，认明面目，而只是在这点东西上说了又说，讲了又讲，却总不进一步去发问：他——西方化——怎么会成功这个样子？这样东西——塞恩斯与德谟克拉西——是怎么被他得到的？我们何可以竟不是这个样子？这样东西为什么中国不能产出来？而只是想把这两样东西引进来便了，以致弄得全不得法，贻误很大。①

应该承认，梁漱溟这里所提出的问题，是抓住了东西文化论争的要害。中国需要"赛恩斯"和"德谟克拉西"，这是知识界大多数人都赞同的，但是中国为什么没有"产出来"而只能从西方"引进来"这两样东西，在这问题上大家的认识就未必一致了。梁漱溟指出，许多人认为中国比西方落后，"西方人进化的快，路走出去的远，而中国人迟钝不进化，比人家少走了一大半"。但问题是，"中国文化之根本路向，还是与西方同路，而因走的慢没得西方的成绩呢？还是与西方各走一路，别有成就，并非只这消极的面目而自有其积极的面目呢"②？这个问题不解决，既不能正确阐明中国的历史发展，也不能正确选择中国现实的文化发展道路。

梁漱溟批评"平常人往往喜欢说：西洋文明是物质文明，东方文明是精神文明"，认为这种说法"很浅薄"，"因为西洋人在精神生活及社会生活方面所成就的很大，绝不止是物质文明而已，而东方人的精神生活也不见得就都好，抑实有不及西洋人之点"③。他认为文化之所以不同是由于意欲不同，"所有人类的生活大约不出这三个路径样法：（一）向前面要求；（二）对于自己的意思变换，调和持中；（三）转身向后要求；这是三个不同的路向"④。西方文化、中国文化和印度文化，正好代表了这三种路向。西方文化是以意欲向前要求为根本精神的，"个性伸展社会性发达"是其特色，因而就有了"征服自然之异采"、"科学方法的异采"和"德谟克拉西的异采"⑤。中国文化以意欲的调和持中为其根本精神，印度文化以意欲反身向后要求为其根本精神，这就决定了中国和印度走上了和西方完全不同的历史道路。

———————————

① 梁漱溟：《东西文化及其哲学》第 2 章。
② 同上书，第 3 章。
③ 同上书，第 4 章。
④ 同上书，第 3 章。
⑤ 同上。

历史发展是多样性的统一。梁漱溟认为西方文化、中国文化和印度文化各有自己的发展道路，这个意见是对的。但他把这三种文化的区别归结为不同的生活态度，并且把这种生活态度看做是一种固定不变的、决定历史进程的文化基因，这就显然无法正确解释不同国家和民族历史发展的个性和共性的关系。梁漱溟说："我可以断言假使西方化不同我们接触，中国是完全闭关与外间不通风的，就是再走三百年，五百年，一千年也断不会有这些轮船，火车，飞行艇，科学方法和'德谟克拉西'精神产生出来。"① 他的这种假设和断言其实是经不起历史检验的。第一，中国自古以来并非"完全闭关与外间不通风"，汉唐宋元明清各朝与外国都有不同程度的经济文化交流，所谓"闭关自守"只是鸦片战争前清朝某个时期的政策，与梁漱溟所说的中国"调和持中"的文化路向并无必然的关系。第二，梁漱溟说，"中国人的思想是安分，知足，寡欲，摄生，而绝没有提倡要求物质享乐的"，"不论境遇如何他都可以满足安受，并不定要求改造一个局面"②。但稍为熟悉中国传统文化的人，都知道"安分，知足，寡欲，摄生"，只能说是一部分中国人的生活取向，而不足以代表"中国人的思想"。梁漱溟在谈到孔子的"知命"时说："知命而仍旧奋发，其奋发为自然的不容已，完全不管得失成败，永远活泼，不厌不倦，盖悉得力于刚"。又引《周易》云"天行健，君子以自强不息"，孟子说浩然之气"其为气也至大至刚，以直养而无害，则塞于天地之间"，称这些"皆表示其刚健的态度"③，既然如此，又怎么能把中国人的人生态度完全归结为"安分，知足，寡欲，摄生"呢？第三，中国自身虽然没有产生近代科学和近代民主，但中国古代也曾产生辉煌的科学技术成就，以及像"民为邦本"、"民可载舟，亦可覆舟"这样的民本主义思想。梁漱溟认为中国文化由于路向与西方文化不同，"当然不能有什么征服自然的魄力"，对于"威权把持者"只能"容忍礼让"，这其实只是梁漱溟自己的想象，根本不符合中国的历史实际。至于梁漱溟说什么中国人由于生活态度与西方人不同，"始终记念着要复辟，要帝制，复辟帝制并非少数党人的意思，是大家心理所同。他实在于他向来所走的路之外，想不出个别的路来"④。把少数顽固守旧分子要求帝制复辟的心理，说成是国民"大家心理所同"，这更是荒谬之极了。

---

① 梁漱溟：《东西文化及其哲学》第 3 章。
② 同上。
③ 同上书，第 4 章。
④ 同上书，第 2 章。

《东西文化及其哲学》用许多篇幅来诠释孔子思想的"尽用直觉"和追求调和。诸如：

> 儒家尽用直觉，绝少来讲理智。孔子形而上学和其人生的道理都不是知识方法可以去一贯的。
>
> 孔子有一个很重要的态度就是一切不认定。……认定一条道理顺着往下去推就成了极端，就不合乎中。事实像是圆的，若认定一点，拿理智往下去推，则为一条直线，不能圆，结果就是走不通。……一般人是要讲理的，孔子是不讲理的；一般人是求其通的，孔子则简直不通；然而结果一般人之通却成不通，而孔子之不通则通之至。
>
> 一般人心里总是有许多道理、见解、主张的，而孔子则无成心，他是空洞无丝毫主张的。他因此就无常师，就述而不作。孔子的这种不认定，有似佛家的"不着有"，但全非一事，不过孔子这种空洞无主张，只是述而不作，则与佛陀一般一样，我只看见世上仅此两人是此态度，外此无有已；我只看见他两人仅此一点相同，外此无有已。
>
> 儒家完全要听凭直觉，所以唯一重要的就在直觉敏锐明利；而唯一怕的就在直觉迟钝麻疲。所有的恶，都由于直觉麻疲，更无别的原故，所以孔子教人就是"求仁"。人类所有的一切诸德，本无不出自此直觉，即无不出自孔子所谓"仁"，所以一个"仁"就将种种美德都可代表了。……不安者要求安的表示也，要求得一平衡也，要求得一调和也。直觉敏锐且强的人其要求安，要求平衡，要求调和就强，而得发诸行为，如其所求而安，于是旁人就说他是仁人，认为其行为为美德，其实他不过顺着自然流行求中的法则走而已。[①]

梁漱溟对孔子及其思想直追本性的探索，他对孔子"述而不作"和"求仁"的阐释，确实都具有鲜明的个人理论特色。这也说明，他被学人视为近代"新儒家"的宗师，并非过誉。问题是，梁漱溟对孔子及其思想的诠释，究竟在多大程度上反映了历史的真实面貌？孔子自称："吾十有五而志于学，三十而立，四十而不惑，五十而知天命，六十而耳顺，七十而从心所欲不逾矩。"又说："学而不思则罔，思而不学则殆。"[②] 他强调学习和思考的重要性，认为自己只有到了老年才达到"从心所欲不逾矩"的境界。这和梁漱溟所塑造的孔子"一切不认定"、"无成心"，"听凭直觉"

---

① 梁漱溟：《东西文化及其哲学》第 4 章。
② 《论语·为政》。

的形象完全对不上号。孔子还有许多言论，如说："克己复礼为仁"，"非礼勿视，非礼勿听，非礼勿言，非礼勿动"①；"以直报怨，以德报德"②；"君使臣以礼，臣事君以忠"③；"三军可夺帅也，匹夫不可夺志也"④，这些理念难道也能说是"一切不认定"、"无成心"、"听凭直觉"吗？梁漱溟对孔子及其思想的直追本性，明显带有佛家的色彩。他所描述的孔子，其实只是寄托了他自己思想感情的孔子。

　　梁漱溟把孔子所主张的"仁"归结为一种"无欲"的直觉，认为"不计较利害"是孔子"惟一重要的态度"，"并且演成中国人的风尚，为中国文化之特异彩色"。甚至说，按照孔子的人生哲学，"所有的忧苦烦恼——忧国忧民都在内——通是私欲。私欲不是别的，就是认定前面而计虑。没有那件事值得计虑——不但名利，乃至国家世界"⑤。这种"无欲"、"无忧"的人生境界，只能求之于佛家的出世思想，与孔子和儒家的积极人生态度毫不相干。至于把"忧国忧民"都当成"计较利害"的"私欲"而加以排斥，这更不符合孔子和儒家"仁"学的精神追求，也与"中国人的风尚"是不相符的。

　　由于梁漱溟是用自己的佛家思想来解读孔子，所以他虽然反对把孔教说成是一种宗教，但又说它"非宗教而似宗教"⑥。梁漱溟说："我们不要把宗教看成古怪东西，他只是一种情志生活。人类生活的三方面，精神一面总算很重，而精神生活中情志又重于知识；情志所表现的两种生活就是宗教与艺术，而宗教力量又常大于艺术，不过一般宗教所有的一二条件，在孔子又不具有，本不宜唤作宗教；因为我们见他与其他大宗教对于人生有同样伟大作用，所以姑且这样说，我们可以把他分作两条：一是孝弟的提倡，一是礼乐的实施；二者合起来就是他的宗教。孝弟实在是孔教唯一重要的提倡。"⑦ 梁漱溟这里实际上是把宗教与宗教感情混为一谈，我们不否认儒家提倡的孝悌礼乐带有某种宗教感情的色彩，但它与作为"彼岸世界的真理"⑧ 的宗教并不是一回事。宗教是出世的，而孔子"由他的道理

---

① 《论语·颜渊》。

② 《论语·子路》。

③ 《论语·八佾》。

④ 《论语·子罕》。

⑤ 梁漱溟：《东西文化及其哲学》第 4 章。

⑥ 同上。

⑦ 同上。

⑧ 马克思：《黑格尔哲学批判导言》，《马克思恩格斯全集》第 1 卷，人民出版社 1972 年版，第 2 页。

非反对这出世意味"① 不可，这一点连梁漱溟自己也不得不承认。所以梁漱溟得出的结论是：出世的宗教这条路是走不通的，"只有辟出一条特殊的路来：同宗教一般的具有奠定人生勘慰情志的大力，却无藉乎超绝观念，而成功一种不含出世倾向的宗教"。而这条"特殊的路"便是"孔子的路"②。

梁漱溟认为，"孔子以前的中国文化差不多都收在孔子手里；孔子以后的中国文化又差不多都由孔子那里出来"③。如此说来，中国文化之所以走"调和持中"的"第二路向"，在很大程度上是与孔子的影响分不开的。可是梁漱溟又说："不过在这条路向中，数千年中国人的生活，除孔家外都没有走到其恰好的线上。"孔子主张"意欲自为调和持中"，但不是什么容忍敷衍，而"中国人殆不免于容忍敷衍而已"。为什么中国人的路向没有走好呢？梁漱溟把原因归咎于中国很早就"出了非常的天才"，反而导致大家不能进步了。他说：

> 中国之文化全出于古初的几个非常天才之创造，中国从前所谓"古圣人"，都只是那时的非常天才。文化的创造没有不是由于天才的，但我总觉得中国古时的天才比西洋古时的天才天分高些，即此便是中国文化所由产生的原故。……中国自黄帝至周公孔子几个人太聪明。如果只有平常的天才，那么，道理可以一点一点的接续逐渐发明，其文明可以为积累的时步不已，若开头是个非常大的天才，其思想太玄深而致密，后来的天才不能出其上，就不能另外有所发明，而盘旋于其范围之中。西洋是前一个样子，中国是后一个样子。你看西洋文化不是积累起来的，而中国文化不是一成不变的吗？所以一成不变的原故，根本在中国古圣人由其观察宇宙所得的深密思想，开头便领着大家去走人生第二路向，到老子孔子更有其一般哲学为这路向作根据，从此以后无论多少聪明人转来转去总出不了他的圈；而人生路向不变，文化遂定规成了这等样子不能再变。又且周公孔子替我们预备的太周到妥帖，愈周到妥帖，愈维持日子久，便倒不能进步了。④

梁漱溟对于中国文化为什么比西洋文化落后的这种分析，在我们今天看来

---

① 梁漱溟：《东西文化及其哲学》第 4 章。
② 同上。
③ 同上。
④ 同上。

近乎荒唐可笑，但就他关于东西文化的理论构架和所谓三个"路向"的设定来说，却又是他独特的文化史观的逻辑归宿。《东西文化及其哲学》为我们提供了一个带有中国特色的文化史观的标本。梁漱溟注意到东西文化发展的差异，强调中国传统文化有自己的特点，不能照搬照抄西方的资本主义文化，这是正确的也是难能可贵的。但是他也像一切唯心论的思想家一样，"把历史（其全部和各个部分）看做观念的逐渐实现，而且当然始终只是哲学家本人所喜爱的那些观念的逐渐实现"①。他把人类文明的发展归结为三种生活态度的结果：西方人"向前面要求"，中国人"调和持中"，印度人"向后要求"，由这三种不同的生活态度演化出三大系文化——西洋文化、中国文化和印度文化。"西洋文化的胜利，只在其适应人类目前的问题，而中国文化印度文化在今日的失败，也非其本身有什么好坏可言，不过就在不合时宜罢了"②。在梁漱溟看来，孔子思想是中国传统文化的精华和楷模，中国之所以落后是因为中国人没有走好孔子所代表的"第二路向"。但西方人所走的"第一路向"的弊病也已充分暴露，"盖第一路走到今日，病痛百出，今世人都想抛弃他，而走这第二路"，所以"世界未来文化就是中国文化的复兴，有似希腊文化在近世的复兴那样"③。梁漱溟为我们所描绘的这幅中国和世界文化发展的图景，恰恰证明了他的文化史观完全是用"头脑中臆造的联系"④代替客观的历史发展的联系，因而不免陷入主观武断和自我矛盾的谬误。至于他断言"世界未来文化就是中国文化的复兴"，"中国化复兴之后将继之以印度化复兴"⑤，更是一种自说自话的玄想。

《东西文化及其哲学》出版后，颇受学界注目，因而不断再版，可谓风靡一时。在东西文化问题的讨论中，梁漱溟的这部书可称得上是最具影响力的著作之一。但这部书在知识界的影响，更多地是对梁漱溟执著的独立思考的欣赏和同情，而非赞同书中的基本观点。一些对传统文化和社会现实真正有研究的学者，对梁漱溟的观点并不以为然。如张东荪在《读〈东西文化及其哲学〉》中说：

　　梁君讲中国哲学只举了一个孔子，究竟老庄申韩等算不算中国哲

---

① 恩格斯：《路德维希·费尔巴哈和德国古典哲学的终结》，《马克思恩格斯选集》第4卷，人民出版社1972年版，第242页。
② 梁漱溟：《东西文化及其哲学》第5章。
③ 同上。
④ 恩格斯批评唯心论思想家的用语，见《马克思恩格斯选集》第4卷，第242页。
⑤ 梁漱溟：《东西文化及其哲学》第5章。

学，与中国文化有什么关系？又如梁君对于印度哲学只举一个佛教，——尤其是唯识宗——佛教以外的思想究竟如何呢？……我们从两种事实上看：一个事实是无论那一民族，其中的哲学学说都不止一个，并且是很复杂的，但是其民族中的各种哲学虽互相反对而都带有这个民族的特性；一个事实是思想的交通，如印度哲学却不一定在印度，所以在一个民族中可以有一种哲学思想竟和他族中的一种哲学相同。……于是我们对于前述二个问题都解决了：就是于第一，文化不是哲学所产生，因为同时影响于文化的有许多相反的哲学学说，所以不能说中国文化是孔子哲学所产生；于第二，文化与哲学的范围不相应，因为哲学终有些是个人的努力，这种个人的宇宙观与人生观决不是该民族中人人所同具的。所以我的意思，无论中国文化（依梁君定义即中国人的生活样法）与孔子思想有多大的关系然而总是两个东西；印度文化无论与佛家思想有何等关系然而终不能并为一谈；至于西洋则更复杂了。①

李石岑在《评〈东西文化及其哲学〉》中说，"一部《易经》的精义，就在'天行健'三字上面，孔子所说的'逝者如斯夫不舍昼夜'那句话，骨子里面就是'天行健'三字"，"可见孔子完全是向前活动的，而且是大动"，"怎见得是走第二条路向呢"？李石岑还批评梁漱溟要"把中国原来态度，重新拿出来"的文化主张，并指出：

我以为孔家哲学，此时暂时可不必提倡，无论"真孔""伪孔"，此刻尽可不必去理论，因为你想批评的拿出"孔子原来态度"，其结果必致引起许多"非孔子原来态度"；那"非孔子原来态度"力量定归比"孔子原来态度"大。陈独秀先生办《新青年》杂志，极力反对孔子，极力斥骂孔子，实在有他一番苦心。他冒社会上之大不韪，去悍然干这种"非孔"生活，他心髓微处，以为我此刻虽糟蹋了孔子，但我却可以推倒你们军阀的靠山，拔掉你们老百姓的迷根。所以陈君这种杂志，在社会改造上，在文化开展上，都有不可灭的功绩。……梁君想阐明孔家哲学，无非因特别见到孔家哲学的真价值，所以决定要提倡；但我以为也不必提出孔子，尽可把孔子的精意去宣扬，那便

① 原载《时事新报》副刊《学灯》，1922年3月19日。转引自陈崧编《五四前后东西文化问题论战文选》，中国社会科学出版社1985年版。

不至于为"伪孔"所利用。①

对《东西文化及其哲学》批评最为尖刻的是胡适。他在《读梁漱溟先生的〈东西文化及其哲学〉》中，指出："梁先生的文化哲学是根据于一个很笼统的出发点的，而这种笼统的论调只是梁先生的'牢牢的把定一条线去走'，'爱寻求一条准道理'的人格的表现。""凡过信主观的见解的，大概没有不武断的。他既自有见而为此说，又自己声明不求谅于今人，我们还有什么话可说呢？"胡适说：

> 我们现在要对梁先生提出一点根本的忠告，就是要说明文化何以不能装入简单整齐的公式里去。……文化是民族生活的样法，而民族生活的样法是根本大同小异的。为什么呢？因为生活只是生物对环境的适应，而人类的生理的构造根本上大致相同，故在大同小异的问题之下，解决的方法，也不出那大同小异的几种。这个道理叫做"有限的可能说"。……
>
> 凡是有久长历史的民族，在那久长的历史上，往往因时代的变迁，环境的不同，而采用不同的解决样式。往往有一种民族而一一试过种种可能的变法的。政治史上，欧洲自希腊以至今日，印度自《吠陀》时代以至今日，中国自上古以至今日，都曾试过种种政治制度：所不同者，只是某种制度（例如封建制度）在甲国早就消灭了，而在乙国则至最近世还不曾铲除。又如思想史上，这三大系的民族都曾有他们的光明时代与黑暗时代。思想是生活的一种重要工具，这里面自然包含直觉，感觉，与理智三种分子，三者缺一不可。……现在世界大通了，当初鞭策欧洲人的环境和问题现在又来鞭策我们了。将来中国和印度的科学化与民治化，是无可疑的。他们的落后，也不过是因为缺乏那些逼迫和鞭策的环境与问题，并不是因为他们的生活方式上有什么持中和向后的根本毛病，也并不是因为他们的生活上有直觉和现量的根本区别。②

胡适用逻辑分析的方法，把梁漱溟的一些观点一一罗列，加以驳斥，并指出其自相矛盾之处。他认为"民族生活的样法是根本大同小异的"，不同

① 载《民铎》第3卷第3号，1922年3月。引自陈崧编《五四前后东西文化问题论战文选》。

② 《胡适文存》第2集，黄山书社1996年版，第176、178、180页。

国家和民族历史发展道路的差异只能是"有限的可能说",对于历史多样性统一的这种理解,显示了接受过西方近代科学方法训练的胡适,在历史观和方法论方面确实比强调"直觉"、"意欲"的梁漱溟高明。但胡适认为民族生活的样法之所以大同小异,"因为生活只是生物对环境的适应,而人类的生理的构造根本上大致相同",这却是套用生物进化论的庸俗社会学的观点,也并没有能够揭示不同国家和民族历史发展统一性和多样性的深层原因和规律。在这方面,瞿秋白的观点就比较科学一些。他指出:

> 人类社会的发展,因为天然条件所限,生产力发展的速度不同,所以应当经过的各种经济阶段的过程虽然一致,而互相比较起来,各国各民族的文化于同一时代乃呈先后错落的现象。若详细分析起来,其中因果关系非常复杂,而一切所谓"特性"、"特点"都有经济上的原因,东方和西方之间,亦没有不可思议的屏障。[1]

瞿秋白认为"西方文化现已经资本主义至帝国主义,而东方文化还停滞于宗法社会及封建制度之间"[2],对东西方文化的这种理解虽然有些简单化,但是他提出观察文化的发展不能离开各个国家和民族经济发展的水平,这个意见无疑是正确的。

---

① 屈维它(瞿秋白):《东方文化与世界革命》,《新青年》(季刊)第 1 期,1923 年 6 月。
② 同上。

第七章 第一次国共合作期间"尊孔"与"反尊孔"的思想交锋

第一节 北洋军阀政客"尊孔"逆流的余波

袁世凯死后，北洋军阀仍然控制着北京中央政府的大权。冯国璋、徐世昌、段祺瑞、曹锟、吴佩孚等人为争权夺利，时而互相勾结，时而兵戎相见，北方政局动荡不定。出身土匪的张作霖控制了东北三省，南方和西南地区也分别为当地的军阀所统治。孙中山依靠桂军、滇军的陆荣廷、唐继尧于1917年在广州成立中华民国军政府，号召讨伐北洋军阀。但陆荣廷却暗中与吴佩孚勾结，迫使孙中山辞去大元帅职务离开广州去上海。1920年孙中山在闽粤军的支持下回到广州，重建军政府，并下令北伐。但又因陈炯明的叛变而告失败。

经过五四新文化运动的洗礼，中国的知识界在思想上发生了重大的变化，科学与民主的观念深深吸引了广大的知识分子，以三纲五常为核心的旧礼教旧道德受到了前所未有的冲击。但是以北京政府和各地军阀政客为代表的守旧势力，仍然沿袭袁世凯、张勋、康有为的手法，力图借"尊孔"来反对社会变革和新文化运动。1920年3月，北京政府大总统徐世昌，在北京成立"四存学会"，以"昌明周公孔子之学"为宗旨。该会出版《四存月刊》发刊词说："廿世纪以来，西儒著述遍布五洲，羔雁争迎，登坛讲演，东方大陆既输入欧美文明矣，独我周公、孔子之正传，士大夫钳口结舌、嗫无一言，莫能尽力表彰，揭诸日月，先圣之憾不亦吾党之羞乎。"[①] 西北筹边使徐树铮在北京成立"经史学社"，参加学社听讲者以"在职官吏及国会议员为限"。该社在《政府公报》上刊出《经史社缘起》说："六经者圣人所以统天下之心，著善恶之归，明利害之分，通人道之正。学者以此考其迹，观其用，察其言，以措诸心而为事，则治世之规远

---

① 韩达编：《1911—1949 评孔纪年》，第94页。

矣"。提出要抵制"异说"之传播，"惟经史实足以药之"①。同年 5 月，阎锡山在山西"育才馆"学员毕业典礼上训话，要学员终生"尊孔"，"学孔子之道德、学识、经验而办事"，这样就"可保治安"②。7 月，社会党党魁江亢虎在上海孔教会演讲，说孔教为中国"文化之所发轫，数千年来全国精神所贯注，故保存孔道实为卫国急务"③。1921 年 5 月，徐世昌撰《欧战后之中国》，称颂《四书》、《五经》"为吾国两千四百年来最普及最永远一种国民必读之范本"④。8 月，广东省议会有人动议，称陈独秀到处讲演，"百行淫为首，万恶孝为先，并有讨父、仇孝、废妻、共产种种论说。共见共闻，实属大坏社会道德人心"。请省长严格取缔，以维风化。全体议员均无异议。⑤

1921 年，吴佩孚在洛阳大修周公庙，他平日宣称："吾欲行志于天下，以孔孟之教义为大本。"1924 年，吴佩孚在北京与日本东京帝国大学教授市村瓚次郎交谈如何用孔孟之道来"收拾人心"。他说："孝悌忠信，天之四柱也；礼义廉耻，地之四维也。天柱不立，地维不张，国乃灭亡。礼教救国，自为亘古不变之论。"⑥ 1925 年，奉系军阀张宗昌在济南发表国庆日演说，称"近年来世风日下，人心不古，道德二字几为沦亡"。又说："近来各校添设讲经，实所以挽已倒之狂澜。"⑦

1923 年，康有为至陕西，给政界、学界和孔教会作多次演讲，除继续宣扬孔教的老调外，还胡诌什么欧战之后美欧学者已逐渐改崇"孔子之道"：

> 今之新学，自欧、美人归者，得外国一二学说，辄敢妄议孔子，岂知欧战之后，欧、美人于边沁功利之说，克斯黎天演优胜劣败之论，行之已极，徒得大战之祸，死人千余万，财力皆竭，于是自知前人学说之未善。各国博士乃求于孔子之道，觉其仁道切于人用，乃日渐尊崇之。若今克鲁泡特金之言互助，非孔子之仁乎？仁以二人为仁，非互助而何。杜威言发表自性。孔子言尽其性，尽人之性。如阿

---

① 韩达编：《1911—1949 评孔纪年》，第 94 页。
② 《时报》1920 年 7 月 27 日，见韩达编《1911—1949 评孔纪年》，第 96 页。
③ 《时报》1920 年 7 月 26 日，见韩达编《1911—1949 评孔纪年》，第 96 页。
④ 韩达编：《1911—1949 评孔纪年》，第 101 页。
⑤ 同上书，第 103、128 页。
⑥ 同上。
⑦ 同上书，第 137 页。

柏格森言，天只有□，非孔子言天行健乎？①

康有为还以严复等人为例，说明过去批孔的中国学者，现在也改而尊孔：

> 吾尝见严复之书札曰："观欧洲三百年之文明，只重物质，然所得不过杀人利己，寡廉鲜耻而已。回思孔子之道，真觉量同天地，泽被寰区，此非仆一人之私言，乃欧、美学者之公言也。"严又陵亦欧洲学者，翻译欧洲学说甚多，且旧归心基督教者。然晚年其论如此。又近有通博之学者，久游欧洲，昔甚反攻孔子，今亦改而尊从孔子，亦可知真理之不可破矣。……吾国长于形上之学，而缺形下之学，科学不讲，物质不修，故至贫弱，不能富强。今应采欧、美之物质，讲求科学，以补吾国之短。若夫道德教化，乃吾所固有，宜力保之，万不可自弃之。

康有为号召听众"无惑于异说，毋入于歧途，外求欧、美之科学，内保国粹之孔教，力行孔子之道，修身立志以为天下国家之用"②。

同年7月，北京成立孔教大学，陈焕章任校长，张琴任董事长，林纾等人任讲师。该校"以昌明孔教，培养通儒为宗旨"，设"至圣"本纪、《孝经》、《论语》、《孟子》、《大学》、《中庸》等课程，禁止学生谈论爱国，不准阅读新文化书报。

尽管北京政府的军阀政客和一些顽固的卫道士还想方设法为孔教护法助威，但历史在前进，时代在变化，企图利用政治权势来维护孔教思想统治地位的努力毕竟已是强弩之末，再也掀不起民国初年那样引人注目的波澜了。五四运动以后，中国的政治力量和文化力量都发生了新的调度和变化。科学和民主的启蒙运动促使一大批知识分子认识到中国人民必须挣脱几千年来旧思想、旧礼教、旧道德的束缚，提高民族文化素质，才有望改变国家积弱积贫的局面，走上现代化的大道。马克思主义理论在知识界的开始传播，为1921年中国共产党的成立提供了思想上和干部上的必要准备。1924年，在共产国际的帮助下，孙中山改组中国国民党，对三民主义作出适应时代潮流的新解释。在共产党人和国民党人的共同努力下，国民革命的思想在全国范围内空前高涨。各种政治力量和社会思潮对待孔子和儒家思想的态度也发生了新的变化。

---

① 《陕西第二次讲演》，《康有为政论集》下册。
② 同上。

第二节　孙中山论孔孟之道与戴季陶
的"孔—孙道统"论

孙中山是受过西方近代科学教育的资产阶级民主革命家，他对五四新文化运动给予了充分的肯定。1920 年 1 月，他在《致海外国民党同志函》中说："自北京大学学生发生五四运动以来，一般爱国青年，无不以革新思想，为将来革新事业之预备，于是蓬蓬勃勃，抒发言论。国内各界舆论，一致同倡。各种新出版物，为热心青年所举办者，纷纷应时而出。扬葩吐艳，各极其致，社会遂蒙绝大之影响。虽以顽劣之伪政府，犹且不敢撄其锋。此种新文化运动，在我国今日，诚思想界空前之大变动。"① 但是孙中山对于中国的传统思想和文化，并不像新文化运动中有些人那样采取偏激的态度。他批评一般醉心新文化的人 "以为有了新文化，便可以不要旧道德。不知道我们固有的东西，如果是好的，当然是要保存，不好的才可以放弃"。例如忠孝仁爱信义和平，孙中山认为 "这种特别的好道德，便是我们民族的精神。我们以后对于这种精神，不但是要保存，并且要发扬光大，然后我们民族的地位才可以恢复"②。

孙中山在演讲三民主义时，曾对中国人的一些丑陋生活习惯和崇洋心理进行过尖锐的批评，甚至说这是中国人丧失固有美德和自信力的表现。但这并不意味着他认为中国人民的创造力和自信力已经完全消失了。孙中山在谈到应学习外国的同时明确说，中国人民 "要造成彻底的新民国。在欧美的先进国家，无从完全仿效，我们自己便要另想一个新办法"。"欧美近来的文化，才比中国进步。我们羡慕他们的新文明，才主张革命。此刻实行革命，当然是要中国驾乎欧美之上，改造成世界上最新最进步的国家。我们要达到这种目的，实在是有这种资格"③。

在演讲民权主义时，孙中山认为中国虽然自古以来实行君权，但并不缺乏民权思想。他说：

中国自有历史以来，没有实行过民权；就是民国十三年来，也没有实行过民权。但是我们的历史，经过了四千多年，其中有治有乱，都是用君权。到底君权对于中国是有利或有害呢？中国所受君权的影

---

① 《孙中山全集》第 5 卷，中华书局 1985 年版。

② 孙中山："民族主义"第六讲，1924 年 3 月。《三民主义》，岳麓书社 2000 年版。

③ 同上。

响，可以说是利害参半。但是根据中国人的聪明才智来讲，如果应用民权，比较上还是适宜得多。所以两千多年前的孔子、孟子，便主张民权。孔子说："大道之行也，天下为公。"便是主张民权的大同世界。又"言必称尧舜"，就是因为尧舜不是家天下。尧舜的政治，名义上虽然是用君权，实际上是行民权，所以孔子总是宗仰他们。孟子说："民为贵，社稷次之，君为轻。"又说："天视自我民视，天听自我民听。"又说："闻诛一夫纣矣，未闻弑君也。"他在那个时代，已经知道君主不必一定是要的，已经知道君主一定是不能长久的，所以便判定那些为民造福的就称为"圣君"，那些暴虐无道的就称为"独夫"，大家应该去反抗他。由此可见中国人对于民权的见解，二千多年以前，已经早想到了。不过那个时候，还以为不能做到，好像外国人说乌托邦，是理想上的事，不是即时可以做得到的。①

宣传孔子、孟子主张民权，并不始于孙中山。戊戌变法的一些倡导者如康有为、谭嗣同、严复等，都有类似的说法。但他们和孙中山之间有一个重要区别，即康有为等人是用孔孟的言论来为他们"君民同体"、"君民共治"的改良主义政治主张制造舆论根据，而孙中山却是要用民权来代替君权。他强调他讲民权主义是要大家永远消灭"想做皇帝的心理"。"大家若是有了想做皇帝的心理，一来同志就要打同志，二来本国人更要打本国人。全国长年相争相打，人民的祸害便没有止境"。"共和国家成立以后，是用谁来做帝皇呢？是用人民来做帝皇，用四万万人来做皇帝"②。

　　孙中山作为杰出的资产阶级民主革命家，知道中国革命不能仿效欧美实行代议政体。"中国几千年以来，社会上的民情风土习惯，和欧美的大不相同。中国的社会既然是和欧美的不同，所以管理社会的政治，自然也是和欧美不同，不能完全仿效欧美，照样去做"。孙中山设计的方案是把国家的政治大权分开成两个："人民有充分的政权，可以直接去管理国事"；"政府有很大的力量，治理全国事务"，也就是有治权。这种政权和治权的划分，无论在理论上和实践上显然都与人民当家作主的民主思想有矛盾。它反映了孙中山民权观念的局限性和不彻底性。而这与孙中山对传统政治文化中的消极因素缺乏足够清醒的认识又是分不开的。孙中山认为，"欧美的民权思想没有传进中国以前，中国人最希望的，就是尧、舜、禹、汤、文、武，以为有了尧、舜、禹、汤、文、武那些皇帝，人民便可

---

① 孙中山："民权主义"第一讲，1924 年 3 月。《三民主义》，岳麓书社 2000 年版。
② 同上。

以得安乐，便可以享幸福"①。在中国历史上这种把自己的命运寄托在"圣明天子"身上的情况确实是存在的，但它并不是传统思想文化中值得肯定的积极因素，而是导致中国民权思想不发达的消极因素。孙中山主张把政权和治权分开，认为四万万有政权的人民不妨当"阿斗"，让有才能的"诸葛亮"掌握治权。"诸葛亮"如果管不好，"阿斗"再把治权收回。这样的设计方案显然很容易造成"诸葛亮"架空"阿斗"和民权的实际失落。

孙中山对待传统思想文化的态度不像陈独秀等人那样偏激，认为好的固有道德应该保存和发扬，这是他的优点。但是他对传统思想文化的理解却停留在抽象的字面上，而缺乏具体的历史的分析。例如他说：

> 现在一般人民的思想以为到了民国，便可以不讲忠字。以为从前讲忠字，是对于君的，所谓忠君。现在民国没有君主，忠字便可以不用，所以便把他拆去。这种理论实在是误解。因为在国家之内，君主可以不要，忠字是不能不要的。如果说忠字可以不要，试问我们有没有国呢？我们的忠字可不可以用之于国呢？我们到现在说忠于君，固然是不可以，说忠于民是可不可以呢？忠于事又是可不可以呢？②

要忠于国家、忠于人民，这样讲当然没有错。但从忠于君主，到忠于国家和人民，这并不是把固有道德中的"忠"字拿来就可以套用的，而是需要从思想上经历近代民主观念的洗礼和对封建忠君思想的批判，才能完成这个转变。孙中山对此，恰恰缺乏必要的认识。

孙中山认为，"中国古时有很好的政治哲学。我们认为欧美的国家，近来很进步，但是说到他们的新文化，还不如我们政治哲学的完全。中国有一段最有系统的政治哲学，在外国的大政治家还没有见到，还没有说到那样清楚的，就是《大学》中所说的'格物、致知、诚意、正心、修身、齐家、治国、平天下'那一段的话。把一个人从内发扬到外，由一个人的内部做起，推广到平天下止。像这样精微开展的理论，无论外国甚么政治哲学家都没有见到，都没有说出。这就是我们政治哲学的知识中独有的宝贝，是应该要保存的"③。孙中山非常推崇宋儒正心、诚意、修身的功夫，认为这种道德上的功夫，要"放在知识范围内来讲，才是适当。我们祖宗

---

① 孙中山："民权主义"第五讲，1924 年 3 月。《三民主义》，岳麓书社 2000 年版。
② 孙中山："民权主义"第六讲。
③ 同上。

对于这些道德上的功夫，从前虽然是做过了的，但是自失了民族精神之后，这些知识的精神，当然也失去了"①。孙中山说，"我们现在要能够齐家治国，不受外国的压迫，根本上便要从修身起，把中国固有智识、一贯的道理先恢复起来，然后我们民族的精神和民族的地位才都可以恢复"②。

儒家的道德哲学是一份珍贵的历史遗产，但把道德哲学和政治哲学混为一谈，认为人人如果都能把正心、诚意、修身的功夫做到家了，便能治国平天下，这显然是一种不切实际的唯心史观，它既不能解决中国现实的社会问题和政治问题，也无助于对历史文化遗产正确地批判继承。孙中山关于修身齐家治国平天下的一套理念，实际上并没有摆脱儒家"内圣外王"观念的窠臼。而号称国民党理论家的戴季陶，正是利用孙中山思想的这种局限性，提出所谓"孔子—孙中山"道统论。

戴季陶（1891—1949 年），浙江吴兴人，早年对孔子和儒家思想一度持激烈的批判态度。当袁世凯策动孔教为其复辟帝制大造舆论时，戴季陶曾经撰文揭露其险恶用心说："袁氏以万罪之躯，受全国人民之攻击，世界人士之唾弃，悖德之评，已成定论。于是思引一孔子以为护身符，而尊孔之令下。于是人民又以恶袁氏之心，益增轻蔑孔子之度，而尊孔论之激战，乃达沸点。"戴季陶还指出："尊孔之令，实醉翁之意不在酒，于孔子之人格无关，于孔子之学术道德无关，于孔子历史上之价值，世界文明史之位置尤无关。"③ 点破袁世凯的尊孔闹剧"实醉翁之意不在酒"，与孔子之人格、学术道德和历史地位无关，这个分析应该说是相当犀利的。1919年，在新文化运动高潮中，戴季陶还曾撰文抨击顽固守旧派，指出"古伦理不是我们要破坏他，他的基础是早旧［就］没有了。二千多年的残忍的历史就是经生所谓'后世'，是一部没有伦理的价值的历史。二千五百年前孔子所倡道［导］的古伦理，是以后永远不能兑现的伦理。因为这个伦理就是孔子时代早就不能通行的伦理"④。戴季陶从一个反对尊孔和儒家伦理纲常学说的激烈批判者，为什么一变而成为儒家思想学说的狂热鼓吹者，并且把孙中山说成是儒家道统的继承人呢？

儒家思想是一种意识形态，它千百年来深深扎根于中国社会的土壤之中，无论是它的积极因素或消极因素，都对中华民族的文化性格产生了深

---

① 孙中山："民族主义"第六讲，1924 年 3 月。《三民主义》，岳麓书社 2000 年版。

② 同上。

③ 戴季陶：《孔子》，1913 年 7 月 4 日《民权报》，署名天仇。见章开沅主编《戴季陶集》（1909—1920），华中师范大学出版社 1990 年版。

④ 《旧伦理的崩坏与新伦理的建设》，《戴季陶集》，华中师范大学出版社 1990 年版。

远的影响。近代中国不论哪一种政治力量，在夺取政权的过程中和夺取政权之后，都不能不面对传统的儒家思想学说这一巨大的保守力量。当国民党还在和袁世凯、北洋军阀作斗争时，它不能不对支持袁世凯和北洋军阀的尊孔顽固派采取批判的态度，并对五四新文化运动表示同情和支持。而当孙中山在共产党人的帮助下改组国民党，实行联俄、联共、扶助农工三大政策之后，中国国内的政治局势和阶级力量对比出现了巨大的变化。第一次国共合作在全国范围内掀起了浩浩荡荡的国民革命运动，开创了反帝反封建的革命新局面，北洋军阀的统治濒临土崩瓦解。在这种情况下，国民党的领导层需要重新确定如何对待在社会上仍然有广泛影响的儒家思想的方针政策。国民党本来是一个成分比较复杂的政党，国共实行合作之后，国民党内的右派对马克思列宁主义和中国共产党始终采取敌对和排斥的态度。他们能够接受西方资产阶级的价值观和政治学说，但绝不能容忍马克思列宁主义在国民党内和中国取得主流地位。在一些国民党人看来，充分肯定儒家思想几千年来的道统地位，把儒家思想说成是三民主义重要的理论资源，乃是证明国民党统治的历史合法性和抵制马克思列宁主义在中国传播的有力武器。

戴季陶在大革命初期以国民党"中派"的面目出现，但他反对马克思列宁主义和共产党的思想本质与右派没有区别。1925年孙中山刚去世不久，时任改组后国民党第一届中央执行委员会委员的戴季陶就发表了《孙文主义之哲学的基础》，文中说：

中山先生的思想，完全是中国的正统思想，就是继承尧舜以至孔孟而中绝的仁义道德的思想。在这一点，我们可以承认中山先生是二千年以来中绝的中国道德文化的复活。

孔子的政治思想，并不是他的特创，只是把尧舜以来至有文武周公的建国经论，用学术方法，整理起来，付与一个伦理哲学的性质。……在三代千有余年的当中，中国的文化，所以成为世界文化史上最有价值的文化，完全是在这一个理论支配之下，发展起来。如果说中国汉代以后的衰微，是孔子思想的罪过，这正是把历史事实，完全抹杀了的盲论。所以我们可以完全承认中山先生这一个继承中国正统思想复兴中国固有道德文化的觉悟，的确是二千年来中国文化创造史上的异彩。二千年来许多咬文嚼字的腐儒，一切似是而非尊孔的论辩，争道统的混战，在中山先生创国的青天白日朗照之下，完全失去了存在的意义。他们那些没有建国经验的空谈性理，没有实际效用的偷闲文学，那才真是失去了创造文化能力的中国人的供状。……中国是有五千年文化历史的古国，但是中国国民的文化创造力，却是消失了二千年。中山先生的诞生，是中国国民文化创造史的新纪元，中华民国的创立，就是新国民文化创造的证据，要真实地承认国民革命的意义，先要把中山先生在中国文化史的地位认清楚。[①]

按照戴季陶的这套理论，中国传统文化的真正价值，就在于从尧舜禹汤文武周公至孔子而中绝的道统。这个道统的核心，就是仁爱思想和智仁勇的德性。为什么到了孔子以后道统就中绝呢？戴季陶把这归咎于封建帝王"表面上竖起尊孔的招牌"，而实际上是实行老子的愚民政策，"把孔子以智仁勇为基础的社会连带责任打得粉碎"；"后来再加上印度传来的佛教，以绝灭为解脱，更把人类社会的活动能力，和向上精神，消灭净"[②]。秦汉以后两千年的中国传统文化，在戴季陶的眼里，是丢失了孔子思想的文化，是失去了创造力和没有存在意义的文化。只是在孙中山诞生之后，才复活周孔道统，开创了"中国国民文化创造史的新纪元"。经过戴季陶复古主义和虚无主义的双重扭曲，一部中国文化史只存在两个富有创造力的圣人，一个是孔子，一个是孙中山。戴季陶以为他所捏造的这个"孔—孙"道统论，可以突出孙中山的历史地位，实际上它既是对中国传统思想文化的最大歪曲，也是对孔子和孙中山历史地位的极大嘲弄。孙中山是中国民主革命的伟大先行者，他的历史地位并不是也不可能是由孔子道统的继承者来决定的。

对于近代中国尊孔与反尊孔的思想斗争，戴季陶也作了一番别出心裁的分析：

> 自从欧洲文化输入中国以来，中国的思想界，起了一个很大的变化，这一个大变化，每次都是把孔子作为反对的目标。在革命的思想里面，总是极端反对孔子的势力占大多数，在反革命的思想里面，虽然不尽是标榜尊崇孔子，但是至少总对孔子不加反对。就这一点，我们看出，只有中山先生这一个伟大的革命领袖，他不单不是反对孔子的人，并且他自己说："他的思想是中国的正统思想，是直接继承孔子的思想来发扬光大的"。这岂不是一个很奇异的现象么？我以为看

---

① 戴季陶：《孙文主义之哲学的基础》，见辽宁大学哲学系编《中国现代哲学史资料汇编》第 1 集第 9 册，1981 年。

② 同上。

明了尊崇孔子的人都是反革命的，才可以看得出中国国民文化所以堕
落的原因；看明了反孔子思想的都是革命的，也就可以看出中国革命
思想，所以不能成熟不能恢复国民的创造力的缘故。中山先生说：
"中国国民自信力消失了"！照现在这一个思想界的情形，正是证明中
国国民自信力消失的真象。在一般反革命的顽固保守的人，他们固然
不晓得文化的意义是什么，也不晓得孔子的思想本体是什么，而在一
般革命的青年，虽然从科学的智识里面，了解了多少文化的意义，但
是并不能忠实地用科学方法来观察中国的文化，和中国固有思想的价
值，一味认中国的文化都是反科学的而加以排斥，于是在思想上面，
革命与反革命的分别，几乎变成中国的与非中国的区别。①

戴季陶早先曾赞同新文化运动对尊孔派的批判，他要肯定自己这段"革
命"历史，所以说中国的思想界"在革命的思想里面，总是极端反对孔子
的势力占大多数，在反革命的思想里面，虽然不尽是标榜尊崇孔子，但是
至少总对孔子不加反对"。他认为正是由于尊崇孔子的大都是反革命的，
所以造成中国国民文化的堕落；而由于革命者大多反对孔子的思想，这就
是中国革命思想不能成熟不能恢复国民创造力的缘故。戴季陶用"革命"
和"反革命"来划分中国近代思想界尊孔与反尊孔思想斗争的这段论述，
完全是一种乱贴标签的荒谬说辞。众所周知，尊崇孔子的人并非都反对革
命，而革命者也未必都反对尊崇孔子。陈独秀等人对孔子和儒家思想的过
激批判，固然反映了其思想的不成熟，但说他们"一味认中国的文化都是
反科学的而加以排斥"，则根本不符合事实。戴季陶说，秦汉以后，由于
以孔孟思想为代表的道统中绝，历代帝王尽管表面都尊孔，但实际上的统
治思想是老子的"个人主义"，"自是而后，科学文化发展的可能性，既被
以放任为专制极点的老子政策，和普通的个人主义，压伏干净，于是全国
国民，无智愚贤不肖，都在四个趋向的当中，一个是离世独立的虚无主
义，一个是权谋术数的纵横主义，一个是迷信命运神鬼的宿命主义，一个
是烧练采补的纵欲主义，这四个趋向，不是渊源于老子的个人主义，便是
以老子的个人主义为依归"②。戴季陶所勾画的这幅中国封建社会历史文化
图景，只能说明正是他自己把中国的传统文化当做"都是反科学的而加以
排斥"，他既否定了孔子和儒家学说在两千年封建社会中的思想统治地位，
也歪曲了老子学说的思想内容和历史价值。

---

① 戴季陶：《孙文主义之哲学的基础》。
② 同上。

戴季陶撰写《孙文主义之哲学的基础》，强调"仁爱是革命道德的基础"，其政治目的是反对马克思主义的阶级斗争理论。他在宣扬孔子仁爱思想的同时强调：

> 　　[孙中山]先生所主张的国民革命，在事实上，是联合各阶级的革命。但是这一个联合各阶级的革命，一方面是要治者阶级的人觉悟了为被治者阶级的利益来革命，在资本阶级的人觉悟了，为劳动阶级的利益来革命，要地主阶级的人觉悟了，为农民阶级的利益来革命，所谓"成物智也"。一方面是要被治者阶级工人阶级农民阶级也起来为自己的利益而革命，所谓"成己仁也"。先生认为阶级的差别，并不是绝对能够消灭人类的仁爱性的，那些不来革命的人，只是不知，如果能知他的仁爱性依然是能够发现，依然能够为受痛苦的农夫工人努力，所以先生在这一点，是主张各阶级的人，要抛弃了他的阶级性，恢复他的国民性，抛弃了他的兽性，恢复他的人性。换句话说，就是要支配阶级的人，抛弃他自己特殊的阶级地位，回到平民的地位来。

孔子的仁爱思想诚然是值得珍视的历史遗产，但它绝不可能成为戴季陶所说的"革命道德的基础"。孙中山未尝不曾想"要治者阶级的人觉悟了为被治者阶级的利益来革命"，可惜从袁世凯到段祺瑞、曹锟、吴佩孚、张作霖，都没有这个"觉悟"，都不愿意"抛弃他自己特殊的阶级地位，回到平民的地位来"。相反，他们一味用血腥的暴力镇压要求革命的"被治者阶级"。毛泽东1926年指出："谁是我们的敌人？谁是我们的朋友？这个问题是革命的首要问题。中国过去一切革命斗争成效甚少，其基本原因就是因为不能团结真正的朋友，以攻击真正的敌人。"[①]孙中山正是吸取了过去没有认识这个革命的首要问题而屡遭失败的教训，才着手改组国民党和实行联俄、联共、扶助农工三大政策的。可是孙中山刚逝世不久，戴季陶就迫不及待地抛出了《孙文主义之哲学的基础》，随后又出版公开反对马克思主义和中国共产党的《国民革命与中国国民党》小册子，完全暴露了他背叛孙中山革命学说的真面目。

《孙文主义之哲学的基础》和《国民革命与中国国民党》两书构建了所谓"戴季陶主义"的理论体系。而这个歪曲和背叛孙中山新三民主义的

---

① 毛泽东：《中国社会各阶级的分析》，《毛泽东选集》第1卷，人民出版社1991年版，第3页。

理论体系的核心，就是"孔子—孙中山"道统论。蒋介石非常欣赏戴季陶所炮制的"孔—孙道统"论，曾要求国民党员把《孙文主义之哲学的基础》作为学习三民主义的必读书。他声称："中山先生的思想，完全是中国的正统思想，就是继承尧舜以至孔孟而中绝的仁义道德的思想。"① "总理的人格，政治上的道德，是要继承中国固有的道统。……三民主义就是中国固有的道德文化的结晶。"② 蒋介石后来提倡"新生活运动"，正是以"孔—孙道统"论作为其理论基础的。

第三节　中国共产党人反对戴季陶主义的斗争

戴季陶的两本小册子出版后，中国共产党人曾经在党内刊物上发表文章予以驳斥。恽代英在对《孙文主义之哲学的基础》的一篇评论中责问戴季陶说："我觉得戴先生的思想很奇怪！为什么不像先生一样赞美中国文化，便是认中国'一切'是毫无价值，中国文化在世界文化史上'毫无'存在的意义呢？为什么那样便一定会没有民族的自信力，不能创造文化呢？"③ 恽代英指出：

> 革命的能力，发源于主义的信仰与群众的党的组织，若说必须先承认自己文化的价值才配谈革命，请问非洲里孚（"里孚"疑为"黑"字误植——引者）人中间并不曾产生尧舜禹汤文武周公孔子等圣人，亦有革命的可能否呢？我们不应拿一国的文化来决定他的命运，这样才不至于因赞羡人家的文化而自甘屈服（如一般美国化的留学生），亦不至于因鄙夷人家的文化而公然自认有任意蹂躏宰割的权利（如一般人对蒙藏苗蛮的观念），更用不着因不屈服人家而虚挢恃气将自己的文化高举起来。而且戴先生所谓中国的文化，如知仁的知，博爱力行的仁，行仁不怕的勇，择善固执贯彻始终的诚，如戴先生所说，不过是中国少数圣哲的伦理思想，这种思想既不是全中国人所共有的，亦不是中国人所独有的。

---

① 《军人的精神教育》，1936 年，引自宋仲福、赵吉惠、裴大洋《儒学在现代中国》，中州古籍出版社 1991 年版，第 143 页。

② 《中国教育的思想问题》，1931 年，引自《儒学在现代中国》，第 143 页。

③ 代英：《读〈孙文主义之哲学的基础〉》，《中国青年》87 期，1925 年 8 月，引自辽宁大学哲学系编《中国现代哲学史资料汇编》第 1 集第 8 册。

在《唯物史观与国民革命》[①]一文中，恽代英针对戴季陶在《国民革命与中国国民党》中所说的"我们今天在国民革命进程中，为农民工人而奋斗，绝不须用唯物史观做最高原则；争得一个唯物史观，打破一个国民革命，断不是革命者应取的途径"，指出戴季陶反对唯物史观和阶级斗争，"无疑是反对国民党，反对孙文主义，否认自己为国民革命之一员"。"戴先生把中山底民主哲学硬栽在东方式的什么'仁'字上面，不能算是了解中山思想底根本所在"。"民生主义原是阶级斗争底产物——它自己本身是一个阶级斗争，一个体现阶级斗争的工具。""如何以农工阶级之利益为主要利益的国民革命，可以不要阶级斗争？况且在事实上、经验上，又有哪个能够承认不要阶级斗争而可以使得农工阶级起来作自动的革命？"

陈独秀在看到《国民革命与中国国民党》之后，给戴季陶写了一封信，指出这本小册子"错误非常之多，如叙述中国民族文化之消失，如三民主义的帝国主义观等"[②]。但陈独秀在信中着重批评的是戴季陶"只看见民族争斗的需要而不看见阶级争斗的需要"，揭穿戴季陶主张"拥护工农群众的利益，不一定取争斗的形式，而可以仁爱之心感动资产阶级使之尊重工农群众的利益"，是"欺骗工农群众的鬼话"。作为五四新文化运动的领军人物，陈独秀对戴季陶批评"革命派""不能忠实用科学的方法来观察中国的文化，和中国固有思想的价值"本应有所回应，一方面总结一下新文化运动批孔的经验教训，另一方面揭穿戴季陶捏造的所谓"孔—孙道统"的反科学反历史的实质。遗憾的是，陈独秀对此却未能顾及。

对戴季陶的"孔—孙道统"论作过较有力批判的是瞿秋白。他在《中国国民革命与戴季陶主义》中指出，戴季陶思想的根本点"是一种唯心论的道统说；所谓孙中山三民主义的哲学基础，竟只是仁慈忠孝的伟大人格，竟只是继承舜尧禹汤周孔的道统——戴季陶又继承孙中山的道统！这算是中国的特别文化，国民党三民主义的责任，竟只在'发扬光大这种中国文化'。这完全是把革命当作慈善事业，当作孙中山、戴季陶等一些'君子'爱民的仁政"。瞿秋白还指出，戴季陶"用所谓民主哲学的仁慈主义"来解释中国革命，"便使中国民众联合战线的国民革命，变成了少数知识阶级'伐罪救民'的贵族'革命'。他的主张，实际上是只要诱发'资本家仁爱的性能'和知识阶级'智勇兼备以行仁政'的热诚，来替农

---

① 恽代英：《唯物史观与国民革命》，《中国青年》第 95 期，1925 年 9 月，引自辽宁大学哲学系编《中国现代哲学史资料汇编》第 1 集第 8 册。

② 陈独秀：《给戴季陶的一封信》，《向导》第 129—130 期，1925 年 9 月，引自辽宁大学哲学系编《中国现代哲学史资料汇编》第 1 集第 8 册。

工民众革命。这不但是纯粹的空想主义，而且是要想暗示工农民众停止自己的斗争，听凭上等阶级的恩命和指使，简单些说，便是上等阶级要利用农工群众的力量来达他们的目的，却不准农工群众自己有阶级的觉悟"①。

毛泽东在五四运动前后和国共第一次合作期间对待孔子和孔孟思想的态度也值得注意。他青少年时代在私塾接受了儒家教育，后来曾把自己的私塾生活概括为"六年孔夫子"②。1913 年，毛泽东考入湖南第四师范。次年，第四师范并入第一师范。毛泽东在这里不仅经常可以看到《新青年》杂志，还接触了不少当时国内知识界颇为流行的西方近代哲学社会科学的译本。他在阅读《伦理学原理》（德国泡尔生著，蔡元培译）的批语中写道："凡有压抑个人、违背个性者，罪莫大焉。故吾国之三纲在所必去，而教会、资本家、君主、国家四者，同为天下恶魔也。"③ 但是直到五四新文化运动初起之时，毛泽东对孔子和孔孟思想还是比较尊崇的。他在致黎锦熙的信中，一方面指出"吾国人积弊甚深，思想太旧，道德太坏……吾国思想与道德，可以伪而不真，虚而不实之两言括之。五千年流传至今，种根甚深，结蒂甚固，非有大力不易摧陷廓清"。另一方面仍尊孔孟为"得大本之圣贤"，以儒家大同世界为自己的理想。信中说："圣人，既得大本者也；贤人，略得大本者也；愚人，不得大本者也。圣人通达天地，明贯过去未来，洞悉三界现象，如孔子之'百世可知'，孟子之'圣人复起，不易吾言'。孔孟对答弟子之问，曾不能难，愚者或震之以为神奇，不知并无谬巧，惟在得一大本而已。执此以对付百纷，驾驭动静，学不能逃，而何谬巧哉？"毛泽东还谈到自己对儒家公羊学派三世说的解释："如世但有君子，则政治、法律、礼仪制度，及多余之农、工、商业，皆可废而不用"，"彼时天下皆为圣贤，而无凡愚，可尽毁一切世法，呼太和之气而吸清海之波。孔子知此义，故立太平世为鹄，而不废据乱、升平二世。大同者，吾人之鹄也；立德、立功、立言而尽力与斯世者，吾人存慈悲之心以救小人也"④。从上引批语和给友人的信中，可以看出毛泽东此时的思想还是比较庞杂的。

五四新文化运动的批孔狂飙，对毛泽东的思想起了震撼的作用，促使他对孔子和儒家学说的看法产生了较大变化。1919 年 7 月，他主办的《湘

————————

　　①　瞿秋白：《中国国民革命与戴季陶主义》，1925 年 9 月，见《瞿秋白选集》，人民出版社 1985 年版。

　　②　中共中央文献研究室编：《毛泽东》（1893—1949），中央文献出版社 1996 年版。

　　③　毛泽东致黎锦熙的信，1917 年 8 月 23 日，引自李锐《毛泽东早年读书生活》，辽宁人民出版社 1992 年版。

　　④　李锐：《毛泽东早年读书生活》，第 299 页。

江评论》创刊号上发表宣言说："在学术方面，主张彻底研究，不受一切传统和迷信的束缚"。"浩浩荡荡的新思潮业已奔腾澎湃于湘江两岸了，顺他的生，逆他的死"。在这期《湘江评论》上，还发表两篇短文，斥责康有为的尊孔活动。康有为反对广州修马路拆毁明伦堂，认为这"非民国所宜"。短文中说："这才是怪！难道定要留着那'君为臣纲'、'君君臣臣'的事，才算是'民国所宜'吗？"① 随后，毛泽东在《健学会之成立及进行》一文中，又对自己先前受戊戌变法以来维新思想的影响进行了检讨，指出"中学为体，西学为用"的思想"是以孔子为中心的思想"，"于孔老爹，仍不敢说出半个'非'字；甚至盛倡其'学问要新道德要旧'的谬说，'道德要旧'就是'道德要从孔子'的变语"②。毛泽东还说："学术的研究，最忌演绎式的独断态度。中国什么'师严而后道尊'，'师说'、'道统'、'宗派'，都是害了'独断态度'的大病。都是思想界的强权，不可不竭力打破。像我们反对孔子，有很多别的理由。单就这独霸中国，使我们思想界不能自由，郁郁做二千年偶像的奴隶，也是不能不反对的。"③

　　1921年7月，中国共产党诞生，毛泽东是出席党的第一次全国代表大会的12名代表之一。1924年1月，国民党第一次全国代表大会在孙中山的主持下，确定联俄、联共、扶助农工三大政策，毛泽东被选举为国民党中央执行委员会候补委员。1924年4月，中共中央局委员长陈独秀、秘书毛泽东联名发出通告，要求各地党和团的组织开展纪念五四运动的宣传活动，着重发挥五四运动两个重要的意义：（一）恢复国权运动；（二）新文化运动。④ 1925年9月，毛泽东到广州任国民党中央宣传部代理部长。戴季陶发表《孙文主义之哲学的基础》和《国民革命与中国国民党》后，毛泽东虽然没有专门著文批判，但他1925年12月发表的《中国社会各阶级的分析》一文，在揭露"一切勾结帝国主义的军阀、官僚、买办阶级、大地主阶级以及附属于他们的一部分反动知识界，是我们的敌人"的同时，又指出动摇不定的中产阶级（主要指民族资产阶级）"反对以阶级斗争学说解释国民党的民生主义，他们反对国民党联俄和容纳共产党及左派分子"，"其右翼可能是我们的敌人，其左翼可能是我们的朋友"⑤。这里所说

---

① 李锐：《毛泽东早年读书生活》，第299页。
② 同上书，第162页。
③ 同上书，第162—163页。
④ 中共中央文献研究室编：《毛泽东年谱》（1893—1949）上卷，人民出版社1993年版。
⑤ 《中国社会各阶级的分析》，《毛泽东选集》第1卷，人民出版社1991年版，第9、4页。

的中产阶级的右翼，就是指戴季陶一类的国民党新右派。毛泽东这一时期特别关注农民运动的发展。1927 年 3 月，他在《湖南农民运动考察报告》中说："代表了全部封建宗法的思想和制度"的"四种权力——政权、族权、神权、夫权"，"是束缚中国人民特别是农民的四条极大的绳索"。"地主政权既被打翻，族权、神权、夫权便一概跟着动摇起来"①。经过五四新文化运动洗礼的毛泽东，在反对封建思想文化这个根本问题上，和陈独秀、李大钊等新文化运动的领军人物是站在一条战线上的。值得重视的是，他并没有把孔子和儒家思想也视为需要摧毁的束缚中国人民的一大绳索，而是着重提出需要推翻政权、族权、神权、夫权这四大封建权力系统。如果再联系到抗日战争时期毛泽东曾经批评过五四运动的一些领导人物"没有历史唯物主义的批判精神，所谓坏就是绝对的坏，一切皆坏；所谓好就是绝对的好，一切皆好"②，我们可以说，毛泽东在五四运动和随后的大革命时期，对待孔子和儒家思想的消极因素虽然也持批判的态度，但比起陈独秀等人来，他的观点却更理性和成熟一些。

---

① 《毛泽东选集》第 1 卷，人民出版社 1991 年版，第 31 页。
② 《反对党八股》，《毛泽东选集》第 3 卷，人民出版社 1991 年版，第 832 页。

第八章　五四运动后若干研究孔子思想的论著

第一节　胡适的《中国哲学史大纲》和《说儒》

1919 年，胡适出版《中国哲学史大纲》上卷（以下称《大纲》）。蔡元培为该书作序说："适之先生生于世传'汉学'的绩溪胡氏，禀有'汉学'的遗传性；虽自幼进新式的学校，还能自修'汉学'，至今不辍；又在美国留学的时候兼治文学哲学，于西洋哲学史是很有心得的。所以编中国古代哲学史的难处，一到先生手里，就比较的容易多了。"蔡元培对胡适学术素养的评价是相当高的，他认为此书的特长是：一、用证明的方法考实古代哲学家生存的时代、思想的来源、遗著的真伪，"为后来的学者开无数法门"；二、以扼要的手段"截断众流"，从老子、孔子讲起；三、以平等的眼光对待先秦诸子，对其长短处"都还他一个本来面目"；四、对先秦诸子排比时代，比较论旨，使其思想都有"递次演进的脉络"。蔡元培的上述评论，大体上点出了胡适此书超越先前一些古代学术史论著所作的努力。但从《大纲》的内容来看，胡适的成绩与蔡元培的赞誉实际上还有一定的距离。

胡适指出孔子"本是一个实行的政治家"，"后来因为他的政策不行，所以把官丢了去周游列国"。孔子在列国也不曾遇有行道的机会，到 68 岁回到鲁国才专门从事著述。胡适肯定孔子自己所说的"述而不作"，指出孔子除了删《诗》《书》定礼乐之外，《春秋》是根据鲁国的史记作的，《易经》诸传是根据原有的《周易》作的。《论语》记载孔子和孔门弟子的谈话议论，虽不是孔子所作，却极可靠，极有用。"研究孔子学说的人，须用这书和《易传》、《春秋》两书参考互证，此外便不可全信了"①。

---

① 胡适：《中国哲学史大纲》上卷，第 4 篇《孔子》，商务印书馆 1919 年版。以下本书引文不再一一注明。

孟子说孔子的时代是"邪说暴行有作：臣弑其君者有之，子弑其父者有之"①。胡适认为，孟子只说了"臣弑其君"、"子弑其父"的"暴行"，对于"邪说"一层却不曾细述。他举出老子、少正卯和邓析的言论，认为这三人都属于"邪说"的鼓吹者。孔子作司寇，杀少正卯，数其三大罪："其居处足以撮徒成党，其谈说足饰邪荧众，其强御足以反是独立。"胡适说这三件罪名译成今文便是"聚众结社，鼓吹邪说，淆乱是非"。他认为在那个"邪说横行，处士横议"的时代，会"对于这种时势生出种种的反动"。一种是"极端的破坏派"，老子、邓析都属于这一派。一种是"极端的厌世派"，如《论语》中所记的长沮、桀溺、晨门等避世隐者。还有一种是以孔子为代表的"积极的救世派"。孔子"正为'天下无道'，所以他才去栖栖皇皇的奔走，要想把无道变成有道。懂得这一层，方才可懂得孔子的学说"。

在胡适看来，"正名主义"是孔子学说的中心问题。"孔子当日眼见那些'邪说暴行'，以为天下的病根在于思想界没有公认的是非真伪的标准"，"名不正则言不顺，言不顺则事不成"，所以他主张要从"正名"下手。一部《春秋》便是孔子实行正名的方法。胡适说："论《春秋》的真义，应该研究《公羊传》和《穀梁传》，晚出的《左传》最没有用。"正名的方法包括"正名字"、"定名分"和"寓褒贬"。"《春秋》的宗旨，不在记实事，只在写个人心中对于实事的评判。明是赵穿弑君，却说是赵盾弑君。明是晋文公召周天子，却说是'天王狩于河阳'。这都是个人的私见，不是历史的实事。后来的史家，崇拜《春秋》太过了，所以他们作史，不去讨论史料的真伪，只顾讲那'书法'和'正统'种种谬说。《春秋》的余毒就使中国只有主观的历史，没有物观的历史。"

胡适把孔子所说的"仁"视为"做人的道理"而不仅是"爱人"。他举《中庸》说"仁者人也"，《孟子》说"仁也者人也"，都是指能尽人道即是仁。后人如朱熹之流说"仁者无私心而合天理之谓"，乃是宋儒的臆说；而蔡元培《中国伦理学史》认为"仁"乃是"统摄诸德，完成人格之名"则所说甚是。《中庸》说君臣、父子、夫妇、昆弟、朋友，是天下五达道。孔子正名主义的应用，就是使家庭社会国家的种种阶级，种种关系，都能"顾名思义"，做到理想的标准地步。所以儒家的人生哲学也就是如何处置这些伦常的人生哲学。道德的习惯不是用强迫的手段可以造成的，须用种种教育涵养的工夫方能造得成，因此孔子很注重礼乐，反对用

①　《孟子·滕文公下》。

刑治国。

《大纲》用相当多的篇幅论述孔门弟子的思想。胡适认为"孝"与"礼"这两个观念孔子生时都不曾说得周密，到了曾子一般人手里才说得面面俱到。孔门弟子论仁，最重"亲亲之杀"，最重"推恩"，故说孝悌是为仁之本。后来更进一步，便把一切伦理都包括在"孝"字之内。胡适说，"这是孔门人生哲学的一大变化。孔子的'仁的人生哲学'，要人尽'仁'道，要人做一个'人'。孔子以后的'孝的人生哲学'，要人尽'孝'道，要人做一个'儿子'。这种人生哲学，固然也有道理，但未免太把个人埋没在家庭伦理里面了"。

胡适对"礼"的诠释颇具特色。他认为"礼"字从示从豊，最初本义完全是宗教的仪节，正译当为"宗教"。《说文》所谓"所以事神致福"，即是此意。《虞书》"有能典朕三礼"马注"天神地祇人鬼之礼也"，这是礼的本义。后来礼字范围渐大，有"五礼"、"九礼"的名目，这都是处世接人慎终追远的仪文，范围已广，不限于宗教一部分，竟包括一切社会习惯风俗所承认的行为的规矩。如今所传《仪礼》十七篇及《礼记》中专记礼文仪节的一部分，都是这一类。后来"礼"的含义更扩大了。《礼运》篇说："礼者，君之大柄也，所以别嫌、明微、傧鬼神、考制度、别仁义，所以治政安君也。"儒家"把一切合于道理，可以做行为标准，可以养成道德习惯，可以增进社会治安的规矩，都称为礼，这是最广义的'礼'"。礼的作用，一是"规定伦理名分"，二是"节制人情"，三是"涵养性情，养成道德习惯"。儒家的"礼"与法家的"法"同是社会国家的一种"裁制力"，其中却有一些分别："礼"偏重积极的规矩，"法"偏重消极的禁制；违"法"的要受刑罚的处分，违"礼"的至多不过受"君子"的讥评、社会的笑骂，却不受刑罚的处分；"礼"是为上级社会设的，法是为下等社会设的。

总的说来，在胡适的心目中，孔子既是一个"积极的救世派"，又是一个"守旧派"，孔子想改变当时"邪说暴行"的"无道"为"有道"，但他"正名主义"的宗旨却是要恢复"君君臣臣父父子子"的旧秩序。胡适对孔子的及门弟子评价不高，认为他们"竟不曾有什么人真正能发挥他的哲学。极其所成就，不过在一个'孝'字一个'礼'字上，做了一些补缀的工夫。这也可算得孔子的大不幸了"。胡适这个观点，似乎透露了一个消息，即他虽然认为孔子是一个维护旧的伦理关系的"守旧派"，但在他看来，把代表旧道德旧礼教的"孝"和"礼"的观念推向极端的，实际上是孔门弟子而不是孔子本人。按照胡适对儒家思想发展脉络的这种理解，五四新文化运动所激烈批判的束缚和摧残人性的旧道德旧礼教，其始作俑者就应该是孔门弟子而不应归咎于孔子。

胡适认为研究孔子思想最重要的材料是《论语》，但由于《论语》中记载孔子论"孝"和"礼"的材料很少，他不得不从孔门弟子以及弟子的弟子之著作如《孝经》、《礼记》、《中庸》等书中摘引一些"勉强可用"的材料。胡适说："这几种书虽然不很可靠，但里面所记的材料，大概可以代表'孔门正传'一派学说的大旨。"可是这种"孔门正传"的说法，实际上和胡适所说从孔子的"仁的人生哲学"到孔门弟子的"孝的人生哲学"是"孔门人生哲学的一大变化"的论旨是相抵牾的。胡适时而说《孝经》、《礼记》、《中庸》等书是孔门弟子及后学的学说"不很可靠"；时而又认为有些材料"勉强可用"来说明"孔门正传"。这与他一向标榜使用史料要恪守"严格主义"的主张是不一致的。实际上，胡适在判断史料价值方面有时相当随心所欲。例如他相信孔子作《春秋》是为了寄托"微言大意"，认为"论《春秋》的真意，应该研究《公羊传》和《穀梁传》，晚出的《左传》最没有用"。这种完全落入经今文学家窠臼的看法，就不是实事求是的科学态度。

胡适对孔子的及门弟子评价不高，认为他们中间没有什么人真正能够发挥光大孔子的哲学。但他对孟轲和荀卿的评价却相当高，认为有了他们"儒家方才有两派有价值的新哲学出现"。《大纲》在谈到孟子时说：

> 孟子的政治哲学与孔子的政治哲学有一个根本不同之处。孔子讲政治的中心学说是"政者正也"。他的目的只要"正名"、"正己"、"正人"，以至于"君君、臣臣、父父、子子"的理想的郅治。孟子生在孔子之后一百多年，受了杨、墨两家的影响，故不但尊重个人、尊重百姓过于君主；还要使百姓享受乐利。孟子论政治不用孔子的"正"字，却用墨子的"利"字。但他又不肯公然用"利"字，故用"仁政"两字。……若用西方政治学的名词，我们可说孔子的是"爸爸政策"，孟子的是"妈妈政策"。爸爸政策要人正经规矩，要人有道德；妈妈政策要人快活安乐，要人享受幸福。……后人不知道这个区别代表一百多年儒家政治学说的进化，所以爸爸妈妈的分不清楚；一面说仁民爱物，一面又只知道正心诚意。这就是没有历史观念的大害了。①

---

① 胡适：《中国哲学史大纲》上卷，第 10 篇第 2 章。

胡适关于孔孟政治哲学区别的论述，可谓趣味盎然。孟子鼓吹"仁政"，其政治哲学究竟与孔子的政治哲学关系如何，似乎很少有人认真研究过。胡适认为孔子是"爸爸政策"，孟子是"妈妈政策"，以及说孟子是受杨朱、墨子的影响，"不但尊重个人，尊重百姓过于君主"，如此等等说法，固然未必令人信服，甚至让人有牵强附会的感觉，但他提出孔孟之间学说的差异这个问题却是很有意义的。

1924 年，胡适撰《说儒》①，对章太炎的《原儒》作了发挥和修正补充。他认为"儒"本是殷民族的教士，他们靠宗教知识为衣食之端。"在那殷周民族杂居已六七百年，文化的隔离已渐渐泯灭的时期，他们不仅仅是殷民族的教士，竟渐渐成了殷周民族共同需要的教师了"。孔子就是这样一个教师。胡适说：

> 孔子是儒的中兴领袖，而不是儒教的创始者。儒教的伸展是殷亡以后五六百年的一个伟大的历史趋势：孔子只是这个历史趋势的最伟大的代表者，他的成绩也只是这个五六百年的历史运动的一个庄严灿烂的成功。
>
> 在那殷商民族亡国的几百年中，他们好像始终保存着民族复兴的梦想，渐渐养成了一个"救世圣人"的预言，这种预言是亡国民族里常有的，最有名的一个例子就是希伯来（犹太）民族的"弥赛亚"（Messiah）降生救世的悬记，后来引起了耶稣领导的大运动。这种悬记（佛书中所谓的"悬记"即预言）本来只是悬想一个未来的民族英雄起来领导那久受亡国苦痛的民众，做到那复兴民族的大事业。但年代久了，政治复兴的梦想终没有影子，于是这种预言渐渐变换了内容，政治复兴的色彩渐渐变淡了，宗教或文化复兴的意味渐渐加浓了。

在胡适看来，孔子就是应验这种预言而出现的圣人。《左传》昭公七年记孟僖子将死时，召其大夫曰："吾闻将有达者，曰孔丘，圣人之后也。……臧孙纥有言曰：'圣人有明德者，若不当世，其后必有达人。'今其在孔丘乎？"胡适说："孟僖子死在昭公二十四年，其时孔子已是三十四岁了。如果这种记载是可信的，那就可见鲁国的统治阶级那时已注意到孔子的声望，并且注意到他的家世；说他是'圣人之后'的'达者'。"胡

---

① 初发表于《历史语言研究所集刊》第四本第三分，后收入《胡适论学近著》，见《胡适文存》四集，黄山书社 1996 年版。

适还引用了孟子所说的"五百年必有王者兴，其间必有名世者"，作出如下分析：

> 孔子生于鲁襄公二十二年，上距殷武庚的灭亡，已有五百多年。大概这个"五百年必有王者兴"的预言由来已久，所以宋襄公正当殷亡后的第五世纪，他那复兴殷商的野心也正是那个预言之下的产儿。到了孔子出世的时代，那预言的五百年之期已过了几十年，殷民族的渴望正在最高度。这时期，忽然殷宋公孙的一个嫡系里出来了一个聪明睿智的少年，起于贫贱的环境里，而贫贱压不住他；生于"野合"的父母，甚至于他少年时还不知道其父的坟墓，然而他的多才多艺，使他居然战胜了一个当然很不好受的少年处境，使人们居然忘了他的出身，使他的乡人异口同声的赞叹他：大哉孔子！博学而无所成名！
>
> 这样一个人，正因为他的出身特别微贱，所以人们特别惊异他的天才与学力之高，特别追想到他的先世遗泽的长久而伟大，所以当他少年时代，他已是民间人望所归了；民间已隐隐的、纷纷的传说："五百年必有圣者兴，今其将在孔丘乎！"甚至于鲁国的贵族权臣也在背后议论道："圣人之后，必有达者，今其将在孔丘乎！"

孔子不仅被人认做是那个"应运而生的圣人"，"他也不能不高自期许，把那五百年的担子自己挑起来。他有了这样大的自信心，他觉得一切阻力都是不足畏惧的了：'桓魋其如予何！''匡人其如予何！''公伯寮其如命何！'他虽不能上应殷商民族歌颂的那个'肇域彼四海'的'武王'，难道不能做一个中兴文化的'文王'吗"！甚至在孔子将死之前，"明知道那'天下宗予'的梦想已不能实现了，他还自比于泰山、梁木。在那'明王不兴，天下其孰能宗予'的慨叹里，我们还可以听见那'五百年必有王者兴'的古代悬记的尾声，还可以听见一位自信为应运而生的圣者的最后绝望的叹气"。

胡适认为，孔子"认清了那六百年殷周民族杂居，文化逐渐混合的趋势，他知道那个富有部落性的殷遗民的'儒'是无法能拒绝那六百年来统治中国的周文化的了，所以他大胆的冲破那民族的界限，大胆的宣言：'吾从周！'……在这句'吾从周'的口号之下，孔子扩大了旧'儒'的范围，把那个做殷民族祝人的'儒'变做全国人的师儒了。'儒'的中兴，其实是'儒'的放大"。孔子"深信教育可以摧破一切阶级的轸域"，他提出"有教无类"，"在二千五百年前，这样平等的教育观必定是很震动社会的一个革命学说"。孔子还提出一个"仁"字的理想境界。"仁者人也",这是最妥帖的古训,爱人,尽人道做到一个理想的人样子,这就是孔子的最博大又最平实的教义。孔子说"仁以为己任",就是把整个人类看做自己的责任。"儒"的本义为柔懦,但到了孔子那里,已经没有那种亡国遗民的柔逊取容的心理。胡适总结说:"从一个亡国民族的教士阶级,变到调和三代文化的师儒,用'吾从周'的博大精神,担起了'仁以为己任'的绝大使命——这就是孔子的新儒教。"

胡适的《说儒》是一篇见解新颖而又饶有兴味的文章。他娓娓道来,我们仿佛在听一个基督福音的中国版故事。文中关于儒的群体特征的演变,以及孔子的历史地位和作用,都提出了一些富有创意的观点。但这些观点却大多不免给人有"大胆假设"而缺乏"小心求证"的感觉。就方法论而言,他把孔子之出现在春秋末年的历史舞台上,比拟为希伯来民族的"弥赛亚"降生救世预言应验在耶稣身上,根本就不伦不类。犹太民族曾经有过"弥赛亚"领导民族复兴运动的传说,而殷商亡后,特别是武庚叛乱被平定之后,商民族从未出现过所谓民族复兴的运动,也没有什么所谓民族复兴"预言"诗的流传。《说儒》发表后,冯友兰和郭沫若都曾撰文驳斥胡适的论点。

冯友兰在《原儒墨》[①] 中说:"儒字虽有柔义,儒之一种人,虽可称为弱者,但不必与亡国民族有关系。……胡先生因为宋国有个正考父谦卑自牧,遂以为'宋国所以能久存,也许是靠这种祖传的柔道'。其实在《左传》上看来,宋并不靠柔道立国。"胡适把宋襄公不自量力妄图称霸,说成是商民族复兴运动的一件大事。《左传》记载,泓之战,大司马子鱼谏阻宋襄公曰:"天之弃商久矣,君将兴,弗可赦也已。"[②] 胡适把"君将兴,弗可赦也已"解释成:"既要做中兴的大事,这回不可放过敌人了。"冯友兰指出胡适的解释是曲解,"子鱼之意,乃以为襄公违天必有大咎;此可证明当时并没有什么殷民族复兴之悬记"。对于胡适所说的《诗经·商颂·玄鸟》是预言诗,《周易》为亡国殷人所作之民间书,三年之丧为殷礼,殷周文化异同等问题,冯友兰也都提出了不同的意见。冯友兰最后说,"儒之起是起于贵族政治崩坏以后,所谓'官失其守'之时"。儒本来是在官的"有知识有学问之专家",贵族政治崩坏后,他们散在民间。"贵

---

① 冯友兰:《原儒墨》,收入《中国哲学史》附录,商务印书馆1934年版。

② 《左传》僖公二十二年记泓之战,作"大司马固谏曰",杜预注以"大司马固"为"公孙固"。胡适认为杜注误,应从《史记·宋世家》作公子目夷,即子鱼。这意见是对的,但他对"弗可赦也已"的解释却是错的。

族既不能自养专家，而专家仍不可少，如教育子弟、丧葬典礼之事，仍须专家，于是昔日在官之专家，今仍操其旧业，不过不专为一家贵族之专家，而成为随时为人雇用，含有自由职业之性质"，孔子就是这样的一种人。

远在日本的郭沫若在看到胡适的《说儒》后，也写了《驳〈说儒〉》①寄回国内发表。《论语·宪问》引《书》云："高宗谅阴，三年不言。"胡适据以说明三年之丧本是殷制。郭沫若征引卜辞证明，殷商根本没有三年之丧的痕迹，"高宗谅阴"乃是殷高宗患了瘖哑症失语而非丧制。他还辨析了胡适引用的《正考父鼎铭》之不足据，《周易》非殷亡之后殷人所作，以及所谓《玄鸟》是预言诗的牵强附会。郭沫若认为，儒本来是"邹鲁之士缙绅先生"们的专号，其本意诚然是柔，但不是习于服从的精神柔懦，"而是由于本是贵族而不事生产的筋骨的柔。春秋末年社会陵替之际，由贵族阶级没落下来的儒或成为腾达暴发户的食客和陪臣，或为西宾以教导其子弟，于是不从事生产的儒便成为职业化"。"孔子是不世出的天才，我们可以承认，但他的功绩却仅在把从前由贵族所占有的知识普及到民间来了的这一点。古人说他删《诗》、《书》，定《礼》、《乐》，修《春秋》，这话究竟该打多少折扣，暂且不提，但是《诗》、《书》、《礼》、《乐》、《春秋》都是旧有的东西，并不是出于孔子的创造。就拿思想来说吧，儒家的关于天的思想，不外是《诗》、《书》中的传统思想，而最有特色的修齐治平的那一套学说，其实也是周代的贵族思想的传统"。

第二节　梁启超的《孔子》及其《先秦政治思想史》中的孔子

1920 年，梁启超撰写长文《孔子》。1922 年，他在《先秦政治思想史》的《儒家思想》专章中，又以很大篇幅论述孔子思想。在此之前，梁启超为作世界伟人传，还曾撰孔子传，但未完成，其残稿收入《饮冰室合集·专集》。从梁启超先后所写的这些有关孔子的论著看来，他对孔子的认识和评价，显然有所变化。

世界伟人传《孔子》之残稿，对孔子之尊崇可以说已到了无以复加的地步。文中说：

① 原题《借问胡适》，发表于《中华公论》创刊号，1937 年 7 月。《郭沫若全集·历史编》第 1 卷，人民出版社 1982 年版。

自我神州赤县，乃至西尽流沙，北极穷髮，东讫扶桑日出之邦，南暨椎结鴃舌之域，二千年间所自产者，何一不受赐于孔子。其有学问，孔子之学问也。其有伦理，孔子之伦理也。其有政治，孔子之政治也。其人才皆由得孔子之一体以兴，其历史皆演孔子之一节以成。苟无孔子，则中国当非复二千年来之中国。中国非复二千年来之中国，则世界亦非二千年来之世界也。……

吾将以教主尊孔子。夫孔子诚教主也，而教主不足尽孔子。教主感化力所及，限于其信徒，而孔子则凡有血气，莫不尊亲。举中国人，虽未尝一读孔子之书者，而皆在孔子范围中也。故印度不能为释迦之印度，犹太不能为基督之犹太，而中国则孔子之中国也。吾将以教育家尊孔子，夫孔子诚教育家也，而教育家不足以尽孔子。教育家之主义及方法，只能适用于一时代、一社会，而孔子之教育，则措四海而皆准，俟百世不惑也。……吾将以政治家尊孔子，夫孔子诚政治家也，而政治家不足以尽孔子。食政治家之赐者，不过一国，而孔子之理想的政治，则洋溢中国而施及蛮貊也。食政治家之赐者，不过百年，而孔子之因时的政治，可以善当时之中国，可以善二千年讫今之中国，且可以善自今以往永劫无穷之中国也。①

梁启超这篇未完成的《孔子传》，写作年代不详，但从语气看来，很可能是他追随康有为尊孔时撰写的。1902 年，梁启超发表《保教非所以尊孔论》，表示对康有为倡导的保教尊孔活动有不同看法。他在论文篇首特别声明：“此篇与著者数年前之论相反对，所谓我操我矛以伐我者也。今是昨非，不敢自默，其为思想之进步乎，抑退步乎？吾欲以读者思想之进退决之。”② 文中强调孔子是哲学家、经世家、教育家而非宗教家，称“孔子之所以为孔子，正以其思想之自由也，而自命为孔子之徒者，乃反其精神而用之”。梁启超指出：“孔子之立教，对二千年前之人而言者也，对一统闭关之中国人而言之也。其通义之万世不易者固多，其别义之与时推移者亦不少。孟子不云乎，孔子圣之时者也。使孔子而生于今日，吾知其教义之必更有所损益也。今我国民非能为春秋战国时代之人也，而已为二十世纪之人；非徒为一乡一国之人，而将为世界之人，则所以师孔子之意而受孔子之赐者必有在矣。”比较《孔子传》残稿与《保教非所以尊孔论》对

①　梁启超：《世界伟人传第一编孔子》残稿，《饮冰室合集》专集之 36，中华书局 1988 年版，第 65、66 页。

②　《饮冰室合集》文集之 9，第 50 页。

孔子历史地位评价的差别，我们大体可以断定前者撰写时间是在后者之前。梁启超之所以放弃写作《孔子传》，大概就因为他对孔子历史地位的认识已经起了变化。

在 1920 年撰写的《孔子》中，梁启超已经把孔子当做一个学术研究的对象。他认为孔子事迹应注意的几点如下：

> （一）孔子出身甚微。不过一羁旅之臣，并非世族，而且是庶孽。（二）孔子教学甚早。《礼记·檀弓》记孔子葬母，门人助葬，其时孔子仅二十四岁。（三）孔子政治生涯甚短。宰中都，相夹谷，都算不得什么事业。孔子的政治生涯，其实只在五十五岁那一年。最大的事实，就是堕三都，目的在打破贵族政治，但是完全失败。（四）孔子游历地甚少。后人开口说孔子周游列国，《史记》也说孔子干七十二君，其实他到过的国只有周、齐、卫、陈，或者到过楚国属地的叶，那宋、曹、郑三国，经过没有住。算起来，未曾出过现在山东、河南两省境外。（五）孔子著书甚迟。自卫反鲁后，始删定《六经》，其时已六十九岁，距卒前仅五年。①

梁启超所提示的这几点，言虽简而平实，对于一般读者了解孔子的生平事迹倒是很有帮助。他认为孔子的政治生涯甚短，谈不上有大的成就，也许会有异议，但就历史定位而言，孔子不是大政治家，却也是事实。

梁启超是一个博闻强记而又善于吸收别人研究成果的学者。他的《孔子》和《先秦政治思想史》中的《儒家思想》繁征博引，气势恢弘，但他在史料的使用上有时不够严谨，在有关孔子的论述中，我们不难发现他的不少论点是对《春秋》公羊学和胡适《中国哲学史大纲》上卷中提出的命题的发挥。当然，这并不是说梁启超就没有自己的创见。

梁启超和胡适一样，都认为《春秋》不是史书，而是寄托孔子"正名主义"微言大义的一部书。梁启超说，"孔子以为名是终久废不掉的，若听他囫囵杂糅，一定闹到言不顺事不成，所以公共标准是必要的。标准怎样才能正确才能公认呢？孔子以为是政府的责任，所以子路问为政奚先，孔子答以正名"。"孔子的正名主义对于改良社会有多少效果，我们不敢说，但在学问知识上却有狠大影响。因为名实问题是孔子头一个提出，此后墨子、惠施、公孙龙、荀卿乃至其他诸子，都从这问题上生出许多学问

---

① 梁启超：《孔子》，《饮冰室合集》专集之 36，第 2 页。以下凡《孔子》引文不再一一注明。

来。质而言之，当时所谓名学即论理学，是孔子最先注意的，虽说不如后人之精，那创始的功劳也很大了"。

梁启超认为孔子所说的"仁"，只是"教人怎样子做人，只是教人能尽其性"，这和胡适所说的"仁"是"做人的道理"、"能尽人道即是仁"，基本上是一个意思。胡适认为"君君臣臣父父子子"就是"尽人道"的推理，是孔子心目中家庭社会国家种种阶级种种关系达到理想的标准。梁启超的说法稍有不同。他认为，"常人开口便说，孔子之教是三纲五伦，这话狠要子细考究。五伦说是孔子所有，三纲说是孔子所无"。"尽君道"与"尽臣道"都是"尽人道的演绎"。"为人君，止于仁；为人臣，止于敬；为人子，止于孝；为人父，止于慈；与国人交，止于信；全然是相互的关系。如此才是相人偶，所以孔子所说，是平等的人格主义。"

梁启超和胡适一样，也把"礼"分为狭义和广义。"最古的礼，不过是宗教上一种仪式。凡初民种种制度，大半从宗教仪式增广蜕变而来"。"其后渐渐把宗教以外一切社会习惯都包含在礼的范围内，礼字成了人人当践履的意义"。"礼者，理也"是"最广义的礼"。梁启超认为孔子答颜渊说"克己复礼为仁"，"这个礼字，应从最广义解"。"孔子以为礼的作用，可以养成人类自动自治的良习惯，实属改良社会的根本办法。他主张礼治的主要精神在此。"梁启超还指出："宋以后儒者，都说人欲是不好的，是应该屏绝的。孔门却不然。他的礼教，就是从情欲的基础上建设出来，但他以为情欲虽不可无，却是要节。""礼的最大作用，就是这个节字。所以《荀子·大略篇》说：'礼，节也。'《乐记》亦说：'礼节民心。'《中庸》说：'喜怒哀乐发皆中节。'靠的就是这个。"

胡适认为孔子"把'学'字看做读书的学问，后来中国几千年的教育，都受这种学说的影响，造成一国的'书生'废物，这便是他的流弊了"。梁启超对此提出了不同的认识。他说：

　　《论语》头一句说"学而时习之"，此外说"学"字的狠多。到底孔子说的"学"是学个什么，怎么个学法？胡适之说孔子的"学"只是读书，只是文字上传受来的学问，这话对吗？哀公问弟子孰为好学，孔子就举了一位颜回，还说不幸短命死矣，今也则无，未闻好学者也。我们在《易经》、《论语》、《庄子》里头看见好几条讲颜回的，就找不出的他好读书的痕迹。他做的学问，是屡空，是心斋，是克己复礼，是不改其乐，是不迁怒不贰过……都与读书无关，若说"学"只是读书，难道颜回死了，那三千弟子都是束书不观的人吗？孔子却怎说未闻好学呢？他自己说，吾十有五而志于学，难道他老先生十五岁以前，连读书这点志趣都没有吗？这章书跟著说三十而立……等句，自然是讲历年学问进步的结果，那立、不惑、知命、耳顺、不逾矩这种境界，岂是专靠读书能得的？所以我想，孔子所谓学，是要学来养成自己的人格。

梁启超接着说，《论语》里头的"学"字，可以当做读书解的原也不少，但在孔子看来，读书不过是"学"的一端，而且多读书死记，不是做学问的好方法。应该说，在孔子论"学"这个问题上，梁启超对胡适的驳难是很有道理的。

孔子自言"五十而知天命"，又说"不知命无以为君子"。胡适的《大纲》对孔子言"命"未作分析，梁启超的《孔子》则对此有所阐述。他认为"知命主义在孔子学说中实占极重要的位置，所以墨子反对孔学，特标'非命'为一种旗帜"。"孔子所谓'命'，是指自然界一定法则，不能拿人力转变者而言。他有时带说个天字，不过用来当作自然现象的代名词，并非像古代所说有意识的天。"在梁启超看来，知命主义的好处是"令人心境恬适"，而坏处是"把人类进取的勇气减少"。"孔子说的知命，本来没有什么大流弊，因为他乐行忧违，还带著确乎不拔；他遁世无闷，还带著独立不惧；可见得并不是做命的奴隶了。"但是孔子终是"觉得天行力绝对不可抗，所以总教人顺应自然，不甚教人矫正自然驾驭自然征服自然"。梁启超说："中国受了知命主义的感化，顺应的本能极发达，所以数千年来经许多灾难，民族依然保存，文明依然不坠，这是善于顺应的好处。但过于重视天行，不敢反抗，创造力自然衰弱，所以虽能保存，却不能向上，这是中华民族一种大缺点，不能不说是受知命主义的影响。"

梁启超对胡适所忽略的孔子的社会政治思想也作了较充分的阐述。他认为孔子讲的伦常礼教，都不过因势利导、补偏救弊之谈，并非他的根本主义。《礼记·礼运篇》所描述的"大同"，是孔子心目中理想的社会。"小康是阶级主义，大同是平等主义"；"小康是私有主义，大同是互助主义"；"小康是国家家族主义，大同是世界主义"。"天下为公，选贤与能，自然是绝对的德谟克拉西"。"人不独亲其亲，不独子其子，使老有所归，壮有所用，幼有所长"；"货恶其弃于地也，不必藏诸己；力恶其不出于身也，不必为己"，这都是"要以人为单位不以家族为单位"，"都是把私有的观念根本打破"。

梁启超在《孔子》的"结论"一节中，专门谈到孔子的"中庸"，认为它是"孔子学术的特色"。"中是就空间言，不偏走于两极端，常常取折衷的态度。加上一个庸字，是归于适用的意思"。《论语》说："攻乎异端，斯害也已。"梁启超认为："异端即两端；攻即《诗经》'可以攻玉'之攻，是修治的意思；'已'止也。孔子的意思说，凡两极端所主张，都含有一面真理，但都各有各毛病。若像攻玉的样子来修治他一番，他的毛病就去掉了。孔子一切学说，都含有这种精神。"在梁启超看来，中庸的学说和中国的民族特性最相契合，这是孔学两千年来能够占领中国思想领域的重要原因。中庸的好处是"容量大，从没有绝对排斥的事物"，"若从这方面发展出去，便是平等自由的素质了"。但是中庸的坏处"在容易没却个性"，"专重调和的结果，一定把社会事务轮廓弄得囫囵不分明，流弊所极，可以把社会上千千万万人，都像一个模型里铸出来，社会变成死的不是活的了"。

在《先秦政治思想史》的"儒家思想"一章中，梁启超对孔子思想的诠释作了更多推衍。例如关于孔子的"仁"，他认为既是人之人格的表征，亦是人之同类意识的觉醒。"爱类观念，以消极的形式发动者则谓之恕，以积极的形式发动者则谓之仁"。"不仁者，同类意识麻木而已矣"。"儒家之理想的政治，则欲人人将其同类意识扩充到极量，以完成所谓'仁'的世界，此世界名之曰'大同'"。人的同类意识的觉醒，须"就其最逼近最简单之'相人偶'以启发之"。君臣、父子、兄弟、夫妇、朋友五伦，就是这种最逼近最简单的相互对等的关系。梁启超说："君字不能专作王侯解，凡社会组织总不能无长属关系，长即君，属即臣。""凡社会皆以一人兼君臣二役，师长对生徒为君，对学校为臣；乃至天子对天下为君，对天为臣。儒家所谓君臣，应作如是解。"孔子主张为政必先"正名"，目的在使人"顾名思义"，"循名以责实"。君不君，臣不臣，父不父，子不子，都是名不副实。循名责实，"则有同异离合是非顺逆贵贱之可言"，"持此以裁量天下事理，则犹引绳以审曲直也"。

梁启超在诠释孔子和儒家思想时，经常联系现实发挥议论。如说："由孔子之言，则亦可谓全国人无论在朝在野，皆'为政'之人，吾人之行动无论为公为私，皆政治的行动也。""全社会分子，人人皆厚而不偷以共趋向于仁，则天下国家之治平，举而措之而已矣。"[1] 类似这种言论虽然有时不免有牵强附会之嫌，但梁启超重视历史文化遗产的继承并主张"古为今用"，这种治学精神却是值得肯定的。

---

[1]　梁启超：《先秦政治思想史》，《饮冰室合集》专集之50，第82页。

第三节　《古史辨》关于孔子著作和
思想的讨论

　　1926 年，顾颉刚编著的《古史辨》第一册①出版，在学术界产生了巨大的影响。胡适推荐此书"是中国史学界的一部革命的书，又是一部讨论史学方法的书"。傅斯年称赞顾氏书中提出的"层累地造成的中国古史"观"乃是一切经传子家的总锁钥，一部中国古代方术思想史的真线索，一个周汉思想的摄镜，一个古史学的新大成"②。但顾颉刚的"古史辨"，也受到刘掞黎、胡堇人等人的质疑，认为他的疑古精神虽值得同情，但其论据和推想并不能服人③。张荫麟则指出，顾颉刚的"层累地造成的"古史说是滥用默证法，违反其适用之限度④。

　　顾颉刚在和钱玄同的通信中，讨论了孔子和《六经》的关系。他认为"《六经》自是周代通行的几部书，《论语》上见不到一句删述的话。到《孟子》，才说他作《春秋》；到《史记》，才说他赞《易》、序《书》，删《诗》；到《尚书纬》，才说他删《书》；到清代的今文家，才说他作《易经》，作《仪礼》。总之，他们看着不全的指为孔子所删；看着全的指为孔子所作"⑤。钱玄同对顾颉刚的意见甚为赞同，表示："我以为不把《六经》与'孔丘'分家，则'孔教'总不容易打倒的（其实还是孔丘被诬之沉冤未雪呢！）。"⑥

　　1926 年 8 月，顾颉刚应厦门大学聘请，任史学研究教授。10 月，在厦大庆祝孔诞会上作《孔子何以成为圣人》演讲，讲演稿原题为《春秋时的孔子和汉代的孔子》，演讲时内容有所删减⑦。顾颉刚认为，"各时代有各时代的孔子，即在一个时代中也有种种不同的孔子"；"各时代的人，他们心中怎样想，便怎样说，孔子的人格也就跟着他们变个不歇"。从《诗经·小雅》和《尚书·多方》提到"圣人"的篇章可以看出，在西周"圣人只是聪明人，是极普通的称呼"。《论语》中的"圣人"，比起

---

　　①　顾颉刚：《古史辨》第 1 册，朴社 1926 年版。

　　②　《与顾颉刚论古史书》，1928 年 1 月 2 日。《傅斯年选集》，天津人民出版社 1996 年版。

　　③　刘掞黎：《读顾颉刚君〈与钱玄同先生论古史书〉的疑问》，《讨论古史再质先生》；胡堇人：《读顾颉刚先生论古史书以后》，《古史辨》第 1 册。

　　④　张荫麟：《评近人对于中国古史之讨论》，《古史辨》第 2 册，朴社 1930 年版。

　　⑤　顾颉刚：《论孔子删述〈六经〉说及战国著作伪书》，《古史辨》第 1 册。

　　⑥　钱玄同：《论〈诗〉说及群经辨伪书》，《古史辨》第 1 册。

　　⑦　顾颉刚：《春秋时的孔子和汉代的孔子》，《古史辨》第 2 册。

《诗》、《书》中的"圣人"已经改变了意义。孔子说："圣人，吾不得而见之矣，得见君子者斯可矣。"子夏说："君子之道，孰先传焉，孰后倦焉；譬诸草木，区以别矣。……有始有卒者，其维圣人乎!"可见他们已经把"圣人"置于"君子"之上。孔子说："吾少也贱，故多能鄙事。君子多乎哉，不多也。"他自居于君子，谦言君子不必多能。但为什么孔子后来被称圣人呢？顾颉刚认为，从春秋末期到战国末期，人民苦于天下无道，"大家希望有一个杰出的人出来收拾时局。孔子是一个有才干的人，有宗旨的人，有热诚的人，所以人望所归，大家希望他成为一个圣人，好施行他的教化来救济天下"。孔子"一生不曾大得志，他收的门弟子很多，他的思想有人替他宣传，所以他的人格格外伟大"。

在顾颉刚心目中，孔子"是一个最诚实的学者，不说一句玄妙的话，他决不是一个宗教家。他自己既不能轻信宗教（"敬鬼神而远之"，"祭如在，祭神如神在"），作一个宗教的信徒，又不肯自己创立一种宗教来吸收信徒。他只是自己切实的求知识，更劝人切实的求知识。但是以君子自待的孔子固然可以持这样的态度，而以圣人待他的一般人却不能如此。他们总觉得圣人是特异的人，应当什么都知道"。《左传》、《国语》中有关孔子的记载，已经与《论语》很不相同，孔子已经有未卜先知之术。到了汉朝，不语怪力乱神的孔子在纬书中已经被"浸入怪力乱神的酱缸里去了"。顾颉刚说，孔子若不受后人的委屈，"给他们作弄，孔教的一个名词是不会有的。经他们这样的造作了谣言，于是孔子便真成了黑帝之子，真成了孔教的教主"。"倘使永远从《论语》中去看孔子，民众所需要于孔子的乃一无所有。孔子决不会得到纤毫的势力"。顾颉刚最后说："春秋时的孔子是君子，战国的孔子是圣人，西汉时的孔子是教主，东汉后的孔子又成了圣人，到现在又快要成为君子了。孔子成为君子并不是要薄待他，这是他的真相，这是他自己愿意做的。我们要崇拜的，要纪念的，是这个真相的孔子。"

顾颉刚的演讲以文章形式发表后，张荫麟、傅斯年曾相继发表书评，顾颉刚把它们收入《古史辨》第 2 册①。张荫麟认为顾氏此文"大体上极允当"，但不同意谓孔子"政治的意味很少"。他指出："实则就《论语》考之，孔子救世之热情初未尝减于孟子。""试观时人对孔子之批评，微生亩则谓'丘何为是栖栖者欤？毋乃佞乎？'石门之晨门则谓'是知其不可

---

① 张荫麟：《评顾颉刚〈春秋时的孔子和汉代的孔子〉》，1928 年 2 月 27 日《大公报·文学副刊》第 8 期，收入《古史辨》第 2 册；傅斯年：《评〈春秋时的孔子和汉代的孔子〉》，中山大学《语言历史学研究所周刊》第 1 集第 7 期，1928 年 12 月，收入《古史辨》第 2 册。

而为之欤？'孔子之自期则谓'苟有用吾者，期月而已，可也；三年有成。'其后晚年不遇，则有'凤鸟不至，河不出图'之叹。"傅斯年也不同意说孔子"政治的意味很少"，他认为孔子"不见得是纯粹的这么一个君子，大约只是半个君子而半个另是别的"，"《论语》上有好些话出于君子之外"。

顾颉刚曾致信程憬，提出了几个问题：（一）"孔子时因经济情状的改变，故政治和道德随之改变，而孔子以保存旧道德为职志，何以他反成了新时代的适应者"？（二）"秦汉以下直至清末，适用孔子一派的伦理学说，何以春秋时的道德观念竟会维持得这样长久"？（三）"战国以来，创新道德和新政治的人还不少，例如商鞅、王安石、永嘉学派等，何以他们终不能在新时代中立一稳固之基础？何以他们终给传统的儒者打倒了"①？

程憬在中山大学《语言历史学研究所周刊》上发表了给顾颉刚的答书②。他认为："孔子的思想，一方面怀疑古代的传统思想，一方面创立一种适应于新生活的学说。所谓'德治'，所谓'礼化'，都和古代的传统思想冲突的。孔子在当时不是一个旧派，是一个能注重社会实际情况的改进家。他的思想在当时不能实现的原因，是因为他的主张过于空泛，而且他的理想所依据的物质条件还没有成立，只是在进行的过程中。""从孔子到荀子这二百余年中，新社会的物质基础渐渐的完成了，旧社会的骨骼渐渐的毁灭；小国并于大国，渐渐的有统一的趋向。这时儒家的主张也逐渐的完密了，尤其是那所谓'礼'。"秦汉以后，儒家的思想主张"其所依据的条件已成立，实际上且能应付当时的权力阶级（皇帝）所想像的需要"。"从此儒家得势，把这二千年的阶级社会逐渐的造成一个层层相压的严密的礼法社会。儒家的得势（即是孔子的得势），儒家的受各时代的权力阶级的欢迎，便是这个缘故。儒家的道德主张（即孔子的道德主张）竟会维持到这么长久，也是这个缘故。"

同样的问题，顾颉刚还曾请教过傅斯年③。他问："用惟物史观来看孔子的学说，他的思想乃是封建社会的产物。秦汉以下不是封建社会了，何以他的学说竟会支配得这么长久？"顾颉刚表示他对这个问题思索的结果，怀疑"孔子不是完全为旧文化的继续者，多少含些新时代的理想，经他的

① 顾颉刚：《问孔子学说何以适应于秦汉以来的社会书》，1926 年 11 月 12 日，《古史辨》第 2 册。

② 《语言历史学研究所周刊》第 2 集第 13 期，1928 年 1 月，收入《古史辨》第 2 册。

③ 顾颉刚：《问孔子学说何以适应于秦汉以来的社会书》，1926 年 11 月 18 日，《古史辨》第 2 册。

弟子们的宣传，他遂甚适应于新时代的要求。商鞅们创造的新时代，因为太与旧社会相冲突，使民众不能安定，故汉代调和二者而立国。汉的国家不能脱离封建社会的气息，故孔子之道不会失败。汉后二千年，社会不曾改变，故孔子之道会得传衍得这样长久"。傅斯年在答书中说，"儒家到了汉朝统一中国，想是因为历史上一层一层积累到势必如此，不见得能求到一个汉朝与儒家直接相对的理性的对当"。"儒家尽可以有若干质素甚不合于汉朝的物事，但汉朝找不到一个更有力的适宜者，儒家遂立足了。一旦立足之后，想他失位，除非社会有大变动；小变动，他是能以无形的变迁而适应的"①。从顾颉刚和程憬、傅斯年的讨论可以看出，顾颉刚和程憬都倾向于从时代的要求、社会物质条件的变化来思考孔子思想之所以能够在中国历史上长期取得支配地位的原因，而傅斯年则强调"看历史上的事，甚不可遇事为他求一理性的因，因为许多事实的产生，但有一个'历史的积因'，不必有一个理性的因"②。傅斯年的这种看法，与他不重视历史发展的规律性和必然性的历史观是分不开的。

《古史辨》第 2 册收入梅思平的《春秋时代的政治和孔子的政治思想》③。梅思平认为，孔子生活在由封建制度到中央集权制度的过渡时代，孔子所能看到的政治实际是封建制度的躯壳和军国主义的趋势，他迷信"名分"，"以为如果把名分表彰出来，那些放肆的君主及乱臣贼子一定会顾名思义而有所反省。他以为周天子如果依他的名分，恢复他的最高权力，那国际战争的惨祸就可以免除了；各国君臣如果都依他们的名分，固守他们的职位，一切国内的篡弑争夺也都可以免除了"。梅思平说，"孔子完全是一个书呆子"，"在那时候主张恢复封建，和现在主张复辟是一样的"。"那时候的政治固然有许多不良之处，但是军国主义的中央集权的组织，的确是政治上一种进步。封建制度到了那个时候，可谓绝对无恢复之可能了"。以此，梅思平认为孔子的思想和活动是"反革命"、"开倒车"的。"这种开倒车的态度当然是他所生长的环境和他平时所致力的学问之应有的结果。但是孔子在学术上的地位自然是不可磨灭的"④。

《古史辨》第 2 册还收入冯友兰的《孔子在中国历史中之地位》⑤ 一

---

　　① 傅斯年给顾颉刚的答书，1927 年 12 月 6 日，《古史辨》第 2 册。

　　② 同上。

　　③ 梅思平：《春秋时代的政治和孔子的政治思想》，《民铎》杂志第 8 卷第 2 号，收入《古史辨》第 2 册。

　　④ 梅思平后来在中国社会史论战中鼓吹中国自秦以后是商业资本主义社会，抗日战争爆发后堕落为汉奸。

　　⑤ 原载《燕京学报》第 2 期，1927 年 12 月。

文，冯友兰引廖平反对把孔子说成"一教授老儒"和康有为尊孔子为"教主"的说法，回顾了孔子历史地位从清季以来的变化：

> 孔子本来已竟是一般人所承认的先圣先师，本来已竟是一部分汉儒所承认的素王。清末"今文家"犹以为未足，乃于先圣、先师、素王之外，又为之上一"教主"的尊号。孔子的地位于是为最高；其风头亦于是出得最足。然而"日中则昃，月盈则蚀"，孔子的厄运也就于是渐渐开始；他的地位也就于是一天低落一天。在以前，孔子是教主素王，制作六经之说，虽未必为尽人所承认，但他是先圣先师，曾删《诗》、《书》，正《礼》、《乐》，赞《易》，作《春秋》，则否认者极少。但现在多数人的意见，则不但以为孔子未曾制作六经，且"并删正之说亦欲驳之"，于是孔子乃似"碌碌无所建树矣"。廖季平所反对之意见，正现在多数人所持者。由素王、教主之地位一降而为"教授老儒"，"比于伏生、申公"，真孔子之厄运也。

冯友兰认为，孔子确实"未曾制作或删正六经；即令有所删正，也不过如'教授老儒'之'选文选诗'；他一生果然不过是一个'选本多，门徒众'的'教授老儒'；但他却并不因此而即是'碌碌无所建树'；后人之以先圣先师等尊号与他加上亦并非无理由"。冯友兰举《春秋》和《易》为例，指出孔子未曾制作或删正六经的证据。他引《左传》所载"赵盾弑其君"和"崔杼弑其君"二事，认为"所谓'诛心'及'君亲无将，将则必诛'等'大义'，董狐的《晋乘》中本来亦有，《春秋》不能据为专利品"。《孟子》说："晋之《乘》，楚之《梼杌》，鲁之《春秋》一也。其事则齐桓晋文，其文则史，其义则丘窃取之矣。"[①] 所谓"其义"不止是《春秋》之义，实则亦是《乘》及《梼杌》之义，观于董狐史笔，亦可概见。孔子只"取"其义，而非"作"其义。孔子并非如传说所云因主张"正名"而作《春秋》，而似乎是取《春秋》之义而主张"正名"。关于《易》，冯友兰认为《彖》、《象》的"天"是一个"义理之天"，与《论语》中有意志的"主宰之天"是完全不同的。"一个人的思想本来可以变动，但一个人决不能同时对于宇宙及人生真持两种极端相反的见解。如果我们承认《论语》上的话是孔子所说，又承认《易》《彖》《象》等是孔子所作，则我们即将孔子陷于一个矛盾的地位"。冯友兰最后说，"总之，孔子是一个

---

① 《孟子·离娄》。

教育家。'述而不作，信而好古'，'为之不厌，诲人不倦'，正是他为自己下的考语"。孔子虽只是一个"教授老儒"，但他却不是"碌碌无所建树"。（一）孔子是中国第一个使学术民众化的，以教育为职业的"教授老儒"；他开战国讲学游说之风；他创立，至少亦发扬光大，中国之非农非工非商非官僚之士阶级。（二）孔子的行为，"与希腊之'智者'相仿佛"。（三）孔子的行为及其在中国历史上的影响，"与苏格拉底的行为及其在西洋历史的影响相仿佛"。

　　冯友兰在另一篇文章中，对孔子"述而不作"的历史意义作了进一步的论述①。他认为孔子对于当时的政治社会制度即所谓礼者，态度"与其后别家不同"。"别家对于当时政治社会制度都打算多少有所改变，而孔子却积极赞成当时之各种制度，而且尽力拥护之。这在《论语》中证据极多"。冯友兰引章学诚《文史通义·原道》所说："'述而不作'，周公之旧典也。'好古敏求'，周公之遗籍也。"认为周公是制作"周礼"之主要人物，而孔子则是赞成拥护"周礼"的"述者"。孔子以后的儒家虽仍赞成拥护"周礼"，但他们已经"将其理想化、理论化，与之以新根据了"。冯友兰说，"这不是'述而不作'，这是以述为作。这种倾向与精神，孔子已开其端"。后来"孟子、荀子及所谓七十子后学，大家努力于以述为作，才构成了儒家思想"。"在中国历史中，自汉迄清，有大影响于人心的，不是《周易》，而是带《系辞》、《文言》等的《周易》；不是《春秋》，而是带《公羊》等传的《春秋》，不是《仪礼》，而是有《礼记》为根据的《仪礼》。不过所谓今文家及以孔子为至圣先师者，应该知道他们所谓孔子，已竟不是历史的孔子，而乃是理想的孔子，儒家之理想的代表"。

　　冯友兰把孔子归结为"述而不作"的教育家和思想家，指出六经或六艺都是他用以教人的功课，这是对孔子相当平实的历史定位。但是他说孔子"政治的意味很少"，这却忽视了孔子历史活动中的另一重要方面。他认为孔子门人和后学"以述为作"，将周礼理想化、理论化，这也是颇为精辟的观点。但是冯友兰又说孔子对"以述为作"已经开其端，后来的儒家都是本着孔子的这种精神向前进行的。这里就产生了一个问题：孔子在春秋末年的社会变动中，究竟只是一个"述而不作"积极维护周礼的守旧派，还是一个开始"以述为作"希望整合周礼适应时代潮流的改革派？冯友兰对这个问题并没有给予明确的回答。

---

　　① 　冯友兰：《儒家对于婚丧祭礼之理论》，《燕京学报》第 3 期，1928 年 6 月，收入《古史辨》第 2 册。

第四节　冯友兰的《中国哲学史》论孔子思想

1934 年冯友兰出版《中国哲学史》，陈寅恪认为此书"取材谨严，持论精确"，"能矫傅会之恶习，而具了解之同情"①，给予相当高的评价。该书以"孔子及儒家之初起"为专章。前引冯著《孔子在中国历史中之地位》一文的主要内容，基本上都重见于书中并有所发挥。冯友兰认为："向来所谓经学今文学家以六艺为孔子所作，古文家以六艺为孔子所述，其说虽不同，要皆以为孔子与六艺有密切关系也。今谓所谓六艺乃春秋时固有之学问，先孔子而存在，孔子实未制作之。"孔子以其时已有之成书教人，或有选择与引申，如此则孔子实有"删正"之事，"不过此等'删正'实无非常的意义而已"。"儒本为有知识材艺者之通称，故可有君子小人之别。儒家先起，众以此称之，其后虽为一家之专名，其始实亦一通名也。"孔子对于周礼，知之深而爱之切，"见当时周礼之崩坏，即不禁太息痛恨"。"对于传统的信仰之态度，孔子亦是守旧的"。"孔子之所谓天，乃一有意志的上帝"。《论语》中的"天命"，应即上帝之意志。"孔子自以为所负神圣的使命，即天所命"。

冯友兰认为，孔子处在各种制度崩坏的时代，"以为苟欲'拨乱世而反其正'，则莫如使天子仍为天子，诸侯仍为诸侯，大夫仍为大夫，陪臣仍为陪臣，庶人仍为庶人。使实皆如其名，此即所谓正名主义也"。《春秋》是孔子之前教人的一种课本。"按之事实，似乎不是孔子因主张正名而作《春秋》，如传说所说；似乎是孔子取《春秋》等书之义而主张正名。"孔子讲礼乐，注重"礼之本"及乐之原理，不只讲其形式节奏。他注重人之有真性情，恶虚伪，尚质直。《论语·八佾》记孔子曰："人而不仁如礼何！人而不仁如乐何！"意思是："不仁之人无真性情，虽行礼乐之文，适足增其虚伪耳。""《论语》中言仁处甚多，总而言之，仁者，即人之性情之真的及合礼的流露，而即本同情心以推己及人者也。"仁为全德之名，故孔子常以之统摄诸德。孔子一贯之道为"忠恕"，实行忠恕即实行仁。但孔子只注意人之性情之真的及合礼的流露，至于行为之结果是有利或不利则不甚注意。孔子说"君子喻于义，小人喻于利"（《论语·里仁》）。不计功利，这是孔子与墨家根本不同处。孔子"对于性虽未有明确的学说，然以注重心理学之故，性善性恶，遂成

---

①　冯友兰：《中国哲学史》，商务印书馆 1934 年版。陈寅恪审查报告见该书附录。

为后来儒家之大问题"。

《中国哲学史》出版半个世纪之后，冯友兰在回忆录《三松堂自序》中谈到自己的这部著作时，写下了这样一段话："随着马克思主义在中国的传播，在历史工作中，唯物史观也流传开了。对于中国社会史、中国经济史的研究，正在展开，各方面不同的意见，开始论战。我没有参加这些论战，也没有跟着研究。但是，唯物史观的一般原则，对于我也发生了一点影响。就是这一点影响，使我在当时讲的中国哲学史，同胡适的《中国哲学史大纲》有显著的不同。"① 冯友兰探讨孔子及其思想的视角，确实与胡适有所不同。胡适异想天开地把孔子视为"弥赛亚"式的领导民族复兴运动的英雄，冯友兰则把孔子看成是维护周礼旧制度的思想家和教育家，冯的观点显然要比胡适符合历史实际。但冯友兰说的是老实话，他当时虽然受了唯物史观"一点影响"，并"没有跟着研究"，所以他也就未能像一些接受马克思主义唯物史观理论指导的学者那样，在论述孔子及其思想时，采取思想史和社会史相结合的研究方法，从而使自己的认识深度得到提升。

第五节　周予同论真孔子和假孔子

周予同（1898—1981 年）毕生从事经学史研究，论著甚多。1924 年，他发表《儒家之精神的社会政策》。1926 年，出版《经今古文学》。1928年，发表《经学史与经学之派别》。1933 年，出版《群经概论》。1933 年，发表《治经与治史》。1934 年，出版《孔子》。在这些论著中，他对孔子及其思想都有所论列。

周予同的学术思想倾向于经今文学。他认为"近代今文学家固然有许多地方不免过于武断、夸大、诬妄，如有些学者们所讥刺；但他们给孔子以历史上的一个哲学家的地位，比较古文学家仅视孔子是一个古代文化保存者的史学家的确高明得多。并且他们说孔子托古改制，表面上是尊崇儒术，而实际却使孔子与先秦诸子同列，比之古文学家尊崇古代实际政治家的周公而认孔子只是他的承继者，实在较有贡献，而能为我们研究先秦学术思想史去一障蔽"②。但是周予同对今文学家也取批判的态度，如他在为清皮锡瑞《经学历史》注释本所写的序言中，就批评皮氏主张以孔教治国

---

① 《三松堂自序》，《三松堂全集》第 1 卷，河南人民出版社 1985 年版。
② 周予同：《经今古文学》，商务印书馆 1926 年版。见朱维铮编《周予同经学史论著选集》（增订本），上海人民出版社 1996 年版。

之谬，又批评今文学家所谓"纬候足征"之说①。

周予同认为，"孔子不是体系完整的哲学家，他没有本体论或宇宙观，也没有认识论或知的本身的探究。他的全部哲学着重于人世间的实际陶冶；换言之，他的哲学核心是在道德哲学"。《易传》虽然有丰富的本体论的材料，但《易传》与孔子没有关系。《论语》记载孔子说到"天"或"命"的很不少，然而孔子对于这两个名词并没有赋予新的意义或新的解释，如后来《中庸》所说"天命之谓性"一样，而只是接受旧的、传统的、通俗的解释，以为是一个"主宰的天"，与"有意志的天"的思想相近似。不过，孔子的天命观念"反给与孔子以道德的勇气与内心的安慰，使他能超脱生死与世间一切苦难，而发射出一种伟大的精神"②。

周予同对于儒家所提倡的"仁"、"孝"观念，有自己独特的见解。在《"孝"与"生殖器崇拜"》一文中，他认为儒家把生殖视为"最伟大最神圣的工作"，"万物的化生，人群的繁衍，完全在于生殖"。儒家崇拜祖先，是"在纪念祖先所给与我们的生命"。"父母是与个己的我的血统关系最直接最密切者"，所以"对于父母非爱不可，即非'孝'不可"。初期儒家的第一义是"仁"，但"孝"是入"仁"之门。"仁，广大而抽象；孝，狭窄而具体；由狭窄而具体的入手，以渐渐进于广大而抽象的'仁'。由'孝'入'仁'，是儒家人生哲学的方法论"③。在《孔子》一书中，周予同进一步发挥了上述观点。他指出："中国上古社会或本有一种原始宗教，以两性解释宇宙中的一切现象。他们以为天地是最伟大的两性；天地的化生万物，和人类的父母化生儿女是一样的。到了孔子，对于这原始的朴素的思想，加以道德的解释，于是才由宗教的一跃而为哲学的。"天地化生万物，"个己的我"与"一切人群"、"一切万物"就有了"血统的关联"。如此，"则我对于一切人群及一切万物都应该相爱。这种广大的深入的爱的表现就是'仁'。所以简单的说，天地是本体的'体'，生殖是本体的'用'，仁是本体的'德'"。孔子以"仁"为道德行为的最高境界，所以仁可以包含一切的道德，仁也可以为一切的道德的总称。"仁"所以修己，但也可以治人。周予同说，"如果以为'仁'只是修己而不是用以治人，

　　①　周予同：《经学史与经学之派别——皮锡瑞〈经学历史〉序》，见《周予同经学史论著选集》（增订本）。

　　②　周予同：《孔子》，开明书店1934年版。见《周予同经学史论著选集》（增订本）。

　　③　周予同：《"孝"与"生殖器崇拜"》，《一般》第3卷第1号，1927年9月。李石岑1927年11月出版的《人生哲学》，亦主张"仁"是出于生殖崇拜的观念。据周予同本文附注所云，他的意见"曾举以语石岑兄，石岑间采以实其所著之《人生哲学》"。见《周予同经学史论著选集》（增订本）。

那只是得了'仁的效用'的一面。用古代的话来说，那就是只有'内圣'而忘记了'外王'"。

周予同认为孔子对于当时和后世的影响，以教育方面最有意义和最成功。孔子承认人类的可型性，所以主张教育的必要。他本身也是"由学由教育以达到完成的人格之圣人的境地，决不是天启的、顿悟的、豁然贯通的。孔子所以是教育家而不是宗教家，最大的关键也就在此"①。孔子的政治思想与其说是"政治的"，毋宁说是"教育的"或"伦理的"。他说"政者，正也"②，就是说先要将自己修养得正正的，然后拿这个正道去治人，这就是政治。《论语》谈到礼和政治的关系颇多。孔子主张以周礼为蓝本而另加增订来从事政治。他对当时卿大夫非礼的举动加以批评或指斥。为了矫正非礼的社会状况，孔子提出"正名主义"，他认为社会上一切要名实相符，才能走上轨道，达到社会治理的理想的"德治"境界。

周予同虽然否认孔子是宗教家，但指出孔子保留了术数的宗教思想，借术数以为道德陶冶的辅助工具。对于不合理或不平的社会现象，孔子认为不应愤怒抗争，而应采取"不怨天不尤人"的容忍期待的态度。对于有知识的君子，孔子劝他们安贫乐道，重精神生活而轻视物质生活；对于无知识的一般大众，主张有天有命，使他们发生一种无可奈何而只得隐忍的心理。"所以孔子的'天命论'，说得好一点，是一种精神的社会政策；说得坏一点，只是一种拥护旧社会制度的麻醉剂而已。"③

周予同关于孔子研究还有一个重要的观点，就是指出汉朝以后所尊奉的孔子，并不是历史上真实的孔子，而是一个随时代变迁而演变的"假孔子"。他在《孔子》一书的开始说：

> 孔子是大家都知道的圣人；然而孔子的真相，到现在还在学者间研究而没有完全解决。这原因是为什么呢？简单的说，就是真的孔子死了，假的孔子在依着中国的经济组织、政治状况与学术思想的变迁而挨次的出现。这话怎么讲呢？譬如说：汉武帝继承汉高祖武力统一中国以后，采用董仲舒的建议，排斥春秋、战国时代其他各派的思想，而单独推尊孔子，并且以《五经》为研究孔子的唯一法门。就表面上看，孔子的思想，到这时期，似乎大发展了。其实完全不然；因为汉朝所尊奉的孔子，只是为政治的便利而捧出的一位假的孔子，至

———————

① 周予同：《孔子》，开明书店1934年版，见《周予同经学史论著选集》（增订本）。

② 《论语·颜渊》。

③ 《孔子》，《周予同经学史论著选集》。

少是一位半真半假的孔子，决不是真的孔子。这还不过是说孔子因政
治的变迁而变迁，倘使说到学术思想方面，那孔子的变迁就更多了。
近人梁启超说，孔子渐渐的变为董仲舒、何休，渐渐的变为马融、郑
玄，渐渐的变为韩愈、欧阳修，渐渐的变为程颐、朱熹，渐渐的变为
陆九渊、王守仁，渐渐的变为顾炎武、戴震。这就是因为"道统"
"学统"等等无聊观念的关系，使历代学者误认个人的主观的孔子为
客观的孔子。所以孔子虽是大家所知道的人物，但是大众所知道的孔
子未必是真的孔子。

周予同认为由于封建统治阶级的政治需要和不同时代学术思想的演变，孔
子的形象是在不断变化的，因而在孔子研究中有一个识别"真孔子"和
"假孔子"的问题。这个意见是值得重视的。但是周予同并没有说明识别
真假孔子的标准是什么，而且他接过梁启超的话头，把儒学思想的演变和
孔子形象的变化划上等号，这实际上是混淆了孔子思想的原生态和后代人
对孔子思想的诠释这样两个既有联系又有区别的问题。儒学在传承过程
中，对孔子的言论和思想有不同的理解和诠释。对于后世的这种理解和诠
释，我们可以探讨它们是否符合孔子思想的原意，但不能轻率地一概视之
为对孔子形象的假化。在中国文化史和学术史上，"假孔子"的形象是存
在的，他们大都是由于特定的政治需要而被某种政治势力所乔装打扮的历
史亡灵。如果把历史上不同学派和学者对孔子思想的解释，都说成是"假
孔子"而非"真孔子"，一部儒学史岂不是变成了孔子的不断假化史，而
真假孔子反而无法分辨了。关于这个研究孔子的方法论问题，我们在本书
的结束语中还将进行专门的讨论。

第六节　中国社会史论战中有关孔子的讨论

1927 年大革命失败以后，关于中国革命的性质问题，在共产国际和中
国国内，曾经引起过激烈的争论。对于中国革命性质和社会性质的讨论，
必然要涉及对中国历史发展过程的认识，由此也就引发了一场中国社会史
的论战。这场论战一直延续到抗日战争爆发前后。对孔子生活的时代及其
思想的讨论，是社会史论战中的一个重要问题。

郭沫若的《中国古代社会研究》是社会史论战中备受争议的著作。他
认为春秋战国是由奴隶制演变为封建制的时代，孔子"一方面认定了辩证
法的存在，然而终竟只求折衷"；"一方面认定理性的优越，然而却迷恋着

鬼神";"一方面摄取了形而上学的宇宙观,然而他立地把它神化了起来"。郭沫若通过对《大学》、《中庸》与《易传》的参证,认为折衷主义是儒家实践伦理的核心,而折衷主义完全是一种"骗局"。"我们中国人受它的支配两千多年,把中国的国民性差不多完全养成了一个折衷改良的机会主义的国民性。一直到现在都还有人改头换面地表彰着儒家的理想,想来革新中国的社会,有意识地执行着它的'絜矩之道',有意识地在'执其两端用其中于民'。"①

　　郭沫若对儒家的折衷主义和改良主义虽然持批判的态度,但他并不否定孔子。他在接受唯物史观之前,对孔子是充满了爱慕之情的。1923年,他在《中国文化之传统精神》中称孔子是一个泛神论者,说"孔子这种思想是很美的,可惜仅仅在名义上奉行他的教义的秦以后之学者,好像没有把他了解。宋儒比较的有近似的解释,然而种种字语的概念,屡被混同,总不免有盲人说象之感"②。郭沫若这篇文章是旅居日本时写的,当时国内新文化运动批孔狂飙的余音犹在,他在文中唱的完全是另一种调子:

　　　　现在的人大抵以孔子为忠孝之宣传者,一部分人敬他,一部分人咒他。更极端的每骂孔子为盗名欺世之徒,把中华民族的堕落全归咎于孔子。唱这种暴论的新人,在我们中国实在不少。诬枉古人的人们哟! 你们的冥蒙终久是非启发不可的!

　　　　我在这里告白,我们崇拜孔子。说我们时代错误的人们,那也由他们罢,我们还是崇拜孔子——可是决不可与盲目地赏玩骨董的那种心理状态同论。我们所见的孔子,是兼有康德与歌德那样的伟大的天才,圆满的人格,永远有生命的巨人。他把自己的个性发展到了极度——在深度如在广度。③

上引郭沫若对孔子的赞美,可以说是到了极致。在国内尊孔派与批孔派的论战犹未结束时,郭沫若发表这样的意见,充分显示了他张扬个性的独特性格。他认为孔子"兼有康德与歌德那样的伟大的天才",这种评价表明他对孔子的崇拜与一些尊孔派"盲目地赏玩骨董"的心理状态有别,我们不能把他与新文化运动对立面的尊孔派混为一谈;但他对孔子的赞颂也并

---

① 《中国古代社会研究》第一篇第二章,《郭沫若全集》历史编第1卷,人民出版社1982年版。

② 《中国文化之传统精神》,《郭沫若全集》历史编第3卷,人民出版社1984年版。

③ 同上。

不能说明他对传统文化的价值判断比起李大钊、陈独秀、鲁迅等人更理性和科学。李大钊、陈独秀、鲁迅等人对孔子和儒家思想的批判诚然有绝对化和片面性的毛病，但他们在民国初年黑暗的政治环境和社会环境中，希望冲决中国人之精神网罗的旧思想、旧道德、旧文化的战斗精神是十分可贵的。而远在异国的郭沫若，没有亲眼目睹袁世凯称帝、张勋复辟，以及北洋军阀和孔教会尊孔复古的种种倒行逆施，对阻碍中国人民觉悟和社会进步的旧思想、旧道德、旧文化缺乏一种切肤之痛，也就不易产生激愤之情。郭沫若自己后来曾经说："在新文艺运动以来的二十年中，我差不多整个都在国外，自己时时痛感着对于中国现实的隔膜……但如鲁迅则完全不同，在五四以前早已把留学生活结束了，二十年中一直都在国内和现实保持着密切的联系，而且以他的年龄而论，对于生活的经验与批判都比我们充裕而确实。"① 他对自己的这种剖析是实事求是的。1924 年以后，郭沫若接受了马克思主义唯物史观，使他对现实的中国和历史的中国都有了新的认识。在《中国古代社会研究》中，他对孔子和儒家思想的评价，显然就有别于先前《中国文化之传统精神》的论述。不过郭沫若把孔子看成是一个泛神论者的观点，并没有改变。他在 1935 年撰写的《先秦天道观之进展》一文中，认为"孔子所说的'天'其实只是自然，所谓'命'是自然之数或自然性，和向来的思想是大有不同的"②。

1932 年，嵇文甫在《先秦诸子政治社会思想述要》一文中指出，"孔子是从上古社会到汉以后社会的一个枢纽，是封建社会的圣人，是日就没落的贵族们的救星"。"他一方面守经，一方面达权，既要复古，又不背时。他把许多传统的思想制度，加以新解释，赋以新意义，改头换面，使于新时代中仍有存在的地位"。"他并不是极端的守旧派，而是修正派，而修正恰是最巧妙的守旧"。嵇文甫认为，孔子是一个人文主义者。"人文社会是仁的社会，礼的社会，是理想化的封建社会"。"礼本乎仁，是仁的表现，仁的象征，使当时社会中两大阶级各有其本分"。孔子实现人文社会的主要手段是"正名"，"想拿制度的形式来恢复制度的实际"③。

同年，陶希圣的《中国政治思想史》出版。他认为孔子生活在"邪说暴行有作，臣弑其君者有之，子弑其父者有之"的时代，孔子反对邪说暴行，主张维持身份等级，因而重视"礼"与"正名"。"名以制义，义以出礼，礼以体政，政以正名。"封建的等级既不可逾越，人的命运也就取

---

① 《"民族形式"商兑》，《沫若文集》第 12 卷，人民文学出版社 1959 年版。
② 《郭沫若全集》历史编第 3 卷。
③ 嵇文甫：《先秦诸子政治社会思想述要》，北平开拓社 1932 年版。

决于他所属的等级①。

李季在《对于中国社会史论战的贡献与批评》一文中，认为周初至周末为封建生产方式。而秦至鸦片战争前则为前资本主义生产方式②。他在《胡适〈中国哲学史大纲〉批判》一书中说："孔子为新兴的前资本主义时代地主阶级的代表，富于朝气，勇于进取"，"绝不能和日趋崩溃的封建地主阶级的代表老子一样，说出一些不仁、刍狗和绝弃的反动话"③。

1933年，李麦麦在所著《中国古代政治哲学批判》一书中说，孔子是传统的复古的哲人，他梦想恢复的文武周公之世，"不过是一个初生的封建社会"。春秋时代除封建诸侯互相斗争外，更尖锐的是阶级斗争与等级斗争。商人与下层贵族联合起来反抗封建主，形成陪臣执政的局面。孔子救"时敝"之思想出发点，不是在推翻封建制度之下找出路，而是百般地想法来保存封建制度。孔子的思想起点是"仁"，以"仁"来消除封建阶级贪夺之情势。"仁政"就是改良主义，推进"仁"的方法是"正名"，其准则是"礼"。"礼"与"法"的对抗，是封建阶级与有产阶级的对抗④。

中国社会史论战对我国近代史学的发展产生过重大的影响，但参加这场论战的人多数并不是专业的史学工作者，这就导致了许多问题的讨论缺乏应有的学术深度。关于孔子及其思想的历史定位和历史作用，也不是讨论的重点。马克思主义学者在论战中更多关心的是社会经济形态的演变，而这个时期对孔子及其思想从实证上作较多研究的一些学者，对这场论战则采取一种疏离的态度。

---

① 陶希圣：《中国政治思想史》，上海新生命书局1932年版。
② 《中国社会史的论战》第2辑，《读书杂志》第2卷第2、3期合刊，神州国光社1932年版。
③ 李季：《胡适〈中国哲学史大纲〉批评》，《读书杂志》第2卷第2、3期合刊。
④ 李麦麦：《中国古代政治哲学批判》，上海新生命书局1932年版。

第九章　南京国民政府与孔孟之道

第一节　第二次尊孔复古高潮及其社会反响

　　1924 年至 1927 年轰轰烈烈的中国大革命，由于蒋介石和汪精卫的相继背叛，也由于以陈独秀为代表的中国共产党中央犯了右倾机会主义错误而终于失败。以蒋介石为首的南京国民政府，在北洋军阀势力土崩瓦解和割据东北的张学良宣布易帜服从国民政府之后，表面上取得了整个中国的统治权。剥掉了革命伪装的蒋介石反动派，到处逮捕和屠杀共产党人与革命群众，并对中国共产党领导的农村革命根据地进行残酷的军事围剿。为了巩固其反动统治，蒋介石还大力推行法西斯思想统制政策，妄图消除马克思主义和共产党的思想影响。掀起第二次尊孔复古高潮和提倡新生活运动，就是贯彻他这种反动方略的两个重要举措。

　　"四一二"反革命政变后不久，山西省主席阎锡山在对该省党政军各界人员演讲《三民主义之真义》时，就鼓吹孔孟之道，攻击马列主义、中国共产党和工农革命运动。他称"吾国文化之本源在中，推行之以忠恕，表而出之为仁义，其成绩则为和悦。观尧舜禹以中传受，孔子说忠恕，孟子倡义，概可见之"。并说建设中国切不可"采取以唯物史观为基础之共产方法，致全民政治而限于阶级斗争，误党误国也"。[①] 1928 年 10 月，国民党第 35 军军长何键致电湖南省主席鲁涤平，要求"将各项教科书重新编订，凡小学四年级以上的课本，全用文言"；严禁"谤毁孔孟"、"仇视《六经》"[②]。同年 11 月，鲁涤平、何键特拨经费，于孔子诞辰举行盛大祀孔会，鲁、何二人相继发表演说，称"孔道废兴为中国治乱之关键"；"孔子本尧舜而美汤武，可知同情革命"。1931 年 1 月，被北伐军打垮的吴佩孚发表声明，建议南京政府"速定国是，明布宪章，重整伦理纲常，奉若天经地义，上以是教，下以是学"；主张"凡有不忠不孝、不友不悌、不

---

① 韩达编：《1911—1949 评孔纪年》，山东教育出版社 1985 年版。
② 同上。

信不义者，从严惩处之"①。新老军阀沆瀣一气，重演民国初年的复古鼓噪。

蒋介石接受了戴季陶三民主义儒学化的主张，一再鼓吹孙中山是孔子思想和儒家道统的继承者。他宣称孙中山的思想是"继尧、舜、禹、汤、文、武、周公、孔子以来的道德思想"②；三民主义"在伦理和政治方面讲，就是'忠孝仁爱信义和平'来做基础"；"我们要恢复民族精神，要中国的国家民族复兴，就先要恢复中国固有的忠孝仁爱信义和平民族道德"③。1928 年 4 月南京国民政府颁布命令，把"忠孝仁爱信义和平七端"，与"格物、致知、诚意、正心、修身、齐家、治国、平天下八目"，确定为全体国民"咸秉斯旨"的行为标准，并要求"奉公在职人员，尤宜以身作则"。1931 年，又明令全国各学校必须在礼堂和公共场所悬挂书有"忠孝仁爱信义和平"八字的匾额，使师生对此训民要则时刻勿忘。

1933 年，蒋介石在南京中央政治学校讲演，要求国民党军政要员"要常常去研究《四书》、《五经》，尤其是非读《大学》、《中庸》不可"。否则的话，"个人固不能修身立业，就是国家和民族亦必定是会灭亡的"④。同年，蒋介石亲自主持开办"军官训练团"，强调军队"一定要注意固有道德的训练"，所谓"固有道德"，也就是"礼义廉耻"。并称"有了这种道德性才可以算是一个人，才可以创立一个国家。军队必须有这种精神，才可以打胜仗"⑤。蒋介石在"县政人员训练班"发表演说时，还要求把"礼义廉耻"、"克己复礼"载入国民党《党政人员须知》手册⑥。

1934 年 5 月，国民党中常会根据蒋介石、戴季陶、汪精卫等建议，通过有关祭祀孔子的决议，确定每年 8 月 27 日为孔子诞辰纪念日，在全国恢复祭孔。当年 8 月 27 日，孔子家乡曲阜举行规模空前的祀孔活动，南京政府代表叶楚伧、褚民谊等及山东国民党党政军官员前往致祭。同日，南京、上海、北平、天津等地都举行了不同形式的祭孔活动。汪精卫在南京孔子纪念大会上宣称："孔子不但是中国四千余年文化之总代表，而实在是中国四万万人的知识之父，绝不能与诸子百家相提并论。我们没有教主，而有这样一个先师，为我们一切知识的先导，这不只是中国的光荣，

---

①　韩达编：《1911—1949 评孔纪年》，山东教育出版社 1985 年版。

②　《中国教育的思想问题》，引自宋仲福、赵吉惠、裴大洋《儒学在现代中国》，中州古籍出版社 1991 年版，第 144 页。

③　《革命哲学的重要》，引自宋仲福、赵吉惠、裴大洋《儒学在现代中国》，第 144 页。

④　《进德修业与革命之途径》，引自韩达编《1911—1949 评孔纪年》，第 194 页。

⑤　《军队教育的要点》，引自韩达编《1911—1949 评孔纪年》，第 197 页。

⑥　引自同上书，第 197 页。

也是我们的幸福。"① 时任南京政府行政院院长的孔祥熙，著文称："中国
自汉以来，尊崇孔子。举凡国家政治经济之设施，人民思想生活之轨范，
无一不以孔子之道为准。民族生命继续延长，东方文化发扬光大，二千余
年，莫敢或废。慨自海禁大开，欧风东渐，国人突失自信，安危之见解殊
途，取舍之观念不一，醉心近代学说者，每多好奇立异，甚至倡为推翻孔
道之论，根本既摇，世风渐下。"② 南京国民政府要员尊孔的言论，比之北
洋政府的一些军阀政客，可以说已经有过之而无不及。不仅如此，南京政
府还任命孔子七十七代孙孔德成为"大成至圣先师奉祀官"，享受特任官
待遇；又分别任命"四配"（颜、曾、思、孟）裔孙为"复圣奉祀官"、
"宗圣奉祀官"、"述圣奉祀官"、"亚圣奉祀官"，均享受简任官待遇。

　　在社会上，大革命失败和南京国民政府成立之后，尊孔复古之风也甚
为盛行。1927 年，聂云台著《辟邪篇》出版，书中《明孔孟之道以弭阶
级专制之祸》一文，推崇孔孟之道，诋毁共产主义学说和农民运动。该文
说："古今论治道者，群宗孔孟，遵而行者，效可立睹。今之学者，深慕
共产学说……湖南北各地，废孔庙者不论矣，乃至发为种种狂行谬举，丑
论恶谥，无所不至其极。……统观孔孟之所言，无一不为救一时之祸而防
万世之弊……循其道而后能免于一切阶级专政之祸，不循其道则唯斤斤于
名义，名义纵去而实祸不稍减。"作者哀叹道："呜呼！今日天下之患，岂
在孔孟学说之弊哉，弊在孔孟之说不明也已。" 1928 年 9 月，浙江上虞人
俞伟臣在孔庙中取孔子牌位，负之投海自尽，留下绝笔书说："中国几如
五代十六国之恶象！何也？皆经书不考据，孔教不振奋，人心无所则，风
习莫之正故耳！"另一位河北人韩真英，"志在尊孔"，因大学院废止祀孔，
"气愤填胸，投井而死"③。1929 年 6 月，山东曲阜第二师范学校学生演出
独幕剧《子见南子》，孔氏族长孔传堉以"孔氏六十族人"名义呈文控告
第二师范学生"侮辱宗祖孔子"。南京政府教育部特派员会同山东省教育
厅赴曲阜查办。孔祥熙直接出面干涉，蒋介石也过问此事，结果第二师范
校长被撤职④。1933 年，程浯编辑出版《历代尊孔祀孔教外论合刻》，记
述从汉高祖到袁世凯历代的尊孔祀孔活动，并刊载美、英、德、法、俄、
日、意等外国人尊孔文章多篇。该书宣称："有中国即有孔子，无孔子即

---

　　① 汪精卫：《纪念孔子之意义》，《新生活月刊》第 1 卷第 5 期，引自关志钢《新生活运动研
究》，海天出版社 1999 年版。

　　② 孔祥熙：《孔子日常生活与礼义廉耻》，《新生活运动促进总会会刊》，引自关志钢《新生
活运动研究》。

　　③ 韩达编：《1911—1949 评孔纪年》，第 158、159、168 页。

　　④ 同上书，第 166 页。

不能成中国，盖孔子之道，如日月之常新，历万古而不变也"；扬言孔子
为世界无二之教主，中国最终必为世界文化之中心，"彼攻孔子者，其何
伤乎日月乎，多见其不自量耳"！程渭声称编印此书的目的是"使国人对
于尊孔或有真实之考证而坚其信仰，共取孔氏书中修齐治平之论，熟读深
思……幼者学之，壮者行之"①。该书的出版受到国民党孔祥熙、戴季陶、
北洋军阀吴佩孚、孙传芳及大汉奸郑孝胥等人的支持与赏识。

尊孔复古逆流的卷土重来，虽然噪音也甚嚣尘上，但这时的中国已经
不是民国初年的中国，此前已经销声匿迹的孔教会并没有能够东山再起，
而这第二次的尊孔复古逆流在文化界和思想界也受到了更广泛的抵制。北
平《晨报》在一篇题为《由废孔到尊孔》的评论中说："自革命军兴，
'打倒孔家店'之呼声，传遍全国。国民政府成立，且曾明令废止孔祀。
向之主张废孔者，今又后行尊孔。""近政府又明令规定'先师孔子诞辰纪
念日'及其各种祭祀之礼，崇敬之隆，有过历朝盛典。"评论对废孔尊孔
"深感变化难测"，指出"打倒孔家店"是不认识其存在的价值；而以孔学
为孔教者，是误解孔氏之真价值。"政府之时尊时废，皆属非理智的感情
冲动。"② 这篇评论，在一定程度上可以说代表了当时知识界大多数人的一
种共识。而明确反对南京政府大搞尊孔复古活动的，则有文学社、文学季
刊社、世界知识社、读书生活社等 17 家文化团体。艾思奇、老舍、沙汀、
李公朴、周建人、郁达夫、胡绳、陈望道、叶圣陶、徐懋庸、姚雪垠、万
家宝（曹禺）、郑振铎、肖乾等进步文化人士联合签名发表的《我们对于
文化运动的意见》宣告：

> 我们相信复古运动是不会有前途的。假如读经可以救国，那么，
"戊戌维新"、"辛亥革命"全是多事了。假如"中学为体西学为用"
的主张可以救国，那么，李鸿章和张之洞早已成了大功了。时势已推
演到这个地步，而突然有这种反动现象发生，我们虽然明白其原因并
不简单，但不能不对这种庸妄的呼号，指出问题的症结所在而促其反
省。不错，中国民族必须有自信心，信赖我们的自立能力；我们不愿
做帝国主义的奴隶，我们要从现在的次殖民地的政治局面挣扎出来，
我们要完成民族解放的功业。但这一切，并不是憧憬于过去的光荣就
可以成功的。一切破落户捧着废址上的残砖碎瓦，以为这就可以重建
楼台，谁都知道只是一个愚妄的梦想！

---

① 韩达编：《1911—1949 评孔纪年》，第 195 页。
② 北平《晨报》1934 年 8 月 26 日，见韩达编《1911—1949 评孔纪年》，第 210 页。

意见书还指出，"凡伟大的民族差不多都吸收外来的文化"，"如果除去外来的成分，样样都要国粹，就非恢复'席地'、'鼎食'、'车战'、'汉衣冠'不可"。"复古运动发展的结果，将是一服毒药，对于民族前途，绝对没有起死回生的功效"①。

鲁迅对这次尊孔复古逆流，加以辛辣的讽刺。1934 年 8 月，他在一篇杂文中说："今年的尊孔，是民国以来第二次的盛典，凡是可以施展出来的，几乎全都施展出来了。"针对《申报》报道上海各界在文庙举行孔诞纪念会，"所用乐器因欲扩大音量起见，不分古今，凡属国乐器，一律配入，共四十种"，鲁迅说，这"和现在的尊孔的精神，也似乎十分合拍的。'孔子，圣之时者也'，'亦即圣之摩登者也'……不过因此也可见时势究竟有些不同了，纵使'扩大音量'，终于还扩不到乡间"②。鲁迅后来还写了一篇题为《在现代中国的孔夫子》的杂文，文中说：

> 孔夫子之在中国，是权势者们捧起来的，是那些权势者或想做权势者们的圣人，和一般的民众并无什么关系。然而对于圣庙，那些权势者也不过一时的热心。因为尊孔的时候已经怀着别样的目的，所以目的一达，这器具就无用，如果不达呢，那可更加无用了。

鲁迅指出权势者们尊孔是别有用心，可谓一针见血。他举袁世凯、孙传芳和张宗昌为例，说他们都把孔子当做"敲门砖"用，"但是时代不同了，所以都明明白白的失败了。岂但自己失败而已呢，还带累孔子也更加陷入了悲境"。鲁迅认为这些权势者们"都是连字也不大认识的人物，然而偏要大谈什么《十三经》之类，所以使人们觉得滑稽；言行也太不一致了，就更加令人讨厌。既已厌恶和尚，恨及袈裟，而孔夫子之被利用为或一目的的器具，也从新看得格外清楚起来，于是要打倒他的欲望，也就越加旺盛。所以把孔子装饰得十分尊严时，就一定有找他缺点的论文和作品出现。即使是孔夫子，缺点总也有的，在平时谁也不理会，因为圣人也是人，本是可以原谅的。然而如果圣人之徒出来胡说一通，以为圣人是这样，是那样，所以你也非这样不可的话，人们可就禁不住要笑起来了"③。

---

① 《我们对于文化运动的意见》，《中国文化建设讨论集》，上海书店 1935 年版，引自关志钢《新生活运动研究》，第 143、144 页。

② 《不知肉味和不知水味》，《且介亭杂文》，《鲁迅全集》第 6 卷，人民文学出版社 1958 年版。

③ 《在现代中国的孔夫子》，《且介亭杂文二集》，《鲁迅全集》第 6 卷，人民文学出版社 1958 年版。

鲁迅这段话说出了民国初年以来尊孔和反尊孔思想斗争为什么愈演愈烈的一个重要原因。反尊孔的人并没有否定孔子的历史地位，并且认为即使是"圣人"，"缺点总也有的"，"本是可以原谅的"。但是一些"圣人之徒"偏偏要出来"胡说一通"，把孔子装饰得"十分尊严"，要人们的思想行为都非照他们所说的"圣人"这样那样学，这就免不了要引起人们的反感，"厌恶和尚，恨及袈裟"，批孔的思潮，"要打倒他的欲望，也就越加旺盛"。孔子陷入了"悲境"，实际上在很大程度上都是被那些并不真正了解孔子及其思想而"怀着别样目的"尊孔的"圣人之徒"所连累的。鲁迅在谴责这些假尊孔的"权势者们"的同时，也并不回避对孔子及其思想的批评。鲁迅说："不错，孔夫子曾经计划过出色的治国的方法，但那都是为了治民众者，即权势者设想的方法，为民众本身的，却一点也没有。""成为权势者们的圣人，终于变成了'敲门砖'，实在也叫不得冤枉。"[①]

就连提倡"整理国故"的胡适，对于南京国民政府主导的这股尊孔复古逆流也表示不满。他撰文说："我们观察近年我们当政的领袖好像都不免有一种'做戏无法，出个菩萨'的心理，想寻求一条救国的捷径，想用最简易的方法做到一种复兴的灵迹。最近政府忽然手忙脚乱的恢复了纪念孔子诞辰的典礼，很匆遽的颁布了礼节的规定。……在每年许多个先烈纪念日之中加上一个孔子诞辰的纪念日，本来不值得我们的诧异。然而政府中人说这是'倡导国民培养精神上之人格'的方法；舆论界的一位领袖也说：'有此一举，诚足以奋起国民之精神，恢复民族的自信。'难道世间真有样简便的捷径吗？""梦想从那'荆棘丛生，檐角倾斜'的大成殿里抬出孔圣人来'卫我宗邦，保我族类'！这岂不是天下古今最可怪笑的愚笨吗？"胡适还指出："凡是咒诅这个时代'人欲横流，人禽无别'的人，都是不曾认识这个新时代的人：他们不认识这二十年中国的空前大进步，也不认识这二十年中整千整万的中国少年流的血究竟为的是什么。……这二十年的一点进步不是孔夫子之赐，是大家努力革命的结果，是大家接受了一个新世界的新文明的结果。只有向前走是有希望的。开倒车是不会有成功的。"[②]

1934 年 11 月，《清华周刊》组织了一次"尊孔与复古"问题的讨论，在该刊开辟专栏，刊载了冯友兰、陶希圣、申府、林风、涤青等人的文章和意见。冯友兰在《读经尊孔与提倡理工》中说："近来国内有两种思想，

　　① 《在现代中国的孔夫子》，《且介亭杂文二集》，《鲁迅全集》第 6 卷，人民文学出版社 1958 年版。

　　② 《写在孔子诞辰纪念之后》，1934 年 9 月，《胡适文存》第 4 集，黄山书社 1996 年版。

可引人注意，一种是读经尊孔；一种是提倡理工。在表面上看，这两种思想似乎是不相合的。但仔细一想，这两种思想实在是一种思想的两方面。"他认为三十年前张之洞等人提倡的"中学为体，西学为用"，就是这种思想的"十足的表现"。陶希圣在《对于尊孔的意见》中说，"五四以来对于传统的伦理政治思想的改革，影响多在大都市里的学术界，说到各地的地方政府，农村的家族制度，任何官厅里的取销主义的精神，满都没有动摇多少"。他认为目前的尊孔即来源于此。"总之拜孔教没有应当复活的理由。但是拜孔教正是在那儿复活。这正可以表现少数大都市里学术界的力量之小，努力之不足，任务之未了。"申府在《尊孔救得了中国吗？》中说，救中国危亡的两大问题是"救济农村破产"和"抵抗帝国主义的进攻"。为解决这两个问题，"恢复民族的自信，大概是必要的"，但从"现在尊孔的动因看"，"是倒退的多，而前进的少，这种情形之下的尊孔，对于救济中国的危亡，如何会有多大益处"？申府认为，"孔子实在是中国最不幸的人，有最圆融切实的教义，而难索解人。却被利用了两千年，至今不得解放，一方又被把种种的恶名都集于一身"！"前些年'打倒孔家店'等等议论行动闹的太利害了，物极必反，现在的尊孔也可以说就是'打倒孔家店'的一个反动"。涤青在《现阶段有复古尊孔运动的社会经济背景》中说，复古与尊孔是一对"孪生子"，因为"复古当然要有所标榜，而孔子却是数千年来典型化了的至圣先师"。孔子"现在又重新风光起来是意想中的事"，是有它的经济背景的。在涤青看来，"现在是民族资本主义出路的断绝与封建势力的最后挣扎；而帝国主义又利用了封建势力，紧紧地统制着全中国。在这一种情势中，为巩固一切既存在的关系，当然要积极提倡旧道德，使平民浸润于封建意识形态中"。林风在《新文化运动与尊孔复古》中说，"五四新文化运动虽然有它重要的影响，但在根本上它并没有成功，文化运动的成功要靠政治运动的成功。封建势力没有消灭，封建文化便没有打倒的可能"。孔子的偶像依然受着香火，"复古实在不是天外飞来的奇祸"[①]。

1935 年 11 月，天津《益世报》发表马相伯口述经王瑞霖笔记的《一日一谈》。他在答记者问中说，"中国历代专制帝王的莫不尊孔，和东邻某国与所谓满洲国之尊孔"，都是利用孔子学说中欺骗人民的一面。尊孔的结果，"不但要把活泼的青年，方兴未艾的天性残折殆尽，恐怕连国民一点'白刃可蹈'的反抗精神，也都消磨于'规行矩步'之中了"。同年 12

---

① 《清华周刊》第 42 卷第 3、4 期，引自韩达编《1911—1949 评孔纪年》，第 225—230 页。

月，马相伯在答记者问礼教问题时又说，"真正懂得中国旧礼教的能有几人？至于真正躬行实践的更是凤毛麟角"；"戴着旧礼教招牌的文武大僚以及所谓'遗老'、'遗少'，如张宗昌和张勋等，试问他们又懂得什么礼教不礼教"？"他们提倡孔教自有他们的用意。因为他们心目中总横着一个不可告人的糊涂主意，以为提倡礼教便可使中国人民俯首贴耳，听他们摆布，这末一来，他们便可稳坐江山，子孙万世，实则大错特错"①。

20世纪30年代初国内的形势是：一方面蒋介石背叛孙中山的新三民主义，肆意屠杀中国共产党人和革命群众，围剿红军和工农革命根据地；另一方面日本帝国主义加紧推行以武力侵占中国的计划，而蒋介石和南京国民政府中的亲日派在"攘外必先安内"的借口下，采取不抵抗主义，步步退让，中华民族面临着生死存亡的重要关头。在这样的时刻，以蒋介石为首的国民政府，各地的新老军阀和政客豪绅还企图通过掀起新一轮的尊孔复古逆流来粉饰太平，以所谓的"固有道德"来维护自己的反动统治秩序，并麻痹全国人民的抗日决心和斗志，这完全是逆历史潮流而动和很不得人心的。这股逆流虽然也一时沸沸扬扬，但由于受到各方面有识之士的批评和抵制，随着抗日民族解放运动的高涨，它逐渐也就销声匿迹了。

第二节 "新生活运动"和"读经"鼓噪

1934年2月，蒋介石在南昌例行的总理扩大纪念周上发表《新生活运动之要义》。3月，南昌市举行新生活运动市民大会，蒋介石作了题为《力行新生活运动》的演讲。随后，国民党中央常务委员会和南京国民政府都通令全国推行新生活运动。同年7月，新生活运动促进总会成立，蒋介石担任会长②。

从表面上看，蒋介石倡导的新生活运动与当时的尊孔复古思潮似乎是代表了倡"新"与复"旧"两种不同的历史路向，但实际上，新生活运动虽然在要求国民矫正陋习，提倡健康文明的生活方式，诸如讲究卫生，注意礼貌，反对奢侈、懒惰、赌博、嫖娼等等，有值得肯定之处，但从根本宗旨上讲，它和尊孔复古思潮要求恢复"固有道德"的主张却是相通和互补的。蒋介石明确提出，新生活运动的目的和中心准则"就是要使全体国民，凡日常生活衣食住行，统统要照我们中国固有的礼义廉耻道德的习惯

---

① 韩达编：《1911—1949评孔纪年》。

② 关志钢：《新生活运动研究》，海天出版社1999年版。本节有关新生活运动的一些材料主要引自该书，不一一注明。

来做人"①，"要使社会人人都能'明礼义，知廉耻，负责任，守纪律'"②。蒋介石所要求的"守纪律"、"守规矩"，当然就是要约束全国人民服从他的反动统治。蒋介石强调，"礼义廉耻"同"孝悌忠信"、"忠孝仁爱信义和平"、"智信仁勇严"等，在意义上是"互相包涵，互相关连"，"彼此发明，贯通一致"的。新生活运动明确要用"礼义廉耻"来统摄我们民族固有的一切美德，"从而发扬民族道德，以树立精神的国防，奠定国家万年的精神基础"③。蒋介石还把他要推行的"军国民教育"，说是来源于孔子的教育思想："中国大规模的平民化的教育，要算始于孔子。"孔子用以教授弟子的"六艺"，"完全就是'军国民教育'，因为'六艺'之中，没有一样不是军事或与军事有密切关系的东西。比方'礼'与'乐'两项，普通人或许以为与军事没有什么大的关系，那里晓得军事教育最重要的第一就是'礼'。例如'立正'，是一切军事动作之基本，也就是最基本的'礼'。……所以我说孔子的教育，完全就是文武合一，术德兼修的军国民教育！后来曾子讲孝，一方面说身体发肤，受之父母，不敢毁伤，教人平时要十分爱重身体；而另一方面又以'战阵无勇，为不孝'，教人战时要勇敢为国牺牲。这正是得孔子军国民教育的精神"④。蒋介石的谋士杨永泰对于新生活运动和"固有道德"的关系及其作用，曾经作了如下的概括："礼义廉耻确是对症下药，确是救国的万应灵丹，并且是中国的独步丹方。所以礼义廉耻的昌明，乃是中国固有道德的恢复。以礼义廉耻为准则之新生活运动，乃是中国固有文化的复兴运动。"⑤

中国的固有道德是传统文化的重要组成部分。在阶级社会中，"人们自觉地或不自觉地，归根到底总是从他们阶级地位所依据的实际关系中——从他们进行生产和交换的经济关系中，吸取自己的道德观念"⑥。因此，在谈到继承我们民族的固有道德时，必须联系不同时代的社会历史条件，具体分析，吸收其民主性的精华，剔除其封建性的糟粕，不能把任何道德观念当做抽象和永恒的道德教条。像"礼义廉耻"这些道德观念，从先秦时代到近代中国，在不同阶级那里，其内涵是随着时代的演变而有所有损益变化的。蒋介石对礼义廉耻的提倡，明显就贯注了他所代表的地主阶级和买办阶级的政治需要。他自称："中正于国难期间，在南昌督剿赤

---

① 蒋介石：《新生活的意义和目的》，1934 年 3 月，《革命文献》第 68 辑。
② 蒋介石：《新生活运动之中心准则》，1934 年 3 月，《革命文献》第 68 辑。
③ 蒋介石：《礼义廉耻的精义》，1934 年 4 月，《三民主义历史文献选编》。
④ 蒋介石：《现代国家的生命力》，1935 年 9 月，引自韩达编《1911—1949 评孔纪年》。
⑤ 杨永泰：《新生活运动与礼义廉耻》，《新生活运动促进总会会刊》第 2 期，1934 年 8 月。
⑥ 恩格斯：《反杜林论》，《马克思恩格斯选集》第 3 卷，人民出版社 1972 年版，第 133 页。

匪，鉴于国内人心陷溺，民气消沉，四维不张，国势危弱，内未能共靖赤祸，外未能共湔国耻，爰本革命必先革心之义，倡新生活运动，欲以最简易最急切之方法，涤除我国人不合时代，不适环境之习性，使趋向于适合时代与环境之生活，振迷茫之人心，复民族之朝气。"① 蒋介石一直主张"攘外必先安内"，认为只有"共靖赤祸"，才能"共湔国耻"。新生活运动就是为了"振迷茫之人心"、动员民心民气而"共靖赤祸"的。宋美龄在美国发表的一篇介绍新生活运动的文章，对蒋介石发起这场运动的目的也讲得十分清楚。她说："新生活运动的概念，是蒋委员长在剿匪期中所悉心考虑而成的。他以为用武力收复匪区，尚不能视为完成使命，必须在那些饱经蹂躏的残破之区，继之以社会的和经济的复兴工作才行，欲谋物质的繁荣，尤须先行发扬民族道德，建立一种互助合作的精神。而纠正人民萎靡苟且的习尚，更是当务之急。委员长深究中国过去的历史，觉得先人遗传的良好品性，足以补救目前种种的颓风恶习，相信我国固有的礼义廉耻四种美德，是复兴民族的良药——因为从前中国实行这美德的时候，确确实实是个伟大的国家呢。得到了这个结论之后，就以礼义廉耻四维为基础，创导新生活运动，重复发扬那淹没已久的强国因素。"② 总之，在蒋介石那里，"礼义廉耻"也好，"忠孝仁爱信义和平"也好，决不是一种超阶级的纯粹个人品行的道德要求；"共靖赤祸"，消除共产党在苏区的思想影响，才是蒋介石提倡这些"固有道德"的目的，也是检验这些"固有道德"是否恢复的标准。

新生活运动不仅是为了整齐国民的道德，以便消弭"赤祸"；就中国近代社会各种思潮的激荡和较量而言，它还是封建思想与买办思想联盟对五四新文化运动的一种反动。蒋介石的一些心腹谋士，并不掩饰新生活运动的这一反动企图。陈立夫在《中国国民党员与新生活运动》中，诋毁"'五四'运动纯为一种文化的破坏工作，以致我国固有文化，摧残无余"，它"摧毁了中国固有文化，而没有把新文化真正建设起来。惟其如此，故新道德没有建立而固有道德却被破坏无遗。整个的社会，陷于堕落颓废而毫无秩序的状态；整个的民族，日趋衰落灭亡的悲境"。"凡此种种，皆为'五四'新文化运动之遗毒"③。担任新生活运动促进总会干事的贺衷寒也宣称："新生活运动不是'五四'的新文化运动，'五四'的新文化运动，

---

①　蒋介石：《为新生活运动周年纪念告国人》，1935 年 2 月，《新生活》第 2 卷第 2、3 期合刊。

②　宋美龄：《中国的新生活》，收入《革命文献》第 68 辑。

③　《新生活月刊》第 1 卷第 4 期，1934 年 9 月。

是把外国的东西搬到中国来，把中国固有的东西都摧毁了，我们今天的新生活运动，是要把中国固有的东西来发扬"；"'五四'的新文化运动，与今天的新生活运动，完全是那样绝对不同的东西"，"新生活运动唯一的目的，就是要把'五四'的新文化运动的破坏运动，改变成一个建设运动"①。

由于蒋介石和国民党政府的大力造势，新生活运动在刚出台时颇为热闹了一阵子。但是，这个运动的宗旨和目的本身就注定了它失败的下场，因为无论是反共或复古，都得不到广大人民的支持和拥护。蒋介石本人在《新生活运动二周年纪念之感想》中承认，"我们现在到处都可看到新运的标语，而很少看到新运的实效；到处都可看到推行新运的团体或机关，却是很少看得见有多数国民确实受了新生活运动的效果。至于一般社会能在衣食住行中表现礼义廉耻的四维，其生活方式能达到军事化、生产化、艺术化，而且厉行劳动服务，具备互相合作的品德，爱国家爱民族的现代精神，那当然更少了"②。新生活运动之所以失败，还与国民党当权派言行不一的虚伪性有关。即使是禁止"烟赌盗娼"这四件蒋介石声称一定要戒除的"丑事"，由于负责推行新生活运动的国民党官员本身都恶习难改，又怎么能整顿别人呢？周恩来说：

> 在伦理建设方面，蒋介石强调四维八德的抽象道德。若一按之实际，则在他身上乃至他领导的统治群中，真是亡礼弃义，寡廉鲜耻！

周恩来还指出，蒋介石鼓吹那套虚伪的、唯心主义的道德观，无非是"以此惑人，要人民对蒋介石国民党实行忠孝仁爱信义和平，好便利他的压迫和进攻"③。这是对蒋介石推行新生活运动反动实质的深刻揭露。值得提出的是，1937 年 4 月，宋庆龄发表了《儒教与现代中国》一文，她承认孔子"扮演了一个伟大的历史角色"，孔子创造的儒教"对中国人民的生活和思想直到今天还有影响"。但是她明确指出，孔子的学说"束缚了学者们的智能，限制了学问的范围，并且使大众陷于愚昧"。宋庆龄强调，"新社会的秩序自然需要新的意识，新的道德标准和新的关系"；"儒教已经完全失

---

① 贺衷寒：《新生活运动之意义》，《新生活月刊》创刊号。

② 《革命文献》第 68 辑。

③ 《论中国的法西斯主义——新专制主义》，1943 年 8 月，《周恩来选集》上卷，人民出版社 1980 年版，第 146—147 页。

去了实际价值，只有那些头脑反动的人，才想要恢复它"①。宋庆龄在文章中所表达的这些观点，显然与蒋介石在新生活运动中所鼓吹的尊孔复古的论调是针锋相对的。

20 年代末 30 年代初，在国民党政府掀起尊孔复古逆流和推行新生活运动的同时，官方和民间还有不少人发出要求恢复"读经"的强烈呼声。主张恢复读经的人情况比较复杂，有的是把读经视为提倡尊孔复古应有的题中之义，有的并不赞成尊孔复古开历史倒车，但认为读经是继承我国传统文化的必由之路。在教育界和文化界，主张读经和反对读经，一时成为争论的热点。要求学校恢复读经课程，自辛亥革命后即不断有人提出。1913 年，严复在中央教育会发表演说，就鼓吹"学校读经自应别立一科，而所占时间不宜过多，宁可少读，不宜删节，亦不必悉求领悟。至于嘉言懿行，可别列修身课之中，与读经不妨分为两事。盖前者所以严古尊圣，而后者所以达用适时"②。1914 年，北京政府教育部长汤化龙上书袁世凯，呈请"小、中学修身或国语课中采取经训，以孔子之言为旨归，其有不足者兼采与孔子同源之说以为之辅"。1915 年，袁世凯制定《教育纲要》，规定初等小学读《孟子》，高等小学读《论语》，中学选读《礼记》和《左氏春秋》。同年，湖南教育会会长叶德辉在长沙成立"经学会"，鼓吹尊孔读经，上书袁世凯要求小学读《论语》、《孝经》、《大学》、《孟子》，中学必读《尚书》、《左传》，声称"倡明经术，即在此时，楷模人伦，期在元首"③。1917 年，四川省教育学会曾鉴、廖平、宋育仁等 299 人联名上书北京政府，称："中国道德之要，备载群经，不读经何以言道德，将何以为国乎！"要求"明令学校次第读经，以正人心，以明国教"。1921 年，北京政府大总统徐世昌撰文推崇《四书》、《五经》"为吾国两千四百年来最普及最永远一种国民必读之范本"。陈焕章任校长的孔教大学则规定《孝经》、《论语》、《孟子》、《大学》、《中庸》为必修之课程。1924 年，王世珍、靳云鹏、江朝宗等还以"国民代表"名义，向北京政府和教育部上书，称孔子之书"为吾中国数千年来立国精神命脉之所在"，要求"明令通国尊经"，采用江希张《张注〈四书〉白话解说》"训导学生，以彰圣教"。1925 年，山东督办张宗昌在国庆日演说中，指责"近年来世风日下，人心不古，道德二字几为沦亡"，称"近来各校添设讲经，实所以挽已倒之狂澜"。1926 年，江苏省教育厅奉五省联军司令部函令，强制各学

---

① 宋庆龄：《为新中国而奋斗》，人民出版社 1952 年版，第 84 页。
② 王蘧常：《严几道年谱》，引自韩达编《1911—1949 评孔纪年》。
③ 韩达编：《1911—1949 评孔纪年》。

校读经①。

北京政府强制推行读经遭到了进步人士的抵制，并没有收到预期的效果。鲁迅在 1925 年指出："尊孔，崇儒，专经，复古，由来已经很久了"，"只有几个胡涂透顶的笨牛，真会诚心诚意地来主张读经"。他认为"现在的阔人"之所以主张读经，"是明知道读经不足以救国的，也不希望人们都读成他自己那样的；但是，要些把戏，将人们作笨牛看则有之，'读经'不过是这一回要把戏偶尔用到的工具"②。鲁迅还说："我以为伏案还未功深的朋友，现在正不必埋头来哼线装书。倘其咿唔日久，对于旧书有些上瘾了，那么，倒不如去读史，尤其是宋朝明朝史，而且尤须是野史；或者看杂说。""总之，读史，就愈可以觉悟中国改革之不可缓了"③。

南京国民政府成立以后，特别是蒋介石发起新生活运动以后，以恢复固有道德文化为名，在恢复祭孔祀典的同时，也和北京政府一样大力提倡读经。1933 年，广东军阀陈济棠命令第一集团军下属军事政治学校实行读经，又向西南政务委员会提议，令广东各学校恢复读经课。1934 年 10 月，国民政府考试院长戴季陶在政府纪念周上号召读经，说"经书为我国一切文明之胚胎"，"读经实为急宜注意之问题"，"希望全国人士，从速所究，以发扬光大吾国之固有文化"。同年，湖南省教育厅根据省主席何键关于"《四书》、《五经》为国学根本，欲讲八德，必须读经"的指示，召集各校国文教员会议，规定各级学校将读经编入课程④。为了营造尊孔读经的声势，蒋介石还设法拉拢先前反对他和南京政府的"儒宗"章太炎出面提倡读经。

章太炎 1922 年公开检讨自己早年"深恶长素孔教之说，遂至激而诋孔"，声明"中年以后，古文经典笃信如故，至诋孔则绝口不谈"⑤。1924 至 1927 年大革命期间，章太炎反对国共合作，攻击孙中山的新三民主义，反对中国共产党。1926 年 8 月盘踞东南五省的联军总司令孙传芳下令成立"修订礼制会"，特聘章太炎为会长。国民政府北伐军击溃孙传芳的主力，并在中国共产党领导的工人武装起义支持下占领上海后，寓居上海的章太炎收敛行迹，很少公开露面，也不再发表政见。直至 1931 年九一八事变后，才与熊希龄、马相伯等人联名通电南京国民政府，呼吁抗日。这一举

---

① 韩达编：《1911—1949 评孔纪年》。

② 《十四年的读经》，1925 年 11 月，《华盖集》，《鲁迅会集》第 3 卷，第 95、97 页。

③ 《这个与那个》，1925 年 12 月，《华盖集》，《鲁迅全集》第 3 卷，第 102、103 页。

④ 韩达编：《1911—1949 评孔纪年》。

⑤ 参见本书第三章第四节之章太炎致柳翼谋书。

动，使他重新成为公众注意的人物。1933 年 3 月，章太炎在无锡国学专门
学校讲演《国学之统宗》，称"周、孔之道，不外修己治人，其要归于
《六经》"。他认为"社会腐败，至今而极，救之之道，首须宗尚气节"；
"今欲卓然自立，余以为非提倡儒行不可。《孝经》、《大学》、《儒行》之
外，在今日未亡将亡，而吾辈亟需保存者，厥惟《仪礼》中之《丧服》，
此事于人情厚薄至有关系，中华之异于他族，亦即在此"①。章太炎把"提
倡儒行"视为解决社会腐败和挽救国运的良方，这个主张和蒋介石认为
"安内攘外"必须尊孔崇儒的思想可谓不谋而合，因而蒋介石不惜捐弃章
太炎曾公开通电与他为敌的前嫌，特派丁维汾于 1935 年 3 月赴苏州慰问章
太炎，并"致万金为疗疾费"。章太炎"于羁旅寂寞之际"获此厚赠，
"欢悦殆异恒情"②。同年 4 月，他在苏州作《论读经有利而无弊》讲演，
6 月在天津《大公报》发表讲稿。他宣称："居今而言读经，鲜不遭浅人
之侮，然余敢正告国人曰：'于今读经，有千利无一弊也。'""所谓读经无
顽固之弊者，何也？曰：经学本无所谓顽固也。谥经学以顽固，盖出诸空
疏不学辈之口，彼略识点画，苦于九经、三传之不尽解，而又忝拥皋比，
深恐为学子问难所穷，故尽力抹杀，谥以顽固。少年浮躁，利其便己，从
而附和，遂至一世波靡，良可愤叹。"章太炎认为，"今日一切顽固之弊，
反赖读经以救"，"可以处社会，可以理国家，民族于以立，风气于以正。
一切顽固之弊，不革而自祛，此余所以谓有千利无一弊也"③。

章太炎早年从事反满革命，后来反对孙中山联俄联共，晚年呼吁反抗
日本侵略，却又主张读经救国，其政治表现迭有起伏变化。他的生平轨迹
诚如鲁迅所说："先前也以革命家现身，后来却退居于宁静的学者，用自
己所手造的和别人所帮造的墙，和时代隔绝了。"④ 章太炎可能认为，以他
国学大师的声望号召读经，在社会上有巨大的效应。但事实上，经过五四
新文化运动的洗礼之后，又面临着民族存亡的深重危机，广大知识分子和
民众是根本不会相信读经可以救国救世这套陈腐说教的。与章太炎在苏州
演讲差不多同时，傅斯年在天津《大公报》发表《论学校读经》，指出
"读经从来不曾真正独自成功过，朝代的缔造也不曾真正靠他们，只不过
有些惑民的帝王用他笼络学究"。傅斯年说，中小学的儿童要身体健全发

---

① 汤志钧：《章太炎年谱长编》下册，中华书局 1979 年版。

② 章太炎有诗记其事，黄侃云："章氏以六十有八之年，遇鼎翁（丁维汾）于羁旅寂寞之
际，其欢悦异恒情，非为丰仪而心熹也。"引自汤志钧编《章太炎年谱长编》下册。

③ 《章太炎年谱长编》下册；又参见姚奠中、董国炎编《章太炎学术年谱》，山西古籍出版
社 1996 年版。

④ 《关于太炎先生二三事》，《且介亭杂文末编》，《鲁迅全集》第 6 卷，第 442 页。

育，学习近代知识，功课已经很多，不能"再加上一个千难万难的读经"；
"六经虽在专门家手中也是半懂不懂的东西，一旦拿来给儿童，教者不是
浑沌混过，便要自欺欺人。这样的效用，究竟是有益于儿童的理智呢，或
是他们的人格"？他主张在国文、公民、历史教材中，"不妨一部分取资于
六经中之可懂的，有启发性的，不违时代的材料"①。同年4月，胡适发表
《我们今日还不配读经》，表示赞同傅斯年论文的意见。他还引用王国维给
友人信中的一段话说："《诗》、《书》为人人诵习之书，然于六艺中最难
读。以弟之愚暗，于《书》所不能解者殆十之五；于《诗》，亦十之一二。
此非独弟所不能解也，汉魏以来诸大师未尝不强为之说，然其说终不可
通。以是知先儒亦不能解也。"②胡适问道："王国维尚且如此说，我们不
可以请今日妄谈读经的诸公细细想吗？"他最后说："在今日妄谈读经，或
提倡中小学读经，都是无知之谈，不值得通人的一笑。"③胡适上面的话说
得有点简单化和偏激，因为经书难懂并不能由此就得出我们"不配读经"
的结论，如果照此说法，岂不是经书都应该束之高阁？章太炎正是抓住了
这句涵意不清的话，质问说："胡适素未从事经学，然亦略窥高邮王氏
（指王念孙——引者）《经传释词》、《经义术闻》、《读书杂志》数书。高
邮经解，虽称辨察，要亦未能穷竟"，"如适之言，以为高邮王氏配读经
耶？抑不配耶"？"文史之学，本须读过方解，非不读即能递解也"④。但问
题是，少数学者把读经当做一项研究是一回事，强令中小学生读经乃至把
读经当做救国之道，这又是另一回事。傅斯年、胡适反对中小学读经的意
见，无疑是正确的。

顾颉刚倡导的"古史辨"既辨伪史，也辨伪经。他认为道统是伦理的
偶像，而经学是学术的偶像。"为要了解经书的真相和经师的功罪，使古
史不缠绊于经学，我们就不得不起来作严正的批评，推倒这个偶像"。经
书本来只是历史的材料，但是千百年来却成为儒家道统的载体。顾颉刚尖
锐地指出了道统论对于我们民族历史的消极作用："无论哪个有本领的人，
总被这一杂黑云遮住了头顶，想不出有什么方法可以跳出这个自古相传的
道。你若打破它的一点，就牵及于全体，而卫道的大反动也就跟着起来。
既打不破，惟有顺从它。古代不必说；就是革命潮流高涨的今日，试看所

---

① 天津《大公报》1935年4月7日，参见胡适《我们今日还不配读经》，《胡适文存》第4
集，黄山书社1996年版。

② 王国维：《与友人论〈诗〉、〈书〉中成语书》，《观堂集林》卷1。

③ 《我们今日还不配读经》，《胡适文存》第4集。

④ 《再释读经之异议》，1935年8月，引自辽宁大学哲学系《中国现代哲学史资料汇编》，
1982年。

谓革命的中心人物还想上绍尧舜孔子的道统而建立其哲学基础，就知道这势力是怎样的顽强呢。"顾颉刚还说："一般人不知道，以为《十三经》便是孔子，也便是道德，只要提倡读经，国民的道德就会提高，这真是白日做梦。"①

反对规定学校读经意见最为激烈的，是被公认为经学家的周予同。他早在1926年，就针对江苏省教育厅通令学校读经发表一篇题为《僵尸的出祟——异哉所谓学校读经问题》②的文章。文中指出，"这'读经'的僵尸，在民国作祟，已不止一次了"，每次出现"总多少给民国一点祸患"。周予同说："经是可以研究的，但是绝对不可以迷恋的；经是可以让国内最少数的学者去研究，好像医学者检查粪便，化学者验尿素一样；但是绝对不可以让国内大多数的民众，更其是青年的学生去崇拜，好像教徒对于莫名其妙的《圣经》一样。如果要懂得修齐治平之道，这是对的，但是，下之有公民学，中之有政治学，伦理学，上之有哲学，用不着读经！"1935年3月，周予同在《对于"读经"问题的意见》③中又重申自己原来的认识："经不是一读可了的，而是应该让少数人客观的去研究。"他指出一些高唱读经的人，都是对于所谓"经学"不甚了了者。"经是什么？经的范围怎样？各经的来源和性质怎样？经和孔子的关系怎样？经学的演变怎样？现代经学研究的趋势怎样？经学的演变和中国社会的政治经济的关系怎样？经学的中心思想和现代思想的异同怎样？""那一种人读那一种经？怎样读法？读了以后怎样消化？读了以后是否可以影响到行为的变化？读经以后所引起的行为是否有救于现在国家民族的危局？"那些高唱读经的人自己对于这些问题都毫无认识，又怎么配主张读经呢？周予同说，"在基础教育阶段要养成公民和劳动者，在专科教育阶段要养成国家公仆和生产技术人材。读经和生产教育无关；而养成公民和公仆，也另有其陶冶的方法，决不必求助于'读经'"。

1935年5月商务印书馆《教育杂志》编辑部出版《读经问题专号》，刊载了对中小学生应否读经的不同意见。来稿作者中既有党政要员，也有教育界和文化界的人士。有绝对赞成者，有相对赞成者，也有绝对反对者。主张读经的如唐文治说："我国经书，不独可以固结民心，且可以涵养民性，和平民气，启发民智。故居今之世而欲救国，非读经不可。"他

---

① 顾颉刚：《古史辨》第4册序言，朴社1933年版。

② 顾颉刚编著：《古史辨》第2册中，朴社1930年版；又见朱维铮编《周予同经史论著选集》（增订本），上海人民出版社1996年版。

③ 《教育杂志》第25卷第5号，1935年5月；《周予同经史论著选集》（增订本）。

还建议：初级小学三学年应读《孝经》；高级小学三学年应读《大学》和上半部《论语》；初级中学三学年应读下半部《论语》和《诗经》选本；高级中学三学年应读《孟子》和《左传》选本；专科以上大学和研究院应设专经之学。反对读经者如叶青认为，经书"太高深了，不适于中小学生"；"经与中国底民族复兴没有丝毫逻辑上的必然关系的"；"'五四'根本反对'读经'，实在是读经失败后的忏悔和觉悟"；"读经是文化复古，不是文化复兴"；"中国底被人侵略，不是不读经的缘故，倒是读经太久了的缘故"①。据《教育杂志》编辑部综合意见，多数来稿反对把读经当做中小学必修的科目，绝对赞成读经的和绝对反对读经的都是少数，部分人虽然不是绝对反对读经，但认为应让专家去研究而不宜在中小学或青年中提倡②。《教育杂志》在这一期《读经专号》中，还发表了蔡元培《对于读经问题的意见》，主张给大学国文系、历史系、哲学系选讲经书，中学生讲一点《论语》、《孟子》、《易传》与《礼记》，认为小学生读经是有害的，中学生读整部的经也是有害的。《教育杂志》这期专号，可以说反映了大多数教育界和文化界人士对读经问题的看法，也等于给这场争论作了一次小结。

---

① 《教育杂志》第 25 卷第 5 号，引自韩达编《1911—1949 评孔纪年》。
② 同上。

第十章　抗日战争时期沦陷区的
尊孔活动

第一节　伪满洲国的尊孔活动

　　日本帝国主义的侵华企图由来已久。1929 年秋，世界爆发了严重的经济危机，日本军国主义统治集团为摆脱其经济危机所造成的恶果，缓和国内各种矛盾，加快了对中国侵略的步伐。1931 年"九一八"事变后，日本关东军仅用 4 个多月的时间，就占领了我国东北全境。随后又占领我国热河省。1932 年 2 月，在日本关东军的策划下，伪满洲国宣布成立，溥仪就任"执政"。1934 年 3 月，伪满改称"满洲帝国"，溥仪由"执政"而改称"皇帝"。伪满政权采取一系列措施，在东北人民中进行奴化教育，竭力灌输"日满一体的民族协和"精神，企图把东北人民培养成日本侵略者和伪满的顺民。伪政权从 1932 年起就三令五申地取缔原有的具有民族思想的教材，命令"凡有有关党义的教科书等，一律废止"。规定各学校"着暂用《四书》、《孝经》讲经，以崇礼教"[①]。为了加快奴化教育步伐，伪政权还加紧编辑、出版了有"王道的建国精神"的教科书。在历史教科书里，伪造中国历史，隐瞒历史真相。在地理教科书中，改变中国的疆域，把满蒙从中国历史疆域中分裂出去。他们还用"修身"课代替原来的公民课，大肆宣传"日满亲善"，掺进"孝、悌、忠、信、勤、俭、和平"等内容，麻醉东北的青少年。

　　溥仪在出任"满洲国执政"的《就任之辞》中，宣布要"宗礼教以正风俗"。在郑孝胥为他代读的"执政宣言"中，还把继承旧道德与日本军国主义宣扬的"王道乐土"联系起来：

　　　　人类必重道德，然有种族之见，则抑人扬己，而道德薄矣；人类

---

　　① 《盛京时报》1932 年 3 月 10 日、12 日，引自韩达编《1911—1949 评孔纪年》。

必重仁爱，然有国际之争，则损人利己，而仁爱薄矣。今立吾国，以
道德仁爱为主，除去种族之见，国际之争。王道乐土，当可见诸实
事。凡我国人，愿共勉之。①

他们把中国人民反抗日本军国主义的侵略，说成是"种族之见"、"国际之
争"，认为这是"道德薄"、"仁爱薄"的表现，大肆鼓吹要抑己利人，充
当日本和溥仪的顺民。1933 年 5 月，伪满洲国召开教育厅长会议，宣布教
育方针是"重仁爱，讲礼让"，"发扬王道精神"，"亲仁善邻"等等，规
定各级学校均设"经学"课程②。

溥仪从当伪满洲国皇帝之日起，也仿效历代皇帝搞"起居注"。其中
一项重要活动便是"每逢阴历除夕，在内廷祭拜列祖列宗、文圣孔子、武
圣关帝和如来佛"等③。1932 年 9 月，伪满在"新京"长春举行秋丁祀孔
典礼，由伪总理大臣郑孝胥主祭，行三跪九叩礼，并作演讲。郑孝胥无耻
地将日本强占我国领土，说成是日本"看孔夫子之面"，对满洲国"伸手
援救"，"吾满洲国人亦深知此意肯与合作，因而实现了东亚和平"；并谓
将"东亚和平""推诸世界"，乃"孔道最终之目的"④。

在祭孔时，穿什么服装的问题出现了麻烦：汉奸中有不少前清遗臣，
穿着清朝的官服绣花袍，顶戴花翎，因而受到日本人的训斥，不得不改穿
日本人规定的"协和服"。在群丑行礼时，也改为日本式的三鞠躬礼了。

1935 年 8 月，伪满政权喉舌《盛京时报》在报道"文庙扫除"的消
息时，极力鼓吹"王道主义之下，尊孔为第一表现"。日本军国主义通过
傀儡政权利用儒家学说，编写"振兴孔教"、"祀孔参政"等宣传材料，在
《盛京时报》连载⑤。伪满洲国每年春、秋两季的祭孔，不仅在新京进行，
在各地（除关东州外）也都举行类似活动。

伪满政权为了统一国民思想，进行思想战，还成立了一个名为"协和
会"的政党性组织，积极发展会员，有计划地进行奴化宣传，褒扬孝子、
节妇、义仆，进行祀孔活动，妄图借这一组织实现日本侵略者所宣称的
"日满一心一德，民族协和、王道乐土"⑥。

中国共产党中央在"九一八"事变后就公开发表宣言，坚决反对日本

①　见周君适《伪满宫廷杂记》，四川人民出版社 1981 年版。
②　《文化与教育旬刊》第 17 期，引自韩达编《1911—1949 评孔纪年》。
③　见周君适《伪满宫廷杂记》，四川人民出版社 1981 年版。
④　1932 年 8 月 22 日，9 月 9 日《盛京时报》，引自韩达编《1911—1949 评孔纪年》。
⑤　1932 年 3 月 10、12 日《盛京时报》，引自韩达编《1911—1949 评孔纪年》。
⑥　延安时事问题研究会：《日本帝国主义在中国沦陷区》，解放出版社 1939 年版。

帝国主义强占东三省,号召全国人民动员起来反对日本侵略者。由中国共产党领导的东北抗日武装力量,在异常艰苦困难的条件下给日伪政权以沉重的打击。日伪政权所推行的"日满一体"和尊孔复古活动,并没有能够消除东北人民的国破家亡之恨,也未能泯灭东北人民的民族意识。中共满洲省委领导的抗日武装和其他东北抗日义勇军,始终没有停止反抗日本侵略者和伪满洲国的斗争。

第二节 华北沦陷区伪政权的尊孔活动

1937 年 7 月卢沟桥事变后,抗日战争全面爆发。中国军民奋起反抗日寇的侵略,但由于力量对比悬殊,日军迅速占领了华北广大地区。日军在华北沦陷区建立伪政权和汉奸组织新民会。1937 年 12 月,伪中华民国临时政府在北平成立(1940 年改为华北政务委员会),北洋军阀统治时期的财政总长王克敏任委员长兼新民会会长,辖冀、晋、鲁、豫四省和北平、天津两个特别市。

"新民会"是仿照伪满洲国"协和会"于 1937 年 12 月成立的汉奸组织。它适应日本军国主义的需要,打着中日亲善的幌子,把日寇的侵华战争说成是为了和平。新民会鼓吹所谓"新民主义",宣称中国文化源于孔孟,而儒家精义具备于《大学》。"新民"二字即取自《大学》中的"大学之道,在明明德,在亲(朱熹《四书章句》引程颐曰:"亲当作新。")民,在止于至善"。该会在成立时,发表了《新民会创立宣言》,说它的宗旨是为了"发扬东方道德",实际上是竭力向人民灌输奴化思想。它编造了很多反动宣传品,广为散发。它颁布的《防共灭共手册》宣称:"新民主义,是古圣先贤,数千年来,相沿相承,教民治邦之基根善道,实能福民利国,毫无弊害可寻。且业已几经试验,无弗成功。本人道而应天理,持天理而顺民情,举凡中国历代,凡兴者皆讲新民,衰者皆背新民,所谓皇道王道,无上之大道也。"新民会还标榜自己是"无偏无党之王道,修身明德克己复礼","宣德达情"的机关,要搞"五族(日、满、蒙、鲜、汉)协和"。总之,极力歪曲中国儒家学说,替日本侵略者宣扬"皇道王道"。有的宣传品则诋毁国共两党是中国道德的"破坏者"。新民会的这些谬论,其思想来源是日本侵略者宣传的"中日同种、同族、同文"、"日满华共存共荣"。1938 年 7 月日本五相会议通过的《从内部指导中国政权的大纲》认为,"对于抗日思想泛滥的现状,必须一面以威力为后盾,打开局面,一面提高国民经济,收揽人心,恢复东方文化,确立指导精神,恩威并施，以促进一般民族的自发的合作"。该大纲还提出：要"尊重汉民族固有文化，特别尊重日华共通的文化，恢复东方精神文明"，"彻底禁止抗日言论"，对学者要"招抚"并"加以保护"，对儒教要"振兴"①。

华北沦陷区的新民会，会长由政务委员会委员长兼，该会办了一个"新民学院"，是专门培养汉奸的。院长也由政务委员长兼，但实权掌握在副院长日本人手中。他们为了对学员进行奴化教育，竭力利用儒家经典迷惑学员。学院以孔子为"院神"，在礼堂供奉"至圣先师孔夫子之神位"，每年春、秋两季让全体学生徒步到孔庙参加伪政权的祀孔典礼。日本副院长还常常向学生宣讲儒家的伦理学说和孔子的言行。学生毕业后分配到各地伪政权工作②。

日伪政权除在私塾中沿用读经、向孔子执跪拜礼外，还在中小学校提倡读《论语》、《孟子》、宣扬"中日同文同种"。在天津，不但增加了"孔子教义"读本，并通令各学校"在礼堂、教室内一律悬挂孔子圣像，每到孔子诞日、春、秋两个祭日、学校纪念、开学、休业，由校长率领全体师生举行敬礼，并以时讲肄善为启迪"③。1938 年，天津治安维持会制订了一个《东亚文教实施计划大纲》，宣称"秦汉以来尊孔之仪式，代代而同，且代代而进……未闻有若今之敢于怠慢孔子"。因"不忍斯文之遂绝而不续"，故设立"文教研究会"，尊孔读经。该会要求"政府开放孔子庙，随时听人拜礼"；"饬令学校设孔子神位，每星期校长、教习率学生拜礼讲演"④。

日伪政权还通过报刊大力宣扬孔教。沦陷区的报纸除对抗日力量进行造谣中伤外，还大肆宣传日本的所谓王道主义和中、日、满亲善。《新民报》是一家由日本人武田南阳控制的日伪政权喉舌，创刊于 1938 年元旦，其发刊词称该报"以发扬东方固有文化道德，显彰古昔之圣哲遗训为使命"⑤。该报还以重金征求"新民之歌"，获第一名的歌词叫喊："旭日照东亚，全亚协合为一家。学宗孔孟行王道，人作新民在中华。格物致知正心诚意修身齐家治国平天下。"⑥

《新民报》1938 年 10 月的一篇社论，在谈到该报当前工作时说，要"积极推动新民主义"。"新民主义之基本理论，曰格物，致知，诚意，正

---

①　复旦大学历史系：《日本帝国主义对外侵略史料选编》，上海人民出版社 1975 年版。

②　北京市政协文史资料研究委员会：《日伪统治下的北平》，北京出版社 1987 年版。

③　天津市档案馆等：《日本帝国主义在天津的殖民统治》，天津人民出版社 1998 年版。

④　同上。

⑤　蔡天梅等：《新民报史》，社团法人新民报社清算事务所，1944 年。

⑥　同上。

心，修身，齐家，亲乡，治国，平天下，分论之，曰天地人类自然之大道，合言之即王道政治之极则，中国民众陷于邪说之洪流中，几于不复知有正义与常轨，是新民主义者，实挽救中华民族之灵药也"①。大肆鼓吹新民主义及王道乐土，攻击三民主义和共产主义。

伪"北京新闻协会"于 1938 年 11 月举行第一次华北新闻记者讲习会，由武田南阳讲《新民精神》。他说"'新民'两字是孔子说的，可是新民主义这四个字是'七·七'事变以后才发现的，'新民主义'与孔子的'新民'不同。'新民主义'，在日本的时候说，是皇道，满洲国说，是王道"②。武田的演讲道破了新民主义为日本侵略战争服务的实质。他们宣扬的"道德"、"正义"就是侵略。他们追求的"人类统一"，"永久和平"，就是要由日本帝国主义来统治中国和世界。

1940 年 8 月，"新民会"分会成立，武田又大放厥词说："昔者孔子作《春秋》，纪载天下诸侯之事，有相争相杀者则贬之，相盟相和者则褒之，其用意无他，盖以和则成，争则败也。夫孔子所指摘而谓为成败者，正天下公平之大道也。人若愿大道之行于天下，则有和而已。和者，顺也，故曰顺天者存，逆天者亡。""所谓东亚王道，欲顺天而与大地并存，各得其所者也。"又说："新民主义者，非所谓主义，实为王道发动于地上者也。"这类歪曲孔子作《春秋》原意的讲话，他后来还不只一次地讲过③。他们所谓王道的逻辑是：只许日本发动侵略战争，不许中国人民起来抗日，强盗的嘴脸暴露无遗。

北平《武德报社》1940 年出版的《孔子》一书，是汉奸群丑鼓吹投降主义，用尊孔、复兴孔学为"大东亚战争"服务的代表作。该书的《孔诞纪念歌》④歌颂"东亚皇皇秩序新，孔子是东方至圣"；"孔教精神，在于新民。顺序是进，修齐治平。自肃以为抵干，朝野一体推行"，露骨地把推行孔道纳入"东亚新秩序"。书中《孔诞纪念的经过及感想》收入汪伪国民政府关于"恢复孔子诞辰纪念通令"和祭孔讲演词。《孔子之思想与主张》鼓吹"建树世界与东亚永久和平，以建设东亚新秩序为先，欲建新秩序，又以复兴中国固有文化真谛，则更须深明此文化之宗师——孔子之思想与主张"。《孔子学说与和平》把汪伪"和平建国"的卖国行为，说成是体现孔子学说的精神，作者征引《礼运》的"大道之行也，天下为

① 蔡天梅等：《新民报史》，社团法人新民报社清算事务所，1944 年。
② 同上。
③ 同上。
④ 《孔子》，武德报社 1940 年版。

公"等有关"大同"的论述，吹嘘汪伪政权"所定政纲，颇合乎此者"。所举例证竟是"本善邻友好之方针以调整外交，是讲信修睦之遗意也"，称汪伪"网罗各项人才"是"选贤与能之遗意也"，又说"和平建国使命之完成以及宪政之树立，是即大同思想之实践矣"。

在鼓吹"新民主义"的汉奸中，缪斌①是特别卖力的一个。他以"新民主义"的理论家自居，著有《新民主义》、《武德论》、《由新民主义批判三民主义》等书。这些书的主要内容是鼓吹要"发扬东方文化道德，显彰古昔之圣哲遗训，进而剿灭国共两党之邪说，以期沟通民意"；公开宣称要"拥护新政权"、"实现友邦之共荣"，为"东亚联盟运动"作宣传鼓动，为"大东亚共荣圈"服务。

缪斌在《新民主义》一书中说，"新民主义以实行王道为志，而实行之法，则在于格物、致知、诚意、正心、修身、齐家、亲乡、治国、平天下之九项"。他认为"政治的主权，政府的原动力，不在于人民，亦不在于政府，而在于能有奉行天道的人"。又说"要实行新民主义首先要有天下太平的信念"，亦即"要把天下的人民土地来平均"。他的所谓"平均"，就是要把中国出卖给日本。他还无耻地说："假使有了一块土地，不能开发资源，使货弃于地，若是人家要来给我们开发资源，使我们地尽其利，我们说这是我们的故土，不许人家来干涉，乃是一种无理的思想。"②这是彻头彻尾的卖国理论。

为了鼓吹他的汉奸理论，缪斌还利用广播电台宣讲《新民主义浅说》。他说："有些人搞反日宣传，是盲目的，比义和团高明不了多少。"因此，他要用"新民主义"来"矫正"这些人。使他们成为日伪统治下的"新民"，做日伪政权的"顺民"。

除了缪斌之外，歪曲孔子和儒家思想进行卖国宣传活动的汉奸还有周作人③。"七·七"事变后，北平大多数知名学者先后转移到了大后方，他们有的参加抗日救亡工作，有的继续从事教学与科学研究工作。另一些人

---

① 缪斌（1898—1946 年），江苏无锡人。第一次国内革命战争时期在黄埔军校任教官。北伐时任国民革命军第一军党代表。抗战初投靠大汉奸王克敏，任新民会中央指导部长。1940 年任汪伪国民党中央执行委员、伪军事委员会委员。1945 年 3 月，携蒋介石密令抄件到日本东京和日本天皇的堂兄东久迩勾结，由于战局有变化，未遂。日本投降前夕，他当上了以陈公博为首的伪国民党政府的国务委员和考试院副院长。日本投降后，蒋介石为消灭与日本勾结的口实，将缪斌秘密处死。

② 《中国现代政治思想史资料选辑》下册，四川人民出版社 1986 年版。

③ 周作人（1885—1967 年），浙江绍兴人，字启孟、启明、号知堂，笔名岂明、药堂、仲密等。曾任北京大学、北京师范大学等校教授。五四新文化运动时期是颇有影响的散文家和翻译家。

因种种原因留在沦陷区，他们虽然处境艰难，但拒绝为敌伪做事，甚至还著书撰文，宣扬爱国主义。但是也有极少数人，在敌占区经不起日伪的引诱，当了汉奸，周作人就是其中的一个。

北平沦陷前夕，许多人动员周作人到大后方去，但他却执意留在北平。他说："和日本人作战是不可能的。人家有海军，没有打，人家已经登岸来了。我们的门户是洞开的，如何能抵抗人家？"① 他在 1937 年 8 月 20 日和 26 日致友人陶亢德的信中说："弟以系累甚重，家中共九人，虽然愚夫妇及小儿只三人，未能去北平，现只以北京大学教授资格蛰居而已，别无一事也。"② 周作人虽然向友人表示他不会当汉奸，但事实上北平沦陷后他很快就走上了这条使他身败名裂的道路。

1938 年 2 月，周作人出席日本文化特务召开的"更生中国文化建设座谈会"，跨出了堕落的第一步。次年 1 月，他出任伪北京大学图书馆馆长。9 月，到日本开会。1940 年 12 月，他成了汪伪特派的华北政务委员会委员，并被指定为常务委员兼教育总署督办。

周作人曾经是五四新文化运动的参加者，担任伪职之后，他对新文化运动并没有持否定的态度。1940 年他在一篇文章中还对蔡元培民国初年任南京临时政府教育总长时停止祭孔和在学校中废除经科这两件事给予了很高的评价，认为此举"对中国影响极大，是不可估计太低的"。"中国的封建旧势力倚靠孔子圣道的定名，横行了多少年，现在一股脑的推倒在地上，便失了威信，虽然他几次想卷土重来，但这有如废帝的复辟，却终不能成了"③。不过周作人并不赞成完全否定孔子和儒家思想的历史价值。他认为儒家思想"平常而实在，看来毫不新奇，却有很大好处"，甚至称自己也是"儒家"④。周作人的上述言论，虽然不能为他当汉奸的罪行开脱，却可以说明他思想的复杂性和新文化运动对他的影响。

但是，我们从周作人抗战以前对孔子和儒家思想的解说中，也可以寻找到他后来自甘堕落思想的一些蛛丝马迹。周作人说："我常同朋友们说笑，我自己是一个中庸主义者，虽然我所根据的不是孔子三世孙所做的那一部书。"⑤ 1924 年他在《生活之艺术》一文中还曾说："中国现在所切要的是一种新的自由与节制，去建造中国的新文明，也就是与西方文化的基

---

① 郑振铎：《惜周作人》，《周报》第 19 期，1946 年 1 月；刘如溪编：《周作人印象记》，学林出版社 1997 年版。

② 《周作人年谱》，南开大学出版社 1985 年版。

③ 《记蔡孑民先生的事》，《药味集》，新民印书馆 1942 年版。

④ 《宇宙风》第 2 期，1939 年。

⑤ 《立春以前》，太平书局 1945 年版。

础之希腊文明相合一了。""其实这生活的艺术,在有礼节重中庸的中国,本来不是什么新奇的事物。如《中庸》的起头说,'天命之谓性,率性之谓道,修道之谓教',照我的解说即是很明白的这种主张。不过后代的人都只拿去讲章旨节旨,没有人实行罢了。我不是说半部《中庸》可以济世,但以表示中国可以了解这个思想。"① 《中庸》一般认为是子思所作。周作人自称是"中庸主义者",而且引用了《中庸》开篇的"天命之谓性,率性之谓道,修道之谓教",为什么又说他"所根据的不是孔子三世孙所做的那一部书"呢?《中庸》说:"诚者,天之道也。诚之者,人之道也。……自诚明,谓之性;自明诚,谓之教。"可见《中庸》所说的"天命之谓性,率性之谓道,修道之谓教",都落实到一个"诚"字。周作人把"中庸"解释成一种"有礼节"的"自由与节制"的"生活的艺术",却无视子思所强调的人之天性为"诚"的基本精神,这里正透露他的"中庸主义"其实是一种犬儒式没有原则的生活理念。

周作人在《我的杂学》中说:"我从中外各方面都受到各样影响,分析起来,在知情两面分别承受外来感化而发生变动,还一直以此为标准,去酌量容纳异国的影响。这个,我向来称之曰儒家精神,虽然似乎有点笼统,与汉以后尤其是宋以后的儒教显有不同;但为表示中国人所有的以生之意志为根本的那种人生观,利用这个名称殆无不可。"把儒家精神归结为"以生之意志为根本"的人生观,这是对儒家精神的一种歪曲。在《中国的思想问题》一文中,周作人认为"儒家的根本思想是仁,所谓仁直捷的说即是做人,仁即是把他人当作人看待"。又说,"一般生物的求生是单纯的,只要自己能生存,便不惜危害别人的生存,人则不然,他与生物同样的要求生存",但要生存得好,就"须与别人联络,互相扶持","此原始的生存的道德即为仁的根苗"。说"仁"是"把他人当作人看待",认为"原始的生存的道德即为仁的根苗",这都可以视为"仁学"的一家之言。但是周作人很快就暴露了自己这种解说的真实意图。他说,这种"共济","即是现在说的烂熟了的共存共荣目的"。"中国幸而有此思想的好根苗,这是极可喜的事,中国的思想是没有问题的"。他进一步鼓吹,中国以"仁"为中心的传统思想,完全符合"共存共荣",而"共存共荣"说又完全符合"人"的生存道德。这样,周作人就从儒家思想中为日本侵略者的"大东亚共存共荣"谬论找到了历史根据。

周作人对中日两国的历史文化都有相当的了解,他不赞成日本军国主

---

① 《雨丝》1924 年第 1 期;1925 年收入《雨天的书》。

义者把所谓"大东亚主义思想"强加给中国人民作为中心思想。他说："有人以为中国向来缺少中心思想，苦心的想给他新定一个出来，这事很难，当然不能成功。据我想也是大可不必的，因为中国的中心思想本来存在，差不多几千年来没有什么改变。简单的一句话说，这就是儒家的思想。""中国人民思想本于儒家，最高的代表自然是孔子"，"因为孔子是我们中国人，所以他代表中国思想的极顶，即集其大成也"①。在另外一篇文章中，他提出要用中国固有的儒家思想来充任"大东亚文化"的"中心思想"。他说："所谓中心思想，就是大东亚主义的思想的出发点，还是在儒家思想之内，即所谓儒家所提倡的'仁'的思想。"② 1942 年 7 月在伪华北教育总署举办的中等学校教员暑期学习班发表的书面讲话中，周作人在重复宣传"大东亚主义的出发点还是在儒家思想之内"的同时，还污蔑攻击共产主义是"讲极端的，甚至于为目的不择手段，所以会有烧杀等等的事实，但中国自古以来，国民的思想是注重中庸，讲究不偏不倚，而政治方面又主于养民，此二者与共产主义有如冰炭之根本不能相合"③。同年 9 月周作人在伪华北作家协会成立大会上的书面发言中说："至于国民思想则以儒家为本，根本只是仁字，此原以孔孟为代表，但自孔孟以上千百年前古圣先王固已如此，又自孔孟以下田夫野老，目不识丁者亦无不同具此心理。"又说："现今世界情势大变，东亚新秩序相次建立，此时中国作家自应就其职域，相当努力。"④

1941 年 4 月，周作人开始了他当汉奸之后的日本之行。他在京都帝国大学召开的东亚文化协会第三次文学部会议上，大谈中国的王道精神，为日本妄图在中国建立所谓的"王道乐土"当吹鼓手。他还拜谒汤岛圣堂，为日本"国际文化振兴会"出版的《日本的孔庙》一书写了日文序言。序中说："孔子之道在本国亦常称曰孔教，实乃非是，窃尝有言，亚洲古来曾出二圣人，即孔子与释迦。释迦唯佛法是宗教，儒家所说只是道德，故虽同归而终殊途也。""孔子之教大概只是一仁字，此与释氏之慈悲近似，但后者推至究极，而前者则止于中庸，因此可云不彻底，唯其可贵处亦在此。盖孔子之道，常道也，看似平凡，却至真实，以理想论，其空灵微妙或不及出世法，若论实践，则唯此可常亦可久耳。"周作人批评思想界受西洋影响的"各派极端的主张"，认为"其言或甚美，而多近宗教，不合

---

① 《苦口甘口》，太平书局 1944 年版。
② 《树立中心思想》，《教育时报》1942 年；《周作人年谱》，南开大学出版社 1985 年版。
③ 同上。
④ 《中国文艺》第 7 卷第 2 期，1942 年；《周作人年谱》，南开大学出版社。

于人情物理，无论其为左为右，均是过激，大抵害多于利，如凡极端为社会国家而轻个人者，其危险倾向皆可惧也"。他说，"孔子中道，庶几为救时之良药"。"以此因缘，东亚得以保存其思想上之健全性，维持人道与和平，此盖不独为孔子之光而已"①。

应该指出，抗日战争期间，在华北沦陷区，像缪斌、周作人这样的文化汉奸毕竟是少数。有不少学者由于这样那样的原因没有转移到大后方去，但他们坚决不与敌伪同流合污，并利用一切可能的机会，与敌人斗争。如辅仁大学校长陈垣在抗日战争期间撰写的《明季滇黔佛教考》、《南宋初河北新道教考》和《通鉴胡注表微》等论著，都是通过讲述历史，宣扬民族气节和爱国主义、斥责卖国投降败类的篇章。陈垣还利用孔子的形象与敌伪进行斗争。1942年4月辅仁大学返校节举行运动会，在开幕式上陈垣校长讲了一个"孔子开运动会"的故事。他引用《礼记·射义》的记载针对敌伪人员说："孔子有一次在矍相菜园广场上举行射箭的运动会，观众很多。刚要开始射箭时，孔子命学生子路宣布说，凡是败军之将，投降事敌的人；凡是亡国大夫，在敌伪做官的人；凡是贪财好利的人，都不能进运动会场。宣布以后，有些人就溜走了，这时观众只剩下一半人。比赛后，孔子又让学生宣布：在场观众，有幼壮孝悌，年老好礼，不随波逐流，一直到死都能修身洁己的人，可坐众宾之位。说完后，场上又有一半不合格的人惭愧地走了。最后又让学生举杯宣布：凡好学不倦，好礼不变，八九十岁仍能正直不乱的人，才真能坐在众宾之位的席上，这时场上的人就所剩无几了。"最后陈垣说："孔子开运动会，参加的人是有选择的。"②

第三节　南京汪伪政权的尊孔活动

1940年3月，汪精卫卖国集团在南京宣布伪国民政府成立。当年这个傀儡政权颁布通令，要求各地按照1933年国民党第4届中央执行委员会第128次常务委员会通过的决议，恢复孔子诞辰纪念。该通令抄发的《孔诞纪念歌》，完全是为了配合日本发动侵略战争建立"东亚新秩序"的政治需要。通令颁布之后，以汪精卫为首的伪政权率先在南京举行祭孔活动。汪精卫在会上讲了纪念孔诞的意义、儒教的真精神，大肆鼓吹他所提倡的投降主义的"和平运动"。

① ［日］津田敬武编：《日本的孔子圣庙》，国际文化振兴会，1941年。
② 政协北京市委员会文史资料研究委员会编：《日伪统治下的北平》，北京出版社1987年版。

其实早在一年前，即 1939 年 8 月，汪伪国民党"六大"开会时，在修订政纲的教育部分，已经塞进了"发扬固有之民族文化及道德"等内容。伪教育部还规定，学生必须读《三字经》、《孝经》、《论语》、《孟子》等儒家著作。

1941 年 2 月，伪行政院副院长兼外交部部长褚民谊访问日本，在汤岛孔子庙与日本人一唱一和，各作诗一首。日本文学博士盐谷温的欢迎诗云：

> 纪元佳节喜迎君，日丽风和霭瑞云，
> 树里关间黄鸟啭，阶前馥郁白梅薰。
> 提携何必牙筹利，亲善宜依翰墨勋，
> 本是孔门同学士，交邻长计在斯文。

褚民谊次韵诗称：

> 奉使持节来见君，凤凰殿前霭端云，
> 万世师表千秋业，一度朝参三沐薰。
> 仁义教化轻货利，纲常维系见功勋，
> 本是同文亦同种，善邻友好赖斯文。①

1941 年 2 月，正是日本侵略者开始在华北发动"彻底治安肃正""大扫荡"，对敌后抗日军民进行疯狂烧杀掠夺的时期。这年 1 月，日军在冀东丰润潘家峪村制造了屠杀群众一千三百余人的惨案。盐谷温对日本侵略者的暴行熟视无睹，却高唱什么"本是孔门同学士，交邻长计在斯文"；而褚民褚也无耻地和日本侵略者讲什么"仁义教化"、"纲常维系"、"同文同种"、"善邻友好"。这对孔子和儒家思想无异于是一种糟蹋也是一种讽刺。

1941 年 12 月日本发动太平洋战争之后，强化了对华进行"王道精神"的宣传。汪伪集团也紧跟，反对西方的"霸道文化"，提倡东方的"王道文化"，并配合日本侵略者掀起了一股尊孔浪潮。日本人中山久四郎著文说，"孔子所怀有的理想是和日本的道德同流一轨"的，因此要提倡"孔子的学说"，以"促进中日精神上的提携"②。汪精卫也鼓吹"孔子是整个

---

① ［日］津田敬武：《日本的孔子圣庙》，国际文化振兴会 1941 年。
② 刘其奎：《汪伪汉奸文化概论》，复旦大学：《汪精卫汉奸政权的兴亡》，复旦大学出版社 1987 年版。

东亚同胞的先师"，要"继承和发扬孔子的'忠恕'之道"①。沦陷区各报刊极力歪曲孔子"天下为公"的大同思想，为日本发动侵略战争和汉奸的投降卖国寻找理论根据。

值得注意的是，汪精卫投敌之后，日本侵略者在政治宣传上有了明显变化。此前日本既攻击共产主义，也排斥三民主义，利用中国传统的儒家学说，鼓吹"王道主义"，企图从思想上瓦解中国人民的斗志，以达到其最终统治中国之目的。汪精卫附逆后，日本的宣传即不再排斥三民主义。不但不排斥，而且还允许汪伪宣传三民主义。这主要是因为汪精卫仍然打着孙中山的三民主义旗号，标榜自己是孙中山的信徒。汪伪发表的《心理建设十大信条铨注》，鼓吹"恢复我中华'以德行仁'之本位文化"，"为当前急务"②。汪伪中宣部副部长周化人发表的《大亚洲主义与中日永久和平》一文提出，要以"大亚洲主义的精神，从正面发挥仁义道德的东方文明"。又说，"日本不以战胜国自居，则中国必极感动，以'不念旧恶'或'以德报怨'的中国道德出之，重建中日真正亲善之邦交，树立中日和平之百年大计"。他们所说的"天下为公"就是要求把个人利益、家族利益和国家利益都"溶化在大东亚圈的利益"之中，甘心让日本军国主义统治③。

1944 年 9 月 28 日，伪南京政府举行祀孔，由伪代主席陈公博主祭，各伪院部文武官员与祭。上海伪中日文化协会同日举行孔子诞辰纪念会。当晚，伪南京政府考试院副院长江亢虎④播讲《国际的孔子与孔子的国际》，褚民谊播讲《孔子的思想与学说》。江亢虎说："我们现在站在大东亚的立场，尤其是中国人站在国家民族的立场，中心思想是什么？我敢大胆说一句：孔子的学说。"鼓吹"拿孔子做中心，很容易形成一个新国际，大东亚的国际，也许是全世界的国际"⑤。江亢虎要"拿孔子做中心"，建立"孔子的国际"，完全是企图利用孔子在中国人民和世界有识之士心目中的崇高地位，为日本侵略者建立所谓"大东亚新秩序"服务，并为其妄图称霸世界的政治野心献策。

---

① 刘其奎：《汪伪汉奸文化概论》，复旦大学：《汪精卫汉奸政权的兴亡》，复旦大学出版社1987 年版。

② 同上。

③ 同上。

④ 江亢虎（1883—1954 年），江西弋阳人，民国初年在上海发起成立中国社会党，1939 年追随汪精卫投敌，曾提出"新体制"论，强调"思想防共"。

⑤ 上海《中华日报》1944 年 9 月 29 日，转引自韩达编《1911—1949 评孔纪年》。

第十一章 抗日战争和解放战争期间
关于孔子及其思想的
评论和研究（上）

第一节 国共两党对待历史文化遗产的不同态度

1937 年卢沟桥事变后，中华民族面临生死存亡的重要关头。中国共产党中央通电全国，号召："全中国同胞，政府，与军队，团结起来，筑起民族统一战线的坚固长城，抵抗日寇的侵掠！国共两党亲密合作抵抗日寇的新进攻！"① 在全国人民抗日救亡运动日益高涨的压力下，蒋介石不得不接受中国共产党的建议，实现第二次国共合作，发动全民族的抗日战争。

抗日民族统一战线的正式形成，使国内的阶级关系发生了新的调整。在八年抗战期间，民族矛盾和阶级矛盾的交织呈现出错综复杂的局面。民族矛盾的上升是国共两党能够实行合作反对日本侵略的基础。但是蒋介石和国民党政府始终没有放弃反共反人民的法西斯统治政策，而毛泽东领导的中国共产党则始终坚持了独立自主、对蒋介石集团实行又联合又斗争的政策。反映在思想文化领域，国共两党对待我国历史遗产的态度，也显示出根本的区别。

历史遗产是民族凝聚力的重要载体。抗日战争的爆发，大大激发了中国人民的爱国主义精神和对中华民族历史遗产的热爱感情。抗战爆发后，国民党政府充分估计到全国人民这种爱国主义的思想感情，不失时机地号召"加强全国民众之精神国防"，并颁布"国民精神总动员纲领"。1938年3月，国民党全国临时代表大会提出要以中国传统之伦理哲学"为国民精神教育之总纲"。1939 年 3 月，国防最高委员会颁布的《国民精神总动员纲领及实施办法》，认为"中国民族之昔日绵延光大，实赖有道德。今日衰弱式微，实由丧此道德。故非要求吾国民一致确立此救国道德不可"。

---

① 中央档案馆编：《中共中央文件选集》第 11 册，中共中央党校出版社 1991 年版。

所谓"救国道德",就是"忠、孝、仁、爱、信、义、和、平"。"八德之中,最根本者为忠孝。唯忠与孝,实中华民族立国之本,五千年来先民所留遗于后代子孙之至宝。今当国家危急之时,全国同胞务必竭忠尽孝,对国家尽其至忠,对民族行其大孝"①。1938 年 3 月,蒋介石在全国教育会议上还提出,"八德,以及党员守则,可订为青年守则一致信守以外,所有全国各级学校,可以礼义廉耻四字为共通的校训"②。1943 年 3 月,蒋介石发表《中国之命运》一书,竭力把三民主义儒学化,强调"三民主义是渊源于中国正统的道德观念的"。书中说,"中国固有的人生哲学,经孔子的创导、孟子的阐扬,汉儒的训释,自成为崇高的体系,比之于世界上任何派别的哲学实有过之而无不及"。又说,"我们中国国民固有的德性,是八德四维陶铸而成的忍辱负重,明廉知耻。中国国民有了这种德性,所以能不畏强御,亦不侮寡弱,且本其传统的忠恕之道,推己及人,所以历数千年能为亚洲民族'存亡继绝'、'济弱扶倾'的柱石"。蒋介石还大肆兜售他的"力行"哲学,鼓吹"就我们的本性,来发挥我们的良知良能,决心力行,一往无前。充其行之极致,就是杀身成仁,舍生取义,亦甘之如饴,无所畏惧"。

1940 年 4 月,孔祥熙、戴季陶、孔德成等人发起成立中国孔学总会,举孔祥熙为主席。孔祥熙在开会词中说,"孔学乃集中国古代群众之大成,实为中国文化之结晶",号召全国要以孔学"挽颓风而平洗劫"③。1942 年 1 月,国民党政治部副部长梁寒操发表《论立国之道》,称"仁义之道是中国数千年尧、舜、禹、汤、文、武、周公、孔子一脉相传的道理",是中国的"立国之道","在中国是始终不变的"。"中国国势的不振,不但不是因为好讲仁义之道,反而因为不彻底实行仁义之道"之故④。1943 年 7 月,湖南省主席何键在《孔学》创刊号著文,自夸"本人历来主张读经","要知读经不仅合乎时宜,并与人生确有重大关系。因为一切学术,不外乎三个出发点,即治己、治人、治物是也"。又说,"人类心理虽同,而生质之智愚锐钝殊难一致。必先从先圣先贤中,寻出一模范人物来学其言行","最合现代人生需要者,厥为大成至圣先师孔子"⑤。同年 8 月,国民政府教育部长陈立夫发表《孔子与总理》一文,鼓吹以孔子的"建心和

---

① 引自宋仲福、赵吉惠、裴大洋《儒学在现代中国》,中州古籍出版社 1991 年版。
② 同上。
③ 韩达编:《1911—1949 评孔纪年》,山东教育出版社 1985 年版,第 292 页。
④ 同上书,第 303—304 页。
⑤ 同上书,第 314 页。

建国图案"来改造中国。文中称"孔子以一身而兼为超特之哲学家、教育家、政治家、道德家与科学家，不但在中国文化学术与民族历史上是一位继往开来仪型万世伟大的至圣，而且在世界上，其高美完善的人格，亦永远光芒万丈，使全人类不能不崇为古今中外第一伟大的完人"①。

蒋介石和国民党政府在国民精神总动员的口号下，鼓吹发扬以孔学为代表的传统道德，一方面固然反映了他们有把全国人民团结在爱国主义旗帜下共同抗日的决心，另一方面也是为他们实行法西斯专制统治的政治需要服务的。1939年4月，针对国民党的这种反动意图，中共中央曾向党内发布《关于精神总动员的指示》，揭露《国民精神总动员纲领》具有两面性："一方面是抗日的，这是基本的；另一方面是防共的"。中共中央还发出《为开展国民精神总动员运动告全党同志书》，指出"中华民族是我们全体中国人的民族，尤其是占百分之九十的绝大多数劳动人民的民族"；"中国这个国家是我们全体中国人的国家，尤其是占人口百分之九十的绝大多数中国劳动人民的国家"。"一个真正的孝子贤孙，必然是对国家民族尽忠尽职的人，这里唯一的标准，是忠于大多数与孝于大多数，而不是仅仅忠于少数与孝于少数，违背了大多数人的利益，就不是真正的忠孝，而是忠孝的叛逆。对仁义也是一样，有益于大多数人的思想行为谓之仁，处理关系于大多数人利益的事业而得其当谓之义"。《告全党同志书》强调，"实行这种最高的民族道德，这就是对于古代的封建道德给了改造和扩充。共产党员必须成为实行这些道德的模范，为国民之表率"②。

毛泽东在抗日战争期间发表的一系列文章中，对如何正确对待我国的历史文化遗产作了精辟的论述。1938年10月，他在《中国共产党在民族战争中的地位》中说："今天的中国是历史的中国的一个发展；我们是马克思主义的历史主义者，我们不应当割断历史。从孔夫子到孙中山，我们应当给以总结，承继这一份珍贵的遗产。这对于指导当前的伟大的运动，是有重要的帮助的。"③1939年12月，毛泽东在《中国革命和中国共产党》中指出，"中华民族不但以刻苦耐劳著称于世，同时又是酷爱自由、富于革命传统的民族"；"在中华民族的几千年的历史中，产生了很多的民族英雄和革命领袖。所以，中华民族又是一个有光荣的革命传统和优秀的历史遗产的民族"④。1940年1月，毛泽东在《新民主主义论》中说："中

---

① 韩达编：《1911—1949评孔纪年》，第315页。

② 引自宋仲福、赵吉惠、裴大洋《儒学在现代中国》，中州古籍出版社1991年版。

③ 《毛泽东选集》第2卷，人民出版社1991年版，第534页。

④ 同上书，第623页。

国的长期封建社会中，创造了灿烂的古代文化。清理古代文化的发展过程，剔除其封建性的糟粕，吸收其民主性的精华，是发展民族新文化提高民族自信心的必要条件；但是决不能无批判地兼收并蓄。必须将古代封建统治阶级的一切腐朽的东西和古代优秀的人民文化即多少带有民主性和革命性的东西区别开来。"毛泽东强调："我们必须尊重自己的历史，决不能割断历史。但是这种尊重，是给历史以一定的科学的地位，是尊重历史的辩证法的发展，而不是颂古非今，不是赞扬任何封建的毒素。对于人民群众和青年学生，主要地不是要引导他们向后看，而是要引导他们向前看。"① 1942 年 2 月，毛泽东在《反对党八股》中，既肯定了五四新文化运动批判旧思想、旧文化、旧道德的历史功绩，也指出了它存在的缺点。他说："五四运动时期，一班新人物反对文言文，提倡白话文，反对旧教条，提倡科学和民主，这些都是很对的。在那时，这个运动是生动活泼的，前进的，革命的。那时的统治阶级都拿孔夫子的道理教学生，把孔夫子的一套当作宗教教条一样强迫人民信奉，做文章的人都用文言文。"反对这种"八股式的，教条式的"文章和教育，是五四运动的大功绩之一。但那时的许多领导人物，"没有历史唯物主义的批判精神，所谓坏就是绝对的坏，一切皆坏；所谓好就是绝对的好，一切皆好。这种形式主义地看问题的方法，就影响了后来这个运动的发展"②。

　　毛泽东在抗日战争期间关于如何正确对待历史文化遗产所发表的一些意见，至今仍然具有科学的指导意义。但是在实践中如何贯彻这些意见，并不是一件容易的事情。因为用马克思主义的历史主义来批判继承历史文化遗产，是一个需要不断探索的理论与实际相结合的过程，而不是用一些简单的教条或公式能够加以剪裁的。譬如说，历史文化遗产中什么是封建性的糟粕，什么是民主性的精华，标准如何掌握，就不是三言两语能够说清楚的问题。"精华"和"糟粕"是一种价值判断，而价值判断在不同的历史环境中是可能发生变化的。古代的精华，现代未必都需要继承。古代的糟粕，现代也未必不可以利用。学习历史要善于古为今用，但历史就是历史，不能把学习历史的目的完全归结为古为今用。学习历史可以增进人们的智慧，扩大人们的胸怀，提高人们的情操，而这些都不是用功利的尺度能够加以衡量的。

---

① 《毛泽东选集》第 2 卷，第 707—708 页。
② 《毛泽东选集》第 3 卷，第 831、832 页。

第二节　毛泽东、刘少奇、洛甫论孔孟思想

毛泽东对孔子及其思想虽然没有作过专门研究，但他在抗战期间对陈伯达所撰的《孔子哲学》，却发表了一些很值得重视的意见。他在致张闻天的信中说：

我对孔子的东西毫无研究，下列意见是从伯达文章望文生义地说出来的，不敢自信为正确的意见。

（一）"名不正则言不顺，言不顺则事不成……"，作为哲学的整个纲领来说是观念论，伯达的指出是对的；但如果作为哲学的部分，即作为实践论来说则是对的，这和"没有正确理论就没有正确实践"的意思差不多。如果孔子在"名不正"上面加了一句："实不明则名不正"，而孔子又是真正承认实为根本的话，那孔子就不是观念论了，然而事实上不是如此，所以孔子的体系是观念论；但作为片面真理则是对的，一切观念论都有其片面真理，孔子也是一样。……又观念论哲学有一个长处，就是强调主观能动性，孔子正是这样，所以能引起人的注意与拥护。……

（三）［中庸问题］……依照现在我们的观点说来，过与不及乃指一定事物在时间与空间中运动，当其发展到一定状态时，应从量的关系上找出与确定其一定的质，这就是"中"或"中庸"，或"时中"。说这个事物已经不是这种状态而进到别种状态了，这就是别一种质，就是"过"或"左"倾了。说这个事物还停止在原来状态并无发展，这是老的事物，是概念停滞，是守旧顽固，是右倾，是"不及"。孔子的中庸观念没有这种发展的思想，乃是排斥异端树立己说的意思为多，然而是从量上去找出与确定质而反对"左"右倾则是无疑的。这个思想的确如伯达所说是孔子的一大发现，一大功绩，是哲学的重要范畴，值得很好地解释一番。

……

（五）关于孔子的道德论，应给以唯物论的观察，加以更多的批判，以便与国民党的道德观（国民党在这方面最喜引孔子）有原则的区别。例如"知仁勇"，孔子的知（理论）既是不根于客观事实的，是独断的，观念论的，则其见之仁勇（实践），也必是仁于统治者一阶级而不仁于大众的；勇于压迫人民，勇于守卫封建制度，而不勇于

为人民服务的。……

（六）没有明白指出孔子在认识论上与社会论上的基本的形而上学之外，有它的辩证法的许多因素，例如孔子对名与事，文与质，言与行等等关系的说明。①

从上引毛泽东所发表的意见可以看出，他对孔子思想的分析和评价真正贯彻了他所倡导的历史唯物主义的批判精神。他既指出孔子思想的体系是观念论（唯心论）的，又指出"一切观念论都有其片面真理，孔子也是一样"，"孔子在认识论上与社会论上的基本的形而上学之外，有它的辩证法的许多因素"。对于孔子的"中庸"思想，毛泽东肯定陈伯达对"中庸"的理论诠释，认为当事物发展到一定状态时，"应从量的关系上找出与确定其一定的质"，这就是"中"或"中庸"；"过"是说"事物已经不是这种状态而进到别种状态"，亦即"别一种质"了；"不及"则是说"事物还停止在原来状态并无发展"，是"老的事物"，"概念停滞"。联系到人的认识实际，"中庸"就是要在事物的发展中"找出与确定其一定的质"；超出这"一定的质"就是"过"，是"左"倾；不顾事物的发展已有了新的"质"而固守旧的观念，就是"不及"，是"右"倾。毛泽东赞同陈伯达所说的，"中庸"思想是"孔子的一大发现，一大功绩，是哲学的重要范畴，值得很好地解释一番"。对"中庸"思想的这种诠释，是否符合孔子的本意，是可以讨论的问题。但对孔子思想采取一分为二的态度，把孔子思想提升到哲学的高度，从中吸取对我们思想方法有用的养分，无疑是研究孔子思想的正确方向。

1939 年 7 月，刘少奇在延安马克思列宁学院作《论共产党员的修养》演讲，其中引用了一些孔子和孟子的思想言论，同样是对传统思想文化的批判继承作了有益的尝试。刘少奇在演讲中说：

孔子说："吾十有五而志于学，三十而立，四十而不惑，五十而知天命，六十而耳顺，七十而从心所欲，不逾矩。"这个封建思想家在这里所说的是他自己修养的过程，他并不承认自己是天生的"圣人"。

另一个封建思想家孟子也说过，在历史上担当"大任"起过作用的人物，都经过一个艰苦的锻炼过程，这就是："必先苦其心志，劳

① 毛泽东 1939 年 2 月 20 日致张闻天的信。《毛泽东书信选集》，人民出版社 1983 年版，第 144—148 页。

其筋骨，饿其体肤，空乏其身，行拂乱其所为，所以动心忍性，增益
其所不能。"共产党员是要担负历史上空前未有的改造世界的"大任"
的，所以更必须注意在革命斗争中的锻炼和修养。

我们共产党员的修养，是无产阶级革命家所必需有的修养。我们
的修养不能脱离革命的实践，不能脱离广大劳动群众的、特别是无产
阶级群众的实际革命运动。

刘少奇还引用了中国传统思想文化的其他一些格言，如说："《孟子》上有
这样一句话：'人皆可以为尧舜'，我看这句话说得不错"；"曾子说过
'吾日三省吾身,'这是说自我反省的问题"；共产党员要"先天下之忧而
忧，后天下之乐而乐"；"'杀身成仁'、'舍生取义'，在必要的时候，对
于多数共产党员来说，是被视为当然的事情"。刘少奇强调要"学习我国
历史上的一切优秀遗产"。他还指出，旧社会剥削阶级的代表人物惯于用
"圣贤之道"去压迫被剥削者，"用满口仁义道德去欺骗人民"。他们"许
多人在受教育和学习的时候，认为他们所学的是并不需要照着去做的，甚
至认为是不可能照着去做的"。共产党员"完全不能采取这种态度。我们
学到的，就必须做到。我们无产阶级革命家忠诚纯洁，不能欺骗自己，不
能欺骗人民，也不能欺骗古人"。刘少奇把学习优秀历史遗产看做是共产
党员思想修养的重要内容，而且强调"学到的，就必须做到"，不能理论
脱离实际，这是他对党的思想建设的重要贡献。

刘少奇对于"孔孟之道"并不是主张毫无批判地全盘继承。他说：
"古代许多人的所谓修养，大都是唯心的、形式的、抽象的、脱离社会实
践的东西。他们片面夸大主观的作用，以为只要保持他们抽象的'善良之
心'，就可以改变现实，改变社会和改变自己。这当然是虚妄的。我们不
能这样去修养。我们是革命的唯物主义者，我们的修养不能脱离人民群众
的革命实践。"①

1938 年 7 月，洛甫（张闻天）在延安抗日军政大学讲演，提出要学习
中国人所爱称道的"宽宏大度的美德，《中庸》中所谓'天地之所为大'
的精神"。他说："中国人过去讲究的'中庸之道'，如果不把它从古代及
现时的许多人那样解释成为折衷主义，调和主义；如果不像过去和现在许
多人那样，把它认为是对于一种历史的东西和思想当成僵尸不变的东西和
教条，这都可以做为关于一定历史事物在一定时间空间中一种坚定的，中

---

① 《刘少奇选集》上卷，人民出版社 1981 年版，第 109—111 页。

肯的，恰当的，如《中庸》上所谓'强者矫'的立场。一切过分的，偏激的，或庸俗的不及的论调，均由于夸大片面性的结果。只有坚定不动摇的不偏不倚的正确立场，才能使人们迈步前进，才能有力量去克服一切困难，才能教育人们正确把握现实与改造现实。我们共产党人所进行的两条路线的斗争，即是反对过分与不及的偏向的斗争。一些人把马克思主义列宁主义看成简单的'过激'言论，这实在由于他们的无知罢了。"[①] 历史证明，毛泽东和洛甫论述党的思想路线如何从"中庸"这一传统文化的概念吸收有益的和积极的思想内容，来指导我们当前的斗争，其意见是十分宝贵的。

第三节　陈伯达论孔子思想

毛泽东给张闻天信中所提到的陈伯达的文章，即陈伯达 1939 年 4 月在延安《解放》杂志所发表的《孔子的哲学思想》。陈伯达在发表时，显然吸收了毛泽东所提的意见，对自己的文章作了一些修改。

陈伯达认为，在哲学基本问题的名实问题上，孔子和老子是相对立的。春秋时代唯物论与唯心论哲学两条路线的斗争，就表现为孔老两家学说之争。在孔子看来，事物是被"名"所决定的，名实的关系被倒置了。孔子把真实的世界变成概念的世界，而且把概念的世界看成不变的世界。但孔子的概念世界，也是真实世界的反映，"正名"能给人们指出在一定时机上，为一定事业而奋斗的方向和目标。就这点来说，孔子有其真理的一方面。孔子注意主观能动性，是有其一定积极意义的。孔子的概念世界概括来说是"忠"与"孝"两个概念。"忠"包括"君君、臣臣"这方面，"孝"包括"父父、子子"这方面。孝是忠的缩影，忠是孝的放大。封建社会把忠孝当成个人的服役，而且是无条件的和盲从的，这种狭隘性成为人类精神的服役。人们要把忠孝变成自觉的和合理的新美德，必须从这种封建的服役和盲从于个人的狭隘性方面解放出来，把被孔子所颠倒的名实关系再颠倒过来。

关于孔子所说的"吾道一以贯之"，陈伯达认为，以"一"来概括万千事物，以内界来概括外界，这是唯心论哲学的本色。孔子主张"己所不欲，勿施于人"，这在实质上就是根据自己来决定别人，把内心来决定外界。在陈伯达看来，真正"忠恕之道"，真正的"仁"，应该是"人所不

---

①　洛甫：《论待人接物问题》，《解放》第 65 期，延安解放社，1938 年。

欲，勿施于人”，而“己所不欲，勿施于人”则应视为从属的方面。孔子相信有意志的天，相信命，其实“天”和“天命”正是“大人”（封建主人）按照自己模样而创造出来的神的世界，而“圣人之言”不过是“大人”之现实的说教。孔子说：“祭如在，祭神如神在。”这是最明显的由唯心论到僧侣主义的表现。孔子把封建秩序和“圣人之言”看成是不可侵犯的，他是发展的否认者。但孔子对自然界的观感却否定了他对社会秩序的顽固。孔子曾说：“逝者如斯夫！不舍昼夜。”这句话正是变化不息的自然界的反映，是辩证法的观感。

陈伯达从哲学的高度对孔子的“中庸”思想作出了与众不同的诠释。他认为孔子对中国哲学史的一个重要贡献是关于“质”的发现。所谓“过犹不及”，就是说一定的“质”包含在一定的“量”之中，过了一定的“量”，或者不及一定的“量”，就都是不合于一定的“质”。这个“质”，用孔子的话来说，就是所谓“中庸”。所谓“执其两端，用其中于民”。就是要恰当地估量一定量的界限，而取其“中”，不要“过”，也不要“不及”。孔子对于“质”的规定，是从主观出发的，并不是把“质”的观念看成是从客观存在的事物中提取而来，因而它是唯心的。正确地理解“质”这真理，需要把孔子唯心论的倒置观点再倒置过来。不仅如此，我们所说的“质”是指那一定的相对安定性的事物，而孔子却是把一定的“质”看成不变的神圣，他看不见某一定的“质”可以变为另一定的“质”，经过历史的发展，某一种“中庸”会被另一种“中庸”所代替。哲学上的所谓“中庸”，在为自己一定的历史立场而奋斗的德行上，在一定条件下，表现为一种“强矫”的精神，它是我们民族伟大的德性之一。孔子说：“朝闻道，夕死可矣”；“志士仁人，无求生以害仁，有杀身以成仁”。这些都是表现了我们民族这种“强矫”的伟大的德性。孔子提出知、仁、勇三种德性，就在于人能对于一定的历史事业，一定的历史真理，见其大，见其远，不偏不倚，至死不变。然而孔子所提出的这些德性，有其历史上的很大限制。如孔子的“知”，是主观的、任意的、独断的，是为支配者服役的。孔子的“仁”，是不及“庶人”亦即被压迫人民的。他的“勇”，也是勇于守卫封建制度，勇于为君，勇于谋禄求官，勇于陷害“异端”，勇于压迫人民，而不是勇于反抗压迫与榨取，勇于为人民服务。唯其如此，两千余年中国一切暴君民贼都拿了孔子的各种教条，变成麻醉人民的鸦片。

陈伯达指出，孔子多次谈到言行问题，为中国哲学史上知行问题的先导。这也是孔子在中国哲学史上的一个很大功绩。孔子在某种程度上倾向于言行一致，但他也表现出言行矛盾这种支配者的本色。他对季康子说：
"子为政，焉用杀？"但他当了鲁国司寇，一上任就杀少正卯，因为少正卯
在鲁国与孔子齐名，与孔子争学徒。陈伯达在肯定孔子打破教育对平民的
限制有重大贡献的同时，也指出孔子招收学生要"自行束修以上"，这还
是有阶级的限制，还不是教育的真正民众化。最后，陈伯达对孔子作了一
个总的评价："孔子是我国封建社会中支配阶级在精神上首先最完满发展
的正宗代表人，同时也正是中国唯心论哲学的真正开山大师。他的阶级基
础，把他限在形而上学的唯心论的基本立场上。不过，他在发挥主观上的
能动方面，曾有一定的、相当的积极意义。所以简单地把孔子的哲学看成
是无意义的东西，这是不对的。"①

陈伯达在上述文章的一开始提到，近代中国治古代哲学的人，如章太
炎、梁启超、胡适和冯友兰等，他们在某些问题上虽有所发现和有成绩，
但是他们都没有把握过中国古代哲学发展真正的钥匙，而且对任何古代哲
学者的真正完满的面目，也还没有科学地处理过。这是因为他们的观点一
般地是属于唯心论和形而上学的。陈伯达自称他要用唯物辩证法对孔子哲
学思想进行剖析，对孔子既有否定，也有肯定。应该说，陈伯达这篇文章
确实是较早试图应用唯物辩证法来研究孔子哲学思想的一篇论文，它具有
较强的理论性和学术性，又有一定的现实性。文中有些观点，如解释"中
庸"时关于质与量的关系和质的规定性的论述，不仅富有新意，而且对人
们的思想方法颇有启发。对"中庸"的这种诠释未必能得到学者们的一致
认同，但就哲学史研究中如何批判继承历史遗产，用以丰富我们的精神世
界，避免思想的主观性和片面性来说，这毕竟是值得肯定的一种尝试。

陈伯达的文章也存在着一些缺点和较大的毛病。比起同时代有些学者
的学术论文来，《孔子的哲学思想》行文令人有故作艰深的感觉，有些概
念的表述也并不确切。特别应该指出的是，文章认为"春秋时代的哲
学——唯物论与唯心论两条路线之争，就表现为孔、老两学说之争"，这
在中国哲学史研究中首开了"两条路线之争"这种简单化和公式化贴标签
的先例。孔子和老子思想中都有唯心论的因素，也都有唯物论的因素。他
们究竟是不是同时代的人，有无问学和论争的关系，长期以来学者聚讼纷
纭，至今也很难说已有定论。认为孔子老子两家学说之争表现了春秋时代
唯物论与唯心论哲学两条路线之争，这是一种教条主义上纲上线的说法。
还有，孔子主张"正名"，可以说是为了维护和恢复已经崩坏的传统的社

---

① 陈伯达：《孔子的哲学思想》，《解放》第 69 期，延安解放社，1939 年。

会秩序，陈伯达一方面批判孔子颠倒了名与实的关系，把真实的世界变成概念的世界，另一方面又认为孔子"正名"是要根据封建秩序的真实基础而规定一切事物的准则，前一种说法与后一种说法其实也是有矛盾的。

第四节　胡适、陈独秀对孔子及其思想价值的重估

抗日战争爆发以后，民族救亡运动掀起了新的高潮。民族矛盾的上升，要求一切爱国主义者，不论是马克思主义者、文化保守主义者或自由主义者，都团结在抗日救亡的旗帜之下。作为中国传统文化的不祧宗师，孔子的历史地位及其思想遗产的价值，这个时期在广大知识分子中有了特殊的意义，获得了更多的尊重。就连胡适和陈独秀这两位五四新文化运动中批孔批儒的领军人物，对待孔子和儒家思想的态度也有了微妙的变化。

1934 年，当国民党当局掀起一股新的尊孔复古逆流时，胡适曾经严辞加以批评，指出"梦想从那'荆棘丛生，檐角倾斜'的大成殿里抬出孔圣人来'卫我宗邦，保我族类'"，乃是"天下古今最可怪笑的愚笨"①。他还曾撰文批判读经运动，指出"古代的经典今日正在开始受科学的整理的时期"，"六经虽在专门家手中也是半懂半不懂的东西，一旦拿来给儿童，教者不是浑沌混过，便要自欺欺人"②。1935 年 1 月，王新命、何炳松、陶希圣、萨孟武等十教授联合发表《中国本位的文化建设宣言》，反对全盘西化，提出对于中国古代的制度思想，既不要"徒然赞美"，也不要"徒然诅咒"，主张"必须把过去的一切，加以检讨，存其所当存，去其所当去；其可赞美的良好制度伟大思想，当竭力为之发扬光大，以贡献于全世界；而可诅咒的不良制度卑劣思想，则当淘汰务尽，无所吝惜"③。胡适对于这个《宣言》，也表示过激烈的反对。他认为"在这个我们还只仅仅接受了这个世界文化的一点皮毛的时候，侈谈'创造'固是大言不惭，而妄谈折衷也是适足为顽固势力添一种时髦的烟幕弹"。"今日的大患并不在十教授们所痛心的'中国政治的形态，社会的组织，和思想的内容与形式，已经失去它的特征'。我们的观察，恰恰和他们相反。中国今日最可令人焦虑的，是政治的形态，社会的组织，和思想的内容与形式，处处都保持

---

①　《写在孔子诞辰纪念之后》，《胡适文存》第 4 集，黄山书社 1996 年版，第 360 页。
②　《我们今日还不配读经》，《胡适文存》第 4 集，第 387 页。
③　《中国本位的文化建设宣言》，《文化建设》第 1 卷第 4 期，1935 年。

中国旧有种种罪孽的特征"①。十教授的《宣言》并非没有可商榷之处，但胡适把他们与同样鼓吹"中国本位"的何键、陈济棠、戴季陶这些尊孔复古派相提并论，显然不是实事求是的。从上引 1934、1935 年胡适对待纪念孔诞、读经运动和十教授《宣言》所发表的一些言论看来，他对孔子和儒家思想的当代意义和价值基本上还是持一种否定性的态度，认为传统文化"处处都保持中国旧有种种罪孽的特征"。可是胡适的这个中国传统文化观，在抗日战争爆发之后，特别是他 1938 年被国民政府任命为中国驻美大使之后，就发生了一些变化。

1939 年 10 月 8 日重庆《中央日报》报导，胡适以中国驻美大使的身份，主持美国匹兹堡大学孔子纪念堂揭幕典礼时说："中国受孔子民主理想及其教育方法之熏陶，故富于民主思想。中国之所以能成为自由主义及民主主义国家者，孔子之学说有以致之也。"②《中央日报》的这则官方报道，不应是误传或有重大出入。寥寥数十字，却传达了一个重要信息：胡适认为中国之所以能成"自由主义"和"民主主义"的国家，是因为受孔子"民主理想"和学说熏陶的结果。在半个多世纪之后，我们今天无法判断胡适在那种国际场合所说的这番话，究竟是他真实的想法，或者是替国民政府向美国表白"自由"、"民主"的理念在中国源远流长，其实并不反映他自己的认识。但有一点是可以肯定的，即这番话与胡适先前对孔子及其思想的评价，显然是有重大差别的。

对孔子思想的当代价值作出重新评价的另一位五四新文化运动的领军人物是陈独秀。大革命失败后，陈独秀因在党内进行分裂活动，被中共中央开除出党。1932 年 10 月被国民党政府逮捕，1937 年 8 月出狱，表示拥护国民党领导抗日，拥护国共合作。同年 10 月，陈独秀在《东方杂志》发表《孔子与中国》一文，认为所有绝对的或相对的崇拜孔子的人们，倘若不愿孔子成为空无所有的东西，便不应该反对重新评定孔子的价值。他说："儒是以礼治国的人，礼是君权、父权、夫权三纲一体的治国之道，而不是礼节仪文之末。不懂得这个，便不懂得孔子。""法家的法，即儒家之礼，名虽不同，其君尊臣卑男尊女卑之义则同。"又说："在现代知识的评定之下，孔子有没有价值，我敢肯定说有。""孔子的第一价值是非宗教迷信态度。""孔子的第二价值是建立君、父、夫三权一体的礼教。这一价值，在两千年以后的今天固然一钱不值，并且在历史上造个无穷的罪恶，然而在孔子立教的当时，也有些相当的价值。""科学与民主是人类社会进

---

① 《试评所谓"中国本位的文化建设"》，《胡适文存》第 4 集，第 398 页。
② 引自韩达编《1911—1949 评孔纪年》，第 289 页。

步之两大主要动力，孔子不言神怪，是近于科学的。"① 上引陈独秀对孔子的评价，与他在五四新文化运动时对孔子的猛烈抨击，可以说也有较大的落差。五四时期，陈独秀虽然没有否认孔子的历史地位，但对其当代的意义和价值却是持否定态度的。抗战以后陈独秀提出要"重新评定孔子的价值"，既受当时历史环境和社会矛盾变动的影响，也与他本人思想信仰的改变有很大关系。

第五节　张君劢、钱穆论孔子及其思想

张君劢（1887—1969 年），江苏宝山（今属上海）人，曾留学日本、德国，推崇柏格森主义的直觉。1923 年，他发表《人生观》一文，引起了与丁文江、胡适等人展开一场"科学与人生观"的论战。张君劢认为，"科学无论如何发达，而人生观问题之解决，决非科学所能为力，惟赖诸人类之自身而已。而所谓古今大思想家，即对于此人生观问题，有所贡献者也。譬如杨朱为我，墨子兼爱，而孔孟则折衷之也。自孔孟以至宋元明之理学家，侧重内心生活之修养；其结果为精神文明。三百年来之欧洲，侧重以人力支配自然界，故其结果为物质文明"②。张君劢和丁文江、胡适等人的这场争论，后来由于瞿秋白、陈独秀的参加，又演变为唯物史观与唯心史观的争论。1935 年 6 月，张君劢出版《民族复兴之学术基础》。1936 年 8 月，出版《明日之中国文化》。他在自序中说："中华民族之在今日，如置身于生死存亡之歧路中，必推求既往之所以失败，乃知今后所以自处之道。"③ 张君劢分析了中国传统文化长短得失之后说："吾人以为今后吾族文化之出路，有一总纲领曰：'造成以精神自由为基础之民族文化'。"

张君劢认为，"国人在思想上以孔孟之经籍为宗，在政治上有专制帝王，在宗教上有本土之拜祖先教与后来之道教及印度之佛教；合此种种，可名之曰传统。在此传统之空气中，各个人之精神自由，即令有所表现，亦必托之于孔孟之名……吾以为今后此等遗产中之应保存者，必有待于新精神之发展；无新精神之发展，则旧日传统亦无由保存。何也，旧传统之不能与欧西文化竞争，证之近百年之历史已甚显著，今后必须一番新努

---

①　陈独秀：《孔子与中国》，《东方杂志》1937 年第 34 卷第 18、19 号，转引自韩达编《1911—1949 评孔纪年》，第 275 页。

②　张君劢：《人生观》，《人生观之论战》，泰东书局 1923 年版。

③　张君劢：《明日之中国文化》，商务印书馆 1936 年初版，山东人民出版社 1998 年重印。

力，以求新政治之基础之确立，而后旧传统反可因新努力而保存，而不至动摇。否则新者不能创造，而旧亦无由保存"①。

张君劢通常被视为文化保守主义的代表，乃至被认为是现代新儒家的先导之一。其实他的思想比一般的文化保守主义者和一些现代新儒家要复杂得多。这不仅表现在他对弘扬儒家内圣心性之学的兴趣，远不如他对儒家所谓的"外王"层面的追求即参加政治活动那样热衷，也表现在他对儒家传统思想价值的估定与一些文化保守主义者和现代新儒家有一定距离。他承认旧传统不能与欧西文化竞争，如果"无新精神之发展，则旧日传统亦无由保存"。"新精神"的基础是"个人之精神自由"，这在儒家的思想遗产中是没有或者非常缺乏的。张君劢把中国文化的出路寄托在"造成以精神自由为基础之民族文化"，就此而言，他的文化观和价值观恐怕已经不是"文化保守主义者"或"新儒家"所能范围了。

张君劢强调中国的新文化要以个人的精神自由为基础，又说："吾国人之立身行己，与乎处于政府之下，皆曰有政府之命父母之命在，而不觉其为本身应有之责任。此命令式之政治、命令式之道德，与夫社会上类此之风尚一日不变，则人之精神自由永不发展，而吾国政治亦永无改良之一日。"② 按照这一说法，"以精神自由为基础之民族文化"的"造成"，当彻底批判传统文化中"三纲"的思想绳索。可是张君劢的观点却不是这样。他说：

> 孔子关于社会组织之说，汉儒尝引伸其义，而为《白虎通》之三纲说。曰君为臣纲，父为子纲，夫为妻纲，自西方民主之说入中国，君臣之义与君主之制大为世所非笑。自西方小家庭之说入中国，昔日子孝弟恭与夫对伯叔或从兄弟之礼让，概视为大家庭之流毒而非之，至于夫纲之说，亦以其背于男女平等之学说而视为不足道。……凡此孔子之三大原则，自社会进化之阶段言之，本无可非，其所以为此言者，乃时代实使之然，何能执二千年后之是非，定二千年前之人之功罪哉？况乎舍社会进化之标准而就理之是非言之，则孔子之言，自有其至当不易之价值。凡社会必有别上下，定民志之秩序，今日所谓铁的纪律，所谓领袖制度，皆久乱后求有新秩序之呼声之表现。君为臣纲之说，作为治者与被治者之关系以观之，父为子纲，夫为妻纲之

---

① 张君劢：《明日之中国文化》第十讲。
② 同上。

说，作为家庭间负责人之关系以观之，安在此等学说可以一概抹杀哉？①

张君劢这段话，表明他对中国传统文化的理解和他的价值观是相当混乱而自相矛盾的。他既承认"君为臣纲"、"父为子纲"、"夫为妻纲"并非孔子所说，而是汉儒引申孔子思想之义，但随后又称"三纲"是"孔子之三大原则"、"孔子之言"，岂不是自相矛盾？他认为自"西方民主之说"传入中国后，"三纲"之说就"为世所非笑"，"视为不足道"，这显然是对旧思想、旧道德的流毒估计不足。他称"三纲"说不但在历史上"自有其至当不易之价值"，而且在今日亦不可"一概抹杀"。"凡社会必有别上下，定民志之秩序，今日所谓铁的纪律，所谓领袖制度，皆久乱后求有新秩序之呼声之表现"。这种观点既模糊了"三纲"说维护封建君权、父权、夫权和奴役中国人民之思想绳索的阶级实质，也与他所鼓吹的要"造成以精神自由为基础"之民族文化的主张是背道而驰的。他对"明日之中国文化"的设计，实际上是西方自由主义和中国封建主义意识形态的一种大杂烩。

　　钱穆（1895—1990 年），江苏无锡人。1930 年在《燕京学报》发表《刘向歆父子年谱》，经顾颉刚介绍至燕京大学任教。1936 年出版《先秦诸子系年》，考证先秦诸子事迹，掎逸辨伪，甚见功力。首卷考订孔子生平行事，多有纠谬。如孔子诛少正卯一事，语本《荀子·宥坐》。《系年》引崔述《考信录》及梁玉绳《史记志疑》，辨之不可信，就很有说服力②。但在"六经"问题上，钱穆不但否认孔子晚年学《易》，而且认为"孔子以前无所谓六经"，"儒家六经之说，至汉初史迁、淮南、董仲舒之徒始言之"③，这个观点在学术界则颇有争议。

　　抗日战争爆发后，钱穆南下，先后执教于西南联大和成都齐鲁大学。1940 年，所著《国史大纲》由商务印书馆出版。钱穆在该书的《引论》中，对近代中国史学的"传统派"、"革新派"和"科学派"（即考订派）皆有所批评，而强调应特别重视中国历史文化所陶冶的民族精神。他说：

---

①　张君劢：《中华民族文化之过去与今后之发展》，《明日之中国文化》附录。
②　钱穆：《先秦诸子系年》卷一，《孔子行摄相事诛鲁大夫乱政者少正卯辨》，商务印书馆1936 年版。
③　同上。

环顾斯世，我民族命运之悠久，我国家规模之伟大，可谓绝出寡俦，独步于古今矣，此我先民所负文化使命价值之真凭实据也。以数千年民族国家悠久伟大之凭藉，至于今而始言建国焉，又必以抗战而始可言建国焉，此何故？曰惟我今日国人之不肖，文化之堕落故。以我国人今日之不肖，文化之堕落，而犹可以言抗战，犹可以言建国，则以我先民文化传统犹未全息绝故。一民族文化之传统，皆由其民族自身递传数世数十世数百世血液所浇灌，精肉所培壅，而始得开此民族文化之花，结此民族文化之果。

评论钱穆的民族主义文化史观不是本书的任务，我们虽然并不赞同钱穆这段话的一些论点，但也不能不敬佩其对传统文化的热爱和对文化使命感的执著。

《国史大纲》认为"中国民族乃一历史的民族，而孔子即为中国最伟大之史学家，又为第一史学家也"。书中对孔子及其思想的论析，主要有以下几点：

一、孔子自称少贱，多能鄙事，他常在贵族家里任些贱职，却由此习得当时贵族阶级种种之礼文。他不仅懂得当时现行的一切礼，还注意礼的沿革和本源，并开始批评当时贵族之一切非礼。

二、礼之最重最大者惟祭，孔子推原祭之心理根据曰报本反始，此即原于人类之孝弟心。孝弟心之推广曰仁，曰忠恕，是为人与人相处最要原理，即所以维持人类社会于永久不弊者。

三、骤观孔子思想，似有偏于复古之倾向，又似有偏于维持宗法封建阶级之倾向，其实孔子已指出人类社会种种组织之最高原理。苟能明此，直古直今，无所谓复古，亦决不致为阶级权利所僵化。孔子虽不直斥鬼神，或则疑孔子仍为宗法社会时代人之见解，其实孔子于人世与天国，现实界与永生界，已有一种开明近情而合理之解答。故孔子思想实综合已往政治历史宗教各方面而成，实切合于将来中国抟成一和平的大一统的国家，以绵延其悠久的文化之国民性。

四、孔子周游，其抱负并不在为某一国某一家，故曰天下有道，丘不与易。孔子实已超出当时狭义的国家与民族观念之上，而贡献其理想于当时之所谓天下。此种游仕精神，为后起学者所仍袭，到底造成了一个大一统的中国。

五、孔子因抱改革天下之宏愿，故政治活动之外更注意于教育，开中国史上民间自由讲学之第一声。孔子的政治活动失败了，而孔子的教育事业却留下一个绝大的影响。

　　上引钱穆对孔子及其思想的论述，虽然简短，却是比较全面的。钱穆认为孔子思想的核心是礼，礼原于人类的孝悌心，推而广之曰仁，曰忠恕，是为人际关系的最重要原理。这个论断有其理论特色，但未免失之肤浅。"礼"的内容包括社会等级秩序和人们行为规范的方方面面，即使它"原于人类的孝弟心"，到了孔子生活的春秋时代，它实际上已经超越基于血缘关系的亲情，而成为约束社会公共生活的一种准则。至于孔子所说的"仁"，诚然也有"亲亲之杀"的等差性，但樊迟问仁，"子曰爱人"①。子贡问仁，孔子说："夫仁者己欲立而立人，己欲达而达人。"② 孔子还说："巧言令色，鲜矣仁。"③ "刚毅木讷近仁。"④ "无求生以害仁，有杀身以成仁。"⑤ 可见在孔子心目中，"仁"是一种"泛爱众"的精神境界和为人的理想人格。把它仅仅看成是原于"孝弟"之心的"礼"的推广，是过于简单化的。钱穆在《国史大纲》中关于礼与仁的诠释，后来实际上也有些变化。1947 年，他在《中国文化史导论》中说："孔子讲的道，有时像是依然要保留当时封建社会阶级性的'礼'的精神，但孔子在礼的后面已安放了一个新的灵魂，即是他常说的'人心之仁'。孔子认为'礼由仁生'。礼虽似阶级的，而仁则是平等的。礼虽似宗教的，而仁则是人道的。"⑥ 上述说法与《国史大纲》中的观点（礼的根据是"孝弟之心"，"仁"是"礼"的推广）已有所不同。

第六节　梁漱溟对孔子及其思想的再认识

　　梁漱溟的《东西文化及其哲学》一书出版后，多次再版，既博得了赞誉，也招来不少批评。1941 年，梁漱溟在广西大学作关于中国文化的专题讲演，嗣后撰写《中国文化要义》，于 1949 年出版。本书内容主要探讨中国文化的特征，进一步阐发《东西文化及其哲学》一书中的观点。对于孔子及其思想的认识，有了新的表述。

　　梁漱溟不同意时人认为中国是以家族为本位的社会的观点。在他看来，"中国人就家庭关系推广发挥，以伦理组织社会"，理应称为"伦理本

---

① 《论语·颜渊》。
② 《论语·雍也》。
③ 《论语·学而》。
④ 《论语·子路》。
⑤ 《论语·卫灵公》。
⑥ 钱穆：《中国文化史导论》，商务印书馆 1994 年修订本。

位的社会"。梁漱溟说:"此伦理无疑地是脱胎于古宗法社会而来,犹之礼乐是因袭自古宗教而来一样。孔子自己所说'述而不作',大约即指此等处。而其实呢,恰是寓作于述,以述为作。……礼乐之制作,犹或许以前人之贡献为多;至于伦理名分,则多出于孔子之教。孔子在这方面所作功夫,即《论语》上所谓'正名'。其教盖著于《春秋》。"梁漱溟说:"我起初甚不喜'名分'之说,觉得这诚然是封建了。对于孔子之强调'正名',颇不感兴趣;所以《东西文化及其哲学》讲孔子处,各样都讲到,独不及此。心知其与名学、论理不甚相干,但因不了然其真正意义所在,亦姑妄听之。我之恍然有悟,实在经过几多步骤来的。领悟到社会结构是文化的骨干,而中国文化之特殊,正须从其社会是伦理本位的社会来认识,这是开初一步。这是早先讲东西文化及其哲学时,全未曾懂得的。"①

梁漱溟认为,孔子于"正名"所下的功夫,"初非强调旧秩序,而是以旧秩序为蓝本,却根据理性作新估定,随处有新意义加进去"。《春秋》讥世卿非礼,对弑君弑父的事例在叙述笔法上"尽多曲折",梁漱溟认为这都是根据理性对旧秩序作出新估定。"孔子的《春秋》大义,对当时封建秩序作修正功夫,要使它理想化,结果是白费的。但虽没有其直接的成就,却有其间接地功效:第一便是启发出人的理性,使一切旧习俗旧观念都失其不容怀疑不容商量的独断性,而凭着情理作权衡。固然那些细微曲折的《春秋》义例,不能喻俗;而情理自在人心,一经启发,便蔚成势力,寖寖乎要来衡量一切,而莫之能御。此即新秩序诞生之根本。第二便是谆谆于孝弟,敦笃家人父子间的恩情,并由近以及远,善推其所为,俾社会关系建筑情谊之上"②。

梁漱溟认为伦理秩序是一种"脱离宗教与封建,而自然形成社会的礼俗",而这种礼俗便是后二千年中国文化的骨干。"儒家之伦理名分,自是意在一些习俗观念之养成。在这些观念上,明示其人格理想;而同时一种组织秩序,亦即安排出来,因为不同的名分,正不外乎不同的职位,配合拢来,便构成一社会"③。孔子教导的礼乐,有宗教之用而无宗教之弊。孔子未尝破除迷信,只是不教人迷信而已。

梁漱溟《中国文化要义》一书对孔子思想与儒家文化精义的阐发,比《东西文化及其哲学》深入了一步。他认为孔子对中国传统文化的贡献,主要是对旧秩序"作修正功夫","根据理性作了新估定","要使它理想

---

① 梁漱溟:《中国文化要义》第六章,学林出版社 1987 年版。
② 同上。
③ 同上。

化"。孔子的努力一是"启发出人的理性，使一切旧习俗旧观念都失其不容怀疑不容商量的独断性"；二是"敦笃家人父子间的恩情，并由近以及远"，使"社会关系建筑于情谊之上"。梁漱溟的这种认识相当精审，而且为我们留下了可以继续深入研究的空间。比起其他一些尊孔派来，梁漱溟对孔子及其思想的肯定要理性得多。但唯心主义的世界观和历史观束缚和扭曲了梁漱溟关于孔子思想和传统文化研究中的一些合理的分析，而使他最终又陷入非理性和脱离历史实际的泥潭。譬如他说，儒家的伦理名分，不仅表示其"人格理想"，而且同时是一种"组织秩序"，"不同的名分，正不外乎不同的职位，配合拢来，便构成一社会"，这意见可谓颇中肯綮。但梁漱溟在另外的地方，又大谈中国只有"职业分途"没有"阶级对立"，中国"社会与国家相浑融"、国家"不像国家"，"强制力在中国是备而不用的"等等。他一方面承认孔子要使伦理秩序理想化所下的功夫"结果是白费"，另一方面又判定孔子身后二千多年的中国社会仍是"伦理社会"。这些十分矛盾而又混乱的论点，正是由于梁漱溟反对唯物史观、坚持唯心史观而必然走入理论困境的结果。

第十二章　抗日战争和解放战争期间 关于孔子及其思想的 评论和研究（下）

第一节　张荫麟《中国史纲》中的孔子

张荫麟（1905—1942 年）是很有才华的一位史学家，他十六岁入清华学堂，深受梁启超赏识。后留学美国，归国后任清华大学教授。1935 年，南京国民政府教育部计划出版高中历史教科书，张荫麟承担撰写先秦至隋唐部分。卢沟桥事变后，他南下执教浙江大学与西南联大，所撰《中国史纲》未竟（仅及东汉），不幸英年早逝。此书有《孔子及其时世》专章，作者把有关孔子的史料融会贯通，以流利的文笔对孔子的生平和思想作了颇为生动的描述。对比其他史家有关孔子生平和思想的论说，张荫麟笔下的孔子具有更大的趣味性。现摘其片段如下。

[孔子] 少年时便没了父母，家境很寒苦；他为贫而仕，先后替贵族管过会计和牧畜的事都很称职；他从少就是一个好学不倦而且多才多艺的人。……[孔子] 衣冠总是整齐而合宜的；他的视盼，和蔼中带有严肃；他的举止，恭敬却很自然。他平常对人朴拙得像不会说话，但遇着该发言的时候却又辩才无碍，间或点缀以轻微的诙谐。他所喜欢的性格是'刚毅木讷'，他所痛恶的是'巧言令色'。他永远是宁静舒适的。他一点也不骄矜；凡有所长的他都向其请教。便是他和别人一起唱歌，别人若唱得好，他必请再唱一遍，然后自己和着。他的广博而深厚的同情到处流露。

在宗教思想上，孔子是大致跟着时代走的。他虽然还相信一个有意志有计划的天帝，但那已经不是可以用牺牲玉帛贿买的天帝，而是在无声无嗅中主持正道的天帝了。他绝口不谈鬼神的奇迹。他教人"敬鬼神而远之"，教人"祭如在"。"远之"就是不当真倚靠它们；

"如在"就是根本怀疑它们的存在了。既然根本怀疑它们存在，为什么还要向它们致祭，为它们举行繁缛的葬礼，并且守着三年的丧呢？孔子的答案是以此报答先人的恩德，非如此则于心不安，于心不安的事而偏要做，便是不仁。把宗教仪节的迷信意义剥去，只给它们保留或加上道德的意义，这种见解虽然不必是孔子所创，在当时乃是甚新的。

在政治主张上，孔子却是逆着时代走的。他的理想是以复古为革新，他要制裁那些僭越的家臣，僭越的大夫，僭越的诸侯，甚至那些不肯在贵族脚下安守旧分的民众。他对于西周盛时的文物典章全盘接受，并且以它们的守护者自任。他盼望整个中国恢复武王周公时代的旧观。他的理想怎样实现呢？照他不客气的看法，只有等待一个"明王"出来，用他的弼辅，像武王之于周公。手把大钺的周公，那是他毕生憧憬着的影像。在晚年他还因"不复梦见周公"而慨叹自己的衰颓。

孔子在鲁司寇任内所经历的大事，除了夹谷之会，便是"堕三都"。季孙氏的势力完全恢复了以后，再没有可以利用孔子的地方了，再不能维持向日对孔子的礼貌了；鲁国再没有孔子行道的机会了。他只好再到外国去碰碰运气，虽然他不存着怎样的奢望。在长期奔波中，孔子不独遇不着一个明君，而且遇了好几次的生命危险。政治方面的否塞使得孔子救世热情终于不得不转换方向，以教育终余生。

在孔子以前，教育是贵族的专利，师儒是贵族的寄生者。孔子首先提倡"有教无类"，这就是说，不分贵贱贫富，一律施教。这件事看来很平常，在当时实是一大革命。这是学术平民化的造端，这是"布衣卿相"的局面的引子。至于他率领弟子，周游列国，作政治的活动，这也是后来战国"游说"的风气的创始。①

张荫麟笔下的孔子，朴实无华，平易近人，好学不倦，多才多艺。他生活在旧的社会秩序遭到严重破坏的春秋乱世，怀有济世的抱负，很想在政治上干出一番事业。但他盼望恢复周公时代的旧制度旧秩序，是注定无法实现的梦想。他的政治主张并不为列国当权者所欣赏，在周游各国到处碰壁之后，他只好回到鲁国，把主要精力放在教育事业上。《中国史纲》对孔子的叙述，大都根据《论语》等可靠材料的记载。作者即使有所褒贬，也

---

① 张荫麟：《中国史纲》（上古篇），正中书局 1948 年版。

非出于自己想象的无根之谈。书中所映现的孔子形象，不但比较可信，而且给人一种亲切之感。孔子政治上虽然是一个"逆着时代走"的落伍者，但在作者的笔下并不是一个令人厌恶的顽固守旧派。作者没有为孔子涂上"圣人"的光环，但赞扬孔子在教育史上的开创之功，"足以使他受后世的'馨香尸祝'"，这个评价对孔子来说并不过分。如果说作者关于孔子的论述也有不足的话，那就是对孔子的有些重要思想（如"仁"、"中庸"等）缺少应有的分析和评论，而这可能又与张荫麟的历史观和价值观有关。

第二节　范寿康《中国哲学史通论》中的孔子思想

1937 年，范寿康著《中国哲学史通论》出版①，书中对孔子思想有一些颇具特色的论析。范寿康认为，孔子生当乱世，他思想的出发点是"救世"。他的志趣在于发见实践道德的原理和方法，用以修己与治人。孔子对于人生的考察方法有二，一为内省，二为问学。他之所以博学多能，得益于上述两种方法。孔子学说的核心是他独创的"一贯之道"，这是修己治人的根本原则，也是实践道德的最高原理。汉唐以来的儒者认为孔子的"一贯之道"是"忠恕"。范寿康对此提出质疑：第一，"忠"与"恕"是两个独立的概念，把"一贯之道"解释成两个概念的复合体，与"一贯"的本义不符。第二，《论语》对"忠恕"二字的解释很明显地局限在人生哲学的范围。范寿康认为，孔子所谓的"一贯之道"是"仁"，而"忠恕"二者是达到"一贯之道"的手段。"仁"的涵义，一面是指天——人类的主宰者——所具的德，一面是指我们人类的天性。孔子以前，仁为德目之一，与诸德并没有统属关系。到了孔子，才把仁提出作为诸德的统一原理。但是孔子也并没有把仁与诸德的并立完全抛弃，而还把仁与智、勇并称。这样，同一"仁"字，在孔子那里就包含两种不同意义。但不拘专言与偏言，仁乃系指爱而言，既是心理学上的活动，又是伦理学上的原理，是指人之所以为人的本质或天性——就是人格。

范寿康认为，孔子主张依据仁德，施行仁政，提倡德治主义。照孔子的见解，天下治平的基本在于人君一身，由修身而齐家，而治国、平天下。这是我国古来的传统思想，不过孔子把它发挥得格外透彻而已。孔子的时代是一个世道衰微的时代，他认为要改造当时的社会，"正名"实为

---

① 范寿康：《中国哲学史通论》，开明书店 1937 年版。

第一要着。正名就是尊重名分，君臣父子都应各守名分，不得互相侵犯，以确立社会的秩序。

　　范寿康指出，孔子虽然注重道德实践，但他并不忽视经济和军事。他对弟子说，"足食，足兵，民信之矣"（《论语·颜渊》）；又说民庶之后，要"富之"、"教之"（《论语·子路》）。可见孔子并不是一个不顾经济与军事的迂腐书生。不过他认为政治虽然要从功利入手，但政治的最高目标是超越于功利之上的。孔子的所谓德治，与功利并不生冲突，反而足以使真正的功利实现出来。孔子一方面受到古来史官的思想影响，一方面又痛恶当时社会现实的种种坏现象，所以他又主张复古。但他信以为真的尧舜时代的理想社会其实是一个乌托邦。在现实政治生活中，孔子是一个与时代演进的必然法则不相适应的失败者。范寿康对孔子总的评价是：他是一个伟大的教育家和思想家，具有崇高的人格，其爱人的至诚和坚卓的精神感人至深，于我国的教化贡献极大。他所创人生诸论，宏深精要，较诸希腊苏格拉底、柏拉图、亚理斯多德诸家，有过之而无不及。孔子在中国思想史上不但别开生面，而且其思想支配了中国社会至两千余年之久，就是将来对于人生取忠实态度的人们，恐怕也能从中感到相当的同情与兴奋。范寿康同时也指出，孔子的为人与思想有值得尊敬的地方，也有值得我们排斥的地方。无论是尊孔或排孔，都应该把理由先加充分的检讨和阐明。

第三节　　郭沫若论孔子及其思想

　　1935 年，郭沫若在日本撰写的《先秦天道观之进展》一文发表，1945年收入《青铜时代》一书出版。文中认为，孔子与老子同时，曾向老子问礼，有过师生关系。《论语·述而》说"述而不作，信而好古，窃比于我老彭"，老彭就是老聃。孔子和《易经》虽然没有关系，但他对老聃的形而上学的思想一定是曾经接触过的。老子发明了本体的观念，他名之为"道"。"道"是宇宙万物的本体，是为感官所不能接触的实在。孔子把老子的思想和殷周的传统思想加以融和，他避去了老子的"道"这一名称，而挹取了他的精神对于向来的天另外加了一番解释。孔子说："天何言哉？四时行焉，百物生焉。"[1] 这个"天"其实只是自然，或自然界中的理法，和旧时的有意想行识的天是不同的。这在天道观的历史上是一个进步。

　　1945 年，郭沫若出版《青铜时代》的姊妹篇《十批判书》，书中收入

---

　　① 《论语·阳货》。

《孔墨的批判》一文。他之所以把孔子和墨子放在一起"批判",与当时重庆新史学阵营对于孔墨两家的思想见解有着较大分歧有关。他在《十批判书》的《后记》中说:"同处在一个环境里面,大概是不能不感受同一风气的影响。历史研究的兴趣,不仅在我一个人重新抬起了头来,同一倾向近年来显然地又形成了风气。以新史学的立场所写出的古代史或古代学说思想史之类,不断地有鸿篇钜制出现。这些朋友们的努力对于我不用说又是一番鼓励。我们的方法虽然彼此接近,而我们的见解或所得到的结论有时却不一定相同。我不否认我也是受了刺激。我的近两三年来的关于周秦诸子的研究,假使没有这样的刺激或鼓励,恐怕也是写不出来的。"① 郭沫若所说的"新史学"的朋友,指的是与他一样以马克思主义唯物史观指导历史研究的史学家。他们历史观的大方向是一致的,但是对中国历史上一些重要问题的认识却有不少分歧。例如他们都认为中国古代经历了奴隶社会和封建社会阶段,但对奴隶社会何时过渡到封建社会却有不同认识。对孔子和儒家思想的研究,他们都遵循唯物史观"社会存在决定社会意识"的原理,把思想史和社会史的研究结合起来,重视孔子和儒家思想的阶级属性,但对于春秋时代的社会性质和先秦诸子的阶级属性也有不同的理解。同是马克思主义的历史学家,对一些历史问题的意见分歧和争论,从抗日战争的后期一直延续到解放战争和新中国成立后的五六十年代。

郭沫若在《十批判书》的《后记》中提到,他和杜守素(杜国庠)对于儒家和墨家的看法"差不多形成了对立"。他们是好朋友,但在学术问题上都固执己见。杜国庠是墨子专家,批评郭沫若"有点袒护儒家"。郭沫若就是在这种"刺激"下撰写《孔墨的批判》的。他认为孔墨的基本立场可以"从反对派的镜子里去找寻被反对者的真影"。《墨子·非儒》篇攻击孔子"劝下乱上,教臣杀君",在郭沫若看来,所举事例如白公胜之乱等虽然不实,但"孔子是有点帮助乱党的嫌疑的"。"乱党是什么? 在当时都要算是比较能代表民意的新兴势力。""孔子是袒护乱党,而墨子是反对乱党的人,这不是把两人的根本立场和所以对立的原故,表示得非常明白吗?"②《墨子·非儒》提到"阳货乱乎齐",郭沫若考证阳货就是阳虎,《韩非子·外储说左下》载:"阳虎议曰:'主贤明则悉心以事之,不肖则饰奸而弑之。'"郭沫若认为,这些话"确实是含有些革命的精神在里面的,这种精神不失为初期儒家的本色"③。

---

① 郭沫若:《十批判书·后记》,新文艺出版社 1951 年版。

② 郭沫若:《十批判书·孔墨的批判》。

③ 同上。

郭沫若指出，孔子思想体系的核心是"仁"。"我们在春秋以前的真正古书里面找不出这个字，在金文和甲骨文里也找不出这个字。这个字不必是孔子所创造，但他特别强调了它是事实"。"仁的含义是克己而为人的一种利他的行为。简单一句话，就是'仁者爱人'"。和有些史学家认为"人"有等次性的理解不同，郭沫若强调孔子所说的"人"是人民大众。他说："人对于自己的父母谁都会爱的，对于自己的儿女也谁都会爱的。但这不够，不能就说是仁，还得逐渐推广起来，要'老吾老以及人之老，幼吾幼以及人之幼'。假使推广到'博施于民而能济众'，你是确确实实有东西给民众而把他们救了，那可以说是仁的极致。"郭沫若认为，"这种由内及外，由己及人的人道主义的过程，应该就是孔子所操持着的一贯之道"。"这种所谓仁道，很显然的是顺应着奴隶解放的潮流的。这也就是人的发现"①。

重视礼是孔子人文主义政治哲理的一个特色。郭沫若认为，所谓周礼到了孔子时已经比周公时代进步了。孔子"在礼的形式中吹进了一番新的精神"，而且"把'不下庶人'的东西下到庶人来了"。"礼偏于文，乐近于质，他把这两者交织起来，以作为人类政治生活的韧带"②。不过，孔子对于"斟酌损益"的事情也是有的，"三年之丧"便是他作出来的东西。

孔子说："民可使由之，不可使知之。"这句话常被人引为孔子主张愚民政策的证据。郭沫若对此另有一种解释。他说："'可'和'不可'本有两重意义，一是应该不应该；二是能够不能够。"孔子"原语的涵义，无疑是指后者"。"人民在奴隶制时代没有受教育的机会，故对于普通的事都只能照样做而不能明其所以然，高级的事理自不用说了"。孔子是主张开发民智的。他"有教无类"，不分贫富，不择对象，而且能够"因材施教"③。

孔子生活在大变革的时代，国内国外兼并无常，争乱时有。郭沫若指出，孔子并不是空口讲礼乐的空想家，故尔他回答子贡问政，便主张"足食足兵"。他主张"因民之利而利之"，提出有名的庶富教的施政三步骤。他称道尧舜，讴歌禅让，是要求让贤者与能者来处理天下事情的进步主张。

春秋时代，地上的王权既被否认，上帝的权威也动摇了。孔子心目中的天已经不是人格神，而是一种自然或自然界中流行的理法，这正是当时

---

① 郭沫若：《十批判书·孔墨的批判》。
② 同上。
③ 同上。

社会动态的反映。孔子否认鬼神却承认"命",说"不知命无以为君子",又说"君子有三畏:畏天命,畏大人,畏圣人之言"。郭沫若认为,孔子所说的"命"不能解为神所预定的宿命,应该也是自然界中的一种必然性。而对于这种必然性的克服,则是尽其在我。人不必因为有死而贪生怕死,也不因为富贵可羡慕而妄求富贵。《庄子·秋水篇》引孔子云:"知穷之有命,知通之有时,临大难而不惧者圣人之勇也。"郭沫若认为这些话或许是假托孔子之语,但假托得恰肯合孔子的真意。孔子在主观的努力上是抱定一个"仁",而在客观的世运中是认定一个"命"。在主观的努力与客观的世运相调适的时候,他是主张顺应的。在主观的努力与客观的世运不相调适的时候,他是主张固守自己的。

郭沫若青年时代就是孔子的一个崇拜者,他在接受了马克思主义唯物史观之后,基本上并没有改变对孔子的崇拜态度。他并非不知道孔子及其思想长期以来曾被统治阶级利用作为思想统治的工具;有的朋友也曾坦诚地向他表示,他对孔子的赞扬"会是替旧势力张目"。但郭沫若自己并不这样看,他认为"答复歪曲就只有平正一途。我们不能因为世间上有一种歪曲流行,而另外还他一个相反的歪曲。矫枉不宜过正,矫枉而过正,那便有悖于实事求是的精神。敌对者不仅不能被你克服,而且你将要为敌对者所乘,使问题弄得更加纷拏的"①。从一个学者在学术研究中应持有的独立精神和实事求是的态度来说,郭沫若上述表态应该说是无可非议的。但在当时国民党统治区的政治环境和就马克思主义史学阵营中的同志关系来说,要坚持自己与众不同的学术见解,却也是需要有一定理论勇气的。郭沫若说:"假如是不同道的人,要受他的攻击,那是很平常的事;在同道的人中得不到谅解,甚至遭受敌视,那却是很令我不安。"② 老一辈的马克思主义史学家,尽管在政治上和理论上"同道",但他们对一些重要的历史问题却常有不同的见解。正是这种不同学术见解的争论,为中国马克思主义史学的发展提供了巨大的动力。

郭沫若对孔子的人文主义精神作了充分的肯定,一般说来这比较容易被人们所接受。但把孔子说成是引领时代潮流的革命派,这个观点却很难令人信服。郭沫若说孔子及其门人支持"乱党",而"乱党"就是"比较能够代表民意的新兴势力"。事实上,他所举的一些事例,如白公胜乱楚,子路乱卫,阳货乱齐,佛肸叛晋等事件,基本上都属于春秋时代公室与私门斗争的表现,很难简单地都归结为"代表民意的新兴势力"的叛乱。春

---

① 郭沫若:《十批判书·后记》。
② 同上。

秋时代是一个社会关系大变动的时代，但又是一个"死的拖住活的"时代，改革与守旧，革命与反动，阶级分野与价值取向，有时是比较错综复杂，而不是泾渭分明的。孔子的思想和主张有顺应历史潮流推动社会进步的因素，也有规范等级名分、重建传统社会秩序的保守倾向。郭沫若把孔子说成是"毁弃旧命而制造新命"的"革命潮流中的人"，把他所说的"仁"诠释成"牺牲自己以为大众服务的精神"①，这就不免要陷入一种非历史主义价值判断的误区了。

第四节　吕振羽、范文澜、翦伯赞论孔子及其思想

吕振羽是依据马克思主义社会经济形态理论，较早提出西周是封建社会的学者。1935年，他发表《孔丘派哲学思想的发展》②，认为孔子站在维护封建制度的立场上，"拿出一个正名主义来作为妥协封建秩序的武器，更拿出一个礼治主义来作为强化等级制的政治手段"。孔子思想出发点的"仁"，是他理想中的"圣人"的"心传"，是"施之四海而皆准"的"先验的独自存在着的东西"。孔子的伦理观是以忠孝为中心砌成的，他以这种伦理观弥补当时人与人之间社会关系的破绽，取得思想领域中数千年的支配地位。1937年，吕振羽出版《中国政治思想史》③，书中对孔子思想的时代背景和社会属性作了进一步分析。他认为孔子思想是"封建制上升时期领主制却开始动摇"时期的一种政治哲学。孔子出身于"士"阶层，他不了解社会各阶级的品质和思想意识的歧异是基于各自的现实生活和社会地位的差别，而以"君子"和"小人"来划分社会身份和等级。在他看来，"君子"是应该脱离生产劳动而专去"治人"的，"小人"则应该"劳力"而被治于人。"君子"和"小人"之间，有着不可逾越的品质上的悬殊。孔子认为人有先天秉赋的"仁"，但他又说"小人"不仁。这是孔子理论上的一个矛盾。孔子曾极力想避免这种理论上的矛盾，所以他提出"仁"要克己修养的培持，否则也会消逝的。

吕振羽认为，初期封建制度发展到春秋末期，由于社会矛盾的发展，表现为伦理名分等方面的混乱。在孔子看来，要挽救当时的政治危机，首先便要恢复最高领主——天子的权威，制止诸侯、大夫、陪臣各级领主的

---

①　郭沫若：《孔墨的批判》，《十批判书》。

②　吕振羽：《孔丘派哲学思想的发展》，《中山文化教育馆季刊》1935年秋季号。

③　吕振羽：《中国政治思想史》，黎明书店1937年版。

僭越、擅夺，各守名分，才能复兴"天下有道"的政治。因此，他认为只有"正名"，把等级名分重新确定，协调封建主间的关系，才是当时政治上的根本问题。所谓"礼"，便是确定等级名分的制度和尺度。但是，孔子的"正名"主张只符合当时各国诸侯的要求，而与事实上已取得各国政治经济权力的大夫们的利益并不完全一致，所以孔子的政治主张虽然受到各国诸侯的欢迎，却遭到大夫们的冷落。同时，孔子的政治主张也受到新兴地主、商人和农民的反对。拥护孔子主张的，主要是士阶层。孔子认为"民可使由之，不可使知之"，这是一种愚民政策。但是孔子提倡用"仁政"、"德治"软化农民，这种"治人"的手法较之不顾人民死活的暴君政治还是比较开明和有积极意义的。

吕振羽对孔子作为一个教育家，提出了一个值得重视的观点。他认为孔子和他的学生之间，除了教学之外，似乎还包含有一种政治结合的关系，也就是说，孔子和他弟子的结合，带有一种政治团体的性质。孔子对"士"的教育宗旨，不啻是专门政治人才的培养。孔子的弟子和徒属，并不都以问学为第一义，而大多频频往来于各诸侯之间，为孔子通声息。孔子还同各诸侯国大夫的家臣相结纳，教他们从内部策动反对大夫专政的运动。孔子愈积极从事政治活动，便愈招致各国实际权力者的嫉视。吕振羽上述观点，颇具新意，但半个多世纪以来似乎并没有引起研究孔子的学者们注意。

1941年，范文澜主编的《中国通史简编》出版。书中称孔子是"历史上伟大的教育家政治家，""教育方面的成功比政治要大得多"[①]。对于孔子的思想，书中作如下简要的介绍：

一、孔子是士阶层的代表。士是社会中间阶层，看不起老农圃，当然不愿意吃苦劳动。但贵族阶层里又没有士的地位，士很少有机会做大官，因此他们憎恶世卿把持政局。周公相成王是孔子"理想的幸运"，"如果做不到，替世卿当家臣也可以"；"想安贫贱，可是委曲了治国平天下的学问"。

二、"士的生活是烦恼矛盾的"。孔子信天命而不信鬼神，正是这种矛盾生活的反映。"孔子所谓天命就是君主专制，鬼神就是卿大夫。卿大夫不得分君主的权威，不得有独立的地位，犹如有了天，不必再信鬼神"。"统治者未被推倒，当然是天命未改，应该'仍旧贯，何必改作'。等到统治者既被推倒，那是天命已改，可以拿'仍旧贯'的理论去拥护新受命

---

① 范文澜主编：《中国通史简编》，新知书店1947年版。

者。照《春秋》经大义说来，魏文侯是篡逆之臣，文侯的老师，却是传《春秋》经大义的卜子夏，这也许就是孔子天命论的实践"。

三、孔子认为，"政治的根本是礼乐、亲亲、尊尊、长长、男女有别"，"那些疏者卑者幼者女人等被压迫被轻贱是合理的"。"道德的根本是仁义。仁就是爱，义是等次，对父母谓之孝，对君主谓之忠"。

四、孔子教人立身处事的大道理是中庸主义和家族主义。"处事以中庸为主。庸言庸行，寡悔寡尤，就是不要说固执的话，不要做特异的事，免得招祸受辱。天下有道，出来做官，无道，快点隐藏"。"立身以家族为主。孝为仁之本，身体肤发受之父母，不敢毁伤，自然不会犯上，更不会作乱"。

五、"历史证明统治者在未得政权，已得政权，以及政权将要崩溃的时候，对孔子的态度是不同的"。"统治阶级不从改善着手，却一味大尊圣人，正是说明自己的政权的动摇和危险"。"孔子那种'学而不厌，诲人不倦，不知老之将至'的精神，是应该学习的。他那种丰富的学说，在一定的批判之下，加以选择继承发扬，是非常必需的。至于失去时代意义的理论，腐朽没落的统治阶级，最喜欢拿来利用，企图阻挠新兴的力量，企图挽救崩溃的危局，不过这种企图，无例外的会得到失望"。

《中国通史简编》对于孔子及其思想的论述，在当时的历史背景下，应该说还比较平和，但对于孔子的生平既缺乏应有的介绍，对其思想的剖析也流于简单化和概念化。建国以后，范文澜修订《中国通史简编》，并在 1954 年发表《关于中国历史上的一些问题》一文[1]，谈到延安版的《中国通史简编》着重揭露统治阶级的罪恶，显示社会发展法则，因而存在着非历史主义的缺点，有些地方因"借古说今"而损害了实事求是的历史观点。范文澜的这个检讨是符合实际的。初版《中国通史简编》中关于孔子及其思想的论述，也存在着这种不实事求是的缺点。如范文澜说，"士的生活是烦恼矛盾的"，孔子的思想矛盾正是这种生活矛盾的反映。这本来是一个颇为精当的提法，可是《简编》初版并没有能够从理论和实证的结合上去深入展开阐述，而把孔子信天命不信鬼神的矛盾归结为："孔子所谓天命就是君主专制，鬼神就是卿大夫。"这种说法很明显就是一种牵强附会了。

翦伯赞也是主张西周封建论的史学家，他对周秦社会的经济结构作了比较深入的剖析，但在意识形态方面的论述较少。他在 1946 年出版的

---

[1]　发表于《中国科学院历史研究所第三所集刊》第一集，后作为《绪言》刊入 1955 年出版的《中国通史简编》（修订本）。

《中国史纲》第一卷中认为，春秋时期，随着天道观念的动摇，"礼"与"刑"代替天道而成为封建领主统治人民的工具。到春秋末际，初期封建社会的秩序更形紊乱，于是孔子遂提出"正名"主义，企图以此维持君君臣臣之等级制度；又提出了"伦理主义"，企图以此维持父父子子的"宗法社会"。孔子深知"礼"与"刑"之不足以稳定封建社会的秩序，所以又于"礼"与"刑"之外提出一个"仁"字来。所谓"仁"者，就是一种"感化政策"，因而从"礼"与"刑"到"仁"的发展，就是指明封建统治者的政治压迫已经失败了。但是历史总是向前发展的，所以"孔子虽高呼维持'等级制度'，而'君不君，臣不臣'如故也，孔子虽高呼维持'宗法社会'，而'父不父，子不子'如故也。孔子虽高呼'人而不仁于礼何？人而不仁于乐何？'但是'巧言令色，鲜矣仁'之徒，寡廉鲜耻如故也"①。

翦伯赞的史学论著常带有显明的时代特色，他在抗日战争和解放战争时期的一些论著，除了充满爱国主义的热情之外，有时也对蒋介石的反动统治进行一些影射的抨击。而这就不免要影响他对一些历史人物和历史事件进行客观的评价。他认为孔子"仁"的思想反映封建统治者依靠"礼"和"刑"的政治压迫已经失败，不能不提出一种"感化政策"，这显然没有对"仁"的思想实质作出准确的说明。

第五节　侯外庐、杜国庠论孔子及其思想

抗日战争和解放战争期间，侯外庐在他的《中国古典社会史论》②、《中国古代思想学说史》③ 和《中国思想通史》（第一卷）④ 等论著中，有不少探讨孔子生平和思想的叙述。侯外庐自20世纪30年代关心中国社会史的论战而开始研究中国社会史，40年代又开始中国思想史的研究。重视马克思主义经典著作的钻研，并且把社会史研究与思想史研究结合起来，是侯外庐治史的一大特色。

侯外庐认为中国古代属于马克思所说的"亚细亚生产方式"的社会。"如果用恩格斯家族、私产、国家三项作为文明路径的指标，那么，'古典

---

① 翦伯赞：《中国史纲》（第一卷），生活书店1946年版。
② 1943年重庆五十年代出版社初版；上海新知书店1947年版改名《中国古代社会史》；人民出版社1955年版改名《中国古代社会史论》。
③ 重庆文风书店1944年初版，上海文风书店1946年再版。
④ 与杜守素、赵纪彬合作，上海新知书店1947年版。

的古代'就是从家族到私产再到国家，国家代替了家族；而'亚细亚的古代'则是从家族到国家，国家混合在家族里面，就是所谓的'社稷'。所以，前者是新陈代谢，新的冲破了旧的，是革命的路线；而后者却是新陈纠葛，旧的拖住了新的，是维新的路线"①。基于这样的认识，侯外庐得出中国奴隶社会开始于殷末周初，经过春秋、战国，到秦汉之际终结的论断。他有关孔子及其思想的研究，也正是从这样一个社会史的背景出发的。

侯外庐认为，春秋时代在反抗氏族贵族专政的历史中，出现了宗教先王向理想先王的转化。孔子称道尧舜，就是把西周的宗教先王抽象成了理想先王。《诗》、《书》、礼、乐在春秋时代已经成了"邹鲁缙绅先生"的专门职业，虽保存了西周文明，却成了"好像礼拜的仪式"。② 与郭沫若把"仁"看成孔子思想的核心不同，侯外庐认为孔子思想的核心是"礼"。春秋时代的"礼"具体而言是指西周遗制，即一种过时了的氏族宗法和古旧的宗教仪式。孔子断言"不学礼无以立"，对礼乐崩坏的社会危机不胜痛惜。他的历史观是"礼"的损益史。但孔子的思想意识充满矛盾，他以"礼"的标准观察现实，也以"礼"的标准笔削《春秋》。孔子梦寐以求"郁郁乎文哉"的周制，却没有限制住自己对春秋现实的批判和揭露。他幻想"复礼"，但主张内容先于形式，以道德情操代替业已失去实际内容和实际意义的繁文缛节。孔子承认"礼"在形式上或一定程度在内容上应有所损益，但又强调礼义的绝对性与天道相联结，反映了那个时代改良主义者的进步性和局限性。孔子以"礼"的标准暴露了春秋社会的没落，他的历史观、社会观的意义便在于这种批判和揭露的客观价值③。

侯外庐认为孔子"仁"的思想实从属于"礼"的思想。就"克己复礼"为"仁"的命题来看，"仁"固然由于"礼"而具体化，但亦因与"礼"相结合而受到了约束。"礼"是氏族范畴，而"仁"则为国民范畴。国民道德在氏族道德桎梏里而遭受了歪曲，不能遂行其应有的发展，不能取得其本格的内容。所谓"未有小人而仁者也"云云，即从此出。侯外庐说，无论孔子对于"礼"字如何附以新理想，在其以国民道德（仁）从属于氏族制度（礼），或以旧制度为新道德最高依据的思想里，总意味着"死的抓住了活的"，反映着春秋末世国民阶

① 侯外庐：《韧的追求》第二章，三联书店 1985 年版。
② 侯外庐：《孔子批判主义社会思想底研究》，《中山文化季刊》第 1 卷第 1 期，1942 年。
③ 侯外庐：《韧的追求》第三章，三联书店 1985 年版。

级发展不足的矛盾①。

　　侯外庐《中国思想通史》第一卷的合作者有杜守素（杜国庠）和纪玄冰（赵纪彬）。杜守素对孔墨思想都有深刻的研究，而特别尊崇墨子，郭沫若曾戏称他为"墨者杜老"，侯外庐则称赞他是能真正把中华民族最美好的道德和共产党员的修养结合在一起的学者②。杜守素对于春秋社会性质的认识虽然与侯外庐相近，并且是《中国思想通史》的合作者，但他对孔子思想的诠释与侯外庐却不完全一致。在《先秦诸子思想》中，杜守素说："孔子崇尚礼，但他同时也提倡仁。前者是他所因，后者则为他所创。他的中心思想在于仁，礼不过是'为仁'的方法。他自己就这样说过：'人而不仁，如礼何？人而不仁，如乐何？'（《八佾篇》）在他看来，没有仁的礼乐，是没有生命的形式，毫无意思。孔子认为，要爱人，就不能只知有己；要以礼为标准，就不能专凭主观的好恶；这就是'克己'。克己和复礼，原来是一件事的两方面。提倡'爱人'的仁，并把这德目做思想的中心，这是表现孔子进步的一方面。至少已是目中有'人'，就是说已经看到庶人阶层的抬头。但孔子究竟是出身于没落了的贵族家庭，自幼受的又是古代传来的'诗书礼乐'那一套，所以讲到具体的'为仁'的方法，就舍不得素来熟悉的'礼'了。于是他所提倡的'仁'和他所崇尚的'礼'，就不免发生矛盾，后者就大大地限制了前者。在他的思想中，落后的因素，终竟超过了进步的因素。"③

　　杜守素认为，孔子守旧的倾向在他的政治见解方面表现得更加明显。孔子把礼与刑对立起来，反对刑而赞美礼，向往"礼乐征伐自天子出"和"庶人不议"的西周盛世，批评晋国铸范宣子所为刑书。孔子主张"正名"，鼓吹"君君，臣臣，父父，子子"，也完全是一种维护旧秩序的政治伦理思想④。

第六节　蔡尚思对孔子及其思想的批判

　　解放战争期间，蔡尚思在报刊上发表了不少批判中国传统思想的文章。1950 年，他把有关的学术论文修订汇集为《中国传统思想总批判》⑤

---

　　① 侯外庐、杜守素、纪玄冰合著：《中国思想通史》第 1 卷第 7 章，生活、读书、新知联合发行所 1949 年版。

　　② 侯外庐：《韧的追求》第三章，三联书店 1985 年版。

　　③ 杜守素：《先秦诸子思想》第一章，生活，读书·新知上海联合发行所 1949 年版。

　　④ 同上。

　　⑤ 蔡尚思：《中国传统思想总批判》，棠棣出版社 1950 年版。

出版。

蔡尚思年轻时曾考入孔教会创办的孔教大学研究科，由于校长陈焕章要求他"对孔子必须先信后学"，而他"以为应当先学后信"，因而毅然离开了孔教大学①。1929 年 9 月，蔡尚思出版《孔子哲学之真面目》② 一书。该书附录《否认陈焕章先生之论调》，赞同章太炎所说"中国儒术经董仲舒而成宗教"，认为陈焕章倡"孔教论"，"无愧为董仲舒之再生"。蔡尚思后来回顾他的学术生涯时，对此书作了如下的论述："我当时还是比较肯定孔子的，仍大谈他的'仁'。由现在看来，此书有下列几点很值得一提：第一，已经看出孔子的'礼'重于'仁'，如说：'孔子思想之中心即世所谓伦常'，'礼乐'视'仁'，更高一层'。这和后来明确地肯定礼是孔子思想的核心有密切关系。第二，开始指出消极的'命'与积极的'名'为孔子两个根本观念，把名教去同宗教、法律相比。第三，敢于否定陈焕章师对孔子的'先信后学'说，反而提出'先学后信'说同他对抗。第四，《周易》《易传》主要是讲乾坤、天地、男女、夫妇两性化生之事，为一切的基础，如《序卦》所说'有天地然后有万物'至'有上下然后礼义有所错'。"③

蔡尚思在 20 世纪 20 年代尊孔复古思潮十分嚣张之时，就勇于与其尊孔的老师陈焕章对抗，这种精神是相当可贵的。《中国传统思想总批判》一书对孔子及其思想的批判，有些观点也颇有特色。如认为："儒家讲仁义，如原则性的讲，就好像是偏在社会方面的道德；如具体的讲，就是偏在家庭方面的道德。换句话说，就是仁义，实以家庭为基础，而从家庭出发的，其重心是放在家庭的，由家庭到社会的，先私而后公。儒家以家为国之本，以亲为人之本，以孝为仁之本，这是封建社会的本色。"④ 又如书中批评清末以来有些学人"以缘附西说为手段，以尊崇孔学为目的，把孔子变化成了一个'老摩登'，拥护出来和青年见面"。"有些尊孔者因为有鉴于青年们的反孔而极力主张男女平等、社交公开、恋爱自由，便异想天开，很穿凿附会的认孔子也是主张男女平等、社交公开、恋爱自由，而劝青年们来尊孔"。"又有些尊孔者，因有鉴于青年们的反孔而极力主张民主主义，便异想天开，很穿凿附会的认孔子或中国的封建社会才真是民主主义，而劝青年们来尊孔"。"更有些尊孔者，因有鉴于青年们的反抗而极

---

① 《蔡尚思自传》，巴蜀书社 1993 年版。
② 蔡尚思：《孔子哲学之真面目》，启智书局 1930 年版。
③ 《蔡尚思自传》，巴蜀书社 1993 年版。
④ 蔡尚思：《中国传统思想总批判》。

力主张社会主义共产主义，便异想天开，很穿凿附会的认孔子和中国的封建社会实无殊于社会主义共产主义，而劝青年们来尊孔"①。蔡尚思所批评的这些"缘附西说"而尊孔的学人，与民国初年那些顽固守旧的孔教会人士有很大不同，他们并不排斥西方近代文化和政治学说，但是认为西方近代文化和民主主义、社会主义这些理论学说在孔子的思想遗产中都已经有所蕴含，中国并不需要风俗革命、政治革命和社会革命。蔡尚思认为这些人是"异想天开"、"穿凿附会"，这个批评应该说是颇中肯綮的。

　　但是，蔡尚思的《中国传统思想总批判》一书由于缺乏马克思主义的理论指导，对孔子及其思想的批判存在着比较严重的主观性和片面性，甚至于把孔子说得几乎一无是处。如斥责孔子"是工农的敌人、富贵的恩人"，"是女性的敌人、男性的恩人"，"是社会国家的敌人、家庭宗族的恩人"，"是民主自由的敌人、野蛮礼教的恩人"，"是天真精神的敌人、虚伪形式的恩人"，"是彻底一贯者的敌人、中和矛盾者的恩人"，"是创作革新者的敌人、传述袭故者的恩人"；认为孔学"反民主政治"、"反平等经济"、"反社会道德"、"反自然科学"、"反客观史学"、"反认真研究"；给孔子下一个结论："为少数恶人师表，集片面谬说大成。"② 对孔子及其思想作这样不实事求是的全面否定，显然也就要削弱该书批孔的说服力。蔡尚思此书批孔之所以如此偏激，与他在解放战争期间因抨击时政和批孔受国民党政府迫害有关。他在该书的自序中说，1948 年国民党政府教育部曾经行文他任教的沪江大学，说蔡尚思"言伪而辩，悖逆反动"，要学校予以注意云云。"言伪而辩"，是孔子杀少正卯的罪名。国民党政府把蔡尚思比作少正卯，这自然要引起蔡尚思在痛恨国民党政府之余，对孔子也要感到痛恨了。《中国传统思想总批判》在上海解放时付印，书中夹带有这种激愤之情是可以理解的。50 年代以后，蔡尚思一贯坚持批判孔子的立场，但著文论说就趋于比较平和了。

---

① 蔡尚思：《中国传统思想总批判》第二编。
② 蔡尚思：《中国传统思想总批判》第一、二篇目录。

中 编

第十三章　建国后十七年孔子及其思想的研究和讨论

1911 年的辛亥革命推翻了延续两千多年的封建君主制度。1949 年中华人民共和国成立，标志着中国共产党领导的反帝反封建的新民主主义革命取得了胜利。反帝反封建革命并不是为了打倒孔子，更不是要完全抛弃孔子的思想，而是要将孔子及其思想放在一个正确的位置上，作为一个科学认知的对象，成为科学研究的课题。还在民主革命胜利进行之时，一些马克思主义史学家和进步的史学家已经做了大量探索性和开创性的基础工作，取得了重要成果。建国以后，这项工作更在全国广大史学工作者中推进，并且为批判继承这一重要的历史文化遗产进行了坚持不懈的努力。

第一节　历史唯物论指导下的孔子研究：两分法取代两极论

建国后至"文化大革命"以前，就全国范围而言，对孔子及其学说的研究一时还不能达到全面的、科学的认识，但它排除了对孔子的偶像崇拜和简单化的否定。在这个时期，对孔子及其思想的评价和争论是正常的，基本上没有受到各种政治运动的干扰和影响，学者们拥护马克思主义理论的指导，但这并不妨碍他们对孔子思想的理解存在不同的甚至对立的认识，讨论是遵循"百家争鸣"方针进行的。

从研究史的角度分析，可以确认这一点：在 20 世纪 50 年代和 60 年代初，无论对孔子及其思想基本上肯定或批判的学者，在方法论上都采取了两分法，避免了此前有过的对孔子及其思想绝对崇拜和一笔抹杀的片面性。在孔子及其思想的研究方法上能够以两分法取代两极论，这是与新中国建立后政治领域和思想文化领域发生根本变化这一历史背景分不开的。

20 世纪前半世纪，对孔子及其思想的研究，在很大程度上受到尊孔与反尊孔政治斗争的干扰。从清王朝到北洋军阀控制的北京政府和国民党统治的南京政府，都利用尊孔来维护他们的反动统治，极力把孔子偶像化和神化。为了反对这股复古倒退的历史逆流，有些思想激进的人士往往不得不把批判的矛头对准孔子及其思想，以激愤的抨击代替科学的分析。中华人民共和国建立以后，曾经在近代中国喧闹一时的尊孔与反尊孔的斗争，可以说画上了一个句号。对孔子及其思想的历史地位、历史作用的认识，及其在当代社会的价值虽然仍有着不同的评价，但已不具有尊孔和反尊孔政治斗争的性质，这也就保证了学者们可以没有顾虑地充分发表自己的学术见解。

　　建国后至"文化大革命"前，史学界、哲学界对孔子及其思想的研究和讨论所以能够用两分法取代两极论，还与党的百家争鸣政策得到较好贯彻、学术界和理论界马克思主义理论素养的提高有着密切的关系。1953年《历史研究》杂志创刊之前，时任中宣部副部长兼中国科学院副院长的陈伯达向毛泽东请示工作方针，毛泽东提出要"百家争鸣"①。1956年5月，毛泽东在最高国务会议上谈到春秋战国时代的"百家争鸣"时指出，二千多年前那个时候，有许多学说，大家自由争论，现在我们也需要这个。②1957年2月，毛泽东在《关于正确处理人民内部矛盾的问题》讲话中，明确提出"百花齐放，百家争鸣"是促进艺术发展和科学进步的方针，是促进我国的社会主义文化繁荣的方针，主张"对于科学上、艺术上的是非，应当保持慎重的态度，提倡自由的讨论，不要轻率地作结论。正是在"百家争鸣"正确方针的指引下，关于孔子及其思想的研究和讨论，出现了前所未有的生动活泼的局面。

　　五四新文化运动对孔子及其思想的批判，存在着简单化和绝对化的毛病。这个缺点后来在一些马克思主义史学家的研究工作中多少也有所表现。1954年，范文澜发表《关于中国历史上的一些问题》③ 一文，检讨了40年代在延安主编的旧本《中国通史简编》的缺点和错误，其中涉及对历史人物缺乏具体分析的非历史主义观点。范文澜此文虽然没有提到孔子及其思想，但如果我们对照一下《中国通史简编》的旧本和50年代出版的修订本，不难看出它们之间存在的明显区别。旧本《中国通史简编》对孔子及其思想论述比较简略，强调孔子站在复古的立场上，批评犯上作乱的乱臣贼子，但对鲁国的乱臣贼子却讳莫如深。孔子教人处世以中庸为主，

① 刘大年：《〈历史研究〉的光荣》，《历史研究》1986年第4期。
② 中共中央文献研究室：《关于建国以来党的若干历史问题的决议注释本》，人民出版社1983年版。
③ 《范文澜历史论文选集》，中国社会科学出版社1979年版。

庸言庸行，寡悔寡尤，以免招祸受辱。孔子肯定天命，不信鬼神。他的所谓"天命"就是君主专制，鬼神就是卿大夫。修订本《中国通史简编》①的有关论述不但在篇幅上有较大增加，诸如上述所引的一些片面性提法也予以删除。范文澜指出，孔子思想的保守性多于进步性，他的学说是春秋时代士阶层思想的结晶。"孔子确是封建社会集大成的圣人"，同时又是"中国古代文化的伟大代表人"。孔子删订六经，保存了三代旧典；他创造儒学，形成了中国封建时代的文化核心；他的学说的某些部分表现了汉民族在文化特点上的某些精神形态（如"有教无类"）。孔子的学说也影响了中国境内非汉族的各族，在汉族与各族间起着精神联系的作用。孔子基本上是个大教育家，他一生在学习、在思想、在温故知新，在诲人不倦。他积累了极其丰富的经验，特别是教育行为方面的经验，他给中国人民留下一份珍贵的文化遗产。

范文澜对孔子及其思想的剖析和评价，固然是一家之言，但他对孔子及其思想采取一分为二的研究方法，在 50 年代的史学界和哲学史界无疑是一种主流倾向。建国以后关于孔子及其思想的讨论，基本上是围着两个视角展开的：一是孔子及其思想的时代背景、阶级属性，即与古史分期问题有关的社会史视角；一是孔子属唯心论思想家或是唯物论思想家的哲学史视角。不论从阶级分野或学派分野如何看待孔子及其思想，学者们基本上都采取了两分法，而避免作绝对化和片面化的判断。

杨向奎认为，孔子处在一个社会充满矛盾的时代，所以其思想也充满矛盾。在天道观和道德学说上，孔子一方面保留了人格神的上帝，同时也有泛神论的思想。天不能信赖了，如何来安定行将崩溃的阶级秩序，是他最为注意的问题。他认为，搞好了人与人之间的关系，就可以稳定社会秩序，于是他提出"仁"来。"仁"是规规矩矩地做人，是孔子新提出来的道德规范；但他又念念不忘于西周，希望维持旧的阶级秩序，甚至在政治上怀有莫大野心，以为通过他和弟子们的努力，可以在东方造成一个和西周相似的封建国家。要维持旧的秩序不使紊乱，最好是掌握住等级名分的尺度，这个尺度就是"礼"，"正名"即所以守礼。但历史的发展不可能让孔子实现这种倒退的政治主张，所以他只能慨叹："凤鸟不至，河不出图，吾已矣夫。"（《论语·子罕》）杨向奎肯定孔子"有教无类"是破天荒的创举，使他在中国教育史上成为不朽的人物，但孔子的认识论有二元论的倾向，他教学传授的内容也多属于贵族的学问②。

---

① 范文澜：《中国通史简编》（修订本）第一编第四章，人民出版社 1955 年版。
② 杨向奎：《中国古代社会与古代思想研究》上册乙编，上海人民出版社 1962 年版。

侯外庐、杜守素、赵纪彬撰写的《中国思想通史》第 1 卷出版于全国解放前夕。书中对孔子生活的时代的社会性质和孔子思想的分析，颇具理论特色。按照侯外庐的说法，他们的社会分期观点（春秋时代仍然是奴隶社会）决定了他们对孔子开创的前期儒学的评价，"既不会有太多的肯定，也不会有太多的否定"。50 年代初，该书经过修订再版，修订后的《中国思想通史》第 1 卷虽然保持了原书关于孔子及其思想的基本观点，但读者不难察觉，书中对孔子思想的多面性有了更为深入的分析，对孔子思想的进步意义也有了更多的肯定。书中说，孔子一方面受到西周"维新"传统的约束，另一方面又批判了儒者的形式化或具文化，"以现实问题的提出与解决为主要任务"，这就使他在讲解《诗》、《书》、礼、乐上注入了系统的道德观点，而不局限于西周古义。孔子虽以推行"文武之道"自任，而对西周文物制度的存续问题上，"实是一位进步的改良主义者"。孔子所说的"仁"，就心理学而言，已经超出了贵族君子的范围。但在孔子那里，"仁"是从属于"礼"的。"礼"原是氏族贵族的范畴，"仁"受"礼"的约束，亦即在氏族贵族的道德桎梏遭受了歪曲，不能遂行其应有的发展，不能取得其本格的内容。孔子说"未有小人而仁者也"云云，即从此出[1]。

有些学者从阶级分野、唯心唯物对立的角度否定孔子及其思想的进步性，但并没有对孔子一笔抹杀，同样承认他是伟大的教育家、历史家，在历史上占有重要的地位，他的思想中有着某些进步因素，对后世的无神论和唯物主义思想有过重大的影响，特别是在教育思想方面。任继愈在《孔子政治上的保守立场和哲学上的唯心主义》[2] 一文中说，孔子及其思想是保守的乃至是反动的，但作为伟大的教育家、历史家、博学的学者，孔子在中国历史上占有极为重要的地位，他的学说对中国文化教育起过积极作用。杨荣国在总体上否定孔子，但也肯定了孔子思想中的"积极面"，甚至认为其带有历史唯物论的因素。他在《论孔子思想》[3] 一文中说，孔子思想之积极面，是见到了若干"历史发展的秘密"，如除了"必不得已"的情势下之外，他认为要"足食足兵"，才能导致"民信"；因之一再地说"所重民食"，要"因民之所利而利之"，要"博施于民"等等。"足食"之后，再继之以教。这一切都是有历史唯物论倾向的言论，是可取的。又如他和自然界接触，亦使他感悟了若干真理，如"逝者如斯夫"，"天何言

　　① 侯外庐：《韧的追求》第 3 章，三联书店 1985 年版。
　　② 任继愈：《孔子政治上的保守立场和哲学上的唯心主义》，《北京日报》1961 年 7 月 27 日。
　　③ 杨荣国：《论孔子思想》，《学术研究》1962 年第 1 期。

哉"等。

胡绳于 1957 年 1 月在《关于哲学史研究》① 一文中指出，研究哲学史不仅是为了发展马克主义哲学，而且是为了正确评价过去时代的其他一切文化遗产，以帮助建设社会主义文化。为了建设社会主义文化，我们需要对以往一切时代的文化加以批判、改造、吸取菁华。50 年代和 60 年代初之所以出现一个讨论孔子思想的热潮，是与建设社会主义文化的需要分不开的。唐兰于 1962 年在一篇文章中指出，应该正确评价孔子及其思想，继承孔子思想中的积极方面，不能一味地批判。他说，当资产阶级革命时期为了要摧毁已经僵化了的封建礼教而高唱打倒孔家店，是有其进步作用的。但是在今天，我们正在建设社会主义的时期，我们有必要对孔子作正确的客观的历史评价。社会主义文化是要在过去一切文化的基础上建立起来的，对于旧文化要剔除其糟粕，更要善于吸收其精华。孔子的言论尽管离开现在已经两千四百多年，可是其中还有很多有用的东西，可以供我们借鉴，是不应当一笔抹杀的②。唐兰的这段话，反映了当时知识界大多数人的共同思想。

总之，20 世纪五六十年代关于孔子及其思想的研究和讨论之所以取得较大成绩，根本原因在于研究的视角和方法论发生了根本的的转变，即在研究方法的选择和运作上用两分法取代了两极论，克服了片面性和绝对化，以及排除了政治需要对孔子及其思想研究的干扰。所谓两极论，不是将孔子推崇成圣人就是归之为罪人，而两分法则舍弃了这种思维定式，舍弃了对待孔子的功利动机，将孔子当做一个具体的、有血有肉的历史人物，用辩证思维代替形而上学，致力于揭示孔子阶级地位和政治态度的两面性，重视孔子思想的内在矛盾，对孔子进行客观的分析和评价。肯定孔子的不是一味地吹捧，无限地拔高，而反对者也历史地肯定孔子思想中的进步面；将孔子与后世独尊的孔子放在各自的时空环境中加以严格的区分；既肯定孔子的历史贡献，也指出他的历史局限性。

第二节　孔子研究与古史分期

建国以后，唯物史观在史学界取得了指导地位，多数史学工作者在研究和讨论孔子及其思想时，都选择了把思想史和社会史结合起来的方法，

---

① 胡绳：《关于哲学史研究》，《枣下论丛》，人民出版社 1978 年版。

② 唐兰：《评论孔子首先应辨明孔子所处是什么样的社会性质的社会》，《文汇报》1962 年 1 月 26 日。

并且依据马克思主义社会经济形态的理论来探讨孔子及其思想的历史地位和作用。唐兰为此曾专门写了一篇《评论孔子首先应辨明孔子所处是什么样的社会性质的社会》① 的文章。古史分期与孔子思想研究形成了一种双向的互动关系：一方面从社会经济基础、社会性质、社会阶级结构决定上层建筑（意识形态）的原理探讨孔子思想的内涵和阶级属性；另一方面又依据上层建筑对经济基础的反作用，从孔子思想的复杂性来论证孔子所处时代的性质。

（1）社会性质的确定是评价孔子的关键

关锋、林聿时在《再论孔子》② 一文中指出，对孔子及其思想的评价之所以产生分歧的焦点，在于对古史分期存在不同的看法。社会存在决定社会意识是唯物主义的根本原则，也是哲学研究工作根本的方法论。这一根本的方法论，要求对历史上的哲学体系和每一个哲学命题作历史的具体的分析。评判孔子及其思想的依据和标准就是：放在基本的历史联系之中进行考察，焦点在于当时社会性质的确定以及当时阶级斗争的环境。在古代史分期讨论中，主张西周是封建社会的学者认为，春秋战国的社会变动是由领主制经济向地主制经济的转变，当时的阶级斗争乃是封建领主、新兴地主阶级与农奴之间的斗争；主张西周是奴隶社会的学者则认为，春秋到战国的社会转变是奴隶主、新兴地主阶级与奴隶之间的斗争。两者各自把握的"基本的历史联系"不同，对孔子的阶级立场和他学说的阶级性也必然得出不同的结论。

唐兰也认为，确定孔子所生活的春秋时期的时代性质，是评价孔子及其思想的关键所在③。唐兰说，历史学家对孔子的评价各不相同，有人称颂他是革命派，有人贬斥他是反动派，也有人说他是中间偏左、中间偏右、改良派、调和派等等，关键在于古史分期讨论对孔子所处的时代的性质有不同的看法。唐兰认为，真正的问题在于孔子生活的时代是不是奴隶社会，如果不把奴隶社会和封建社会的界限搞清楚，硬说孔子"劝下乱上，教臣杀君"，那么《论语·宪问篇》上的陈恒杀君，孔子请讨，将如何解释？说孔子代表奴隶主利益，要保护行将没落的奴隶制，那么，为什么《论语》一书中没有反映奴隶制的痕迹，而身为大司寇的孔子，却连一

---

① 唐兰：《评论孔子首先应辨明孔子所处是什么样的社会性质的社会》，《文汇报》1962 年 1 月 26 日。

② 关锋、林聿时：《再论孔子》，《新建设》1961 年第 11 期。

③ 唐兰：《评论孔子首先应辨明孔子所处的是什么样的社会性质的社会》，《文汇报》1962 年 1 月 26 日。

个"臣"（家内奴隶）都没有？

（2）关于春秋时代社会性质的不同观点

中国古代史分期的争论由来已久。从 1930 年郭沫若出版《中国古代社会研究》之后，中国古代是否存在奴隶社会，奴隶社会何时向封建社会过渡，史学界一直聚讼纷纭。关于封建社会起点，大体说来，有西周封建论、战国封建论、秦汉封建论、魏晋封建论等几种不同的说法。春秋时代究竟是奴隶社会还是封建社会，是有关孔子及其思想争论的一个重要焦点。

郭沫若于 40 年代出版的《十批判书》，收有《古代研究的自我批判》一文。文中修正了他先前认为殷商是氏族社会末期的观点，但仍坚持西周是奴隶社会的主张，把奴隶社会与封建社会的分期划在西周和春秋之交。到了 1952 年出版《奴隶制时代》时，又把奴隶社会和封建社会的分期改定为春秋战国之际。他认为，周室东迁前后，由于铁器的使用提高了农业生产力，促进了井田制的崩溃，私家贵族逐渐肥于公室。在新旧势力的斗争中，新兴地主阶级尽力争取民众作为自己的战斗员，故民众的身份也逐渐改变了。庶人在西周是生产奴隶，但春秋中叶以后便由奴隶身份解放出来，这就意味着奴隶制度的崩溃。

主张春秋时代是奴隶社会的学者，有些人并不同意战国已进入封建社会。侯外庐于 1955 年把《中国古代社会史》改名《中国古代社会史论》修订再版时，坚持认为中国古代属于马克思所说的"亚细亚生产方式"类型。按照他的认识，中国奴隶社会开始于殷末周初，经过春秋、战国，到秦汉之际才告结束[1]。金景芳、黄子通将秦统一看做是奴隶社会的结束和封建社会确立的标志。金景芳认为，政治是经济的集中表现，中国奴隶制向封建制的转变应以"政治斗争"与"朝代更迭"为主要依据。春秋时代是奴隶主统治阶级内部矛盾占主导地位的时代，而战国占主导地位的阶级斗争是腐朽的奴隶主阶级与新兴的地主阶级之间的矛盾和斗争。当时，政治上、经济上的变革非常剧烈，反映在思想上则有百家争鸣与儒法斗争，这就说明战国时代还不是封建社会，正处于新旧之间的矛盾和斗争的过程中[2]。黄子通、夏甄陶认为，土地私有制的确立并不能说明封建制的开始。春秋战国时代出现的土地私有制，是在家长奴隶制的土地共有制崩溃以后产生的奴隶制度的土地私有制，商品货币关系和奴隶劳动是当时社会生产的主要基础。战国中期，奴隶制开始崩溃，但至战国末年，封建生产关系

---

① 侯外庐：《韧的追求》第 3 章，三联书店 1985 年版。

② 金景芳：《中国奴隶社会的几个问题》，中华书局 1962 年版。

还没有占统治地位。秦始皇统一中国以后，中国才开始进入封建制度时期①。

尚钺、王仲荦、何兹全等魏晋封建论者认为，春秋以前是早期奴隶制阶段，从战国到秦汉是发展奴隶制阶段。春秋到战国，没有出现奴隶制的危机，没有出现大规模的奴隶暴动和起义。春秋时代的国人要服兵役，可以议论朝政，有时还群起赶走国君或杀死国君。在持魏晋封建论的学者看来，国人和庶民都不是奴隶而是平民。战国时期奴隶制生产关系仍继续得到发展。

主张封建社会开始于春秋时代的学者有李亚农、唐兰等。李亚农认为，西周晚期，奴隶制已发展到日暮途穷的阶段。奴隶在长期的残酷剥削下憎恶劳动，大量逃亡，阶级斗争日趋尖锐。奴隶主被迫把广大领地分割成小块，租给以前的奴隶耕种，奴隶逐渐转变为农奴。中国奴隶社会开始解体于周厉王前后到春秋初期的齐桓公时代，这两百年可以说是中国古代社会由奴隶制向封建社会的转型期。春秋时代是诸侯割据的封建制社会，秦统一全国后发展为中央集权的封建社会②。唐兰认为，春秋战国之间并没有什么重要的历史发展足以招致社会性质的根本变革，而西周东周之间发生的许多重要历史事件如共伯和起义，幽王被犬戎所杀与宗周灭亡等等，无数事件累积起来足以招致社会性质的彻底变革。由西周到春秋的最大变化有两个方面：一是劳动生产者"氓"身份的变化，另一是"四民"身份的固定，这是由奴隶制社会转变为封建制社会的明显证据。平王、桓王之间是奴隶社会与封建社会的分界线③。

西周封建论者认为，春秋战国时期的社会变动，只不过是封建社会内部两个不同阶段的交替，即从领主制向地主制的转变。持这种看法的有范文澜、翦伯赞、王亚南、童书业等。他们的依据有以下几点：一是地主所有制代替领主土地所有制。西周的土地所有制以氏族组织为其形式，宗子是宗族全部土地的所有者，土地永远归宗子世袭。到了东周时代，在诸侯兼并的过程中，贵族领主的宗族崩坏，世袭小块土地的农宗很自然地变成了获得土地所有权的农民和小地主，再加上其他获得土地所有权的荒地开垦者、工商业者、高利贷者等，便形成了春秋战国时期新起的地主阶级和农民阶级。二是实物地租代替了劳动地租。原先的封建领主逐渐放弃助耕"公田"的办法，代之以实物税。这种赋税制度的变化，使得领主制度走

---

① 黄子通、夏甄陶：《春秋战国时代的奴隶制》，《历史研究》1956 年第 6 期。

② 李亚农：《中国的奴隶制与封建制》，华东人民出版社 1954 年版。

③ 唐兰：《春秋战国是封建割据时代》，《中华文史论丛》第 3 辑，1963 年。

向崩溃，为地主经济的兴起开辟了道路。三是直接生产者的身份由农奴变为农民。四是诸侯割据称雄转变为中央集权国家①。

（3）春秋时代的社会变动与孔子研究

对中国古史分期问题持有不同观点的学者，有一点认识是共同的，即都承认春秋战国时期是中国社会发生剧烈变动的时代。春秋战国的百家争鸣，正是社会制度和阶级关系发生深刻变动的反映。评价孔子及其思想，必须从这样的历史背景出发。但对春秋时代社会变动历史内涵的不同理解，显然会影响到对孔子及其思想历史定位的认识。西周封建论者认为春秋时代的社会变动只不过是封建领主制向封建地主制的转变，对孔子奉为封建社会"圣人"的历史角色自然不难解释。但对于认为春秋时代仍然是奴隶社会或者奴隶社会正在向封建社会过渡的学者来说，则必须面对这样的问题：孔子是奴隶制的维护者还是反对者？他的思想是顺应了历史发展潮流还是与历史潮流背道而驰？

从方法论而言，古史分期问题的讨论对孔子评价虽然有着密切关系，然而古史分期问题解决了，并不意味着对孔子的评价就能取得一致的意见。问题的复杂性在于，除了古史分期问题的分歧外，关于孔子及其思想的研究和评价还有着其自身的特殊性和困难。实际情况是：对古史分期和春秋时代社会变动具有相同观点的学者，并不一定对孔子的评价有相同的看法；反之，对孔子评价大致相同，也并不一定反映这些学者对古史分期问题所持的观点相同。赞成春秋战国封建论的学者，许多人并不同意郭沫若把孔子视为"革命派"的观点。冯友兰、赵纪彬等人在肯定孔子思想进步性的同时，也指出了其保守性的另一面。杨荣国则认为，孔子在社会转型中是竭力维护没落的奴隶制而反对新兴的封建制的。唐兰同意孔子的思想有"革命性"，但却反对把春秋还看成是奴隶制时代。在他看来，孔子的革命思想正是初期封建社会大部分平民思想的反映，奴隶制时代离孔子已经很遥远，"风马牛不相及"，孔子既无需革奴隶主的命，也用不着保卫奴隶制。

第三节　评价孔子及其思想的具体标准

讨论过程中，学者们试图从各个不同的角度来评价孔子及其思想，为

---

① 范文澜：《中国通史简编》（修订本）第一编，人民出版社1955年版。翦伯赞：《中国历史概要》第一册，人民出版社1956年版。王亚南：《中国地主经济封建制度论纲》，华东人民出版社1954年版。童书业：《从"生产关系适合生产力的规律"说到西周春秋的宗法封建制度》，《文史哲》1957年第1期。

此提出了不同的具体标准。

（1）从阶级出身评价孔子

依据阶级定位来判断、评价孔子及其思想的历史作用，是五六十年代大多数研究者的一种共识，一些文章在确定孔子所处的时代背景和时代性质之后，都会逻辑地分析孔子在春秋大变革时代的阶级地位，并将它作为评价孔子及其思想的重要标准之一。如任继愈在《孔子政治上的保守立场和哲学上的唯心主义》① 中提出："在阶级对抗的社会里，要考察一个人的思想的进步与反动，应该放在一定的阶级斗争中来考察。"安作璋在《关于孔子"礼"和"仁"的学说》② 一文中也说，对孔子政治思想的认识，到底代表哪一个阶级的利益，保守还是进步，保守性多于进步性，还是进步性多于保守性？不能脱离孔子所处的历史条件和他的阶级地位孤立地谈论孔子的思想问题，这是评价任何一个历史人物都必须遵守的一个原则。关锋、林聿时《再论孔子》③ 一文则认为，评判孔子及其思想的依据和标准，应放在基本的历史联系之中进行考察，焦点在于当时社会性质的确定以及阶级斗争的环境。

由于对孔子所处时代的社会变革性质有着不同的看法，对当时的阶级结构的分析也不相同。大多数文章认为，孔子代表新兴"士"阶层或由奴隶主贵族向领主（地主）阶级转化的阶层。由于当时处于社会大变动之中，这两个阶层也处于动态的角色转换过程中，持这两种看法的学者对孔子阶级地位的分析和论述也有别，大致有下面三种观点：

第一，有的学者强调这一过程的动态性、过渡性，认为孔子属于成分庞杂、不断分化的士阶层的一分子，据此，在肯定孔子政治态度和思想的进步性和创新的同时，又强调孔子的两面性、妥协性和改良主义特点，除范文澜外，还有童书业、王仲荦、唐兰、高亨等人。

童书业《孔子思想研究》④ 一文认为，孔子出身的阶级阶层，除有特殊原因外，只能产生像孔子这样的思想家。孔子是士大夫上层的开明派，他的思想有很大的保守面，但也有很大的进步成分。孔子出身封建贵族阶级的最下层，身份地位比较接近庶人，他不能不看到一些民间的疾苦，不能不产生些同情人民的思想，这就是孔子思想中具有相当大成分的进步因素的原因。

---

① 《北京日报》1961 年 7 月 27 日。

② 《孔子讨论文集》第 1 集，山东人民出版社 1961 年版。

③ 《新建设》1961 年第 11 期。

④ 《山东大学学报》1960 年第 1 期。

王仲荦《从孔子对历史人物的评价看他的基本思想》① 一文认为，孔子是士阶层的奠基者，而士阶层在当时是一个新兴阶层。在士阶层开始抬头的时候，自己的力量还很薄弱，不得不有赖于贵族对他们的提携，因此不可能要求他们完全摆脱传统思想的束缚，这是他们的落后面。但是代表新兴士阶层的孔子思想，也有许多进步的东西，如"有教无类"的教育思想，举贤才的任贤思想以及仁道思想等等，在当时的历史条件下，孔子基本上可以算做是一个进步的人物。

唐兰《评论孔子首先应辨明孔子所处是什么样的社会性质的社会》② 一文认为，孔子代表新兴的平民阶级思想。在封建社会初期，士还在四民之列，与封建贵族和领主们是对立的，士这个阶层还没有上升到统治阶级，孔子的学说应该说是先进的和革命的。

高亨《孔子思想三论》③ 一文指出，孔子本是士阶层的人物。士阶层具有两面性，一方面维护统治阶级利益，一方面对人民抱有同情。孔子又做过短时间的大官，平生多在公侯大夫之间进行政治活动，所以他的思想一部分代表了人民的利益，一部分又代表贵族领主的利益，是毫不足怪的。

第二，有的学者认为，孔子是由奴隶主阶级向地主阶级转化的代表人物，是新兴地主阶级的前驱者，对他的政治改革和思想创新给予了高度评价。他们也不否认，在孔子的行为模式和思想体系中仍然遗留和表现出他原先的旧的阶级烙印。

冯友兰《论孔子》④ 一文指出，孔子对待春秋时期社会变革的态度，是由他的阶级立场决定的。孔子和他所创始的儒家，代表从奴隶主贵族转变过来的地主阶级的利益。这样的地主阶级，希望尽可能在不破坏奴隶主贵族制度的前提下，在这种制度的框子里作一些改革。春秋战国时代是一个急剧转变的时代，社会的主要推动力是新兴地主阶级和商人，而不是从奴隶主贵族逐渐转化的地主阶级。新兴地主阶级和他们所拥护的中央集权的君主，需要用一种比较猛烈的、革命的方法消灭奴隶主贵族的统治。孔子和儒家基本上是改良主义的方法，不符合当时的需要。

安作璋《关于孔子"礼"和"仁"的学说》⑤ 一文认为，孔子的思想

① 《光明日报》1961 年 11 月 17 日。

② 《文汇报》1962 年 1 月 26 日。

③ 《哲学研究》1962 年第 1 期。

④ 《光明日报》1960 年 7 月 22、29 日。

⑤ 《孔子讨论文集》第 1 集，山东人民出版社 1961 年版。

在奴隶制向封建制过渡时期，代表着正在形成中的地主阶级的利益，同时也反映了人民群众的一部分要求，因而成为封建思想的先驱者。

王先进在《孔子在中国历史上的地位》① 一文中说，孔子的思想虽然有局限性，但他的思想和行动都是站在新兴地主阶级立场向奴隶主阶级进行斗争的，它推动了奴隶社会向封建社会的发展。在春秋末叶，他是代表先进阶级的利益向落后阶级作斗争的，是前无古人的。

第三，有些学者强调，在孔子时代，奴隶主贵族向新的领主（地主）的转化过程尚未完成，孔子本人也仍然坚持奴隶主贵族或向地主阶级转化的奴隶主贵族的立场，他的保守面乃至反动面要比进步面大得多。持这种意见的学者对孔子持基本否定态度，如任继愈、关锋、林聿时等。

任继愈在《孔子政治上的保守立场和哲学上的唯心主义》② 一文中说，孔子所处时代的阶级斗争，主要是新兴地主阶级与旧的世袭奴隶主阶级的斗争，新兴地主阶级的代言人是以《管子》和子产为代表的法家。孔子站在奴隶主阶级的立场，希望在不触动贵族奴隶主的旧制度前提下对奴隶作出某些让步。他虽然容纳了一些新东西，也只是为了不要让新的势力把旧制度连根拔掉。

（2）从哲学史发展进程看孔子比前辈提供了什么新东西，以此评判其思想是进步、保守还是反动

提出并应用这一标准的理论依据是列宁所说的这样一段话："判断历史的功绩，不是根据历史活动家没有提供现代所要求的东西，而是根据他们比他们的前辈提供了新的东西。"③ 钟肇鹏在《略论孔子思想的阶级性》④ 一文中指出，评判孔子及其思想的一个标准，就是看他是不是提供了什么新东西。他认为，孔子思想与周礼有着很大区别，这些区别都是带原则性的，都不是奴隶主思想里所能提供的，只有新兴的地主阶级才能提出这些新东西。

在五六十年代的讨论中，论者一般都同意孔子思想有超越前辈的新思想或新思想萌芽。无论是认为孔子及其思想的基本倾向是进步的、保守的乃至反动的学者，都在相同的思想史命题和素材中努力发掘孔子原创的新思想和新思想的萌芽，特别是发掘他的保守思想中的新因素。但究竟哪些称得上是新东西？这些新东西在孔子思想体系中占有什么样的地位？它与

---

① 《孔子讨论文集》第 1 集，山东人民出版社 1961 年版。
② 《北京日报》1961 年 7 月 27 日。
③ 列宁：《评经济浪漫主义》，《列宁全集》第 2 卷，人民出版社 1959 年版，第 150 页。
④ 《文史哲》1961 年第 3 期。

孔子思想的评价又有何种直接关系？对于这一系列问题又存在严重分歧，由此增加了孔子及其思想评价的难度。

对孔子及其思想基本上持肯定评价的学者，认为孔子思想的创新是多方面的，主要表现在伦理思想、关于"仁"和"仁政"的思想、天道观以及教育思想（方法）等各个方面。这些创新，对同时代的思想家，对后代的思想史、政治史的发展，特别是唯物主义与唯心主义、无神论与有神论的斗争，都有着重要的、深远的影响。

童书业《孔子思想研究》① 一文，肯定孔子创建了新的伦理系统。他认为，伦理思想是孔子思想中最核心的部分。在孔子以前，伦理思想主要是所谓"孝友"和"慈爱"，"孝友"之道是当时政治的根本。到了孔子时代，伦理就扩大了。伦理的扩大，说明社会制度的发展。宗法制的初步转化，使人从家族中解放出来，开始变成社会的人，这样就需要有新的伦理。孔子就是综合当时社会上的新旧伦理而加以系统化的人。自从孔子建立了新的伦理系统，便成为封建社会做人的规范。

冯友兰《论孔子》② 一文认为，讲天命是孔子思想中的保守方面，但他所说的天命与传统的天命有若干不同之点。孔子看重人的主观努力，虽未否认天命，但确实很少谈到天命。使神秘的东西带有现实的性质，这可以说是孔子的一个革新。

汤一介在《孔子思想在春秋末期的作用》③ 一文中认为，孔子由怀疑天道到思想中包含有"天道自然"的唯物主义思想的萌芽。孔子继承了春秋以来对"天"和鬼神表示怀疑的无神论思想，并把它向前发展了。孔子给当时的宇宙观中增加了新的、无神论和唯物主义的因素。孔子虽然没有完全摆脱"有意志的天"的影响，但已经把天看成是"自然"（"天何言哉？""逝者如斯夫……"）。这是新东西，荀子的唯物主义宇宙观大体上就是在这个基础上吸收了道家的唯物主义思想因素加以发挥而成的。

赵纪彬虽然认为孔子思想中进步的一面处于第二位，而居于主导地位者则为保守乃至反动的一面，但他在《仁礼解故》④ 一文中也强调，不能因此否认孔子在中国哲学史上的重要地位。最重要的一点是：新的真理的萌芽，率先从孔子的思想体系中反映出来，此即其伟大处，亦即嗣后的墨、荀所从批判的先行思想资料。

---

① 《山东大学学报》1960 年第 1 期。
② 《光明日报》1960 年 7 月 22、29 日。
③ 《孔子讨论文集》第 1 集，山东人民出版社 1961 年版。
④ 《新建设》1962 年第 2 期。

关锋、林聿时《论孔子》①一文认为，孔子的思想创新在其思想体系中并不占重要地位。孔子说"天何言哉"云云，并不是认真讨论天道观的。有无上帝，有神论还是无神论，的确是春秋时代思想界讨论的一个重要问题，但孔子却极力回避这个问题。孔子对鬼神的怀疑，在春秋后期是相当普遍流行的观念，所以孔子对鬼神的怀疑，在当时哲学思想战线上以及在孔子本人的思想体系中并不占重要地位。

（3）从孔子对历史人物的褒贬看他的政治立场

王仲荦《从孔子对历史人物的评价看他的基本思想》②一文认为：从孔子对周公、管子、子产、柳下惠、臧文仲五人的评价来看，孔子衡量人物的标准尺度主要是仁、智和礼。周公是周礼的化身，不仅周公之才之美为孔子所心折，就是周公的一切孔子都是肯定的。在孔子看来，管子尽管还有些不足的地方，但都是枝节问题。子产是为孔子所取法的人物。柳下惠是当时受到鲁国贵族排挤，在政治上是不算得意的，可是孔子对他却有一定的尊崇。臧文仲在春秋之世是享有大名的人物，被公认为死而不朽的这样一个为贵族所取法的人物，可是孔子却说他既不仁，又不智。由此看来，孔子的评价人物，不完全受当时传统看法的束缚，是有自己爱憎的。孔子之所以有上述爱憎和评价，应该是由孔子所代表的阶层利益和孔子的政治态度来决定的。唐兰在《评论孔子首先应该辨明孔子所处是什么样的社会性质的社会》③一文中，同意王仲荦提出的评判孔子及其思想的标准。他认为，对一个人作评价，应该看他的倾向性，孔子所推重的人物都具有进步性，那么可以肯定他自己也是有进步倾向的。

（4）从后世对孔子的态度评判孔子及其思想

在汉代以后的封建社会中，孔子及其思想长期处于独尊地位。在评价孔子及其思想的的历史地位和历史作用时，不能不考虑到这个历史事实，并作出合理的解释。童书业指出，郭沫若把封建时代的开始定在战国，这就必须把孔子学说当成是奴隶社会的先进思想。但孔子的思想显然是保守的，它是宗法封建制度的维护者。如果承认孔子学说是封建理论，就不能不承认西周时代已进入封建社会，否则也就等于说在春秋时代奴隶社会的基础上可以树立封建的上层建筑④。

谢德风也认为，郭沫若一方面把孔子和儒家看做是封建思想的代表，

① 《哲学研究》1961 年第 4 期。
② 《光明日报》1961 年 11 月 17 日。
③ 《文汇报》1962 年 1 月 26 日
④ 《山东大学古史分期问题讨论发言》，《文史哲》1957 年第 3 期。

另一方面又主张春秋时代是奴隶社会，这是自相矛盾的。因为，在当时的奴隶社会里，尚没有足以产生封建思想的因素，亦即封建社会客观存在的反映①。

郭沫若在与魏晋封建论者争论汉代社会性质时曾质问说，汉代奴隶制论者不自觉地碰着了一个无法解决的矛盾：他们承认孔子和儒家学说是封建理论，却主张西汉的生产关系还在奴隶制阶段，这岂不是等于说，在奴隶制的社会基础上树立了封建制的上层建筑吗？②对此，魏晋封建论者的回答是，应当把孔子和先秦儒家的阶级属性与后代把儒家学说作为封建正统思想这两个问题区别开来。罗祖基说，儒家思想同宗法制与专制主义三位一体，它既可以为奴隶制服务，也可以为封建制服务。他列举奴隶社会的亚里斯多德成为中世纪经院哲学权威为例，反问说，封建意识形态为什么不能继承奴隶社会的意识形态呢？谢德风认为，根据儒家思想为后来封建统治阶级所利用，就以为孔子的思想是代表封建关系的意识形态，这是忽视了意识形态的继承性，因为儒家思想本身就是随着时代而变更的。

任继愈在《孔子政治上的保守立场和哲学上的唯心主义》③一文中提出了这样的问题：孔子的学说不代表封建地主阶级，可是孔子为什么会成为封建帝王的万世师表呢？他认为，对于这个问题要作具体分析，不能从逻辑上去推论。奴隶社会和封建社会的意识形态、经济基础有很多接近的地方，比如宗法制度、等级制度、伦理规范，从奴隶制到封建制虽有所损益，但基本精神差别不大。历代封建统治阶级所尊奉孔子的不外是纲常名教、忠君孝亲的教条。其中有些是孔子的话，但经过后代思想家的加工改造不能完全看做孔子个人的东西。古代历史曾经流行过并很有势力的学说、思想，并不仅因为其本身有特殊价值，更主要的是当时社会历史发展的需要。考察基督教、佛教的历史，他们的创始人都不是预先为后来的封建社会上层建筑作好准备的，而是后来的封建统治者把它改造、加工后才发出封建社会的"神光""佛力"的。

夏基松《孔子思想的渊源和阶级实质》④一文认为，奴隶制与封建制是两种类似的剥削制度，它们在本质上有相同之处。宣扬盲目服从、维护等级制度的孔子思想，虽然是春秋时代奴隶主贵族的思想，但对于取得政权的封建统治者来说，只要略加修改，仍然不失为一种统治人民的有效

① 谢德风：《春秋战国间的社会变革及其性质》，《湖南师范学院学报》1957年第2期。

② 郭沫若：《奴隶制时代》，人民出版社1952年版。

③ 《北京日报》1961年7月27日。

④ 《孔子哲学讨论集》，中华书局1962年版。

工具。

关锋、林聿时《论孔子》① 一文认为，封建地主阶级国家政权巩固后，社会的基本矛盾就是地主阶级和农民的矛盾。这时，地主阶级的国家就不能不根据它的要求对奴隶社会上层建筑的观念形态加以改良，把对它有用的那一大部分恢复起来。孔子正是对奴隶社会上层建筑的观念形态作了一定改良的思想家，于是这个生前不得志的孔子，从汉代起就成为"大成至圣先师"，而被尊为"素王"。关锋、林聿时认为，孔子的学说，在中国历史上所起的作用是很复杂的。各个阶层、政治集团的政治家和思想家，差不多都打着"尊孔"的招牌，然而他们对于孔子却是"各取所需"的。大地主阶级，一般都是采取孔子的反动保守方面，汉代的董仲舒就是一个代表。批判地继承和发扬孔子具有进步意义因素的，是反映劳动人民要求的进步的唯物主义思想家。另外代表中小地主阶级的思想家中，也有些人抓住了孔子学说中具有进步意义的东西，或者仅仅抓住了一点由头，以孔子为招牌，同大地主当政集团进行斗争，起了一定的积极作用。由于汉代以来孔子在人们心目中成了"圣人"，所以孔子学说中对鬼神的怀疑这一方面就成了无神论者的一个有力武器。孔子的举贤主张和"仁"的学说中的进步因素，在封建时代的政治生活中发生过重大的影响。

第四节　孔子的政治态度和政治思想

孔子不但是一个思想家、教育家，而且是一位忠实于自己理想的政治家。春秋时代中国社会开始发生巨大变动，孔子所在的鲁国也处于历史转折的关头。在孔子研究中，论者往往根据孔子对当时重大历史事件的态度、对鲁国的政治变动的态度以及他实际的政绩来判定他的政治倾向，并据此对孔子作出历史评价。由于对春秋时代特别是当时鲁国的历史变动有着不同的看法，对孔子的政治倾向和政绩也存在不同的评估，从而导致对孔子政治态度的认定出现严重分歧。这种分歧，主要表现在孔子对铸刑鼎的态度、孔子对待"乱党"的态度以及孔子"堕三都"等重大问题上。

孔子很敬佩周公，说周公把西周治理得很好，他也想把东周治理好。前者如《论语·述而》说："子曰：'甚矣，吾衰也！久矣不复梦见周公。'"《八佾》中说："郁郁乎文哉，吾从周。"孔子的这些话，表达了他的政治追求和政治思想。对于"吾从周"三个字应该怎样理解？孔子大声

---

① 《哲学研究》1961 年第 4 期。

疾呼和倡导"正名"反映了孔子怎样的政治思想？它与认识论的名实问题是否有关？这些问题，在五六十年代都引起了热烈的讨论。

（1）孔子对待重大政治事件的态度

孔子为什么反对铸刑鼎？

春秋中叶以前，没有正式法律，贵族凭习惯法和个人的意志统治人民。到了春秋末叶，由于社会经济的发展和阶级关系的变动，有的诸侯国不得不公布成文法。所谓铸刑鼎，一般认为是春秋时期社会变革和进步的一个标志。对于晋国铸刑鼎这件事，孔子曾说过这样的一段话："晋其亡乎，失其度矣。夫晋国将守唐叔之所受法度，以经纬其民，卿大夫以序守之，民是以能尊其贵，贵是以能守其业。贵贱不愆，所谓度也。……今弃是度也，而为刑鼎，民在鼎矣，何以尊贵？贵何业之守？贵贱无序，何以为国？"（《左传》昭公二十九年）这段话，成为分析、判断孔子对铸刑鼎态度的重要依据。同样依据这则史料，论者却有着以下两种截然不同的意见：

一种意见认为，孔子反对晋国铸刑鼎，就是维护旧有的礼制和等级制度，这表明孔子的政治思想和政治立场是保守乃至反动的。

童书业在《孔子思想研究》[①] 一文中指出，上面这段话虽掺杂有预言，不可尽信，然而却相当正确地反映了孔子保守的政治思想。在保守的贵族阶级看来，公布成文法是不合理的事情，因此郑国"铸刑书"惹起了晋国叔向的批评，晋国铸刑鼎也惹起了孔子的批评。所谓"民在鼎矣，何以尊贵"就是说百姓根据法律，便可以对抗贵族，贵族会失去垄断的权力。所以，孔子反对"刑""政"的目的，确是孔子的宗法保守思想的明显表现。

任继愈《孔子政治上的保守立场和哲学上的唯心主义》[②] 一文认为，孔子反对晋国铸刑鼎一事，表明了孔子的一种政治态度，即西周唐叔以来的奴隶制改革不得，改了就有亡国的危险。至于孔子称赞子产，也是从他不破坏旧制度（不毁乡校）方面着眼的。

夏基松在《孔子思想的渊源和阶级实质》[③] 一文中认为，孔子生活的春秋末期是从奴隶社会向封建社会过渡的历史时期。在这大动荡的时局面前，不同的阶级提出了不同的主张。代表新兴封建主和商人利益的人们，积极主张废除旧制度，建立新制度，废除旧秩序，建立新秩序，这一派代表人物是郑国的子产。代表没落的奴隶主贵族利益的人则顽固地反对各种

①　《山东大学学报》1960 年第 1 期。

②　《北京日报》1961 年 7 月 27 日。

③　《孔子哲学讨论集》，中华书局 1962 年版。

革新的主张和措施，企图挽救崩溃中的旧秩序和旧传统。这一派的人物可以举出晋国的贵族叔向。他对子产铸刑书进行了激烈的攻击。文章认为，仔细考察孔子的言论和行动，他属于后一种人。孔子极力反对晋国铸刑鼎，他的一篇大道理不过是叔向言论的翻版。他和叔向一样，把奴隶主贵族的特权看做是立国的基础，认为实行法治就是对这种特权的破坏，因而把它说成是亡国的祸根。

关锋、林聿时《三论孔子》①一文认定孔子依据周礼反对晋国铸刑鼎，据此予以否定的评价。他们认为，"唐叔所受之法度"就是周公授给他的法度，就是《唐诰》。奴隶时代的周公肯定不会授给唐叔一套封建地主阶级的政治法典。孔子就是以唐叔所受之法度亦即周礼，来反对铸刑鼎的。守"唐叔所受之法度"就是维护周礼所规定的贵贱秩序、等级秩序。孔子宣称，铸了刑鼎就会导致贵贱无序，这是站在贵族方面反对贱者。孔子把铸刑鼎和周礼、"唐叔所受之法度"置于绝对对立的地位，这有助于证明，在当时主张法治，反对礼治就是反对周礼，是进步的。这也反证孔子反对铸刑鼎是站在保守方面的。关锋、林聿时不同意把晋国铸刑鼎与晋国的"夷蒐之法"扯在一起，因为这种看法是没有根据的。从文公六年到铸刑鼎的昭公二十九年恰恰是一百年，其间变化很大。就在铸刑鼎的前一年，反动的叔向一族和祁氏一族被灭，其领地编为十个县，并设立了地方官。恰在此后铸刑鼎，这不是值得思索吗？

冯友兰对孔子的总体评价与任继愈、关锋等人明显不同，但对孔子反对铸刑鼎一事所反映的保守政治态度，却有着大致相同的看法。他在《论孔子》②一文中说，春秋时期郑、晋两国铸刑鼎以及等级制度的破坏，都是当时具有历史意义的变革，标志着中国社会在这个时代有伟大转变。而孔子对晋国的铸刑鼎持反对意见，就是要晋国的奴隶主贵族死守着从开国以来的传统的贵族制度，以为这样奴隶和人民就能服从贵族，贵族就能保守着他们的统治和剥削的地位，从而使"贵贱不愆"。正因为如此，所以当时新兴的社会势力要冲破这些制度。这个后果，孔子也是看到的，即所谓"贵贱无序，何以为国？"这些言论表明孔子完全是站在奴隶主贵族的立场。据此，冯友兰认为孔子对当时社会变革的态度是保守的。孔子反对铸刑书和拥护等级制度的态度在思想战线上表现为对于"礼"的拥护。

另一种意见则认为，重要的不是孔子反对铸刑鼎的行为，而是孔子反对的是什么样的法律。依据对晋国有关法律内容的分析，不能简单地断言

---

① 《光明日报》1962 年 1 月 22 日。

② 《光明日报》1961 年 7 月 22、29 日。

孔子反对公布成文法，孔子实际上是反对这种法律的残酷性。所以，他的政治倾向不是保守或反动的，而是进步的。

汤一介《孔子思想在春秋末期的作用》[①] 一文认为，孔子反对铸刑鼎有两重意思，一方面，孔子维护作为剥削阶级统治工具的"礼"，因为铸刑鼎不利于"礼"的巩固，所以孔子表示反对。另一方面，晋国的刑律对奴隶是相当残酷的，这也和孔子主张的"仁政"不相符合。孔子是一个有远见的剥削阶级的思想家，从历史唯物主义的观点来看，在当时并不一定是反动的，应该加以批判地肯定。

钟肇鹏在《略论孔子思想的阶级性》[②] 一文中也认为，将孔子反对铸刑鼎作为孔子维护旧的奴隶制的证据，很有推敲的必要。刑法、刑书并不起于春秋末年，不能毫无分析地认为凡铸刑书就一概代表进步的政治思想。就孔子来说，他批评了晋铸刑鼎，但对于郑国铸刑书的子产却大加称赞，对于法家的开创者管仲更是推崇备至。他对于这两位主张法治的前驱是那样的嘉许，而对荀寅铸刑鼎却大加批评，这就不能不加以分析。此事不能证明孔子反对进步的法治，倒足以证明孔子批判了保护奴隶主的反动法律。从文献看，孔子所反对的应该是指"宣子之刑，夷之蒐也"。"夷蒐"之法"正法罪，辟狱刑，董逋逃"，都是为了镇压奴隶平民而制定的法律，其条文虽不可得见，但仅凭这几条大纲就足以说明这正是春秋末年奴隶制走向崩溃阶段，由于大批奴隶逃亡、暴动，奴隶主阶级为了维护他们的统治而制定的反动法律，并没有什么进步意义。

王先进的看法与钟肇鹏相同。他在《孔子在中国历史上的地位》[③] 一文中提出，孔子所反对的不一定是法律的公布而是法律的内容；他所拥护的是唐叔接受的法律。唐叔接受的法律内容是什么？现在不得而知。若以周公籍田法充其内容，则是晋国将唐叔所接受的周公的法度来管理他的人民。晋文公根据这个法律的精神，制"执秩之官"和"被庐之法"，缓和了当时的阶级矛盾，所以称霸。到范宣子时，晋国统治阶级剥削繁重，激起盗贼反抗。范宣子在这种情况下，才制刑书来镇压人民。把这种刑书铸在刑鼎上，按着这种刑书来镇压老百姓，所以孔子说老百姓的命都在鼎上了。范宣子这种残酷镇压劳动人民的法律，也违反了孔子"子为政，焉用杀"和"道之以德，齐之以礼"的主张，所以孔子反对它。

孔子"应召与叛"分析

① 《孔子讨论文集》第 1 集，山东人民出版社 1961 年版。

② 《文史哲》1961 年第 3 期。

③ 《孔子哲学讨论集》，中华书局 1962 年版。

郭沫若在《十批判书》中，根据《墨子·非儒》篇和《论语》的有关记载，断定孔子是帮助"乱党"闹革命的，并以此作为评价孔子政治态度的重要依据。20 世纪五六十年代围绕这一问题展开了热烈的讨论。争论实际上涉及三个层面的问题：第一，对史料真伪的质疑，即有关史料记载是否可信；第二，对事实真相的辨析？即公山勿扰和佛肸是否"乱党"，他们的反叛是否是"闹革命"；第三，孔子对"乱党"的态度。如果史料记载及事实均可信，是否就可以证明孔子支持"乱党"闹革命？证明孔子是站在先进阶级的一边？

第一个问题，有关史料记载是否可靠。对于《论语·阳货》等记载，前代已有人认为不符合事实，如清代学者崔述在《洙泗考信录》中就作过辨析。讨论中多数学者虽不予以采信，然而否定它也没有足够的证据。关锋、林聿时在《论孔子》①中说，断言《论语》和《史记》的有关记载是儒门后学为他们的老师辩护，并没有确实的证据。孔子既没有去佛肸那里做出一番事业来，也没有别的史料证明他去的目的是真心实意帮助闹革命。郭沫若《十批判书》分析《非儒》篇所传"故事"，断定孔子是帮助"乱党"闹革命的，虽有其合理的地方，但也有很大的片面性。我们不可不估计到，儒墨后学，受到宗派主义的束缚，他们所说是不能贸然信以为真的，尤其是对所谓"故事"。

第二个问题，有关史实的辨析：公山勿扰和佛肸是否乱党？他们的反叛行为究竟是为了"张公室"，还是为了"闹革命"？

关锋、林聿时认为，并没有足够的材料证明这一点。佛肸是中牟宰，范氏的家臣，赵简子攻范、中行，伐中牟，佛肸起来抵抗。这里至少有三种可能：（一）赵简子是反革命党，范、中行代表新兴地主，那么佛肸是革命的。可是，并没有材料证明赵简子是代表奴隶主贵族的，倒是有不少材料证明他似乎是代表新兴封建地主的；（二）与此相反，那么佛肸则不是革命党，而是帮助反革命的范、中行；（三）赵、范都是代表新兴地主的，这场乱子是他们之间的争权夺利②。

冯友兰在《论孔子》③一文中说，鲁国的季氏、齐国的陈氏在一定程度上代表新的封建生产关系，是社会的新兴势力。公山不狃是季氏的家臣，对鲁君说，他是陪臣。佛肸是晋国大贵族赵氏的陪臣，对晋君说，也是陪臣。他们可能以拥护鲁君和晋君为名来反对季氏和赵氏。他们以"张

①　《哲学研究》1961 年第 4 期。

②　关锋、林聿时：《论孔子》，《哲学研究》1961 年第 4 期。

③　《光明日报》1961 年 7 月 22、29 日。

公室"为号召，所以孔子有意接受他们的召请。可是，照旧礼，陪臣不应该"张公室"，所以孔子还是没有去。这跟孔子拥护贵族等级的基本主张并无矛盾。

杨荣国《论孔子思想》① 一文认为，公山勿扰、佛肸之叛都是为了张公室。公山勿扰"以费畔季氏，使人召孔子，孔子说：'夫召我者，岂徒哉！如有用我者，吾其为东周乎！'"其后虽不曾去，但要去的意思是很明显的，他打算和公山勿扰一道张公室以挽救种族统治之颓势。孔子之所以想应佛肸之召，亦有维护公室的意思。

第三个问题，孔子"应召与叛"能否证明孔子同情"乱党"，"帮助乱党闹革命"？孔子对公山等人的反叛有过思想斗争，但终究没有去。汤一介在《孔子思想在春秋末期的作用》② 一文中指出，孔子愿意帮助新兴地主阶级，并赞美过这种新政治运动。例如"公山勿扰以费畔，子欲往"就是很好的证明。与此同时，文章也指出了孔子对于新经济制度的两面态度。由于孔子是一个奴隶主贵族转化为代表封建主贵族思想的人，他懂得"犯上作乱"不仅不利于当权的奴隶主贵族，同时也不利于他所代表的由奴隶主贵族转化的封建贵族的利益，因此，孔子原则上是反对"犯上作乱"的。

唐兰《评论孔子首先应该辨明孔子所处是什么样社会性质的社会》③ 一文说，孔子应召是为了实现自己的政治理想，孔子政治倾向是进步的，因此孔子应召也就成为帮助公山弗扰"闹革命"了。孔子生活的时代是诸侯割据称雄的时代，但孔子在公山弗扰和佛肸的召唤时也想去，并提出"如有用我者，吾其为东周乎"，"吾岂匏瓜哉，焉能系而不食"等口号。说明他为了行他的道，是不妨打破常规的。

任继愈《孔子政治上的保守立场和哲学上的唯心主义》④ 一文认为，公山和佛肸两个叛臣都想请孔子去帮助，孔子曾动过念头。孔子的动机是劝他们"改邪归正"还是通过他们恢复西周以来的奴隶制，我们无从推测。但孔子毕竟没去参加他们的"叛乱"集团。孔子的政治态度，正如朱熹所透露的："阳货之欲见孔子，虽其善意，然不过欲使其助己为乱耳，故孔子不见者，义也。"（《论语集注》）

---

① 《学术研究》1962 年第 1 期。
② 《孔子讨论文集》第 1 集，山东人民出版社 1961 年版。
③ 《文汇报》1962 年 1 月 26 日。
④ 《北京日报》1961 年 7 月 27 日。

　　夏基松在《孔子思想的渊源和阶级实质》①一文中也肯定孔子是打算接受公山和佛肸召请的，但其动机是去寻找机会恢复奴隶主的政权，因为他说得很清楚，假如有人用他，他就要在东方建立一个奴隶主专制的王国。

　　"堕三都"对谁有利？

　　鲁定公十二年，孔子任鲁司寇。他在任上最重要的政绩之一就是堕三都。所谓三都，就是三桓的城池：叔孙氏的郈，季孙氏的费，孟孙氏的成。对于孔子的这一重大举动应该如何评价，是一件相当困难的事。因为鲁国国君与三桓、三桓相互之间以及和家臣都有矛盾。孔子堕三都究竟是为了"张公室"，削弱三桓，维护鲁公的威权，还是为了打击家臣，维护三桓的势力？历来有不同的看法。而要据此讨论孔子的阶级立场，问题就更复杂了。从鲁宣公开始，政权实际上已经转移到了季氏手中。但季氏的家臣也要起来争取他们自己的利益。于是便形成了错综复杂的三种势力的斗争。主张春秋战国封建论的学者通常认为鲁公室和季氏的对立代表着两个阶级的对立，前者代表奴隶主贵族，维护奴隶制；后者代表新兴地主阶级，向公室争夺政权，要求实行封建剥削制度。"家臣"反对季氏，奴隶主贵族的政治家是会企图从中渔利的，但是家臣可能也会打着"张公室"的旗号，他们的真正目的并不在于维护奴隶制，如果他们胜利了，也许会对奴隶制度废除得更彻底一些。

　　夏基松《孔子思想的渊源和阶级实质》②一文认为，"三都"是陪臣"叛乱"的根据地，也是三桓的三个政治中心。孔子"堕三都"的目的一方面固然是为了预防陪臣的负隅作乱，另一方面则是企图削弱三桓的政治力量，迫使他们把政权还给鲁公室，以达到"天下有道，则政不在大夫"的政治理想。

　　关锋、林聿时《论孔子》③一文认为，季氏当时虽然掌握了实际政权，但是守旧的鲁公室还有一定的力量，季氏的实际权力并不稳定，而他的家臣阳虎、公山勿扰还要颠覆季氏的权柄。孔子从中年以后，就一直站在鲁公室方面。如果认为鲁公室代表没落的奴隶主贵族，季氏代表新兴地主阶级，那么就必得合乎逻辑地承认孔子在中年以后的政治立场是反动的。

　　三桓最初支持"堕三都"，目的在于削平他们心怀"叛志"的家臣。但是，当盘踞在费城的公山勿扰被削平之后，如果按照"家不藏甲，邑无

---

① 《孔子哲学讨论集》，中华书局 1962 年版。

② 同上。

③ 《哲学研究》1961 年第 4 期。

百雉之城"的原则继续干下去，三桓的势力就要被大大削弱，所以他们就不再支持平毁属于孟孙氏的成城了。堕三都之策，在三家是和鲁公室讲统一战线，削平他们的心腹之患；而鲁公室和站在鲁公室一边的孔子，却是想借此削弱三桓的势力，把实际权力夺回来。双方是相互利用。结果是握有实权的三桓胜利了，鲁公室失败了。

杨荣国对春秋时期的社会变革和鲁国阶级斗争的形势的看法，与关锋、林聿时大致相同。他在《论孔子思想》① 一文中认为，在当时一些关键性的变化中，孔子的政治态度是很明显的，他竭力维护当时走向没落的种族奴隶制，反对一切适应新的形势的变化与改革，力图参与维护宗族奴隶制的一切活动，堕三都只不过是其中一个例子。

钟肇鹏不同意上述观点，他在《略论孔子思想的阶级性》② 一文中认为，当时不论鲁公室还是三桓都是奴隶主阶级，政权性质也还是奴隶主的政权，而季氏尤其是奴隶主势力的实力派。所谓公室与私家之争，基本上是反映了奴隶主阶级的内部矛盾。孔子当鲁司寇的时候正是季氏当国的时期，鲁定公不过是半傀儡式的人物，孔子若得不到季氏的支持恐怕当不了鲁司寇。"堕三都"固然有削弱三桓的意图，但是否就足以证明季氏就是反革命、孔子就是革命呢？以"张公室"来说，当时许多陪臣反对季氏的专擅都以"张公室"为名，究竟谁革命谁不革命呢？如果认为陪臣的"张公室"是革命的，孔子想利用鲁公来进行一些改革就是反革命，这样的论断巩怕难以令人信服。所以，判断孔子思想的阶级性恐怕不能以反对"某人"、"某家"为标志，何况认为季氏就是代表新兴地主阶级，这一前提还缺乏坚实的基础。事实上由于私门擅权，引起"公""私"之争，强大的私家大概都是代表世族贵族的实力派，这种残余势力一直影响到战国末年，所以代表当时进步思想，主张变法的人，首先要反对私家。

唐兰《评论孔子首先应该辨明孔子所处是什么样的社会性质的社会》③认为，孔子借季孙与其家臣阳虎的矛盾，设法堕三家的都邑，固然是用以加强鲁国公室的力量，但其本意却在于压抑大夫的专权，恢复封建国家的权力，再进一步建立新统一王朝，所以孔子说"如有用我者，吾其为东周乎"。不能以此认为孔子的政治态度是保守的、反动的。

晁松亭《对于关锋、林聿时二同志〈再论孔子〉的商榷》④ 一文，虽

---

① 《学术研究》1962 年第 1 期。
② 《文史哲》1961 年第 3 期。
③ 《文汇报》1962 年 1 月 26 日。
④ 《文史哲》1962 年第 2 期。

然同意关锋、林聿时对春秋时期社会变动以及鲁国阶级斗争分野的基本估计，但对于孔子的政治倾向却得出了完全不同的看法。他同意鲁公室代表奴隶主，季氏代表地主阶级，但不同意孔子张公室就是站在鲁公室这一边来反对进步势力，反对季氏。他认为，孔子并不反对季氏，也不是要张公室。他是站在新兴地主阶级立场，顺着历史潮流前进的。孔子出身贫贱，能为鲁司寇完全由于季氏提拔。孔子由中都宰升为大司寇，如不得季氏支持是不可能的。季氏逐出昭公后，鲁国政权完全掌握在季氏手中，已经有七年之久，孔子若有张公室反季氏的丝毫表现，或昭公出亡时孔子有拥护昭公之活动，试想季桓子会让他回鲁国做司寇吗？季桓子病重时，顾谓其嗣康子曰："我即死若必相鲁，相鲁，必召仲尼。"（《史记·孔子世家》）桓子死后，康子果然召仲尼归鲁尊为国老而问政事。由此足证孔子与季氏的关系始终不坏，更可以证明孔子绝不是反对季氏的人。当时鲁国形势很清楚，三家陪臣势力已尾大不掉。堕三都乃是孔子帮助季氏做一次大工作，正是拥护季氏的积极行动的表现。堕了三都，政权更集中于季氏。孔子反对季氏厚敛于民，并不反对季氏推行新政。这是孔子很进步的表现。孔子叫季氏行周公之典，正是叫他少刮取于民的意思，不能以此简单地认为孔子的主张就是恢复周礼。在《论语》中只有两章反对季氏的言论，即反对"八佾舞于庭"，反对"季氏旅于泰山"。然而这也要从两方面考虑。或者是受传统礼法的限制，认为太僭分，或者认为是这样做对于人民影响不好，因为传统的观念在当时还占有相当势力，不利于季氏的发展。

（2）孔子的政治思想

"吾从周"的解读与孔子政治思想的评估

如何解读孔子的"吾从周"，是判定孔子思想阶级性和孔子本人政治立场的重要依据。在有关的文章中，对于"吾从周"的"周"判读十分宽泛，或理解为孔子仰慕周公其人；或理解为"周道"，即周代的统治理念；或理解为"周礼"即周代的礼制；或理解为虚拟的一种古代的理想制度；等等。对于"从"的字义，也有虚、实两种不同的理解，或理解为仰慕、向往，或理解为遵循、恢复、实践等。由于上述的不同理解，对孔子的政治态度也作出了不同的判断。

关于"吾从周"所反映的孔子的政治思想和抱负、孔子的政治立场究竟是进步、保守乃至反动，大致有两种看法。

一种看法认为，"吾从周"表明孔子试图恢复周代的制度和统治秩序，在政治实践上则是复古倒退，因此孔子的政治立场是保守的，乃至是反动的。童书业在《孔子思想研究》① 中指出，孔子受当时宗法保守思想的影响，对于西周制度爱慕到极点，以致常常梦见周公。在孔子看来，当时天下是"无道"的。孔子的目的是要恢复"天下有道"的局面，就是"礼乐征伐自天子出"，"政不在大夫"，"庶人不议"。这就是西周的旧秩序。孔子要在东方推行周道，所以说"吾其为东周乎"。但是，童书业又认为孔子对于周礼的态度有着两面性，一方面，由于孔子站在上层士大夫的立场，思想有很大的保守面，所以对周制、甚至夏商的制度都抱着拥护和维持的态度，以为社会制度的根本是不能变动的，只能略施改进。但另一方面，孔子是个贵族改良派，他又认为旧制度可以"损益"，"损益"就是改进。孔子政治思想中最突出的一种观点，就是德治和礼治的思想。两者都是宗法封建制的反映。宗法式的统治和后世专制君主的统治不同，专制君主的统治主要使用刑法；宗法式的统治则使用"德"、"礼"，"德"就是氏族习惯，"礼"就是氏族仪式，用"德""礼"统治，就是用氏族宗法统治。周代的封建制是和氏族制相结合的封建制，即宗法封建制。孔子是维护宗法封建制的，他的"德化"和"礼治"思想，就是宗法封建统治方式的理想化。

关锋、林聿时《论孔子》② 一文认为，孔子的政治理想是"改良"过的西周社会。孔子的政治抱负就是继承文王、周公的事业，兴周道于东方。孔子提出："齐一变至于鲁，鲁一变至于道。"（《论语·雍也》）这里的"道"即是周道。孔子主张要变到西周社会去，这反映孔子的愿望是反动的、倒退的。

冯友兰在《论孔子》③ 中指出，孔子把当时的奴隶主贵族制度（周礼）看做是几乎最完美的制度，以继承周公的事业为一生的志愿。

任继愈《孔子政治上的保守立场和哲学上的唯心主义》④ 一文认为，孔子的"从周"就是一种复古，其目的是维护西周以来的奴隶制，因而是反动的。孔子不忍看见垂死奴隶制的衰亡，流露着缅怀往古的复古倾向。历史上的"复古"主张，并非都是反动的，这要看他们所宣扬的古的具体内容是什么。古代许多进步思想家往往借古说今，在复古的外衣下，表达了他们批判现实，追求革新的愿望，老子、庄子也有类似的情况。孔子的复古，则是明确地维护西周以来的奴隶制，不能有别的解释。杨荣国在

---

① 《山东大学学报》1960 年第 1 期。
② 《哲学研究》1960 年第 4 期。
③ 《光明日报》1961 年 7 月 22、29 日。
④ 《北京日报》1961 年 7 月 27 日。

《论孔子思想》[①] 一文中更直接指责孔子的"从周"就是企图复辟西周的制度，是保守乃至是反动的。孔子以为在礼制上周代是最完备的，他要把东周的颓势挽回过来，回复到西周种族统治的局面。

有些学者则认为，"吾从周"不过是一种虚拟的政治理想，表明孔子对周公治理西周的仰慕，并非是对西周制度的简单回归，更谈不上是复辟。王先进《孔子在中国历史上的地位》[②] 一文，不同意"吾从周"就是恢复周公的制度的说法。他认为，总起来看，孔子的政治理想吸收各个政治家和各种制度的优点，不是要把某一个时代的整个制度搬到春秋末年来。如禅让天下，他推崇尧舜；减轻剥削，他推崇周公，如此等等。孔子主张由天子集权来统一中国，但"吾从周"的意思却并不是想叫周天子来统一中国。孔子周游列国在政治上找出路，但并未到过东周的首都洛阳，由此可见，他不过是以周天子象征将来的中国统一者。孔子所认定的礼，是封建生产关系的反映，也并非是周礼的翻版。孔子以为殷礼不同于夏礼，周礼不同于殷礼，东周礼也不同于西周礼。《论语·先进》说："子曰：'先进于礼乐，野人也；后进于礼乐，君子也；如用之，则吾从先进。'"当时封建生产关系已在形成之中，这种生产关系反映在上层建筑上，就是礼。它先在鄙野里行使，所以孔子说："先进于礼乐，野人也。"后来这种礼越发展越大，迫使住在国中的奴隶主阶级的开明者也不得不接受这个礼，所谓"后进于礼乐，君子也"。这个礼发展到君子手里就可能变质，所以孔子特别表明，他还是要用野人的礼，不用君子的礼。

钟肇鹏《略论孔子思想的阶级性》[③] 一文认为，孔子所谓的"复礼"是在复古的形式下灌以新的内容。"从周"、"复礼"固然有其保守方面，但维新却是主要的。我们必须透过他复礼的外衣，才能把握其思想的实质。周礼的实质是指西周奴隶社会的一套典章制度与道德规范。孔子思想与它有着很大的区别，而这些区别都是原则性的。

王仲荦《从孔子对历史人物的评价看他的基本思想》[④] 一文认为，孔子的"从周"不过是对周文化的向往和歌颂，是实现自己政治理想的一种寄托。他继承发展了周文化，缔造了新文化。文章指出，孔子平生向往的是周初那样的统一局面，他在中年以后时时梦想周公的时代。而周公是周礼的化身，是周文化的缔造者和发扬光大的人，是文王、武王统一事业的

---

① 《学术研究》1962 年第 1 期。

② 《孔子讨论文集》第 1 集，山东人民出版社 1961 年版。

③ 《文史哲》1961 年第 3 期。

④ 《光明日报》1961 年 11 月 17 日。

继承人和完成者。孔子是周文化的崇拜者，一方面以悼念的心情看着周文化的衰落，另一方面由于孔子对学术方面的努力，对培养士阶层的注意，他对新文化的启蒙运动起了巨大的作用。所以，孔子是周文化的继承人，又是春秋战国之际新文化的缔造者。

"复古"与"托古"之争

"从周"既是取法于"先王"，那么应该如何理解孔子"法先王"与"托古"呢？"吾从周"究竟是"托古"还是"复古"？"法先王"是否可以理解为一种托古改制？对此也有不同的看法。

钟肇鹏《略论孔子思想的阶级性》①一文认为，孔子的"从周"是一种"托古"改制。可是，孔子思想既是代表新兴地主阶级，为什么又要以"从周"、"托古"的形式进行改革呢？对此，钟肇鹏提出两点解释：第一，孔子生于春秋末年的鲁国，春秋时"犹尊礼重信"，"宗周王"。鲁为周公之后，伯禽所封，保存旧的传统习惯势力较他国尤深，所谓"犹秉周礼，周礼尽在鲁矣"。在这样的情况下要倡导一些改革，在"从周"、"复礼"的名义下，注以新的内容，托以"周礼"是完全可以理解的；第二，当时新兴地主阶级的势力虽然日渐抬头，但就整个形势来说，与奴隶主政权的势力比较起来还是软弱的。地主阶级在当时也还未达到壮大成熟的阶段，孔子思想之所以具有"托古"的成分，也正如马克思所说：是"怯懦地运用魔法，求助于过去的亡灵，借用他们的名字、战斗口号和服装，以便穿着这种古代的神灵服装，说着这种借用的语言，来演出世界历史的新场面"。②而这种怯懦的"托古"思想也正反映了新兴地主阶级在当时政治力量对比之下还相当的薄弱，所以表现为在"复古"的形式下倡导"维新"。

高亨《孔子思想三论》③一文系统地阐述了中国古代的"法先王"传统，以此肯定孔子的"法先王"不是"复古"而是"托古"。他认为，第一，孔子所取法的"先王"并不是实在的人，只是一种形象，因而法先王是"托古"，不能简单地等同保守和"复古"。孔子所称道的先王主要是尧、舜、禹、汤、文、武、周公。尧、舜、禹是原始社会中有功于人类的杰出领导者。先秦古籍所记载的这类传说中的形象，经过后人依照自己的理想一次一次地加以美化，又经过东周思想家为了托古改制而再塑，大部分是夸饰，不是历史真实。汤和文、武、周公是推翻暴君、革除虐政、减轻人民灾难、开基创业的贤明统治者。儒家学说里的先王或多或少地有传

———————

① 《文史哲》1961 年第 3 期。

② 《路易·波拿巴政变纪》。原文引自《马克思恩格斯文选》第 1 卷，第 223 页。

③ 《哲学研究》1962 年第 1 期。

说的成分和后人美化的成分、东周思想家伪托的成分，并非历史上真实的先王，但法先王不等于保守和复古。第二，从法先王的具体内容而言，表达了劳动人民和进步人士的理想，成为具有多方面进步意义的典范形象，所以法先王的学说是改进当代社会不合理现实的一种手段，不等于保守和复古。例如，孔子理想中的地租制度，以仅取人民劳动果实的十分之一为原则。孔子要以这样轻微的地租剥削代替当时统治者夺去人民劳动果实三分之二或二分之一的剥削制度，怎么能说是复古呢？怎能说没有进步意义呢？即使西周有过什一的地租制度，孔子要复这样的古，虽不可能，然而追求有利于人民的意愿还是应该肯定的。综合以上两点，高亨得出的结论是：孔子和他的弟子称述的先王，其具体内容是为人民谋福利，任用贤人，生活俭约、严格责己，而最突出的是任用贤人。这些政治原则，在春秋时代都有较大的进步意义，不能说是保守和复古！如果我们看到法先王的学说，不问其具体内容如何，便扣上保守和复古的帽子，简单而概念化地加以批判，是不恰当的。再则，孔子重视先王之礼，也主张有所因革损益。

与此同时，高亨也指出法先王的历史局限性以及孔子法先王对历史发展所起的消极作用。他说，法先王的口号不免引人向后看，《论语》所述法先王内容中，就春秋时代而言，也有落后观点。春秋时代，各国政治上都存在着亲亲与尚贤的矛盾，孔门弟子的政治思想也存在着这种矛盾。孔子的礼与法先王最大的落后之点是维护分封、世袭等级制度。这基本上是西周制度，当时也正在逐渐破坏和崩溃着，然而孔子却维护着它们，似乎在维护西周的原样，这是违反当时社会需要的，对当时社会的发展起着一定的消极作用。

任继愈、关锋、林聿时、杨荣国等人对"托古"说则不予认同。他们认为，"从周"就是一种复古倒退，孔子的政治理想并无进步之处。如关锋、林聿时《三论孔子》①一文指出，"托古改制"的说法没有根据，按春秋时代的实际是不可能的。在大家对周礼的内容还很清楚的时候"托古改制"，把新的礼说成周礼，那也是办不到的。孔子所主张的礼，虽对周礼有所修正，基本上还是周礼，并非是托古改制。

"正名"辨析

《论语·子路》篇记载子路问为政奚先。孔子曰："必也正名乎！"子路认为：夫子"迂也！奚其正？"孔子说："野哉由也！群子于其所不知，

---

① 《光明日报》1962 年 1 月 22 日。

盖阙如也。名不正则言不顺，言不顺则事不成，事不成则礼乐不兴；礼乐不兴则刑罚不中；刑罚不中则民无所措手足。故君子名之必可言也，言之必可行也。君子于其言，无所苟而已矣。"这是孔子倡导正名的主要依据。

孔子倡导正名与他的政治理想密切相关。关于正名，主要有两个问题引起争论：一是与孔子政治态度的关系，即与其礼治、复礼结合起来考察，如何评价政治态度与历史作用？二是正名是否与哲学认识论上的名实问题有关？在五六十年代的讨论中，许多文章就前一个问题提出了看法，并以此强调孔子的礼治和复礼的主张。尽管研究者对孔子政治态度的判定有不同理解，但对于孔子正名的主张和实践的看法却比较一致，大体上认为正名反映了孔子思想和政治实践的保守方面，至于与正名相应的改革和革新，论者或肯定，或否定，有不同的看法。

童书业《孔子思想研究》[①] 认为，孔子的正名是实行礼治的一种手段，试图代替周天子行使讨伐，维持宗法封建秩序。他说，正名就是使名与实相符，名不正的弊害会使"礼乐不兴"，"刑罚不中"。原来当周天子有权力的时候，谁要破坏了宗法封建秩序，如"臣弑其君"、"子弑其父"，周天子就要讨伐；现在周天子没有权力了，"臣弑其君"、"子弑其父"，无人讨伐，孔子就来代替周天子施行讨伐，用《春秋》的"史笔"褒贬，以代替赏罚，其目的便是要使"君君"、"臣臣"、"父父"、"子子"。所以，正名是维持宗法封建秩序的一种手段，也就是"礼治"。

冯友兰在《论孔子》[②] 中也指出，孔子"正名"的理论是他拥护礼制主张的集中体现。它的具体内容就是"君君、臣臣、父父、子子"。孔子认为每一个名的意义就代表这个名所指的事物所应该如此的标准，这个标准，他称之为"道"。处于君臣父子的人如果都合乎各自的"道"，就是"天下有道"。照孔子看来，"无道"就是乱，那就是奴隶制的秩序不能维持。为了阻止这个"乱"，他就企图用奴隶主制度中的"名"加上一些新补充的意义，"校正"当时他所认为是不对的现实情况，这就是他所谓的"正名"的实际意义。

夏基松在《孔子思想的渊源和阶级实质》[③] 一文中，根据《论语·子路》和《颜渊》记载的"季康子问政于孔子……孔子对曰：'政者正也。子帅以正，孰敢不正。'"认为孔子积极正名，把正名看做统治者的首要任务，是与他大力宣扬周礼一致的。孔子提倡正名的目的，就是为了恢复周

① 《山东大学学报》1960 年第 1 期。
② 《光明日报》1961 年 7 月 22、29 日。
③ 《孔子哲学讨论集》，中华书局 1962 年版。

礼。在孔子的时代，旧秩序、旧传统正在分崩离析，是非善恶观念发生了变化，孔子重申是非善恶的准则，即重新提倡旧秩序旧观念，让大家继续按老规矩办事，按老传统生活。

关锋、林聿时《论孔子》① 认为，孔子的"正名主义"是他为政方法的总概括。自春秋以来，社会经济基础、阶级关系发生急剧变化，但是作为上层建筑的观念、概念、名却落后于经济基础的变化，处于新旧交错的"混乱"中：既有旧名词的新用，也有新名词的旧用，也有若干新名词尚未获得确定的意义。"正名"的内容，无非是"君君、臣臣、父父、子子"，无非是"复礼"。当然，其中也包括尚贤等。孔子要从正名入手，去实行他关于仁和礼的政治学说，以兴周道，基本上是保守的，因为他基本上是要以旧的"名"去改变新的事实。但是，关锋、林聿时并没有因基本面的保守而否认孔子"正名"所包含的进步因素。他们认为，孔子用"仁"、"不仁"区别君子和小人，客观上在一定程度上冲击着以血统、身份划分等级的藩篱，这是有进步意义的。

杨荣国《论孔子思想》② 一文将孔子的正名与复礼、归仁联系起来考察，指出"正名以复礼"，最终达到天下归仁的目的，是以正名来维护日趋紊乱的"刑不上大夫，礼不下庶人"的统治局面。

汤一介在《孔子思想在春秋末期的作用》③ 一文中认为，有人根据孔子关于"正名"的言论来论证他的认识论观点是唯心主义的，这种看法是不妥当的。"正名"思想基本上与哲学的认识论无关，与"名""实"的关系无关，而是为政的问题，孔子在这里说的"名"是一个行事的标准。

冯友兰的观点与汤一介大体相同。他在《论孔子》④ 中认为，孔子的正名本来只是一种政治主张，他所注意的并不是认识论问题，也不是逻辑问题。在春秋末年，认识论和逻辑的问题还没有提到哲学的日程上来。

任继愈《孔子政治上的保守立场和哲学上的唯心主义》⑤ 一文认为，春秋战国时期名实问题是哲学上争论最多的问题之一。凡是认为事物的客观存在（实）是第一性、表达这一客观事物的名词（名）是第二性的学派，是唯物主义；反之，就是唯心主义。孔子和老子的名实论相对立，充当了反面角色。孔子认为，为政要"正名"，把名搞正了，才能稳定统治

① 《哲学研究》1960 年第 4 期。
② 《学术研究》1962 年第 1 期。
③ 《孔子讨论集》第 1 集，山东人民出版社 1961 年版。
④ 《光明日报》1961 年 7 月 22、29 日。
⑤ 《北京日报》1961 年 7 月 27 日。

秩序。

关锋、林聿时《论孔子》①一文也认为，孔子的议论用现在的话说，他认为"名"是第一性的，"实"是第二性的。孔子的"正名"主义正是当时"名实相怨"的反映，但他作了唯心主义的颠倒。他认为，"名正"，事物就变化了，天下就由"无道"变为"有道"了。孔子的一整套政治学说都是颠倒存在与精神的关系而构造的观念的世界。他要实行仁政学说，以"正名"的手段去恢复即将完全崩溃的奴隶主贵族统治的社会秩序的基础，这当然是主观唯心主义。

第五节　孔子思想核心的讨论

据赵纪彬统计，《论语》言"仁"者凡五十有八章，"仁"字凡百有五见；言"礼"者三十有八章，"礼"字凡七十有三见。可以说，关于"仁"与"礼"的论述是研究孔子思想的重要依据。许多学者，不是把"仁"看做孔子思想的核心，就是把"礼"看做是孔子思想的核心。但是，在孔子的论述中，"仁"与"礼"有时是联系在一起的，这就给识别二者的涵义带来了一定的困难。一般认为，孔子提出的"仁"是一个较新的概念，孔子对"仁"作出了独特的解释；而"礼"则是殷周以来制度的集中表现，是传统的继承。由于对二者的涵义及其在孔子思想中的地位孰轻孰重理解不同，又导致对孔子思想阶级性的不同定位。有人认为孔子的仁是进步的，但他所主张的礼却是保守的，甚至是反动的；有人认为孔子提出的仁是为礼服务的，因此孔子的思想也是保守的，甚至是反动的。这一系列分歧又聚焦为如何解读"仁者爱人"和"克己复礼为仁"的激烈争论。

（1）什么是仁？仁在孔子思想体系中的地位

什么是仁？仁在孔子思想体系中占有什么样的地位？一种看法认为，"仁"是孔子思想体系的根本、中心、核心等等。总之，将仁看做是孔子思想体系中最重要的概念，与孔子思想的其他概念相比，特别是与礼这个概念相比，是第一位的。

童书业在《孔子思想研究》②一文中认为，仁是孔子道德的根本，它是孔子提出的一个新概念。他说，孔子所定道德的根本是"仁"。仁这个名词是以前已有的，但它的意义似乎与孔子所说的"仁"不同。在孔子思想中，仁比礼的地位更重要。孔子注重仁，把"礼"、"乐"看成是外表的

---

① 《哲学研究》1960 年第 4 期。

② 《山东大学学报》1960 年第 1 期。

仪文，不能与"仁"相提并论。

冯友兰《论孔子》① 认为仁和礼的关系是"质"与"文"的关系。两者关系有点像内容与形式，但不完全相同。孔子认为，在"文"与"质"这对范畴中，质应该是第一位的。这一点，从他所说的"人而不仁如礼何"一类的言论就可以看出。在《论孔子关于"仁"的思想》② 一文中，冯友兰又指出，"仁"的思想是孔子哲学体系最重要部分。

汤一介在《孔子思想在春秋末期的作用》③ 一文中，将仁看做是孔子思想体系中层次最高的哲学概念。他指出，孔子以前没有人把"仁"作为一个最高的哲学概念提出来，这是孔子的创造，是时代精神的体现。为什么这样说呢？因为孔子关于仁的社会政治观点适应了新的生产方式即封建的生产方式的需要，在处理仁与礼的关系时又将"仁"规定为"礼"的内容，这样就为封建社会的伦理道德观点奠定了基础。

钟肇鹏《略论孔子思想的阶级性》④ 一文指出，在孔子思想里，"仁"是占第一位的。先秦以来，一直把"仁"视为孔子思想的核心。

孙长江《怎样分析孔子的哲学思想——向关锋、林聿时求教》⑤ 一文认为，在孔子的哲学体系中，仁不仅是一种道德，而且也是一种世界观。在中国哲学史中，孔子是第一个提出这样的世界观的。

高亨《孔子思想三论》⑥ 指出，孔子说"吾道一以贯之"，忠恕在孔子的思想中好比钱贝的贯，穿着各种思想。"仁即忠恕的合体"。《说文》："仁，亲也，从人，从二。"这是仁字的本义。《论语》："樊迟问仁，子曰：'爱人。'"具体来说，《论语》中论仁之处虽然很多，总之必以爱人为基础，离不开爱人的原则。人没有不爱己的，忠恕是推爱己之心以爱人。恕是不害人，是消极的爱；人能爱人而后才能利人，己所欲而施于人的忠，就是利人，就是积极的爱人。依此两个论点，便得出这样的结论——忠是仁的积极体现，恕是仁的消极体现。忠恕合而为仁，仁分而为忠、恕，这就是仁与忠恕的关系。五伦之道，就是以仁和忠恕为原则。忠恕是孔子伦理思想的贯。

关锋、林聿时《论孔子》⑦ 一文肯定"仁"是孔子政治学说的核心，

---

① 《光明日报》1960 年 7 月 22、29 日。

② 《哲学研究》1961 年第 5 期。

③ 《孔子讨论集》第 1 集，山东人民出版社 1961 年版。

④ 《文史哲》1961 年第 3 期。

⑤ 《教学与研究》1961 年第 4 期。

⑥ 《哲学研究》1962 年第 1 期。

⑦ 《哲学研究》1960 年第 4 期。

但同时又强调礼对仁的主导性，对仁与礼的关系的理解似有双重性。杨荣国《论孔子思想》① 一文的看法与关锋、林聿时大致相同，但他肯定"孔子的中心思想是仁"，涵盖的范围似乎更为宽泛，论证的思路也有不同。

（2）什么是礼？礼在孔子思想体系中的地位

什么是礼？从抽象层面来说，论者对此并没有太大的分歧，大致认为"礼"就是殷周以来一种制度。如汤一介《孔子思想在春秋末期的作用》② 一文认为，"礼"是殷周以来的制度的集中体现。高亨《孔子思想三论》③ 一文具体解析先秦的礼有两个含义：一是社会制度，如赋税制度、等级制度等，所谓"经礼三百"，如《周礼》、《礼记》所记；二是冠、婚、丧、祭、燕、射、朝、聘等等仪式，所谓"曲礼三千"，如《仪礼》所记。前者是株干，后者是枝叶。文章强调，我们研究孔子的礼，研究孔子的礼有无进步意义，首先要考察"经礼"，即孔子所主张的社会制度。但是，涉及礼与社会性质的关联，由于对周代社会性质有不同的看法，争论也随之产生。

西周封建论者认为周礼是封建制的典章文物。如童书业《孔子思想研究》④ 一文认为，孔子所说的礼是宗法封建制下的产物，指的是宗法封建制的仪文典章。封建制在当时是新兴的，周礼自然也起着进步的作用，以此孔子也是代表新兴地主阶级的进步思想家。杨向奎认为，孔子站在封建领主阶级的立场，把西周制度当做典型，他主张"正名"和守礼，以稳定旧的等级制度和社会秩序。当时是君不君、臣不臣、父不父、子不子的时代，孔子认为，只要人人能够作守礼的实践，各安名分，统治阶级的内部矛盾就可以缓和，社会秩序也可以稳定⑤。高亨认为，春秋时期是领主封建社会向地主封建社会过渡的时代，实物地租已经代替劳役地租，《论语》中的民不是农奴，更不是奴隶。孔子主张减轻对农民的剥削，他的礼治思想有保守的一面，也有进步的一面，强调他的保守与复古是不恰当的⑥。

主张周代是奴隶社会的学者对孔子所说的礼与西周的礼究竟是什么关系，理解并不完全相同。一种看法将孔子的礼与周礼等同或实质上等同，另一种看法认为，孔子的礼与周礼虽然有着密切关系，但两者有着原则性的区别。

---

① 《学术研究》1962 年第 1 期。

② 《孔子讨论文集》第 1 集，山东人民出版社 1961 年版。

③ 《哲学研究》1962 年第 1 期。

④ 《山东大学学报》1960 年第 1 期。

⑤ 杨向奎：《中国古代社会与古代思想研究》，上海人民出版社 1962 年版。

⑥ 高亨：《孔子三论》，《哲学研究》1962 年第 1 期。

汤一介《孔子思想在春秋末期的作用》① 一文认为，孔子关于礼的思想有很多的矛盾，除了维护旧礼的一方面外，还给予"礼"不少新的解释，新的内容。孔子认为，"仁"应当是"礼"的基本内容，使旧礼大大改观，成了为新经济关系服务的工具。因而，礼所反映的孔子的社会政治观点和道德伦理观点是适合当时社会发展需要的，在当时起着一定的进步作用。孔子之所以这样做，因为他是一个有远见的剥削阶级的思想家，知道完全抛弃旧礼不符合他所代表的统治阶级的利益。他要做的不是简单地抛弃礼，而是对旧的礼进行改造，使它适应时代的需要。

安作璋《关于孔子"礼"和"仁"的学说》② 一文，不同意孔子主张恢复周礼是代表奴隶制贵族利益的观点。他认为，孔子所提倡的礼与周礼有三点不同：第一，孔子对礼作了新的解释，反对只把礼当做一种形式，并以礼来反对奴隶主贵族对人民过重的压迫与剥削。第二，把过去被奴隶主贵族垄断的礼下放到庶人之中（"道之以德，齐之以礼……"）。孔子将庶民的身份提高到能够接受"礼"的规范，这不能不说是对殷周以来的"礼"所作的重大修改，在当时的确是一种新的理论。第三，也是最重要的一点，孔子给"礼"加进了一个新的内容，这就是他的"仁"学。有"仁"作为基本内容，旧礼就大为改观（"人而不仁，如礼何"）。这就更证明孔子要恢复旧礼的说法是站不住脚的。

钟肇鹏认为，孔子所谓的"复礼"，是在复古的形式下注入新的内容。我们只有透过他复礼的外衣，才能把握其思想实质。孔子思想与周礼比较，有以下的不同：（一）周礼主"亲亲"，孔子提出"爱人"（仁民）；（二）周礼举亲故，孔子举贤才；（三）周礼"礼不下庶人"，孔子主张礼下庶人；（四）周礼以刑政治民，孔子主张以德礼为治，这是孔子对周礼的一个原则性的修改；（五）周礼施教育于贵族，孔子主张教育及于平民。作者认为，从这五点可以看出，孔子思想与周礼有着很大的区别，而这些区别都是原则性的③。

关锋、林聿时承认孔子对周礼曾作过"不小修改"，进行了适应形势的改良。从这方面看，孔子的礼与周礼还是不同的，也有进步意义。他们列举孔子的礼有以下的进步内容：第一，把君臣、父子、统治者和被统治者的守礼，看做双方的一种关系，主张对民有所让步；第二，虽然基本上把个人束缚在周礼的规范内，但"仁"就是"君子"，不仁就是"小人"，

---

① 《孔子讨论集》第 1 集，山东人民出版社 1961 年版。

② 同上。

③ 《略论孔子思想的阶级性》，《文史哲》1961 年第 3 期。

这也是对传统周礼的修改；第三，周礼本是"礼不下庶人"的，孔子把礼下到庶人，包括贫民。原来贵族子弟有不少降为平民，原来平民也有不少升为地主和商人，客观上使孔子不得不做这种修改；第四，主张"尚贤"，这在当时具有进步意义，是与周礼的传统相违背的。但是，关锋、林聿时不同意说孔子对周礼做了基本修正、孔子所主张的礼已经不是周礼而是一种新礼的观点，他们更强调孔子所说礼的保守性，他们也不同意说孔子把礼下到庶人包括了奴隶的说法①。

夏基松认为，周礼是巩固我国古代奴隶社会等级制度的重要工具，到了孔子时代，它已经随着奴隶制度的瓦解而崩坏。可是，孔子逆时代潮流而动，大力提倡恢复周礼。孔子虽不反对给周礼作某些适应潮流的修改，但这种修改仅仅是形式方面的，至于周礼的实质则绝不容许有较大的变动。但夏基松也承认，孔子的礼学有着不同于旧传统的地方。按照历史传统，礼是不下庶人的，孔子却把礼的对象扩大到了"庶人"这个阶层。之所以如此，不仅是由于孔子本人的出身接近于这个阶层，更主要的还在于庶人已上升为介于奴隶主与奴隶之间的中间力量，并且成为封建主政治上的经常支持者。把礼扩大到这个阶层，就能使他们受到周礼的熏陶和约束，从而将他们的行动纳入周礼的规范②。

晁松亭对关锋、林聿时的上述看法提出了质疑。他认为孔子对周礼的修改不止是把礼下于庶人，并列举了以下各条：（一）孔子创造私学制度，打破了官学制度；（二）孔子主张举贤才，打破了氏族亲亲的世袭制度；（三）孔子说："如有用我者，吾其为东周乎？"这不是想夺取政权建立新王朝吗？（四）孔子不是说"行夏之时，乘殷之辂，服周之冕"吗？孔子是要改正朔，易服色的。孔子不是创造了儒者的儒服吗？（五）"麻冕礼也，今亦纯、俭，吾从众。"这不是主张从俗礼吗？（六）有人主张三年之丧是孔子的创制，虽然不是杰作，虽然证据不足，但也不是毫无根据。晁松亭认为，从孔子所说的"殷因于夏，礼所损益可知也；周因于殷，礼所损益可知也。"从《为政》一类的言论可知，孔子并没有将周礼看成是一成不可变的，而是因时间和条件不断改变的③。

赵纪彬《仁礼解故》④一文认为，孔子的复礼主要是指周礼，但周礼并非是封建社会的典章制度，而是奴隶制的典章制度。孔子对礼采取一种

---

①　《论孔子》，《哲学研究》1960年第4期；《再论孔子》，《新建设》1961年第11期。

②　《孔子思想的渊源和阶级实质》，《孔子哲学讨论集》，中华书局1962年版。

③　《关于关锋、林聿时〈再论孔子〉的商榷》，《文史哲》1962年第2期。

④　《新建设》1962年第2期。

"维新"改良的态度，即对礼酌加损益。春秋过渡时期的基本矛盾是西周奴隶制残余的上层建筑与新兴封建生产关系的矛盾，所谓"礼崩乐坏"，乃个体私有制经济发展的必然结果，它标志着"礼"已成为阻碍历史前进的桎梏。孔子面对这种形势，始终坚持其"维新"路线，他深恐"礼"的桎梏作用被"革命暴力"从根摧毁，企图对"礼"酌加损益，借以延续其存在，力求在"礼"的约束下通过维新的道路过渡到封建制社会。这种"维新"路线的折衷主义实质，从解决"己"与"礼"的矛盾中已暴露出来。作为个体私有制经济范畴人格化的"己"，在孔子关于"仁"的思想中，虽给予了主体意义和方法论的出发点地位，却不允许"己"无节制的发展，亦即"己"必须抑屈于"礼"。

（3）从仁与礼的关系看孔子思想的内在矛盾及其阶级性

在孔子的思想体系中，仁与礼有密切的关系。许多学者在肯定这一点的同时，又大致同意仁是新东西，趋时维新；礼则是旧东西，保守落后。这样，仁与礼的关系就反映了学者所揭示的孔子思想体系中的内在矛盾。那么，在孔子思想体系中，作为新东西的仁与作为旧东西的礼是怎样糅和在一起的呢？两者的地位如有主次，以何者为主？对于这个问题的选择和认定，直接关系到对孔子及其思想的历史地位和评价。

童书业在谈到仁与礼的关系时认为，礼与仁两相比较，仁比礼更重要。孔子注重仁，把"礼"、"乐"看成是外表的仪文，不能与"仁"相提并论。但孔子又说"克己复礼为仁"，在这种场合，又将礼规定为仁的内容。这样仁就是礼，仁也变成宗法制的东西了。童书业似乎把仁与礼的关系看成是质与文的关系，可另一方面又说仁就是礼。这种看法反映了孔子思想内在的矛盾和仁礼关系的复杂性。①

汤一介认为，孔子知道旧"礼"的内容已经不能完全适应现实生活的要求，于是提出仁作为"礼"的新内容。他企图以此来解决"礼"和现实生活的矛盾。这就是说，孔子在继承旧的传统礼的同时，又对礼注入了新的内容，这个新内容就是仁。在孔子的体系中，礼与仁的结合不是一半对一半，而是内容与形式的关系。也就是说，仁是内容，礼是形式，或者说"仁"是本质，"礼"是本质的表现。孔子处在奴隶社会向封建社会过渡的时代，他代表的是由奴隶主贵族向封建主贵族转化那个集团的利益，一方面不得不保存一些旧制度，另一方面也不得不对旧制度作一些重大的改革，以适应新生产关系的需要。从这一点出发，汤一介对孔子的历史定位

① 《孔子思想研究》，《山东大学学报》1960 年第 1 期。

作出了肯定的评价：孔子在当时基本上是进步的，保守的方面是他思想的次要方面①。

　　冯友兰认为，孔子思想体系中"礼"与"仁"既是统一的，又是有矛盾的。仁以具体的人的真情实感为基础，人的真情实感如果独立地发展起来，就必然要冲破礼的束缚。如果加强礼的束缚，具体的人的真情实感必然受到限制，不能发展②。

　　关锋、林聿时一方面认为"仁"是"礼"的内容，"礼"是"仁"的形式；另一方面又认为，恢复"礼"是目的，"仁"是恢复"礼"的一种手段。"仁"和"礼"的关系，在以下两点中表现得最明显：（一）"克己复礼为仁"。"仁"就是要复礼，克己是仁的一个内容，克己才能复礼，而复礼则"天下归仁焉"。（二）"绘事后素"。这里说的是形式和内容的问题。礼是第二位的，仁是第一位的，"仁"是"礼"的质、内容、灵魂，"礼"是"仁"的表现和形式③。根据这种双重理解，似乎很难得出"仁"是孔子政治学说的核心的结论来。关锋、林聿时特别强调孔子政治思想的阶级性、保守性乃至反动性，从这一角度来观察，他们对仁、礼关系的解析应该更偏重于礼。

　　赵纪彬的《仁礼解故》一文不同意"仁"为第一位而"礼"居第二位这种看法，他在论述两者关系时明确指出，在孔子思想体系中，礼是第一位的，仁则屈居第二位。孔子以"礼"作为区别"仁"与"不仁"的标准，诸德皆从属于"礼"。在"不知礼"处，孔子未以为"仁"，只在尊周攘夷的礼之所在，孔子方许之为"仁"。似此，"复礼"为"仁"之内核，只能说礼是第一位，而"仁"居第二位。孔子以"礼"限定"仁"而不是以"仁"改造"礼"的折衷主义调和思想，相对于奴隶主阶级的死硬派（"君子而不仁者"）而言，固有其进步性；但相对于新兴个体私有制利益担当者的变革路线而言，则是一种"促退"或"桎梏"性说教④。

　　（4）围绕"仁者爱人"的讨论

　　"仁者爱人"的观点在孔子思想体系中占有十分重要的地位，这是大家公认的。围绕"仁者爱人"的讨论不仅关系到对孔子"仁"这一重要概念的理解，而且关系到孔子政治思想乃至对孔子整个思想体系的历史评价，它具有方法论的指导意义。争论的焦点，集中在孔子"仁者爱人"的

① 《孔子思想在春秋末期的作用》，《孔子讨论文集》第 1 集，山东人民出版社 1961 年版。
② 《论孔子》，《光明日报》1960 年 7 月 22、29 日。
③ 《论孔子》，《哲学研究》1960 年第 4 期。
④ 《新建设》1962 年第 2 期。

思想是否具有阶级性？他所说的"人"究竟是虚指还是实指，是否有阶级定位？如果是实指的话，那么"人"包括不包括劳动人民？对此，学者大体上有以下三种看法。

第一种看法认为，"仁者爱人"中的"人"是虚指，是泛义，是"抽象"的人，字面上的"人"，单从"人"来说并不具有特定的阶级性。主张孔子的"仁者爱人"是人道主义观点的学者，如上文所说的郭沫若等自然是属于第一种看法。冯友兰则认为"仁者爱人"就是爱一切人，以此作为论证"抽象继承"的一个范例。

冯友兰《论孔子》[1] 一文指出，孔子思想的进步方面，着重表现在他关于"仁"的理论。在孔子的思想里，"仁"是一个最高的道德原则，其主要内容是"爱人"。孔子所说的爱人，照字面上讲，是说爱一切人。这里所说的人是抽象的，不能说"人"就是专指奴隶主贵族。尽管如此，冯友兰也并没有否认孔子"仁者爱人"的阶级局限性。他认为，爱人有两个意义，一个意义是爱宗族以外的人。另一个意义是爱与"己"相对的"别人"。这样的爱实行起来有两个方面。消极方面是要"己所不欲，勿施于人"。这就是孔子所谓的"恕"。积极方面是要"己欲立而立人，己欲达而达人"。这就是孔子所谓的"忠"。两者合起来，就是"忠恕之道"。在"人"里面，孔子认为有"君子"和"小人"的阶级分别（君子指统治阶级，小人指被统治的奴隶和人民）。他说"民可使由之，不可使知之"，这是不承认"民"与自己同样有独立的意志和人格。但是，在奴隶占有制时代，孔子"仁"的理论是进步思想。这是奴隶主贵族向地主转化、在提高劳动生产者的地位时，对于人的作用的认识的一种表现。

在《论孔子关于"仁"的思想》[2] 一文中，冯友兰表示基本同意关锋、林聿时这样一个观点：孔子在以血统为纽带的氏族制度中初步发现了个人，这表现了他对于个人人格的尊重。然而对关、林认为孔子的思想代表没落奴隶主贵族阶级的结论则提出了不同的看法。冯友兰认为，个人的发现以及个人之间有一定平等关系的认识是当时一个新的阶级意识的表现，奴隶主贵族不可能有这种思想。新的地主阶级也是受当时的奴隶主贵族歧视和压迫的，而随着地主阶级的逐渐强大，他们在思想意识方面也有与奴隶主贵族平等的要求。在一定程度上，抽象地认识人与人之间有一定的平等关系。

冯友兰不同意"人"与"民"含义不同的看法。他认为，这两个名词

---

[1] 《光明日报》1960 年 7 月 22、29 日。

[2] 《哲学研究》1961 年第 5 期。

在春秋以前可能有不同的含义，但春秋以后基本上则是相同的。"民"这个名词包括有政治地位的意义，"人"这个名词没有这样的意义，只是一种泛指。春秋时期住在城市里的叫"国人"，住在乡村里的人叫"野人"；贵族叫"大人"，奴隶和农民叫"小人"。这就是说在人中有这些区别。如果"人"这个名词专指奴隶主贵族，那么"野人"就是野贵族，"小人"就是小贵族，这是不可能的。孔子所说的"爱人"，照字面上讲不能解释为爱奴隶主贵族，而是爱一切人。这里说的人是抽象的，实际上孔子所要爱的还只是剥削阶级，但不可以说，人这个字就专指奴隶主贵族。冯友兰认为，在孔子的哲学体系中，"仁"不仅是一种道德，而且也是一种世界观。孔子认为人必须自觉地有一种世界观，在中国哲学史中，孔子是第一个提出这样见解的。孔子将这种世界观称为"仁"，有这种世界观的人称为"仁人"。

高亨的看法与冯友兰接近。他将孔子的"人"比对于现代的"人民"，孔子的"爱人"就是对人民的一种态度，不但指统治阶级，也包括劳动人民。他说，孔子不仅以仁对待家属、宗族、亲戚、朋友、邻里及统治阶级的人物，而且主张以仁对待劳动人民。我们考察《论语》，便知道孔子主张爱民、养民、利民、富民、教民、安民、博施于民；反对统治者对人民的剥削和压迫过于残酷。《论语》中的"爱人"，也是包括爱民在内的。高亨认为，孔子爱民的动机，当然主要是为了巩固统治阶级的统治，然而不可因此而否认他有爱民的思想[1]。

第二种观点与第一种观点相似，认为"仁者爱人"是"人"的发现，也包括劳动人民，但强调它主要是对统治阶级而言的，"爱人"以及建立在这一思想基础上的"仁政"的出发点是为了维护统治阶级和剥削阶级的利益。从这一点来说，它与上述强调"仁者爱人"是"抽象的人"一类的看法还是有区别的，换句话来说，第一种观点偏重于"仁者爱人"中"人"的普遍性和抽象性，而第二种观点在肯定"人"的含义普遍性的同时，偏重于他的两重性和阶级性。

汤一介在《孔子思想在春秋末期的作用》[2]一文中认为，孔子讲"仁者爱人"，也包括劳动者，但不是从劳动者的利益出发，而是为了新兴封建主贵族的利益着想，为了更长久地剥削劳动者。孔子是一个剥削阶级思想家，是一个带有若干保守成分的思想家，但他的思想的基本方面是适合当时时代发展要求的，他是历史上第一个注意到"人"的人，注意到应该

---

[1]　《孔子思想三论》，《哲学研究》1962年第1期。

[2]　《孔子讨论文集》第1集，山东人民出版社1962年版。

把"劳动者"与牛马区别开来，因为他提出"仁"这样一个划时代的概念。我们不是说孔子就是为劳动人民着想，而是说他从由奴隶主贵族转化成为封建主贵族的利益出发，提出对待劳动者的态度问题。这是当时时代精神的反映，在客观上减轻了一些对劳动者的压迫。孔子的"仁"有两层意思，一层是对付奴隶主贵族，这是新兴地主阶级用来争取平等地位的工具（"己欲立而立人，己欲达而达人"），另一层是维护剥削者之间的正常关系。孔子从他那个剥削阶级的利益出发讲爱人，也包括劳动者，在当时的历史条件下，客观上对劳动者有利。

安作璋《关于孔子"礼"和"仁"的学说》①一文认为，孔子所说的"人"是存在阶级区分的，有对统治阶级而言和对被统治阶级而言之分，对象不同，含义也不一样。孔子的"人"虽然有阶级性，但也包括劳动人民在内。把孔子的"爱人"解释为泛爱，或认为孔子的爱人不包括劳动者在内，都是不对的。应该肯定孔子的爱人是有阶级性的，目的不同，内容也有区别。对统治阶级内部来讲，是"己所不欲，勿施于人"；对被统治阶级来讲，是要"节用而爱人，使民以时"。很明显，二者是有重大区别的，前者是为了维持统治阶级内部的正常秩序，后者则是企图缓和阶级矛盾。

第三种观点认为，"仁者爱人"的"人"是具体的人，因而具有鲜明的阶级性，指的是统治阶级，其阶级内涵不包括劳动人民。对于被统治阶级来说，"仁者爱人"完全是一种欺骗。这种看法与第一种看法可以说是针锋相对。

车载《论孔子谈"仁"的阶级性》②认为，孔子思想的阶级性，不仅表现他在谈"礼"的一方面，同样表现在他谈"仁"的一方面。孔子说："君子而不仁有矣夫，未有小人而仁者也。"在孔子的心目中，"人"这个名词有两大集团的人的界限。处于剥削地位的一群人，孔子称之为"君子"；处于被剥削地位的另一群人，孔子称为"小人"。孔子所提出的爱人，仅指剥削阶级的范围而言，不包括被剥削阶级。

任继愈在《孔子政治上的保守立场和哲学上的唯心主义》③一文中也明确地说，孔子的"仁"是专对统治者讲的，被统治者不在其内，所谓"未有小人而仁者也"。孔子的仁政观点，在很长时期都起着欺骗人民的作用。揭开孔子普遍仁爱的外衣，实际内容不过是："上好礼，则民易使

①《孔子讨论文集》第 1 集，山东人民出版社 1962 年版。
②《文汇报》1960 年 11 月 4 日。
③《北京日报》1961 年 7 月 27 日。

也。""……小人学道则易使也。"

关锋、林聿时《论孔子》① 一文对《论语》中近六十处"仁"字作了系统分析之后认为，从原则上说孔子的"仁"有两条纲领，这就是"己欲立而立人，己欲达而达人"和"己所不欲，勿施于人"。孔子从以血统为纽带的氏族制度中初步发现了个人，这是他讲"仁"的前提，"仁"就是"君子"，不仁就是"小人"，这也是对传统周礼的修改。孔子的爱人有其具体的阶级内容，是不包括"民"在内的。《论语》在使用"人"和"民"这两个词上，是有相当严格的区别的。关、林认为赵纪彬《释人民》以"民"指奴隶阶级这个结论是正确的，一部《论语》没有一个地方提到"爱民"。有人拿"博施于民而能济众"来反驳，这是不能成立的。从上下文看，子贡问孔子：如果有人"博施于民而能济众"怎样？可以说"仁"了吧？孔子说哪里止于仁，那简直是"圣"了，尧舜也做不到哩。很显然，孔子正是把"博施于民"看做不现实的，他接着说，他所说的"仁"只是"己欲立而立人，己欲达而达人"，并不是子贡所说的"博施于民"。孔子公开明确地说出了君和臣、君子和小人、人和民的等级分野。如说"节用而爱人，使民以时"。显然，民是"使"的对象，不是"爱"的对象。

在《再论孔子》② 一文中，关锋、林聿时进而分析了孔子仁学的历史背景，基本上有两个方面。一方面是适应氏族制度的瓦解来讨论人和人的关系。另一方面，当时奴隶主阶级内部、正在形成的新兴地主阶级和奴隶主之间存在激烈的斗争。孔子的仁学，主要方面就是适应保持奴隶主统治的需要，来调和阶级矛盾。前一方面决定了孔子仁学的进步性，后一方面决定了孔子仁学的保守性。文章得出这样三个结论：第一，春秋中叶以来，由于氏族制的崩溃，大家纷纷讲仁；关于"仁"的思想并不是孔子专有的。第二，各个阶级关于仁的观点是不同的。由于存在三个阶级（奴隶主贵族，新兴地主阶级，劳动人民）的阶级斗争，所以就有三种仁的观念。第三，孔子关于仁的观念与奴隶主统治者的观念是一致的。"己所不欲"、"己欲立"正是奴隶主关于仁的观念的抽象概括。这两个公式有其特定的阶级内容和时代内容，一方面与氏族制度的崩溃相联系，另一方面与当时阶级斗争相联系。关锋、林聿时对赵纪彬的《释人民》作了一点补充，指出《论语》中所说的人不仅指奴隶主，还包括地主阶级以及自由民。春秋时代名物制度发生重大变化，这时，人们使用"民"字不一定指

---

① 《哲学研究》1961 年第 4 期。
② 《新建设》1961 年第 11 期。

奴隶，但是在《论语》中的"民"字却还是指奴隶，这和孔子以"正名"为第一要义是相联系的。

杨荣国《论孔子思想》① 也认为，孔子的"仁"是种族统治者的专有品，是为他们服务的。孔子所倡导的"仁"，并非是"人的发现"，他所发见的只是统治者氏族，统治者氏族中之没落者。在谈到"泛爱众，而亲仁"时，杨荣国认为，"众"字作为奴隶的含义，西周虽然存在，但已逐渐为"民"或"庶人"所代替。孔子谈到的"泛爱众"，显然不是指庶人，而是指当时士大夫阶级。"博施于民，而能济众"的前一句很明显，指的是被奴役的人民，后者则不是，"众"不是指一般人民，而是指的卿大夫阶级。孔子所谓"济众"就是指要救济那许多患难或遭到沦落之氏族贵族，而不是一般的人民群众，后者只是施舍之而已。

赵纪彬在《仁礼解故》② 一文中认为，从方法论言，人的本质是一切社会关系的总和。对于《论语》中的"人"绝不能离开人的社会性，离开人的历史发展。《论语》中"人"的具体名目颇多，离开这些"具体的人"就没有所谓"抽象的人"。应该将《论语》以抽象形式提出的"人"字与此等具体的"人"结合起来进行分析，并且从具体的人的"社会性"和"历史发展"中来理解"抽象的人"的实际所指。春秋末年过渡时期特有的阶级矛盾，"人"与"人"之间的对立斗争尖锐复杂，彼此之间既无共同利益，亦无共同伦理，当然不能成为孔子"爱一切人"的客观基础。

从以上关于孔子"仁者爱人"的讨论中可以看出，第一、第二种看法是比较接近的，两者大致有着以下共识：第一，孔子的"仁"是当时的一种新思想、新发现，是适应时代的产物，反映了时代的需要；第二，"仁"在孔子思想占有特别重要的位置，"仁政"是孔子政治思想的核心；第三，"仁者爱人"的"人"不仅针对统治阶级，同时也包括被统治阶级；第四，"仁者爱人"的思想在当时有着进步性，对后世也有着深远、积极的影响。两者的区别则在于对"仁者爱人"的阶级性的理解有程度上的不同。第一种看法对"仁者爱人"中"人"的理解比较宽泛，比较抽象，对"仁"的阶级性较为淡化，第二种看法则认为"仁者爱人"的"人"有不同的对象，并不排斥"仁者爱人"的阶级性，然而它在客观上对劳动人民和被统治阶级有利，两者并不矛盾。至于第三种看法，与第一、第二两种看法则存在根本的分歧。争论主要是孔子所说的"人"是否包括被统治阶级，"爱人"是否有阶级性。

---

① 《学术研究》1962 年第 1 期。
② 《新建设》1962 年第 2 期。

（5）"克己复礼为仁"之辨

"克己复礼为仁"一句，实际上有三个要点或解读点：一是己，一是礼，一是仁；或者说克己、复礼、为仁。其间牵涉到孔子思想体系的中心或核心，牵涉到仁与礼的关系，更牵涉到对孔子及其思想的整体评价和对孔子本人的历史地位，历来争论最多，故不可不辨。

第一，"克己复礼为仁"在孔子思想体系中的地位。

车载《论孔子谈"仁"的阶级性》① 一文认为，"克己复礼为仁"是一句极为紧要的话语，是孔子思想体系里的中心问题。孔子把"克己复礼"的价值看得极大。他说："一日克己复礼，天下归仁焉。""天下归仁"是"修己以安百姓"的另一种说法，这是儒家为政的最高要求。冯友兰《论孔子关于"仁"的思想》② 一文也说，《论语》中讲"仁"的地方很多，其中"克己复礼为仁"最为重要，明确说出了"仁"的主要内容。赵纪彬在《仁礼解故》③ 一文中指出，关于仁、礼关系，集中在如何解读"克己复礼为仁"一语，历来即为解经家争论的焦点。他认为，此种争论在历史上表现为"经学"内部的派别对立，即争论的双方均使用传统的"经学方法"，通过章句字义的不同训解，展示出两种根本对立的世界观。"克"、"己"二字字义训解的歧异，实质上乃唯物主义与唯心主义斗争的标志。

第二，对"己"或"克己"的不同理解。

有的学者强调"克己复礼为仁"的复礼，有的则强调此句中的"克己"。汤一介不同意孔子把礼当做是仁的标准这种看法。他认为，这是对"克己复礼"的误解，因为孔子不是讲的"复礼为仁"，而是讲的"克己复礼为仁"。意思是说，要约束自己来实行礼才叫作仁。如果简单地复礼，就不是仁；只有对自己有个要求，这样实行礼，才有用，才有意义，否则只是形式，没有什么用处④。

冯友兰则认为，克己是"仁"的内容的一个主要方面，另外一个主要方面就是"复礼"。专从克己方面看，孔子所讲的"忠恕之道"，在人与人的关系上是一个很大的进步。这表示，孔子认为自己是与别人平等的。这里所说的"己"是泛指，并不是专指孔子自己⑤。

---

① 《文汇报》1960 年 11 月 4 日。

② 《哲学研究》1961 年第 5 期。

③ 《新建设》1962 年第 2 期。

④ 《孔子思想在春秋末期的作用》，《孔子讨论文集》第 1 集，山东人民出版社 1961 年版。

⑤ 《论孔子关于"仁"的思想》，《哲学研究》1961 年第 5 期。

车载认为，"己"不是抽象的，而是具体的，是有阶级内容的。"克己复礼"的克己指"修己"的工夫，或指"无我"的工夫，都是就剥削阶级的内部说的，不包含被剥削阶级在内。孔子所提出的"克己"的工夫，实际上是"无我"精神的提倡。可是，孔子所提出的"无我"，依旧是从阶级利益出发的。他要剥削阶级里的个人把剥削阶级的利益放在第一位，个人利益服从阶级利益，个人利益与阶级利益统一起来，这就是孔子所提出的"无我"精神之所在①。

赵纪彬不同意冯友兰克己并非"克去私欲"，而是将己纳入复礼的范围的看法。他认为，通过清代毛奇龄、阮元、凌廷堪三家的辨证，"克己"之不解作"克去私欲"已成为不刊之论。冯友兰对"克己复礼"所作的全部训解，从方法到结论，仍然大体上是承接宋明道学中之理学一派。此解更将程朱观点进一步抽象化，将"克己"训解为资产阶级的"平等"观念，因而去孔子本义愈远，并陷自己于矛盾而不自知。②

第三，对"复礼"以及孔子思想阶级性的评价。

车载认为，"克己复礼为仁"是孔子明确提出的政治要求，表明其思想体系的阶级性。"礼"是封建剥削阶级用以统治被剥削阶级的武器，因而也确定了"克己"的阶级性。"归仁"一辞，同样反映了政治要求，"仁"是维护封建统治的儒家用以欺骗被剥削阶级的武器。孔子主张"天下归仁"，这是十足的欺骗。"复礼"是"克己"的基础，也是"归仁"的基础，三者联系成为一体，严整地组成了儒家的思想体系。孔子用"复礼"的武器来束缚人们的视、听、言、动，也就是束缚人民的思想，表面上看好像重点是在向封建剥削阶级的统治者说教，骨子里针对的主要对象放在被剥削阶级的身上，从政治上的统治到思想上的统治都以维护封建统治利益为目的，这就是孔子思想的"一以贯之"③。

关锋、林聿时认为，"克己复礼为仁"表现了孔子思想的保守方面。所谓"复礼"，就是恢复正在瓦解中的周礼。孔子所主张的礼，虽对周礼有所修正，基本上还是周礼。当时的情况是旧秩序——周礼所规定的秩序乱了，已经不能维持了，而新的秩序却没有建立起来，正是新旧交替的时候。在破坏旧秩序的时期强调秩序，所强调的秩序不能不是旧秩序。所谓"刑不上大夫"，只是说不专为大夫制刑科，并非犯罪不刑；"礼不下庶人"，是说不专为庶人设礼典，同不专为大夫设刑科一样。因此，礼也就

①　《论孔子谈"仁"的阶级性》，《文汇报》1960 年 11 月 4 日。
②　《仁礼解故》，《新建设》1962 年第 2 期。
③　《孔子论仁》，《文史哲》1961 年第 3 期。

无所谓下到庶人不下到庶人的问题。孔子所说"齐之以礼"，不过是说大家都要守礼，或者一律以礼约束之而已，是强调周礼的教化作用，并没有把原本不下庶人的礼下到庶人、对庶人一律平等看待的意思①。

杨荣国《论孔子思想》②一文，在肯定"孔子的中心思想是仁"的同时，指出仁的目的在于克己复礼，复礼本质上是恢复西周的局面。仁与克己复礼之间的中介，则是"孝悌为仁之本"。孔子倡导仁以期于复礼，是当时守旧派意识形态的集中表现。最为重要的是，孔子明确规定了"孝"、"悌"为"仁"之本，目的在于"克己复礼"，使"天下归仁焉"；从本质上来说，就是使天下复归于西周的局面。

赵纪彬对"克己复礼为仁"的看法很有个人特色。他摆脱了"非礼即仁"、"非仁即礼"的模式，调和两者，并由此揭示孔子调和矛盾的折衷主义思想。通过对"颜渊问仁"一章的分析，说明了以下几点：（一）以"己"为"为仁"的主体，"由己"是"为仁"的动力，去"己"即无从"为仁"；此乃孔子思想的积极一面，亦即其进步性的主要标志。（二）"礼"对于"己"是一种先验的力量，将"己"屈抑在"礼"的范围之中，"僭礼"与"不仁"同义，此为孔子思想进步性的极限，亦即其历史局限性和阶级局限性的主要标志。（三）以"礼"为区分"仁"与"不仁"的标准。以"复礼"为"为仁"的内容或方向，说"礼"乃第一位而"仁"为第二位，亦即不是用"礼"来改造"礼"，而是用"礼"来限定"仁"，此是孔子思想历史局限性或阶级局限性的另一个主要标志。（四）与"己"同实异位的"人"，皆春秋过渡时期"经济范畴的人格化"或"一定的阶级关系和利益的负担者"，"仁"并非"爱一切人"，乃是有阶级内容的上层建筑。（五）"由己"与"复礼"相矛盾，"克己复礼为仁"乃一种调和矛盾的命题，孔子关于"仁"的思想，亦即"人"的内部调和矛盾的折衷主义思想。（六）"仁"的折衷主义思想，在由奴隶制向封建制转化过程时期，从客观上看，是封建生产关系尚未取得统治地位的反映；从主观上看，是孔子维新的政治立场的集中表现。

赵纪彬对孔子及其思想的论析，既有比较鲜明的理论特色，又显示了他对传统经学有较深厚的素养。尽管他的观点未必都为学者所赞同，但他重视孔子在社会转型时期的思想矛盾，这个思路无疑是值得肯定的。

（6）"中庸"：孔子思想的"中心"

有关孔子思想核心的讨论中，除了把"仁"和"礼"看做是孔子思想

---

① 《三论孔子》，《光明日报》1962 年 1 月 22 日。

② 《学术研究》1962 年第 1 期。

的核心之外，还有一种意见，是把"中庸"看成是孔子思想的"中心"或"一以贯之"的方法论。

童书业《孔子思想研究》① 一文认为，孔子对于伦理所设的标准是"中庸"。"中"的概念以前就有，孔子又补充了一个庸字。"中"就是无过无不及，"庸"就是常。在讲中庸的同时，孔子又讲究"权"。"权"就是权衡轻重、求其适当的意思。能"中庸"而不能"权"，就会走到"中庸"的反面，变成"乡原"，乡原就是貌似中庸的人。合乎权的中庸才是真中庸，即所谓"时中"，时中就是合乎时宜的中，中不是固定的，是按时间等条件而有变动的，含有辩证的意味。童书业还指出，中庸是有阶级性的，其作用是调和阶级矛盾，为统治阶级服务。中庸只是一个抽象的概念。从这个抽象概念上说，"中庸"似乎未可非议，但一到具体事情上，统治阶级的所谓"中庸"就未必是真"中庸"了。就"中庸"本身说，它是一种折衷主义，折衷主义正是孔子哲学思想的"一以贯之"的方法论。

关锋、林聿时在《论孔子》② 一文中认为，孔子哲学的方法论是折衷主义，其世界观基本上是主观唯心主义和"客观"唯心主义的折衷杂拌。"中庸"这个概念是有合理因素的，但在孔子思想中更主要的，却是把如同水火般两个不可调和的方面折衷地调和起来。他说："君子和而不同，小人同而不和。"（《子路》）这个"和"即是调和。从孔子的整个思想体系来说，"中庸"、"中行"主要的是折衷主义的调和或混合。

冯友兰认为，孔子的思想体系不是折衷主义。关于"君子和而不同，小人同而不和"，冯友兰引用《国语·郑语》记载史伯的话："夫和实生物，同则不继"。据此，"和"就是一个东西与它的对立面统一起来而成为一个新东西，不然的话，就只能算"同"。这个思想不是完全辩证法的思想，但也不能说它是庸俗的调和。孔子要"和"而不要"同"，庸俗的调和正是他所反对的③。

庞朴 1962 年 10 月在山东省第二次孔子讨论会作了《论孔子的思想中心》的发言④。他认为，孔子思想有一个"中心"，这个中心，简单点说，就是"执两用中"，或者叫"中庸"。所谓"中庸"，简单点说，就是"用中"；"中"本无定位，因两端而存在。"中庸"或"用中"的思想贯穿在

---

① 《山东大学学报》1960 年第 1 期。

② 《哲学研究》1961 年第 4 期。

③ 《论孔子关于"仁"的思想》，《哲学研究》1961 年第 5 期。

④ 庞朴：《沉思集》，上海人民出版社 1982 年版。

孔子思想的各个方面。庞朴指出，要特别注意孔子的"执两用中"和我们的两点论是性质上不同的两种方法论和世界观。它"不承认转化的条件性"。辩证法和形而上学的对立并不只是绝对的，孔子的"用中"、"和"、"时、权、义"的观点中有许多地方可与辩证法相通，如果我们不把它绝对化，正可以发现许多合理的和有用的东西。因而庞朴不同意将孔子的"中庸"说成是"折衷主义的杂拌"。

第六节　孔子的哲学思想和教育思想的讨论

20 世纪五六十年代，关于孔子哲学思想的讨论有一个显著特点，即将孔子的哲学思想归结为哲学的两大基本问题进行研究，具体来说，就是探讨孔子的哲学思想究竟是倾向唯物主义的还是唯心主义，孔子究竟是一个无神论者还是有神论者。对于这些问题，在讨论中存在着截然不同的看法。意见之所以出现重大分歧，是由于两方面的因素造成的：一方面由于对孔子的阶级定位和政治态度存在不同理解，另一方面则是由于对孔子的天命观、鬼神观的不同评价。大体说来，对孔子及其思想持否定态度的学者，往往强调从当时阶级斗争的基本线索来考察和评估孔子的哲学倾向，持肯定态度的学者则偏重于孔子哲学思想的创新、新思想的萌芽以及孔子进步思想对后世的积极影响。

（1）唯心与唯物：孔子哲学基本倾向之争

任继愈在《孔子政治上的保守立场和哲学上的唯心主义》[①] 一文中说，先秦时期"天道观"的争论，是有神论、无神论及唯心主义、唯物主义两种思想的斗争。这两种思想斗争和在政治上维护垂死的奴隶制与反对奴隶制的两种立场密切联系着。对于这一点，多数学者表示赞同。汤一介在《孔子思想在春秋末期的作用》[②] 一文引用列宁所说："判断历史的功绩，不是根据历史活动家没有提供现代所要求的东西，而是根据他们比他们的前辈提供了新的东西。"汤一介指出，看一个哲学思想家的基本倾向，应该注意他提出了哪些前人所没有提出过的新的东西。如果他所提出的新东西是进步的，唯物主义的，就应该多从唯物主义方面考虑；如果他所提出的新东西是反动的，唯心主义的，就应该多从唯心主义方面考虑。至于其中还有一些和以往的旧思想相联系的部分，虽然也很重要，但往往不是这个哲学家哲学思想中最根本的部分。这是因为，摆脱传统的旧思想的束缚

---

① 《北京日报》1961 年 7 月 27 日。
② 《孔子哲学讨论集》，中华书局 1962 年版。

并不是很容易的事情，因此新思想总是很难得的。孔子给当时的宇宙观增加了新的因素，而且是无神论和唯物主义的因素，这是应当加以肯定的。

童书业《孔子思想研究》①一文认为，孔子思想的主导方面是唯心主义的，但有唯物论的成分。孔子的宇宙观是矛盾的，从他的"自然主义"倾向和怀疑鬼神的态度看来，是有些唯物论的成分。从他相信"天"、"命"等思想看来，又是宗教唯心论。如从孔子的整个思想考察，唯心论显然是主导的。

冯友兰《论孔子》②就孔子对"天"与"鬼神"问题的看法提出了如下的总体评价：孔子接受了传统宗教的见解，但也作了比较重要的修正。在这个问题的思想中增加了新的成分，这使他倾向于无神论，但并没有使他脱离唯心主义，孔子的自然观基本上还是唯心主义的。

任继愈《孔子政治上的保守立场和哲学上的唯心主义》③一文认为，在孔子生活的年代，维护奴隶制的哲学上层建筑是宗教神学，具体表现为宣扬天是有人格的神，天命不可违抗。当时唯物主义哲学都反对天是有人格的神。是否维护有人格的神是划分唯心主义或唯物主义两大阵营的主要标志。在"天道观"问题上，孔子是有神论者，是维护一向为奴隶主阶级服务的宗教神学的。判断孔子哲学是不是唯心主义，是进步还是保守，必须密切联系当时的实际矛盾去考察，看孔子对待新生事物是什么态度和立场，看他对垂死的奴隶制是什么态度和立场。在当时新旧制度的矛盾中，孔子是守旧的。

关锋、林聿时《再论孔子》④从思想史发展的角度对孔子的天命观即对天命的怀疑提出评价。他们认为，孔子"进步的思想"并不像某些人所估计的那么高，他的思想有的方面比西周奴隶主（例如周公）还落后。周公对殷人讲"天命"，但对周人讲话却不仅是怀疑"天命"，而且有着明显的否定倾向。在西周，就有朴素的唯物主义观点和朴素的辩证法观点，例如五行说和五材说，《易经》中包含的朴素唯物主义和朴素辩证法的思想。孔子为什么不能继承这些东西建立唯物主义世界观体系而建立一套唯心主义世界观呢？这是同他基本上站在没落的奴隶主立场分不开的。

汤一介则认为，孔子的哲学倾向基本上是属于唯物主义一边的。他在

---

①　《山东大学学报》1960 年第 1 期。

②　《光明日报》1960 年 7 月 22、29 日。

③　《北京日报》1961 年 7 月 27 日。

④　《新建设》1961 年第 11 期。

《孔子思想在春秋末期的作用》① 一文中强调，孔子在宇宙观方面"为先秦诸子开辟了唯物主义和无神论的新方向"。无神论和唯物主义的因素是孔子宇宙观的基本方面，虽然就其天道观的某些观点看，还受传统思想的束缚，仍然有唯心主义和有神论的因素，但从发展的观点看，从当时的作用看，这不是他的思想的基本方面。春秋时期，由于社会生活的发展，阶级斗争的加强，人本身的作用和自然力作用的进一步发现，生产知识的增加，在人们的思想中产生了一些唯物主义和无神论的因素，主要表现为对"天"、"上帝"、"鬼神"的怀疑和对自然界一些情况的解释。孔子就在这样的思想影响下，建立了很不完备的"天道观"。孔子思想中的唯物主义因素是其无神论因素的发展，虽然没有完全摆脱"有意志的天"的影响，但已经把天看成是"自然"（"天何言哉？""逝者如斯夫……"）。这是新东西，荀子的唯物主义宇宙观大体上就是在这个基础上吸收了道家的唯物主义思想因素加以发挥而成的。

对于汤一介的上述看法，关锋、林聿时提出了质疑。他们认为，孔子没有讨论过所谓"形而上"的宇宙本体问题，《论语》中的"道"字根本不是哲学范畴，所以我们无从研讨孔子的自然观。又说，有无上帝，有神论还是无神论，的确是当时思想界讨论的一个重要问题，但孔子却极力回避这个问题②。

孙长江的观点与汤一介基本相同。他在《怎样分析孔子的哲学思想——向关锋、林聿时求教》③ 一文中说，判断孔子哲学倾向的关键所在，是孔子的"天道观"，而且所谓天道观的问题不仅仅是一个有神论或无神论的问题，同时也是一个唯心主义和唯物主义的问题。这样说，并不是把有神论和无神论与唯心主义和唯物主义直接地完全地等同起来，而是认为，所谓天道观，从一方面讲，他是人们对于自然的态度。当人们认为，有意志的"天"是不存在的，"天"不是"人格神"，而是不以人们的意志为转移而存在的自然，那么，在这个时候，他不仅是无神论者，而且也是唯物论者。

（2）天命的有无

《论语》中谈到天和天命，由于说的场合不同，有的含义暧昧不清，于是对孔子的天道观、天命观也有着以下不同的看法。

有些史家强调孔子的自然观念思想，断言孔子完全不信有天帝存在。

---

① 《孔子讨论集》第1集，山东人民出版社1961年版。
② 《论孔子》，《哲学研究》1961年第4期。
③ 《教学与研究》1961年第4期。

童书业认为，这种看法是可以商榷的，因为《论语》中记载着不少孔子相信天帝的证据。他指出，孔子的思想有落后、进步的两种成分，常有矛盾的征象。孔子相信天帝，也相信命，但他对天命的看法已经有新的意义，带有自然主义色彩。命本指天命，就是上帝的命令，所以相信"命"就是相信"天"。但是"命"到孔子时代，已经有了新意义。看《论语》"伯牛有疾"一条所说的"命"，就带有"自然主义"的色彩；不应该有的事而有，只能是命，这种命是盲目的，没有意志的，自然而然的，不可知的。天是有意志的，会赏善罚恶；命是不管善恶，因果无定的。孔子"知其不可而为之"的精神，是与他的命论相矛盾的①。

　　冯友兰《论孔子》②一文也从不同角度论述了孔子天命观的两重性。他认为孔子的天不同于宗教的"天"，但又有分别是非善恶的意志。孔子接受了宗教关于命的思想，但是对此作了重要的修正。孔子认为人做事成功失败是由天命所决定的，但是人可以尽自己的力量做他自己认为应当的事，不管结果是成功还是失败。一个人的富贵贫贱是由于命决定的，但是一个人的贤不肖则不是由天命决定的。

　　汤一介认为，到孔子的时代，已经不是在个别问题上来谈论"天"的自然性，而是接近对天的自然性进行概括的时候了。孔子第一个猜到"天"就是"自然"，"天道"就是自然规律，"天命"就是人对现实生活无能为力的一种表现。孔子的思想反映着从奴隶主贵族向封建主贵族转化的那个集团的利益，他的思想中还保存了"天"的形式和部分旧的内容；但孔子给"天"以新的解释，即给"天"以新的内容，这一新的内容就为先秦的天道观开辟了新的发展方向。这是孔子天道观思想的基本面。孔子天道观的进步性表现在以下四点：第一，孔子怀疑"天"与"鬼神"的存在及其作用。第二，孔子虽然主张祭祀，但不认为真有鬼神和上帝，而是为了表示敬意。孔子在超自然的意义上否定了鬼神与上帝，但在封建伦理关系上、礼教上却肯定了祭祀的重要。就其否认有超自然意义上的上帝及神鬼说，孔子是无神论者；就其教民对祖先、统治者要有敬意说，孔子是个统治者。第三，孔子给当时的宇宙观中增加了新的因素，而且是无神论和唯物主义的因素。第四，孔子的对天命的看法是其思想的保守方面，但他所说的天命与传统的天命有若干不同之点。孔子看重人的主观努力，虽未否认天命，但确实很少谈到天命③。

---

① 《孔子思想研究》，《山东大学学报》1960 年第 1 期。
② 《光明日报》1960 年 7 月 22、29 日。
③ 《孔子思想在春秋末期的作用》，《孔子讨论集》第 1 集，山东人民出版社 1961 年版。

孙长江认为，孔子承认一种从社会外部决定着社会命运的"命"和"天命"，这自然是错误的。但这只是唯心主义的历史观，不能根据这一点，就笼统地断言孔子的整个哲学体系是唯心主义的。一个哲学家，如果他的"天"不是有意志的天，他的"命"不是上帝的命令，而是一种自然和社会的必然性之类的东西，那么，他就可能是一种在社会历史上陷入宿命论和唯心主义的旧唯物主义者。在这里，关键在于，这个"天命"是一种自然的和社会的必然性之类的东西呢，还是上帝的命令。因此，分析孔子的"命"是上帝的意志还是一种必然性，正是判断他哲学基本倾向的一个关键①。

任继愈指出，在"天道"问题上，孔子是有神论者。孔子说"天之将丧斯文也"、"天生德于予"等等，表明他心目中的"天"就是上帝，有人格，有意志。由于孔子承认天是人格神，在这个主要问题上，他站到唯物主义的对立面②。

夏基松《孔子思想的渊源和阶级实质》认为，孔子虽然很少谈论"天道"，但经常谈论"天"，他把天说成是一个有意识的主宰，属于宗教唯心主义范畴。孔子大力提倡"信天命"，认为人的命运是由上天预先安排定当的，任何人都不应该违背上天的安排，也不可能违背上天的安排；而应该安于现状，知足常乐，作一个"安分守己"、"循规蹈矩"的君子。如说："君子有三畏：畏天命，畏大人，畏圣人之言。"孔子宣扬"天命"论的目的也和他宣扬周礼的目的一样，无非要人们安于自己的阶级地位和等级制度，以巩固奴隶社会的旧秩序③。

关锋、林聿时认为，孔子所说的"命"是一种机械的必然性，是从社会外部加进来的异己力量。这种力量主宰着、规定着事物的发展变化，因而是唯心主义的机械命定论者。孔子的天命是排斥人为的，他认为道的兴废在于"天命"，而不在人为。但是与老子不同，他在强调天命的同时又承认人为，这是一个矛盾。不过这种矛盾不是辩证的结合，而是折衷主义的调和，折衷主义正是孔子哲学思想的"一以贯之"的方法论④。

（3）孔子信不信鬼神

在孔子的哲学思想中，有不少论述涉及到鬼神问题。

汤一介认为，孔子在超自然的意义上否定了鬼神与上帝，就这一点来

---

①　《怎样分析孔子的哲学思想——向关锋、林聿时求教》，《教学与研究》1961 年第 4 期。

②　《孔子政治上的保守立场和哲学上的唯心主义》，《北京日报》1961 年 7 月 27 日。

③　《孔子哲学讨论集》，中华书局 1962 年版。

④　《论孔子》，《哲学研究》1961 年第 4 期。

说，孔子是无神论者①。

任继愈认为，在孔子的哲学思想中，相对于天道观而言，鬼神问题是比较次要的，即使其中有某些怀疑主义的因素，仍不能改变他的唯心主义立场。孔子对鬼神不多讲，也不明确否认（"未知生，焉知死"），这种对鬼神的态度，有些人认为是无神论因素，其实孔子倒是公开承认有鬼的，他只是反对乱祭②。

关锋、林聿时认为，对鬼神的怀疑在春秋后期是相当流行的观念，所以孔子对鬼神的怀疑在当时哲学思想战线上以及在孔子本人的思想体系中并不占重要地位。然而，在神权绝对统治的封建社会里，无神论者却抓住孔子怀疑鬼神的话，打着孔子的招牌反对神学。从春秋开始，随着奴隶制度的走向瓦解，神学经历一次严重的危机。春秋初年，就有人提出"民者，神之主也"的观点，并得到了相当的传播。略长于孔子或和孔子差不多同时的子产、史墨等人则提出了相当彻底的无神论观点。孔子在这个时候表示对鬼神的怀疑，就当时的思想发展过程而言，并没有很大的重要性③。

孙长江不同意关锋、林聿时的观点。他认为春秋时代相信鬼神的人还是多数，怀疑鬼神的则是少数。有少数人敢于提出对鬼神的怀疑应该说是难能可贵的。拿《左传》六条怀疑鬼神的材料与孔子的言论相对照得知，这些材料与孔子的言论一样，并没有直接的、明确的提出对于鬼神的否定，相反，他们否定鬼神的思想是通过对鬼神的肯定的形式表现出来的。子产确实有无神论思想，但他并没有在形式上直接提出对鬼神的否定。对比孔子和子产对鬼神的态度，其基本倾向应该说是一致的④。

　　（4）教育思想的探讨

论者对孔子的教育思想和教育实践基本上都持肯定的态度，认为孔子是中国历史上第一个以私人资格大规模教育学生的人，是把学问传播到庶人阶级中的先行者，这在当时是有巨大的进步意义的。在 20 世纪五六十年代，对孔子教育思想的讨论是孔子思想研究的一个重要方面。有的学者还从认识论和辩证法的角度，努力发掘孔子思想中的发光点。即使对孔子思想的总体评价持否定态度的学者，也在这方面做了不少工作。

童书业认为，孔子教育思想的进步性，首先表现在他的"性"论

---

① 《孔子思想在春秋末期的作用》，《孔子哲学》，中华书局 1962 年版。

② 《孔子政治上的保守立场和哲学上的唯心主义》，《北京日报》1961 年 7 月 27 日。

③ 《论孔子》，《哲学研究》1961 年第 4 期；《再论孔子》，《新建设》1961 年第 11 期。

④ 《怎样分析孔子的哲学思想——向关锋、林聿时求教》，《教学与研究》1961 年第 4 期。

（"性相近也，习相远也"；"唯上知与下愚不移"），认为贵族和庶民的天性本没有什么不同，都可以教育成善人。这就打破了阶级和等级的限制，使人人都可以受教育。从这里看，孔子的性论是进步的。但孔子又认为有天生的"上智"和"下愚"，他们的性是不可移改的，这却是形而上学的唯心论观点①。

汤一介认为，孔子的思想中还没有系统的认识论，但他通过长期的教育实践，总结了不少有关人们认识的经验，其中不少合乎人们认识规律的原则。首先，孔子基本上认为人们的知识来源于学习，虽然他也讲到"生知"、"上知与下愚不移"，这是其教育思想中的唯心主义因素，这只表明孔子还受着传统思想的束缚，其实他并不重视这方面。其次，孔子对某些规律作了概括，并以此作为他指导学生的学习方法。如"温故而知新"、"学而时习之"等，并已注意到知（学）与行的关系问题。这些学习上的经验包含着唯物主义认识论的一些因素，是值得我们重视的②。

冯友兰认为，孔子在文化教育方面的贡献特别显著。《论语》中很多地方谈到思想方法。孔子的思想方法注重现实，注重客观实在，在当时是很进步的。孔子注重闻见，注重证据，注重"阙疑"，注重引申类推，注重"一贯"，注重"绝四"。就这方面说，他的思想方法在一定程度上是有唯物主义的精神，也有辩证法的意味③。

关锋、林聿时认为，孔子的教育方法已有了一些朴素唯物主义的因素，这只是一方面，更重要的一方面，其教育思想是建立在他的政治学说和哲学思想基础之上，他的教育活动是为他的政治观点服务的。因此，也就不能不具有保守的色彩。也正因为如此，他那些来自教学实践的在教学方法上以及涉及到认识论的朴素唯物主义观点，只能是个别因素，而不可能发展成为一个唯物主义的教育思想体系和认识论体系④。

第七节　对孔子思想遗产批判继承的探索

把孔子及其思想看做是一笔重要的历史文化遗产，这一共识体现了新中国成立以后对孔子及其思想的研究日趋理性，也显示了这一研究与现实社会需求之间的紧密联系。随着研究的深入，人们关注的重点必然会切换

① 《孔子思想研究》，《山东大学学报》1960 年第 1 期。
② 《孔子思想在春秋末期的作用》，《孔子讨论集》第 1 集，山东人民出版社 1961 年版。
③ 《论孔子》，《光明日报》1960 年 7 月 22、29 日。
④ 《论孔子》，《哲学研究》1960 年第 4 期。

到孔子及其思想的现实价值上来，即不但要使人们正确地、科学地认识古代孔子的形象，而且要探求孔子和他的思想在现实社会中的价值。关于批判继承孔子思想的问题，深化了 20 世纪五六十年代孔子及其思想的研究和讨论，也是当时哲学遗产如何批判继承讨论的一个持续的热点。

（1）围绕"抽象继承法"的争论

1957 年，冯友兰在《关于中国哲学遗产的继承问题》① 一文中提出，在中国哲学史中，有些哲学命题具有两方面的意义，一是抽象意义，一是具体意义。他举例说："《论语》中所说的'学而时习之，不亦说乎'，从这句话的具体意义看，孔子叫人学的是《诗》、《书》、礼、乐等传统的东西。从这方面去了解，这句话对于现在没有多大用处，不需要继承它，因为我们现在学的不是这些东西。但是，如果从这句话的抽象意义看，这句话就是说，无论学什么东西，学了之后，都要及时的、经常的温习和实习，这就是很快乐的事。这样的了解，这句话到今天还是正确的，对我们现在还是有用的。"冯友兰的观点，在随后发表的《再论中国哲学遗产的继承问题》② 一文中作过一点修正，认为一个哲学命题有抽象意义和具体意义是不妥当的，因为一个哲学命题所说的是一般性的原理，只有抽象的意义；所谓具体的意义实际上是一个哲学命题在实际情况中的应用，或是人们对于它的不同了解，这是一个哲学命题所要排斥的。但他认为哲学遗产没有阶级性的抽象意义，可以为不同阶级所用这个基本观点则没有改变。

冯友兰的文章发表以后，在学术界引起了很大的反响和热烈讨论。陈伯达很快在《红旗》杂志发表文章加以批判。他指出，冯友兰认为具体只有在抽象中存在，只能通过抽象而存在，这是把抽象变成主体，具体变成从属和派生的东西。"于是，不论古今，任何哲学派别，任何阶级道德，似乎都要屈服在冯友兰所谓的'抽象意义'和'具体意义'之下。这样也可以方便地磨去唯物论和唯心论的界线，磨平这个阶级道德与那个阶级道德的界线。在这种'抽象继承法'里面，倒真有它的具体内容，是什么呢？那就是蕴藏着一种具体的复古主义，即企图经过某种形式保留中国历史上的唯心主义体系，企图把中国封建时代统治阶级的一套道德都当作永恒不变的道德。"③ 陈伯达批判冯友兰的"抽象继承法"磨掉唯物论和唯心论的界线，磨掉道德的阶级性，这个意见是正确的。但是他的批判失之于

---

① 《光明日报》1957 年 7 月 8 日。

② 《哲学研究》1957 年第 5 期。

③ 陈伯达：《批判的继承与新的探索》，《红旗》1959 年第 13 期。

简单化，说理不够，而且把冯友兰在哲学史研究中探索如何更好地继承历史文化遗产的用意，说成是一种"复古主义"的"企图"，也不是实事求是的。冯友兰认为哲学史上的某些命题，如果"专注重于其抽象意义"，则"对一切都有用"；"如果只注重于其具体意义，那可以继承的就比较少"，甚至于同现在"毫无共同之处，简直没有什么可以继承"。他之所以提出"抽象继承法"实际上是想说，有些哲学遗产即使是有阶级性的，只要我们按照它们的抽象意义去理解，就成为没有阶级性的了，也就可以继承了。把哲学遗产的抽象意义和具体意义割裂开来，主张继承可以舍弃其具体意义，专取其抽象意义，这种思路显然是错误和脱离实际的，因为它忽略了对哲学遗产应有的分析批判和改造。其实，只要我们实事求是地承认有些哲学遗产是没有阶级性的，而那些有阶级性的哲学遗产也是可以批判继承的，就不需要用什么"抽象继承法"来扩大哲学遗产的继承范围了。

对于冯友兰的"抽象继承法"，胡绳也作出了回应。他在《关于哲学史研究》一文中，专门讨论了"抽象继承法"的观点①。和陈伯达比较起来，胡绳对冯友兰的批评更有说服力一些。胡绳说，冯友兰的"抽象继承法"提出了一个值得认真考虑的问题，但是他所设想的解决问题的方法却是趋向一个错误的方向。胡绳认为，在科学研究中对事物和认识的某些属性进行抽象是允许的，必要的，关键在于如何抽象。不能认为一切抽象都是科学的。有科学的抽象，也有非科学的抽象，其区别就在于是否抓住了对象的本质内容。阶级性对于哲学思想来说是一种本质的属性，一切哲学思想，归根结底不是唯物主义的，就是唯心主义的。如果任意把各个敌对阶级的哲学思想拿来，在我们的头脑里把它的本质属性抽象掉，把它们之间的某种相似处概括起来，就以为由此可以反过来证明有一部分思想没有阶级性，这只是一种观念游戏。胡绳指出，哲学史的继承大体有两种情形。一种是属于哲学根本观点的继承，在这个范围内，只能是唯物主义继承唯物主义，唯心主义继承唯心主义。唯物主义原则和唯心主义原则是根本对立的，它们在相互斗争中会刺激对方前进，但是相互继承是不可能的。另一种继承是思想资料的继承。有些思想资料并不就是哲学的根本观点，它们可吸收在唯物主义的哲学体系中，也可以吸收在唯心主义的体系中。唯物主义要在唯心主义哲学中取得为自己所需用的思想资料，绝不能只是靠头脑抽象一下的办法，而必须对这些思想资料进行鉴别、审视、剖

---

① 胡绳：《枣下论丛》，人民出版社 1978 年版。

析，并从而进行修正、改造、发展。只有把它们在唯心主义体系中所受到的歪曲、变形、限制改正过来，然后才能真正对我们有所用。

（2）关于"普遍性形式"的讨论

对"抽象继承法"的讨论和批评，促使冯友兰对自己的观点作进一步的修补和阐发。1961 年，冯友兰发表《论孔子关于"仁"的思想》① 一文。文中引用马克思、恩格斯在《德意志意识形态》一书中所说："每一个企图代替旧统治阶级的地位的新阶级，就是为了达到自己目的而不得不把自己的利益说成是社会全体成员的共同利益，抽象地讲，就是赋与自己思想以普遍性的形式，把它描绘为唯一合理的、有普遍意义的思想。进行革命的阶级，仅就它对抗另一个阶级这一点来说，从一开始就不是作为一个阶级，而是作为全社会的代表出现的；它俨然以社会全体群众的姿态反对唯一的统治阶级。"② 冯友兰认为，孔子关于"仁"以及"博施于民而能济众"一类的思想，就是以"普遍性的形式"提出来的。这些"普遍性的形式"，对于劳动人民来说固然是一种欺骗，但是否完全欺骗，还要看具体情况。马克思和恩格斯在上引书中还说，新的统治阶级之所以能够把自己的思想赋予"普遍性的形式"，"是因为他的利益在开始时的确与一切非统治阶级的共同利益还多少有一些联系，在当时存在的那些关系的压力下还来不及发展为特殊阶级的特殊利益。但这只是就这种胜利使这些人有可能上升到统治阶级行列这一点讲的"③。对于孔子的"仁"这类思想，我们也可以这样看。

关于孔子"仁"的思想，历来学者大多是从正面加以肯定的。郭沫若认为，春秋末年，由于新兴地主阶级和旧的上层奴隶主都在争取生产者，生产者的价值、地位和身份便逐渐提高了起来，因而对人的看法也随之发生改变。孔子和初期儒家所强调的"仁"，其意义"就是要把人当作人"，"就是人道主义"。在郭沫若看来，春秋战国之际，"对于人的看法的改变是普遍性的"，儒家、道家、墨家、名家的主张都有所反映④。郭沫若的上述观点得到了不少人的赞同。汤一介认为，孔子是历史上第一个注意到"人"的人，注意到应该把"劳动者"与牛马区别开来，因为他提出"仁"这样一个划时代的概念。孔子主张行"仁政"，反对"苛政"，就是主张把劳动者当人看待，反对把劳动者当做牛马一样的奴隶看待。孔子反

① 冯友兰：《论孔子关于"仁"的思想》，《哲学研究》1961 年第 5 期。
② 《马克思恩格斯全集》第 3 卷，人民出版社 1960 年版。
③ 同上。
④ 《奴隶制时代》，人民出版社 1952 年版。

映了时代精神。孔子不愧是当时的圣人①。钟肇鹏认为，孔子所提出的
"仁"固然不是超阶级的东西，不是从奴隶或劳动人民的立场出发，但孔
子在奴隶制瓦解阶段能提出"人道主义"作为解放奴隶的口号，无疑是一
个大的进步。孔子顺应着奴隶解放的潮流，提出了"仁"，"仁"就是
"爱人"，就是说应当把奴隶当作人来看待，即把奴隶从"牲畜"的地位提
到"人"的地位。正如郭沫若所说，这是"人"的发现。把奴隶当作
"人"来看待，这绝不是奴隶主阶级的意识，而是反映了解放奴隶的地主
阶级的意识②。

　　孔子所说的"仁"为后世不同阶级的学者所肯定，是不是就表明这一
思想具有"普遍性的形式"呢？关锋、林聿时在《论孔子》③一文中指
出，早在德国哲学家费尔巴哈的有关论著中，就将两千多年前中国思想家
孔子关于仁的思想与近代资产阶级的人本主义联系在一起，他用孔子"己
所不欲，勿施于人"一类的的说法来论证资产阶级的人本主义④。从方法
论来讲，这实际上是对孔子及其思想评价的一种抽象的逻辑分析。费尔巴
哈对孔子的教训作了超阶级的抽象的解释，把他的思想强加于孔子，是为
了论证他的人本主义、人道主义，这在资产阶级革命时代是有革命意义
的。但是孔子所代表的阶级在当时却是一个没落的阶级。关锋、林聿时认
为，对于孔子学说的核心"仁"，不能离开基本的历史联系，把它当做孤
立自在的东西去进行抽象的逻辑的分析，而要把它放在一定的历史环境
下，放在春秋时代的"阶级统治形式改变的事实"、阶级斗争的事实中进
行考察，追溯孔子仁学的萌芽，揭露仁学的对立面，从孔子仁学与当时其
他思想的对立中把握它的具体内容和阶级实质。关锋、林聿时还指出，古
代抽象的哲学命题如果离开它的历史背景进行抽象的逻辑分析，就会弄得
像黑格尔所说的那样，把后人引申出来的东西加到古人的身上。例如"己
所不欲"、"己欲立"这两个命题，如果脱离它的历史背景去作抽象的逻辑
分析，就会作出这样的解释："人"就是和自己相对待的别人。这样，
"人"就成了超历史、超阶级的，不是处在一定历史时期和一定阶级地位
的人了，而"立"、"达"就成了空洞无物的超阶级、超历史的东西⑤。

　　赵纪彬《仁礼解故》⑥一文针对相关问题提出了以下质疑：第一，如

---

①　《孔子思想在春秋末期的作用》《孔子讨论文集》第1集，山东人民出版社1961年版。

②　《略论孔子思想的阶级性》，《文史哲》1961年第3期。

③　关锋、林聿时：《论孔子》，《哲学研究》1961年第4期。

④　《费哈巴哈哲学著作选集·幸福篇》，三联书店1959年版。

⑤　关锋、林聿时：《再论孔子》，《新建设》1961年第11期。

⑥　《新建设》1962年第2期。

果说孔子的"仁"的思想进步意义是"在一定的程度上，抽象地承认人与人之间有一定的平等关系"，未知封建制社会的特点是"等级制度"还是"平等关系"？果是后者，则与"超经济的剥削方法"能否并行不悖？第二，冯友兰讲"忠恕之道"就是讲别人与自己是平等的人，另一方面又说孔子认为"等级制度对于地主阶级还不可少的"。未知在"等级制度"下，"人与人之间"的"一定的平等关系"果为何若？第三，马克思和恩格斯的《神圣家族》所批判的资产阶级的"自我意识"，亦即"人把别人当作和自己平等的人来看待"的意识。若果可以和孔子关于"仁"的思想互训，未知奴隶制、封建制和资本主义制度之间有否质的共别？未知在此三种剥削方法的过渡或改变的历史上，何以尚有思想战线上的革命？

　　庞朴对冯友兰的观点也提出了不同意见。他在《怎样理解"具有普遍性形式的思想"》①一文中说，从马克思的论述中至少可以得出这样两点启示：（一）所谓某个阶级赋予自己的思想以"普遍性形式"就是把自己利益说成是社会全体成员的共同利益，把自己的思想描绘成有普遍意义的思想。因此识别某种思想是否具有"普遍性形式"，是不是以"普遍性形式"提出的，就不是根据某个命题的"字面意义"能够断定的。（二）所谓某个阶级赋予自己以"普遍性的形式"，就是把自己的利益说成是社会全体成员的共同利益，把自己的阶级思想描绘成超阶级的思想。具体地说，那些企图代替统治阶级地位的新阶级，不仅把自己的思想说成是全体革命阶级的思想，而且更说成是包括将被代替者在内的社会全体成员的共同思想，说成是"人"的思想。这样的思想，就叫做"具有普遍形式的思想"，思想的这样的形式，就叫做"普遍性的形式"。这样的"普遍性"显然是一种幻想。社会成员中某些阶级集团之间并非没有共同利益存在，但那种既代表革命阶级又代表反革命阶级、既代表剥削阶级又代表被剥削阶级的普遍利益，或社会全体成员的共同利益，却是现实生活中从来不曾有过的。庞朴指出，虽然冯友兰强调思想的"普遍性形式"是一种超阶级的提法，但他从未明确指出它的超阶级性形式正是一种阶级性形式，反而提出了一个奇特的说法："一个学说的普遍性形式跟它的阶级特点是分不开的，它的普遍性即寓于它的阶级性之中。"②其实"寓于"云云，全是一种哲学冥想。"普遍性形式"和"阶级性"根本不是一般和个别或共性和个性的关系，而是现象和本质或假象和实质的关系。

　　20 世纪 60 年代前后，围绕孔子及其思想问题的争论非常激烈，争论

①　《新建设》1963 年第 10 期。

②　《中国哲学史新编》第一册，人民出版社 1998 年版，第 138 页。

的焦点虽然侧重于理论探讨，但并没有超出学术的范围。从学术史来说，这场争论不仅推动了孔子及其思想研究的深入，而且对中国哲学史整体研究水平的提高也有重要意义。

孔子思想的研究并非是与现实完全无关的纯学术问题，它直接关系到传统历史文化遗产应如何正确地批判继承的理论实践。在中国革命已经取得胜利的社会主义建设时期，这个问题比起革命胜利以前更具有新的不同的现实意义。以马克思主义为指导，清理历史文化遗产，吸收民主性精华，剔除封建性糟粕，是一项无法回避但又十分艰巨的任务。20 世纪 60 年代关于孔子及其思想的讨论，可以说是在这方面迈出了值得认真总结经验的一步。

冯友兰原先是唯心主义的中国哲学史家，但他在新中国成立后学习马克思主义，力图用辩证唯物主义和历史唯物主义的理论来指导自己的研究工作的愿望是真诚的。当然，要真正实现这种理论转变并不是很容易的。他提出哲学遗产的"抽象继承法"，以及把孔子和儒家的某些思想看做是没有阶级性的"普遍性形式"，反映了他的学术思想并没有摆脱唯心主义的羁绊。在那场讨论中，他既坚持自己的理论观点，但也修正了自己某些见解的表述，而能够持这样的态度是需要有一定勇气的。早在 50 年代，毛泽东就提出，对于学术问题要开展百家争鸣。冯友兰称自己在哲学研究中愿意"树立一个对立面"①。应该说，这样的"对立面"，对于在马克思主义理论指导下开展哲学研究是有益的。

60 年代对冯友兰哲学史研究的批评，尽管也提到意识形态之争的高度，但基本上还是在理论批评的范围内进行，并没有发展为政治批判。冯友兰后来在他的回忆录中谈到 60 年代初他的一些情况时说，他发表《论中国哲学遗产的继承问题》那篇文章以后，还被邀请参加最高国务会议和中国共产党全国宣传会议。毛泽东一看见他进会场，就说："学而时习之，不亦说乎？"又让他即席发言。冯友兰说，中国哲学史的问题照现在的讲法，有些很难讲通，毛泽东说："那是简单化了。不可以简单化。"在散会时，毛泽东还拉着冯友兰的手说："好好地鸣吧，百家争鸣，你就是一家嘛。你写的东西我都看。"冯友兰感慨地说："毛泽东说，不可以简单化，这是完全正确的。可是后来正是把这些不可简单化的问题简单化了，而且把简单化推到了极致，这就形成了十年动乱的浩劫。"② 冯友兰的回忆，可以帮助人们对 60 年代初孔子及其思想讨论有一个比较实在的了解。

---

① 冯友兰：《三松堂自序》第 7 章，三联书店 1984 年版。
② 同上。

第十四章 "文化大革命"与 "批林批孔"运动

　　1966 年，中国大陆发生了一场史无前例的"文化大革命"。这场延续十年的惊心动魄的政治斗争，之所以被称为"文化大革命"，因为它是从思想文化领域打开缺口而引发的。而事实上，它既是文化的一场浩劫，也谈不上是什么"革命"。

　　1965 年 11 月，上海《文汇报》发表姚文元的《评新编历史剧〈海瑞罢官〉》。这篇文章是由江青、张春桥组织写作并得到毛泽东支持的。海瑞在历史上被认为是"清官"的楷模。1959 年毛泽东针对许多干部不敢说真话的毛病，曾经说过应当提倡海瑞敢讲真话的精神。明史专家吴晗因而写了《海瑞骂皇帝》、《论海瑞》等文章。1961 年北京京剧团公演了吴晗新编的历史剧《海瑞罢官》。吴晗在解放战争期间是一位著名的民主教授，中华人民共和国成立后担任北京市副市长。毛泽东曾经让他组织标点《资治通鉴》和改绘杨守敬《中国历代舆地图》的工作。当他响应毛泽东的号召，以历史论文和历史剧的形式宣扬海瑞敢讲真话、不畏权势的风范时，绝没有想到自己会由此招来无妄之灾。毛泽东虽然称赞过海瑞刚直不阿的精神，但在 1962 年党中央召开的七千人大会总结"大跃进"、"反右倾"的错误之后，他认为党内存在着一股右倾机会主义的翻案风，并把吴晗的文章和历史剧也看成是这股翻案风的表现。姚文元的文章发表之后，毛泽东说："要害问题是'罢官'。嘉靖皇帝罢了海瑞的官，一九五九年我们罢了彭德怀的官。彭德怀也是海瑞。"[①] 其实，吴晗不但没有为彭德怀翻案的意思，他在《论海瑞》一文的结尾处还特别注明"右倾机会主义分子"根本不是什么海瑞，以示自己和彭德怀是划清界限的。

　　姚文元的文章强词夺理，胡乱上纲上线，理所当然地受到党内许多同志的抵制。这加深了毛泽东对北京市委和中央一些领导人的怀疑和不满。

---

　　① 引自胡绳《中国共产党的七十年》，中共党史出版社 1991 年版，第 423 页。

1966 年 5 月中央政治局扩大会议通过的《五一六通知》和同年 8 月八届十一中全会通过的《关于无产阶级文化大革命的决定》，标志着由毛泽东"左"倾错误思想指导的"文化大革命"在全国展开。这场全面的内乱给党、国家和人民带来了巨大的灾难，使我国的社会主义事业遭到新中国成立以来最严重的挫折和损失，也给我国在世界上享有盛誉的历史文化遗产造成了无法估量的破坏和摧残。

第一节　"横扫一切牛鬼蛇神"和"破四旧"

《五一六通知》提出，全党必须"高举无产阶级文化革命的大旗，彻底揭露那批反党反社会主义的所谓'学术权威'的资产阶级反动立场，彻底批判学术界、教育界、新闻界、文艺界、出版界的资产阶级反动思想，夺取在这些文化领域中的领导权。而要做到这一点，必须同时批判混进党里、政府里、军队里和文化领域的各界里的资产阶级代表人物，清洗这些人，有些则要调动他们的职务"。根据毛泽东的意见，成立了以陈伯达为组长，康生为顾问，江青、张春桥为副组长的中央文革小组。这个不受中央政治局约束的"小组"，实际上成为"文化大革命"的指挥部。6 月 1 日，《人民日报》发表《横扫一切牛鬼蛇神》社论。同日晚，根据毛泽东的指示，中央人民广播电台在全国联播节目中播放了北京大学聂元梓等人攻击北京大学党委和北京市委的大字报，并于次日在《人民日报》全文刊载。于是，一场揪斗"黑帮"和迫害学术、教育和文化各界知名人士的政治风暴迅速席卷全国。

所谓"牛鬼蛇神"，既指各级党政机构中那些被加上"反对毛主席"、"反对毛泽东思想"、"反对毛主席无产阶级司令部"罪名的领导干部，也指学术文化领域中一些被扣上宣扬"封建主义"、"资本主义"和"修正主义"的"反动权威"。八届十一中全会根据毛泽东意见通过的《关于无产阶级文化大革命的决定》说，这次运动的目的"是斗垮走资本主义道路的当权派，批判资产阶级的反动学术'权威'，批判资产阶级和一切剥削阶级的意识形态，改革教育，改革文艺，改革一切不适应社会主义经济基础的上层建筑，以利于巩固和发展社会主义制度"。按照这个决定的说法，"资产阶级和一切剥削的意识形态"只能批判，而没有继承的问题。这和毛泽东原来主张的要重视学习和批判继承中外历史文化遗产的主张显然是矛盾的。

《五一六通知》公布后，北京一些大中学校出现了红卫兵组织。他们宣称要"向旧世界宣战","要砸烂一切旧思想、旧文化、旧风俗、旧习惯"。在中央文革小组"横扫一切牛鬼蛇神"的号召下，年轻的红卫兵践踏法纪，揪斗"黑帮"和"反动学术权威"，抄家毒打，无所不用其极。以"造反"为己任的红卫兵运动，很快在全国风起云涌。在"破四旧"的疯狂行动中，承载着中国传统文化血脉的许多优秀文物古迹，遭到肆意破坏。北京的红卫兵把许多收缴的戏曲道具拿到国子监孔庙大院烧毁。北京师范大学井冈山战斗兵团二百多名红卫兵在谭厚兰带领下，在山东曲阜召开"彻底捣毁孔家店大会"，砸碎孔子墓碑，捣毁孔子座像，铲毁孔坟。由于引起全国人民极大的愤慨，谭厚兰等人才不得不停止对孔庙、孔府和孔林的破坏。

第二节　批判刘少奇《论共产党员的修养》

毛泽东在八届十一中全会中印发的《炮打司令部——我的一张大字报》，提出中央存在一个"站在反动的资产阶级立场，实行资产阶级专政"的司令部。大字报虽然没有明确点名，但人们从其涉及的问题中不难了解，毛泽东退居二线以后，主持中央日常工作的刘少奇，就是这个"资产阶级司令部"的代表人物。八届十一中全会以后，全国迅速掀起批判"资产阶级路线"和"刘少奇、邓小平司令部"的高潮。1967 年 3 月，毛泽东在中央工作会议上批评刘少奇的《论共产党员的修养》不讲现实的阶级斗争，不讲夺取政权的斗争，只讲个人修养，"讲的是孔孟之道，从封建主义到资本主义都可以接受"。中央的报刊随即刊载了《〈修养〉的要害是背叛无产阶级专政》等文章。

1939 年 7 月，刘少奇在延安马列学院作《论共产党员的修养》演讲，他的讲稿 1943 年经中共中央决定编入《整风文献》，由解放社出版。1962 年经作者修订后，由人民出版社再版。刘少奇在论述共产党员的党性修养时，强调要"学习我国历史上的一切优秀遗产"，并引用了孔子、孟子和其他儒家一些有关道德修养的格言。如引孟子说"人皆可以为尧舜"，曾子说"吾日三省吾身"等等。刘少奇说，共产党员要"先天下之忧而忧，后天下之乐而乐"；"'杀身成仁'、'舍生取义'，在必要的时候，对于多数共产党员来说，是被视为当然的事情"。很显然，刘少奇在演讲时，不过是借用了这些古人的语言，说明共产党员应该先公后私，为信仰和理想不怕牺牲，以及要经常进行自我反省等道德修养和实践问题，根本谈不到是什么"背叛无产阶级专政"问题。刘少奇在演讲中还指出，旧社会剥削阶级的代表人物惯于用"圣贤之道"去压迫被剥削者,"用满口仁义道德去欺骗人民"。刘少奇也并非不讲现实的阶级斗争,不讲夺取政权的斗争。他在演讲中指出,共产主义这个"百年大业"是决不能"一蹴而就"的,"它在各种不同的国家,需要经过各种不同的阶段,战胜各种不同的敌人"。在中国首先必须战胜侵略中国的帝国主义和与帝国主义相勾结的封建买办势力,才能完成资产阶级民主革命。以后还要进行社会主义革命,还要长时期地进行社会主义改造和社会主义建设的工作。《修养》还引用列宁关于无产阶级专政的论述,指出对于无产阶级革命来说,"在政治上获得解放,获得胜利,还仅仅是革命的开始,极大的工作还在革命胜利以后,还在取得政权以后"。尤其值得重视的是,《修养》一书还提出了共产党执政的国家要和一切腐化堕落现象作斗争的问题:一个有严格组织纪律的党,一个又有集中又有民主的国家机关,"经过这样的党和国家机关,领导广大人民群众,来和一切腐化、堕落的现象进行不调和的斗争,不断地从党内和国家机关中清洗那些已经腐化、堕落的分子(不管这种分子是作了多大的'官'),而保持党和国家机关的纯洁。无产阶级革命的这一特点,无产阶级革命党的这一特点,是历代革命和历代革命党所没有的,而且也不能有的"。

第三节 "批林批孔"

1971年9月,林彪反革命集团策划武装政变夺取最高权力的阴谋遭到挫败,林彪等人乘飞机外逃叛国,结果飞机在蒙古温都尔汗坠毁,机上人员全部殒命。从1971年12月起,全国开展批林整风运动。林彪集团是通过"文化大革命"登上党和国家权力机构的高端的。它的覆亡,客观上宣告了"文化大革命"的理论和实践的失败。周恩来希望通过批判林彪反革命集团开展批判极"左"思潮和无政府主义,恢复党和国家正常的工作秩序。随着批林整风运动的深入,周恩来领导的批判极"左"思潮的斗争全面展开,得到了广大干部和群众的拥护并取得一些实效。但在江青、张春桥、姚文元、王洪文"四人帮"看来,"批极左思潮就是批文化大革命"①,因为他们一伙也和林彪集团一样,是通过"文化大革命"和煽动极"左"思潮登上权力高峰的。他们竭力反对批判极"左"思潮和恢复党与国家正常的工作秩序。毛泽东对于周恩来主张的落实党的干部政策和"解

---

① 参见中共中央文献研究室编,金冲及主编《周恩来传》,中央文献出版社1998年版,第1061页。

放"一批受迫害的老同志的工作是支持的,但是他担心批极"左"会导致否定"文化大革命",而这是他所不能容忍的。1972年12月毛泽东在和张春桥、姚文元谈话时,明确表示对极"左"思潮应当"少批一些",主要应该批林彪的修正主义、分裂、阴谋诡计、叛党叛国的"极右"①。

在清理林彪住所的材料时,发现了一些林彪抄写的"克己复礼"之类引自孔孟的文字,毛泽东认为这是批判林彪思想的重要材料。1973年5月,他在中央工作会议上提出应该批判孔子。随后在另外的场合,他还谈到林彪是"尊孔反法"。"四人帮"利用毛泽东的这个意见,借机在全国掀起了所谓的"批林批孔"运动。

毛泽东在"五四"时期受到新文化运动的洗礼,曾经发表过一些反对尊孔的言论②。他在长期革命生涯中,虽然对孔子的"观念论"(唯心论)和道德论有所批判,但在"文化大革命"以前,从未完全否定孔子。1938年,他在《中国共产党在民族战争中的地位》中说:"我们是马克思主义的历史主义者,我们不应当割断历史。从孔夫子到孙中山,我们应当给以总结,承继这一份珍贵的遗产。"③1939年2月,他在致张闻天的信中说:"孔子的体系是观念论;但作为片面真理则是对的,一切观念论都有其片面真理,孔子也是一样。""观念论哲学有一个长处,就是强调主观能动性,孔子正是这样,所以能引起人的注意与拥护。机械唯物论不能克服观念论,重要原因之一就在于它忽视主观能动性。我们对孔子的这方面的长处应该说明。"信中谈到对孔子讲"仁"这类道德范畴,"应该给以历史的唯物论批判,将其放在恰当的位置",还批评陈伯达《孔子哲学》一文"没有明白指出孔子在认识论上与社会论上的基本的形而上学之外,有它的辩证法的许多因素,例如孔子对名与事,文与质,言与行等等关系的说明"④。1943年,毛泽东针对那种认为孔孟之道是中国文化的不良传统的观点,指出"孔孟有一部分真理,全部否定是非历史的看法"⑤。1953年9月,毛泽东在批评梁漱溟时曾提到:"关于孔夫子的缺点,我认为就是不民主,没有自我批评的精神,有点像梁先生。"他认为孔子摄相事"三月

①　中共中央文献研究室编、金冲及主编:《周恩来传》,中央文献出版社1998年版,第1068页。

②　毛泽东在《湘江评论》上曾著文抨击"宗孔逆挽潮流"的顽固派。参见王子今《毛泽东与中国史学》,中共中央党校出版社1993年版。

③　《毛泽东选集》第2卷,人民出版社1991年版,第534页。

④　《毛泽东书信选集》,人民出版社1983年版。

⑤　逄先知:《毛泽东读中国文史古籍》,见吴宜、温宪祝编《毛泽东读书与写文》,中共中央党校出版社1993年版。

而诛少正卯","很有些恶霸作风"①。在 1958 年武昌会议上毛泽东说，我们共产党人看孔夫子，他当然是有地位的，因为我们是历史主义者，但说是什么圣人，我们是不承认的②。直到 1964 年，他还说，孔夫子有些好处，但也不是很好。我们认为应该讲公道话。秦始皇比孔夫子伟大得多。孔夫子是讲空话的③。在同年的春节座谈会上，他虽然批评孔子教学没有工业、农业劳动，因此四体不勤，五谷不分，也还是肯定孔子的教育思想有可取之处④。可见毛泽东对孔子的评价本来一直是坚持既有肯定也有否定的两点论，即采取历史唯物主义的批判继承的态度。他在晚年之所以更多地强调孔子的消极面，与他滋长"左"倾思想有关。"文化大革命"初期他批评刘少奇《论共产党员的修养》"讲的是孔孟之道"，以及林彪集团覆亡之后他同意把批林和批孔联系起来，都是出于当时政治斗争需要的一种"古为今用"，而与他原来对历史人物和文化遗产主张实事求是地批判继承的正确观点是相违背的。

1973 年 9 月，由江青直接操纵的北京大学、清华大学"大批判组"，在《北京日报》发表《儒家和儒家的反动思想》。同月，"四人帮"在上海的写作组以"石仑"的笔名在《学习与批判》创刊号发表《论尊儒反法》。这两篇文章的亮相，等于宣告在全国范围内即将开展一场规模浩大的"批林批孔"运动。与此同时，"四人帮"的心腹迟群以国务院科教组的名义召开"全国教育系统批孔座谈会"。迟群狂妄地说，这是部署性的会，不但教育战线要批孔，其他战线也要批⑤。在"四人帮"的策划下，北京、上海、沈阳、天津等地纷纷刊载了批孔的文章。

1974 年元旦，中央两报一刊联合发表社论《元旦献词》，提出"批孔是批林的一个组成部分"，强调"要继续开展对尊孔反法思想的批判"。1月 12 日，王洪文、江青致信毛泽东，建议转发由北京大学、清华大学大批判组汇编的《林彪与孔孟之道》（材料之一），说这份材料"对当前继续深入批林批孔会有很大帮助"。经毛泽东批准，中共中央转发了这一材料⑥。1 月 24、25 日，江青策划在北京先后召开中央军委机关和驻京部队、

---

① 《批判梁漱溟的反动思想》，《毛泽东选集》第 5 卷，人民出版社 1977 年版，第 129 页。

② 王子今：《毛泽东与中国史学》，中共中央党校出版社 1993 年版。

③ 同上。

④ 同上。

⑤ 《历史的记录——"四人帮"的影射史学与篡党夺权阴谋》，中国社会科学院历史研究所本书编写组，北京出版社 1978 年版，第 6 页。

⑥ 中共中央文献研究室编、金冲及主编：《周恩来传》，中央文献出版社 1998 年版，第 1127 页。

中央和国务院直属机关"批林批孔"动员大会。周恩来出席并主持了 25
日下午召开的中央和国家机关大会，但他是直到当天上午 11 时才知道要开
这次会议的①。在这次大会上，迟群等人按照江青的旨意，发表长篇煽动
性讲话。他们借宣讲《林彪与孔孟之道》的材料，大谈所谓"抓大事"、
"反复辟"的主题。江青、姚文元在会上不断插话，提出："不准批孔就是
不准批林"，"凡是主张中庸之道的人，其实是很毒辣的"②。江青还在大会
上点了郭沫若的名，指责他尊孔。

　　1974 年 2 月，《红旗》杂志发表《广泛深入开展批林批孔的斗争》短
评，宣布"一个批林批孔的群众运动正在全国掀起"，并称"我们党同林
彪之间围绕着反孔还是尊孔的斗争，实质上是社会主义时期前进和倒退、
革命和反革命的两个阶级、两条路线的斗争"。随后，《人民日报》发表
《把批林批孔的斗争进行到底》的社论，说只有"批判林彪宣扬的孔孟之
道，才能进一步批深批透林彪反革命的修正主义路线的极右实质"，要求
"各级领导要把批林批孔当作头等大事来抓"。在短短几个月中，各地登载
的批孔文章就达数百篇。这些所谓"大批判"的文章肆意诬蔑攻击孔子，
许多文章连题目都用一种谩骂的口吻，诸如《孔子是一个反动的复辟狂》，
《孔孟"仁政"的反动实质》，《孔夫子和丧家狗》，《孔子反革命的一生》，
《维护奴隶制的反革命之道——批判孔子的"中庸之道"》等等。

　　"批林批孔"运动把林彪的反革命阴谋与风马牛不相及的孔孟之道联
系在一起，实际上完全转移了批林的大方向。它不但影响了对林彪反革命
集团的深入批判，而且使得与林彪集团本来沆瀣一气的"四人帮"得以在
批右不批左的借口下继续煽动极"左"思潮，并且以影古射今的手法把批
判的锋芒引向周恩来总理。周恩来在林彪反革命集团覆亡后主持中央的日
常工作，他不顾身患癌症，日夜操劳，希望尽可能减少"文化大革命"给
党和国家造成的损失。"四人帮"把周恩来视为他们篡党夺权的主要障碍，
因而处心积虑要把他打倒而后快。

　　1974 年 2 月，根据江青出的题目，"梁效"（即"北大、清华大批判
组"）炮制《孔丘其人》一文，经江青、张春桥、姚文元审阅批示后，4
月在《红旗》和《人民日报》发表③。文章含沙射影地刻画一个"言必称

---

　　①　中共中央文献研究室编、金冲及主编：《周恩来传》，中央文献出版社 1998 年版，第 1128
页。

　　②　同上书，第 1129 页。

　　③　参见中共中央文献研究室编、金冲及主编《周恩来传》，中央文献出版社 1998 年版，第
1131 页。

仁义，口不离中庸"、"七十一岁，重病在床"的鲁国"代理宰相孔丘"的形象，称孔丘是"开历史倒车的复辟狂"、"虚伪狡猾的政治骗子"、"凶狠残暴的大恶霸"、"不学无术的寄生虫"、"到处碰壁的丧家狗"，并说："今天，彻底揭露孔丘的反动面目，对于识别王明、刘少奇、林彪这一类政治骗子，反击开倒车、搞复辟的逆流，很有意义。"此文提出"林彪这一类政治骗子"，是向读者暗示，批林批孔运动所要批判的对象，除了林彪之外，还有"开倒车、搞复辟的逆流"的另外代表人物。同月，"四人帮"在上海的写作班子"罗思鼎"，在《红旗》发表批判秦国宰相吕不韦的文章《评〈吕氏春秋〉》，把历来学术界公认的"兼儒墨，合名法"的杂家著作《吕氏春秋》曲解为"《春秋》的续编"，说它"继承和发展了孔丘'兴灭国，继绝世，举逸民'的主张，提出了复辟奴隶制的反动政治纲领"，说吕不韦"反对秦始皇，对秦国的封建主义社会制度没有半点看得上眼。一翻开《吕氏春秋》，到处充满着'今不如昔'的论调"，而这"正暴露了他顽固地反对社会变革、坚持复辟倒退的反动立场"①。文章还露骨地联系现实说："以折衷主义形式出现的反动思潮在今天仍还可以看到"，"他们常常摆出一副平正、公允的面孔，用似是而非、模棱两可的态度来掩盖自己的极右本质，表面上不偏不袒，实质上千方百计保护反动派，对革命派则是力图置之死地而后快"。

1974 年 5 月，根据江青的旨意，"梁效"写作组用"柏青"的笔名在《北京日报》发表《从〈乡党〉篇看孔老二》。《乡党》是《论语》篇章之一，记载了孔子日常生活中的一些言谈举止。"梁效"在把原文译成白话时，肆意歪曲和篡改《乡党》的原意，极力丑化孔子的形象。文中说孔子"煞费苦心地练风度、练表情，对不同的人采取不同的态度，是为了做官，做官又是为了'复礼'"；谩骂孔子"诌上骄下，投机钻营"，"极端虚伪奸诈，是一个可恶的政治骗子"。文章最后说："看了《乡党》篇中的孔老二，处处都使人联想到林彪一类政治骗子"，"他们所推行的'克己复礼'的极右路线，也是一脉相承的"。②

"四人帮"指使其写作班子所捏造的孔子形象，完全是一个假孔子。但丑化孔子只是他们的一种手段，他们的真正目的是要"使人联想到林彪一类政治骗子"。在读这些文章时一般读者都可以看穿，"四人帮"所攻击的"孔老二"，其实是影射现实生活中的某个人。但这个假孔子的形象与

---

① 参见《历史的记录——"四人帮"的影射史学与篡党夺权阴谋》，中国社会科学院历史研究所本书编写组，北京出版社 1978 年版，第 49 页。

② 同上书，第 58、59 页。

林彪又并不相似，"四人帮"一再提醒读者，这个"林彪一类政治骗子"当过"宰相"，"煞费苦心地练风度、练表情"，搞"折衷主义"，主张"兴灭国，继绝世，举逸民"，"常常摆出一副平正、公允的面孔，用似是而非、模棱两可的态度来掩盖自己的极右本质"。他们的用心就是要攻击周恩来总理，诬蔑周恩来搞"复辟"、"倒退"。1974年6月，江青等人召集"梁效"写作班子成员开会，公然提出要批"除了林彪、陈伯达以外"的"现代的儒"。江青说："难道现在没有儒了吗？没有，为什么反孔老二？……不然，不会搞这样大的运动。"①

"四人帮"妄图借"批孔"而搞垮周恩来的险恶用心，不但受到广大干部和人民群众的反对和抵制，也引起了毛泽东的警觉。针对"四人帮"的帮派活动，毛泽东一针见血地指出："江青有野心。她是想叫王洪文作（人大）委员长，她自己作党的主席。"并当着政治局成员的面宣布："她（指江青——编者注）并不代表我，她代表她自己。"毛泽东还写信给江青，警告她"不要多露面，不要批文件，不要由你组阁（当后台老板)"。他还警告王洪文"不要搞'四人帮'"，"不要搞宗派，搞宗派是要摔跤的"。在谈到四届人大的人事安排时，毛泽东明确表示："总理还是我们的总理。"② 正是由于毛泽东这一系列的警告和指示，"四人帮"想利用"批林批孔"把周恩来打倒的阴谋才没有得逞。

第四节 "批儒评法"

由于毛泽东说过林彪是"尊儒反法"，"四人帮"操纵的"批林批孔"运动由"批孔"而"批儒评法"，并胡说儒法斗争贯穿了整部中国历史，对中国优秀的历史文化遗产肆意进行歪曲和摧残。"文化大革命"以前，对儒法两家的评价在史学界本来就有不同的认识。这种学术见解的不同，不但存在于马克思主义学者与非马克思主义学者之间，也存在于马克思主义学者相互之间。20世纪50年代，在中国古代史分期和中国哲学史的讨论中，对于儒家思想的阶级属性和历史作用，曾经有过热烈的讨论。这种不同意见的讨论，对于学术的发展显然是有利的。毛泽东是一位熟谙中国历史并喜欢引古论今的革命家，他对儒法两家的评价有自己的见解。但在

① 参见《历史的记录——"四人帮"的影射史学与篡党夺权阴谋》，中国社会科学院历史研究所本书编写组，北京出版社1978年版，第72页。

② 参见中共中央文献研究室编、金冲及主编《周恩来传》，中央文献出版社1998年版，第1142、1152、1154页。

长期革命生涯中，包括在50年代，他并没有把自己的历史见解强加于学术界。1957年1月，他在省市自治区党委书记会议上一次讲话中说："我劝在座的同志，你们如果懂得唯物主义和辩证法，那就还需要补学一点它的对立面唯心主义和形而上学。康德和黑格尔的书，孔子和蒋介石的书，这些反面的东西，需要读一读。"① 毛泽东认为孔子的书和康德、黑格尔的书一样，是唯心主义和形而上学的，是唯物主义和辩证法的对立面，但他并没有把它们一笔抹杀的意思，反而是劝省市自治区的党委书记们要补学一点这方面的书。同年2月，他在《关于正确处理人民内部矛盾的问题》中又专门就"百花齐放，百家争鸣"问题强调说："对于科学上、艺术上的是非，应当保持慎重的态度，提倡自由讨论，不要轻率地作结论。"② 可惜这种正确的指导思想后来发生了变化。

毛泽东对中国革命和社会主义建设作出了巨大的贡献。但是随着他在全国人民中的威望达到高峰，他逐渐脱离实际和脱离群众，主观主义和个人专断作风日益严重③。他对中国历史的一些见解，也被涂上了个人崇拜的浓厚色彩。毛泽东晚年多次赞扬秦始皇，为秦始皇的残暴统治辩护，认为"秦始皇比孔子伟大得多"④。秦始皇诚然是中国历史上一个杰出的封建君主，他对我国统一的封建中央集权国家的历史发展所起的作用是不可抹杀的。但是把秦始皇和孔子相比，实际上是一种形而上学的不科学的比较，因为他们一个是政治家，另一个是思想家和教育家。毛泽东在中国古代史分期问题上表示过赞同郭沫若战国封建论的观点，但是他对郭沫若《十批判书》中扬儒贬法和批判秦始皇却很不以为然。"批林批孔"运动开展后，据说他给江青看了他写的《读〈封建论〉呈郭老》一诗："劝君少骂秦始皇，焚书之事要商量。祖龙虽死秦犹在，孔学名高实粃糠。百代都行秦政制，《十批》不是好文章。熟读唐人《封建论》，莫将子厚返文王。"⑤ 诗中的"子厚"，即著《封建论》的柳宗元。这首诗虽然没有正式发表过，但在当时社会上流传甚广，也未见有人出来纠正。江青在1974年1月25日中央和国务院直属机关大会上，还公开点了郭沫若的名，批评郭沫若尊孔。

① 《在省市自治区党委书记会议上的讲话》，《毛泽东选集》第5卷，人民出版社1977年版，第375页。

② 《毛泽东选集》第5卷，人民出版社1977年版，第419页。

③ 《中国共产党中央委员会关于建国以来党的若干历史问题的决议》，《三中全会以来重要文献选编》，人民出版社1982年版。

④ 参见王子今《毛泽东与中国史学》，中央党校出版社1993年版。

⑤ 参见周溯源《毛泽东评点古今人物》上卷。

1973 年 8 月，毛泽东对江青说，历代政治家有成就的，封建社会前期有建树的，都是法家，儒家满口仁义道德，一肚子男盗女娼①。毛泽东对儒法两家历史地位的这种判断，带有很大的片面性，也有悖于他原先对中国历史人物的一些看法。"四人帮"利用毛泽东在特定历史环境下说的这些片面性的话，操纵舆论工具，在全国范围内掀起了一个"批儒评法"的影射史学高潮。

同年 9 月，"四人帮"在上海的写作班子以"石仑"的笔名在《学习与批判》创刊号发表《论尊儒反法》一文。姚文元对这篇文章亲自作了修改，并在《红旗》当年第 10 期再次发表。姚文元把原文中提到的"周公之典"和公开批判《十批判书》的话删掉，派人对上海写作组的头头说："不是说原来讲的不对"，"上海可以那样写，我们可以那样改。地方可以批，我们可以简略一点"②。这篇文章一开头就强调："中国历史上，历来就存在尊儒反法同尊法反儒两种对立的观点和派别。但是，长期以来，由于尊儒反法思潮的影响，儒法斗争的本质经常被颠倒和掩盖了。"文章最后说："在无产阶级革命的进程中，要不要批判尊儒反法思潮，也是党内两条路线斗争的一个重要内容。"同年 11 月，《红旗》又发表上海写作组撰写、署名罗思鼎的文章《秦王朝建立过程中复辟与反复辟的斗争——兼论儒法斗争的社会基础》。姚文元对这篇文章也作了多处修改，生拉硬扯地加上许多"批孔"的内容，如说孟轲咒骂法家为"民贼"，是"同孔子杀少正卯一样"，秦国国君认为"应当采取同孔子思想相反的政治路线"等等③。文章在"复辟与反复辟"问题上大做文章，极尽歪曲史实之能事，说"吕不韦在秦国执政以后，竭力推行的是一条复辟奴隶制的反动的政治路线"；"这时在秦国要公开亮出儒家的旗帜是不行了，而是只能标榜折衷主义，在'杂家'的招牌下贩卖儒家的黑货"。江青曾得意地说："这篇文章的好处，是批吕不韦，吕是个宰相。"④

1974 年 1 月，中央党校大批判组以"唐晓文"笔名在《人民日报》发表《孔子杀少正卯说明了什么?》，说孔子担任鲁国司寇并代行宰相职务后，"上台不久，就利用职权，杀了革新派人士、法家的先驱少正卯"；"少正卯和孔子的斗争揭开了春秋战国时期儒法斗争的序幕"。江青在 1 月

---

①　陈晋：《毛泽东的文化性格》，中国青年出版社 1991 年版。

②　参见《历史的记录——"四人帮"的影射史学与篡党夺权阴谋》，中国社会科学院历史研究所本书编写组，北京出版社 1978 年版，第 15 页。

③　同上书，第 17 页。

④　同上书，第 19、28 页。

25 日的批林批孔大会上特地表扬了"党校的班子",说《孔子杀少正卯》这篇文章"是很用了功夫的"①。同年 5 月,"四人帮"在上海的写作组以"翟青"的笔名,在《学习与批判》发表《读韩非的〈五蠹〉篇》,说韩非的《五蠹》篇"对各种阻碍新兴地主阶级前进的反动思想进行了革命的大批判,提出了地主阶级对奴隶主阶级实行全面专政的理论纲领。搞清楚这一点,有助于我们进一步看清林彪尊孔反法的极右实质"。又说"韩非注意到了堡垒是极容易从内部攻破的,特别是那些钻进了政权机构的孔学信徒,竭力鼓吹'法先王'的反动理论,反对和阻挠对反动孔学的批判"。同月,"唐晓文"在《光明日报》发表《孔丘的教育思想与"克己复礼"》,文章说:"'仁人'、'君子'是'为国以礼'的,是奉行'克己复礼'路线的。而'小人'是主张革新,反对'克己复礼'的。因此,培养与'小人'根本对立的'仁人'、'君子',即培养为维持和复辟奴隶制死心塌地卖命的奴才和卫道士,就是孔丘办教育的直接目的,也是'学而优则仕'的特定的阶级内容。"②

同年 6 月,江青、王洪文、姚文元在人民大会堂接见"梁效"、"唐晓文"等写作班子成员,大肆鼓吹儒法斗争继续到现在的观点,说"复辟和反复辟,前进和倒退的斗争,从奴隶社会,到封建社会,一直到社会主义社会,都贯穿这个。现在还有人要复辟,不能说没有。要复辟必然要抬出儒家。我们要革命,对历史上法家就要批判继承"。江青还说:"凡是儒家都是卖国主义,凡是法家都是爱国主义。"③ 同月,江青还带"梁效"和"唐晓文"两个写作组的成员到天津,在工厂、农村、部队宣讲"儒法斗争史"。

江青有政治野心,几次要"四人帮"的写作班子多研究和宣传吕后与武则天,实则为自己篡党夺权制造舆论。1974 年 11 月,姚文元授意上海写作组编写的《哲学小辞典(儒法斗争史)》出版。书中专条吹嘘吕后是"我国历史上第一个法家代表人物","在她当政的十六年中,继续执行刘邦的法家路线的政策,充分反映了处于上升时期地主阶级的革命朝气"④。同年,"梁效"在《北京大学学报》发表《有作为的女政治家武则天》,文中说:"武则天有着十分鲜明的反儒色彩。""一生坚持贬低、打击反动

① 参见《历史的记录——"四人帮"的影射史学与篡党夺权阴谋》,中国社会科学院历史研究所本书编写组,北京出版社 1978 年版,第 19、28 页。

② 同上书,第 62、66 页。

③ 同上。

④ 同上书,第 135、102、103 页。

儒家。"　"称之为法家女皇武则天，应该说是符合历史实际的。"①

　　1973 年 3 月，根据毛泽东的意见，周恩来主持中央政治局会议，讨论并通过恢复邓小平党的组织生活和国务院副总理职务的决定。同年 12 月，毛泽东建议邓小平参加中央军委、任总参谋长。1974 年 10 月，毛泽东又建议任命邓小平为国务院第一副总理，在周恩来病重期间主持国务院日常工作。1975 年 1 月，中共十届二中全会根据毛泽东建议，选举邓小平为中共中央副主席、政治局常委。邓小平复出主持中央工作，对"四人帮"的篡党夺权阴谋是一个沉重打击。邓小平提出要抓各条战线的整顿，把国民经济搞上去，获得了全国人民的衷心拥护。"四人帮"为此咬牙切齿，在向毛泽东进谗言的同时，又操纵舆论工具，攻击邓小平搞复辟倒退。

　　1976 年 1 月 8 日，周恩来逝世。"四人帮"千方百计阻挠广大干部和人民群众悼念周总理的活动。与此同时，他们集中火力加强了对邓小平的攻击。2 月，"梁效"根据"四人帮"的旨意炮制了《再论孔丘其人》，在《人民日报》发表。文章说："孔丘其人，不仅是一个顽固的守旧复古派，而且一旦得到权势，还是一个十足的翻案复辟狂。"他"一旦当上'大官'，就刮起十二级的复辟台风，大张旗鼓地'正名'了，也就是要从各个方面来一番整顿，把社会历史从发展变革的趋势中扭回去，实现他'克己复礼'的黑纲领"。5 月，上海写作组"康立"在《学习与批判》发表《司马光登台一年》，批判司马光当了"副宰相"之后，"劲头十足地推行废除新法、全面复辟的路线"，"顽固派正式打出了'整饬风俗，修振纪纲'的黑旗"，"'凡百措置，率由旧章'，一切都要扭回到旧轨道上去"。文章还挖空心思地引用了黄庭坚的一首诗来影射邓小平的整顿："'禁中夜半定天下，仁风义气彻修门。十分整顿乾坤了，复辟归来道更尊。'这是北宋末期江西派诗人黄庭坚为了美化宋哲宗年间的'元祐更化'而写的一首诗。……元祐更化，是一次惊心动魄的复辟事件，对王安石变法进行了全面的反攻倒算。"又说："把司马光重新推上前台的，不仅是他那股反变法的凶猛劲头，更重要的是站在他背后的整个大地主顽固派。"

　　1976 年 9 月 9 日，毛泽东主席逝世。"四人帮"丧心病狂，利用党和人民的严重困难，加快了篡夺党和国家最高领导权的步伐。就在他们即将覆亡的时刻，"四人帮"还继续打着"批儒评法"的旗号来为他们的反革命阴谋制造舆论。9 月初，"梁效"在《红旗》发表《邓小平的修正主义路线与孔孟之道》，诬蔑攻击邓小平推行了一条"浸透着孔孟之道的毒汁"

---

　　①　《历史的记录——"四人帮"的影射史学与篡党夺权阴谋》，中国社会科学院历史研究所本书编写组，北京出版社 1978 年版，第 135、102、103 页。

的"修正主义路线"。然而，"天网恢恢，疏而不漏"，当年 10 月，中国人民终于在中国共产党的领导下粉碎了"四人帮"，结束了"文化大革命"这场内乱和灾难。

第五节 几位史学家在"批林批孔"和"批儒评法"运动中的表现及其教训

"文化大革命"中"四人帮"搞的所谓"批林批孔"和"批儒评法"运动，歪曲和捏造历史为他们篡党夺权的阴谋服务，是对历史研究的肆意践踏，极大地败坏历史学的声誉。"四人帮"覆亡之后，广大的史学工作者曾不得不用很大的力气来拨乱反正，清理他们谬论的流毒。

"四人帮"发动"批林批孔"和"批儒评法"是得到毛泽东同意的。没有毛泽东的支持，"四人帮"不可能在全国范围内掀起这样声势浩大的运动。而毛泽东之所以支持把"批林"和"批孔"联系起来，并且发表了一些贬儒扬法的意见，如我们在前文所说，是出于他坚持要维护他所发动的"文化大革命"的政治需要。他反对批"文化大革命"的极"左"，就把林彪与他认为复古保守的孔子挂钩，并把孔子作为批判极右的箭靶子。他要为自己的个人专断和个人崇拜辩护，就放弃了他原来主张的对待历史人物应采取的历史唯物主义的科学态度，无批判地称赞秦始皇和贬儒扬法。但是，绝不能把毛泽东同意"批林批孔"和"批儒评法"的错误，与"四人帮"利用"批林批孔"和"批儒评法"伪造历史和攻击周总理等老一辈无产阶级革命家的阴谋混为一谈。毛泽东制止下发《林彪与孔孟之道》（材料之二）和严厉批评江青在四届人大"组阁"前后的活动，说明他对"四人帮"利用"批林批孔"和"批儒评法"搞篡党夺权的阴谋已有所察觉并加以制止。

"梁效"、"唐晓文"、"罗思鼎"这些写作小组在"批林批孔"和"批儒评法"运动中扮演了不光彩的角色，起了很不好的作用。应该实事求是地说，这些写作班子虽然是"四人帮"操纵的舆论工具，它们的头头如迟群之流又是"四人帮"的爪牙，但是参加写作小组的大多数成员并不了解"四人帮"的政治阴谋。他们当中有些人在对孔子、儒家和法家评价问题上，也未必完全同意"四人帮"的观点。但他们为了在这场政治风浪中保全自己，采取一种迎合的态度，这却是值得吸取的深刻教训。曾经被"四人帮"当做上宾款待并任"梁效"顾问的冯友兰，后来对自己的这段经历有如下的叙述：

　　一九七三年，批林运动转向批孔运动。批孔还要批尊孔。当时我心里又紧张起来，党得自己又要成为"众矢之的"了。后来又想，我何必一定要站在群众的对立面呢。要相信党，相信群众嘛。我和群众一同批孔批尊孔，这不就没有问题了吗。在这种思想的指导下，我写了两篇文章。这两篇文章，在会场上念了一遍，果然大受欢迎。……一九七三年秋天，有一天，校党委政工组叫我去清华开会，会议由迟群、谢静宜主持，说是要组织力量批林批孔，成立北大、清华两校大批判组。谢静宜拿了一本赵纪彬的《孔子诛少正卯考》给我，说："江青要你看看，不久还要找你谈谈。"后来并没有找我谈。……以上，我不厌其烦地讲了一些细节，以见"四人帮"是如何利用毛主席、党中央的威信，以欺骗人民，诱人跟着他们走极左路线的。我当时自以为是跟着毛主席、党中央走的，鼓励我的那些群众也是这样想的，至少也是这样说的。可是我当时也确有哗众取宠之心。有了这种思想，我之所以走了一段极左路线，也就是自己犯了错误，不能说全是上当受骗了。①

　　冯友兰对自己错误的认识虽然难说深刻，但他承认自己"确有哗众取宠之心"，"不能说全是上当受骗"，对于一个享誉中外的老学者来说，这也就不容易了。

　　冯友兰在 30 年代撰写的《中国哲学史》，试图用理性主义的观点来论述孔子的思想学说。他认为孔子是中国历史上第一个使学术民众化的教育家，是与苏格拉底相似的"智者"。在冯友兰看来，孔子思想虽有些"守旧"，但他注重人之有真性情同情心，"仁者，即人之性情之真的及合礼的流露，而即本同情心以推己及人者也"②冯友兰认为孔子的这种思想是值得肯定的。50 年代，冯友兰提出"抽象继承法"，认为孔子的有些言论是可以抽象继承的。如"德"是指个人的道德品质，"礼"是指社会规范，我们可以不管它的阶级内容，继承其抽象的意义。冯友兰的这种说法在当时曾引起很大的争论，不管他的观点是否正确，他希望解决中国哲学遗产继承问题研究中的一些困惑，这种敢于"百家争鸣"的态度还是可取的。在 60 年代所写的《中国哲学史新编》中，冯友兰认为孔子是从奴隶主阶级转化过来的新兴地主阶级的代表，他的思想起了一定的进步的作用。这个观点可以说是冯友兰试图用马克思主义理论来重写中国哲学史的一种努

---

①　冯友兰：《三松堂自序》，三联书店 1989 年版。

②　冯友兰：《中国哲学史》上册第一篇，商务印书馆 1934 年版。

力。但到了"批林批孔"运动,他被这场政治风暴吓坏了,再加上江青恩威并施的拉拢,他就决心"同革命群众一起批林批孔"了。他发表《对于孔子的批判和对于我过去的尊孔思想的自我批判》、《复古与反复古是两条路线斗争》等文章,还出版一本《论孔丘》的小册子。

《论孔丘》说,孔丘生活的时代奴隶制已经崩坏,"他为当时日趋没落的奴隶主阶级作最大努力,妄图挽救他们的命运,恢复他们的统治地位"。"孔丘的梦想,是以鲁国为基础,恢复周礼"。他主张"克己复礼","克己"就是战胜自己所有的不合乎周礼的东西,"不合乎周礼的东西都被战胜了,去掉了,周礼自然就恢复了"。"正名"也就是要用周礼所规定的那些条条框框,来纠正当时不合乎这些条条框框的事。"孔丘所说的'仁',是他所说的'君子'的道德。所谓'小人'是排除在外的"。《论语·泰伯》说"君子学道则爱人,小人学道则易使",意思是"君子"如果学一点"道",就可以对于劳动人民给一点小恩小惠,以便更好地使唤他们;"小人"如果学一点"道",就容易被使唤。冯友兰检讨说,自己过去把"仁"说成是"本同情心以推己及人","是超阶级的资产阶级人性论的解释"。"克己复礼为仁",实际上是"要把人的欲、恶、求,都限制在奴隶主的'礼'的范围之内"。冯友兰还把孔子的"中庸之道"归结为"反辩证法的'合二而一'论",批判了孔子的"宗教的天命论和'实用主义'的鬼神论"、"唯心主义的先验论和英雄史观",以及"复古主义的文艺观和反动的教育路线"。这样,《论孔丘》这本小册子就完全颠覆了冯友兰以往对孔子思想学说比较平实的分析评论,而对孔子作了一个完全迎合"四人帮"需要的判决:"孔丘自称为儒,儒是为奴隶主阶级搞意识形态的专家。""在一个社会大转变时期,意识形态的转变,在相当长的时期内,落后于经济基础以及上层建筑的其他方面。……在春秋战国的大转变时期,也有类似的情况。孔丘就钻这个空子,大肆宣传奴隶主阶级的意识形态,赞扬奴隶主阶级的上层建筑。企图以此挖新出现的封建社会的经济基础的墙脚,阻碍封建社会的发展,由此复辟奴隶社会。"①

中央党校教授赵纪彬,"文化大革命"前著有《论语新探》一书,并曾参加侯外庐主编的《中国思想通史》的撰写。他的《论语新探》有《释人民》、《君子小人辨》、《原贫富》等章,论点颇有独到之处。他认为孔门所代表的前期儒家,是"人"中的"君子"学派。他们"以继承西周维新路线、维护宗法遗制、调和春秋矛盾,企图通过改良道路过渡到封

---

① 冯友兰:《论孔丘》,人民出版社 1975 年版。

建社会为自觉的任务"①。在"批林批孔"运动中，赵纪彬被延请为"唐晓文"的顾问。他原本认为孔子是改良派而不是革新派，如果是按照自己的学术观点对孔子有所批判，也属无可非议。但是他却不免为形势所左右，在"批林批孔"运动中修订出版的《论语新探》，按照当时儒法斗争的观点作了不少修改。如把原先所说的"孔子始终坚持'维新'路线"，改为"孔丘对此变革形势，逆流而动"② 等等。赵纪彬还写了《孔子诛少正卯考》，为"唐晓文"在《人民日报》发表的《孔子诛少正卯说明了什么？》③ 提供了基本素材。此文说："少正卯和孔子的斗争揭开了春秋战国时期儒法斗争的序幕。"江青称赞赵纪彬的《孔子诛少正卯考》"是很用了功夫的"，"不能抹杀他的功劳"④。

中山大学教授杨荣国"文化大革命"前著有《中国古代思想史》，对孔子持批判态度，得到毛泽东的赏识。"四人帮"因此对他也特别加以笼络。从 1973 年下半年开始，杨荣国在北京、上海、广洲、武汉等地作了多次儒法斗争的讲演。9 月，他在题为《儒法两家的斗争和孔子反动思想的影响》中说："孔子在鲁国做宰相，不到七天就把少正卯杀了。少正卯当时是一个法治派的人物，是主张革新的。这是两条路线的斗争。"又说："春秋战国之际，有一次奴隶的大暴动，首领叫盗跖。……盗跖首先就反对孔子'不耕而食，不织而衣'，是个寄生虫。"⑤ 盗跖即柳下跖，骂孔子之事见《庄子·杂篇·盗跖》，显然是庄子后学宣传"全真"思想所作的游戏文章。篇中云，盗跖"从卒九千人，横行天下，侵暴诸侯"，孔子对他说："将军有意听臣，臣请南使吴、越，北使齐、鲁，东使宋、卫，西使晋、楚，使为将军造大城数百里，立数十万户之邑，尊将军为诸侯，与天下更始，罢兵休卒，收养昆弟，共祭先祖。此圣人才士之行，而天下之愿也。"盗跖大怒说："吾闻之，好面誉人者，亦好背而毁之。今丘告我以大城众民，是欲规我以利而恒民畜我也，安可久长也！"盗跖认为孔子以富贵利禄来引诱他，是对自己的一种侮辱。因为人的寿命是有限的，最重要的是要"全真"，"以利惑其真而强反其情性，其行乃甚可羞也"。盗跖有无其人姑且不论，即以《庄子·盗跖》篇所载而言，把孔子对盗跖的诱

---

① 赵纪彬：《论语新探》，人民出版社 1959 年版。

② 参见傅云龙等《赵纪彬一九七六年的〈新探〉究竟新在哪里？》，《哲学研究》1978 年第 7 期。

③ 《人民日报》1974 年 1 月 4 日。

④ 《历史的记录——"四人帮"的影射史学与篡党夺权阴谋》，中国社会科学院历史研究所本书编写组，北京出版社 1978 年版，第 28 页。

⑤ 同上书，第 6 页。

劝和盗跖对孔子的斥责说成是儒家与法家的"路线斗争",也完全是荒唐无稽的。

对孔子、儒家和法家的历史评价,本来是一个学术问题。50年代,当党的"百花齐放,百家争鸣"政策没有受到破坏的时候,关于孔子的时代背景、阶级属性和他的思想学说的历史作用,学术界曾经有过热烈的讨论。包括冯友兰、赵纪彬、杨荣国等人,也都发表过自己的看法。孔子究竟是保守派还是革新派,是代表没落奴隶主阶级还是新兴地主阶级的利益,对社会变革是起阻碍作用还是推动作用,学者们见仁见智,不同的看法都可以发表。党的领导人并没有强迫学者们要服从某种特定的意见。即使像冯友兰对哲学史遗产主张"抽象继承法"的观点,虽然受到了质疑和批判,也还是一种理论是非的争论,冯友兰并没有因此放弃自己的主张。到了"文化大革命",几乎所有著名的学者都被当做"牛鬼蛇神"和"反动学术权威"而遭到迫害。在这种极不正常的政治环境中,已经不允许学者们有自己独立的学术见解了。"批林批孔"和"批儒评法"运动中,有些学者不愿意随波逐流,保持了沉默,这也许是在当时条件下能够采取的正确的选择。还有些学者,迫于政治压力,不得不跟着"批",跟着"评",乃至说了一些违心的话,这也是可以理解的。但像冯友兰、赵纪彬、杨荣国等人那样热心充当"顾问",积极写文章,作报告,为"批林批孔"和"批儒评法"造势,虽然也有难言的苦衷,却不免要招来曲学阿世之讥了。

"文化大革命"不是也不可能是任何意义上的革命或社会进步,"批林批孔"和"批儒评法"也不是和不可能是任何意义上的学术研究或学术讨论。它留给史学界的一个重要教训是:在任何情况下,历史研究都必须坚持马克思主义的正确理论指导,求真务实。历史学家对于历史人物和历史事件可以有不同的认识和价值判断,但绝不可以为了某种政治目的而歪曲历史、伪造历史,误导社会公众。"批林批孔"和"批儒评法"的闹剧已经成为历史。我们指出这场运动是歪曲历史、伪造历史的政治闹剧,并不意味着对孔子的思想不能批判,也不意味着不能研究儒家和法家的论争。相反,应该看到,"四人帮"之所以能够利用"批孔"和"批儒评法"来为他们篡党夺权的政治阴谋服务,正因为孔子、儒家和法家这些历史人物的定位和评价本来就存在着不同的认识。从政治上给"批林批孔"和"批儒评法"运动作出结论比较容易,但孔子、儒家和法家的历史地位和作用只能通过学者们的长期研究和讨论,才能求得比较一致的认识。我们不能重复过去混淆政治问题和学术问题的错误,把学术见解当政治问题来批

判，或者对学术问题采取简单"翻烧饼"的做法。比如说，不能因为否定
"批林批孔"和"批儒评法"运动，就对孔子和儒家不加分析地赞扬，对
法家完全加以否定。毛泽东指出："清理古代文化的发展过程，剔除其封
建性的糟粕，吸收其民主性的精华，是发展民族新文化提高民族自信心的
必要条件"①，对于我们今天来说仍然具有重要的指导意义。

---

① 《新民主主义论》，《毛泽东选集》第 2 卷，人民出版社 1991 年版，第 707—708 页。

下　编

第十五章 改革开放后孔子及其思想的 研究和讨论(上)

第一节 新时期孔子及其思想的研究热潮

1976 年"文化大革命"结束以后,特别是 1978 年党的十一届三中全会召开以后,中国的社会主义建设进入了一个新的历史时期。全国经过拨乱反正的大讨论,批判了"左"倾错误思想,清算了"四人帮"反党乱国和"批孔"、"批儒"的种种谬论。随着改革开放和经济的发展,加上较为宽松的学术环境,特别是党和政府对传统文化的重视,使孔子及其思想的研究和讨论涌现出了前所未有的热潮,研究成果逐年递增。从 20 世纪 80 年代中期起至 20 世纪末,百余种孔子和儒学研究的专著陆续问世,相关论文更是成百上千地见诸于报刊;地区性和全国性乃至国际性学术研讨会如雨后春笋。

新时期孔子及其思想的研究热潮,不仅成果层出不穷,其视野之开扩,观念之更新和求索之深入,也是百年评孔之所未见的。学术归位,理性主导,孔子作为中国古代伟大思想家和教育家的历史地位得到充分肯定。评价历史人物见仁见智,本属正常,新时期对孔子及其思想的评论,有同有异,呈现了百家争鸣的大好局面。

新时期对孔子及其思想的研究和讨论是全方位的,涉及孔子生活时代的历史定性,评价孔子及其思想的方法论,孔子的生平和政治活动,孔子的政治思想和法律思想,孔子的哲学思想和伦理思想,孔子的教育思想和美学思想,孔子的经济思想,孔子思想的核心,孔子思想与传统文化的关系,孔子思想的现代意义,等等。对孔子及其思想这些方方面面的研究,有些是在先前研究的基础上继续展开的,有些则是先前研究未曾接触过的。也有些问题,先前的研究曾有比较大的争议,而在这个时期中却受到一定的冷落。譬如孔子所处的时代究竟是一个什么样的社会,许多学者现在并不关心。从历史学的角度看来，思想史研究不能单纯就思想谈思想，只有和社会史研究结合起来，才能对孔子及其思想在历史上的地位和作用作出比较深刻而符合实际的判断。

新时期孔子及其思想研究的方面是如此之广，成果是如此之多，要对它们一一作出评论是很困难的事情，更不是本书撰稿者所能胜任的任务。本书给自己定下的任务，只能是对学者们的研究成果和各种观点作一番综合和梳理。

一　孔子历史地位的认定：伟大的思想家、教育家和文化巨人

孔子是中国历史上伟大的思想家和教育家，是世界文化巨人，这个评价在学术界基本上已没有异议。但孔子是不是伟大的政治家、改革家，孔子对中华民族的共同文化、共同民族心理的形成和发展所起的作用，孔子思想是否具有超越时空、国界、种族、制度的影响和作用等问题，却还存在着不同意见的分歧。

梁漱溟在论述孔子在中国历史上的地位时指出："中国古人理性早启，文化早熟，一贯地好讲情理，而孔子则是其关键性的人物。""再申言之：一贯好讲情理，富有理性色彩的中国社会文化生活，端由孔子奠其基础。试分层作些说明：（1）当周秦之际诸子百家争鸣，孔子显然只是一学派的创始者，客观上从未被人作宗教看待。（2）然而这派的学风和其教导人的，十分适合社会需要。（3）从本质上说，儒家不是宗教，而是人生实践之学。"梁漱溟对孔子思想作了充分肯定之后，也指出了其消极失败的一面及其原因："首先，在社会经济上，物资生产力长期淹滞，内地农村多不改其自然经济状态。在国家政治上，则融国家于社会，天下观念代替了国家观念，在内以消极相安为治，对外务于防守，犹或防守不了。旧著《中国文化要义》曾指出有五大病。其一是幼稚：凡古宗法社会、古封建社会之形态迹象往往犹存；其二是老衰：历史既久，浸浸一切入于僵化凝固，徒存形式，失其精神，如后世所称'名教'、'礼教'者难免成为人生桎梏；其三是不落实：往往离现实而逞理想，即以理想代替事实；其四是暧昧而不明爽：如有宗教无宗教，是国家非国家，是宗法非宗法，是封建非封建，有民主无民主，有自由无自由……既像如此，又像如彼，使人有疑莫能明之感。凡此五病总坐在理性早启、文化早熟。孔子既于此有其功，同时就分担其过。"①

---

① 梁漱溟：《孔子在中国历史上的地位》，中华孔子研究所编：《孔子研究论文集》，教育科学出版社 1987 年版。

　　匡亚明认为："孔子以布衣身分成为贵族政治的理论家、'至圣'，这是春秋时代历史条件的产物，也是与中国封建社会的特点相联系的。""由于他自幼生活接近平民，了解平民疾苦，在维护'贵贱分明'的贵族统治前提下，也考虑和注意到广大平民的利益，于是，他又决不是反动的'贵族孔子'，而是开明的'贵族孔子'。""这个'布衣孔子'及其思想，曾经是长达二千余年的中国封建社会的精神支柱和思想基础。为什么在二千余年中国封建社会中，经历了几十个朝代，几百个大小君王，却几乎没有一个朝代、没有一个君王不竞相尊崇孔子呢？孔子不仅是一位伟大的道德理论家，而且是一位道德实践家，尊崇孔子，立为榜样，对调节贵族内部的等级关系，对缓和统治阶级和被统治阶级之间的阶级关系有利。"①

　　张岱年指出："孔子学说对于中华民族的共同文化和共同心理的形成起了别人不能比拟的深远影响。首先是由于孔子继承、总结了原始社会后期以来和夏商周三代的文化传统。孔子的学说不是凭空提出的，而是有其深厚的历史基础。所以能够对后来文化的发展产生了深远的影响。在古代，孔子是一个继往开来的人物，一方面对于过去的文化进行了一次系统的总结，另一方面又开创了文化发展的新局面。从孔子开始，私人讲学蔚然成风。""《礼记》的《礼运》篇有孔子谈论'大同'的记载，而'大同'是中国古代最高的政治理想。这样，在汉魏以至宋明时代中，一般学者心目中的孔子形象，确实是高大的，卓越的。""孔子一生，'再逐于鲁，削迹于卫，穷于齐，围于陈蔡'，并不是因为他是逆潮流而动，违反了历史发展的趋势，而是因为孔子所考虑的是统治阶级的长远利益，不易被人理解，而实际上是适应从奴隶制向封建制转变的要求的。孔子的积极有为的精神是基本上符合社会发展需要的。其次，孔子思想学说的核心是重视道德价值的观点。这种价值观对于中国文化的发展的影响更是非常深刻的。第一，中国文化中存在着一个以道德教育代替宗教的传统；第二，在历代知识分子和劳动人民中存在着一个重视气节、刚正不屈的传统。这两者都是在孔子思想的薰陶下形成的。总之，孔子对中国文化的贡献是非常巨大的。然而，孔子学说，也不是完美无缺，至少有三个方面的缺欠。（一）孔子'述而不作'，对于创新重视不够；（二）孔子宣扬德治，对于军事重视不够；（三）孔子推崇礼乐，对于生产劳动重视不够。"②

　　肖箑父、李锦全认为："孔子生活在新旧交替、方生未死的春秋末期。

---

　　① 匡亚明：《孔子评传》，齐鲁书社 1985 年版，第 408—411 页。

　　② 张岱年：《孔子与中国文化》，中华孔子研究所编：《孔子研究论文集》，教育科学出版社 1987 年版。

他创立的儒家学派，反映了当时学术下移的文化趋势和时代矛盾的特点，以其思想内容的丰富性和所提出的哲学问题的现实性，在当时就据有‘显学’的地位。孔丘立足于维护奴隶制的保守立场，而又不能不正视和承认现实社会的某些变化，这就形成他整个思想体系的矛盾性。但丰富的文献知识和长期从事教学的实践经验，又使他总结出一些符合唯物主义认识路线的命题，并提出一些符合辩证思维方法的教学原则，在我国古代哲学认识发展史上作出了一定的贡献。他以‘好古敏求’的治学态度和‘一以贯之’的思想体系，超过同时代的许多思想家而成为先秦哲学发展中的一个重要环节，成为第一个强调理性自觉的哲学代表。”[①]

赵光贤认为：“孔学把政治、道德和教育看成三位一体的东西，这正是中国传统文明中占有特殊地位的根本。对于儒家这样的思想体系，有人否定，最主要的理由，就是这样的思想支配下，个人便完全被压抑了。我国社会长期不进步的病根就在这里，更大的病根在于秦统一后实行的君主专制的思想和制度。说孔学有助于建设社会主义的精神文明，是指孔学的精华，而不是后世的伪孔学，有人主张把所谓现代的儒学与马克思主义合流，就可以建设社会主义，是不可能的。”[②]

王先进认为：孔子正处在奴隶社会向封建社会过渡时期，他的思想和行动都是站在新兴地主阶级的立场上向奴隶主阶级进行斗争的。“孔子是中国历史上的杰出的政治活动家、伟大的思想家和教育家，封建社会的圣人。孔子的思想和行动是促使社会发展的，他的理想后来得到部分实现。”[③]

李泽厚认为：“由孔子创立的这一套文化思想，在长久的中国奴隶制和封建制的社会中，已无孔不入地渗透在广大人们的观念、行为、习俗、信仰、思维方式、情感状态……之中，自觉或不自觉地成为人们处理各种事务、关系和生活的指导原则和基本方针，亦即构成了这个民族的某种共同的心理状态和特征，值得重视的是，它由思想模式已积淀和转化为一种文化——心理结构。”“它经历了阶级、时代的种种变异，却保有某种形式结构的稳定性。构成了某种民族文化和民族心理的特征，它有其不完全不直接服从，依赖于经济、政治变革的相对独立性和自身发展的规律。”“它具有适应于各种不同阶级内容的相对独立的功能和作用，他的思想对中国

---

①　肖箑父、李锦全主编：《中国哲学史》（上卷），人民出版社 1982 年版，第 88、89 页。

②　赵光贤：《孔学在我国传统文明中的地位》，《孔学新论》，巴蜀书社 1992 年版。

③　王先进：《孔子在中国历史上的地位》，孔子研究所编：《孔子研究》，1984 年版，原载《孔子讨论文集》，山东人民出版社 1961 年版。

民族起了其他任何思想学说所难以比拟匹敌的巨大作用。孔子在中国历史上的地位及其重要性，似乎就在这里。"①

《论语》中的一些话语，两千多年来一直在社会上流行，并产生了深远的影响。游焕民对这一现象进行了探索。他认为其原因是："一、与反映了人类社会某些共同真理有关；二、与所反映的哲理和语言的通俗有关；三、与我国的传统文化有关。孔子处在由奴隶制向封建制转变的大变革时期。当时地主阶级正处在上升阶段，因此他的主张、他的政治见解，他的斗争，与人类社会发展方向是一致的，因而也就包含着真理性的因素。孔子是积极从政的，他置身于当时社会斗争的漩涡中，以天下为己任，加上他的高度文化素养，因而他就能站在时代的高度，在吸收前人积极成果的基础上，对当时广阔而深刻的社会变革和斗争进行独到的分析和概括，形成了他一整套以'仁'为核心的伦理道德思想、政治思想和哲学思想，这集中地体现在《论语》里。因此，《论语》里所反映的问题就具有普遍性、深刻性和真理性。道理就在于孔子学说具有伟大的生命力。"②

韦政通认为："孔子的历史地位不限于中国，他早已是一个世界性人物。要了解他或评论他，都应纳入世界伟人之林。一、孔子以后的诸子，或多或少都曾受其影响，认同与责难，都往往把焦点集中于他；这已说明在先秦时代，孔子已居于思想史的中心地位。二、孔子是中国平民教育的先驱，后来的诸子中，没有一个像孔子能标示出伟大的教育宗旨。对传统文化的继承和转化，也没有一人能扮演孔子那样重要的角色。依据这两点史实，加上孔子在思想和人格方面的成就，使他在中国历史上有一个不朽的地位，是完全可以理解的事。"③

二　若干有代表性的研究孔子的专著

新时期出版的有较大影响的孔子研究的专著，首先应该提到的是匡亚明的《孔子评传》④，该书是匡亚明酝酿了四十多年的科研成果。书中概述了孔子的生平和时代背景，围绕孔子提出的"仁"分析了孔子的哲学思想、伦理思想和政治思想，肯定孔子是"中国历史上第一个伟大的教育家"，"中国历史上第一个伟大的文献整理家"，关于孔子对后世的影响也

① 李泽厚：《孔子再评价》，《中国社会科学》1980 年第 2 期。

② 游焕民：《从流行的〈论语〉语言看孔子学说的生命力》，《孔子思想研究文集》，山西人民出版社 1988 年版。

③ 韦政通：《中国思想史》（上），台北水牛出版社 1987 年版。

④ 匡亚明：《孔子评传·导论》，齐鲁书社 1985 年版。

作了比较充分的论述。匡亚明不赞成以往学者对孔子采取"二分法"的评价，主张"三分法"评价，即：（一）凡是孔子思想中直接为维护封建社会统治阶级特殊利益服务的东西，必须加以彻底批判，并彻底和它决裂。（二）凡孔子思想中在一定程度上带有远见的智慧或这种智慧的萌芽的东西，都必须加以认真的批判和清理，做到"古为今用。"（三）凡孔子思想中至今仍保有生命力而具有现实意义的东西，都应予以继承和发展。

蔡尚思的《孔子思想体系》[①] 一书从各个方面阐述孔子的思想体系，主张孔子思想的核心是礼，认为："'礼'是孔子政治活动和思想学说的出发点与归宿"，而"'仁'只是孔子'复礼'的手段，其实质是奴隶主阶级的道德观念"。孔子的政治思想尽管前后有变化，"但万变不离周礼"，孔子的政治思想的出发点，是反对僭礼，要求恢复早被历史否定的西周奴隶制的统治秩序，是从歪曲历史现象开始的唯心史观。孔子政治思想是旧制度的挽歌，属于落后、保守的"；蔡尚思肯定孔子在私人讲学方面超过前人和与他同时代的人，认为其教育思想对后代有深远影响。不过他也指出，至少在春秋后期，私人讲学之风已经形成。孔子的哲学思想，"主要是企图回答社会与人生的问题"。"仁"以孝悌为本，其实质是"奴隶主阶级的道德观念"。蔡尚思不同意把孔子渲染成为古代中华民族的精神代表。

杜任之、高树帜的《孔子学说精华体系》[②] 一书将马克思主义者的有关观点与孔子学说的精华部分进行比较研究，认为："孔子所处的春秋末世，正是中国奴隶社会向封建社会加速过渡时期，阶级斗争随着生产力的发展和生产关系的矛盾加剧而加剧，社会动荡激烈，生产濒于停滞，经济危机四伏，民不聊生。孔子由于年幼贫贱，少年、青年初期在生活实践中承受到生活的压力，产生了社会责任感，即立志学习，考察、研究古代文化史，针对当时社会政治，从古文献中发现了'仁'，进而围绕着仁，本着为人类社会负责的精神，决意拯救被统治的奴隶阶级，为此给奴隶社会统治阶级和思想界所讲的'仁'、'义'、'礼'、'乐''道'、'德'等传统思想范畴注入了自己理想的新内容，提出了以'仁'为核心的哲学观、政治观、伦理观、教育观等一整套理论。""'仁'是一个总纲，又是衡量'义'、'礼'、'乐'、'道'、'德'的唯一标准或最高标准。'仁'的涵义，孔子自己解释是'爱人'，可以说是要求奴隶主统治阶级爱护劳动人民，相对地也是维护被统治阶级的奴隶阶级的'人格'和生存的权利。""这是孔子的新人类观，与奴隶主统治阶级看待奴隶的观念是截然对立的。

---

① 蔡尚思：《孔子思想体系》，上海人民出版社 1982 年版，第 65、92、113 页。
② 杜任之、高树帜：《孔子学说精华体系·前言》，山西人民出版社 1985 年版。

它不独在春秋时是进步思想，在一切阶级社会也为广大劳动人民所企求、所欢迎。"

高专诚的《孔子·孔子弟子》① 着重讨论了孔子收徒授业、政治遭遇以及消极厌世的思想等问题。书中指出，"对于孔子的'正名思想'，许多人（包括他的某些弟子）都没能理解。孔子无疑是想从根本上改变那个时代，所以他不得不从根本性的问题入手"。高专诚说："'正名'的主要对象不是平民百姓，而是在位者。事实上，在传统中国，政治的原初定义就是一个'正'字，不过孔子把它做了明确的指示而已。这是孔子政治思想的核心，是他悉心考察社会现实所得出的真确结论。因为在孔子看来，社会动乱的主要根源是在位者不守本份，没有起到表帅作用。孔子对三代的肯定是为了对现实的批判，并不是主张历史的倒退，而是主张吸收上古之制的优越之处来补救于现世而已。"

王棣棠的《孔子思想新论》② 系统论述了孔子思想的基本特征、基本倾向，探讨了孔子与先秦儒家的密切关系，对其一生及其命运作了概括和评价。作者认为，"孔子哲学思想的基本倾向是唯物主义的"；"孔子的人生哲学，见之于世，是济世利他；见之于己，是正己修身"。书中对孔子的天命思想、人性论思想以及君臣观也有所阐述。

吴龙辉所著《原始儒家考述》③ 论及孔子对周代贵族文化的总结与改造、孔子对君子人格的重新界定与儒家品格的确立。作者认为："孔子在从历史发展的角度对周文化肯定的同时，他又从历史发展的角度对之进行了否定。通过择善而从、因革损益而创造出一套超越周文化的新文化，乃是孔子基本的文化态度和文化理想。孔子对春秋时代贵族改革家所掀起的礼治思潮基本上持肯定的态度，认为由礼所确定的贵贱尊卑关系是保证社会有序状态的关键。礼不仅是一种在全民范围内推行的政治制度，而且是维护普通民众利益的手段。孔子认为，只要建立了礼乐征伐自天子出的君主集权制和政不在大夫的地主官僚制，那么贵族阶级任意压榨普通民众的现象就会成为历史；庶人就不会议论和抱怨执政者了。所以，孔子将这种设想中的新型政治制度称之为'天下有道'，以超越和改造宗法贵族制度。""孔子所提倡的新君子人格与春秋时代贵族阶级的这种君子意识显然有着一脉相承的关系，但比春秋时代的明智贵族具有更为革命意义的是，在孔子这里，君子人格与君子地位已完全没有关系。他所说的君子、小人

---

① 高专诚：《孔子·孔子弟子》，山西人民出版社 1989 年版，第 73 页。
② 王棣棠：《孔子思想新论》，兰州大学出版社 1988 年版，第 1、113 页。
③ 吴龙辉：《原始儒家考述》，中国社会科学出版社 1996 年版，第 33、38、77、78 页。

指的纯粹是两种相反的人生态度和行为方式。孔子所提出的君子人格包括的条件可归纳为知命、克己、尚义等。而这正是孔子所创建的平民文化的三个主要特征。"

新时期出版了几本以"孔子传"为题的专著，张秉楠的《孔子传》对孔子思想的发展脉络作了清晰的论述，把孔子引"仁"入"礼"的思想归在孔子仕鲁前贫居"寂寞中求索"时期；把中庸思想放在孔子居陈时期，即孔子"晚年归鲁"之前。张秉楠不赞同把春秋时期的统治阶级划分成改革派与保守派两大壁垒，认为："孔子崇尚或称赞周礼，乃就三代礼仪制度或礼乐文化之比较而言。同夏礼、商礼相比，周代是现代文化；同落后地区相比，它是先进文化。""孔子主张'从周'，这一主张对当时正在进行的民族融合和文化交流，无疑具有积极意义。"

范希春的《孔子本传》①　认为有关孔子的专著，大都对孔子思想学说作出诠释、归纳、总结，而对孔子生平只作简单、粗浅的介绍，且所言多囿于旧说。作者称撰写本书时，力求真实、客观。以《左传》、《论语》等书为基本材料；对"诸子著作"中关于孔子的资料取审慎态度，有选择地辨析运用；对《礼记》、《史记》多有援引，但取客观的、历史的态度，对其中的舛误之处亦作了剔除。

金景芳、吕绍纲、吕文郁合著的《孔子新传》②　序称：本书"新在不是把孔子的生活经历放在主要地位，而是把孔子的学术思想放在主要地位"。吕绍纲著文说："金先生发现一个规律，凡是治世都尊孔，凡是乱世都反孔。道理在于孔子的学说对维护社会安宁秩序有利，对破旧秩序不利，当革命动乱时期，社会需要破，不破坏旧秩序，不能建立新秩序，而孔子学说是破的障碍，人们当然要反孔，至少要冷落他。当社会面临建设，要建立新秩序时，再破不止，旧的新的将同归于尽，不会有好结果，而立是重要的，这时孔子的学说必然受到重视。以往的历史恰恰又是一治一乱发展过来的。孔子的命运时好时坏，时而受尊，时而挨批，本是正常的事，不足为怪。这就叫辩证法，孔子本人的思想就有这个辩证法。不过孔子不叫辩证法，孔子叫'无可无不可'，叫'时'。"③　该书认为，孔子思想的核心：一个是"时"，另一个是"仁义"。作者强调："孔子伟大的教育思想源于他的深刻的哲学思想，时中和仁义，这构成孔子教育思想的

①　范希春：《孔子本传·前言》，山东人民出版社 1997 年版。
②　金景芳、吕绍纲、吕文郁：《孔子新传·序》，湖南出版社 1991 年版。
③　吕绍纲：《金景芳先生与孔子研究》，《孔子研究》1991 年第 3 期；《孔子新传》第 104 页。

理论基础。孔子的教育思想和教育实践处处贯穿着辩证法精神。"书中还专门讲了孔子的军事思想，认为孔子是个有相当军事修养的人。他不仅慎于战，而且勇于战。孔子讲智谋是以仁义为前提的，与战国时代兵家、法家追求的权谋颠覆根本不同。孔子从仁义礼出发看战争，一方面谴责不仁义的战争，另一方面又不一般地反对任何战争。这两方面构成孔子军事思想的基本内容。

姬仲鸣等所撰的《孔子》① 强调要弘扬中国传统优秀文化，把传统文化精粹与现代管理相结合，以达到协助领导者管理的目的。为增强可读性，作者在该书第一部分"东方的太阳——孔子全传"中，把孔子生平从诞生到辞世按时间顺序分成若干小故事串连而成。在第二部分"思想的长城——孔子学说"中，归纳了孔子的哲学伦理、政治、教育和经济思想。第三部分"与伟人散步——孔学启示录"，是作者站在今天这个时空、以贴近生活真实状态的视角，从古语精华中获取社会人生的启示。第四部分"智慧的薪传——儒学继承"，详细地叙述了从春秋末年至今儒家学说两千五百年来的继承、发展与演变。第五部分"东方的经典——孔学全集"，收集了《诗经》、《尚书》、《礼记》、《周易》、《左传》和《大学》、《中庸》、《论语》、《孟子》。第六部分"理想的管理——现代儒家管理思想与应用"，具体地把儒家思想应用于现代管理。该书的指导思想和编写体例可谓独出心裁，但当代人究竟如何处理与孔子的对话，孔子思想又如何应用到当代的现实生活，作者对这些问题的处理很可能也存在着较大的争议。

1974 年，寓居台湾的钱穆出版了《孔子传》②。作者在序言中说："本书为求能获国人之广泛诵读，故篇幅力求精简。凡属孔子生平事迹，经历后人递述，其间不少增益失真处，皆一律删削。"钱穆认为，"孔子在中国历史文化上之主要贡献，厥在其自为学与其教育事业之两项"；"而孔子之政治事业，则为其以学以教之当境实践之一部分"；"尚有著述事业一项，实当为孔子生平事业表现中较更居次之第三项。在此一项中，其明白可征信者，厥惟晚年作《春秋》一事。其所谓订礼乐，事过境迁，已难详说，并已逐渐失却其重要性。至于删《诗》、《书》，事并无据。赞《周易》则更不足信"。在钱穆看来，汉儒尊孔"不免将此三项事业之重要性首尾倒置"，"汉代博士发扬孔学方面，其主要工作乃转成为对古代经典之训诂章句"、殊失孔子精神。"宋代儒学复兴，乃始于孔子生平志业之重要性获得

---

① 姬仲鸣等：《孔子》，中央民族大学出版社 1998 年版。
② 钱穆：《孔子传》，三联书店编印：《钱穆作品系列》，2002 年版。

正确之衡定。学与教为先，而政治次之，著述乃其余事。""清儒反宋尊汉，自标其学为汉学，乃从专治古经籍之训诂考据而堕入故纸堆中。""下及晚清末运，今文公羊学骤起，又与乾嘉治经不同。推其极，亦不过欲重返之于如汉唐之通经而致用，其意似乎欲凭治古经籍之所得为根据，而以兴起新政治，此距孔子生平所最重视之自学与教人精神，隔离仍远。""学术错误，其遗祸直迄于民国创兴以来之数十年。"

　　1993 年，张岱年主编的《孔子大辞典》出版。这部研究孔子的工具书，选收有关的名词术语、学说、人物、著作、学派及组织、事件、器物典章、地名故里等方面条目 3172 条。词目以孔子为中心，兼及孔学、儒学及中国历史、中国文化等有关内容，截止时间为 1991 年。条目中不仅有台湾、香港地区的有关论述，还注意收集了海外评孔有关信息。《孔子大辞典》正文前有张岱年写的《序言》、《孔子》，对孔子的生平事迹、思想、历史地位，以及孔子思想在世界的影响进行了简要的评述。正文后附录有孔子年谱、孔子周游列国示意图、孔子世系和评孔大事年表。年表上起孔子卒年，下迄 1991 年；内容主要记载与评孔和与孔子思想有关的人物、著作、学说、学派、组织、会议、事件等。为检索方便，书后还编有词目笔画索引。

　　张岱年在新中国成立前就着手撰写的《中国哲学大纲》提出，孔子所说"夫仁者己欲立而立人，己欲达而达人"，应看做是孔子讲"仁"的界说。孔子的"仁"是一个崇高而又切实际的人生理想原则。80 年代张岱年发表《孔子哲学解析》，提出关于孔子哲学思想的十个要点，"即：（1）述古而非复古；（2）尊君而不主独裁；（3）信天而怀疑鬼神；（4）言命而超脱生死；（5）标仁智以统礼乐；（6）道中庸而疾必固；（7）悬生知而重闻见；（8）宣正名以不苟言；（9）重德教而卑农稼；（10）综旧典而开新风"①。

　　1986 年，张岱年针对一些学者认为孔子在政治上保守、逆历史潮流而动的看法，分析了有关的文献资料后指出，"孔子反对三桓僭越，反对陈恒杀君，反对'鲁用田赋'，不能说是反动的。孔子反对晋铸刑鼎，强调了贵贱的等级秩序，这表现了反对劳动人民的倾向。但是，强调贵贱区分是先秦时代儒法诸家的共同观点。孔子的政治思想主要有三点：（1）为政以德。孔子强调道德在政治上的作用，宣称'政者正也，子帅以正，孰敢不正？'要求统治者在道德上作出表率，这确实具有深刻的意义；（2）君

---

① 张岱年：《探索孔子思想的真谛——六十年来对于孔子思想的体会》，《孔子研究》1989年第 3 期。

主集权。应该说是符合春秋战国的发展趋势的；（3）反对个人独裁与大臣专权。孔子认为，君主虽应有最高权力，但不应个人独裁；同时大臣亦不应专权。这些思想，应该说都是符合当时历史发展要求的"。

张岱年认为孔子说"克己复礼"的"复礼"是指视听言动无不合礼，并非复古之意。张岱年说："孔子一生的活动是企图以其道易天下。这种活动固然不是革命的活动，而可谓一种移风易俗、建立理想秩序的活动。孔子一生，并不是因为他是逆流而动，违反了历史发展的趋势，而是因为孔子所考虑的是统治阶级的长远利益，不易被人理解，而实际上是适应从奴隶制向封建转变的要求的。孔子的积极有为的精神是基本上符合社会发展需要的。"

张岱年重申他在1935年关于"仁"的观点和对孔子所说的"三军可夺帅也，匹夫不可夺志也"的看法之后说，孔子所谓仁，是"泛爱众"的人类之爱，又是由近及远的差等之爱。仁是等级制度之下的道德原则，含有一定的阶级性。仁并不要求消除阶级差别，而且肯定等级差别。虽然如此，仁具有反对苛政暴政的意义，要求让人民安居乐业，在历史上具有相对进步意义。

至于孔子这种重视道德和精神生活的价值观，对于中国文化的形成和发展有何影响的问题，张岱年认为"至少有两个方面：第一，中国文化中存在着一个以道德教育代替宗教的传统；第二，在历代知识分子和劳动人民中存在着一个重视气节、刚正不屈的传统。这两者都是在孔子思想的薰陶下形成的。儒学亦称儒教，但是儒教之教决非宗教之义。在中国的南北朝隋唐时代，虽然对于天神的信仰以及佛教、道教杂然并存，而占统地位的儒学却表现了无神论的倾向"。在谈到孔子哪些思想观点为中国文化的发展提供了思想基础时，张岱年提出主要有："第一，积极乐观的有为精神；第二，对于道德价值的高度重视；第三，开创了重视历史经验的优良传统。"[①]

第二节　孔子研究的方法论和真假孔子问题

一　研究孔子及其思想的方法论

前文提到，匡亚明从孔子思想的二重性出发，提出研究孔子的"三分法"即主张凡是孔子思想中直接为维护封建社会统治阶级特殊利益服务的

---

① 张岱年：《孔子与中国文化》，《清华大学学报》1986年第1期，《孔子研究论文集》，教育科学出版社1987年版。

东西，必须加以彻底批判；凡孔子思想中带有远见的智慧的东西应加以认真的批判和清理，做到"古为今用"；凡孔子思想中至今仍保有生命力而具有现实意义的东西，应予以继承和发展。匡亚明还根据孔子思想的特征，认为在研究中，"必须注意区别：（一）真孔子和假孔子；（二）把真孔子思想中所含有的封建性、保守性的消极因素和人民性、民主性的积极因素加以区别；（三）即使在孔子思想的积极因素中，也要把那些对当前建设社会主义物质文明和精神文明特别是对建设精神文明直接有利的东西和只做参考借鉴的东西加以区别"①。

李泽厚主张对孔子思想中各种思想因素之间的关系，以及它们构成整体的结构和层次弄清楚之后，再探索孔子学说心理结构形成的原因。他认为，由孔子创立的儒家文化思想，在中国社会中已无孔不入地渗透在广大人们的观念、行为、习俗、信仰、思维方法之中，成为人们自觉或不自觉地处理各种事务、关系和生活的指导原则和基本方针，亦即构成了我们民族的某种共同的心理状态和性格特征。"值得重视的是，它由思想模式已积淀和转化为一种文化——心理结构，是一种历史的和现实的存在。它经历了阶级、时代的种种变异，却具有其完全不直接服从、依赖于经济、政治变革的相对独立性和自身发展的规律。一方面，它不是某种一成不变的非历史的先验结构，而是历史地建筑在和制约于农业社会小生产的经济基础之上。""另一方面，它已经成为一种比较稳定的心理形式和民族性格，因而就具有适应于各种不同阶级内容的相对独立的功能和作用。"②

周谷城在谈到如何研究孔子时说，"假如我要研究孔子，我将注重：（一）整理文字。（二）分清派系，明确孔子的学术系统。（三）研究孔子或儒家的影响。孔子或儒家曾被人利用来反对佛教的"③。

邱汉生认为："研究孔子，先应该把孔子的言行收集起来，编印成书。这是研究的凭藉。目的应是历史的。涤除涂饰，廓清迷雾，还孔子以历史本来面目。研究孔子，指导思想是历史唯物主义。把孔子这位伟大的历史人物放在当时的历史条件下来考察。是怎样的经济、政治条件下孕育、产生了孔子的？经过怎样的努力，他接受了先代文化，逐渐培养成长起来的？在政治上，他的理想怎样？为了实现理想，他作了什么努力、进行了哪些活动？在文化教育上，孔子有哪些贡献，作了哪些工作？孔子的伦理思想、道德教育有什么特色？孔子在春秋晚期的政治、文化、教育上处于

①　匡亚明：《孔子评传》，齐鲁书社1985年版，第10—24页。

②　李泽厚：《孔子再评价》，《中国社会科学》1980年第2期。

③　周谷城：《怎样研究孔子》，《孔子研究》1986年第2期。

怎样地位？对后世的影响怎样？今天给孔子以总结，继承其什么样的'珍贵遗产'，才能有助于精神文明的建设？对其封建性糟粕应怎样分析批判，才能使我们健康地前进？"①

严北溟从宏观和微观两个方面谈到孔子研究的方法论问题。宏观方面，要重视"孔学为当前国外学者所重视这一新的趋势"，"从东方文化代表多层次性归结到孔子以'仁'为核心的古代人道主义思想，得出东西方不同的价值观比较，以说明国外孔学崛兴之思想和时代的原因"。微观方面，要"深入剖析'仁'学体系中反神权主义、反禁欲主义、反主观主义、反专制主义和反侵略主义等等积极因素，论证其对中国传统思想和民族文化心理结构所产生的深厚影响，对孔子学说主张科学地批判继承和发扬，为加速建设中国特色的社会主义精神文明服务"②。

杜任之认为孔子思想学说是一个多方面对立统一的矛盾体，精华糟粕兼而有之。既有民主性、人民性的内容，也有相对维护君权而不利于人民和民主的内容。"它之所以在两千多年的封建社会能够牢牢地居于统治的地位，一方面是封建专制政权倡行其糟粕，肆意掩抑并一再篡改其精华；另一面是公正的思想家、政治家和革命家喜爱和传颂其精华的结果。以马克思主义为指导思想，批判继承古代优秀文化遗产，使之服务于两个文明建设，应当是我们研究孔子思想学说的总的方针和任务。"③

陈启智认为："区分唯心论和唯物论的前提必须是探讨自然观的问题，舍此之外，这一原则就不一定适用。如在对待社会史观问题上，精神的主导作用，就不能作为区分唯物唯心的标准。'仁'的概念本身就是包含对象在内的规定，严格说是统治者对待人民的一种态度。孔子这样说并非主观臆想。所以断言这个命题是主观唯心主义是不恰当的。""当我们要准确地探求某一思想产生的历史的原因时，还有赖于方法论本身的科学性，这表现为历史与逻辑的统一。如孔子的用中思想，是他在改造礼制的同时产生的。但'中'的概念产生前，必须要有一个前提条件，那就是'两端'。中与两端是相对峙的，中是两端的反命题。根据逻辑法则，一个反命题的产生，必在正命题之后。在孔子的中道确立之前的两端到底是什么？当考察了春秋时期的历史以后知道，当时礼坏乐崩的一个重要原因是西周以来的礼制日趋繁琐。其对立面是老子的弃绝礼义的主张。这便构成了孔子用

① 邱汉生：《还孔子以历史的本来面目》，《孔子研究》1986 年第 2 期。
② 严北溟：《谈孔子研究的宏观和微观》，《孔子研究》1986 年第 2 期。
③ 杜任之：《以马克思主义为指针研究孔子》，山西省孔子学术研究会编：《孔子思想研究文集》，山西人民出版社 1988 年版。

中思想的两个前提条件。从而也为老子生活的历史时期早于孔子提供一条有力的证据。这样便达到了历史与逻辑的统一。"①

钱逊认为："'取其精华，去其糟粕'的提法，虽然鲜明、形象地指明了如何对待传统思想的方向，却还不是对这一问题的严格的科学的说明。科学地批判继承传统思想，就要把这种批判继承建立在对传统思想中普遍性因素和非普遍性因素的研究、分析的基础之上。所谓普遍性，包含了两方面的意义：一是从时间来说，它适用于历史发展的各个时代，不因时代的变迁而丧失其价值；一是从空间来说，它不局限于某一民族、某一地域，而可以为各民族、各地域所吸收、利用，对全人类具有普遍意义。传统思想中这种普遍性因素的存在，正是我们探讨对传统思想的批判继承和各民族文化思想的交流的客观基础。只有把握这一点，研究、分析传统思想中的普遍性因素和非普遍性因素，才能把传统思想的批判继承和各民族文化思想的交流问题的研究置于客观的科学的基础之上。"钱逊指出："孔子的基本思想是'为政以德'，他的全部言行都是为了这一目标。从总体看来，孔子的德治思想并没有正确解决如何为政治国的问题。但在这总体上不正确的思想中确实包含了许多合理的、具有普遍意义的认识。孔子思想的核心是仁。孔子对仁的内容的规定，也有其具体的特殊的方面和普遍性的方面。'礼'，'孝悌'是具体的，透过这些具体的时代内容，我们又可以看到仁还具有普遍性的内容和意义。仁的学说，实际上是提出了一个重要的普遍性问题：在社会中与他人的关系和个人与社会的关系。孔子着重强调发挥了个人服从社会的一面，忽略了为社会利益而发展个人的一面；强调了二者的矛盾、对立，忽略了二者的统一、和谐；强调了个人的义务，忽略了个人的权利。对于世界本原及发展规律，即世界方面的问题，孔子没有给以很大的注意，但这不是说他在这方面没有有价值的思想。孔子表现出对鬼神的一种现实的理性的态度，对于中国文化传统的形成发展有很重要的影响。"②

二　真假孔子的再讨论

真假孔子的问题，早在 20 世纪 30 年代就已经有学者提出。"文化大革命"结束后，这个问题重新提出并且在讨论中得到了深化。

---

① 陈启智：《孔孟研究的若干方法论问题》，中华孔子研究所：《孔子研究论文集》，教育科学出版社 1987 年版。

② 钱逊：《对孔子思想中普遍性因素的探索》，《儒学国际学术讨论会论文集》，齐鲁书社 1989 年版。

匡亚明认为："历代王朝为了抬高自己的尊严，同时也抬高提供维护自己尊严的思想基础的孔子的尊严，加上一些御用腐儒的歪曲和夸大，供奉在孔庙里的孔子，就把布衣的形象，改变为君王形象了"，"真孔子就变成假孔子了。其实，真孔子中确已包含了假孔子的萌芽，而假孔子则是这些萌芽的恶性发展"①。

朱维铮赞同周予同在半个世纪前所说的："因为有'道统'、'学统'之类传统观念在作怪，致使拿个人的主观的孔子来代替真正的客观的孔子的现象。"他认为，产生假孔子形象的原因，"可以说都是某种特定的辩护论的产儿。辩护论者的主观意向可以很不相同，但在不尊重历史这一点上，却无不相同"②。

李泽厚说："孔学诞生在氏族统治体系彻底崩溃时期，它所提出的主张，后代人们，从反动阶级到先进分子，由其现实的阶级利益，需要和要求出发，各取所需，或强调其合理的因素，来重新解说、建造和评价它们，以服务于当时阶级的、时代的需要。于是，有董仲舒的孔子、有朱熹的孔子，也有康有为的孔子。……孔子的面貌随时代阶级不同而变异，离原型确乎大有差距或偏离。孔子明明'述而不作'，却居然被说成'托古改制'；孔子并无禁欲思想，在宋儒手里却编成'存天理灭人欲'。但所有这些偏离变异，又仍然没有完全脱离那个仁学母体结构。以实践理性为主要标志的中国民族文化——心理状态始终延续和保持下来。并且使这个结构形式在长期封建社会中与封建主义的各种内容混为一体紧密不分了。直到今天，孔子基本上仍然是宋儒塑造的形象。'五四'新文化运动所打倒的孔子，就是这个孔子。"③

郭齐勇在评论熊十力的中国文化观时，提到熊十力在1945年出版的《读书示要》一书中所说的真假孔子和真假儒学问题。郭齐勇说，"如果康有为为了变法的需要，曾把孔子改铸成穿长袍马褂的资产阶级改良派，那么，熊十力则索性给孔子穿上了中山装。熊十力所说的真孔子或儒学真精神，实际上是他给孔子儒家改铸的彩塑像，这是廖平、康有为工作的继续"④。郭齐勇对熊十力关于孔子学术思想流变和六经真伪的考证，持否定看法，认为，大都没有科学依据，全凭臆断。

---

① 匡亚明：《孔子评传》，齐鲁书社1985年版，第414页。
② 朱维铮：《历史的孔子和孔子的历史》，中华孔子研究所：《孔子研究论文集》，教育科学出版社1987年版。
③ 李泽厚：《孔子再评价》，《中国社会科学》1980年第2期。
④ 郭齐勇：《论熊十力的中国文化观——〈读经示要·原儒〉读后》，《孔子研究》1987年第3期。

张宏生对《孟子》、《庄子》、《荀子》、《韩非子》四部书中所塑造的孔子形象，进行了探讨。他说："孟子所塑造的孔子形象，虽然从孔子的实际言行出发，但融汇在他自己整个思想体系中时，他却进行了巧妙的改造，在一些问题上，带上了主观色彩的孔子服务于自己的学说，从而提高自己学说的权威性；《庄子》中有五十节记载了孔子的事迹和言论，大部分是完整的故事。除一小部分轶事性或杂记性的记述外，大致由三个层次构成：一是孔子作为儒家人物出现，受到道家人物的讽刺和抨击；二是孔子在与道家人物交接言谈后，欣然悟'道'，改变初衷；三是孔子成了道家学派的代言人。庄子及其学派这样塑造孔子形象，是有其独特的用心的。《荀子·宥坐》有孔子诛少正卯之事。无论是从孔子的一贯思想看，还是从当时的历史实际看，都是不可能的，其属作伪无疑。孔子是信奉天命观的，认为天是万物的主宰，人应该听天由命。而《荀子》中孔子却认为，成事与否并不由天。荀子笔下的孔子，对'天'的认识已不是一种无所不在的力量。孔子认为，成事与否并不由于天，而是材、人、时三种因素交相为用的结果。结合荀子的思想，不难看出，二者有着相似之处。孔子一生在政治上不得志，主要的原因之一是他不能根据时代的变化来提出相应的主张。荀子笔下的孔子却使人感到这样的圣人具有前瞻型的思维模式，即：识时务，明古今，立足当代，这一形象，其实正是荀子本人的形象"；《韩非子》中的孔子形象，张宏生认为："有三个方面：一、对孔子进行无情批判；二、将孔子作为著名历史人物作一般叙述或赞扬；三、将孔子改造为法家思想的代言人来刻画。韩非子本人爱走极端，在对孔子形象的塑造上，也是如此。批判孔子时不遗余力，而把孔子作为法家代言人时，又作了极为强烈的赞扬。"张宏生最后说："四部子书中孔子形象的塑造方式是不同的，但都是为了百家争鸣的需要。后来诸子对孔子的描述虽然公然作伪，但也不完全是随意的、毫无根据的，而是往往以孔子思想的某一部分作为出发点，加以引申、改变乃至歪曲。总的看来，诸子还不同程度地受历史真实的限制，因而停留在把孔子主观化的初级阶段，但这却是后世神化孔子的滥觞。"①

李以柱列举了历史上被强加在孔子头上的一些观点、主张的发明者。如"三纲五常"是董仲舒的发明；"存天理，去人欲"是朱熹的发明等。为了还孔子以本来面目，李以柱提出三要："一、要历史地看孔子二千年来的荣和辱；二、要看孔子的阶级属性和社会实践；三、要实事求是地分

---

① 张宏生：《四种先秦子书中的孔子形象》，《孔子研究》1988 年第 1 期。

析孔子的各种思想。他认为，孔子在政治上固然是个保守派，但并不顽固，且能通变。孔子虽然不主张搞经济改革，但对已经发展起来的封建生产关系还是承认的。他提出的'因民之利而利之'等主张，说明他并不主张从经济关系上倒退到奴隶制。孔子在政治上保守同在经济上承认现实是不矛盾的，因为这样既可以无害于旧贵族的政治特权，又可以享受新经济关系带来的丰硕成果。孔子的哲学思想包含着许多矛盾，这正是时代矛盾的反映。孔子对时代的矛盾细致而全面的认识，恰恰给人类留下了一些相当有益的启示，这也正是孔子的伟大之处。"[①]

林存光的《孔子观种种之回顾与反省》一文认为："孔子及其学说无论在古代中国还是在现代中国的命运如何，并不因其自身的意向而定，而是取决于人们接受它或'看'它的方式。尽管从表面上看有多少种'看'的方式。就有多少种孔子形象，然而，孔学在世界上成为中国文化的名词，并非偶然。世人'看'孔子的方式也绝非主观随意的，而是'个个心中有仲尼'的个人视野与历史视野的融合。一种'看'的方式，就是一种孔子观，它是一组信念，一种规范的解说，一种新的观察方式，与之相应的是各各不同的对儒家经典的阅读与解释的态度和方法以及践行的方式。"林存光将古今中外大体上存在的孔子观，归纳为四点：一是理性批判或知性分析读法。说这一孔子观所关注的"是孔子在人类普遍的理性认识意义上的地位。争议的焦点是：孔子是不是一位哲学家？"二是"社会决定论"的读法。无论是对孔子持肯定还是否定态度，这种孔子观都是把孔子视为一个权威性的存在或政治、文化偶像，即或是把孔子说成是文化中国的命脉所系，或是把孔子说成是"历代帝王专制之护符"。林存光认为，上述态度来自一种共同的基本假设：对孔子个人或"孔子主义"的态度决定了中国社会历史文化的命运与走向。"这实际上颠倒了下面这种关系而不过是一种倒置的神话，即人们的社会存在及看待世界的方式最终决定着人们作为一个历史人物的孔子的认识与接受态度"。三是"历史还原论"的读法。这主要是将孔子还原为一个历史人物来加以评价。四是人格主义的孔子观。这种读法旨在从超越时空的人格意义上对孔子进行评价。林存光最后说，每种读法从其"效果历史"的意义上讲，都具有某种程度的"真"价值[②]。

有的学者认为："近年来很多学者都提出了'区别真孔子与假孔子'

---

① 李以柱：《重要的问题，还孔子以本来面目》，山西省孔子学研究会编：《孔子思想研究文集》，山西人民出版社 1988 年版。

② 林存光：《孔子观种种之回顾与反省》，《齐鲁学刊》1996 年第 1 期。

的问题，但是，并没有把 30 年代的观点向前推进一步，并没有真正说清楚'区别真孔子与假孔子'的意义和价值。这是一个有关历史认识论问题，为了认识真实的客观历史过程，批判地对待历史材料，考评真伪，明辨是非，是完全必要的，是历史研究首先要做的一道工序。"如赵吉惠认为："有些人在考察与区别'真孔子'与'假孔子'时，往往把先秦的原生儒学和秦汉以后儒学的发展、演变混为一谈，把先秦时期的原生儒看作是'真孔子'思想，把秦汉以后儒学的演变视为'假孔子'思想。这是研究儒学过程中值得认真讨论的一个方法论问题。"孔子的"历史活动和思想主张，也是不可改变的历史存在（即所谓'真孔子'）。但是，后世不同时代的文学家与研究者，都可能根据时代精神的要求，通过史学家与研究者的个体（即史学主体）思想结构，对孔子的历史活动与思想主张，做出各不相同的理解、解释与评价，这些评价包括史实评价又包括价值评价，由此使可能产生不同时代的不同孔子形象，不同的孔子思想。这是对孔子的历史认识，应该承认这是对孔学或儒学的研究过程与它的历史演变，是人类文明发展史上所做的一种有价值的探索与反思，对于这种文化现象，不应被概括为'塑造假孔子'，而应该被视为孔学历史演变的客观内容"①。

三　孔子与"六经"的关系

孔子的大半生从事教育工作，他教学所用的教材主要是"六经"。改革开放以来，对于孔子与"六经"关系的讨论，比先前有所深入。

杨伯峻认为："孔子以前有不少文献，孔子一方面学习它，一方面加以整理，同时向弟子传授。《论语》所涉及的有《易》，有《书》，有《诗》。虽然有'礼'，却不是简册（书籍）。《仪礼》诸篇虽出在孔子以后，却由孔子传出。《论语》没有谈到《春秋》，然而自《左传》作者以来都说孔子修《春秋》，孟子甚至说孔子作《春秋》。《公羊春秋》和《穀梁春秋》记载孔子生，《左氏春秋》记载孔子卒，能说《春秋》和孔子没有关系么？我不认为孔子修过《春秋》，更不相信孔子作过《春秋》，而认为目前所传的春秋还是鲁史的原文。""古代文献和孔子及其弟子有关系的，至少有《诗》、《书》、《易》、《仪礼》、《春秋》五种。"②

马勇认为："孔子与六经的关系至为复杂。一来是史阙有间，无足够的资料填补并重建这段历史；二是因为儒家学派内部的门户之争，使这一

---

① 宋仲福、赵吉惠、裴大洋：《儒学在现代中国》，中州古籍出版社 1991 年版，第 385、386 页。

② 杨伯峻：《论语译注·试论孔子》，中华书局 1980 年版。

原本可以不必讨论而默认的问题更趋复杂化。西汉的经学家以及以后的今文学派差不多都认定儒家六经皆经孔子手定，有孔子然后有六经。今文学者的这些说法，不免立论过于偏激。真实的情况可能是，孔子在生命过程的不同阶段，或出于教学授徒的需要，或出于个人爱好，确曾致力于古典文献的分类整理，儒家经典特别是所谓六经的指导思想，我们还是相信孔子的自述，即'述而不作，信而好古'。就是尽量保持古代历史文献的面貌，一般不作改正，更不会借题发挥，使之蕴涵己意。当然也有例外。《春秋》的整理只是孔子'述而不作'的著述原则的一个变例。"①

徐洪兴说："孔子在创立儒家学派的过程中，把官方的'大学'六艺改变为儒学课本即新的'六艺'，这是中国古代文化史上的一件大事。"他认为："孔子删《诗》、编《书》、订《礼》、正《乐》、论《易》、修《春秋》，这就是新的'六艺'，比以前'大学'六艺不仅完善而且内容丰富，在我国古代学术文化史上具有有极其重大而深远的意义。"②

钟肇鹏征引《论语》、《墨子》和《史记》中的有关内容，证明诗、书、礼、乐是孔子教一般学生的教材。他对上述古文献没有讲到《易》、《春秋》的问题解释说："大概孔子晚年才研究《易经》，《春秋》也是孔子晚年的著作。孔子认为《易》、《春秋》是比较精深的学科，因之只有少数高材生才能学习《易》、《春秋》。今文家认为六经都是孔子托古改制的创作，这根本抹杀了孔子以前的历史事实。孔子既选择了这几种书做教材，总得做一些编选整理工作，加工的多少，各书是不同的。"③

匡亚明认为："'六艺'古有两种涵义，一是指贵族必须学的初级的礼、乐、射、御、书、数等六种技艺，一是指贵族必须学的高级的《诗》、《书》、《礼》、《乐》、《易》、《春秋》等六种典籍。所谓高级'六艺'，大概在孔子以前也就早已存在，而把'六艺'编订成定型的六本教材，则是孔子完成的。后来所称'六艺'，一般就是指的上述高级的'六艺'。'六艺'后来被尊为'六经'，约在战国后期。"匡亚明还指出："对孔子与'六经'的关系有两种极端的看法：其一是钱玄同的看法，从'疑古'的观点出发，全盘否定孔子与'六经'的关系。其二是皮锡瑞、康有为的看法，认为'六经'皆孔子制作。两种说法，各持一端，都违背实事求是精神，是两种形式不同的偏向。应该说，'六经'虽然不全是孔子所作，但

---

①　马勇：《孔子与早期儒学》，《中国儒学》（1），东方出版中心1997年版。
②　徐洪兴：《孔子与"六艺"》，《孔子思想研究》，上海古籍出版社1999年版。
③　钟肇鹏：《孔子的教育实践和文献整理工作》，中央教育科学研究所编：《孔子教育思想文选》（1949—1980），教育科学出版社1981年版。

都经过孔子的整理，只不过整理的程度不同。其中或作，或述，或删，或定，情况各异，应加考核。今天所见到的《诗》、《书》、《礼》、《易》、《春秋》，尽管不是当时的原貌，但在很大程度上保留了孔子修订、编纂、增减的痕迹，其内容都应是研究孔子的重要史料。用虚无主义态度全盘否定，认为'六经'与孔子无关，显然不对；全盘肯定，认为'六经'都是孔子所作，当然也不对。"匡亚明还讨论了整理"六经"的指导思想，他把孔子整理文献的指导思想归纳为四个方面："（1）以'仁'的思想为文献整理的总原则。（2）'不语怪、力、乱、神'。（3）'述而不作'，在很大程度上保留了原有文献的内容以及风格；但实际上又寓作于述，如以'春秋笔法'的褒贬体现自己的政治观点。（4）关于淫诗问题，孔子从来没有讲过'郑诗淫'，只是讲'郑声淫'，他并不认为《郑风》是淫奔之作。过去人们有一种偏见，认为孔子把一些反映男女爱情的诗都划为淫诗，其实是不对的，不合乎孔子的一贯思想。淫与不淫是从声上讲的，与诗无关。"①

杨向奎认为："孔子使诗带有伦理和道德的内涵，这样作是《诗经》儒家化的起步。此后《诗经》不仅是一部文艺著作，它也作为儒家的伦理教科书，化美为善。"杨向奎还引阴法鲁的意见说："孔子几次提到《诗三百》，可见在孔子时，《诗经》的规模已大致定型，这是经过长期流传整理所保留下来的成果，并不是孔子删诗的结果。但孔子是整理过《诗经》的。"杨向奎在阐明孔子与《书》的关系时指出："重点不在整理和编纂上，而在《书》对孔子思想的影响上。孔子从《书》的'德刑'思想中，引发出了他的'仁礼'思想。孔子的许多思想，如民本、德治、法先王、中庸等，都是渊源于《尚书》。"② 关于《周礼》杨向奎说："《周礼》被今文学家视为伪书，疑古派出，《周礼》遂无人齿及。实则此乃冤案，冤案不解，将使中国失去一资料丰富的文化宝库。就《周礼》所载的典章制度言，不可能伪造，没人能够凭空撰出合乎社会发展规律的政治经济社会各方面的著作。根据《周礼》以及《管子》等书，可以知道从西周到春秋时期农村公社的组织形式，部分是实录，当然有后来记录者的加工。《周礼》、《仪礼》只能是根据西周流行的典章制度系统化、理想化而成书，成书时代不会早于战国。"③

钟肇鹏认为："孔子爱好音乐，也注意音乐教育。他的确审定整理过

---

① 匡亚明：《孔子评传》，齐鲁书社 1985 年版，第 325—334 页。
② 杨向奎：《宗周社会与礼乐文明》（修订本）下卷第三，人民出版社 1997 年版。
③ 同上。

乐。不过是否有《乐经》则是一个问题。孔子的'乐正'只是对乐谱音律的审订。乐即使有经也不过是乐谱一类的东西，不一定是什么文字著作。"①

匡亚明认为："孔子整理过的《乐经》已亡失。好在现存《周礼·大司乐》和《礼·乐记》等篇，即使出于西汉人之手，毕竟离孔子仅四百余年，传闻尚近，聊胜于无，我们尚能从中窥见孔子整理的《乐经》中的某些内容的信息。"②

孔子与《易》的关系是学者们讨论较多的问题。钟肇鹏认为："《十翼》并不是孔子所著，而是战国时代儒家著作。《系辞传》里有好些'子曰'就是证明。"③ 匡亚明认为："孔子不但学过《易》，还作过《易传》传授过弟子，而且弟子以后的师承关系历历可数，应该说，孔子与《易》的关系是非常密切的。"④

金景芳认为："司马迁《史记·孔子世家》中明白说孔子晚而喜《易》，读《易》韦编三绝，著有序、彖系、象、说卦、文言。"⑤ 金景芳肯定《易大传》是孔子所作。他说："古人所谓作，不必手自写定。孔子应用自己的观点对组成《周易》一书的四大要素——蓍、卦、爻、辞作了精辟的说明。《周易》六十四卦的结构，是《周易》思想的精华，是孔子作《易大传》时的全神所注，至足珍贵。可惜后世知之甚少，以为'最浅鄙'者有之，以为'肤浅'者有之。《易大传》中有所谓'大象'。'大象'与'象传''小象'不同，它不是解释卦爻辞的，而是孔子个人专为学《易》而作。"⑥ "孔子作《易传》对《周易》所作的一个重大贡献是把这书的性质点透了，为后世形成的义理派《易》学奠定了理论基础。"⑦ "'十翼'虽不是孔子亲手写定，但其中当有一部分是经孔子鉴定而保存下来的旧说，有一部分是七十子后学所记。基本上应属于孔子。"⑧

程静宇认为："孔子吸收《周易》的'中和'思想，并凝炼成自己的

---

① 钟肇鹏：《孔子的教育实践和文献整理工作》，《孔子教育思想论文集》（1949—1980），教育科学出版社 1981 年版。

② 匡亚明：《孔子评传》，齐鲁书社 1985 年版。

③ 钟肇鹏：《孔子的教育实践和文献整理工作》，《孔子教育思想论文集》（1949—1980），教育科学出版社 1981 年版。

④ 匡亚明：《孔子评传》，齐鲁书社 1985 年版，第 339 页。

⑤ 金景芳：《我对孔子的基本看法》，《中国史研究》1986 年第 3 期。

⑥ 金景芳：《孔子对〈周易〉的伟大贡献》，《儒学国际学术讨论会论文集》，齐鲁书社 1989 年版。

⑦ 金景芳：《自传》，巴蜀书社 1993 年版，第 77 页。

⑧ 金景芳：《关于孔子研究的方法问题》，《哲学研究》1979 年第 11 期。

世界观与方法论。有人认为孔子没有读过《易经》，《易传》也非孔子所作，这种说法不符合历史事实。《庄子》、《史记·孔子世家》、《论语》都有孔子学《易》、治《易》的记载。孔子从义理上发挥了《易》的思想，通过他本人及其后学，将《易》学发展到新的水平，产生了《易传》。这就把中国古代哲学的理论思维提高到一个新的阶段。《易传》最主要的思想观点，是以'中和'之道来维护君臣父子封建宗法等级制，以巩固新的统治秩序。"①

谢宝笙认为："《易经》的作者名叫南宫括，是周文王和周武王时代的开国功臣。作者是在周武王病危时完成《易经》的，目的是以哲理形式总结周克殷的经验，告诫周族新一代以巩固新建立的政权。为了哲理带有更普遍的意义，他尽量少用具体的时间和空间称谓。《易经》完成后，遇上三监之乱，在周朝藏书阁中，一放就是五百多年。周天子王权衰落，史官取出《易经》的同时，亦带出一些与《易经》写作背景有关的资料。孔子是东周人，他可以看到和《易经》写作有关的第一手材料。他对《易经》的了解，极可能最接近原著的精神。将马王堆出土帛书《要》和解释《易经》的《易传》中孔子的原话对照，就会发觉，孔子已经掌握了《易经》的写作背景、原著精神和中心易理；可以证实是孔子与弟子谈易的记录，这些记录反映了孔子的易学观。马王堆帛书的出土，使持否定孔子曾学《易经》者不攻自败，打破了孔子和《易经》无缘的说法。在同期出土的《易之义》和《二三子问》有大量孔子论说《易经》卦爻辞的引述。用这些材料和《易传》中'子曰'的观点互相比较，还可以证明《易传》中确有孔子的思想，甚至基本上保持原话的精神。"谢宝笙还指出："孔子思想的先进性不是在《论语》，而是在《易传》和孔子其它《易》说。《论语》思想的价值，反而要以孔子读《易经》后所产生的新思想来分析。《易传》体系和《论语》体系存在着一些不可调和的矛盾，反映了孔子前后期思想的变化。"②

杨向奎在谈到孔子与《易》的关系时说："孔子确曾读过《周易》。孔子说：'五十而知天命'，'知天命'与'学易'是相通的，学《易》然后知天，故云'五十而知天命'。《易》纳入儒家轨道后，《十翼》当为孔子后学的撰述。观察《十翼》反映的思想，这正是'小人儒'变作'君子儒'的关键著作，其中颇多发挥'君子儒'的思想。我们读了《论语》

---

① 程静宇：《试论〈周易〉中的中和思想——孔子哲学思想探源之一》，曲阜师范大学孔子研究所编、罗祖基编辑：《孔子思想研究论集》，齐鲁书社 1987 年版。

② 谢宝笙：《易经与孔子的蝉蜕龙变》，华夏出版社 1995 年版。

后再读《易传·象传》，就仿佛在温习旧书一般，很容易了解《象传》中的语言。很多内容，差不多在《论语》中可以找到类似的话。"①

张秉楠认为："《易经》的成书比较复杂，它杂糅了战国秦汉间不同学派的思想，但它传《易》所表现出来的注重礼、仁的政治伦理色彩和'中以行政'的中庸之道，都保存了孔子思想的明显影响。由此可看出《易传》的形成与孔子不可分割。《易传》引'子曰'多达三十一处，虽不一定是孔子的原话，但也说明《易传》之思想渊源同孔子不无关系。"②

赵光贤认为："《易传》非孔子作的最重要的证据，是《易传》的思想与孔子思想是截然不同的。孔子思想的特点是现实主义的，所以他重视人事而轻视天道。孔子讲道，不讲阴阳，而是讲人道。《系辞》用阴阳来解释一切自然现象。这种超现实的哲学是孔子不谈的。"③

郭沂认为孔子"'五十以学《易》'的'易'字，当依郑玄'从《古》'。《鲁》读'易'为'亦'系流传过程的笔误。孔子学《易》在他五十六七岁前后。学《易》前只把《易》看作占筮之书，且不主张占筮。学《易》后，将《德义》放在首位；对占筮，既不否定，也不主张。返鲁后，曾系统整理其前各种《周易》文献，并为之作序"④。

吴怡指出："相传孔子作十翼，事实上，十翼的内容参差不齐，显然不是成于一人之手，因此也不可能完全是孔子所亲作。但孔子读过易，赞过易，所以十翼中自然也有孔子的思想，至少可以确认孔子和易经是有极大的关系。"⑤

李光宇认为："我国最早的编辑工作当始于春秋末期的孔子，因为他编辑的'六经'，才是我国历史上第一次出现的真正的书籍。史称孔子作《春秋》，故孔子为史学之祖；而孔子编'六经'，故孔子理应为编辑之祖。我国编辑史当从孔子讲起。""孔子根据客观需要对原文献进行删削和阐述，以贯注他的儒家思想，这真是他的'以述为作'，他的再创造。""'述而不作'作为编辑理论和原则，它一方面体现了编辑工作的严肃性，另一面又反映了编辑工作的创造性。因此，可以认为，'述而不作'是编辑工作的一条基本规律。"⑥

---

① 杨向奎：《宗周社会与礼乐文明》下卷第三（修订本），人民出版社 1997 年版。

② 张秉楠：《孔子》，吉林文史出版社 1997 年版，第 220 页。

③ 赵光贤：《孔子新论·孔子与六经》，巴蜀书社 1992 年版。

④ 郭沂：《孔子学易考论》，《孔子研究》1997 年第 2 期。

⑤ 吴怡：《中国哲学发展史》，台湾三民书店 1984 年版。

⑥ 李光宇：《孔子——我国编辑事业的开山祖——兼议我国编辑工作的起源》，《河南大学学报》（哲社版）1986 年第 5 期。

　　刘节的《中国史学史稿》在"文化大革命"结束后出版，书中明确表示《春秋》不是孔子所作。他怀疑《春秋》与孟子学派有点瓜葛。《左传》和《孟子》的作者都要求有一个不畏强御的史官如董狐、南史之类，希望孔子能作一部书法不隐的《春秋》，于是把一部断烂朝报的鲁史，拿来穿凿附会，说成是孔子的书法，希望能使乱臣贼子惧。其实书中许多地方自相矛盾明显存心附会①。

　　金景芳认为："孔子时，由于社会动乱，已经是礼乐废，诗书缺。赖有孔子掇拾整理，得以广为流传。至《易》和《春秋》，虽无缺失，而《易》为卜筮之书，《春秋》亦是邸抄一类，价值不大。只有经过孔子探赜索隐，极深研求，著成《易传》和《春秋》，而后《易》和《春秋》遂成了中国历史上最高深的两部理论书。"金景芳说："孔子研究春秋时期的历史，不但看出春秋与西周不同，同时并看出春秋的各个发展阶段也不同。当然，孔子的立场是站在西周，因而不但不能认识历史是发展的，相反，竟看成是倒退。这一点，是可议的。但其划分历史阶段及其所应用的标准，则是符合实际的，正确的。"② 金景芳认为："《春秋》从政治思想来看，无疑是反动的，应当批判。如果作为历史来看，它详近略远，把春秋分为三世，即'所见世'、'所闻世'，'所传闻世'。详内略外，确立一条'内其国而外诸夏，内诸夏而外夷狄'的原则以及《春秋》的每一个字都不苟下，所谓'笔则笔，削则削，子夏之徒不能赞一词'，这些作为史法来说，都是应当肯定的。《礼》今天不适用了。但如从历史这个角度来看，依然是宝贵的。不通过它不但不能了解孔子，也不能了解中国古代社会。"③

　　张孟伦肯定孔子是我国非史官的史家修史的祖师地位。作者征引清代学者钱大昕的话说，孔子所删订的《尚书》，著作的《春秋》，实为史学之权舆。张孟伦指出："孔子在删订《尚书》时，因为《逸周书》的《克殷》、《世俘》如实记载了武王灭纣的残暴，揭穿了儒家美化武王之行仁义的秘密，使'儒家不甚爱惜，任其脱烂，或又从而抵排之'，（《逸周书校训集释周书逸文》）以致内容残缺，篇次错乱。"④

　　施丁认为："今本《春秋经》基本上保持了鲁《春秋》的原貌，但也

<hr />

① 刘节：《中国史学史稿》，中州书画社 1982 年版，第 39 页。
② 金景芳：《研究中国古史必须承继孔子这一份珍贵的遗产》，中华孔子研究所编：《孔子研究论文集》，教育科学出版社 1987 年版。
③ 金景芳：《关于孔子研究的方法问题》，《哲学研究》1979 年第 11 期。
④ 张孟伦：《中国史学史》上册，兰州大学历史系 1982 年，第 15、42 页。

有所删改。随着政权的下移和政局的变动，鲁《春秋》由官府传到了民间，难免不受到别人的修补。孔子是鲁国人，爱好历史，又在鲁国做过官，弟子也有些在鲁国做官，他完全有条件看到鲁《春秋》，同时也会对旧史做些加工，向弟子传述。孔子对于《春秋》大概做了些编次和文字加工的工作，但把'述而不作'的孔子，说成'作'《春秋》，不免言过其实。"①

朱本源认为："孔子是中国史学之父。孔子的《春秋》，是世界上最早的历史专著，不仅比希罗多德早了半个世纪，而且在学术思想上有更大的成就。希罗多德只是一个历史编纂学家，孔子并且是一个伟大的哲学家和教育家。所以孔子还提出了一套系统的史学理论，它在古代世界史学史上是无与伦比的。孔子的历史编纂学理论主要见之于关于《春秋》的编撰学方面。孔子的历史哲学主要见之于他所编著的《易传》中。"②

骆承烈认为："所谓《春秋》笔法，即在明确阶级观点的前提下，严格等级之分。孔子在政治上要'正名'，但当时'礼崩乐坏'的形势下，已不容许这种主张的推行，于是他便把'正名'的主张运用到编订《春秋》上。他严格按照西周初年的标准，维护周天子的统治。通过文辞的表达及对一些人、事的扬、抑来'寓褒贬，别善恶'。通过修史，让人们'推此类以绳当世'，即达到其维护奴隶制，'正名'的政治目的。"③

罗世烈认为："《春秋》非孔子所作，有如下几点理由：（一）《春秋》本身没有谈到它的作者，三传多处谈到《春秋》的编写，但都说得笼统，没有明确指出作者。《鲁春秋》在韩宣子于昭公二年聘鲁的时候，已见到了，当时孔子年方十一岁，是不可能修订《鲁春秋》的；（二）关于《春秋》的书法，根据《礼记·坊记》引用的三条《鲁春秋》来看，它是古代史官记载史事时约定俗成的基本一致的传统义例，不可能是某一圣人的闭门杜撰。（三）《春秋》的某些书法和观点，与孔子观点恰好相反，有些记载显然有替'乱臣贼子'解脱的曲笔讳饰之词。"罗世烈虽然不认为《春秋》的作者是孔子，但他认为："孔子可能曾经讲过《春秋》，以历史事件作为对学生进行教育的材料。因此后世儒家学者在传习《春秋》的过程中，把这部书的著作权献给了孔子。"④

王树民认为："《春秋》原为鲁国的史书，孔子是鲁国人，用来作教材

---

①　施丁：《中国史学简史》，中州古籍出版社 1987 年版，第 19 页。
②　朱本源：《孔子史学观念的现代诠释》，《史学理论研究》1994 年第 3、4 期。
③　骆承烈：《孔丘》，《中国史学家评传》，中州古籍出版社 1985 年版。
④　罗世烈：《孔子与〈春秋〉》，《中国史研究》1980 年第 1 期。

是最合适的。不幸后人对于《春秋》一书说得很神秘，特别强调所谓微言大义、春秋笔法，把孔子对于史学的正确看法淹没了。孔子评史之言，从内容上说，其政治思想是保守的，就古代史学而言，却是创新的。原来古代的史书都是单纯的记言和记事，孤立的言论和事件，无从表达其间内在的联系。孔子首先从事于历史事件和人物的评论，开始摸索到一些历史事件的内在联系，因此使人放开了眼界，可以比较全面的看待历史，在评论历史人物时，避免了片面性。"[①]

四　孔子思想的阶级属性

20 世纪五六十年代，关于孔子思想的阶级属性曾经是学术界讨论的一个热点。80 年代以后，这个问题在有关孔子及其思想的研究和讨论中逐渐淡出。但也有些学者在以往研究的基础上，对此问题进一步作了探讨。

匡亚明的《孔子评传》认为，孔子出身没落贵族家庭，其父终其身只不过是一个"武士"和陬邑大夫的低级官职而已。孔子以布衣身份成为封建贵族政治的理论家，这是春秋时代历史条件的产物，也是与中国封建社会的特点相联系的。这个"布衣孔子"及其思想，曾经是长达两千余年的中国封建社会的精神支柱和思想基础。

战国封建论的多数学者认为孔子代表没落奴隶主贵族，其学说在当时的社会变革中起着保守乃至反动的作用。但也有战国封建论者认为孔子是奴隶主阶级的改革派或改良派，提出孔子思想在当时既有积极作用的一面，也有消极作用的一面。严北溟和任继愈都认为，孔子基本上属于贵族奴隶主，他维护"周礼"，这是保守的方面。但他们并不否认孔子思想也有积极的一面。严北溟认为："孔子思想积极进步的一面是主要的，这表现为：对'周礼'提出某些因革损益的建议以及他的进步主张，他的思想学说实际上适应了奴隶制瓦解、封建制兴起的客观趋势"；孔子有"人道主义精神和朴素的唯物主义思想倾向"[②]。任继愈认为孔子"反对残酷的剥削压榨，要求保持、恢复并突出地强调相对温和的远古氏族统治体制，又具有民主性和人民性"[③]。

冯友兰认为："孔丘基本上是一个奴隶主阶级的思想家，基本上拥护周礼，但并不是冥顽不灵的。他感觉到周礼在当时的危机；他也认为，周礼终究必需有所改革。他是一个奴隶主阶级的改革派。""他又自以为他有

①　王树民：《孔子对于古代史学的贡献》，《孔子研究》1992 年第 4 期。

②　严北溟：《要正确评价孔子》，《齐鲁学刊》1980 年第 6 期。

③　任继愈主编：《中国哲学发展史》（先秦），人民出版社 1983 年版，第 173 页。

一个比周礼更高的'道'。这个'道'可能是以周礼为基础而又加损益的。他一生的斗争，就是要推行他的'道'。""孔丘的时代是一个动荡的时代，一个变革的时代。在这样的时代中，孔丘的这样的思想，只能是对于被变革的阶级有利的，对于有既得利益的阶级有利的。但是，到了战国的末期，地主阶级和奴隶主阶级的地位互相转化了。地主阶级从被统治的地位转化到统治的地位。它就要有一个维护既得利益的哲学。实践证实了孔丘的儒家思想就是这种哲学，于是就用儒家的思想作为巩固封建社会的理论工具。"①

　　金景芳认为："孔子生活的春秋晚期，正是中国社会发生剧烈动荡、面临重大变革的时代。中国的奴隶社会已由西周的鼎盛时期走向没落。与奴隶社会相适应的各种典章制度日趋崩溃。""鲁国因卿大夫专权，公室的土地、军赋全部被'三桓'瓜分，国君已经成为听任'三桓'摆布的傀儡"，"当时的鲁国内有世卿专权，外有强敌胁迫。"孔子"一心想寻找机会施展自己的才能，改变鲁国的落后面貌和危险处境贡献力量。但是，孔子向往文、武、周公时代，他把西周时代的礼乐文明当作社会完美的典范"。"他希望改变'礼坏乐崩'的局面，使社会恢复旧时的安宁秩序。孔子一生都在为实现自己的政治理想而奔走呼号。可是他的执着追求与剧烈变革的社会现实之间存在着尖锐的冲突。这种尖锐的冲突注定孔子的一生必定历尽坎坷。历史已经决定孔子的不能成为伟大的政治家，他只能在文化教育方面施展自己的才能。"金景芳指出："在世卿世禄制度依然盛行的鲁国，大贵族是不会轻易地让出身低微的孔子染指鲁国的政权的。"②

　　蔡尚思认为："孔子政治思想（其它侧面也一样）的材料，主要还只好依据《论语》。但《论语》所汇集的，多半是孔子生平后期的语录，从中可以大概看到孔子五十以后的政治见解，这些见解，反映他对春秋时代的社会政治变化，是抱着反对态度的。当时的变化，是奴隶制向封建制过渡的反映。因此，孔子的政治见解，固然不乏可取之处，总的说来却是正在崩溃的旧制度的挽歌，属于落后的、保守的行列。"孔子将周礼"作为最佳施政方案奉献给执政者，也只能表明他最向往的理想政治，无非是回到殷周曾经出现过的奴隶制太平盛世"。蔡尚思说："孔子的经济思想，并没有什么完整的体系，它只是孔子政治思想在经济领域的延伸。无论从孔子学说本身或他的社会实践考察，'仁'无疑是奴隶主阶级的道德观念。"③

---

　　① 冯友兰：《中国哲学史新编》，人民出版社 1982 年版，第 126、127、189、171、172 页。

　　② 金景芳、吕绍刚、吕文郁：《孔子新传》，湖南出版社 1991 年版，第 38—41 页。

　　③ 蔡尚思：《孔子思想体系》，上海人民出版社 1982 年版，第 64、79、80 页。

赵光贤认为：“从春秋时期鲁国内部大小贵族之间的斗争和孔子在其间所扮演的角色，再从孔子的政治活动，不难看出，孔子是站在封建贵族的立场上的。他继承了周代的优良文化传统，而又为战国时期的百家争鸣创造了条件，但他并不能背叛他本来阶级而作一个革命家，这是历史的和阶级的局限。”①

吴江认为：“中国的奴隶制社会乃至封建社会，都不同程度地保存着以氏族父系家长制的血缘关系为基础的宗法等级制度。中国的封建等级除按氏族父系血缘自然关系建立起来以外，还按照官僚制的臣属关系建立起来。中国奴隶社会和封建社会在血缘宗法等级传统上的这种一致性，很自然地也产生出封建社会和奴隶社会在意识形态上的某种一种性。孔子之所以具有两重身份、成为跨时代的圣人，原因就在于中国封建社会和奴隶社会所具有的或至少是相近的血缘宗法等级性。孔子主观上企图为奴隶制辩护而提出的学说，只须稍加改造引申，就能为封建统治服务。”②

刘蔚华多次发表文章，坚持认为孔子思想的基本倾向是维护旧制度，属于奴隶主阶级的保守派。他说：“孔子青年时期，改良主义思想是主要的；中年以后逐步转向保守，直到终年，保守方面是主要的，但也有一些改良成分，老年时期倡说仁就是如此。”刘蔚华指出：“孔子的思想体系，涉及许多领域，在政治、哲学、伦理思想中，保守方面是主要的；在文化方面、教育领域中，改良方面是主要的。”③

罗祖基对刘蔚华的观点提出商榷。他认为：“从礼本身所具有的原则及‘以和为贵’的基本精神看，它所维护的是以血缘关系作纽带的宗法制度，遍翻文献，很难找到礼的残酷性表现的有关证据，这说明它同以人身占有为特征的奴隶制没有直接因果联系，却反映了我国家长制父权的温和特点。由此可见，春秋时的礼制崩坏只说明具有原始习俗残余的上层建筑在经济基础（井田制）瓦解时被时代所淘汰。孔子追求‘天下有道’要具体分析，关于‘政不在大夫’、‘举贤才’都针对传统有关世禄世官制度，属于打击宗法贵族势力，加强中央集权的主张。”④

骆承烈认为：“孔子面临的时代是我国奴隶制的最后阶段，作为奴隶主阶级中的一员，他通过从政治国、传业授徒和订删典籍方式，为维护奴

　　① 赵光贤：《孔学新论》，巴蜀书社 1992 年版，第 27 页。

　　② 吴江：《我的孔子观》，《文史杂论》，青岛出版社 2000 年版。

　　③ 刘蔚华：《孔子研究中的方法论问题》，《哲学研究》1984 年第 9 期；《孔子思想演变的特点》，《社会科学战线》1985 年第 3 期，后收入孔子研究所编《孔子思想研究论集》，齐鲁书社 1987 年版。

　　④ 罗祖基：《在孔子研究方法上与刘蔚华同志的分歧》，《哲学研究》1985 年第 9 期。

隶制而努力。作为思想家的孔子，无疑要比本阶级中的大多数人站得高些，看得远些，想得深些。他既看到奴隶主的眼前利益，又看到将来的利益。为使奴隶制不致崩溃，本阶级的特权不致丧失，他提了以'仁'为主要内容的统治思想。孔子的'仁'固然从其主观意图上来说是一种骗人术，但在客观上来说，还是有其可取之处的。因为孔子的主张客观上与封建制度相适应，符合封建地主阶级的要求，所以他的思想就很自然地被历代封建地主阶级的代理人——封建皇帝所利用。"①

有的学者主张，孔子是平民的代表。李毅夫认为："自春秋后期开始，中国奴隶制向前发展了一大步，孔子正是生活在这个发展的开端阶段。他不是奴隶主贵族，也不是封建领主或封建地主，而是上层平民。上层平民这个身份虽然仍然属于奴隶主的范畴，但与奴隶主贵族比较起来，还是有很大的区别的。"李毅夫举出孔子代表平民的依据："第一，孔子的出身正如他自己所说的'吾少也贱'，不是像后人所说的出身于贵族。第二，由《论语》来看，他的弟子也几乎尽是'货殖焉，亿则屡中'、'一箪食、一瓢饮，在陋巷，人不堪其忧'。第三，孔子的主张如减轻刑罚、减轻赋税等等，都是有益平民的主张。"②

张汉静认为："孔子除短短几年在上层外，其余的时间都是和下层平民生活在一起的。平民、奴隶的生活疾苦不可能不影响孔子，亦不可能不反映在他的思想里。这就是他为平民阶级的代表，提出'爱人'、'轻赋'、'均贫'等思想，为平民阶级服务的进步思想渊源。他支持社会进步，主张用'德'治天下，反对地主阶级的连年征战。在他的思想上产生了大同思想。他提出'有教无类'的思想，打破了奴隶主贵族垄断文化的局面。""孔子作为平民阶级的思想家，平民阶级的二重性也必然反映在他的哲学思想里，因此，在孔子的哲学思想体系不可避免地充满着进步与保守的唯物主义与唯心主义，辩证法与形而上学的矛盾。"由于"孔子的大部分时间生活在下层社会里，他非常重视观察社会现象，因而在他的哲学体系中有丰富的辩证法思想的精华，其哲学基本倾向是唯物主义的。但是，由于平民阶级的保守性和软弱性，在他的哲学思想中也存在着大量的唯心主义思想和形而上学的糟粕"③。

---

① 骆承烈：《孔子是怎样成为封建社会中的"圣人"的》，《学术月刊》1980 年第 4 期。

② 李毅夫：《孔子的时代、阶级和政治思想的进步性》，《文史哲》1962 年第 1 期，后于 1984 年收入曲阜师范学院孔子研究所编《孔子研究》（论文集）。

③ 张汉静：《试论孔子哲学的阶级本质》，山西孔子学研究会编：《孔子思想研究文集》，山西人民出版社 1988 年版。

第三节　孔子思想体系的核心

一　仁学：孔子思想的核心

"文化大革命"后关于孔子仁学的研究和讨论，比起"文化大革命"前有了较大的进展。匡亚明认为，仁的思想是孔子哲学思想的精髓所在，也是孔子的政治思想、道德思想、文献整理思想的理论基础和前提，四位一体，密不可分。关于仁的意义，他列出三点："（一）最通常的意思是爱人；（二）是修身，是对道德准则的遵从；（三）'仁者人也'。"匡亚明认为"孔子关于仁的思想，与西方近现代人本主义有许多相同之处"。"首先，孔子重人道轻天道，把人与人生看作他的仁学的根本问题。其次，孔子在当时能够达到的水平上，细密、深入地研究了人的本性，并且由此提出他有关改革社会各个方面的思想与政策。第三，孔子研究了人生的价值与意义的问题。孔子认为，既然仁是高尚人性的目标，那末，体现了仁的仁人君子就是理想的人格，因此人生的意义，既不在富贵，也不在寿考，而在于'仁'的道德实践，在于最终把自己培养成为仁人君子。第四，孔子研究了人类社会的发展和理想境界问题。孔子认为充分体现了仁的精神的'大同'世界是最理想的社会。总之，仁的观念在孔子思想中占有极其重要的地位。可以说仁是他的哲学，他的世界观，也是他的伦理道德学说教育学说，是他的全部博大庞杂的思想体系的'一以贯之'的总纲。"①

严北溟认为："仁包含着广泛的社会政治、经济、教育、伦理、哲学等各方面的综合意义。仁标志着以孔子为首的儒学传统的最大特征：带有无神论倾向的'反神道主义'、'反禁欲主义'、'反蒙昧主义'和'反专制主义'等等。"②

李泽厚认为："孔子仁学结构的四因素是：（一）血缘基础；（二）心理原理；（三）人道主义；（四）个体人格。其整体特征则是实践理性。诸因素相互依存、渗透或制约。从而具有自我调节，相互转换和相对稳定的适应功能，正因为如此，它就经常能够消化掉或排斥掉外来的侵犯干扰，而长期自我保持延续下来，构成一个颇具特色的思想模式和文化心理结构，在塑造民族性格上留下了重要痕迹。"③ 李泽厚说："1. 孔子讲'仁'

---

① 匡亚明：《孔子评传》，齐鲁书社 1985 年版，第 179、182、183 页。

② 严北溟：《再论孔子的"仁"——古代人道主义思想的核心》，《江海学刊》1982 年第 1 期。

③ 李泽厚：《孔子再评价》，《中国社会科学》1980 年第 2 期。

是为了释‘礼’，与维护‘礼’直接相关。2. ‘礼自外作’。‘礼’本是对个体员具有外在约束力的一套习惯法规、仪式、礼节、巫术。3. ‘仁’学思想在外在方面突出了原始氏族体制中所具有的民主性和人道主义。4. 与外在的人道主义相对应并与之紧相联系制约，‘仁’在内在方面突出了个体人格的主动性和独立性。5. 仁学结构的四因素机械之和不等于‘仁’的有机整体。这个整体具有由四因素相互作用而产生、反过来支配它们的共同特性：‘实践理性’的倾向或态度。它构成儒学甚至中国整个文化心理的民族特征。”①

刘蔚华对仁学的源流进行了考察，他认为：“孔子不是发明仁学的第一人，却是完成仁学系统化的思想家，其贡献在于解决了‘仁’与‘礼’的相互关系，形成了仁学的规范体系，提出了一套‘成仁’的修养方法，对后代产生了深远的影响。”刘蔚华指出：“仁学维护宗法关系，这是基本的。封建社会代替奴隶社会后，奴隶制的宗法关系没有被斩断，于是又演变为封建的宗法制。因此，仁学把孝亲作为根本，这是仁学得以绵延的社会基础。”“孔子主张‘爱人’，仍以‘礼’和‘仁’的规范为准则，违此者一律不爱。他说的‘爱人’又不限于奴隶主。所以，教会人们有差等地、合于礼地‘爱人’解决道德情感问题。但是在阶级对立的社会中，‘爱人’只会成这种姿态、口号，是不可能实现的。”②

冯友兰认为：“孔子论仁的话很多，大概可分为四类：（一）仁的基础。有真情实感；这就是仁的主要基础；（二）为仁的方法。孔子于‘推己及人’外又提出‘克己复礼’为达到仁品质的方法。复礼就是回归于‘礼’。克己，是克去其心中的私心，没有私心就可以推己及人了。（三）仁的内容。仁的内容为‘爱人’与‘克己复礼’是‘仁’与‘礼’的统一。仁先礼后，仁还是比较根本。（四）为仁的成就。孔子往往又把‘仁’作为人的完全人格的代名词，有完全人格的人，孔子称为仁人，是为仁成就。”③ 1989 年，冯友兰对孔子的“仁”作出了新的解释。他说：“孔子所讲的‘仁’，作为四德之一的仁，是一种道德范畴伦理概念；对于它的讨论，是伦理学范围之内的事。作为全德之名的仁，是人生的一种精神境界；对于它的讨论，是哲学范围之内的事。”④

王树人认为：“广义而言，任何一种道德也是人的一种精神境界。从

① 李泽厚：《孔子再评价》，《中国社会科学》1980 年第 2 期。
② 刘蔚华：《论仁学源流》，《齐鲁学刊》1982 年第 1 期。
③ 冯友兰：《中国哲学史新编》（第 1 册），人民出版社 1982 年版，第 131 页。
④ 冯友兰：《对于孔子所讲的仁的进一步理解和体会》，《孔子研究》1989 年第 3 期。

意识形态的层次看，在孔子那里，全德之仁近乎于道与圣。这种仁，道与圣，都是体现或把握人的精神整体的范畴，从而是支配其他一切具精神的精神。"①

金景芳认为："孔子曾说：'仁者人也，亲亲为大。义者宜也，尊贤为大。亲亲之杀，尊贤之等，礼所生也。'这是孔子对仁义及礼的定义及其相互关系所作的最全面最精确的阐释。""'仁者人也'这个'人'字，有两层意思。第一层是说仁是在人类自身的生产即种种的蕃衍中产生的；第二层是说仁的适用范围只限于人类。'亲亲为大'，也有两层意思。第一层是亲亲是仁；第二层是说'亲亲'是仁之中最大的、最首要的。它意味着仁不以'亲亲'为限，要把'亲亲'这个仁推广于全人类。……孔子所讲的仁，实质上反映当时存在血族关系；孔子讲的义，实质上是反映当时存在的阶级关系，孔子所讲的仁义有时代性，有阶级的烙印。但有超时代意义。理由如下：历史的发展，既有时代性，又有超时代性，二者是统一的，缺一不可。封建思想与中国文化不是一个东西，中国传统文化中，固然有封建的因素，但也有非封建因素，它正是时代性与超时代性的统一。相亲相爱就是仁，遵纪守法就是义。没有仁，人类不能存在和发展，没有义，社会想存在和发展，也不可能。"②

李锦全认为："孔子的时代无论是奴隶社会还是封建社会，等级差别总是存在的。孔子对人们在人格道德上的平等要求，和在社会政治上对等级的维护，形成了儒家在人类关系上的两重性思想矛盾。由于孔子既要维护君臣父子在社会政治伦理上的等级秩序，又强调要有独立完善的人格和高尚的道德情操，在君臣关系上也形成两重性的思想矛盾。"③

蔡尚思认为："孔子的'仁'是'礼'的'仁'，即宗法血缘性、名分等级性的'仁'。此一问题，最为重要而又为近现代不少人所力避而不敢提及者。因为提及它，就难以自圆其说了。孔子的'仁'，其实质主要是守礼、孝亲、忠君、爱人、得中、兼恕、兼勇、兼信、兼惠、成名。古来有人认为'仁'包括'五常'包括诸德，未免过于夸大'仁'了。"④

马振铎认为："孔子之学是关于修己和安民的人道学说。而修己为安民之本，在一定意义上说，修己是孔子思想的核心。修己的核心是求仁。

---

①　王树人：《〈论语〉中仁的不同含义辨析》，《孔子研究》1991 年第 1 期。

②　金景芳：《孔子所讲的仁义有没有超越时代意义?》，《孔子研究》1989 年第 3 期。

③　李锦全：《儒家国际学术讨论会论文集》，齐鲁书社 1989 年版。

④　蔡尚思：《孔子论"仁"的重点和范围：析孔子宗法名分性的仁学》，《孔子研究》1992 年第 1 期。

孔子把仁作为人的本质规定，决定了孔子所谓的修己实质上也就是求仁。如果说修己之道是孔子思想的核心，那么求仁就是这核心的核心。如何求仁的问题实质上也就是如何使礼乐原则、精神转化为人的'为我之物'的问题。"①

杨向奎指出："孔子提出'仁'字来，以图修补已经失灵的旧规范，搞好这已经紊乱的阶级秩序。'仁'的内涵是'规规矩矩地作人，以有礼貌的态度待人'这是新命题，一般人，包括他的弟子，还不理解，因之孔子也非常持重。他的'仁'实际上是合并了过去的'法'与'礼'，这在社会处于转变，阶级关系处于紊乱时期，也许是不可少的道德楷模。'仁'是人们行为的基本原则，没有它的礼乐是不能发生作用的。有'仁'然后有'礼'，没有'礼'并不碍于有'仁'，孔子比喻它们之间的关系为'绘事后素'。"②

杜任之认为："孔子思想的基本范畴，是仁、义、礼、乐、道、德。仁是最基本的。联系到义、礼、乐、道、德等范畴，构成以仁为核心的思想体系，即孔子的仁学。可以说仁、义、礼、乐、道、德，即是孔子认识和掌握社会一切现象之纲的纲上纽结。"③

朱伯昆认为《论语》中仁的意义为："（一）仁指一种品德或道德意识；（二）仁的内容为爱人，为仁的方法是忠恕、推己及人；（三）仁为全德之名。从伦理学史上看，孔子仁学提出了：一泛爱众而亲仁；二'克己复礼为仁'与'人而不仁如礼何'仁礼的统一；三以仁为最高的政治原则等观点。"④

刘景山、孙万智认为："孔子的'仁'包括'忠恕'、'克己'、'爱人'三个部分。'忠恕'是'仁'的辐射核心，扩展为对外的人道主义（"爱人"）和对内的'克己'修身。"⑤

曹锡仁认为："不能单一地用仁或礼去规定孔子思想的核心，而只能从二者的结合上去把握才能科学地揭示孔学的本质。'孝弟'是'仁'的基础，'忠恕'是'仁'的原则，'爱人'是'仁'的精神，'复礼'是'仁'的目的，由此构成关于'仁'的多层次的框架结构。"⑥

王玉哲认为："孔子在政治思想、经济思想和哲学思想上，都贯穿着

①　马振铎：《自然人向"人"的转化——论孔子的修己之道》，《孔子研究》1992年第2期。

②　杨向奎：《孔子"删诗书、定礼乐"与礼乐文明》，《文史知识》1986年第12期。

③　杜任之、高树帜：《孔子学说精华体系》，山西人民出版社1985年版，第92页。

④　朱伯昆：《先秦伦理学概论》，北京大学出版社1984年版，第27—29页。

⑤　刘景山，孙万智：《试论孔子"仁"的结构》，《北方论丛》1982年第1期。

⑥　曹锡仁：《论儒家思想的基线问题》，《哲学研究》1982年第4期。

一个推己及人的思想方法。仁和礼都是孔子的主要思想，并且二者是合而为一，密不可分的，是孔子思想体系的两个组成部分，'仁'偏重于个人内在的道德修养，而'礼'则是指人与人之间的社会关系，是属于外在的制度。仁既是人的本质，又是人的最高的道德标准。孔子说'人而不仁，如礼何？'没有'仁'，'礼'便失去其意义。首先用道德的仁去克制自己，下一步才是'复礼'。'仁'是主观的道德，'礼'是客观的制度，孔子是主观唯心主义者，重视主观的东西，认为主观的'仁'是主要的，而客观的'礼'是较次要的。"①

张季平认为："人道主义，简单地说，就是把别人当成人，即承认人的社会价值，这是人道主义最起码的准则。""孔子生活的春秋末期，正处于奴隶制度崩溃，封建制度萌生时代，历史潮流是奴隶求解放，人要把人看作人，出现一种形式的人道主义是很自然的事。孔子的'仁'把奴隶也已包括在内，因此说他是对人的一种发现，是适应了历史潮流。"②

孔祥骅认为："孔子仁学思想虽说缘自氏族血缘关系，但事实上已注入了春秋时代的新思想、新观念。从'亲亲'与'尊尊'之别，以及'尊贤'、'爱人'提出；从其华夷之辨与华夷融合的文化尺度，从其'大同之世'、'天下为公'的社会理想；从其政治实践与文化教育活动诸方面，都反映出对于血缘关念的超越。将孔子的仁学思想仅仅归结为古老的氏族社会的血缘遗风，还不是十分全面的。孔子的仁学理论正是在吸收了春秋时代的'重人'、'重民'的积极、进步思想成果基础上建立起来的。不能将孔子的仁学理论、朴素的人道观念片面地归结为'氏族民主和人道遗风'。"③

杨泽波认为："孔子的仁有以下一些基本特点。首先是非知性。这是说仁不是一种知识。其次是情感性。仁主要表现为一种情感。再次是内在性。情感是内在的，仁也是内在的。再次是发用性。仁有内在性，但它并不是藏着不用。再次是自得性。仁在发用过程中，只要不受干扰，就可以得到它。最后是流失性。仁的境界很高，很难保证时时处处与之相合。"④

张立文认为："孔子仁学思想的提出，是为适应时代的生产变革，礼乐典章制度的重构，观念转变的需要，而做出的回应，这个回应体现了精

---

①　王玉哲：《从推己及人的思想方法论证孔子的思想核心是仁不是礼》，《孔子研究论文集》，教育科学出版社 1987 年版。

②　张季平：《孔子对人的发现》，《孔子研究论文集》，教育科学出版社 1987 年版。

③　孔祥骅：《论孔子仁学对于血缘关念的超越》，《华东师范大学报》（哲社）1988 年第 4 期。

④　杨泽波：《释会》，《孔子研究》1995 年第 3 期。

神的精华。同时由于仁学的普遍性，而具有形上学的意义，或方法的仁学形上学。它在回应时代的冲突中，作出了新的创造，对中国文化的发展产生巨大的影响。"①

赵光贤认为："孔子仁学，来源于周公。'仁'的意义有三：（一）表示人的品质；（二）以'仁'为道德观念，作为修身的目标；（三）以'仁'作为人的最高理想。"赵光贤不同意有人把孔子的"仁"说成是"地主制生产关系制下的人与人之间的社会关系的反映"这种观点。认为："根据这个说法，'仁'的观念只有在地主制下才能适用。但是论者无法不承认，孔子的仁的道德观解决不了地主制下的矛盾。孔子所说的'仁者'是有阶级性的，即理想中的君子。孔子是站在君子（即贵族）的立场上说话的，立人、达人都是指君子说的，论者不加阶级分析，遂得出错误结论。"②

王凤贤认为："'仁'是处于统率和指导地位的。孔子提倡'仁政'、'仁德'是其基本的政治伦理主张，而包括'礼'在内的其他各种道德规范和主张，都是为实现'仁政'、'仁德'服务的。孔子把'志于道，据于德，依于仁，游于艺'，作为他伦理思想和教育思想的总纲。在这个总纲中，孔子突出强调的是'仁'，而'礼'只不过是六艺之首而已。所以，孔子伦理思想的基本路子是由'仁'及'礼'的。有人所以要把孔子的'礼治'思想突出起来，是为了强调孔子思想的'保守性'。其实，在先秦时期，不管是孔子的'仁政'还是'礼治'其基本的方面，都是适应时代潮流的，具有历史的进步意义。"③

徐复观在阐释《论语》的仁字时说："在孔子以前及以外的人，皆以爱人为仁；但若仅以爱人解释《论语》上的仁，则在训诂方面对《论语》上许多有关仁的陈述，将无法解释得通，而在思想上也不能了解孔子所说的仁的真正意义。"他认为："孔子实际是以仁为人生而即有、先天所有的人性，而仁的特质又是不断地突破生理的限制，作无限地超越，超越自己生理的限制。从先天所有而又无限超越的地方来讲，则以仁为内容的人性，实同于传统所说的天道、天命。性与天道的贯通合一，实际是仁在自我实现中所达到的一种境界。而'我欲仁，斯仁至矣的仁，必须是出于人

---

① 张立文：《孔子的仁学形上学》，《孔子研究》1995 年第 1 期。
② 赵光贤：《孔子新论·孔学的核心"仁"及"仁"与礼的关系》，巴蜀书社 1992 年版。
③ 王凤贤：《孔、孟的由"仁"及"礼"和管、荀的重"礼"贵"义"——评先秦伦理学上两条不同的思路》，《孔、孟、荀之比较》，社会科学文献出版社 1994 年版。

的性，而非出于天，否则'我'便没有这样大的决定力量。"①

韦政通认为："程伊川对仁的解释：'仁是性，爱是情'，这是分解地说法"。"但孔子说仁，却不是分解地说，是从体验和实践的立场说仁，仁就是爱，性就是情，本体就是活动。孔子的仁是本诸体验和实践的，谁在实践，谁在体验？'我'，用心理学名词说，这个'我'就是'道德的自我'，用哲学的名词，'我'就是'道德的主体'，因为仁是天赋的特性，所以每一个'自我'和'主体'都涵有'仁'。仁虽是天赋特性，但人必须通过自觉的体验和实践，才能印证它的存在。就天赋的特性而言，它是普遍的，就每一人自我的体验实践言，他是具体的，当个体印证了它的存在时，具体遂与普遍合一，成就了所谓'具体的普遍性'。""由于仁是本诸体验和实践，每一个人的体验可以不同，实践的方式也有差异，所以仁的内涵可以因人而异，你用列举的方式总是列举不尽的，这就是仁不能下定义的真正原因。仁落在实践的过程中，是一个无限的历程，是一个一个阶段升进的，任何人都不能全幅实现，所以孔子也不能自居仁，也不轻易许人以仁，并不是说不曾践仁，而是说他们只达到仁之一境。"②

美籍华人学者杜维明认为："孔子仁学应属于伦理学的范畴；不过，孔子虽然极重视人与人之间的伦常关系，因而有以孔学为礼教的提法，但其仁学的核心是探索如何作人的道理。站在仁学的立场，探索如何作人的道理是认识论、伦理学和神学更根本的哲学课题。"杜维明指出："五四以来，因受西化思想的影响，不少人认为孔子学说跳不出日常生活礼俗的限制，离纯理思辨的层次甚远，代表人类心智启蒙期的最初阶段。这个看法，显示对孔子仁学的逻辑性和方向性缺乏全面的认识。"他认为："推己及人的恕道即是仁学中道德理性的存在考虑；站在文化传承的立场，孔子的'吾从周'有极丰富的思想内涵，不能只从政治层面的复古复辟来评判。孔子在政治上的挫败，不但没有减杀他的文化理想而且更增强了他的使命感。他的文化关切——由历史使命与礼乐教化交织而成的学统——从未脱离'行道'的意愿而独存；孔子根本不从权力和控制的立场论政；仁学所涉及的范围包罗万象。从道、学、政三条线索之间交互关系来探索仁学的逻辑性和方向性，不过是具体分析的途径之一而已。孔子以道德礼性和文化关切转化现实政权的入世精神，和秦汉以来依附王朝的御用儒者以三纲五常等伦理观念帮助统治集团控制人民思想的利禄之途是不相

---

① 徐复观：《中国人性论史·先秦篇》，台湾商务印书馆 1987 年版。
② 韦政通：《中国思想史》（上卷），台北水牛出版社 1987 年版。

容的。"①

二　"礼学核心"说与"仁礼统一"说

蔡尚思在介绍自己研究孔子的学术道路时说："我从幼至今不断研究孔子思想，写出的文字也不少，其中较大的转变，是对他从尊信到疑问，从笼统到具体，从核心是仁到核心是礼。""礼独高于其他诸德；以礼为仁、为孝、为忠、为中和、为治国、为法律、为外交、为军事、为经济、为教育、为史学、为诗歌、为音乐、为美人和为尊敬鬼神等的主要标准，衣、食、住、行及相关的见贵夫人，见朋友、见官等必须合礼"等等。蔡尚思认为："孔子的礼学，从大到细，面面俱到。他打下礼教理论的基础，成为礼教系统的祖师，在中国，任何宗教，都敌不过孔子的礼教。也就是'以礼教代宗教'。"②

吴江也认为："孔子学说以礼为首。孔子时代法家学派尚未形成，一些有远见的政治家已提出不能单纯靠'礼治'，也要有点'法治'。孔子明确地站在'礼治'的立场上反对'法制'，他认为'法治'就是破坏了周礼。但孔子也不完全否定'法'。在他看来，礼能事先禁止不法行为的发生，法则只能在不法行为发生后消极地予以惩罚。这就是孔子主张'礼治'而反对'法制'的主要理由。""礼乐属于制度、名分范畴，仁、义属于伦理、道德范畴。四者当中，以礼为首，孔学主要是礼学。'礼'是指社会制度（主要指宗法等制度），各等人的行为规范（即名分），社会秩序等上层建筑而言，其含义要比作为伦理道德观念的'仁'宽广得多。孔子学说的实质归根到底是维护宗法等级制度。孔子认为周礼是最完美的礼。"吴江指出："孔子重'人'而不重'神'。但孔子对于他所说的'人'却是不折不扣的礼本主义者，一切以礼为准，而非近代意义的人本主义者。"③

赵光贤指出："从《论语》一书来看孔子所谓礼有广狭二义，广义的礼将一切典章制度和贵族的行为规范都包括在内。但是《论语》里的礼绝大多数是用狭义的，那就是指礼仪，或叫做礼节，也就是行为的规范。可是有些人往往把这两种不同的礼混为一谈，提出种种谬说，如说孔子重礼是氏族社会的习俗，或说孔子重礼的目的，是要恢复奴隶制。然而周代已进入封建社会，他所推崇的礼是维护周代封建制度的礼，如果把这个礼看

---

①　杜维明：《孔子仁学中的道学政》，《中国哲学》第 5 辑，1981 年 1 月。

②　蔡尚思：《孔子的礼学体系》，《孔子研究》1989 年第 3 期。

③　吴江：《中国封建意识形态略考——儒家学说述评》，中央党校出版社 1993 年版。

成氏族社会的礼，那是很大的时代错误。有人研究孔子的崇礼，不根据比较可信的《论语》里的记载，而是根据反对者对孔子的歪曲或诬蔑，因而得出错误的结论。"①

李启谦强调要区别孔子的以前的"礼"和孔子"礼学"的"礼"，他认为："礼的基本涵义是：（一）礼的最初之义是祭神求福；（二）礼被引申为对各种社会礼仪的总称；（三）执政部门所制定的一整套的政治等级制度，也称'礼'；（四）有关部门所推行的教化措施，也称'礼'；（五）经济制度也称'礼'。（六）礼还有谦让礼貌热情好客的意思；（七）当时馈送礼品也称'礼'。孔子反对新法，以'周礼'为标准臧否是非。但孔子对'周礼'也有所改良。孔子的'礼'是一个新旧兼容、以旧为主的偏于保守的改良主义产品。"②

汤勤认为："礼是孔子思想体系中的中心概念，他的社会理想、教育思想、伦理观念无不是以礼为中心而展开的。问题是关于礼的概念的阐述，在孔子那里显得零乱、模糊，这给后人理解它造成了困难。""有人从'吾从周'、'克己复礼'，认定孔子礼的保守性；有人从二千年封建社会中'礼教吃人'的现实，寻找根源，认定孔子礼的虚假性和残酷性；有人简单地从阶级属性'对号入座'认为孔子的礼反映了奴隶主贵族意识或代表新兴阶级思想。上述观点虽不可一概偏废，但是标签式的随意性演绎，使得孔子礼学思想被功利化乃至庸俗化，不利于正确理解孔子礼的本义，更难于解说以礼为核心的孔子思想体系为何被视为世界性文化遗产。"关于孔子礼学的内容，汤勤认为："大致有三个方面的规定：（一）礼是个人的精神修养、行为规范、做事准则；（二）礼是和谐有序的社会结构，它既可以体现为家庭结构，也可以体现为国家范围内的社会结构；（三）礼是推动实现社会整合，社会统一的工具和纽带。由于孔子礼学保守性和革命性进步性同时并存，礼的上述形态无论在当时还是对以后历史所产生的积极影响和消极影响有着共同的联结点。"③

韦政通认为："在孔子，礼脱离了宗教的范畴，成为人文世界里的规范和秩序；这些观范和秩序，不只是外在于人性的条文和形式，他赋予礼以内在理性（仁）的基础，使礼的实践，成为内发的行为，以达到自我控

---

① 赵光贤：《孔学的核心"仁"及"仁""礼"的关系》，《孔子新论》，巴蜀书社 1992 年版。

② 李启谦：《孔子"礼"的思想》，《齐鲁学刊》1980 年第 6 期。

③ 汤勤：《孔子礼学新探》，《孔子思想研究》，上海古籍出版社 1999 年版。

制的地步。这样也附带地促使礼与刑的分化。"①

钱逊认为："仁与礼是统一的。仁是内心的道德情感；礼是外在的行为规范。仁是礼的基础、灵魂；礼是仁的体现、落实。没有仁，礼就徒具形式；没有礼，仁就无所依托。道之以德（德指仁），是要人们'非礼勿视，非礼勿听，非礼勿言，非礼勿动'是齐之以礼的手段；齐之以礼，又是要使'民德归厚'，又是道之以德的手段。仁和礼互为表里，互为手段，相互促进，这就构成了孔子德治思想的基础，同时也是整个思想体系的基础和出发点。所以实在是很难说仁与礼何者是核心。从孔子要恢复礼的尊严来看，他是保守的；从他强调把礼的实施建立在仁的基础上，赋予礼以道德的品格，把外在的强制转化为内在的自我约束来说，又是一个很大的进步和革新。实在也很难简单地用一个保守或革新来概括。"②

张秉楠将孔子思想按前期、中期和后期分阶段论议，他认为："孔子前期立论多与礼有关，有关仁的主要论述集中在中期，'中庸'、'中行'是他居陈以后的新提法。但其中心仍然是仁，仁不仅对礼起制导作用，而且从一定意义上说，中庸的提出也是为了存在社会矛盾的情况下更切实地推进仁的实施。"③

刘家和认为："孔子在前人关于礼和德的思想基础上建立了自己的仁礼学说。孔子的礼学说强调有等差的和谐（即和），而仁正是和的必要条件；其仁学说强调爱的外推是有等差的，而礼的等差正好成为仁赖以外推的阶梯。故仁礼实为一思想体系的相反相成的两个方面。克己复礼为仁，是孔子仁礼学说的核心。'克'有二义：一为胜任，一为抑制。克己以任己开始，立己方能立人；欲立人不能不有所抑己，为第二段；抑己而达到人己和谐，即成仁，为第三段。孔子言礼，多就具体问题而发，因此所涉及的礼的层次亦各不同。小之属于个别事件之礼仪。大之则总指一代典章制度。孔子的礼学说的核心理论内容就在于：在差别中求和谐，在和谐中存差别。孔子论仁，也因为因事而有不同方面和不同层次的解说。'爱人'是孔子仁学说的核心内容。孔子的仁是有等差的博爱，这样就不能没有礼的层次来作为阶梯。孔子的礼义是以和为贵的秩序，不能把礼当作横亘于人与人之间的鸿沟；这样，礼的不同层次间的界限，同时又必须是桥梁，而这种桥梁恰恰就是仁。孔子的仁和礼，作为一对概念，其外延的广袤是相当的。仁是己立立人，己达达人，由己外推并无边界。仁能推而施于所

---

① 韦政通：《中国思想史》（上），台北水牛出版社 1987 年版。
② 钱逊：《孔子仁礼关系新释》，《孔子研究》1990 年第 4 期。
③ 张秉楠：《礼——仁——中庸——孔子思想的演进》，《中国社会科学》1990 年第 4 期。

有的人，就成了圣，就是孔子的仁的最高境界。如果说，孔子的仁只能施于某部分人，而不能施于另一部分人，恐怕在文献中找不到证据。礼原不下于庶人，是有边界的；而一旦与仁相结合，这个边界就消失了。孔子的仁和礼的概念的内涵，就其质而言，是相当的：均为爱；就其量而言，也是相当的：均为层次不等的爱。不过，如果进一步把这种量作为向量来考察，那末仁为爱的外伸，礼为爱的节制，二者就适成相反了。"①

王树人认为礼为仁之实，礼高于仁的情形，确实是存在的。然而，如果从任何一种政治制度的产生都有其思想理论基础这个角度来考察，仁与礼关系中的上述地位，则似乎就得颠倒过来。仁与礼的关系有如下特点：（一）仁基本上归属于哲学、伦理的范畴，礼基本上归属于政治范畴，但又不绝对化。就其所指而言，仁与礼都有超出上述基本归属的问题。即使就其基本归属而言，仁与礼的所指还存在意义交叉的问题。（二）从仁与礼上述的基本归属看，哪个更根本，似可归结为从何角度考察问题。因此，似不能用一种角度的真理否定另一种角度的真理②。

台湾学者刘立林，将孔子思想中以仁和礼为核心的社会公德体系，归纳出十个重要的方面："1. 人仁爱为本，推己及人；2. 以礼待人，以和为贵；3. 尊崇知识，推重人才；4. 诚实守信，表里如一；5. 严于律己，宽以待人；6. 尊师敬老，爱幼帮残；7. 见得思义，生财有道；8. 当仁不让，勇是竞争；9. 反对公害，宽容隐私；10. 求实求新，有过就改。以上十条是相互联系、相互补充的，是符合人类社会公共生活的共同愿望和共同要求的，因而在事实上已经成为人类的共同道德和传统道德。历史和现实都证明，人类社会公共生活的历史，自孔子始，至今，丝毫没有减弱'仁'和'礼'作为社会公德奠基石的历史意义。"③

三　"中庸之道"

孔子的中庸思想长期以来被认为是一种折衷主义和调和主义的思想方法。冯友兰在 80 年代出版的《中国哲学史新编》中还认为，孔子关于"中"的意思，是不可"过"，也不可"不及"，其实还是折衷主义。孔丘所说的"两端"，是没有斗争的、静止的两个对立面，他所说的"中"，就是要永远保持统一体的平衡，不使发生质变。他所说的"过"、"不及"，

---

① 刘家和：《先秦儒家仁礼学说新探》，《孔子研究》，1990 年第 1 期。

② 王树人：《〈论语〉中仁的不同含义辨析》，《孔子研究》1991 年第 1 期。

③ 刘立林：《孔子——人类社会公德的奠基人》，《孔孟月刊》第 32 卷第 2 期（1993 年 10 月）。

就是指偏离平衡的状态，因此他都认为是不好的①。

　　但较多学者则从另一视角来评价中庸思想，不同意把"中庸之道"理解为折衷主义和调和主义。张岱年认为："孔子非常崇尚中庸。中庸被称为'至德'，是立身处事的最高标准，也是行事的重要方法。'中庸'有两层意思：第一肯定事物的变化超过一定的限度就要转向反面；第二，要求坚守这个限度，以免转向反面，前者是合乎辩证法的，后者则是反辩证法的。"②

　　孔范今、桑思奋认为："'中庸'在儒学乃至整个中国传统文化中，均是一种寓意深远，极富价值的创造。孔子提倡的中庸表达了一种意境，即整个自然与社会都有一种趋于自然、和谐、协调、平衡的趋势。孔子由自然界而社会、而个人，告诫人们'允执其中'积极恰当地自我调控，才能取得预期效果。'中庸'思想之所以重要，不仅在于它是'仁'与'礼'相结合的方法论基础，而且其本身即被孔子视为至高的美德。"③

　　庞朴的《"中庸"平议》指出："人们通常认为，中庸是一种伦理学说，一种形而上学的发展观，这样看是对的，但不够全面。中庸不仅是儒家学派的伦理学说，更是他们对待整个世界的一种看法，是他们处理事物的基本原则或方法论。这样的中庸之道，固然有其整体上的形而上学痼疾，但它于探寻对立面的相互依存，相互联结方面，却留下大量的、尚未得到足够注意的资料，在闪烁着辩证法思想的光芒。它们以其特有的形式和智慧，诱导人们去深入研究对立同一的原理，去细致发掘祖国的文化宝藏。"在讲述"中庸"的全部含义时，庞朴概括为："执两用中，用中为常道，中和可常行，这三层互相关连的意思，就是儒家典籍赋予'中庸'的全部含义。""中庸思想，在论证如何达到平衡、保持平衡方面，有不少精辟的见地，成为文化遗产中的珍品；它的根本缺点，在于把平衡的地位和作用过分夸大了，以至达到否认转化阻止转化的境地，并因此窒息了自己的合理内容，其流弊所及，就是一切生活领域中的因循保守、故步自封和阻碍变化、反对革命等现象的不时发生与普遍存在。指责中庸为合二而一、指责合二而一为形而上学的人，并未真的抓住中庸的这个形而上学毛病。因为他们自己在对待分与合、平衡与对抗的问题上，持有某种形而上学的观点，他们陷入了无视相对的绝对主义泥坑。中庸不仅是儒家世界观的一个部分，或者说，正因为它是世界观的一个部分，它还是儒家学说的

<hr>

① 冯友兰：《中国哲学史新编》第1册，人民出版社1982年版，第141、142页。

② 张岱年：《孔子》，《孔子大辞典》，上海辞书出版社1993年版。

③ 孔范今：《孔子文化大典·孔子——永远的人类伟人（代序）》，中国书店1994年版。

方法论的一种原则。整个儒家学说的体系，仁义礼乐那一套，正是按中庸原则架设起来的；许多重要的儒学范畴，如谦、和、参、极那一些，都是中庸大网上的纽结。"①

在另一篇文章中，庞朴说："其实，如果我们想钻一个空子的话，就要说：'乡愿'的'中庸'，倒应说是真中庸，因为它既'喻于利'，倒往往在实际上得其正中；孔子的'中庸'倒应说是反中庸，因为它保留有主导面。不过，在现实社会中，绝对的'中'是找不出来的，不以自己阶级利益为主导面的思想也是没有的。'乡愿'的'中庸'，实际上也是以一己之私为依据、作主导的，因此，我们倒是乐于以孔子的这个表示了以不中为中的'中庸'作真中庸看。'真'，就在于它流露了真感情。孔子吸取了前人思想作资料，创建出一个完整的思想体系来，并且意识到了自己的思想体系是有中心的，说到了这个中心（'至德'）是'中庸'，这是孔子作为一个思想家的伟大。中庸之德，自孔子始！"②

肖箑父、李锦全指出："孔子所处的是一个变革的时代。他面对现实，不能不承认社会上的某些变化；但他又要求在变中求不变，在日益变化的社会中，仍企图求得旧质的稳定性，借以维持奴隶主的统治。他提倡的'中庸之道'，就是这种矛盾在他思想方法上的反映。孔丘中庸思想总的特征，是承认矛盾，却主张调和；在坚持常道不变中，而又强调在必要时，可作一些权变和损益，最后是归宿到形而上学的发展观。但在教与学的具体方法上，却有一些辩证思维的合理因素。一、'和而不同'、'执两用中'的矛盾和谐论。孔丘虽然承认事物有矛盾的'两端'，却企图用折中的办法加以和解，借以维持事物旧质的规定性。二、三代相'因'、'损益可知'的历史发展观。孔丘要在保持旧质的规定性的前提下作些修补，可是在社会变革时期由于新旧势力的尖锐对立，要保持旧质的规定性，只好把矛盾的双方加以折中，不分主次地平列起来，一切要适中，'过犹不及'。不过孔丘所要实行的折中、调和，也不是无原则的。他反对为调和而调和，要回到用'礼'作标准来调节各方面的矛盾。虽然对'礼'也可以作点损益，但毕竟旧质的规定性还是不能改变的。因此，孔丘的中庸之道，最终仍归宿到形而上学的发展观。三、'叩其两端'、'温故知新'的认识辩证法。孔丘发现事物内部皆有互相背离的两个方面，并用'两端'或'异端'来加以概括，这是合乎人类认识发展逻辑的。但处理办法却是

---

① 庞朴：《"中庸"平议》，《中国社会科学》1980 年第 1 期；收入《沉思集》，上海人民出版社 1982 年版。

② 庞朴：《论孔子的思想中心》，《沉思集》，上海人民出版社 1982 年版。

'执两用中'，否认矛盾对立面的转化，因而导致形而上学的归结，这是由于他保守的阶级立场，在政治上总想维持旧质的规定性所决定的。"①

匡亚明认为："中庸作为方法论，是孔子以仁为标志的人本哲学思想的必然产物。所谓中，即中正，中和。所谓庸，即用也，常也。因此中庸即是'用中为常道也'。"关于中庸的主要特征，他说，"一是反对过头和不及。'过犹不及'的思想，在一定程度上揭示了质与量的辩证关系"。匡亚明不同意有人说这是折中主义。因为孔子十分痛恨搞折中主义的人。"二是提倡'和而不同'"。在谈到中庸与仁、礼的关系时，匡亚明说："如果礼是仁的形式，仁是礼的内核，那么中庸就是使内容（仁）与形式（礼）相统一的方法。"他认为："中庸积极方面的意义，现在仍值得很好地加以论证和阐发，做到'古为今用'。"②

朱志凯不同意冯友兰认为孔子的中庸是形而上反辩证法的、折中调和的观点，也不同意匡亚明认为孔子中庸在方法论上只强调矛盾的统一、调和，不谈矛盾的斗争、转化的说法。他认为："中庸概念的内涵：既具维护哲学上同一性的要求，又赋有哲学上'度'的规范。'度'是孔子中庸概念内涵的逻辑规定，它决不是反辩证法的折中主义。冯友兰把评判折中主义的套语，套在'叩其两端而竭焉'语句上是不适当的。孔子反对'过犹不及'是一个动态过程。'过'和'不及'都是指事物的量说的，客观上不存在无矛盾斗争的量也不存在无量的矛盾斗争，同一性和斗争性是互为前提、互相渗透的。怎能说孔子'不谈矛盾的斗争、转化'呢？"朱志凯说："孔子中庸方法有着重要的理论意义，可与古希腊哲学家赫拉克立特辩证法相媲美。"它为孔子"建立以仁为核心的思想体系提供了方法论，为新的社会制度的稳定发展提供了武器。具有普遍有效的品格"③。

刘蔚华认为，"中庸之道"是对形而上学中和论的继承与发展。当朴素辩证法思想经过老子的理论抽象和孙子的发挥运用达到系统化阶段时，反辩证法的矛盾调和观念以孔子提出中庸之道为标志，也达到了系统化阶段，从而使两种世界观与方法论的斗争，进入了一个新阶段。"中庸之道""是无矛盾原理和形式发展观"，"实质上是历史不变论"。刘蔚华对庞朴关于中庸表现形式是探求矛盾统一性的辩证思维的看法提出质疑，认为："中庸之道的思维特征不是辩证的，而是形而上学的；不是说明了矛盾的统一性原理，而是矛盾调和论和折中主义。这种观点的反辩证法性质，不

---

①　肖萐父、李锦全：《中国哲学史》（上），人民出版社1982年版，第84—87页。
②　匡亚明：《孔子评传》，齐鲁书社1985年版，第203—205页。
③　朱志凯：《再论孔子中庸方法论思想》，《孔子思想研究》，上海古籍出版社1999年版。

是由它的形式决定的，而是由它的内容决定的。调和主义、折中主义是中庸之道的思维特征。"刘蔚华认为，孔子所说的"和"，如"和为贵"（《论语·学而》）、"和无寡"（《论语·季氏》），是把"和"视为排除了矛盾、绝对的、本原的状态。"在孔子学说中，并没有以肯定的态度来表述矛盾的概念。他所对待'过'与'不及'的矛盾，是'执其中'、'执两用中'，目的在于达到'无过无不及'的无矛盾状态。由于他使用了'过'与'不及'两个贬意词，把矛盾双方都作了否定，因而就把中庸之道捧成了至高无上的原则。"①

陈增辉认为："孔子'和'的哲学，是帮助 21 世纪的人们解决两大世界性课题的重要资料；而这一哲学本身，则是当时时代精神的精华，经历了一个由萌芽到发展的漫长过程。""面对'无义战'的现实，孔子从已有的思想资料出发，创立了自己的以'和'为最高境界的哲学思想。'和'的理论基础是'中庸'。中庸作为一种道德，是仁的内容和礼的形式统一。孔子认为，在实践'和'这种最高思想境界时，必须以仁与礼为准则。孔子'和'的思想具有普适性。两千多年的历史证明：中华民族之所以能蹶而复振，衰而复兴，一个重要原因，便是践行了'和'的哲学。"②

罗祖基认为："把中庸说成是对矛盾双方实施调和的观点，不仅在理论上不符合辩证规律中的质量概念，而且对于指导我们的实践也是有害的。中庸之道并非是折衷主义；相反，否定作为准则之'中'的论点，指责中庸是折衷主义的认识，倒有可能成为助长错误的理论。折衷主义是一种诡辩论的哲学思潮，它将各种性质不同的思想、理论、观点机械地，无原则地加以调和，是以无原则为特征的。可是，孔子的中庸本义就是关于中的常道，所谓中也就是一种准则，作为一种准则就包含了坚持原则的意义。孔子在'礼以制中'原则下坚持复礼，又在'复礼为仁'的损益中把仁视为君子的行为守则。向这种原则坚定、是非常明确的态度，乃是他坚持'一以贯之'中道的反映。这种情况，怎能与以无原则作基本特点的折衷主义相提并论呢？对孔子的中庸，作为一种理论和方法，要加以批判继承，即舍弃其剥削阶级的内容而吸取他的社会准则作用的精华，不能全否定。"③

---

① 刘蔚华：《中庸之道是反辩证法的思想体系》，《武汉大学学报》1980 年第 5 期。

② 陈增辉：《孔子"和"的哲学与世界文明发展》，《孔子思想研究》，上海古籍出版社 1999 年版。

③ 罗祖基：《中庸社会准则说——兼论中庸之道与折衷主义》，曲阜师范大学孔子研究所编：《孔子思想研究论集》，齐鲁书社 1987 年版。

　　赵光贤认为：“孔子的中庸说，当出于《尚书·酒诰》中‘作稽中德’一语，很可能受周公‘中德’的启发而进一步加以发挥。一、孔子的中庸思想是他认识人世间事物的真实性或合理性的方法论，而不是抽象的天道观、宇宙观。二、要把孔子的中庸与汉初的《中庸》相区分。三、把中庸看作是折衷、调和而批判，是对孔子学说的歪曲。四、过分推崇中庸，把‘两端’看作矛盾斗争和推动事物的发展，也是非历史主义的。”①赵光贤说：“孔子说过‘中庸之为德其至矣乎’，有人以此认为中庸是孔子的道德论，其实古人讲德字并不一定指道德，而且也不一定是美称。‘中庸之为德’当理解为中庸的性质，‘其至矣乎’应理解为很难做到的意思。现在还有人认为孔子的中庸说含有辩证法或辩证法因素，说两端用中是对立或矛盾的统一，这未免把中庸说现代化了。‘过犹不及’，要中道而行，这里有矛盾和斗争，不能说就是辩证法。”②

　　张秉楠指出：“在鲁从政的失败以及随之而来的多年羁旅生活，对孔子后期思想的影响十分重要。耳闻目睹各国日益尖锐的社会矛盾和政治斗争，使他感到确定一种使对立双方协调发展的理论基础和行为准则。他根据自己的体验，把这一理论原则概括为‘中庸’。‘中’，作为孔子的哲学用语，是指矛盾双方相互依存所表现出来的‘度’，即量的规定性。‘庸’，通‘用’。中庸，即以中为用。把握矛盾相互依存或相互渗透所遵循的量的规定性，使对立双方各在一定限度内发展，从而保持统一体的和谐与统一，这就是中庸的基本涵义或基本要求。”张秉楠认为，孔子提出用“中”的思想是在他的后期。孔子说“过犹不及”，是他运用中庸思想以加强思想修养和解决社会问题的典型言论。“中”之于人伦社会实际表现为礼，并由此而对孔子的礼论产生影响。礼在中庸的框架里，不仅具有区分上下尊卑的性质，而且有联结上下尊卑的品格，它对于对立双方都有节制、调和的作用。“中庸要求和谐统一近乎仁。它对礼的影响，是继仁之后的对孔子礼论的进一步深化。”中庸是孔子后期在理论上的一大创建。其弱点是当“面对世上有些问题不能用对立面相互依存和彼此调节的方式解决，而必须通过对立面斗争以达到矛盾转化时，这种理论就暴露出它的缺陷”③。

　　有的研究者对中庸是否与孔子学说有关提出了质疑。乔卫平在他的《〈论语〉“中庸”证异》一文中说：“‘中庸’一词除《论语》一见和

---

①　赵光贤：《孔子中庸说管见》，《孔子研究》1990 年第 2 期。
②　赵光贤：《孔子的方法论》，《孔学新论》，巴蜀书社 1992 年版。
③　张秉楠：《孔子》，吉林文史出版社 1997 年版。

《礼记·中庸》之外，在比较可靠的先秦文献中都没有出现过。这充分证
明在先秦还没有形成'中庸'这样一个特定的思想概念。中庸之道作为一
个折衷调合的思想体系并非由孔子提出。虽然孔子思想中也包含了某些折
衷调合的因素，但只是些零散的思想材料，并没有形成完整的思想体系，
并且与《论语》'中庸'也没有任何关系。至于《礼记·中庸》对中庸所
作的夸张性叙述，实际上只是秦汉后儒之作，并不能反映孔子思想的
本义。"①

　　与乔卫平持相同观点的还有夏渌，他认为："古汉语'中庸'本来只
是'凡庸'的含义。《论语》仅一见的'中庸'，实为古文字'事祇'的
错别字。'执中'多为'艺事'之讹。孔子以仁为至德，他以君子与小人
为社会对立两极，两者的斗争没有调和的余地。他说：'道二：仁与不仁
而已矣。'他偏激好斗，疾恶如仇，不是中庸主义者。"②

　　张佩国等认为："仁是价值基础，礼是表层结构，中庸则是方法论基
点。中庸自身的涵义是多层次的。它们分别是'形而上'之法则，伦理准
则，修身手段，理想人格，认识方法等。"在谈到人们误解中庸为折衷主
义的原因时，他们认为："原因在于'五四'时期，社会文化正处于历史
的转折与嬗动期，对传统的否定达到极端的程度。绝对否定的形而上学倾
向成为当时意识的主流。因此，既应看到中庸思想中合理的辩证法因素，
又要看到它片面强调矛盾统一性的保守的一面。人们应当看到'中庸'未
成为现实的社会准则，所以也不像人们所误解的，中庸在塑造国民性中发
挥了莫大的作用。我们应该还中庸以真实的本来面目。中庸学说蕴含了矛
盾运动的适度原则。因为矛盾双方的统一性是矛盾体的常态，所以'无过
无不及'的方法意义就是要在认识事物时把握适度原则。在现代民主进程
中，应培养自尊、尊人的民主精神。中庸的适度原则可以作为一种认识方
法加以借鉴。"③

　　姬仲鸣等认为："孔子关于中庸思想的提出，从社会根源来说，是在
当时社会矛盾尖锐复杂的情况下，要求解决矛盾、调和人们关系的思想表
现。同商周以来的'中和''中德'思想有密切的联系，是对它们的继承
和发展。孔子'中庸'的涵义，朱熹所作的解释较为符合孔子思想的原
意。'中者无过无不及之名也，庸，平常也。'又说：'中者，不偏不倚，
无过不及之名。'就是扣紧了'中德'、'中和'、'中道'和'允执其中'。

　　① 乔卫平：《〈论语〉"中庸"证异》，《孔子研究》1988 年第 4 期。

　　② 夏渌：《孔子与中庸无关说》，《武汉大学学报》（哲社版）1994 年第 3 期。

　　③ 张佩国、孟令美、刘立新：《中庸新议》，《齐鲁学刊》1997 年第 2 期。

他把'庸'，解释为'平常'，就是认为'中庸'是'用中'之常道。孔子的'中庸'思想，承认人们在待人接物中存在矛盾对立，但他不主张扩大矛盾、激化矛盾，而是主张在'中德'、'中和'、'中道'、'中正'的基础上，也就是在适度、合理的情况下解决矛盾。它反映了这个封闭式农业社会追求自我满足、协调平衡和求静不求动的特点。这一思想，提倡中和之美、崇德利用，天人协和，在中国历史上发生巨大深刻而长久的影响。"

　　除上述关于孔子思想核心的几种不同观点外，还有两种不同看法。一个是："和"是孔子思想核心说，持此说者为骆承烈。他认为，"礼"是孔子依古时规定的标准和提倡的做法，"仁"是解决事物矛盾的态度和手段，"中庸"是处理问题的方法。它们都不是孔子终生奋斗的目标，也不是孔子要达到的最高理想，或者说都不是孔子思想的精髓、核心。孔子终生奋斗的目标是社会稳定。孔子要达到的最高理想是大同盛世。两者的共同点则是极力寻求社会矛盾的统一。简单归结为一个字，就是"和"①。另一个是"内仁外圣"是孔子思想核心说。持此观点的祝瑞开认为，孔子说他自己一生的学问和追求就是"圣"与"仁"两者，不知疲倦地以此两者来教育别人。孔子倡导的思想学说，不是光讲修身，而是以造福人民为其第一要义和根本目的，在孔子的思想体系里，"仁"、修身并不是目的，它是为人的基础和必要条件。"仁"、"爱人"、"克己复礼"等是"圣"、利民济众、"安百姓"的思想理论基础，"圣"是根本目的和宗旨，是指导思想。"圣"立足于"仁"之上，指导着"仁"；"仁"从属于"圣"，并为"圣"服务：两者紧相联系，相互促进，形成一个统一体②。

---

① 骆承烈：《孔子研究·孔子的核心——和》，齐鲁书社 2002 年版。
② 祝瑞开：《"内仁外圣"：孔子思想之核心》，《与孔子对话——新世纪全球文明中的儒学》，学林出版社 2005 年版。

第十六章　改革开放后孔子及其思想的研究和讨论（下）

第一节　孔子的哲学思想

一　孔子是不是哲学家

孔子有没有哲学思想，成为新时期讨论孔子的一个新问题。许多学者肯定孔子有哲学思想。但也有的学者认为，孔子没有哲学思想，他的核心思想仁，只是伦理思想，不属于哲学思想，严格地说孔子并不是一个哲学家。有的学者则指出，"仁者爱人"等命题，表面看虽然属于伦理道德思想，但如果通过对命题的分析，联系天人关系的论争来考察，就可以看出仁学思想的哲学属性。有的学者认为，孔子没有本体论观念。有的学者则认为，孔子虽然未明确提出本体论，但他的言论表明，其思想是存在着本体论观念的。还有的学者指出，孔子站在哲学的高度，从天命论向本体论转变，体现了他全部的哲学追求与价值取向。他把"天"赋予了全新的哲学观念——本体论的观念，把"天"等同于自然，把人的自然属性与社会属性加以归纳、统一于人道，他尊重人的自然属性[1]。

张岱年认为："从《论语》看，孔子确有一个简单的哲学体系，至少有一个伦理的体系。这个体系并不特别深奥。在先秦时代，孔子的学说，与老庄荀对照，还是比较简单的。虽然如此，孔子学说中也还有一些深微曲折之处，也并非易于理解。"张岱年把孔子思想归纳为十点："（一）述古而非复古。多年以来，人们认为孔子是复古主义者，认为孔子绝对拥护周礼，主张恢复西周制度。其实这种看法并不完全符合事实。孔子强调继承前人的传统，不必致力于新的创造，可以说有尊重传统而轻视创新的倾向。这种态度，对于保持传统有积极作用，而对于新事物的创造则重视不

---

① 参见孔范今《孔子文化大典·代序》，中国书店 1994 年版。

够，在中国历史上确实起了消极的作用。孔子的'损益'观点，承认历史有变化，但不承认有根本的变化。这种观点，还不是复古主义。（二）尊君而不主独裁。孔子主张尊君，也要求君主遵守一定的原则。（三）信天而怀疑鬼神。在孔子的哲学中，最高范畴是天，天是人事的最高决定者。从孔子所谓天的这一意义来说，孔子的哲学是唯心主义的。但孔子所谓天已不同于商周传统观念中的天，有时又接近于自然之天。可以说是由主宰之天到自然之天过渡形态。他对鬼神持怀疑态度，这在当时是进步的。（四）言命而超脱生死。孔子虽讲天命，却又非常重视人为，在生活上采取积极的态度，不看重死后的问题，这是孔子与宗教家不同的显著特点，这与中国古代无神论传统的形成有密切的联系。（五）标仁智以统礼乐。仁是孔子哲学的中心观念，他贵仁亦贵智。《论语》中关于仁的问答不少，'爱人'之训最为简明。'立人'、'达人'之训最为完备。孔子宣扬'爱人'，也表现了对于一般人民的重视。（六）道中庸而疾必固。孔子崇尚中庸，既要求遵守一定标准，又反对'必'、'固'，以为不宜不顾条件遵守某一固定标准。他一方面讲'过犹不及'，一方面又着重'毋必毋固'，这些思想中包含着辩证法。中庸有两层意思：第一，肯定事物的变化超过一定限度就要转向反面。第二，要求坚守这个限度，以免转向反面。这第一层意思合乎辩证法；第二层意思则是反辩证法的。（七）悬生知而重闻见。孔子区别了'生而知之'与'学而知之'，以为生而知之的人高于学而知之的人。孔子自称非生而知之，乃是实语。所谓'生而知之者上也'这是唯心主义观点。但孔子又强调多闻多见的重要，这是唯物主义倾向。孔子的认识论可谓动摇于唯物论与唯心论之间，在后来的思想发展史上，他也有两方面的影响。（八）宣正名以不苟言。孔子把名与言联系起来，把言与行联系起来。正名的作用在于言之不苟。孔子提出正名的主张，乃是对于哲学的一大贡献。以往哲学工作者都过于重视正名的政治意义，忽视其逻辑意义。（九）重德教而卑农稼。孔子重视道德教化，却看不起生产劳动。他把知识分子与劳动人民对立起来。这是儒家思想的非常严重的缺陷。（十）综旧典而开新风。"①

匡亚明认为，"仁"的学说就是孔子的哲学。"仁"是人类对其本质的自我意识，作为"人本哲学的仁"是"阐明人之所以为人"的学说。匡亚明还指出："哲学是随着科学、文化的不断进步而不断丰富、完备起来的，现在我们说的哲学，是指人们对自然界、人类社会和人类思维的本质及其

① 张岱年：《孔子哲学解析》，中国社会科学院哲学研究所中国哲学史研究室：《中国哲学史论》，山西人民出版社1981年版。

运动发展规律的看法。比较起来,孔子的哲学要狭隘得多,朴素得多,但不能因此说这不是哲学,或孔子没有哲学。"①

严北溟认为:"在孔子学说中,'仁'是伦理道德范畴;'礼'包括所有典章制度和社会规范,实际上是政治范畴。政治伦理化,伦理政治化,是以孔子为首的儒家哲学的一个最大特色。'仁''礼'学说中包含古代人道主义的进步因素,不等于否定'仁''礼'阶级性,而正说明这种阶级性,因为人道主义本身也有它的阶级内容的。孔子哲学中的朴素主义倾向,从他的知识论和教育思想里得到最集中、最明显的表现。"②

金春峰对匡亚明把孔子的仁学视为哲学表示不能同意。他认为:"一个真正的重要的哲学问题的提出,是一个时代的哲学思维水平达到何种程度的标志。'人是什么'?'人的本质是什么?'这样真正重要的哲学问题的提出,更可以作为一个标志,说明该时代的哲学思维已达到了相当的高度。然而孔子思想并没有达到这样的水平。从实质看,孔子仁学所自觉回答的是'如何做人'?如何协调人与人之间的关系的问题,因此,孔子仁的思想主要是伦理的、政治的、社会的而不是哲学的。"③

肖萐父和李锦全认为:"'仁'是孔丘思想的核心,但他在具体运用这一范畴时,却有不同的含义。从多数命题来看,'仁'表面看都是属于伦理道德思想。但如果通过对一些命题的分析,联系天人关系这一哲学论争的焦点,就仍然可以看出仁学思想的哲学属性。第一,先验的道德范畴。孔丘的'仁',带有先天属性。第二,主观的道德修养。第三,唯心的战斗精神。孔丘所提倡的主观唯心主义仁学是一种精神兴奋剂,也是维护奴隶主阶级的根本利益的一面精神旗帜。但因为它强调人的主观精神和重视事在人为的思想,就相对地削弱了天命鬼神对人世间的支配和主宰作用。孔丘不信命的个别事例,改变不了总的局势。所以孔丘只能既是从仁,又是从命,始终不能摆脱这一世界观上的矛盾。"④

蔡尚思认为:"孔子的哲学思想,主要是企图回答社会与人生的问题。他似乎没有费心思考虑过思维与存在的关系问题,也似乎没有费心思思考过运动与静止、量与质之类的问题。因此,关于哲学的根本问题的论述,他远不如道家;关于宗教问题的论述,他不如墨家。然而,关于伦理道德

① 匡亚明:《孔子评传》,齐鲁书社 1985 年版,第 180—183 页。
② 严北溟:《要正确评价孔子》,《齐鲁学刊》1980 年第 6 期。
③ 金春峰:《孔子仁学思想的演变》,《儒学国际学术讨论文集》,齐鲁书社 1989 年版。
④ 肖萐父、李锦全主编:《中国哲学史》(上),人民出版社 1982 年版,第 76—78 页。

观念的论述，他却远远超过先秦各个学派。"①

美国华裔学者成中英在论述孔子哲学时指出："孔学有两项特点：一是孔学同时具备历史性与时代性，一是它也同时具备了特殊性与普遍性。孔学具备历史性，是就孔子承继夏商周的文化精神传统而言。孔学的历史性传统性并不排除其时代性与前瞻性。事实上，孔学往往是把两者融合在一起，以历史性与传统性来发扬时代性与前瞻性，并以时代性与前瞻性来诠释传统性与历史性。孔子所处的历史环境与面对的社会制度或多或少决定了他所持观念的特殊内涵。孔子的每一个哲学观念，包含礼乐观念在内，都有一般性，也就是指向一个理想的范型和一般的原理，因而应是放之四海、流诸百世而皆准的。孔学之有这种一般性是基于孔子对人性与理性深刻的透视而来的。基于孔子哲学的一般性与特殊性的兼具和统一，我们指出孔学的另一特质，即理论性和实践性的兼具和统一。孔学的理论性一方面见之于孔子之重言辞以及言辞的一般性，一方面也见之于孔子的重知重学。孔子的重知与重学都是重行的意思。他的目标就是要实行理想的仁道政治和建立理想的道德人格。鉴于孔学内在的整体性与开放性，可以说他具有十足的创造性。"成中英说："这个创造性的原理在《论语》中是以'生'之观念提出的。'生'是生命现象，也是存在创生，亦即从无引发有的活动过程。""总结孔子对'生'的体察，可以看出孔子已开出超人格神的生命创造性的理解，并把命和性同时潜在的融化在'生'之中，还使天地生物非由其意志使然，而是由其生之德使然。故孔子又使天与生融合为一。这就开启了《易系辞》与《中庸》的天道的宇宙本体论。"②

杨向奎认为："'仁'是本体，'仁'是生"，"作为儒家的本体论，在我国的思想界及广大人民群众间，发挥了无比的教育作用，它陶冶了我国人民的民族性格，净化了人生，使中华民族健康地发展下来"。"孔子只是以'仁'作为宇宙的表德，因仁则生，无求生以害仁，有杀身以成仁，从此建立了以仁诚为体系的哲学流派。道德哲学是先前儒家的本体论，孔子的思想从'天人之际'转向'人人之际'，人为天地立心，人作为天地的主人，所以'仁'是本体，'仁'是生。"③

---

① 蔡尚思：《孔子思想体系》，上海人民出版社1982年版，第92页。
② 成中英：《孔子哲学中的创造性原理——论生即理与仁即生》，《孔子研究》1990年第3期。
③ 杨向奎：《宗周社会与礼乐文明》（修订本）下卷《孔子对于礼乐的加工与改造》，人民出版社1997年版，第411、415页。

二　孔子哲学是唯心论还是唯物论

孔子哲学是唯心论还是唯物论，这个老问题在新时期仍然有争论。许多学者认为，孔子的哲学思想是唯心主义的。但是，具体看法上又是大同小异。有的说是客观唯心主义，有的说是介乎客观唯心主义与主观唯心主义之间，有的说是由客观唯心主义向主观唯心主义转化，还有的说是在唯心主义哲学体系中吸收了一些当时的唯物主义和无神论的思想。

有的学者认为孔子思想属于唯物主义，但是在具体看法上也同样存在着差异。如有人认为孔子的哲学思想不但有唯物论，还有辩证法；有的则认为孔子思想只是表现了一种唯物主义倾向，等等。

还有的学者认为，孔子的哲学思想极为复杂，基本上是唯心主义的，但也包含着一些具有唯物主义观点和辩证法思想的因素；孔子的思想体系既有唯心主义与唯物主义的矛盾，也有形而上学与辩证法的矛盾。

邹化政通过孔子儒家哲学与马克思主义哲学的比较研究，认为："孔子儒家哲学中有许多哲学命题，在其朴素的形态上达到了与马克思主义哲学相一致的惊人水平。虽然这些命题都还没有像西方哲学那样展开为一个逻辑体系，但是这个缺点不足以淹没它高出于一切前马克思主义哲学的光辉。"如"从人入手，通过研究思维规律去认识和理解我们心外的客观物质世界，这是马克思主义哲学区别于西方唯心主义的基本标志。这个思想，在中国孔子哲学思想中便表现为天道和人道合一的思想"。其发展主流，"从来不脱离人道而孤立地去问运行在我们心外的天道是什么，它一贯非常明确地自觉到这个天道只有由人道来表现"①。

陈增辉认为："孔子的基本哲学倾向是唯心主义的。他认为有人格、有意志的客观精神——'天'是自然、社会和人生的最高主宰。孔子接受了奴隶主贵族关于'天'的传统观念。但是随着时代的变迁，传统的天命论在孔子那里已有所'损益'。在孔子的唯心主义哲学体系中，也确实包含着不少值得剥取的唯物主义因素。这种唯物主义因素来源于孔子长期的教学实践，他把后天的学习看成是获得知识的必要手段，不仅重视耳闻目见的感觉经验，也重视独立思考这种理性思维。孔子在认识论上有两个明显的特征。首先，强调实事求是。其次，强调'行'在认识中的作用。但孔子反对学生参加生产劳动这一人类最基本的实践活动，他的'行'充其量不过是个人的道德修养。"孔子哲学中的形而上学思想，集中表现在他宣扬的"中庸之道"。"这种哲学运用到当时的社会生活，就是抹杀压迫阶

---

① 邹化政：《先秦儒家哲学新探》，黑龙江人民出版社 1990 年版，第 41—44 页。

级和被压迫阶级之间的矛盾和斗争，提倡阶级调和。孔子宣扬中庸之道的目的，是要维护旧的矛盾统一体，使之免于破裂，使新的矛盾统一体不能取而代之。这既是他政治上保守态度在哲学上的反映，又是为他保守的政治主张服务的。但是孔子哲学思想中也有辩证法的因素，主要表现在他看到了世间万物都处在不断的运动变化中，承认人们的思想必须顺应潮流适应这种变化。在统治者与人民的关系上，他主张宽大、慈惠等等。这些都反映了他主张顺应时代潮流的思想。孔子还初步接触到了质和量的辩证关系。他提出'过犹不及'，指明质与量的辩证关系，在人类认识史上是一个宝贵的贡献。孔子还提出了一整套合乎辩证法的教学方法。"①

匡亚明指出，"作为封建社会的产物并为封建统治阶级服务的忠实代言人的孔子，他的思想基调就不能不带有浓厚的封建性、保守性"；但是作为"伟大的思想家，在一定程度上自觉或不自觉地突破时代和阶级的局限性，对若干问题能看得远些高些，由于这一点，孔子思想中就不能不带有一定的、明显的人民性、民主性、积极性的因素"；"从哲学的根本问题上说，孔子思想中既有唯心主义的因素，又有唯物主义的因素"。匡亚明认为："孔子思想有如下主要特征：一是二重性；二是多面性；三是略于'天道'，详于'人道'；四是仁为中心。""我们对孔子思想的态度应该是在这个问题上有唯物主义思想，就肯定其为唯物主义思想，在那个问题上有唯心主义思想，就肯定其为唯心主义思想。"②

杜任之、高树帜在讲述孔子世界观核心的唯物辩证成分时指出："孔子的世界观，虽未形成完整体系，但已散见于他的许多言论中。他认为，世界上的一切，包括社会现象和一定的自然现象，都是发展变化的，其基本核心，是承认客观实在，言行上能够顺应客观规律的哲学思维。""孔子哲学思想的最本质的东西，是朴素的辩证思维方式。孔子哲学思想，始终是与文化、政治、社会、伦理道德、自然科学紧密结合的。它产生于对文化、政治、社会、伦理道德、自然科学的历史研究和观察，而不是产生于纯哲学的研究。"③

王棣棠认为孔子哲学思想的基本倾向是唯物主义。他说："孔子虽没给我们留下直接的关于本体论的论述，但却留下了关于自然观方面的思想材料。""如《论语·阳货》：'子曰：天何言哉？四时行焉，百物生焉。

---

① 陈增辉：《孔子哲学思想试评》，中国社会科学院哲学研究所中国哲学史研究室编：《中国哲学史论》，山西人民出版社1981年版。

② 匡亚明：《孔子评传》，齐鲁书社1985年版，第24—26页。

③ 杜任之、高树帜：《孔子学说精华体系》，山西人民出版社1985年版，第64页。

天何言哉?'"在这里,反映出的孔子关于天的思想,"是明显的唯物主义。孔子提出了'学知'说,论证了知识来源于学的思想。他不强不知以为知和不知而作,主张多闻、多见,通过自己的耳目去获得亲知。孔子在谈论人的经验、技艺时,表露有素朴的实践的观点。孔子虽然提到有'生而知之'者,但他并不承认在现实生活中真有生而知之的人。'上智下愚'的命题,孤立地从表面上看,似乎是唯心主义和形而上学,但仔细分析,我们就会发现,它包含着很有价值的唯物主义和辩证法思想。孔子说'唯上智与下愚不移',本意是说,只有上智和下愚的人才是不会变化的,其余的人都是可以变化的。生而知之的人在孔子那里实际上是虚设的,因而不学的人,在孔子那里实际上是自暴自弃的人。所以,孔子的'唯上智与下愚不移'的命题是很可贵的命题"。王棣棠指出:"孔子的历史观是唯心主义的。孔子的天命论思想不属于他的自然观,而属于他的历史观。孔子唯心史观的另一个重要表现,是他提出以'仁'为本的道德论,不适当地看待社会意识形态的作用,把社会的治乱安危寄托在他的'仁'的说教上。"①

三　孔子的天命观、鬼神观

孔子关于天命的言论既有敬重天命、畏天的内容,又有把天看做自然天的内容,因而在研究这一问题时出现了分歧。归纳起来,主要有如下几种观点:

冯友兰认为孔子把天看成是宇宙的最高主宰,他特别着重人的社会生活所受天命的支配,认为"人的生死、贫富、贵贱以及成功、失败,都是由天命决定的"。但冯友兰又说孔子对天命的威力加了限制:"孔子基本上保持了传统的宗教信仰,并不是从根本上否认意志之天的存在,但也革去一些宗教迷信,确切否了天能'福善祸淫'。"②

与冯友兰观点相反,金景芳认为孔子所讲的天不是别的,就是自然。天命就是自然规律,只是在古代还没有这样明白无误的科学概念提供使用罢了③。杜任之等指出:"春秋末期的天道观,占统治地位的虽然仍然是认为'天'是主宰万物的唯心论的思想,但认为'天'是无知觉无意志不能主宰万物的朴素唯物论思想已经出现,包括孔子注重人事的思想。孔子的天道观亦即'天人'关系这对范畴,在他的哲学思想中占有特殊重要的地

---

① 王棣棠:《孔子思想新论》,兰州大学出版社1988年版,第3—14页。
② 冯友兰:《中国哲学史新编》(第1册),人民出版社1980年版,第153、154页。
③ 金景芳:《关于孔子研究的方法论问题》,《哲学研究》1979年第11期。

位。他的'天'的涵义，一是自然之天。二是表示他自己对自然界、社会以及人生的某些问题认识不了也无可奈何时的慨叹。三是愤激和悲恸的表现。'命运'是孔子哲学思想的又一重要概念；亦是孔子哲学思想的一对范畴。其涵义：一是指客观规律。其二是，他对某些社会和自然界问题理解不了、无法解释而归之于'命运'。鬼神，是孔子哲学思想的又一对范畴，是孔子对鬼神与人事、形体与精神或身体与灵魂关系的看法和态度。孔子对鬼神的认识，是先存疑而后否定的。那么他为什么又要人们'敬鬼神而远之'这样自相矛盾呢？主要原因是殷、周以来，所敬拜的神包括着有功于人类生存和生活的古人。中国二千年的封建社会里，唯物主义思想家根本不承认存在有超然的主宰世界的所谓'神'，追本溯源，可以说是受孔子影响所致。"[1]

吕绍纲认为："孔子所谓'天命'是指客观规律而言。孔子从天体运行、四时交替百物生长等现象中看到默默无言的自然界有不为人所见，更不为人所左右的规律存在。他把这规律叫做'天命'。他同时也注意到人们社会历史的变动，往往与人的主观意愿不一致。似乎在人类社会历史的变化中也有一种人类看不见的东西在起作用。它究竟是什么，孔子讲不具体。他把它叫做'天命'。由此看来，孔子讲的天命，是指整个客观规律。在孔子看来，人固然不能改变'天命'，却可以认识'天命'，适应'天命'，调整自我与'天命'的关系。"[2]

严北溟认为："孔子谈'命'或'天命'，是从一种现实主义的精神出发的，而这点却被很多人抹杀了。他们把孔子的'天命'观和殷周传统的宗教天命论等量齐观，得出它是唯心主义的结论。孔子对殷周以来传统的宗教天命观是采取否定态度的，虽然形式上还保留这个名词。孔子总结了西周末年以来人神地位转化这一新的历史趋势，既把他的全部注意力集中到'人'的问题上，当然要对传统的宗教天命观表示不信任的态度；既着重人与人的关系，当然要划清人和天的界限，而对传统的'天人合一'论进行批判的审查。他所以不语'怪、力、乱、神'和少谈'天道'，正是这一反虚玄而重实际的批判精神的表现。'天人合一'论混淆了天人关系，实际上是片面地解决人和天、即主观和客观之间的关系问题，不流于机械宿命论，就陷入主观唯心主义。孔子的'仁'与'命'学说，一方面吸收当时进步思潮，强调了人的地位和主观能动作用，提倡积极有为的精神；一方面也从现实生活和政治遭遇中，看到了一种人力无可奈何的客观

　　① 杜任之、高树帜：《孔子学说精华体系》，山西人民出版社 1985 年版，第 73 页。

　　② 吕绍纲：《孔子是无神论者》，《孔子研究论文集》，教育科学出版社 1987 年版。

必然性。这两者是有矛盾的。他处理这个矛盾的办法，是在‘不怨天，不尤人’的心情下，坚持‘知其不可为而为之’的不懈努力。这就是他的‘知命’观，也就是他的‘仁者不忧’，‘仁者必有勇’的世界观。”①

路德斌认为：“在孔子的理论体系中，所谓‘天’，从根本上讲，其涵义主要有两种，即‘天人合一’境界系统中的‘天’和‘时命’意义上的‘天’。这两种意义的‘天’，无论其内涵和外延多么丰富和宽泛，都是与神绝然无缘的。孔子的‘天’论是一个基于人道而立说的人道即天道的无神论的观念体系。”②

台湾学者王晓波认为：“中国古代的‘天’是具有‘主宰之天’的意义，但由于理性主义的萌芽，‘天’开始有了转化，一是自然化，一是人文化。孔子云‘天何言哉，四时行焉，百物生焉，天何言哉。’这只是自然化了的‘天’。自然化是走出‘主宰之天’的一个方向。另一个方向则是走向人文化。由于‘天’的自然化和人文化，所以，在古代世界史上中国的科技文明一直领先于世界，而中国的宗教却一直落后于世界其他民族，这和儒家天道观的影响是有密切关系的。”③

美国华裔学者陈荣捷指出：“关于孔子之天的观念，有不少西方学者谓孔子为怀疑者，举《论语》‘性与天道不可得而闻’与‘天何言哉’之言为证。此为片面之见。孔子五十而知天命，曰‘唯天为大’，又曰‘天丧予’。有何怀疑之可言？彼等固不知《论语》诸注对于‘不可得而闻’之种种解释，又不晓‘天何言哉’之自然主义，乃系孔子以义理之天替代商代之人格神，而强调天之精神性与道德性也。更有谓孔子‘敬鬼神而远之’，为对宗教不生兴趣或且不诚者，盖亦不审人文主义之进展而已。商人尚鬼，周人则重德好礼，所谓‘天道远而人道迩’，故敬而远之。此重人亦即所以尊天也。”④

还有一种观点，介乎上述两种看法之间，认为孔子既相信有人格意志的“天”，又赋予其“自然主义的因素”。王棣棠认为：“在孔子那里，天具有两重性，孔子有时把天看作神秘的天，有时又把天看作自然的天。当他遭遇处境异常而自己又无能为力感情上无法自恃的时候，他屈从于神秘的天，借神秘的天以求解脱。而当他积极宣传自己的学说、为实现自己的

---

① 严北溟：《要正确评价孔子》，《齐鲁学刊》1980 年第 6 期。

② 路德斌：《孔子“天”论新探——“天”之“境界说”释义》，《孔子研究》1990 年第 3 期。

③ 王晓波：《儒家的天道观与自然哲学》，《孔孟荀之比较》，社会科学文献出版社 1994 年版。

④ ［美］陈荣捷：《西方对于儒学之研究》，《中国哲学史研究》1988 年第 3 期。

理想而努力，需要用大自然来说明自己的观点时，他就摆脱神秘的天的幽灵的缠绕，毫不含糊地表达出天是自然的天的思想。不过，自然之天的思想，在孔子思想中所占的比重不大罢了。孔子的天命思想实际上指的是一种客观的必然性。孔子虽然没有否定有意志的天，但却不让它干预自然。在他看来，一切都在不停地运动变化着，这是一种不以人们的意志为转移的客观必然性和规律性。"①

肖萐父、李锦全认为："孔丘的思想是尊天的，同时也重视人事。他自以为继承了文王、周公的道德和文化传统，并且是天生天授的。他毕生致力于挽救奴隶制的危亡，甚至达到了'知其不可而为之'的地步。他不了解封建制代替奴隶制是历史发展的必然趋势，反而觉得自己既有天德，也重人为，却无法扭转这个时局，那就看成还有一种不可抗拒的超自然力量在支配着，这种力量孔丘称之为'命'。孔丘把'命'分离出来单独作为一个范畴来使用，是在'天'的权威逐步动摇和难以维持的情况下，用'命'的思想作为补充和取代。孔丘这种天命观上的新变化，其根源是寓于社会变革中，反过来又为他的政治思想提供理论根据。于是孔丘的尊天思想，在哲学上就发展成为唯心主义命定论。"②

蔡尚思指出："孔子多次谈到'天'、'命'，除了对主宰一切的'天'、'命'表示信仰和敬畏外，也曾对'天'、'命'有过怀疑。孔子的天命思想，基本上是因袭周代的宗教观念，把天看作有意志的人格化的上帝，看作人类和自然界的最高主宰。孔子总体上肯定'天'是有关权力意志的人格神，然而有时又赋予'天'以自然主义的色彩。这是一种矛盾，但这种矛盾，正体现了孔子哲学思想的特色。"蔡尚思不同意章太炎据孔子"敬鬼神而远之，可谓知矣"的话定孔子为无神论者的观点。认为："这个观点是片面的。'敬鬼神'，其前提就是承认有鬼神，否则，何'敬'之有？所以，只能说明孔子对鬼神即承认又回避。孔子对传统的鬼神信仰表示怀疑，总的来说，属于一种进步。但孔子不但用新的信仰主义代替旧的迷信内容，而且还主张保存旧的迷信形式，这又使他的怀疑局限于个人态度。这种认识，对中国哲学思想的发展，固然起过一定的积极作用，但对中国人在精神上摆脱原始的粗陋的鬼神信仰，则未必有什么好处。"③

---

① 王棣棠：《先秦儒家天命观从孔子、孟子到荀子的发展》，山西省孔子研究会编：《孔子思想研究文集》，山西人民出版社1988年版。

② 肖萐父、李锦全主编：《中国哲学史》（上卷），人民出版社1982年版，第75页。

③ 蔡尚思：《孔子思想体系》，上海人民出版社1982年版，第92、96、98页。

任继愈主编的《中国哲学史》认为："孔子继承了西周以来传统的天命鬼神观念，将天命视为冥冥中的最高主宰。孔子还认为敬天、畏天是人的高尚品德，把天命、大人、圣人说成三位一体，是认为大人代天行事，而圣人代天立言，因而对三者都要敬畏。"但是他又强调人事有为，在人事范围内不要消极无为。这种在人事活动上积极有为的主张，也能激发人们去奋发进取。孔子认为神道设教意义重大，但并不提倡迷信鬼神。他认为只要人的行为符合善，就会得到鬼神的福佑，不必去专门祈求鬼神保佑。"'敬鬼神而远之'，是执守祭礼。后来儒家虽提倡神道设教，但并不把谈论鬼神视为正道学问。"①

张廷锡强调："天命和天道不应混淆。前者是殷、西周时期的时代思潮，是那种人格神的天命，是一种抽象的天意。而天道的天是指物质的自然界，道是指规律，天道就是自然界的物质运行规律，所以又叫天行。天道二字本身并没有宗教迷信色彩，与天命二字大异其趣，后者是春秋以及战国的时代思潮。两个时期的天命的含义也不一样。孔子关于天的思想，体现了他自己所处的时期——春秋时代的思想特色，而非西周时期的天命思想。""《论语》中所说的天和《诗》、《书》中所说的天明显有所不同。《诗》、《书》中是把天和帝、上帝相互而言的，而孔子则单言天，不言帝、上帝。《论语》没有一处记孔子言及帝或上帝，这不能简单地归之于习惯上的不同，而是反映了思想上的不同。孔子一再说'天何言哉'，这就是谓天不能言，并不是'能言而不言'，也不是'能言而不必言'。孔子所说的天命或命，有如下两种理解：（一）天命或命是使人不自由的客观的命运，实即一种没有被人们认识的必然性。孔子所谓的'知天命'和'畏天命'，虽然没有脱离神秘色彩，但也不可否认有一种自然规律的意味在内；（二）天命或命是人所禀受于天的性命，实即一种被夸大了的人的主观能动性。孔子教人要知道有一种客观的必然性，孔子教人要顺从这种必然性。他称'五十而知天命'，就是积累了五十年的实际生活体验，才确切知道有这么一种必然的规律存在。故他能'不怨天，不尤人'。如果是殷、西周时期那种传统的天命宗教观，那很简单，这是孔子在年少学古的时候早已知道了的，何必要等到五十岁才知天命呢？"②

《论语·颜渊》说："死生有命，富贵在天。"传统的解释是说死生听命运，富贵由天安排。匡亚明将这里的"命"、"天"注释为"时命"，认

---

①　任继愈主编：《中国哲学发展史》（先秦），人民出版社 1983 年版，第 193 页。

②　张廷锡：《关于孔子宇宙观的探讨——兼与〈中国思想通史〉和〈中国哲学史〉商榷》，《中国哲学》第 15 辑，岳麓书社 1992 年版。

为："这里与道德修养没有关系的命，也不该是赏善罚恶、福善祸淫的上帝的旨意。因此孔子的命不是本来意义上殷周时的上帝的命令，而是一种盲目的、偶然的、人力无可奈何的现象——时命。命该如此的事，是无论什么神都改变不了的。"①

杨伯峻对《论语》中有关孔子言天命的内容作了分析，指出孔子所说的天有三个意义：一是自然天，一是主宰或命运之天，一是义理之天。从孔子讲"天"的环境来说，一是发誓赌咒；二是孔子处于困境或险境中，他无以自慰，只好听天；三是在不得意而又被学生引起牢骚时发怒。在杨伯峻看来，孔子并不是天命论者，他只是把一切偶然性，甚至某些必然性，都归之于"天"和"命"的人②。

姬仲鸣等认为："孔子对于天、命、鬼神等的认识及态度，远超出了当时一般人的知识水平。孔子言'天'，有时指最高无上的主宰，有时指自然法则。孔子关于命的思想，虽然仍受传统'天'的观念的影响，还没有完全摆脱'天命'观念的束缚，但由于强调对个人主观努力的重视，致使'天命'对人事的作用范围缩小了。在那种把'天命'看作是决定一切的时代，孔子给'天命'的权威加了限制。孔子不把希望寄托于来世，而在当下的生活中，尽其至真至善的人事，成就至高至伟的人格。孔子用'天'来压服'人主'，却从不借助鬼神。孔子只讲现实的事，对'死'和'鬼神'这类虚无渺茫的事，他总是回避答复。然而，当时社会现实是十分看重祭祀包括鬼神在内的活动，孔子也难以采取公开反对的态度，因此他采取一种'敬而远之'的模棱态度。孔子之所以重视祭祀，不是因为相信有鬼神存在，而完全是因为祭祀是'神道设教'的一个基本内容。"③

杜任之、高树帜认为："孔子否定存在'神'的言论在中国无神论史上的重要影响和突出地位是不容抹掉的。""孔子强调对鬼的祭祀作用，完全是为教育祭祀者本人和活着的人，所以不是自己的祖先，孔子不主张祭。""孔子的鬼神观及其否定鬼神主宰人事——命运的理论，显然与剥削阶级相对立；这就中国和世界范围说，至今尚未失去作为反迷信鬼神的武器的锐利性和实际意义。"④

---

①　匡亚明：《孔子评传》，齐鲁书社 1985 年版，第 215、216 页。
②　杨伯峻：《论语译注·试论孔子》，中华书局 1980 年版。
③　姬仲鸣等主编：《孔子·孔子学说》，中央民族大学出版社 1998 年版。
④　杜任之，高树帜：《孔子学说精华体系》，山西人民出版社 1985 年版，第 79、82 页。

四　孔子的认识论

肖萐父、李锦全认为："孔丘的认识论存在'生知'和'学知'的矛盾，但他更重视'学知'，并接触到'学'与'思'的辩证关系，主张把二者结合起来，提出学思并重的认识理论。""总的说来，孔丘在教学实践中提倡'学而知之'，在人类认识史上提出一些有价值的唯物主义命题，这是应当肯定的。但是他还是承认有'生而知之'的天才，并宣扬'唯上智与下愚不移'的先验论，给后世带来了不良影响。"①

杜任之、高树帜认为："孔子的认识过程是：实践——认识——再实践——再认识的过程。孔子认识论的这样的形成过程，是比较科学的基本上合乎辩证法的。""孔子哲学思想，始终是与文化、政治、社会、伦理道德、自然科学紧密结合。""孔子的'正名论'就是所谓名学。""它首先要求大前提具有自然性。可知孔子的逻辑思维是从客观出发，经过主体思维而确定大前提的。"②

杨凤麟认为："孔子所谓'生而知之，上也'，是说有一种人的认识是与生俱来的，根本不需要通过客观实践。这不是说人的认识能力，也不是说人的天资有什么高下，而是说人的认识来源，并把它看成是第一位的。'学而知之'是说'生知'以后的知，它讲的不是认识的来源，不是一般意义的通过实践得到的知，而是通过学习'生知'者（先生、大人、圣人）的品德思想，成为仁者。孔子所谓'学而知之'主要的并不是'学稼'、'学圃'之类的自然知识，而是先王之道。而这先王之道又是生知者与生俱来的，所以孔子强调'述而不作，信而好古'；孔子所谓的'学知'是服从'生知'的。虽然孔子对'生知'讲的少，对'学知'讲的多，虽然他也讲到'生知'、'唯上智与下愚不移'它表明孔子还受着传统思想的束缚。但从他的具体教育活动上看，他并不十分重视这点。认为人的知识来源于学习。"杨凤麟对孔子的认识论的结论是："它既不是唯物论，也不是二元论，而是唯心主义的先验论。"③

张岱年认为："在知识论上，孔子思想的特点是悬生知而重闻见。关于知识的来源，孔子提出了'生而知之'与'学而知之'，并认为'生而知之'者高于'学而知之'者。但是孔子没有举出一个人为'生而知之'者。他所谓'生而知之'者，不过是虚悬一格而已。倒是十分强调'学而

---

① 肖萐父、李锦全主编：《中国哲学史》（上卷），人民出版社 1982 年版，第 80 页。
② 杜任之、高树帜：《孔子学说精华体系》，山西人民出版社 1985 年版，第 69—72 页。
③ 杨凤麟：《孔子的认识论及其在中国哲学史上的贡献》，《中国哲学史研究》1985 年第 1 期。

知之'。在提倡'好学'上，孔子注重多闻多见。但他不以闻见为满足，更要求贯通。孔子重闻见也兼重思索。他提倡在学习中要'九思'，要举一反三。孔子还主张学行并重，学以致用。他主张言、行应该统一。当然孔子言'行'，偏重于道德实践。"①

蔡尚思认为："孔子承认有'生而知之'的人物，其知识和才能不是来源于社会客观实践，而是头脑里固有的。不学而知的是上等，经过学习的又次一等。""至于'民'，即使遇到困难也不去学习，就更等而下之了。""孔子为什么还要承认知识可以由后天学习获得呢？原来他以为二者之间还存在一种'中人'，他们的知识程度可上可下，而造成向上或向下浮动的原因便是后天的学习。""孔子认为爱不爱学习也是命中注定的，所以同是中人，也分智愚二类，只是这种区别是潜在的，检验办法是看他生来乐知还是困而不学。这样，通过学的诱发，潜在的上智或下愚，便会暴露其天生的区别。""不过，孔子自己也未必相信真有'生而知之者'。""孔子承认，他本人一切知识，都来自经验。"同样，也重视思。孔子还注意到了事物的矛盾性。"孔子的知论，既有承认矛盾的成份，又有调和矛盾的认识。总之，这是一个十分矛盾的认识。"②

田光辉等人不同意有的人根据孔子说"生而知之者，上也"，就得出唯心主义的先验论的结论。认为："只有搞清楚孔子到底是不是从认识来源讲'生而知之的'这一关键问题，才可避免片面性。""生知这段话只能认为，孔子是从智力、认识能力的差异上把人分为几等，这样就会形成不同智力所获知内容的深浅程度不同的差异。孔子认为自己之所以具有知识，仅仅是由于爱好前人的典籍和以往的历史、通过勤奋学习得来的。他还认为，不仅知识要靠后来学习来获得。就是人的美德也要靠后天学习来培养。但孔子只注重对间接经验的学习，忽视通过实践而获取直接经验，这是孔子认识论的缺陷。孔子强调学思结合的求知方法。提出求知中要处理好'故'和'新'的关系，只有认识、再认识，才能使认识从不全面到全面。不深刻到深刻。可见，孔子的认识论不仅包含了不少辩证法思想，而且也体现出了唯物主义思想倾向，并在一定程度上把朴素唯物主义和朴素辩证法结合起来了。"③

---

①　张岱年：《孔子》，《孔子大辞典》，上海辞书出版社1993年版。
②　蔡尚思：《孔子思想体系》，上海人民出版社1982年版，第98—102页。
③　田光辉、龚振黔：《孔子认识论新探》，《孔子研究》1990年第1期。

第二节　孔子的伦理思想

"文化大革命"以前，对孔子思想的研究和讨论偏重于其政治思想，对其伦理思想的专门研究较为薄弱。20 世纪 80 年代以后，有关伦理思想的研究和讨论显著加强。多数学者倾向于肯定孔子的伦理思想在协调人际关系、规范人的道德修养方面有积极意义，但对孔子伦理思想的核心，价值和影响等问题也存在着一些分歧。

一　孔子伦理思想的核心和基本准则

匡亚明的《孔子评传》对孔子的伦理思想作了深入探讨。他指出："孔子十分重视道德在整个社会生活中的作用。为了给封建社会以秩序与和谐，他创立了统一的以仁为纲的完整的伦理学说。这个学说的特点，就在于道德本身是统一的整体，但对不同的对象的要求则是不同的。他讲的伦理道德，首先是对贵族统治阶级的要求，然后是对后备的卿大夫及各级官吏的士阶层的要求，最后才是对一般人的要求。而其重点，则显然放在前两种人上。对贵族统治阶级及士的要求是以德修身，以德治国。仁、礼、中庸是孔子整个思想的骨架，也是他伦理学说的骨架。孔子伦理思想的实质，就是作为人道主义的仁与作为等级宗法制的礼的结合。仁是它的内核，礼则是它的外壳。仁的伦理学意义是爱人。它要求人们首先是作为贵族卿、大夫、士的总称的君子，把对家族的爱推广到家族以外的人们中间去，把对一个邦国的关切推广到整个天下，同时也要自重自爱。仁的实际作用是调整人与人之间的关系，缓和各方面的冲突，使社会安宁。在贵族内部，仁使他们协调一致，维持原有的等级与特权。在贵族与劳动群众之间，仁使前者宽厚，后者恭顺。但是仁的意义不限于此，它的人道主义内容，超出了统治阶级的狭隘眼界，把一切人都当人看，这是仁更有进步意义，更有光辉的方面。但是，在孔子思想体系中，仁与礼是统一的，相互制约的。礼要求尊尊、亲亲，从个人道德上说即是忠君、孝亲、敬长等等。与礼相适应的仁不可能是无差别的人类之爱，只能是以君亲为重点的有差等的爱了。仁礼统一的原则，表现在伦理道德领域，即是把忠君孝亲与爱人爱己统一起来，形成以君父为主，同时又照顾到人己的道德原则，这是孔子伦理思想的一个重要特点。孔子的伦理理论重义轻利，但不排斥利，是一种以义务论为主，又有一定目的论因素的伦理学说。这是它的另一特点。孔子的义并不是一个特殊的道德规范，它是指一般的当然准则，亦即道德律令。"①

张岱年认为："'仁'是孔子思想的核心，也是其伦理思想之根本。孔子把'仁'作为最重要的道德原则。'仁'是关于人我关系的准则，其主旨是'爱人'，亦即'己欲立而立人，己欲达而达人'（《论语·雍也》）。'仁'的出发点应是承认别人也是人，别人是与自己一样的人。孔子还提出忠、信、恕、孝、悌、恭、宽、敏、惠等道德规范。从孔子言论中可以看出诸规范之间的关系：（1）孔子以仁为最高的道德原则，而其道德规范都是从属于仁的。（2）孔子以智者、勇者与仁者并举。（3）孔子以'博施于民而能济众'为高于仁的'圣'的境界。而圣是仁与智的统一。（4）孔子提出'中庸'为一种崇高的修养境界。（5）孔子未尝以仁义并举，孔子所谓义是当然准则之意，还不是一个具体的道德规范。孔子区别了义与利，并把两者对立起来。孔子重视道德修养，提出了关于修养方法和修养境界的理论。他首先提出'修己'之说。孔子的最高理想人格为'圣人'，其次是'仁人'。他认为'仁'是人人可以做到的，至于'圣'，那就是尧舜也难以完全做到。"②

徐长安认为："孔子的伦理思想体系以'仁'为核心，仁是各种道德观念的内在根据。孔子继承了原始共产主义社会的一些优秀道德品质，在总结前人成果的基础上第一次建立了一系列道德规范、道德理想、道德修养、道德教育、道德评价等内容的比较完整的伦理思想体系。提出孝、悌、忠、义、直、礼、知、信、谦、勇、惠、敏等道德规范，是仁在不同方面的具体表现。在中国伦理思想史上，孔子第一次把道德理论系统地加以发挥，运用于社会政治生活。""孔子所提出的道德规范，各阶级的理解不尽相同，各阶级都可以做出符合本阶级利益的解释；然而每一道德规范都有其确定的一般性含义，有为全社会各阶级所共同接受的东西。孔子的伦理思想是有远见的封建统治阶级思想家对人民力量和人的价值有所认识的反映，是社会进步的产物。"③

朱贻庭探讨了孔子的"仁学"伦理思想。他认为："孔子的仁作为普遍的伦理原则，是一种含多层次的爱的道德要求；根据它，人们不仅应该亲爱，而且应该爱人，爱夷狄。但是只有仁是不够的，它受礼的节度，即按尊卑、贵贱、亲疏的顺序去爱人。仁礼结合形成这样一种社会伦理模式：既有严格的尊卑、亲疏的宗法等级秩序，又具有相互和谐、温情脉脉的人道关系。孔子的理想人格——君子体现了仁智结合，安仁重义等特

---

① 匡亚明：《孔子评传》第五章，齐鲁书社 1985 年版。
② 张岱年主编：《孔子大辞典·孔子》，上海辞书出版社 1993 年版。
③ 徐长安：《孔子伦理思想的历史地位》，《南京大学学报》（哲社版）1983 年第 3 期。

点，突出了个体对整体的道德义务。这些与孔子的整个思想一样，即有应该否定的一面，也有应该肯定的一面。"①

陈谷嘉在论述儒家伦理哲学时指出："孔子的伦理思想标志着儒家伦理哲学体系的形成，其内容极为丰富，撮其要旨，有二：其一，提出以'仁'为基本范畴的伦理学的思想体系；其二，初步确立以'孝'为核心的道德规范体系，二者相互贯通和结合，从而建构了先秦儒家伦理思想的体系。'仁'经孔子的改造和发展，成了儒家伦理体系的理论基石，诸多伦理学上的重要问题都是由此引发派生的，从而建构了一个以'仁'为核心的伦理学的理论系统。孔子的'仁'把血亲之爱加以突破和发展，把此爱扩大到血缘以外的人际关系，变成了社会人际关系普遍遵循的原则。因为血缘关系有亲疏之分，远近之别，所以孔子的'爱人'也存在差异，即'爱有差等'，在一定程度上维护了等级特权的统治。但孔子提出的'仁者爱人'突破了血亲的界限，扩大到了整个社会群体，强调彼此相爱，维护着群体内部的和谐与团结，这在当时不失其积极意义。从一定意义上说，孔子的'仁学'提出了人类共生共存的基础。"陈谷嘉认为："'仁者爱人'作为一个政治概念在当时与等级特权的统治是相乖戾的，然而作为一个伦理道德概念却有存在的合理性，因为'仁者爱人'所倡导的道德自律精神，是伦理学的道德义务范畴。"②

李奇指出："孔丘伦理思想的中心命题是'克己复礼为仁'和'为仁由己，而由人乎哉'。整部《论语》都是围绕这两个命题展开议论的。而'礼'与'仁'实际上是针对当时社会生活中出现的'礼毁乐崩'的混乱现象，设想出的道德准则与规范。如果把两个命题中的'礼'与'仁'的具体内容排除掉，仅仅作为一般的道德准则与规范来看，'克己复礼'与'为仁由己'在道德科学的理论范畴内，蕴涵着一种具有普遍意义的理论因素：即包含着一种'自我意识'和'道德主体观念'，即包含着一种在道德关系上的'自己'与'他人'的关系。孔丘有明确的自我意识和个人是道德主体观念。而他的自我意识和道德主体观念的特点即'克己'。从孔丘的伦理学说的总体来看，他的主导思想是以天命和人性论为基础的，所以他的伦理思想体系消极成分是相当多的。"③

---

①　朱贻庭：《孔子的"仁学"伦理思想》，《孔子研究》1989 年第 4 期。

②　陈谷嘉：《儒家伦理哲学概论——先秦儒家伦理哲学的形成时期》，《儒家伦理哲学》，人民出版社 1996 年版。

③　李奇：《孔丘的自我意识与道德主体观念——剖析"克己"与"为仁由己"》，《中国哲学史研究》1989 年第 4 期。

孔繁认为："孔子伦理思想的核心是'孝弟'。他所提倡的'仁学'以'孝弟'为出发点，亦以'孝弟'为归宿，'孝弟'是联系封建宗法血缘关系的纽带。'仁'有相偶之义，用仁来维系君臣和父子关系时，便于不平等的关系中加入了平等的因素，即认为忠君和孝亲并非臣、子对君、父尽单方面的义务，君、父对臣、子亦有其应承担之义务。"①

李国榕、吴黛舒把孝悌提高到心理健康的高度来观察。"孔子说：'弟子入则孝，出则弟，谨而信，泛爱众而亲仁。'家庭关系的和谐是人际健康的出发点和最低标准——孝悌；与家庭之外他人的正常人际行为是人际健康的中间层次——'信'而不'犯上'；社会关系的仁爱之风是人际交往的最高追求——亲'仁'、不'作乱'；'孝悌'的根本追求是'仁'，'仁'的实现从'孝弟'始。这是一条宏观的人际关系发展线索，在微观层面上，《论语》中也有较细致的要求。首先，在家庭关系中，孔子认为应从'孝弟'作为最根本的调节原则。怎样做才算'孝'行？从行为上说，要'无违'，'无改于父之道'，关心父母的衣食住行、生老病死；但这些都还不够，孔子认为衣食之养，犬马都能做到，与人没有什么区别，因而'孝'的关键在于'敬'养的态度，从内心里发出的与外在行为为表现一致的敬养之心，还有在心理换位基础上产生的对父母的体恤之情。认识、情感行为三者统一，才符合'健康'的标准。"②

李书有认为："在孔子的伦理思想中，仁是处理人与人关系和做人的根本原则，礼是人行为的根本原则；仁是内心的德性，礼是外在的规范。仁与礼结合是孔子伦理思想的特征。这既表现了他的伦理观中的新旧交织，又表现了他重道德情操与道德规范的统一。""孔子伦理思想的核心'仁'与'礼'是一个矛盾统一体：仁是适应春秋以来社会变革中人的地位提高而提出的一种新道德范畴，体现了原始的平等原则；而礼则是从西周的礼制承继下来的旧的道德规范，它维护尊卑上下等级秩序，强调等级差别，孔子用中庸原则把仁与礼统一起来，表现了他的新旧交织伦理的特征。三纲五常和孔子的仁、礼有其内在的联系，但也有所不同。'五常'是从属于'三纲'，为'三纲'服务的。尽管如此，'五常'还有其独立意义，仍保持了儒家伦理的二重性。"③

汤勤福认为："孔子伦理哲学的核心是'为人'，即如何使自己真正地

　　①　孔繁：《孔子的平等思想与儒家的传统》，中国孔子基金会等编：《儒学国际学术讨论会论文集》，齐鲁书社1989年版。

　　②　李国榕、吴黛舒：《从〈论语〉看孔子的心理卫生思想》，《齐鲁学刊》1996年第3期。

　　③　李书有：《中国儒家伦理思想发展史》，江苏古籍出版社1992年版，第45页。

成为严格意义上的人。孔子认为：人既具有区别于禽兽的个体属性，又有社会属性，因此，为人一方面是个人的道德修养问题，使人成为道德的‘个人’；另一方面是处理人与人之间关系问题，使人成为理想的‘社会人’；孔子强调道德人格应该具备的两种基本素质是仁与义；道德人格应该遵循‘礼’规范。知、信、忠、孝、与弟（悌）等范畴，是孔子道德人格学说的最主要范畴。”“孔子的道德人格学说虽然在封建社会中起到极大的作用，在某些时候还起过一些不良影响，但其主要范畴，如知、信、忠、孝、弟并非已经时过境迁，完全没有价值了，如果我们认真分析、仔细甄别，确实仍能找出一些对现代有参考价值的内容。”①

韦政通认为：“在孔子以前早已流行的孝，其对象是祖先，属于宗教性的活动。把孝从宗教中解放出来，发展成伦理意义的孝道的是孔子。孝仅是一特殊原则，作为实现仁的资具之一，它担负了仁贯彻到特定行为中的责任，这是孝的概念的意义。孔子重视孝，提倡孝道，最主要的意义在它的社会功能。孔子教孝，直接间接都与满足安定、和谐有关。此外，孝是为维持长幼之序，不但可以防止‘犯上’，也可防范‘作乱’。孝延伸到父母死后，使与宗教的祖先崇拜结合起来。”②

二 孔子伦理思想的社会意义

台湾学者王长华认为：“孔子对个体实现人生理想、获得人生价值设计了两条途径，一是为学，二是为仕。从严格的意义上讲，为学属于知识哲学，为仕则属于政治哲学，两者和道德哲学并驾而三，理应互不关碍。但在孔子的价值系统中，由于他本人过分注重道德的价值评判，企图尽全力在现实人间开创应然界，而忽略、遮蔽甚至以应然界取代了实然界，从而形成其独断的一元论价值体系。由于孔子思想中唯有伦理学，而没有其他异己参照，从而使知识哲学和政治哲学始终摆脱不出伦理学母体，以致使我们看到，尽管孔子曾讨论过知识和政治问题，而内里却无时无处不陷入道德语言的缠绕，最终造成知识哲学和政治哲学的巨大空洞。”③

杜振吉讨论了孔子伦理思想的人道主义精神。他认为：“孔子伦理思想是一个以仁为核心，包括一系列调节人与人之间关系的道德原则和范

---

① 汤勤福：《孔子道德人格学说的主要范畴及现代启示》，《儒学与 21 世纪中国》，学林出版社 2000 年版。

② 韦政通：《中国思想史》（上），台北水牛出版社 1987 年版。

③ 王长华：《出入于为学和为仕之间——孔子价值观别解》，《孔孟月刊》第 31 卷第 8 期（1993 年 4 月）。

畴，以及理想人格学说和道德教育、道德修养理论等在内的思想体系。在这一伦理思想体系中，贯穿和体现着鲜明的人道主义精神。这种人道主义精神曾在中华民族的文化历史发展中产生过深刻的影响。历史上'爱民'、'重民'的思想，尊老爱幼、友爱礼让的传统等等，都是与孔子伦理思想中人道主义精神的熏陶分不开的。"①

阮青认为："孔子把'成仁'作为最高的人生价值目标，这不是对现实人生的一种经验性的规定或事实性的描述，而是一种高度抽象的规定，一种对理想状态的描述，因此，他便把人看作一个道德存在物，一个精神存在物。孔子把'仁'作为最高的人生价值目标，尽管仅仅反映了人们一种美好的愿望，带有浓重的空想色彩；但是，这个概念本身所被赋予的意义，反映了先哲当时已经具有较高的思维水平，反映了先哲对个人与他人和社会关系认识的深度，奠定了中国人学未来发展的模式。纵观孔子人生价值理论，从总体上说，其理论体系是完备的，内容是丰富的，基本倾向是积极进取、努力向上的，反映了孔子深邃的理论思维和强烈的社会责任感，构成中华民族人生价值理论的内在精神。但是，作为一种理论，用现代人的眼光去审视它，必然会发现其不可克服的局限性。"②

傅允生在评述孔子的理想人格时说："中国历史上重人格，以个体人格作为历史发展的动因的传统成于孔子。孔子的理想人格首先体现在内在修养与外在行为的和谐上。内在修养与外在行为在造就理想人格上相辅相成，缺一不可，二者具有一致性。而这种一致性是以内在修养为主导，以外在行为向内在修养求同为基础的。孔子特别注重人格的道德自我完善。这种道德自我完善是围绕着'仁'这个核心，并以'礼'作为内在的本质规定至外在的行为规范而展开的。孔子在注重人格的道德自我完善的同时，又强调自觉的社会责任感，实现功能的转换，使'君子'个体的道德修养见之于社会政治实践，进而完成兼济天下的目的。"③

郭吾真说："孔子似是为维护一个真正集团的利益而发言，客观上却突破了那个集团的范围，惠及一切向往理性社会的群众。在他所代表的新兴封建主还未取得反对旧制度的胜利时，他的思想具有普遍性是符合规律的。但在中国封建统治完全建立，直至完全腐朽、崩溃的二十世纪，他那种普遍性思想，却未像西方中世纪封建主义的'忠诚信义'等概念在民主革命兴起后变成对人民的欺骗，随之消逝。即使在辛亥革命、五四新文化

---

① 杜振吉：《孔子伦理思想的人道主义精神》，《孔子研究》1996 年第 4 期。
② 阮青：《论孔子人生价值观》，《孔子研究》1996 年第 4 期。
③ 傅允生：《孔子理想人格述评》，《杭州大学学报》1987 年第 3 期。

运动，乃至共产党领导人民大革命的民主大浪冲击下，孔子的具有普遍性的思想，却仍然在人们的精神生活中保持有一定的潜在权威。孔子作为地主阶级的崇拜偶像，是被打倒了。孔子学说也曾经几次被当作封建主义文化的象征，受过无情的批判乃至歪曲，然而都无碍于他那些普遍性思想继续发挥作用。"①

三 孔子的理想人格和道德标准："君子"与"小人"

匡亚明说："孔子把体现了个性的道德完整性的人称作君子或者仁人。他认为君子是道德发展的高峰。首先，君子是有道德自觉和道德修养的人；本来，君子指统治者，小人指被统治者。孔子把这两个概念运用到伦理学领域，以君子代表有道德觉悟、道德修养的人，以小人代表没有道德觉悟、道德修养的人。这个意义被历史所接受，一直沿用下来。其次，君子的德行是全面的、完整的；第三，君子在道德上既具有原则性，又具有灵活性。"②

李启谦认为，春秋时代君子、小人的涵义是多方面的。"君子的涵义：第一，君子是统治者，小人是被统治者。第二，君子是剥削者，小人是被剥削者。第三，君子是用脑的，小人是出力的。第四，既然君子是统治者的通称，那么，再具体一点说，上至王侯，下至士大夫，都可被称为君子。第五，具体到军队里面有时君子是指将帅或甲士，小人是指徒兵。第六，君子是妻子对丈夫的称谓。第七，君子是对别人的尊称，小人是自谦之词。第八，'君子、小人'有时被赋予哲学的涵义，当成阴阳对立矛盾统一的代名词。第九，君子是有道德有智慧的好人，小人是无德性见识短的坏人。""孔子曾多次被称为君子，也曾多次自称为君子。那么，孔子这个君子是什么政治倾向的君子呢？第一，君子是和宗法制以及宗法制的道德——孝悌联系在一起的。第二，君子是维护礼制的。第三，君子是尊君的。第四，君子是尊天命的。第五，君子是以德服人，反对以力服人的。从以上几点，我们可以看出，孔子所说的君子的政治内容，是和奴隶制的旧事物——宗法、礼制、天命、尊君、礼乐征伐自天子出等等，联系在一起的。""因此，孔子的'君子'绝不可能是发现'新世界'的新兴地主阶级的革命派。""孔子的君子，既和旧事物有密切联系，同时又对旧事物又有所修改"，"孔子的'君子'也就是

---

① 郭吾真：《泛论孔子思想的普遍性》，山西省孔子学术研究会编：《孔子思想研究论文集》，山西人民出版社1988年版。

② 匡亚明：《孔子评传》，齐鲁书社1985年版，第238—241页。

一个奴隶制的改良主义者"①。

郭吾真认为："孔子所谓'君子'与'小人'的含义，众说纷纭，各自成理，然而作为标志全社会组织的两个主要成分，它们基本上却是可以被当成统治者和被统治者两个对立阶级来解释的。统治阶级成员并非都是当权派和在位者。孔子心目中的'君子'，可以说是在位者和有德之人的泛称；'小人'是从事生产劳动和一切卑贱无职之人的泛称。这是互相对立，又互相斗争的根本性的社会矛盾。孔子把这种现实归结为'命'定。'命'，就是事物的'必然性'。孔子从唯心主义出发，认为'君子'与'小人'天然秉性的'智'和'愚'，品格的'高'和'低'，是统治与被统治地位的决定性因素。他又坚持'君子'鄙视生产劳动的偏见，不屑于谈论工农业生产的问题。孔子肯定阶级社会矛盾必然性的一个方面。他站在'君子'立场上立言，也是历史的必然。但他还有第一次承认'小人'为'人'的另一方面。这是值得赞扬的一种卓越思想。孔子把'仁'概括为反对残暴统治的最高理想境界和'君子'敦品励德的准则，可以说是他追求改革不合理现状和向往远古原始民主政治这两种意识相结合的结晶。当时刚刚获得'人'身分的被统治者，从中受到一定的利益，后世志士仁人，从中获得巨大的鼓舞，都是事实。因此，要笼统对孔学作准确的阶级'鉴定'的结论，显然是有悖历史唯物主义原则。孔子既然基本上表现为新兴封建主阶级利益的代言人，他的许多思想突出地表现了代表全社会利益的普遍性，也就可以理解了。"②

施忠连认为："在孔子关于君子的言论中，从各方面规定了理想人格应有的思想、品德和精神风貌。君子以礼为自己的行为准则。君子最可贵的品质是时时处处自觉地实践仁。君子关心的是国家大事，总是把原则、道义置于首位。君子具有最高的政治品质和政治气节。君子具有种种美德。君子的状态是安详的、心胸是坦然的。君子也有缺点和过错。孔子关于君子的思想对于后世人的精神发展有着重大而深远的影响。"关于小人，施忠连认为："小人与君子相对。在《论语》中，有两义：（1）指劳动人民，被统治者。（2）指道德品质不好的人。小人的思想、品德、情感都同君子相反。小人不仁，只知利而不知义。孔子对小人的批评、指责，表现了对不道德的人和行为的厌恶，有助于促使人们去恶从善。然而在《论

---

① 李启谦：《关于孔子评价中的一个问题——"君子、小人"辨》，《郑州大学学报》1979年第3期。

② 郭吾真：《泛论孔子思想的普遍性》，山西省孔子学术研究会编：《孔子思想研究论文集》，山西人民出版社1988年版。

语》中，'小人'一词的二种含义往往混杂在一起，这也反映了当时统治阶级对劳动人民的某种偏见。"①

郭忠义认为："孔子创造了以仁为内容，以礼为形式的仁学体系，也塑造了其最佳载体——君子这一完美人格。由于君子是被规范的服从型义务型主体，便具有了保守、安分、受动、依附、封闭等整体特征，并且在完美人格的现实化世俗化中内化为重要的民族特征，在现代社会发生着重大的影响。"②

张秉楠将孔子的君子归纳为五点："孔子论君子除少数地方外，多指居家处国和社会交往中表现出高尚德行的人。这种人实际上是孔子的仁在践行中的载体，是仁的人格化。君子人格的另一个显著特征是内向与外向的统一。总之，忠于自己的原则，不为利引，不为物移，始终保持个体人格的尊严和目标的专一。君子人格的第三个特征是言与行的统一。第四个特征是文与质的统一。'质'——以仁义为主要内容的品质；'文'——礼仪教养、举止风度。第五个特征是敬天知命的世界观。孔子的君子人格是旧的氏族贵族封闭体制趋于解体而走向新的开放时代的产物。其思想内容既有传统文化的积淀，也有对未来社会生活的探索。其理想情操在中国思想史上第一次完整地展示了个体人格的价值和美，在当时对启发人格的出现，标志一个由于认识自我而立德、立功、立言的生气蓬勃的新时代的到来。"关于孔子的君子人格理论的缺陷，张秉楠指出："正如孔子的仁融新旧道德于一体一样，他的君子人格也体现了新与旧、传统与未来、自我环境的统一。正因为如此，缺乏强烈的冲击不合理现实的悲壮性品格。历史的批判精神编织在协调矛盾的思想框架之中而不得弘扬。敬天知命的世界观也易滋长一种安贫乐道式的自我满足。不可能成为改革的真正践行者。君子人格理论的弊病之二，是忽视生产劳动为主的广泛社会实践对造就人格的决定性作用。"③

张秉楠还指出："'君子'、'小人'作为两种普遍人格的专称，在孔子的言论中，一切富于远见卓识和行为高尚者通称为君子；一切浅识短见、行为卑下者则称为小人，对人的价值判断不再以职位高低、出身贵贱为标准，而以品质的善恶优劣为依据、职位再高势力再大，如果品格卑下仍当以小人视之。如果品格高尚，即使出身贫贱，则可誉为君子。这种价值判断，对当时讲究门第等级的贵族社会和那些怙恶不悛，昏庸无能、穷

---

①　施忠连：《孔子大辞典·君子、小人》，张岱年主编，上海辞书出版社 1993 年版。

②　郭忠义：《孔子的完美人格观初探》，《东北师大学报》1989 年第 2 期。

③　张秉楠：《论孔子的君子人格》，《孔子研究》1989 年第 4 期。

奢极欲的统治者，无疑具有强烈的批判意义；对孳孳为善、努力进取的普通人士也是很大的鼓舞。自孔子始，君子与小人这两个对立的人格概念成为抑恶扬善、律人律己的两面镜子。"①

刘振东认为："孔子所提出的'君子'这一概念的性质的规定，实际上体现了他的政治、道德、伦理等方面所有的理想和主张。因此，作为'君子'，也就成了一个很高的标准。'君子'是仅次于'圣人'，孔子自谓难以达到的。'君子'——理想人格的提出和阐述，在孔子整个思想体系中确实占有重要地位。因为孔子提出的人格规范虽然是为人的个体发展所规划的目标和方向，但这种规范不是以个体为本位，而是以群体为本位提出来的，是依据宗法等级制度的要求而提出来的，这就表现出了双重的局限：一是它为个体发展所规划的方向，仅仅限定在道德伦理的修养和提高上，而不是德智体的全面发展与提高上；二是道德伦理的修养与提高，其目标也是把个体的发展纳入宗法等级制度规范，使之能对宗法等级制度自觉地归依。这两方面结合起来，就使得对个体发展所作的规范，转化成了对人的个性发展的束缚。但是，如果剔除其反映了历史、阶级局限的内容，剔除其与宗法等级观念直接相关的要求，取其强调个体发展应当适应人际关系协调的部分，它们是具有普遍的永恒的意义的。"②

李仁群、翟东林探讨了士"志于道"与"喻于义"的问题。他们认为："孔子在社会历史发生急剧变动的时期，自觉到士阶层所担负的社会职责和历史使命，要求君子要志于道而喻于义，实行'仁'道以重建理想政治社会秩序，这表现了以孔子为代表的士阶层在春秋末年那一特定历史阶段上的政治觉醒。他要求士君子要坚守自己的人生原则和理想，则表现了士君子对人格独立和精神自由的追求，这对动员和鼓舞处在社会转型期的知识阶层不是消极地适应社会现实，甚至同某些黑势力同流合污，而是积极参与改造社会的实践活动，匡正时弊，推动社会进步，有着积极的意义。但孔子为士君子所建立的行为模式及其在政治上既要求独立又不能不依赖统治者的矛盾心理和处境，使其学说注定是一套空想，或只能在现实中被歪曲地加以利用。然而，他主张知识阶层要走出一己私利的小圈子，主动担负起治理、改造国家和社会的职责，应受到我们的珍视。"③

徐新平认为："孔子的'君子'人格理论，在《论语》中表现颇多，

①　张秉楠：《君子小人辨》，《社会科学战线》1989年第4期。

②　刘振东：《孔子论君子》，《孔子研究》1992年第1期。

③　李仁群、翟东林：《"志于道"与"喻于义"——孔子对士君子人生抉择的思考》，《孔子研究》1995年第1期。

其内涵极为丰富，难于一言以蔽之。""'君子'人格的特点：（一）谨慎。
（二）谦让。（三）厚道。（四）温顺。孔子不仅是君子人格理论的倡导
者，而且也是君子人格的实践者。'君子'人格，也还有刚强的一面。"孟
子所倡导的是"大丈夫"。"'君子'和'大丈夫'人格之差异主要表现
是，一则阴柔多于阳刚，一则阳刚多于阴柔。许多论者将孔孟人格思想合
而为一，则未免失当。对人们的影响也是不一样的。所谓'君子风度'
'大丈夫气概'，在日常语言中已被注入了不同内涵。"①

第三节 孔子的教育思想

孔子的一生，从事教育工作的时间最长。他提出了许多教学原理和方
法，他的教育思想对后世影响很大。两千多年来，孔子这个"大成至圣先
师"在中国几乎是家喻户晓。但儒家后学和封建统治阶级更多地是把孔子
看做"圣人"，很少有人对孔子的教育思想和教学方法作认真研究。近代
以来，专门对孔子的教育思想和教学方法进行深入研究的学者也不多见。
新时期有关孔子的教育思想、教学方法以及孔子在中国教育史上的贡献的
研究发表了不少论文，还出版了一些专著。

一 "有教无类"：孔子教育的对象

匡亚明在《孔子评传》中提出："孔子的教育思想中最光辉的一点是
'有教无类'。这一人人应受教育的主张，充分表现了人民性和民主性的因
素，开创了通向文化下移和普及教育的新路，是中国教育史上划时代的革
命创举。""孔子从'仁'的观念出发，对一切可能施教的人只要'自行
束修以上'，都不拒绝进行教育，使其享有均等的受教育机会。""从孔子
'仁者爱人'的一贯主张来看，把农奴以至奴隶排除在'有教无类'之外，
既无文献资料可证，逻辑上也难说得通。因此，比较确切地说，有教无类
应当是不分宗族贵贱，不分阶级，都是可以施教的。""遗憾的是，孔子竟
然把人类二分之一的妇女排除在教育对象之外。孔子束缚在重男轻女、男
尊女卑的传统观念中不能自拔。"②

金景芳认为："孔子实行'有教无类'的方针，有坚实的哲学基础，
他不相信有生而知之，人人都要通过学习获得知识，加强修养，因此都必
要接受教育。'性相近也，习相远也'（《论语·阳货》）这一正确的人性

---

① 徐新平：《论孔孟人格思想的差异及其不同影响》，《求索》1995 年第 3 期。

② 匡亚明：《孔子评传》，齐鲁书社 1985 年版，第 277、278 页。

论观点促使他在教育上执行'有教无类'的方针。"①

　　钟肇鹏认为，"有教无类"的"类"有两个含义："一指异于华夏的民族；二指氏族等类，即华夏诸侯国内氏族的等级界限。前者'夷狄进而为中国'还只算孔子的理想，尚未见诸实行，在孔门弟子里面是否有异族的受教育者，无从考见；而后者的确部分地见诸实施，在孔子弟子中有好些出身于下层平民的人即其明证。然而把'有教无类'说成'全民教育'是不对的。孔子的'有教无类'并不是学校大门向奴隶开放，让奴隶们统统来学习，它只是突破了周代奴隶主贵族等级森严的界限。等级是有区别的。孔子破除了受教育的等级界限，教育及于庶人，但并不是说孔子的教育是没有阶级性的。"②

　　张瑞璠认为："孔子站在奴隶主阶级改良派立场，极力主张把教育对象向平民推广。孔子的教育以平民为主要对象，但不能因此就认为，孔子就成了代表平民的教育家。"③

　　张鸣岐对赵纪彬《论语新探》一书中《"有教无类"解》进行了辨析。他指出："赵纪彬把'类'字训为奴隶主氏族阶级内部的'等级'，遂将'有教无类'的对象范围局限在奴隶主阶级之内，显然是不符合孔子私学的实际，也不符合孔子的教育思想。孔子所要教的'民''庶'，绝不是赵纪彬所说的教化奴隶主。"④

　　高时辰认为："孔子的'有教无类'，其主观愿望就是试图使教育摆脱以血缘关系为纽带的宗族政治集团的垄断。"⑤

　　张富祥认为："孔子的'有教无类'将旧有及新起的民间私学联成一个层级的私学网络，标志着原始儒家学派的正式成立。"⑥

二　孔子教育的目的和教育内容

　　张瑞璠在论及孔子教学目的时认为："孔子是奴隶主阶级的改良派，他的政治思想的主导方面是'复礼'，要恢复西周的社会政治制度。他的改革方案中最重要的一条是'举贤'。孔子鉴于奴隶主贵族内部的腐朽性，

---

①　金景芳、吕绍纲、吕文郁：《孔子新传》，湖南出版社1991年版，第134、135页。

②　钟肇鹏：《孔子研究》，中国社会科学出版社1990年版，第83、84页。

③　张瑞璠：《孔子为古代人才教育开辟道路》，《孔子研究》1986年第2期。

④　张鸣岐：《关于孔子"有教无类"的问题：试辩"有教无类"解》，全国教育史研究会编：《孔子教育思想研究》，人民教育出版社1985年版。

⑤　高时辰：《〈论语〉与孔子教育学说的再探讨》，《孔子教育思想研究》，人民教育出版社1985年版。

⑥　张富祥：《从王官文化到儒家学说》，《孔子研究》1997年第1期。

为了振衰救敝，于是设想用'举贤'来补充世袭制。这种'举贤'的思想就是孔子办教育的出发点。在政治上孔子主张'举贤'，在教育上他就以培养'贤才'为目标，所以提倡'学而优则仕'。但是，孔子主张'学而优则仕'并不能超脱'复礼'的制约。至于事实上孔子弟子中的多数，为创建封建的新政权而去效力，这是伟大的社会实践使然，而不能认为是孔子本来的教育目的的实现。"①

匡亚明认为："孔子开创私学的目的，是为实现其政治理想服务的。孔子的教育是为实现其政治理想的方法和手段"，"不仅仅培养学者，而是训练治世能人"，通过这些优秀人才的参政，来达到他的"齐家、治国，平天下，改变'天下无道'的混乱局面"。孔子是封建社会的思想家，他的"忠君尊王"的思想，使"孔子企图培养士、君子出任君王的贤能辅臣而实现仁政德治"②。

骆啸声认为："孔子开创有教无类的私塾，是为平民争得受教育的权利，为他们登上政治舞台提供了必不可少的条件。孔子办教育，在于培养新型德才兼备的士去掌权、改革奴隶制，为新兴地主阶级的利益服务。"③

郭齐家认为："孔子看到教育能起到政治、法律所不能起到的作用，有它自己独有的社会功能，是一个社会安定与发展的不可缺少的因素，这里不仅包含着深刻的历史经验教训，而且也包含着一些合理的见解，今天仍对我们有一定的参考价值。孔子的教育目的是培养'士'，而'士'的标准就是'君子'或'君子儒'。'学而优则仕'是孔子的教育目的或办学思想，包含着不学或虽学而不优，就没有资格做官，这里有它的时代意义和进步作用。不过它也产生过副作用，那就是求学的唯一目的，把求学作为夺取高官厚禄的敲门砖。"④

杨伯峻不赞成"学而优则仕"是宣扬读书作官论，认为是学有余力便去做官的意思⑤。王彬赞同杨伯峻的解释，他还引用台湾商务印书馆出版的王云五主编、毛子水注释的《论语今注今译》："仕者尽了职务而有余暇，便应致力于学问；学者有充足的知识，便应为社会做事。"认为这个解释，"较深刻地说明了'学'和'仕'的关系，'仕'不是作为学习目的出现，而'学'也不仅仅是从仕的一个先决条件。从仕无非是学的一个

①　张瑞璠：《全面评价孔子教育思想》，《孔子教育思想研究》，人民教育出版社 1985 年版。

②　匡亚明：《孔子评传》，第 282、283、286 页。

③　骆啸声：《孔子的教育思想是为新兴地主阶级服务的》，《孔子教育思想论文选》，教育科学出版社 1981 年版。

④　郭齐家：《中国教育思想史》，教育科学出版社 1987 年版，第 14 页。

⑤　杨伯峻：《论语译注·试论孔子》，中华书局 1980 年版。

必然结果。学和仕是一个整个过程表现出来的两个方面。既然学仕一体，'学而优则仕'就不能作为选拔人材的原则来看待。而应把它们看作是学习过程。但几千年的封建社会却始终把其作为官吏擢拔的原则，这不过是一种谬误的沿用"。王彬还征引《说文》段玉裁注："训仕为入官，此今义也。"他指出："段玉裁所说的'今义'，是指清代而言；春秋时代，孔子说的'仕'与清人理解的不同，'学'和'仕'古义是相通的。"①

匡亚明认为："孔子最基本的教育内容是德育，即加强弟子们的品德修养。孔子传授知识的范围主要限于人事方面，即专讲做人和从政的道理，而这些又都是通过教习典籍去完成的。除'六经'外，还有一些体育和技艺方面的教育内容，礼、乐修养则属于美育。"匡亚明指出："孔子有很大的保守性和局限性。在春秋末年，无论在农艺、园艺、工艺和商业上，无论在天文、地理、历法、医学和烹调上，也无论在军事的战略战术上都有很大发展和进步。这些在孔子的教材中几乎很少甚至没有反映，这对后世有深远的影响。"②

张瑞璠认为："孔子教学的基本科目是'诗'、'书'、'礼'、'乐'。孔子传授这些内容，总的说来，是宣扬复古主义，是为了'复礼'。同时也要看到，'诗、书、礼、乐'是代表了我国奴隶社会贵族所垄断的文化知识的一切领域，作为历史材料，是有价值的。孔子教学科目有军事。不过，孔子重礼，自不免有把射御引向仪礼的倾向。"③

杜任之等指出："孔子教育实践的指导思想是'性相近也，习相远也'。孔子'开门设教'，是以实现他的政治理想为主的自我实践活动。孔子把实现自己的政治理想，寄希望于培养仁道主义的政治人才上。这可以说即是孔子教育思想的由来，也是孔子办学的性质和最高主旨。"杜任之认为："孔子以'六艺'为教材，是符合其教育主旨的。孔子办教育的基本方针是'有教无类'，他贯彻这个基本方针，坚持了以下几项基本原则：1. 器重青年。2. 因材施教。3. 执中而教。"④

丁原明认为："孔子的教育思想是一个互补的体系，无论是他所确定的诸教育内容之间还是他所采取的教学方法之间，都存在一种互补的关系。""孔子不仅制定了德育和智育的分科教学，更重要的是较好地解决了

---

① 王彬：《由"学而优则仕"谈起》，《孔子教育思想研究》，人民教育出版社 1985 年版。
② 匡亚明：《孔子评传》，齐鲁书社 1985 年版，第 287、290、294、296 页。
③ 张瑞璠：《全面评价孔子的教育思想》，《孔子教育思想研究》，人民教育出版社 1985 年版。
④ 杜任之、高树帜：《孔子学说精华体系》，山西人民出版社 1985 年版，第 209、212、224 页。

二者之间的互补关系，初步使道与知识统一起来，实现了教育内容的一体化。"①

许梦瀛认为："孔子在教育内容上有如下的贡献：1. 研究古典文献，搜集古代旧闻，加上自己的见解，整理而成'六经'，作为教材，这样系统地编写教科书，在中国教育史上是一个创举，在世界古代教育史上也是罕见的。2. 在《论语》中孔子和他的弟子谈论为什么要学《诗》、《礼》、《乐》等学科的问题也就是关于这些学科的教育意义和价值问题，这就是中国教育史上最早的课程论。"②

殷孟伦从《论语》中的有关内容分析了孔子的语言教育。他认为："孔子以四科教弟子，'言语'列为四科之一，可见这是儒学派教育论的一个重要方面。孔子说，'必也正名'，许多人认为这是正'名分'，属于社会政治方面。其实'正名'是'正百事之名'（马融语），非专指一事物而言，孔子的语言教育论也可以从这个问题反映出来。孔子重视雅言，认为'辞达而已矣'，又说'言之不文行之不远'、'不学诗无以言'。孔子的语言教育论，于此都可得到体认。"③

郭齐家论述了孔子情感教学的思想。他指出："孔子重视对学生情感的培养与转化。这是他教学成功的关键，也是教学的一项艺术。这是他'仁'的思想的体现。也是他作为一个优秀教师的个性的体现。他关于情感教学的思想和实践是开创性的，对于我国古代教学理论的发展发生了积极的影响。孔子对情感教学的认识和探索，在某种程度上揭示了教学过程的某些规律与特点。"④

80 年代后期，一些学者对孔子的美育思想进行了探索。马秋帆认为："孔子对古代审美教育思想有所继承也有所发展。他提出的'兴、观、群、怨'理论原则，既重视发挥诗歌的教育作用，也重视它所产生的社会效果。在两千多年前，能提出这样的见解，不能不说是一个重要贡献，孔子把诗歌、音乐与政治、教育紧紧联系在一起，主张通过诗和乐的教育来统一人们的思想，净化人们的情感，让人们心悦诚服地接受统治者的政策要求。孔子既欣赏自然美，又强调人格美。孔子'文质彬彬'的思想，要求

---

① 丁原明：《论孔子教育思想中诸教育内容之间的互补关系》，《孔子研究》1990 年第 1 期。

② 许梦瀛：《孔子在中国教育史上的贡献是什么?》，《孔子教育思想研究》，人民教育出版社 1985 年版。

③ 殷孟伦：《从〈论语〉看孔子的语言教育论》，《孔子研究论文集》，教育科学出版社 1987 年版。

④ 郭齐家：《论孔子情感教学的思想和实践》，《孔子研究论文集》，教育科学出版社 1987 年版。

文与质、美与善、形式与内容恰当地结合起来，这正是孔子审美教育思想的可贵之处。"①

聂振斌认为，孔子对中国古代美育的建设作出了重要贡献："第一，他首创中国古代教育体系时，就把美感教育作为一项重要内容，实行德智情体全面发展的方针；第二，论述了美感教育与道德教育以及其他方面教育的关系。'六艺'中除礼乐外，其他四项则是历史、科学知识、军事体育、技艺等内容。他深刻看到艺术审美活动不仅是帝王歌功颂德的形式，尤其是个体人性和人格修养的必需。孔子把审美看成比认识活动、意志行动更高尚的境界；第三，孔子提出了审美教育的最高标准（理想）：人应该成为既有多方面的文化修养，又有高尚道德的人，这样才可以称为'文质彬彬'的'君子'。他对文与质即文化知识与道德品质、外在表现与内在本质、审美与礼制的辩证统一关系的论述，一直成为后世评人的最高标准，并且被引进艺术审美领域，成为被普遍应用的一对审美范畴，表明文艺作品的内容与形式的对立统一关系；第四，他对诗之兴观群怨、事父事君、多识鸟兽草木之名的社会功用，对乐的雅与邪、哀与伤、怨与怒等关系的论述，都是他贯彻艺术审美教育的基本原则。"②

骆承烈认为："孔子为了把乐当作自己推行改革的一种手段，往往礼乐并提，把它当作政治的一部分。作为古代教育家的孔子正是本着礼乐为政治服务的精神来教育自己的弟子的。因古代乐、诗不分，所以在对学生进行教育时，又和诗紧密结合起来。在他的教导下，他的学生把乐用到政治上的例子也屡见不鲜。""孔子把乐当作为人生的一种欲望，正是他现实地考虑人生需要，力求改革社会的表现形式之一。孔子主张的乐，是要用乐的特殊能力使人们造成一种开朗、辽阔的胸襟，具备奋发、向上的情调，用乐来启发人、教化人、团结人、使人养成一种平易正直生气勃勃，自强不息的高贵品格，去掉邪恶、淫欲、虚妄的念头。"骆承烈指出："孔子在对乐的主张上，也有其必然的局限性。因为古制'礼不下庶人'，所以其礼乐系主要指统治阶级内部而言。"③

台湾学者蔡松茂探讨了孔子的文质论。他认为："质指：孝、弟、忠、信、仁、义、勇、知、直、不欲、艺等。质是人性之本质，乃人本有之真

---

① 马秋帆：《论孔子的审美教育思想》，中华孔子研究所编：《孔子研究论文集》，教育科学出版社 1987 年版。

② 聂振斌：《古代美育思想传统的反省》，《孔子研究》1990 年第 3 期。

③ 骆承烈：《孔子的音乐教育与政治思想》，《孔子教育思想研究论文集》，湖南教育出版社 1985 年版。

实本性。孔子言文，乃指以礼乐修饰人，使人成为礼乐的文化人，故文指礼乐制度兼具修饰之义。孔子认为只有孝弟忠信的质的教育还不够，还必须具备礼乐的熏陶，才能成为'成人''君子'。孔子很重视合乎礼的行为。礼是文，但礼亦有其质。礼之质，是以人之性情为其本质，礼是先须有其质，然后有文，有文则必有质。"①

陈汉才认为："诗教是孔子教育思想中很有特色的组成部分。他提倡诗教，是同他处的时代和阶级地位有密切的关系。孔子用'温柔敦厚'四个字来概括《诗三百》内容风格特点，是主观武断和片面的。但如果从他以《诗》作为道德教化的工具，用诗教的形式，去感化陶冶弟子之性情，使他们养成恪守周礼、温柔敦厚的德性，那就不足为奇了。孔子的诗教颇具民族特色，是他博大精深的教育思想的很有生气的部分。对后世教育家产生了广泛、深远的影响。"②

程相占认为："孔子所讲的'兴于诗'，即指用诗来引发学生的性情，启发他们那种尚处于蒙昧状态的心灵。为了既启发学生的思想，又不失之过分，使它符合中庸之道，孔子又提出'立于礼'，用'礼'来制约学生被引发的性情，他的诗教是紧密结合礼教的，礼教又是以诗教为开端的。诗教和礼教的关系是引发与制约的关系，互相依赖，密不可分。"③

钱钢认为："孔子评论《诗》，着眼于《诗》的教育对培养仁义之人的功用。其中兴观群怨说受事父事君目的的统摄，道德与政治功用的意图十分明显，'思无邪'也体现孔子本人的学《诗》方法，即以'思无邪'为一观念要求，学《诗》中对具体内容的理解主观上都要符合这一观念要求。"④

三　孔子的教学方法

匡亚明在《孔子评传》中，以《灵活多样的教学方法》为题，对孔子教学方法进行了较为全面的论述。他认为："作为一位伟大的教育家，孔子在一生的教学实践活动中，积累了一套极有价值的教学方法，在许多方面反映了朴素的辩证法和唯物主义观点。这是孔子教育思想中最精华的部分，是一份珍贵的遗产，至今仍有一定的借鉴作用。"

毛礼锐认为："孔子教育思想是世俗的而非宗教的，现实的而非虚妄

---

①　蔡松茂：《孔子的文质论》，《孔子研究》1991 年第 1 期。
②　陈汉才：《略论孔子的诗教》，《孔子研究论文集》，教育科学出版社 1987 年版。
③　程相占：《诗教与礼教——"礼后乎"考辩》，《孔子研究》1991 年第 2 期。
④　钱钢：《孔子的功利诗学观及以情为教》，《齐鲁学刊》1997 年第 2 期。

的。孔子教育思想世俗性、现实性的方法论特点，是其世界观中唯物主义因素的反映，在历史上起过进步的作用；孔子教育哲学总的方法论是具有朴素的辩证法的中庸之道。中庸思想统率着孔子的伦理思想和认识论，贯穿于孔子全部教育、教学的实践之中，对后世教育思想的方法论产生了重大影响。""强调整体性是孔子教育思想的另一方法论特点。孔子这一观点强调了在政治、教育、道德这三者整体化的过程中，教育是道德政治化、政治道德化的中介枢纽；强调学生的主体地位是孔子教育思想的一个方法论特点。"①

任继愈等人认为："孔子的教学方法有不少唯物主义因素。""他承认有生而知之。……但他根据新的教学经验第一次提出人类的智力有高下，这是可取的，这是因材施教的依据"。孔子并不强调生而知之，他强调学习要坚持有恒，强调要善于向别人学习。孔子的教育方法，从认识论的意义看，可以概括为以下几方面："第一，'学而时习之'，'温故而知新'。学习本身是不断实践的过程，要反复地学习实践才能牢固地把握所学的知识。第二，知识问题来不得虚伪和骄傲，'知之为知之，不知为不知，是知也'。第三，学习要靠多闻多见，去伪存真。第四，学习和思考并重。第五，孔子强调学以致用。第六，孔子教学注重启发和因材施教。第七，认为做学问要防止主观固执。"②

汤一介认为："'知'是孔子思想的精华。孔子通过长期的教育实践，从中总结了不少合于人们认识规律的经验。但孔子这方面的思想，还不是认识论本身的问题，主要是对教育方法、求知方法的概括和总结。首先，孔子比较强调人们的知识来源于学习。"③

金景芳认为："孔子教学的原则，一是'因材施教'，这句话不是孔子概括出来的，孔子在教学实践上做到了'因材施教'，却未能抽象为理论。'因材施教'是北宋人程颐第一个讲的。孔子不但因材施教，同一材中又因时施教。孔子教学总是从实际出发，有针对性地进行，绝不无的放矢；二是启发式的方法。孔子固然没有概括出启发式这一抽象概念，而他实行的确实是启发式，而且实行的极自觉，认识的极深刻，真正掌握了启发式的精神实质。""孔子的启发式教学原则有其坚实的哲学基础，他相信人在认识上的主观能动作用，相信人能够通过主动、自觉、积极的学习认识外

---

① 毛礼锐：《从方法论谈孔子教育思想的古为今用问题》，《孔子研究论文集》，教育科学出版社 1987 年版。

② 任继愈等：《中国哲学发展史》（先秦），人民出版社 1983 年版，第 198—203 页。

③ 汤一介：《孔子》，《孔子研究论文集》，教育科学出版社 1987 年版。

部世界。"①

周祺家认为："我们从孔子的教学经验谈中，可以概括出他的教学过程为'学'、'思'、'习'、'行'四个环节。从认识论的角度来看，也已经完成了两次飞跃，即从感性认识到理性认识的飞跃，又从理性认识到实践的飞跃。"②

徐中林对此则有不同的看法，他同意孔子关于学习方法的论述揭示了教与学的某些规律，认为值得我们仔细研究和总结。"但是实践和认识之间的辩证关系，孔子是不了解的，他对于认识过程的理解也有片面之处，他提出的学、思、行的内容也很片面，大多局限在道德范围内。"③

孙培青等认为："孔丘基于人的真正完善在于教人同善的认识，主张君子一生必须经历教人这样的学习过程。孔丘教人，最有特色者是，因材施教与循循善诱，因材施教，这表现了孔丘丰富的差异心理学思想。孔丘的因材施教是在两个层面上进行的。其一是在具体教导中各因其材而措施不同；其二是对学生随其才情造就。循循善诱。孔丘极注重教导对象的学习主动性，杜绝作硬性注入，也贯穿了对人的注重。"④

刘德华认为："学、思、行是孔子论学习时提出的几点基本主张。孔子的'学、思、行'从其内容来看是比较复杂的，既有精华也有糟粕。但是作为学习方法、学习过程来说，它是符合唯物主义认识论的，它是孔子长期从事教育、教学工作所积累的丰富的实践经验的概括和总结。因此，'学、思、行'不仅是一些具有独立意义的学习方法，而且是一条具有普遍意义的学习规律。孔子提出'生而知之'、'上智下愚'是唯心主义的说法。这使得孔子的教学理论在某些观点上出现矛盾。"⑤

陈德安认为孔子所说的"生而知之者，上也"是指他所理想、所崇拜的尧、舜、周文王、周武王、周公等极少数的"圣君贤相"，目的是为了把他们神化。孔子承认在现实生活中，"生而知之"的人是根本不存在的⑥。

王立功对孔子所说的"惟上智与下愚不移"另有解释。他指出："孔

---

① 金景芳等：《孔子新传》，湖南出版社 1991 年版，第 135、138、142 页。

② 周祺家：《从〈论语〉看孔子的"教学论"》，《河南师大学报》（社科）1981 年第 1 期。

③ 徐中林：《孔子教学思想评述》，全国教育史研究会编：《孔子教育思想研究》，人民教育出版社 1985 年版。

④ 孙培青等：《中国教育思想史》，华东师范大学出版社 1995 年版，第 51、52 页。

⑤ 刘德华：《孔子"学、思、行"小议》，《孔子教育思想研究》，人民教育出版社 1985 年版。

⑥ 陈德安：《孔子论学习》，《孔子教育思想研究》，人民教育出版社 1985 年版。

子说：'惟上智与下愚不移'，它的上句是'性相近也，习相远也'（《论语·阳货》）。它们之间是有一定的脉络关系的，作为教育家的孔子，他的教育实践是以'性相近也，习相远也'这个朴素的唯物主义思想为指导的。如果孤立地解释'惟上智与下愚'，认为孔子所谓的'上智'和'下愚'都是天生的，'上等人'生来即聪明，'下等人'生来即愚笨，而且这种现象永远不可改移，这不正和'性相近也，习相远也'相矛盾吗？'性相近也，习相远也'是说人的个性是后天作用于先天的结果，不是先天命定的。在孔子看来，只要发挥了教育的作用和适当运用环境的影响，不论智愚，都可以接受教育，而且都能够得到相应的改变。"①

俞启定不同意孔门教学中充满融洽和谐气氛的说法。他认为："孔子的英才教育表现是：一、教育要求过高，在相当程度上脱离了实际。二、教育作用和对象的品级性规定。由于强调施教效果及对象的品级性，必然将那些道德和智力水平达不到要求的人排斥于孔门教育之外，即便是已入孔门的弟子，学习内容亦非没有限制。三、教学活动的被动性和简奥性。孔门教育的高标准，高层次必然导致教学活动的高难度。孔子的教学虽不乏启发学生的成份，但也是被置于较高的水平层次之上的。其态度趋于被动待问而不是主动发问、施教，其内容多为含蓄简奥而少有浅显、详尽的讲解。孔子的教学活动以英才为重点，是当时历史条件的产物。实际上，凡超出普及、义务阶段的教育，均不同程度地带有英才教育色彩，因此不能否认英才教育的必要性和积极作用。归根结底，它仍是'因材施教'原则的一种体现。"②

有的学者从心理学的角度讨论了孔子的教育思想。燕国材认为："孔子的差异心理思想是在其人性论指导下，通过长期的教育实践而逐渐形成起来的。他的人性论实质上是一种人性差异观，即他不仅承认人的自然本性大同小异，人的社会本性小同大异；而且还指出了形成人性差异的原因：肯定遗传在人性发展中有一定作用，环境和教育对人性发展则具有更为重大的影响。可以说，孔子的人性论仍是他的差异心理学思想的理论基础。孔子在自己人性论思想的指导下，对人物的心理的个别差异作了较为全面而系统的考察，包括智力、能力、性格、志向、学习态度和学习专长等各方面。特别对于智力和性格类型及其品质的个别差异的考察，成为因

---

① 王立功：《"惟上智与下愚不移"析》，全国教育史研究会编：《孔子教育思想研究》，人民教育出版社 1985 年版。

② 俞启定：《试论孔子教学活动中的英才教育特色》，《孔子研究》1990 年第 1 期。

材施教的直接的心理学依据。"①

　　杨劲生指出："孔子很重视认识过程尤其是感知、记忆和思维对掌握知识和培养人的作用。孔子在一定程度上认识知识来源于实践，从接触实际事物中以获得知识。他重视记忆对掌握知识的作用，特别重视思维对学习的积极作用，强调要举一反三，学思结合。孔子对教育、教学过程中的情感和意志问题提出了好些有益的见解。在研究个性心理特征的基础上提出了因材施教的原则。"②

　　熊德龙指出："孔子认为，修己正身，学而不厌，诲人不倦，循循善诱，爱护学生，是做一个教师的基本条件。这也是他的教师素质论的基本内容。孔子以此律己教人，才受到了学生的普遍敬爱。"③

四　孔子在教育史上的地位

　　匡亚明认为："孔子是中华民族历史上第一个伟大的教育家，在一定意义上说，他也是全人类历史上一个伟大的教育家。孔子首创平民教育，继承、发展和传播了古代文化。他的教育思想、教学方法、治学态度，以及所倡导的互敬互爱的师生关系，直到今天，仍然值得我们学习和借鉴。"④

　　金景芳认为："孔子是伟大的教育家。孔子的教育理论和教育实践产生于奴隶社会，为奴隶社会的政治服务，为奴隶社会培养人材，当然有历史的和阶级的烙印。但是历史证明它们有真理性和超时代性，他的许多关于教育、教学的理论至今仍有借鉴意义。只有孔子够得上教师的永恒表率，可以称伟大的教育家，对中国乃至全人类产生过深远、巨大的影响。"⑤

　　蔡尚思认为："孔子是春秋时代最著名的教育家。他的教育思想，在中国的封建时代，发生过长远的影响。直到二十世纪初期，在我国教学领域里，占统治地位的教育方针、教学原则、教授方法，以及课程设置、教材内容等，依然基本上以孔子为楷模。我们要肯定孔子在客观上造就了一批在历史上起过进步作用的人材，至于他在教育实践中概括出的若干教学

　　①　燕国材：《孔子的差异心理学思想》，《孔子研究论文集》，教育科学出版社 1987 年版。
　　②　杨劲生：《孔子教学论的几个心理学问题》，《孔子思想研究论文集》，山西人民出版社 1988 年版。
　　③　熊德龙：《孔子之教师素质论》，《孔子思想研究》，上海古籍出版社 1999 年版。
　　④　匡亚明：《孔子评传》，齐鲁书社 1985 年版，第 273 页。
　　⑤　金景芳等：《孔子新传》，湖南出版社 1991 年版，第 128 页。

方法，从认识论上分析，主要方面是进步的，我们当然应该肯定。"①

杜任之、高树帜认为："在中华民族的文化发展史上，孔子的教育思想是闪耀着灿烂光辉的。作为古代教育家来说，孔子是极其伟大的，独一无二的。他开创了平民教育的新纪元，打破了西周以来'学在官府'，收教限于贵族子弟，教育被奴隶主贵族所垄断的传统，为中华民族文明发展的智力开发，打开了广阔的领域。因此也可以说是中国最早的具有重大历史意义的教育制度的革命。孔子通过删、序、订、修，整理出《诗》、《书》、《易》、《礼》、《乐》、《春秋》等所谓六经，集中保存了中国古代的大量历史文化，在中华民族的文化教育史上首次做到了因故、创新的大量工作。他创立的一大套教、学理论，就人之所以为人的理性铸造和实行开明政治说，都包含有朴素的唯物辩证的真理。……因此，孔子作为中华民族文化教育事业最早的奠基人，名符其实。"②

杨焕英认为："孔子作为中国古代的大教育家，对中国教育的影响及在中国教育史上所占的地位，是任何古代教育家都无法比拟的，而且孔子影响所及远非中国，他对东、西方许多国家都产生过不同程度的影响，特别是对东方一些国家影响更为深刻。孔子在教育史上的卓越贡献以及他给予世界文化教育的影响使他在世界教育史乃至世界文化史、思想史上都占有极重要的地位。"③

万俊人认为："以德主教、智德合一是自孔子以降两千年儒家教育理念系统的核心结构。这种教化传统不仅构成了中国古代文化传统的主要特色，成为中国传统文化之'实用理性'的典范表达，而且也是人类古代文明构成中一个为多种文化传统所共享的教化方式。在现代社会情势下，理解儒家教育理念的全部关键，在于解读作为核心的智德理念结构，从中读解出其'智'、'德'内涵的历史意味和现代价值以及其与西方相应观念的内涵和潜力之差异。于此，儒家传统教育理念不仅可以获得较充分的理解，而且有可能成为现代文化和教育的有益资源。"④

台湾学者吴国珍认为："孔子以'仁'来规定人的本质特征，与现代西方人本化教育肯定人的自我实现与超越，在人性问题上有吻合之处。但是孔子以'仁'识人，主要是侧重于从社会关系角度去理解人的本质；而现代西方人本化理论却往往导源于一种过分夸大的主观意识的现象学方

---

① 蔡尚思：《孔子思想体系》，上海人民出版社1982年版，第168、237页。
② 杜任之、高树帜：《孔子学说精华体系》，山西人民出版社1985年版，第207页。
③ 杨焕英：《孔子在教育史上的影响和地位》，《孔子研究》1987年第2期。
④ 万俊人：《儒家传统教育理念的现代合理性及其限度》，《孔子研究》1997年第1期。

法，其理论出发点根植于人性内部"，"相对忽视环境和文化对人的影响。两者这种同中有异、异中见同的特点，在分析教育的目的、师生关系和美育问题上，两者同中有异表现得更清楚。孔子的人本教育思想之所以具有千古不衰，并斗奇于现代的内在韧性，关键在于它内涵着尊重人的价值，信赖人的内心道德自觉能力，着眼于丰富人生意义的合理内核。尽管现实中教育的个人目标和社会目标之间存在着客观差异，但追求人的全面和谐发展是人类的崇高教育理想，这正是孔子人本教育理论的现代价值所在"①。

第四节　孔子的政治思想

孔子所处的时代是社会动荡不安，战乱频繁，社会关系大变动的时代，这一点是研究孔子及其思想的学者们公认的。但是由于对中国古史分期问题的见解不同，研究孔子的视角不同，对孔子政治思想的认识也出现了分歧，有些看法甚至是对立的和截然相反的。

一　孔子政治思想的基本倾向

匡亚明的《孔子评传》指出，春秋末期是社会大动荡、礼制的大厦摇摇欲坠的时代。面对如此的社会现实，孔子力图消除纷乱，重整秩序，使整个社会按照以仁为内容，礼为形式的轨道运行，以达到"天下有道"的理想境界。由于和当时的社会发展趋势相矛盾，孔子的主张和愿望必然落空。匡亚明说："孔子坚持开明的贵族政治，他一方面极力维护封建宗法等级特权，另一方面又照顾到了人民的利益。他要改变社会现状，但不愿进行周武王那样的革命，而是希望依靠统治阶级自身的'克己复礼'和对被统治者的'道之以德'，'齐之以礼'的办法去恢复仁政德治，这是孔子政治主张的核心和基本特征。"匡亚明认为，孔子的政治主张"主要有如下五个方面的内容：一、忠君尊王。这是孔子思想中糟粕的主要表现；二、仁政德治。孔子一贯主张重教化，省刑罚，薄税赋，厚施予。对统治者，要求'克己复礼'，对庶人则'齐之以礼'；三、明'夷狄'、'诸夏'之别；四、举贤才。强调贤才必须德才兼备又要以德为主；五、庶、富、教。这是达到小康境界的三个重要目标。孔子的政治主张以忠君尊王为主导，随着封建社会的发展日益显示其落后性与反动性，但另一方面，以举贤才、庶富教为核心的政治主张，则在一定程度上显示了它的人民性，至

---

① 吴国珍：《孔子人本教育思想现代价值——与现代西方人本化教育理论的比较研究》，《孔孟月刊》第31卷第6期（1993年2月）。

今仍有借鉴意义的积极意义"。

匡亚明认为，孔子的"庶、富、教"，这三个方面都是就民众说的，因此它们是孔子仁政德治的重要组成内容。"在富的问题上，孔子与一般统治者'只考虑让民众能生活下去，多为自己缴赋税服徭役'不同，他的主要目的是使民众的生活不断得到改善和富起来，因此他反对苛政。孔子坚持封建等级制度，但不希望等级之间过分对立、主张用仁民、富民的办法，建设一个和谐的等级社会。孔子并不满足于'富之'，还要在富的基础上发展对民众的教育。在这一点上，孔子极大地超过了当时的有识之士。他反对'不教而杀'、'不戒视成'这也就是主张统治者应该把法律、法令所禁止和所要求的，广泛进行宣传教育，使人民知道，从而免触刑律。"①

张岱年认为："'为政以德'是孔子政治思想的中心内容。他要求统治者在道德上作出表率，具有深刻的意义。孔子主张统治者应该以宽厚的态度治理人民，反映了孔子注意道德在政治上的作用。他主张君主集权而又反对个人独裁和大臣专政，这是孔子政治思想的重要特色。孔子认为，对人君之过失，人臣也应该犯颜直谏。他称颂周制，但并非认为周制是永恒的尽善尽美的，更不是主张'复古'。孔子从周也是相对的。所谓'吾从周'乃是在三代之中取其最近的。孔子还主张士人参政，这显然与西周制度不合。《礼记》的《礼运》篇有孔子谈论'大同'的记载，而'大同'是中国古代最高的政治理想。汉以来不少学者把大同学说归于孔子名下，而实际上是战国时期儒家的思想。"②

孔令海认为："'庶、富、教'是孔子为政治国协调发展的总纲领，三者之间既是一个完整的整体缺一不可，又互为依托，偏一不可。其实质在于如何重视人，设计人和发展人。""'庶'不仅仅是增加人口，发展人口生产的问题，在当时的历史条件下，人口发展状况代表了生产力的发展状况，反映了社会物质生产能力。'庶'是根本，是核心。'富'是目的，'教'是巩固'庶'引导'富'推动社会发展的手段和措施。因此，它们的实质在于如何的重视人，设计人和发展人。""孔子的'庶、富、教'，伟大之处就在于他超出了时代局限和阶级偏见，提出了以人为发展核心的社会协同发展观。"③

蔡尚思提出："对孔子的政治观点首先应该区别枝干，分辨主次。例

---

① 匡亚明：《孔子评传》，齐鲁书社 1985 年版，第 265、266 页。

② 张岱年：《孔子》，《孔子大辞典》，上海辞书出版社 1993 年版。

③ 孔令海：《浅议孔子的"庶、富、教"》，《济宁师专学报》1999 年第 20 卷第 2 期。

如，孔子提出礼的损益和相因，也就是变和不变的相互关系问题。礼是社会政治制度，也包括精神道德方面。孔子认为支配奴隶制度的根本法则绝对不变，那末，他说的'损益'指什么呢？孔子断言'其或继周者，虽百世可知也'，这个论点尽管荒唐，却是他研究三代之礼沿革史的结论，更是他全部政治实践所追求的终极目标。在次要问题上，孔子的确趋时，但在主要问题上，他绝不讲变通，执意复古。他把奴隶制神圣化、永恒化，以为不变是绝对的，变化是相对的，相因是绝对的，损益是相对的，总是引导人们往后看，总想召回被社会实践否定了的三代之礼的鬼魂，这是孔子在政治上的基本信念。"①

任继愈认为："孔子维护周礼的态度虽是保守的，甚至是反动的，但他反对残酷的剥削压榨，要求保持、恢复并突出地强调相对温和的远古氏族统治体制，又具有民主性和人民性。""孔子强调对人民灌输仁的观念，是于刑罚之外加强道德教化，以使人民更好地服从统治者的治理。""孔子主张藏富于民的小康政策，劝说统治者剥削不可太重，要使人民能够生活下去，才能保持稳定。孔子认为实行德政，必须尚贤，有了贤才就会实行好的政治，发挥移风易俗的作用。贤才可以为君股肱，但不能枉道从人。孔子自己的抱负正是要作'以道事君，不可则止'的大臣，他一生中担任要职的时间虽短，始终不肯丧失原则以屈从人君。孔子生不逢时，他的政治主张与时代的脉搏不合拍，空有抱负，哀叹'吾道穷矣'以终。"②

张恒寿认为："孔子是以进步倾向为主导的政治家。孔子把前人有关仁的片断议论加以集中概括，把先前多半和宗族内部忠孝礼让相连的仁，推广到和一般人民相连的较大范围。同时孔子把有地位的君子改变为有道德的君子，标志着价值的重新估定，标志着平民阶级的士敢于公开指出有权势和道德的分离，公开提出以道德的标准和权势地位对抗，这在社会意识形态上是一个很大的进步和突破。总之，孔子是一位积极救世、有原则、有理想的政治家。孔子的政治思想，与子产的尊重民意，实行惠政，这种介于礼法之间的政治思想有关，孔子对子产特别尊重，在孔子对子产的评价中，不仅反映出孔子的整个政治态度，而且看出孔子思想中的若干要义。"③

---

①　蔡尚思：《孔子思想体系》，上海人民出版社 1982 年版。
②　任继愈：《中国哲学史论》，上海人民出版社 1981 年版，第 173 页；《中国哲学发展史》，人民出版社 1983 年版。
③　张恒寿：《孔丘》，辛冠洁等主编：《中国古代著名哲学家评传·孔丘》，齐鲁书社 1980 年版。

　　杜任之、高树帜认为："孔子很重视和强调兵备、粮食，特别是政信的作用。他把这三者是看作立国不可缺少的重要的条件。"孔子主张任用人才："一要选贤与能，德才兼备，二要信人而任。三要向群众访求。"杜任之也指出了孔子政治思想的主要问题及其流弊。认为孔子"强调尊君、尊王，强调君权与宗法主义权力的和违反'民志'的言论是很多的。虽然有历史局限性的客观原因，或者说是他在政治思想不成熟时期的错误言论，但不因此而否定这类言论的反动性"①。

　　杨向奎认为："孔子是一位善于接受文化遗产的人，他决不保守。社会在发展，文化在前进，以夏商周三代论，当然是后来居上，所以他说'郁郁乎文哉，吾从周'，从周，在当时说，不是法古而是师今。孔子时代的西周是他在历史上以及在现实上最为发达的国家，此外他无所取法，所以他只能在中国历史寻求文化范本，也就是历史中寻求知识。"②

　　李曦认为："评价孔子应用阶段论。因为他的一生变化很大，所以从事的职业和社会活动也是前后不同的。大抵前半生是从事教育的，是一位职业教育家，对人类文化事业作出了重大贡献；而他的后半生，五十以后，是从事政治活动的，是一个政治活动家，作为政治活动家的孔子，是站在保守势力一边的，为维护旧制度服务的。孔子不是伟大的政治家。说他的政治思想是保守的，是就基本方面说的，并不是说他一切保守。孔子的'举贤才'就不是保守的，它突破了世卿世禄的传统。是对周礼的修正。但是不能过分估计它的意义，因为：（一）'举贤才'并不是孔子首创的。（二）他通过'举贤才'要实现的是维持或恢复西周制度的政治思想。"③

　　赵光贤说："'德治'是孔子政治哲学的最高理想，他认为用道德来引导或教化人民，是最好的办法；但以德化民，总嫌有些抽象，于是又用具体的礼节要求大家来遵守，这样人民就懂得违反道德和礼是可耻的，就不去做了。孔子的德治论的特点是重视被统治者人民的利益，可以叫做民本主义，这思想来源于周初。孔子的政治理想是从实际出发，而不是从理论出发的。他肯定从周初以来的政治制度，即封建等级制度，对周代的封建制度并不想作很大的改革，这可以说是他的历史观。汉初写的《公羊传》

---

　　①　杜任之、高树帜：《孔子学说精华体系》，山西人民出版社 1985 年版，第 157、167、176 页。

　　②　杨向奎：《孔子"删诗书、定礼乐"与礼乐文明》，《文史知识》1986 年第 12 期。

　　③　李曦：《孔子是伟大的教育家不是伟大的政治家》，《儒学国际学术讨论会论文集》，齐鲁书社 1989 年版。

说孔子主张'大一统'是不对的。孔子主张民本主义就必然反对封建主专制主义。今天有不少人把封建专制主义和封建主义混为一谈，因而把反对封建专制主义的矛头首先针对孔子，这是对中国历史的极大曲解。实际上，孔子不但不是封建专制主义的创始人，而且是首先反对封建专制的人。"①

吕立琢认为："孔子提出的'天下有道，则礼乐征伐自天子出……则庶人不议'，这便是孔子大一统思想的集中表述。孔子的大一统思想，有益于国家统一，对后世产生很大影响，以其'补世之砖'而运用于世，使国家日趋兴旺发达，它虽然是为剥削阶级服务的，但在当时，人民还是可以接受的，有的实际上也代表着人民的愿望。因此孔子是我国历史上坚持祖国统一的先驱者，他的这一思想，是一份值得继承的珍贵遗产。"②

李凌认为孔子不是君主专制主义者，"他的仁学思想主张重视人，要求把人当作人，恰恰是和专制制度原则相反。董仲舒、朱熹等人把孔子思想中的民本、'民主因素'抹杀掉，把他的保守思想加以膨胀，把纲常伦理作为儒学正宗。因此，应当把孔子和孔家店区分开来。"③

杨玉清的《儒家政治哲学》一文认为："孔子是一个博采众长的政治家。他的态度，非常宏大。他没有私心，没有宗派思想，什么东西对人民有利，就采用什么东西。他掌握了因革损益的规律。孔子并不是一个当权派，终其身是一个失意的人。他的'栖栖皇皇'，并不是为的做官，而是为的'行道'，为的救世，为的实行他主张。同时他又是一个坚持原则的人。他是难进易退的人，绝不留恋权位。"④

钱逊的《孔子德治思想浅析》认为："孔子的德治思想，是他整个思想中的一个重要部分，对于后世中国政治、文化的发展有着广泛、深远的影响。一个突出的特点，就是政治、道德、教育三者的紧密结合，或者可以说是政治、道德、教育的三位一体。这种德治思想，概括起来说，就是想要依靠道德的力量来达到其复礼的政治目的。孔子不满于当时'天下无道'、'礼崩乐坏'的状况，要求复礼。为此他提出了以仁为核心的道德伦理思想，想借此来调节社会关系。这一种想法当然是夸大了道德的作用，带有很大的幻想的成分。孔子一生周游列国而终于没有见用，这也是重要

①　赵光贤：《孔学新论·孔子的政治学说》，巴蜀书社 1992 年版。
②　吕立琢：《试论孔子的大一统思想》，《齐鲁学刊》1984 年第 3 期。
③　李凌：《孔子不是君主专制主义者》，《中国史研究》1981 年第 1 期。
④　杨玉清：《儒家政治哲学》，中华孔子研究所编：《孔子研究论文集》，教育科学出版社 1987 年版。

原因之一。在孔子的德治思想中，也确实包含了不少积极的成分。他正确指出了道德不同于法律的特殊作用是使人'有耻且格'；在礼和仁的关系上，他提出仁是内容，礼是形式，指出了政治的上层建筑需要以一定的道德思想为其思想基础。这一些，连同他由此而提出的一些具体主张，在我国封建社会发展的过程中，都曾起到了很深远的影响。至于孔子提倡正人正己，要求在位者先正其身，虽然包含了对在位者要有所约束，有所节制，但在封建社会里，这一点实际上不可能真正实现。"①

刘祚昌批评把孔子说成是奴隶主阶级的代言人和认为孔子所追求的政治理想是恢复西周奴隶制度及奴隶主统治的说法。他认为："孔子之向往西周和推崇周公，只能表明孔子向慕西周所创立的光辉灿烂的贵族文化，而并不能证明他有恢复西周奴隶制的要求。孔子所强调的'克己复礼'的'礼'字，意味着'正当'的行为规范，决不应把它解释成社会经济制度或西周奴隶制度。"②

马傅的《孔子的仁吏观》认为："孔子主张用仁吏的目的是：维护统治阶级的根本利益。他心目中的仁吏须具备以下五条：（一）要以德服人，而不专恃刑罚；（二）要以身作则，实事求是；（三）要举贤任能，量才录用；（四）为政不图利禄，要诚心实意勤政；（五）要进谏纳言，择善而从。""孔子认为仁吏能得人心，用之为政，必能收到'近者悦，远者来'、'四方之民襁负其子而至'的效果。"③

韦政通认为："在孔子，知识、道德、政治，是走向同一个目标的三个不同阶段的学习。孔子的政治思想，没有发展出任何深奥的理论，只揭示一个原则，即为人君者，当以德治国，为政与为德，根本分不开。此外，孔子也有礼治的主张，他所说的礼治，和德治并无不同，如果与法家的法治主义相对照，孔子的德治是属于人治的思想；人治的根据在道德。在宗法制度中的大小政治集团，不过是若干大小宗族的化身，国君、世卿、士大夫无异是权限不等的家长。孔子的政治思想就是以这样的社会为背景的，只有在这样的亲密团体中，在上位者个人的道德才能产生直接的效用。"④

美籍华人学者杜维明认为："孔子根本不从权力和控制的立场论政。

---

① 钱逊：《孔子德治思想浅析》，中华孔子研究所编：《孔子研究论文集》，教育科学出版社1987年版。

② 刘祚昌：《论孔子的政治理想》，中华孔子研究所编：《孔子研究论文集》，教育科学出版社1987年版。

③ 马傅：《孔子的仁吏观》，《中国史研究》1985年第4期。

④ 韦政通：《中国思想史》（上），台北水牛出版社1987年版。

他对政治的理解不同于当时实际参加权力斗争和控制人民的'肉食者'。有人说，孔子在官场上一再失意是因为不识时务的缘故。值得商榷之处至少有三点：（一）孔子栖栖遑遑想要用世的心理来自他的历史使命。他的政治构想和执政者大相径庭。用'官场'的得失来评价孔子是犯了分析范畴错置的谬误。（二）孔子并非不识时务而是以长远的历史视野和深厚的道德感受体认到政治的当务之急在取信于民而不在控制，其目的在教化而不在权力。（三）孔子不能和新兴的社会势力结合，主要是因为他的文化关切不允许他摒弃实现政治理想的希望和努力，而把从政的焦点集中在控制人民的权力结构上。因此，说他的政见在本质上包含了落伍的因素是不正确的；说他不自觉地为统治阶级服务，走向开倒车的歧路也欠公允。孔子不顾政治上的失败，甘愿忍受不识时务的讥讽，以'知其不可而为之'的悲愿行道是忧患意识的体现而非'假仁'、'伪善'。"①

马勇认为："孔子对现实政治的关怀并不以现实政治为目的，更不以能否见容于世、能否取得收获作为是否成功的标志。他的关怀之所在只是修其道，纲而纪之，统而理之，求得内在心情的平衡而已。基于这样一种认识，孔子从来没有把从政作为自己的唯一追求。当孔子明白在现实政治的道路上已不可能再有所作为时，很快就以学术性的工作以实现自己远大政治理想。借助学术谈政治，是孔子的一大发明，也为后世儒者乃至整个中国知识分子开启了先河。"②

二　《礼运》篇的"大同"、"小康"社会是否孔子的政治理想

匡亚明认为："孔子政治理想的特点是从仁的人本哲学思想出发，以怀古的方式憧憬未来。孔子把古代社会加以美化，并且称尧舜时代为'大同'，文、武、周公时代为'小康'，并用当时普遍流行的、逆转历史的仿佛越古越好的好古眼光，把'大同'作为最高理想，'小康'作为近期的目标。"匡亚明注意到了《礼记·礼运》篇晚出的问题，但他认为该篇"包含了先秦儒家一脉相承的传统观点，本质上反映了孔子的政治理想。其理由是：'《礼运》篇所说的''大同'实际上相当于尧舜时代；'小康'实际上相当于西周初的领主封建社会，大体与孔子的观点相同。其次，孔子论'道'的部分政治内容大体上与该篇中讲的'大道'一致"③。

陈景磐等认为："孔子的大同思想，包含如下四个内容：（1）政治方

① 杜维明：《孔子仁学中的道学政》，《中国哲学》第5辑（1981年1月）。
② 马勇：《孔子与早期儒学》，《中国儒学》第1卷，东方出版中心1997年版。
③ 匡亚明：《孔子评传》，齐鲁书社1985年版，第249、251页。

面：就是'仁道'能够彻底实现，执政者能够使一切人民的生活都能得到自由幸福，能够'博施于民而能济众'、'修己以安百姓'。整个社会'选贤与能，讲信修睦'。（2）社会方面：构成一个充满着爱的社会，每一个人都去爱别人也被别人所爱。（3）经济方面：造成一种'人尽其才，地尽其利'的高度发展的社会经济。（4）社会效果方面：实现上述理想，就能做到没有任何私心与杂念，没有罪恶，没有偷盗窃杀，也用不着刑法的程度。"①

杜任之等在讲述孔子的理想社会时指出："孔子以仁为总纲，提出了理想社会的最高标准，即'天下为公'的'大同'世界，其政治、社会状态是'使老有所终，壮有所用，幼有所长，矜、寡、孤、独、废、疾者皆有所养……'。但这在当时阶级矛盾激化，斗争剧烈，社会经济危机严重的情况下，只能是一种憧憬。孔子审时度势，认为还是可以取法'宪章文武，这样的'小康'社会，并不亚于亚里士多德的政治学的理想社会；而这样的'大同'社会，则超过了古希腊人柏拉图的《理想国》。他之'为东周'，也不是要教条地原封恢复西周时期的一切制度，而是要通过'损益'和创新实现他所理想的'小康'社会。"②

清代有的学者认为：《礼记·礼运》篇关于"大同"、"小康"的论述带有老子、墨子观点的色彩。姬仲鸣等同意梁启超的意见，认为应是孔子的话。姬仲鸣指出，《礼运》篇在说"小康"时强调礼的重要性，这和老子所说"礼者忠信之薄而乱之首"的观点显然是背道而驰的。篇中说"不独亲其亲，子其子"，这是儒家由亲而及疏、由近而及远的仁爱精神，和墨家的爱无差等的主张，也显然是不同的。孔子讲"大同"之治，是他的最高的政治理想。"大同"之治，必须使这世界上人人皆具有伟大的仁爱精神、崇高的道德情操、至公无私的纯洁胸怀，这是很难实现的；所以孔子又提出一个次等的政治理想，那就是所谓"小康"之治。在"小康"之治里，承认人类私心的存在，只是要从人人为私的情况中，找出一种治平的办法，这办法可称为"人治主义"，也可称为"礼治主义"。姬仲鸣等指出，孔子的政治原则就是运用政治道德，实现道德政治。《论语·子路》篇，孔子提出了"正名"的主张。孔子说："郁郁乎文哉！吾从周。"他对周公在周初创建一套新制度、一种新文化的事业，确实十分地向往；但他"从周"并不墨守。他是博取虞、夏、殷、周之所长，而折中于己意的。他是"有教无类"，把政治知识普及到各阶层，使人人都能参与政治。孔

---

① 陈景磐、王彬：《试论孔子的大同思想》，《孔子研究》1986 年创刊号。

② 杜任之、高树帜：《孔子学说精华体系》，山西人民出版社 1985 年版，第 140 页。

子的政治理想是"天下为公"。他要求政治领袖（国君）应遵守的政治道德是："（一）修己以敬。（二）任人以明。（三）待臣以礼。（四）居上以宽。（五）临下以简。（六）使民以义。（七）发言以谨。（八）为命以慎。（九）施政以信。（十）治事以敏。（十一）养士以惠。（十二）济众以仁。"对臣下的政治道德则要求："（一）出处。（二）事上。（三）临民。（四）任事。（五）持躬。总不外一个'仁'字。"①

　　刘祚昌认为，《礼记·礼运篇》是战国末年或秦汉之际的儒家学者写的，论"大同"和"小康"的话是假托孔子说的，不能代表孔子的思想。从思想倾向来看，这些论"大同"、"小康"的话显然掺进了道家和墨家的思想成分，与孔子思想不类②。

三　孔子"正名"说的实质

　　益石认为："'正名'是孔子的重要政治思想。在肯定名是实的基础和本原的前提下，强调以名正实是唯心主义；在肯定名是实的反映的前提下，用抽象的名校正具体的实，则不是唯心主义。从实中概括出来的道，或一般、规律、本质，这抽象的名是可以校正具体的实的。要断定用抽象的名校正具体的实是否唯心主义，需要联系其在名实起源上的观点，不能孤立地就事论事。就名实而谈名实。孔子的'正名'思想和法家的'循名责实'、'综核名实'是一致的。申不害、韩非的正名思想不是唯心主义，同样的言论在孔子那里为何就是唯心主义呢？名实问题是认识论和逻辑问题，属于哲学根本问题的第二方面，只有联系哲学根本问题的第一方面，才能断定其是否唯心主义。孔子在哲学思想上没有摆脱天命论，但也并没有董仲舒那种'名号，异声而同本，皆鸣号而达天意者也'的神学的名实观，从一些间接材料分析，在名实起源上，可以看出，他倒是自发地有关朴素唯物主义观点的。孔子没有只要把名弄清楚，实就自然会改变的幼稚的唯心主义想法。"③

　　高专诚认为，孔子"'正名'的主要对象，不是平民百姓，而是在位者。在传统中国，政治的原初定义就是一个'正'字，不过是孔子把它做了明确的指示而已。其实，这也是孔子政治思想的核心，是他悉心考察社会现实所得出的真确结论。因为在他看来，社会动乱主要根源在于在位者

　　①　姬仲鸣等：《孔子·孔子学说》，中央民族大学出版社 1998 年版。
　　②　刘祚昌：《论孔子的政治理想》，中华孔子研究所编：《孔子研究论文集》，教育科学出版社 1985 年版。
　　③　益石：《孔子思想评议三则》，《中国哲学》第 7 辑，三联书店 1982 年版。

不守本份，没有起到表帅作用"①。

陈宪猷认为："孔子的'正名'说，是要求做到'名'与'实'相一致，而这个一致则又是以传统的伦理道德作为依归的。除了对'君臣、父子'这样的一些敏感的领域作了道德上的规范外，还对日常生活中的现象作了分析和归纳。孔子亲周主要不是政治上的，而应该是传统上的，伦理道德上的。这样，我们就可以十分容易地理解，为什么在以'与旧传统决裂'为口号的社会革命之时，孔子儒家往往是处于被打倒的地位；而新的制度确立后，社会需要稳定，需要传统文化，需要道德的重建，这时，孔子儒家思想又会被社会重新研究，重新肯定，这是因为孔子，尤其是他的'正名'观，强调的是对传统道德的继承，使社会安定。"②

四　孔子杀少正卯问题

关于孔子诛少正卯问题，"文化大革命"后不少学者对此提出异议。匡亚明指出："孔子诛少正卯实无其事。此事始见于《荀子·宥坐篇》，后来《吕氏春秋》、《说苑》、《史记·孔子世家》、《孔子家语》等书都采录，似乎真有其事。直到清人阎若璩、崔述、梁玉绳、江永等才提出疑问，否定孔子诛少正卯其人其事。这些学者对此作的考证，是很有价值的。归纳起来，可以论证孔子诛少卯之事为不可信者，主要依据有三条：1. 孔子诛少正卯，仅见于《荀子·宥坐篇》、《史记》、《孔子家语》等书，不见于《论语》、《春秋》、《左传》等书的，都不真实。但像所传孔子诛少正卯这样的大事，竟不留一点记传痕迹，是不可能的。2. 孔子秉政七日，以一大夫而杀一大夫，这样的事发生在春秋时代的孔子身上，是不可设想的。3. 孔子的核心思想是'仁'，他坚决反对轻易杀人，如果孔子秉政七日就'诛乱政大夫少正卯'，和孔子的一贯思想不是全然不相吻合吗？"③

赵光贤认为："孔子诛少正卯问题，最早见于《荀子·宥坐篇》，又见于《孔子家语》，当然是抄《荀子》的。这段记事有很多错误：（一）孔子在定公时只为司寇，并非'摄相'，'相'指相礼，不是行政官。（二）说少正卯是鲁之闻人，可是古经典中除此处外未见有其人。（三）少正是官名，卯是其名，当然也是一个大夫，孔子为司寇，也是一个大夫，司寇是法官是不能无故杀人的。（四）孔子所举五条罪状，不过是说此人心术

---

① 高专诚：《孔子·孔子弟子》，山西人民出版社 1989 年版，第 74 页。

② 陈宪猷：《对孔子"正名"说的历史反思》，香港孔教学院编：《孔子思想与 21 世纪国际学术研讨会论文集》，1997 年。

③ 匡亚明：《孔子评传》，齐鲁书 1985 年版，第 74 页。

不正，没有一条能说明少正卯有什么犯罪行为。（五）只因为他心术不正，是'小人之桀雄'，就非杀不可，那么孔子简直变成比秦始皇还专制的人了。（六）孔子主张以德治国，反对杀人，他怎么会杀没有罪的少正卯？由此看来，诛少正卯这传说可以断定绝无此事。"①

张秉楠指出："《荀子·宥坐》是孔子诛少正卯这一传说的最早记载，也是先秦古籍中的唯一记载。""南宋朱熹开始对此提出疑问。""自朱熹而至清代，相继提出怀疑的，仅著名学者就不下十人，尤以崔述、梁玉绳为代表。他们的论述，主要有两点：（1）秦以前，诛少正卯之说仅荀子一家独言而为《经》、《传》所不载；（2）此事与孔子的一贯主张不合。""《宥坐》提出诛少正卯的说法，而且假以孔子之名，这种做法在战国时期司空见惯。"②

第五节　孔子的经济思想

改革开放以来，有关孔子经济思想的研究和讨论成为一个热门话题。讨论最多的是孔子关于义、利的观点。一些学者认为，孔子在此问题上是一种积极的社会本位的仁学义利观。义与利并非相对立，而是互相统一的。有的学者还探讨了孔子的义利观与现代观念对接的问题。还有的学者认为应将孔子的义利观与后代某些儒家"重义轻利"或"义利对立"的观点区别开来。

孔子的富民思想也是讨论中的一个重要内容，分歧的焦点是孔子的"道"、"义"、"仁"与"富"的关系。有的学者提出应该弄清孔子的经济观点对谁有利，为谁着想，认为孔子主要是替没落的世袭贵族打主意。孔子经济思想和管理思想的现代意义是过去很少研究的问题，在新时期关于孔子思想的研究中也引起了一些学者的注意。

一　孔子的义利观

匡亚明认为："孔子的义并不是一个特殊的道德规范，它是指一般的当然准则，亦即道德律令。这个准则不是神的意志决定的，也不是每个个人依据自己的理性推导出来的，它是尧、舜、周公之类的圣人为世人制定的。""孔子认为，要做仁人君子，必须在义利关系上有正确的认识。这就

---

① 赵光贤：《孔学新论》，巴蜀书社 1992 年版，第 246 页。
② 张秉楠：《孔子》，吉林文史出版社 1997 年版，第 246、247、250 页。该书原题《孔子传》，初版于 1989 年。

是行义不顾利害，求利不害仁义。遇到得利的机会，应该考虑它是否合义，孔子的态度是'义然后取'。"对于富贵，"合于道义的生活，即使贫贱——吃粗粮，喝冷水，枕胳膊睡觉——也感到快乐。不合道义而得到的富贵，像过往的浮云，不值一顾"。"在如何对待利的问题上，孔子与后来儒家正统派的看法也有明显不同。孔子虽然轻利，他'罕言利'，说过'小人喻于利'之类的话，但并不反对求利。但是后世儒者逐渐产生了讳言利、排斥利的倾向。孔子为封建地主阶级提出了一个较为全面、较为合理的伦理学观点。孔子的义反映地主阶级的根本利益，虽然也照顾到农民的某些利益，但毕竟与农民的根本利益有原则区别。因此在地主阶级内部讲重义轻利是让个人服从阶级，而在全民族、全社会范围内讲重义轻利，实际上就是要全民族、全社会服从地主阶级。阶级社会的伦理道德，必然带有阶级性。"①

张岱年指出："孔子推崇'义以为上'（《论语·阳货》），把'道'、'义'与富贵区别开来。孔子虽然承认衣食为人之必需，富贵也是人之所欲，但其价值是相对的，而道义才是最高价值。因此，他提倡'君子忧道不忧贫'（《论语·卫灵公》），赞扬颜回'一箪食，一瓢饮，在陋巷，人不堪其忧，回也不改其乐'（《论语·雍也》）。"②

李甦认为："孔子的义利观、财富观，是作为他以仁为基础的伦理道德思想的重要组成部分，发挥着广泛的多功能性的德治效用。孔子对不同的阶级提出不同的道德要求：统治阶级要节用而爱人，使民以时，不要贪婪财利，聚敛重赋；士阶层要重道轻食，简单朴素，以苦为乐；贫民百姓要贫而无怨，不要好勇疾贫，犯上作乱。这就是孔子义利思想的本质所在，也是孔子爱有差等的仁爱思想在利益问题上的具体体现。"③

王泽应指出："长期以来，人们在评价历史上的'儒家义利之辨'时，总是将其视作'割裂义利关系'，'挑起义利问题的争论'，'宣扬重义轻利的道义论'其实，儒家义利之辨，既不曾割裂义利关系亦不曾混同义利关系。恰恰是对这种割裂或混同的克服。它所指向的既非重义轻利的道义论亦非重利轻义的功利论，只能是超越道义论与功利论的义利并重论。基于仁学指导下的义利之辨不可能是纯粹的利己主义，也不可能是纯粹的利他主义，不可能是根本不考虑个人利益的抽象道义论，也不可能是根本不考虑他人利益和社会公共利益、不讲究道义原则的彻底功利论，只能是个

---

① 匡亚明：《孔子评传》，齐鲁书社 1985 年版，第 227—230 页。
② 张岱年：《孔子大辞典·孔子》，上海辞书出版社 1993 年版。
③ 李甦：《孔子义利统一的思想》，《文史哲》1985 年第 2 期。

人利益与他人利益兼顾、功利与道义并重的伦理价值论。孔孟儒家正是从人类社会发展的总体高度提出义利之辨，并试图通过义利之辨，将人类的价值观念引导到义利并重，引导到使人我己群关系和谐发展、个人身心健康、社会安定团结、稳步发展的目标上来。这是儒家义利之辨历久而弥新直至现代仍不失其独特价值的一个根本原因。"①

刘向东认为："孔子和孟子提出的重义轻利原则一经产生就成为维护封建统治秩序的思想武器。在一些特定的历史条件和场合下，即当维护封建统治秩序与历史发展方向相吻合的条件和场合下，曾起到过积极的作用，造就了中国历史上许多悲壮的民族英雄；造就了为遏制统治者过分贪欲，不惜舍身求法的清官。但是，儒家义利观在限制封建统治者贪欲方面的作用毕竟是十分有限的，而对中国社会产生了消极影响。首先，割裂义利之间关系，引导人们全力去追求所谓道德的完善。否定人们对物质利益的追求，贬低科学技术的意义。其次，把人的社会性与自然属性对立起来，否认人性满足的道德意义，对中国人的精神残害也是非常严重的。"②

王应常指出："儒家义利观是在总结春秋战国诸子百家政治经济思想的基础与利民思想一致，反对统治阶级对劳动人民的肆意诛求。儒家的义与利并不是对立的，对上讲义，是要限制统治者私利，而得长治久安之大利；对下讲利，是要使人民得一定实惠，安居乐业，从而维护尊尊亲亲之大义。儒家义利观是儒家政治经济思想的集中反映，它虽未被当时的统治者接受，但在以后的历史中发挥了作用。"③

卫回春认为："孔子义利思想是其经济思想的核心部分，他在义利问题上的态度对几千年的中国社会产生了深远的影响，这就是人们对于物质利益的索取与追求，应该从属于道德的限制和规范，既要合乎礼又要合乎仁。孔子提出的义利观即经济活动与伦理道德之间的关系问题，存在于人类社会的一切社会形态之中，因而带有普遍的意义。"④

高庆年认为："孔子义利观是一种积极的社会本位的仁学义利观。一方面，义与利并非相互对立，而是互相统一的。仁、义、利三者的统一则是这种仁学义利观的最高境界。另一方面，孔子赞赏在对国家和百姓作出贡献的条件下为自己谋得正当利益并认为这同样可达到'仁'。因此，绝

---

① 王泽应：《儒家义利之辨新探》，《孔子研究》1992 年第 4 期。
② 刘向东：《浅谈儒家的义利观》，《河南教育学院学报》（哲社）1995 年第 2 期。
③ 王应常：《先秦儒家义利观的本质和历史作用》，《孔子研究》1990 年第 1 期。
④ 卫回春：《孔子义利观新探》，《山西师大学报》（社科）1995 年第 3 期。

不能笼统、简单地以'重义轻利'来概括孔子的义利观。"①

夏乃儒对"义利之辨"的历史渊源、发展历程作了简要考察。他认为："肯定义而否定利，这种绝对观念至少在孔子思想中尚未显现。在处理义利关系上，孔子的智慧表现在以下几点：（一）承认私利为人之所欲。（二）对于符合义的利应予以肯定。（三）不求不义之私利。（四）把'义'这一道德原则放在首位。（五）见利思义。（六）因民之所利而利之。（七）舍利取义。上述七个方面的概述可以说明孔子义利观的基本特征：'义先利后，义利统一'。"②

刘玉明认为："孔、孟、荀为代表的儒家学派固然重义，但也并不轻利，不仅重视道德价值，也重视经济价值。他们从'民本'思想出发，认定人对物质利益之需求的合理性。孔子毫不掩饰自己'求富'、'恶贫'的观点。儒家的处世哲学在根本利害问题上始终恪守道义，反对唯利是图，反对见利忘义。""概言之，孔、孟、荀儒家的义利观是，财利是基础，道义是统帅，利寓于义之中。义与利应为辩证统一的关系。"③

郭墨兰对孔子、墨子的义利观进行了比较研究。他指出："孔、墨义利之辨在先秦诸子百家中是较突出的。孔子所谓'义'，实际是天下人类的根本利益、全局利益、长远利益，他的'利'，多半是私利，甚至含有不正当的利益。孔子重义，但从不否定'利'。义首先是利的保证，其次是对利的限制。墨子和孔子一样重义，以'义'为最高道德准则。墨子的善恶标准，完全是一种利害关系。孔、墨强调和维护'公利'而反对不正当的私利，但在对待义与利之间的关系和处理态度上，二者又表现出了尖锐的对立。（一）在义利关系上，墨子认为义利间的关系是等同的，义即利。孔子将义利赋予了不同的意义，重轻、主次、先后分明对立。（二）在对待公私关系的态度和处理的具体措施上，孔子强调道义，认为只要行义达道，公利和正当的私利就能得到保证。墨子好走极端，强调'天下公利'，就否定个人私利。"④

刘志扬认为："管子与孔孟的经济思想是在不同的哲学基础之上建立的。前者是功利主义的，属富国强兵之论；孔子孟子是道义主义的，为弘道服务。两种经济思想以不同的方式影响着历史的进程。"⑤

---

① 高庆年：《论孔子的义利观及其现代转换》，《孔子研究》1997年第3期。
② 夏乃儒：《孔子的义利观与当代文化建设》，《孔子思想研究》，上海古籍出版社1999年版。
③ 刘玉明：《孔、孟、荀义利观之我见》，《孔孟荀之比较》，社科文献出版社1994年版。
④ 郭墨兰：《孔、墨义利观比较论》，《齐鲁学刊》1995年第3期。
⑤ 刘志扬：《管子与孔孟经济思想的哲学比较》，《管子学刊》1997年第3期。

二　孔子的富民思想

匡亚明指出："《论语·子路》有孔子讲的'庶、富、教'内容。人口众多，生活富裕，发展教育，这三个方面都是就民众说的，它们是孔子仁政德治的重要组成内容。""在庶的问题上，孔子与当时有识之士乃至一般统治者看法基本一致。在富的问题上，孔子就超过了他们。一般统治者的惠民政策，在予求关系上，予仅是手段，真正目的是放在求上，而且求得的东西是越多越好。孔子则不同。他认为惠民的主要目的是使民众的生活不断得到改善和富起来，而求则是相应的结果。因此，必须采取的办法是'节用而爱人，使民以时'，'择可劳而劳之'，'薄赋敛则民富'，总之是反对苛政，'因民之所利而利之'。这样才能使人民安居乐业并且逐步富裕起来。孔子坚持封建的等级制度，按照这一制度，不同等级的人应该具有不同的生活水平。但是孔子不希望等级之间过分对立，主张限制对人民的剥削、压迫，用仁民、富民的办法，建设一个和谐的等级社会。"①

史东岳指出："孔子对富民问题的论述虽不多，但却是其仁学思想体系中不可缺少的重要组成部分。""从孔子的许多言论看，他反对过度剥削，对'富'限制以仁、义、道德，对劳动人民富裕起来是有利的。其次，'维护统治秩序'与'富民'并不对立。从长远看，二者倒是统一的。只有人民富足了，社会才会安定，统治秩序才会稳固；反过来，统治秩序维护好了，国泰民安，才有条件生产，人民才有富裕起来的可能。为了实现'爱人'的纲领，孔子在政治、经济和道德方面都提出了一些具体要求。'富民'思想，是孔子'爱人'主张在经济领域的体现，同时也是使社会安定、维护统治秩序，从而使统治者长治久安的治国方针。"②

于承斌认为："孔子关心的不是积极的发展社会经济，而是主张在私有基础上财产的占有不甚悬殊，即大体上的平均。他认为只有这样，'有国有家者'才能保持长远统治。孔子承认爱富贵，恶贫贱是人的'所欲'也是人的自然性。肯定求富贵是正当的。不过，他认为求富贵不能违背封建阶级的根本利益，不能伤害封建制度。但是，认真说来，在对待富贵、贫贱问题上，孔子思想中并不是没有保守的因素和偏见。突出表现在：一、他一方面认为富贵是'人之所欲'，另方面又很强调天命，他认为富贵、贫贱都是天命决定的。二、他把'人欲'看作是纯粹消极的东西。把义与利看作是完全对立的事。对于'不以其道得之'的富和贵，孔子显然

①　匡亚明：《孔子评传》，齐鲁书社 1985 年版，第 265、266 页。

②　史东岳：《浅论孔子富民思想的几个问题》，《东岳论丛》1986 年第 1 期。

统通反对。对于想学稼、学圃的樊迟，孔子骂他是小人。而对于乐道安贫，或因守道而贫，孔子则赞不绝口。孔子和他的学生都对求贵表现出异乎寻常的热心，他不仅给求贵的活动蒙上了崇高的道德色彩，而且还具有上膺天命，替天行道的宗教精神。孔子把求利看作是小人的事，也把求富的方法和途径几乎都和道德对立起来。这样，就把道德的作用，强调到不适当的地步，以致颠倒了存在和意识的关系，否定了道德、意识形态等上层建筑对经济基础的依赖性。"①

三　孔子治国的经济主张

杨树增、侯宪林分析了孔子治国安邦的三大要政："即以'庶'来求增加生产人口，以'富'来强国，以'教'来治民。'富'是立国的基础，强国的根本，在广义上讲，可谓富国即治国。富国须先富民。民富则国强。孔子用一个'仁'字，将社会全体成员的利益赋予了普遍意义。孔子'爱人'主张，爱护人力，重视生产力中人这一活劳力的价值，是其发展生产力的原则，在很大程度上提高了生产者的地位，解放了生产力。孔子为了进一步发展生产力，又提出薄赋。长期以来，不少人以孔子想往井田制的'藉'和想恢复古制废止关市之征税为据，认为他站在旧阶级的保守立场上，妄想倒退，而忽视了孔子反对横征暴敛的实质。孔子代表新兴地主阶级，有着超越前人的本阶级兴盛时期的奋斗目标，那就是'博施于民而能济众'。一些人认为孔子反对或轻视劳动（指物质生产劳动），多以《论语·子路》记载孔子反对弟子樊迟学圃为据。实则对于物质生产本身或'小人'从事体力劳动，孔子不仅从未反对，而且十分关注。他认为尽管体力劳动也有可学的技艺，但恐妨碍大业，所以君子不去从事它。孔子的分配观核心是'均'。孔子提出这个新的分配观，受到个体农民思想的一定影响。平均分配一切财富是原始农民'共产主义'的心理，这是孔子思想为个体小生产者乐于接受的根本所在，从而也是从经济上清除封建领主制的强大思想推动力。孔子的'均'不是搞破除等级的绝对平均分配。'均'是要以一定等级标准限制人们对消费品的奢、欲、贪，于是孔子对统治者又提出了'节用'的消费观。对广大贫穷下层群众，孔子则要求他们守'道'来达到安贫。从《论语》中看，孔子经济思想虽然还不成一个系统的体系，但它已为中国封建地主阶级经济提供了理论原则，对于封建地主经济的产生与发展曾起过十分巨大的作用，它在中国经济史上的地位

---

① 于承斌：《孔子论富贵、贫贱述议》，中华孔子研究所编：《孔子研究文集》，教育科学出版社1987年版。

是异常重要的。尽管它还有封建领主思想的影响，有唯心主义，消极的倾向，但它是作为一种对领主经济进行变革的新思想提出来的，所以它的本质必然是革命的、积极的、进步的，一产生便显示出它强大生命力。"①

李树尔认为孔子所处的时代是从"藉田以力"的徭役地租形式向着"履亩而税"的产物地租形式过渡的时期。他指出："孔子对'初税亩'未见直接评论。他向冉有和季氏推荐子产的'丘赋'。孔子反对季氏的'以田赋'，主要是反对他提高税率，不能说是反对'初税亩'，因为'初税亩'当时已实行了一百二十年。在这次反对提高税率的斗争中，孔子提出了著名的三项经济原则，即所谓'施取其厚，事举其中，敛从其薄'。历史地看，孔子在经济上并不保守。他支持旨在提高人民生活、减轻人民负担的经济改革。这不仅符合历史事实，也符合他的发展论观点的逻辑。他的发展观就是用'损益'原理表达的不断发展。孔子所提出一系列观点，如：使民足食，使民富裕，富而后教，薄敛厚施，节用爱人，均无贫，因民之所利而利之，等等，都超出了他的前辈，都是其前人不曾讲过的，新颖的经济观点，具有独创性。从这个意义讲，孔子又是革新派。他的这些观点，几乎涉及到了当时社会经济生活的所有方面，而且在每一方面都含有真知卓见。这是孔子经济思想的主要方面，也是积极方面。孔子的上述经济思想，不管是因反对统治者而提出的批评，或是为之出谋划策，或是自己治国安邦的谋略，在客观上确实反映了人民的要求，对人民是有利的。当时这些思想未被统治者接纳，不是因为孔子要复辟西周奴隶制（这样看，是非就颠倒了），而是因为过多地批评了统治者，更多地替人民说了话。"②

姬仲鸣等指出："富民之理论，不但为孔子经济学说之基础，亦为儒家经济主张的一大特点。孔子的赋税理论可分三个方面：第一课税对象，孔子主张课税于土地。其课征土地的税率是采用十分取一的彻法。第二人民纳税标准，孔子主张以人民纳税能力为课税标准，务使人民不致感受痛苦为要。第三税负问题，孔子有两种主张：其一是赋税负担宜轻。其二是负担分配宜平均。"孔子对于财政的主张，姬仲鸣等认为有五种："一、主张'先富后教'。二、主张藏富于民。三、培养财源。四、节用爱民。五、实现均富社会。""孔子主张富庶先于教化，他并非只知高谈道德政治，而置民生日用之基础于不顾。但他认为应以理性控制物欲使其能得适当满足而不过分，个人私利要与社会公利兼筹并顾。孔子有民生主义的精神，民

① 杨树增、侯宪林：《从〈论语〉看孔子的经济思想》，《河北学刊》1986年第1期。
② 李树尔：《孔子所处的时代及其经济思想》，《孔子研究》1991年第2期。

生主义主张大量生产以致富，合理分配以均富。国家富有是要人人都有钱，要做到均富。孔子理想的大同社会要求人去私心，存公利；使男女老幼各得其所，各尽其力；富源尽辟，家给人足；孤独废疾，皆有所养，人与人之间，自然而然亲爱和谐，美善相乐，而逐渐臻于大同的理想。"①

金景芳认为："孔子总是从政治的角度看经济问题。他提出的'足食、足兵、民信'三项，信是第一位，是政治问题，食是经济问题。食只有在不妨碍信并且能保证信的时候才有意义。"孔子"考虑经济问题一定要以得民与否为出发点，这是孔子经济思想的基本之点"。"他主张统治者对人民要轻取轻使，这是一。第二是让人民富起来。由此可见，孔子对经济是重视的。但是孔子认为生活资料的生产活动是小人的事情，君子是不干的"。金景芳指出："孔子思考经济问题离不开等级名分，等级名分就是礼。经济问题要受礼的局限。孔子一切方面的主张无不贯穿仁义精神"，"孔子在经济问题上当然也是推行仁义；推行仁义便须遵循礼的约束；在这个思想前提下，孔子提出一个'均'的问题"。"董仲舒以为均不是均贫富，大家绝对平均，均是贫富在贵贱等差上表现出来，该富的当富，该贫的当贫，但不可无限拉大贫富差别，造成大贫大富，董氏之训解深得孔子真意，可谓的当可信。"②

蔡尚思认为："研究孔子的经济观点，应该弄清对谁有利，为谁着想。如《论语·季氏》：'丘也闻有国有家者，不患寡而患不均，不患贫，而患不安，盖均无贫，和无寡，安无倾。'自梁启超起的不少论者，都说这段话表明孔子是世界上最早的社会主义者。不错，孔子说'均无贫'，似乎有点空想社会主义的味道。但他维护的是奴隶制等级统治，担忧的是奴隶主旧贵族财产分配'不均'以致礼坏乐崩，造成奴隶主旧秩序的'不安'。这同空想社会主义主张消灭阶级特权，进而消灭阶级差别完全风马牛不相及。孔子这段话是针对季氏准备消灭鲁国境内的风姓小国颛臾，派冉求、子路去问孔子的意见，发表了那一番议论。事情很明白，孔子完全在替'有国有家者'打主意。没有提到如何使人民'均无贫'的问题。因此，假如以为孔子提出的是所有人的'均无贫'问题，那便直接违反历史事实。孔子主要在替没落的世袭贵族打主意。季氏代表春秋鲁国的新兴地主阶级势力，为了扩大私家的经济力量，要消灭负险固守的颛臾国，孔子为什么会认为将要出现'不均'、'不安'呢？只能表明他认为周初以来的奴隶制传统秩序，在经济上是'平均'的，在政治上是'安宁'的。因而他

---

① 姬仲鸣、周侃：《孔子·孔子学说·孔子的经济思想》，中央民族大学出版社 1998 年版。
② 金景芳等：《孔子新传》，湖南出版社 1985 年版，第 153—155 页。

反对打破这个秩序，要求维护原状。从经济学说角度来考察，孔子的观点也是错误的。所谓'不患寡而患不均'，说的是生产力不发展没有关系，重要的问题在于保存奴隶主占有土地和奴隶的'平均'权利。但正是西周以来的奴隶生产关系，束缚了生产力，这实际上在主张强化束缚生产力的旧桎梏，怎能说是想给人民办点有利的事呢？"① 对孔子的"均无贫"，蔡尚思认为："朱熹的解释倒是比较符合孔子的本意：'均，谓各得其分；安，谓上下相安。'""孔子要人们严格遵守礼的规定，安于自己的等级名分，不互相侵夺，上下也就相安无事。""孔子把财富的分配与天命的安排直接联系在一起，使他的经济思想带有浓厚的宿命论色彩。""在孔子看来，人们得利失利，早由命中注定，即所谓'死生有命，富贵在天'。然而他并不否定存在着用人力追求财富的可能机会。""孔子要别人安贫知命，但自己却享受着锦衣玉食，奢侈豪华的生活。这证明，孔子祭起连自己也不完全相信的'天命'论的法宝，目的是为了欺骗和愚弄人民，并且反对一切可能危及旧制度生存的经济改革。同样，孔子关于'重义轻利'的说教，也具有很大的虚伪性。"②

　　任怀国专门讨论了孔子的人口思想。他认为："孔子的人口思想有丰富的内容。从'仁'就是'爱人'的观点出发，十分重视增加人口。孔子的'仁政'包含政治、经济等方面的内容，其中与人口关系特别密切的是'富而后教'的主张。在提高人口质量问题上，孔子主张'有教无类'。在人口构成问题上，孔子并不将'劳心'、'劳力'作为划分的唯一依据，认为君子与小人的划分，除了取决于他们'劳心'和'劳力'的不同外，还取决于他们是否维护旧的等级制度和追求个人私利。模糊了人口的阶级构成，对后世的影响是消极的。作为'仁'的根本的'孝弟'，在孔子的人口思想中也占有重要地位。孔子虽然没有形成系统的人口学说，但这方面的言论是很多的。"③

四　孔子经济思想对后代的影响

　　冯天瑜认为："儒家治学、执教，'游于六经之中，留意于仁义之际'（《汉书·艺术志》），很少涉及生产技艺和理论性自然知识的研究与传授。如果这仅仅是孔门师徒个人的癖好所致，于国计民生无大干系；然而，孔

---

　　① 蔡尚思：《"四人帮"的假批孔与孔子思想的评价》，山东大学历史系：《孔子及孔子思想再评价》（论文集），吉林人民出版社 1980 年版。

　　② 蔡尚思：《孔子思想体系》上海人民出版社 1982 年版，第 81、82、86 页。

　　③ 任怀国：《试论孔子的人口思想》，《齐鲁学刊》1996 年第 2 期。

子'轻自然、斥技艺'的倾向，在中国封建社会特有的气候土壤条件下，得到了充分的滋生蔓衍，给两千余年中国的文化教育，以至整个社会生活，都带来深广影响。孔子一方面承袭了殷周统治者的'农本思想'，另一方面，上承周礼，其学说重点也在'德化'和'礼治'。孔子重视农业，是出于一个务实的、实用的，精明的政治家的考虑，而并非从农业技艺着眼。手工业是'贱工末技'。此外，孔子还十分厌恶商业。他把伦常法制看作认识最高峰。至于'物理'的探求，则是等而下之的事情。""纵观《论语》及其他记述孔子言行的典籍，可以看到，孔子论'学'，不外乎'学易'、'学文'、'学干禄'、'学诗'、'学礼'；至于天道自然，没有真正成为孔子研讨的对象，即或偶有涉猎，也从未具有独立的意义，它们不过是儒家政治、道德论人生论的附庸。"①

赵靖认为："孔子的管理思想中最有特征的内容是重视人的因素，重视教育手段，重视领导的作用和重视长期战略目标。孔子的管理思想中对后代消极影响最深、最严重的是轻视经济工作，反对改革和把家族宗法制度引进国家事务的管理中。"②

潘乃越将孔子思想与现代管理联系起来。他认为："当世界进入后工业社会时，由于日本和东南亚的迅速崛起，孔子管理思想再度被世人所重视，这又一次证明孔子管理思想的超时代性。日本工业之父涩泽荣一的'《论语》加算盘'，已故著名企业家松下幸之助靠一部《论语》起家的说法，都映证了孔子管理思想在现代管理中举足轻重的地位。"潘乃越分别对孔子的"和"、"中庸"、"德治"、"正己"、"仁爱"和"行仁"等思想与现代管理的关系进行了论述，认为"这些思想都具有超时代性，而今，仍有现实意义，适合中国民族性的管理之路"③。

第六节　孔子的法律思想

孔子的法律思想是孔子政治思想的一个重要组成部分。长期以来，有关这方面的研究比较薄弱。在 20 世纪最后二十多年，关于孔子法律思想的研究和讨论逐渐多了起来。内容主要涉及孔子是否反对法和法制；孔子反对铸刑鼎的原因是什么；孔子所说的"民可使由之，不可使知之"应如何

---

① 冯天瑜：《孔子"轻自然、斥技艺"思想的历史评价》，《中国哲学史研究》1982 年第 2 期。

② 赵靖：《孔子的管理思想和现代经营管理》，《孔子研究》1989 年第 1 期。

③ 潘乃越：《孔子与现代管理·序》，中国经济出版社 1994 年版。

理解；孔子搞不搞愚民政策；"礼治"与"法治"的关系，等等。

一　孔子是不是反对"法"和"法治"

杨景凡、俞荣根的《孔子的法律思想》，是一部比较系统探讨孔子法律思想的专著。作者认为"孔子并不反对法"，否定了"韩非说孔子'以文乱法'、反对刑、反对法"的说法。指出："孔子是一个面对现实的思想家和以救世为己任的政治活动家"，"无论在理论上还是司法实践中，孔子都没有放弃法，即否认政刑"。长期以来，有些论著把孔子反对铸刑鼎作为他反对法和'法治'的一个最有力的证据。这种观点认为，我国成文法的公布始于郑刑书、晋刑鼎；公布成文法是新兴地主阶级法制改革的标志；孔子反对铸刑鼎就是反对公布成文法，就是反对"法治"为特征的封建法制改革，从而维护"贵贱不愆"的奴隶制度，是反动，是倒退。"但《左传》关于晋铸鼎的记载（昭公二十九年），从整段文义来看，孔子并非反对法的公布，反对治国用法，而是非议刑鼎所铸之法的内容"。杨景凡等指出："有的文章引征《论语》'民可使由之，不可使知之'，说孔子一贯主张愚民政策，所以反对铸鼎公开法律。事实上《论语》中有大量言论足以证明孔子是主张'教民'的。对那些奉行愚民政策的执行者，他屡加指责。""况且，'可'字在古代有'应该'与'能够'两种解释。这句话的意思是，对于老百姓，能够使他遵照法令、法律规定去做，但难以使他们理解其中的道理。"杨景凡和俞荣根认为："春秋时代，礼法不分，礼刑一物，失礼入刑，刑寓于礼。孔子的'以礼治国'包含了'以法治国'或治国要用刑在内"；"孔子的礼治和商韩的'法制'都是人治，他们的分歧不是什么'人治和法治的斗争'"。"孔子提倡礼治，主要是主张德主刑辅，反对严刑酷法。但孔子过分强调了礼的'亲亲'家族主义原则，是其保守和落后面；礼治思想，完全称得上一种法律思想，应当把先秦儒家放到法律思想家的行列中加以研究"①。

张岱年认为："孔子法律思想的基本点是以礼为主，辅之以刑罚。认为道德教化的作用，决非刑罚的作用。他说：'礼乐不兴则刑罚不中，刑罚不中则民无所措手足。'（《论语·子路》）把礼乐与刑罚相提并论，肯定两者是互相关联的。他所反对的只是'刑罚不中'而已。孔子认为'听讼'只是手段，而使'无讼'才是目的。要做到这一点，首先要求统治者正其身。其次，要用正直的人。再次，要尽量避免凭'片言'以'折狱'。

---

① 　杨景凡、俞荣根：《孔子的法律思想》，群众出版社 1984 年版，第 25、30—32、42、43、58 页。

孔子还反对'不教而诛'，主张事先要进行教导和告诫。此外，孔子还反对公布刑律与提出'父子相隐'的主张，表现了严重的阶级的历史的局限性。"①

吴江认为，"孔子对范宣子铸刑鼎表示不满，不是完全否定法"。但是孔子确是反对"法治"的。吴江强调说："孔子明确地站在'礼治'的立场上反对'法治'，因为孔子认为'法治'破坏了周礼。孔子是主张'齐之以礼'的，因为在他看来，'礼者禁于将然之前，而法者禁于将然之后'（《大戴礼记·礼察篇》）。这就是孔子反对'法治'的理由。"②

蔡尚思指出："说孔子强调德治，那是不错的。但说孔子反对刑罚，那就不对了。"他认为："孔子主张统治必须德刑并用，但对执政者即君子领袖来说，首先注意的还是用德来引导。孔子强调德治，决不是反对向被压迫者施用暴力，更不是出于什么人道的考虑。正好相反，他的出发点是'服民'。但他比一般只知用严密法网维持政权的统治者要有远见，懂得要使民驯服，单靠用刑杀禁止是不行的，还必须使民安土重迁，并且养成一种卑怯心理，以为自己能生存全赖君子的恩赐。这就是孔子为什么强调君子既要怀德，又要怀刑，实行'宽猛相济'的道理。这个道理不是孔子的发明，而是他的殷代祖先的创造。"③

金景芳指出："孔子的法律思想有三点值得注意：第一，孔子主张为政以德，以德治国，大不同于法家，但是孔子不反对治国使用刑法。第二，孔子主张'刑罚中'，显然是要求刑罚不滥，处理慎重得当。第三，孔子不反对公布成文法，主张事先将犯什么科定什么罪，施什么刑罚，规定明白，晓示民众使有所躲避。"④

李妙根认为："说孔子强调德治和礼治，那是不错的。但说孔子反对刑罚，他的礼里不包含刑，那就不对了。孔子明明白白地说过：'君子怀德，小人怀土；君子怀刑，小人怀惠。'（《论语·里仁》）孔子主张统治必须德刑并用，但对执政者即君子领袖来说，首先注意的还是用德来引导。强调在'道'即导引问题上有'以政'与'以德'的区别，都证明他的治国方略主要是给执政者的计策，而并非一般地反对用刑，否则他就决不会轻易称颂'君子怀刑'。"⑤

---

① 张岱年：《孔子》，《孔子大辞典》，上海辞书出版社1993年版。

② 吴江：《孔子学说以礼为首》，《文史杂论》，青岛出版社2000年版。

③ 蔡尚思：《孔子思想体系》，上海人民出版社1982年版，第76、77页。

④ 金景芳、吕绍纲、吕文郁：《孔子新传》，湖南出版社1991年版，第151、152页。

⑤ 李妙根：《孔子"为政以德"论发微》，《与孔子对话——新世纪全球文明中的儒学》，学林出版社2005年版。

　　对《左传》昭公二十九年孔子反对铸刑鼎的记载，在讨论中存在着意见分歧。钟肇鹏认为："把文公六年与昭公二十九年两文对校，可见后者在记载上是有问题的。第一，因为赵盾与范匄两人都谥宣，把赵宣子误为范宣子，其实制刑书与范匄并无关系。第二，刑书之作在'改搜于董'之后，而上面引仲尼的话说成是'夷之搜'，也是不确切的。这种张冠李戴，史实不确的记述，究竟是否是仲尼的话，就很值得怀疑。"①

　　王煦华认为："晋国的夷搜之法是公元前 621 年制定的。《左传》清楚说明制定夷搜之法的是赵宣子，不是范宣子。这年范宣子还没有出世。《左传》不存在'把赵宣子误认为范宣子'的张冠李戴问题。孔子作批评性的判断，必须有范宣子修订夷搜之法的事实为依据，如果范宣子没有修订，那末这部刑书仍是原来的夷搜之法，同一个东西怎能用自身作批评性的判断呢。《左传》存在史实不确的记述对仲尼曰一节表示怀疑，是不能令人首肯的。"王煦华还指出："把孔子的礼治绝对化，说孔子连制定法律，追捕逃跑的人也反对，并不符合孔子的礼治思想。孔子的礼治并不排斥刑法，而是礼治和刑法相互为用。"②

　　韩连琪认为："从范宣子《刑书》所本的赵宣子搜于夷所制定的晋之'常法'中的'正法罪，辟刑狱'、'本秩礼，续常职，出滞淹'等来看，已不见有自西周以来以'亲亲'为主，维护在宗法分封制下旧的奴隶主贵族等级秩序的痕迹。这在站在旧的奴隶主贵族立场的孔子看来，自然是失其度，也就是'乱制'了。"③

　　王煦华对韩连琪上述看法也提出异议，他认为："所谓'续常职，出滞淹'，并不一定是维护以尚贤为主的新的贵族等级秩序，相反倒可能是维护以亲亲为主的旧的没落贵族等级秩序，以此来解释孔子说的范宣子所为刑书及其所本的夷搜之法是'乱制'是不能成立的。"对于孔子为什么反对晋国铸刑鼎而不反对郑子产铸刑书的问题，王煦华认为："从孔子反对铸刑鼎的意见来看，孔子认为'贵贱不愆'是礼治的最根本的原则。它能使庶民尊敬贵族，贵族守住家业，因此只能由贵族统治者自己掌握，而不能公布给庶民知道。这和'民可使由之，不可使知之'是一致的。所以孔子反对铸刑鼎所反对的只是公布维护贵族等级秩序的秩礼，而并不反对公布贵族统治庶民的刑法。范宣子的刑书，从其所本夷搜之法来看，是刑

　　① 钟肇鹏：《孔子研究》，中国社会科学出版社 1991 年版，第 6 页。

　　② 王煦华：《从剖析孔子反对铸刑鼎的意见看其礼治思想》，曲阜师范大学孔子研究所编：《孔子思想研究论集》，齐鲁书社 1987 年版。

　　③ 韩连琪：《论春秋时代法律制度的演变》，《中国史研究》1983 年第 4 期。

法与秩礼合在一起的，把它著之于鼎，那就不仅把刑法公布了，而且也把秩礼公布了，在孔子看来，这是放弃了维护贵族等级的秩礼，造成'贵贱无序'，有亡国的危险，所以孔子坚决反对。子产铸刑书只是公布了统治庶民的三种刑法，不涉及维护'贵贱不愆'的根本原则问题，所以孔子不反对。孔子的礼治虽是反对法制的，是违反春秋战国之际的历史发展的趋势的，但是仍有他的合理部分，在法治思想中继续保持下来。"①

二　孔子法律思想的特征

杨景凡和俞荣根认为："民本思想、宗法思想、君权思想、大同思想是孔子法理学的四大原则。这四大原则之间互为条件，互相制约，是孔子法律学说在立法、司法、守法问题上的指导原则。孔子伦理法律学说是从属于仁这一母体系本身的一个子体系，和它母体一样，存在着内在的矛盾，这种矛盾突出地表现在民本思想和宗法思想的互相冲突上。民本思想要求重民轻君，宗法思想的基本的信条却是尊父卑子，它和君权思想相结合，要求把父子关系推衍为君臣关系。"基于上述看法，杨景凡和俞荣根提出："在认识和评价孔子法律学说时应避免非历史主义的态度。孔子以君主主义和宗法——家族主义为其法律论的重要原则，是社会现实的反映，把它斥之为复辟和反动，未免苛求太甚。况且，孔子并不主张绝对的君权和父权。"②

俞荣根认为："孔子在伦理学和道德论上的杰出成就在一定程度上掩盖了他的法律思想的光辉。孔子的政治思想是伦理的政治思想，孔子的法律思想也是伦理的法律思想。它的含义可初步表述为以下三个方面：其一，以伦理为最终和最高尺度来评价法律问题，建立了伦理的法律价值观和法律意识；其二，伦理与法律相辅相成，伦理统率法律，凌驾于法律之上；其三，道德规范和法律规范之间交错渗透、亦此亦彼，构成十分灵活的、互补并可以转化的、动态的有机结构，大量的道德规范可以随时被直接赋予法的性质，具有法的效力。"孔子早在公元前5世纪至前4世纪之际就"创立了基本上摆脱宗教的道德论和将道德与法律结合的法律学说，决定了中华法文化舍宗教取道德、远神道亲人道的发展方向。中华法系比世界上其他法系都更早地甩开了宗教和神学的束缚，与孔子伦理法学说的影响是分不开的。孔子的伦理法思想的生命力正在于它植根于以自然经济

---

　　①　王煦华：《从剖析孔子反对铸刑鼎的意见看其礼治思想》，曲阜师范大学孔子研究所编：《孔子思想研究论集》，齐鲁书社1987年版。
　　②　杨景凡、俞荣根：《孔子的法律思想》，群众出版社1984年版，第169、170页。

为主体的宗法性农业社会土壤之中。它后来成为封建社会长期占统治地位的法律学说，决非几个封建皇帝的个人喜好所使然。从这个意义上说，孔子称得上是一位古代农业社会影响最大、最有权威的法律思想家"①。

杜任之、高树帜在探讨孔子的法律思想时指出："孔子对礼的重要改革是法统。'法统'一词，是剥削阶级的名词，指的是他们统治人民有一定的法纪权传统，他们的政权是合法的正统，不能变易的，君权是绝对的，神圣不可侵犯的。孔子则主张改为相对的，亦即改为以仁德为准的权力继承。孔子所以不坚持宗法主义的君权世袭和诸侯、卿、大夫、爵禄世袭的宗法传统，主要原因，是孔子立足于裕民、保国，而主要是在裕民的前提下来保国（保君主权力）的思想。从这一思想出发，孔子所拥戴的君主'是关心人民疾苦，除暴安良、彰瘅恶的君主'。孔子对西周的法权，继承早期奴隶社会'刑不上大夫，礼不下庶人'的传统。对庶人是'道（导）之以政，齐之以刑'。孔子主张，'道（导）之以德，齐之以礼'，是主张把'不下庶民'的'礼'下到庶民的。孔子在法权上主张，是有赏有罚的。他主张的'礼'制，在当时亦具有法律效力。他反对不用礼治而单纯用刑法镇压人民，主张先教，是含有积极意义的，也有历史根据。孔子主张礼治即包含法制，孔子是礼、法并重的。他所主张的礼，作为所有各阶级、阶层行为的规范来说，'大夫'自不能例外。因此，'不上大夫'的'刑'，可以说孔子也主张上到大夫。所以孔子的这个倡导，既是受教育的机会人人平等，也可以说是法律面前人人平等。"②

乔伟认为："宽猛相济是孔子法律思想的核心。在礼刑并用的同时，孔子始终以礼为主，以刑为辅。对犯罪者实行刑法制裁，最终是从根本上消灭犯罪，消灭刑罚。"③

王威宣认为："孔子从'仁'的思想核心出发，对法律，刑罚与道德教育的关系，提出'德治'的主张。孔子认为，只有实行'德治'，才能使人民心悦诚服地接受统治，一味采用严刑峻法，并不能真正解决问题。孔子站在古代朴素的人道主义者的立场，提出了'德治'的方法，这无疑是具有一定时代进步性的。既然强调'德治'，自然容易产生忽视法治倾向。因此，他不主张公布成文法，否认加强立法的重要性。孔子认为加强'德治'，就可以达到'无讼'和'胜残去杀'的作用，这就是他的'以

---

① 俞荣根：《孔子法律思想探微》，曲阜师范大学孔子研究所编：《孔子思想研究论集》，齐鲁书社1987年版。

② 杜任之、高树帜：《孔子学说精华体系》，山西人民出版社1985年版，第149页。

③ 乔伟：《先秦儒家的法律思想及其历史地位》，《文史哲》1985年第3期。

德去刑'的理论。在那时根本是无法实现的。但他这种重视'德治'，注重道德教育，反对滥刑的主张，在当时还起了一定积极作用。"①

钱逊认为，《论语·为政》"道之以政齐之以刑，民免而无耻；道之以德，齐之以礼，有耻且格"，是孔子德治思想的基本出发点。"孔子第一次提出了一个重要的问题，即道德与政治、法律的关系。在他看来，治理国家，只靠法律、刑政是不行的。用刑罚来统一人们的行动，只能使百姓因为害怕而不敢做坏事，却不能使人有知耻之心，自觉地不做坏事。孔子夸大了道德的作用，带来了很大的幻想成分。孔子一生周游列国而终于没有见用，这也是重要原因之一。"②

1993 年 1 月，在中国儒学与法律文化研究会以"《论语》思想的现代法文化价值"为主题的学术讨论会上，一部分学者认为："《论语》'德主刑辅'的社会治安综合治理模式给我们的启示，一是'富民'，在一部分人先富的基础上，走共同富裕的道路；二是'教民'，自觉抵制市场经济负面作用的侵袭；三、是依法制裁犯罪分子，富民、教民加法治。'德主刑辅'与今天的社会治安综合治理也颇适应。"另一部分学者则认为："儒家道德的一些内容已与市场经济和法制建设发生了尖锐对立。例如，儒家的'富民'，带有平均主义色彩；儒家的'教民'，不让人们树立诉讼意识。平均主义为市场经济所不容，'无讼'意识与法制文化相背离。"会上，有的学者提出："《论语》中的法律观是一种二元体制，一是国家制定法（如'律'）另一种是社会生成法（国家认可的风俗习惯，如'礼'）。我们现在应该重建这种形式的二元体制，把现今社会生活里的善良礼俗编成文字记述，便于人们遵守和执法者执行，并建立与善良礼俗相配套的刑法制度。"一些学者认为："目前对善良礼俗进行文字记述，编纂的时机并不成熟，现在应该多多关注广东、深圳、温州，认真考察一下那里发生的传统法文化的变化，从中总结出某种带有规律性的东西，作为对儒家法文化进行转换的理论依据。"③

杨奉琨认为："由于孔子主张'德治'须由人来体现、实行，因而也就逻辑地强调人的作用。人定法，人执法，有了人，才能制定好法，执行好法，使社会安定。"他指出："孔子是重视实施法治中的策略的，软硬兼

---

① 王威宣：《孔子的法律思想》，山西省孔子学术研究会编：《孔子思想研究文集》，山西人民出版社 1988 年版。

② 钱逊：《孔子德治思想浅析》，中华孔子研究所编：《孔子研究论文集》1987 年版。

③ 《〈论语〉思想的现代法文化价值学术讨论会在南京举行》，《中国历史学年鉴（1994 年）》。

施，德威并用，实行中道，是孔子法律思想的又一特点。孔子认为有因有革，有损有益，是法制发展的历史规律，孔子主张'使民无讼'，'先教后诛'，'父子相隐'，这些思想被后世封建刑律采用后，一直作为重要内容和指导原则。"①

第七节　儒教是不是宗教

民国初年，孔教会曾大力鼓吹定孔教为国教，尊孔子为教主。在学术界，孔教究竟是不是宗教，长期以来始终存在着争议。

1978 年，任继愈在中国无神论学会成立大会上，提出"儒教是宗教"的观点。他在一些论文中多次重申这一观点。他的主要论点是：孔子创立的儒家学说，继承和发展了殷周奴隶制时代的天命神学和对祖先崇拜的宗教思想。在先秦时代，孔子学说还没有发展成宗教。秦汉统一中国，特别是西汉武帝时，罢黜百家，独尊儒术以后，儒学已具有宗教的雏形，但是，宗教的某些特征，还不够完善。直到佛教传入中国以后，经过儒、释、道三教的不断交融，相互影响，再加上历代帝王为了利用它们，有意识地支持、推动，三教合一的条件才逐渐成熟。宋明理学家汲取了佛教、道教一些宗教修行的方法，建构了一整套思想体系之后，儒教于是形成为宗教。关于儒教的特质，任继愈认为："主要有以下几点：一、儒教信奉'天地君亲师'，把封建宗法制度与宗教世界观有机地结合起来。二、儒教不主张出家，而注重现实的人伦日用之常，带有很强的世俗性。宗教的世俗化是宗教发展的一般趋势。三、儒教有完备的宗教修养方法和罪恶理论。四、儒教虽缺少一般宗教的外在特征，却具有宗教的一切本质属性，教主是孔子，教义和崇奉的对象为'天地君亲师'；其经典为儒家六经四书，教派及传法世系是儒家的道统论。"

任继愈关于孔教是宗教的观点，有别于民国初年孔教会那帮人对孔教的认识：认为儒教在古代曾有过功劳，因为它为巩固大一统的封建王朝起过积极作用。但他对儒教持批判的态度，认为"中国文化的好传统并非来自儒教，甚至是反儒教的产物"。任继愈肯定"五四"以来学术界对中国传统文化进行了卓有成效的研究，但也指出不足之处在于"对影响中华民族的伦理观、价值观、社会生活、文化生活以及家庭生活的儒教，没有认真清理"。②

---

① 杨奉琨：《论孔子的法律思想》，《孔子思想研究》，上海古籍出版社 1999 年版。
② 任继愈：《论儒教的形成》，《中国社会科学》1980 年第 1 期。

李申在任继愈一书的基本理论框架下，完成了一部近 150 万字的《中国儒教史》①。书中说："中国古代文化的各个方面，乃是一个相互关联的整体。这个整体，有统有宗，儒教，就是整个中国古代文化的统和宗。儒教不仅总统着一切方面，而且把它的精神贯彻到这各个方面之中，构成了中国古代文化的大背景，其他一切文化建树，都须以儒教精神为出发点，也以儒教精神为归宿。只有弄清了儒教问题。才能更加深刻地理解中国古代文化。"李申称该书与过去研究传统文化不同之处，就在于"过去传统文化研究是以儒教非教立论，而本书是以儒教为宗教立论"。因此，"几乎在一切重大问题上，都可以碰到与传统见解的差异。举例说，依传统见解，儒家重人事；本书则要说明，儒家之所以重人事，乃是要履行辅相上帝义务"。

何光沪也认为"儒教是尊奉'天地君亲师'的"。这个"天"不是自然的天，而是"万物的主宰，是有意志的神"。针对"很多人认为'天'不具有人格性的反'儒教'说"，何光沪指出："孔子的'予所以否者，天厌之！天厌之！''天丧予！'等等说法中的'天'，不可能指没有人格的天，否则也不会有'丘之祷久矣'之说。归根到底，对丝毫不具人格性的'天'是无法祷告，也不必设立牌位的，因为这种天与人无法相通，当然也就不是宗教神了。"②

赖永海认为："与世界上许多民族一样，中国的远古文化在相当程度上是一种宗教文化。儒家所重之伦理，所谈之心性，其源头一直在'天'，带有浓厚的宗教色彩。""中国古代儒家学说在与宗教关系问题上与西方或印度古代没有什么原则的区别。""人们对于儒家学说思维模式的把握，往往只顾及作为'后半截'的'人事'、'伦理'或者政治，而抛弃了作为本源的'天'或'天道'。"③

任继愈主张儒教是宗教的观点受到了一些学者的质疑。李国权、何克让认为："孔子的'天'不是上帝的天，不是虚幻的精神世界。他说过'天何言哉？四时行焉，百物生焉，天何言哉？'这与《易传》的唯物主义思想是符合的。凡信天者，笃信冥冥之中神的支配力量，而孔子十分强调人的主观努力，尊重人的意志。若再结合孔子对鬼神的存疑，绝口不谈鬼神的问题，我们看到的儒家的'天命观'，是对殷周的祖宗崇拜天命神学的怀疑和否定。儒家学说从其原始形态来看，发展的可能性是多样的。姑

---

① 李申：《中国儒教史·自序》，上海人民出版社，上卷 1999 年版，下卷 2000 年版。
② 何光沪：《多元化的上帝观》，贵州人民出版社 1991 年版。
③ 赖永海：《佛学与儒学》，浙江人民出版社 1992 年版，第 19—21 页。

以任文所指的这条唯心主义发展线索来考察，的确为封建宗法制度提供一套理论，但封建政治、封建伦理不是宗教。哲学唯心主义为宗教开放绿灯，提供方便，但是，这仅仅是提供方便，或者说哲学唯心主义仅仅是起着保护宗教的作用，而本身决不是宗教。"①

崔大华不同意任继愈认为"儒家学说是从殷周宗教思想发展而来的观点"。他指出："殷周之际，随着社会政治制度的改变，人们的思想意识也随之发生了变化。孔子继承了周代的伦理道德思想，创造出一个新的道德范畴'仁'。孔子创立的儒家学说的发展方向是伦理的，而不是宗教的。后世儒学主要是对伦理道德的根源及修身方法提出的新理论。董仲舒的三纲五常所概括的伦理道德思想，虽然有着明显的宗教神学色彩，如天为有意志的目的论、天人感应等，但它仍是儒家伦理本质，为儒家思想中神理设教的方法，宗教是从属于伦理的表现。宗教的重要特点是出世性，它有一个虚幻的境界，仙境、神境、鬼界，还有一位或多位神、佛——偶像。说它能拯救苦难的人，使他们能得以从困苦中达到极乐世界。孔子关于'天命'鬼神的观点，虽然有着神秘色彩，然而是入世的，以人自身修养为出发点，以齐家治国平天下为最后归宿，没有虚幻的世界，所以它不是宗教。"②

李锦全认为："儒家虽然主张神道设教，但它本身只是讲道德伦理的教化作用，并没有形成宗教信仰。宋明儒学以气质之性为罪恶的起源，然而极本穷源的天命之性与本心，他们认为还是善的，这与宗教的'原罪'说不同。"③

李国权等人说："教主应享有无限权威，而孔子要听君王的封赏。孔子只能是一个学派的创始人，不是教主。"宋明儒学不但没有一般宗教的外在特征，也不具备所谓宗教的本质属性。它不信仰有意志的上帝，不信仰人格神，不信灵魂不死，也不信死后报应，不作祈祷，没有宗教的仪式④。

冯友兰指出："中国本来所谓三教的那个教，指的是三种可以指导人生的思想体系这个数字，与宗教这个名词的意义不同。宗教、儒家都是为统治阶级服务的。但是，上层建筑也分为许多部门，各部门各有自己的特点。宗教的一些特点，一个思想流派是可以有的，不能说，因为有这些情

---

① 李国权、何克让：《儒教质疑》，《哲学研究》1981 年第 7 期。
② 崔大华：《"儒教"辩——与任继愈同志商榷》，《哲学研究》1982 年第 6 期。
③ 李锦全：《是吸取宗教的哲理，还是儒学的宗教化》，《中国社会科学》1983 年第 3 期。
④ 李国权、何克让：《儒教质疑》，《哲学研究》1981 年第 7 期。

况，一个思想流派就是宗教。至于说到精神世界，那也是一种哲学所应该有的。不能说主张有精神世界的都一定是宗教。如果那样说，古今中外的哲学流派的大多数都可以称为宗教了。问题不在于讲不讲精神世界，而在于怎么讲精神世界。如果认为所谓精神世界是一个具体的世界，存在于人的这个世界以外，那倒是可以说是宗教的特点。但是道学所讲的儒家思想，恰好不是这样。道学不承认孔子是一个具有半人半神地位的教主，也不承认有一个存在于人的这个世界以外的、或是将要存在于未来的极乐世界。道学，反对这些宗教的特点，怎么反而成了宗教了呢？"①

周黎民、皮庆侯讨论了儒教崇奉"天地君亲师"问题。他们认为："父母、老师都可以肯定是人不是神，问题在于'君'与'天地'。皇帝在一般老百姓眼中是神，但在儒学大师眼中却仍然是人。孔子不是神，天地君亲师也不是神，因此宋儒的理学也就不能成为宗教。"他们还指出："儒学的人欲与宗教的人欲，字虽相同，而具体内容则大不一样。儒家对人的正当欲望，非但不禁止，反而鼓励人们努力去满足。"②

华裔美国学者成中英曾经就儒学与宗教问题与中国社会科学院历史研究所的学者进行过一次对话。成中英指出，宗教作为对人的巨大吸引力，是因其具有相当大的超越性。儒家的超越并没有延伸到出世的程度，没有把传道（教）工作组织起来，不是一宗教。姜广辉指出，儒学是一种非宗教的信仰。儒学的信仰与一般宗教相比较，有两个显著的特点：一是此岸性。意义就在于生活，礼仪规范被儒者视为生活的价值准则，儒者努力使之习俗化、自然化，使生活和意义统一起来，而对彼岸世界不感兴趣。一是包容性。宗教信仰总是强调唯一性、排他性。而儒学信仰则强调"道并行而不悖"，"殊途而同归"，中国儒家经典有"有容德乃大"的话，历史上儒学能够与其他教派长期并存，取长补短，而无宗教战争。儒家的《六经》根本在"礼"，人们常以"礼教"作为儒家儒教的代名词，儒学主要是讲"道德仁义"。孔子说"克己复礼，天下归仁"。所以我们无论称儒学为礼教也好，仁学（或人学）也好，它实际是一种"意义的信仰"。王恩宇指出，任何宗教都是以"出世"为其最本质特征的，凡主张"出世"的皆属于宗教，反之，就不是宗教。卢钟锋指出，有人说宗教是专讲"终极关怀"的，因此具有超越性；也有人说，宗教是对超自然力量的崇拜，它把解决现实的问题和摆脱现实的困扰寄托在超现实的力量上，等等。上述

---

①　冯友兰：《略论道学的特点、名称和性质》，《社会科学战线》1982 年第 3 期。

②　周黎民、皮庆侯：《儒学非宗教论——与任继愈先生商榷》，《湘潭大学学报》1982 年第 2 期。

诸说涉及到宗教的一些表征，但不是宗教的本质特征。宗教是一种颠倒了的意识，只是人类对现实的一种扭曲的反映，也是旨在超越现实的一种主观虚构。它人为将世界二重化，即分解成"此岸"和"彼岸"两个世界，认为"彼岸世界"才是世界的本原，人类应该超越"此岸"而皈依"彼岸"，断言这才是人类的"终极关怀"所在。从这个意义上说，"宗教按其本质来说就是剥夺人和大自然的全部内容，把它转给彼岸之神的幻影，然后彼岸之神大发慈悲，把一部分恩典还给人和大自然"（恩格斯语）。可见，宗教作为一种精神文化现象，其本质特征应在于它的彼岸性，在于它的"出世"思想。就方法论而言，非理性主义是宗教的基本特征，反观儒学，从创立之日始，它就以重人伦、尚经世而见称于世。孔子罕言"性与天道"、"敬鬼神而远之"，与超验的存在保持着距离。这说明超越性不是孔子的思想特点，也不是孔子的思想追求，孔子的思想特点是重"尊尊"、"亲亲"的人伦，尚"礼治"的经世之道。孔子的思想追求不在超越的精神层面，而在历史的层面，即在恢复"三代"之治。孔子的这些思想特点为历代儒家所继承和发扬，它反映了儒学的伦理政治一体化的本质特征。儒学这一本质特征具有鲜明的现实性即"此岸性"，它同宗教的"彼岸性"的本质特征形成强烈的对比。在认识方法上，孔子主张"每事问"，主张"学而时习之"、"温故而知新"，主张"知之为知之，不知为不知"……这是一种务实反虚的理性主义态度，它与宗教的反实证、非理性主义的态度，显然是对立的。儒学虽历经变迁，但它的重人伦、尚经世的思想传统，它的伦理政治一体化的本质特征没有改变，而这正是儒学之区别于宗教的根本所在①。

　　1998 年，《文史哲》杂志曾经组织过一次"儒学是否宗教"的笔谈。张岱年认为："假如对于宗教作广义的理解，虽不信鬼神、不讲来世，而对于人生有一定理解，提供了对于人生的一定信念，能起指导生活的作用，也可称为宗教。则以儒为宗教，也是可以的。我在为香港孔教学院院长汤恩佳著《孔学论集》作序时说，孔子不语怪力乱神，言生而不言死，在这一意义上，孔子学说与其他宗教不同。然而孔子提出了人生必须遵循的为人之道，使人民有坚定的生活信仰。在这一意义上，孔子学说又具有宗教的功用。可以说孔学是一种以人道为主要内容、以人为终极关怀的宗教。"

　　季羡林认为："宗教的四个条件：一要有神；二要有戒约；三要有机

---

　　①　吴锐：《儒学与宗教问题——成中英教授与中国社会科学院专家对话纪要》，《现代传播——北京广播学院学报》1996 年第 6 期。

构或组织；四要有信徒崇拜信仰。拿这四个条件来衡量一下孔子和他开创的儒学，则必然会发现，在孔子还活着的时候以及他死后相当长的一段时间，只能称之为'儒学'，没有任何宗教色彩。到了唐代，儒、释、道三家就并称三教。到了建圣庙，举行祭祀，则儒家已完全成为一个宗教。因此，我认为，从'儒学'到'儒教'是一个历史演变的过程。"

蔡尚思认为："原始的儒学，第一，是学而不是教，第二，这种教也是教育、教化而不是宗教、神教。第三，儒主要是宗法、礼教、礼治，其次才是礼仪，礼仪也是与宗法礼教有密切的关系。第四，儒学本身不是宗教。如果硬要把它宗教化，当然也有些先例可援。但究竟都是没有道理而不合事实的，宗教最大特点是有他界与未来世等等，孔子却根本没有。儒学不是宗教，却起了比某些宗教还要大的作用。"

郭齐勇认为："儒学就是儒学，儒家就是儒家。它是入世的，人文的，又具有宗教性的品格。你可以说它是'人文教'，此教含有'教化'和'宗教'两义。它虽有终极关怀，但又是世俗伦理。它毕竟不是宗教，也无需宗教化。"

张立文认为："儒学既然有很深厚的天命的宗教根基，又具有终极关切和灵魂救济的内在超越的品格和功能，儒学自身已具备精神化宗教的性质（或称其为智慧宗教）。"

李申认为："说儒教是教化之教，不是宗教之教，是把教化看做今天的教育。其实教育也有两种，世俗的教育是教育，宗教的教育也是教育。名词本身决定不了事物的性质，说儒教是教化之教并不能够说明儒教就不是宗教，问题要看是否在神的名义下进行教化。教化作为一个特定的概念，是儒教所大力主张的。在孔孟的著作中，一般的只讲'教'。到董仲舒，不仅明确提出了教化的概念，而且有着重的论述。孔子既没，儒者仍存。儒者之行政治，行教化，乃是承天之命，遵伏羲、神农等先王之道，继孔子未竟之业。这样的教化，就是作为宗教的儒教的教育，而不是普通的世俗教育。结论：儒教是教化之教，这教化之教就是宗教之教。"①

赵吉惠认为："孔子在春秋末年创立并在以后得到发展的儒学，固非宗教，是儒学。但是，'儒'在殷商时代产生的时候，是一种宗教职业，主要从事祭祖、事神、相礼活动。春秋以后的'儒'虽然淡化了宗教性质，强化了人文内容，然而，宗教的'儒'不能不对哲学的'儒'发生影响，这种影响有时是实质性的，有时是形式上的，这就使孔子创立的'儒

---

① 上引各文，皆见《"儒学是否宗教"笔谈》，《文史哲》1998 年第 3 期。

学'，在某些历史时期具有相当的宗教色彩，甚至把儒学也称为'儒教'。在一部分人的心理中，儒学也起过类似宗教性的作用。"①

任继愈不同意有人认为"中国历史上不曾出现过像欧洲中世纪那样的政教合一的黑暗统治时期，是得力于孔子的儒家学说。儒家起了抵制宗教的作用，儒家不迷信，所以抵制了神学的统治"的观点。他认为："中国没有出现欧洲中世纪那样的基督教，这是中国社会的特点所决定的；说中国有了儒家从而避免了一场宗教神权统治的灾难，是不对的。因为儒教本身就是宗教，它给中国历史带来了具有中国封建宗法社会的特点的宗教神权统治的灾难。"②

第八节　孔子学说与中国的现代化

改革开放以来，大陆孔子研究者与台湾、香港乃至世界儒学研究者的学术交流增多。台湾和海外学者关于儒家思想现代性转换的研究成果陆续介绍到大陆，引起大陆学者对儒家学说在我国现代化历史进程中究竟能起什么作用产生了巨大兴趣，并有了不少讨论的文章。

1989 年 10 月，由中国孔子基金会与联合国教科文组织在北京、曲阜举办了"孔子诞辰 2540 周年纪念与学术讨论会"，主题是"孔子、儒家的历史地位和对现代社会的影响"。与会者认为，孔子和儒家思想是建立在人性、人道、人生价值、人际关系等问题基础上的一个完整的社会系统学说。

有些学者指出，儒家思想的伦理性、实践性、相对性和灵活性，决定了它的开放性和适应性。这也是孔子学说得以持续两千多年不衰的根本原因之一。中华民族经历了几千年的时间考验和兴衰变化，一直能稳固地凝聚在一起，并保持了一个伟大民族的生动和活力，它的文化传统也从未中断过，除了政治、经济、社会、历史、地理等因素外，儒学思想的延续发展是一个重要原因。虽然儒家思想在中国历史上曾经产生过一些消极作用，但是它的积极作用是主要的，它对形成中华民族的思想、民族心理、民族素质、民族精神和民族文化，都起着重要作用。即便是在当代，孔子、儒家思想仍继续发生着影响，对现代建设仍然有其积极作用。有的西方学者认为，儒学的现代意义就在于追求人本主义，追求个人和集团的圆满调和，创造义、利调和的生活。在道德信义的基础上，展开经济建设，

---

①　赵吉惠：《现代学者关于"儒"的考释与定位》，《孔子研究》1995 年第 3 期。

②　任继愈：《论儒教的形式》，《中国社会科学》1980 年第 1 期。

建设道德的人伦世界。当代社会面临的伦理侏儒与科学巨人的冲突，是社会不平衡、秩序不稳定的关键。要解决这种冲突，可以从孔子、儒学思想中得到启示。

学者们对儒家伦理与经济发展关系的评估意见不完全一致。有的学者指出，儒家在道德上是理想主义，强调"义利之辨"；在政治经济上，采取经验主义，重视"保民、养民"，主张"为民制产"，道德生活上的"义利之辨"，与经济生活上的"义利双成"并行不悖。儒家教导人们要"勤劳、敬业、互信、互助、和谐、合作"，这些都有助于社会和谐与经济繁荣。儒家伦理所蕴涵的"活的素质"与"活的功能"（如包容性、教养性、社会性、团队性、肯定现世价值、预估未来走向等等），有助于现代经济的发展。但也有的学者只承认儒家学说的研究价值，不认为它有实践价值。他们指出，儒家思想重在守成，而不是进取。它维护的是以支配、占有、泯灭个性为特点的封建等级社会，是不发达的自然经济的产物，与平等、进取、竞争的现代工商文明不相容。当代中国人应将儒学作为认识世界的一个阶梯，而不是最终的追求。多数学者认为，只要认真地研究孔子、儒家思想，找出儒家思想与现代经济的契合点，儒家思想对经济发展是会有推动作用的。他们指出产业化、科学化、都市化并不是现代化社会的全部特征，现代化还应包括人性方面的内容，包括人及其人与人之间关系的完善。也正是由于这一点，儒家伦理的仁爱精神、中庸思想以及人际关系的和谐原则，是值得重视和批判继承的[1]。

在这次学术讨论上，有的学者认为，西方文化的侵入，使东方各国在现代化过程中，家庭、社会、国家的伦理都受到重大的恶劣影响。从孔子的教诲中可以发现解决当代社会矛盾和社会弊端的答案，因此孔子和儒家学说具有非常重要的现代意义。就经济建设来说，儒学的"教化功能"能转化为"企业精神"，促进经济发展。就精神文明建设说，儒家的"人格"、"国格"观念如果赋予新的内容，可以成为中国现代事业的动力。但也有学者认为，孔子儒家学说阻碍现代化，儒家思想的流毒依然存在，有些是以新的样式出现，现在提高儒学地位，扩大其影响，是完全走不通的[2]。

进入 90 年代以来，随着"国学热"的兴起，孔子思想学说在现代化

---

① 《孔子诞辰纪念与学术讨论会在北京——曲阜举行》，中国史学会编：《中国历史学年鉴（1990 年）》，人民出版社 1990 年版。

② 陈卫平、郁振华：《孔子与中国文化·建国以来孔子研究综述》，贵州人民出版社 2000 年版。

进程中的作用受到了更多的关注。冯增铨认为："批判地继承的命题，现在的争论，往往纠缠在区分精华、糟粕问题上。一些学者甚至认为，精华和糟粕不能区分清楚，则吸取和剔除就谈不上。这可能是把相互联系的问题割裂开来了。实际上，这个命题本身隐含着一个前提，就是要创立或发展某种更高形态的思想文化。批判地继承的过程包含区分精华、糟粕与吸取精华、剔除糟粕两个阶段或称两个方面，这两个阶段或方面是不能孤立地静止地对待的。吸取不是简单地照搬，而是有所改造，使之成为创建体的有机组成部分，改造也要有所剔除，也是一种区分。批判地继承不只是一个理论问题，更是一个实际运作，是一个实践性问题。孔子思想及其他历史文化遗产的继承，要着重提倡在创造中吸收、改造。"①

匡亚明指出："当前维护世界和平的迫切性使我们不得不重温孔子和孟子关于战争与和平的英明思想。孔子和孟子从仁的人道主义原则出发，对他们所处春秋战国时期各诸侯国之间进行的侵略兼并战争不断提出强烈批评，对国与国之间应和平相处不应以武力相侵夺、相威胁的主张，一再加以提倡和阐发。仁在政治上的最高目标，就是实现'天下为公'的'大同'世界。在那里，人们都过着富裕、快乐的和平生活。孔孟的和平思想，已远远不仅是中华民族的宝贵遗产，而且是全世界全人类共同享有的宝贵遗产的一个组成部分。现在的时代，毕竟和二千多年前孔子、孟子所处时代不同了，但是，只要全世界各国各民族人民觉悟程度和组织程度日益提高起来，各种和平力量联合起来，争取持久和平，逐步实现二千多年前孔、孟主张和平相处的美好未来，是有可能的。"②

陈正夫认为："儒学在我国社会主义现代化中的积极意义，主要表现于三个方面：（1）儒学一些思想，经过辩证的否定，推陈出新，具有借鉴意义；（2）儒学在长期发展中，同中国人民的风俗习惯、生活方式、民族心理、国民性、思想方式、心理结构有密切联系，成为炎黄子孙龙的传人的重要特征，在今天有积极的意义；（3）儒学是中国文化的核心，对中国文化教育事业的发展起过积极的作用，为我国文化教育事业留下宝贵的财富，今天仍有积极意义。"陈正夫指出："在今天，儒学的新发展是不可能的。这一方面是因为儒学的产生和发展与封建主义和宗法制度有密切联系，今天这些社会条件正在逐步消失，它不存在新发展的可能性；另一方面是因为儒学的思想主流同现代化是不相适应的，它不存在发展的客观必

---

① 冯增铨：《对中国大陆 40 年来研究孔子情况的回想》，《孔子研究》1991 年第 4 期。

② 匡亚明：《论孔子和孟子关于战争与和平思想的现实意义》，《儒学国际学术讨论文集》，齐鲁书社 1989 年版。

要性。但是，这不是说，儒学将很快在历史上消失，它的影响将继续一个相当长的历史时期。"①

马勇在评介 1989 年后的孔子与儒学研究时说："中国大陆学术界开始出现一种学术思潮。认为中国的暂时落后并不意味着文化传统的落后，真实的情况可能相反，他们甚至大胆地预言二十一世纪必将是中国人的世纪，而其基本特征便是中国人可以用中国文明尤其是儒家学说去拯救西方，拯救人类。"②

牟钟鉴指出，改革开放给大陆知识界以重大刺激的是，东亚的日本、韩国、新加坡，以及中国的香港、台湾等地区并没有对传统儒学和佛教大张旗鼓地开展批判，经济上却获得高速发展。"不得不承认，儒学至少并不是现代化的障碍，它甚至起了某些积极作用。由于反传统风行数十年，它的影响是相当深远的。在近几年兴起的文化热潮中，儒学再一次成为重点批判对象。一部分学者（主要是青年）对以儒学为主体的中国传统文化持基本否定态度。他们认为中国文化是内向保守型的，儒学以群体为本位，压抑人的个性，培养奴性人格，窒息民族的生命力，是中国走向现代化的主要思想障碍，必须用个人本位的西方文化取代它，才有生路。这种批判，在社会上引起许多人共鸣，因为旧社会的遗毒诸如特权、等级观念、宗法意识、顺世思想仍然顽强存在，积重难返，严重阻碍改革的进程，人们希望借助西方现代意识来医治国民性的弱点，便把矛头指向了儒学和中国传统文化。这是不切实际的。与以往不同，全盘否定传统的潮流如今已不能左右知识界。许多学者正在努力超越反传统的传统，主张对古代文化和儒学采取认真研究、客观评价的态度，既不赞成盲目颂扬儒学，也不同意简单否定儒学，而致力于批判地继承。当代中国，正处在世界性文化冲突的交会热点。主要是三大文化系统，一是中国和东方固有的传统文化；二是从苏联传入的马克思主义学说和社会主义思潮；三是现代欧美的西方文化。最可能的将是，儒家的精华经过加工融入新文化内部，成为它的有机要素。孔子不再是神，也不再是'罪人'，他将恢复大思想家、大教育家的地位，成为古代文明的代表和象征，受到人们应有的尊重。《论语》、《孟子》等儒典，有可能作为文化基本典籍列入教材。"③

汤一介指出："'儒学能否现代化'和'儒学是否能有第三期发展'应是同一的问题。目前对这个问题似乎有以下几种理解：（1）儒学现代化

①　陈正夫：《儒学与现代化》，《江西大学学报》（哲社版）1988 年第 3 期。
②　马勇：《孔子与早期儒学》，庞朴主编：《中国儒学》，东方出版中心 1997 年版。
③　牟钟鉴：《儒学在现代中国的命运及其展望》，《孔子研究》1989 年第 2 期。

就要使儒学成为中国现代社会的主导思想。（2）儒学现代化就是使它按照西方的文化模式改造；（3）儒学现代化就是把儒学马克思主义化；（4）儒学现代化即要用它来解决现实社会的一切问题。"在汤一介看来："'儒学现代化'是说对'儒学'作现代的解释。这样或许是可以的。而且如果可以对儒学作出现代的解释，那么儒学就仍有其现代意义。"①

《孔子研究》和《东北之窗》两个杂志社于 1990 年 8 月在大连市联合举行孔子思想研讨会，与会学者认为，孔子的仁学在现代社会，仍然具有重要价值，并对此进行了多方面、多层次的分析。孙实明指出，孔子仁学虽有阶级的历史局限，仍不失为当时人们所能设想的最大限度的中正之道。特殊中包含了一般，作为中国封建社会的经典思想，其许多精华部分反映了人类社会的共同法则，直至今天仍有很大的现实意义。如孔子仁学的人生理想所体现的人生价值观念，是既重视个人生活，又充满社会义务感，是一种富有人道精神的群体主义思想。现代的大公无私、为人民服务的思想正是这种人生理想和价值观念之精华的继承和发展。在资产阶级个人主义、利己主义浊浪排空之际，仁学的群体思想是社会主义的集体主义和爱国主义思想最好的同盟军。孔子的政治思想中，固然有其等级和宗法的烙印，但孔子的德治、礼治、贤治思想确有许多精华，如富而且教的思想，立身中正、以身作则的思想，如爱人、爱民的思想。爱人思想是一切进步的人生理想赖以树立的感性基础。没有爱人的思想感情，就没有社会主义的人道主义，也不会有共产主义。概而言之，孔子仁学的精髓和最有价值的东西，就是充满人道精神的群体主义和中和思想。当今世界，极端狭隘的个人利己主义和民族利己主义泛滥成灾，导致价值观念的分裂和人际的战争。若人类至今仍不自觉，任其泛滥下去，终将导致人类灵魂的死亡和肉体的毁灭。现代无产阶级集体主义思想只有发扬几千年来传统仁学文化的精华以丰富自身，才能对一切邪恶进行强有力的摧陷廓清。从这个意义上讲，孔子仁学的现代价值，就在于它属于一种人类新生学②。

台湾学者曾祥铎说："当代资本主义世界各国必须从孔夫子那里寻求智慧，以解决他们社会上所存在的各种弊端。如资本主义世界降低人的价值、提高金钱价值，而孔子则提倡一种人文精神，重视人的价值；如资本主义各国提出要征服自然，从而造成生态平衡的破坏，而孔子和儒家则主张天人合一，人与自然和谐相处，这在今天有其特殊的价值。如资本主义世界强调生存竞争、战争频仍，而孔子则主张人与人之间和睦相处，'四

---

① 汤一介：《儒学现代化问题》，中华孔子学会：《中国思想与文化》1990 年第 1 期。
② 《1990 年夏季孔子思想研讨会纪要》，《孔子研究》1990 年第 4 期。

海之内皆兄弟也'，追求大同理想。当前中国最重要的问题是提高整个民族的素质，而孔子的许多思想则有助于民族素质的提高。如孔子主张富民，要先富后教，人与人之间和谐相处，提倡温良恭俭让，孔子重视知识，重视教育等，都是值得我们效法的。"①

杨焕英指出，孔子重视农业的思想，对朝、日、越等东方国家产生过广泛而深刻的影响，对西方（如法国重农学派）也有影响。自 20 世纪 60 年代以来，东亚经济的增长一直是世界上最有生气的地区之一，其原因与儒家思想密切相关，海外学者认为伦理是其工业振兴的重要因素，称之为"儒家资本主义"。"孔子思想传入欧洲时，正处于资产阶级革命时期，资产阶级启蒙思想家为反对封建专制制度和封建神权而向孔子儒学寻求思想根据，儒家无神论的哲学思想、德治主义的政治思想、融政治与道德为一体的伦理思想、注重农业生产的经济思想皆为启蒙思想家所倾倒。孔子思想在资产阶级启蒙运动时期甚至在革命过程中，曾为资产阶级的思想家和政治家们提供过思想资料，起过积极的作用。今天西方某些国家面临物质文明上升而精神文明下降的局面，及由此而带来的政局不稳、社会动荡不安等问题，也在求助于孔子思想。孔子思想对世界文化教育和道德文明发展有重要贡献。抛开了儒学，朝、日、越三国便无法撰写教育发展史。孔子的伦理道德观念，在今天重新被许多国家所重视。"②

陈清认为："孔子儒学对当今中国及世界的影响：首先，孔子儒学十分重人事、重人格、重人的意志和仁义道德修养等，构筑了关于'人'的思想理论体系。这些思想有着不可低估的借鉴作用。其次，儒学十分强调'和为贵'强调和谐的作用，这是中华文化与着重斗争的西方文化的显著区别。在当今竞争的时代，弘扬和睦共处，克服片面的斗争哲学非常必要。再次，孔子儒学十分重视德育教育；孔子的教育是开放性教育。对当今很有启迪作用的。"③

吴忠民论述了孔子的世俗思想与现代化的关系。他认为："孔子的世俗思想包括：（1）现实的人生态度。同西方古代文明具有浓厚的宗教色彩不一样的是，孔子将彼岸世界存而不论，无意涉及，而明确地追求一种此岸世界的人间现实生活。（2）注重民众生活的质量、注重生活方式的合理化。（3）注重生活智慧。（4）重视民众普遍受益问题，反对社会贫富差距过于悬殊。孔子的世俗化思想如果经过科学的扬弃，必定对中国的现代化

①　《1990 年夏季孔子思想研讨会纪要》，《孔子研究》1990 年第 4 期。
②　杨焕英：《孔子思想的世界影响》，《中国哲学史研究》1989 年第 3 期。
③　陈清：《论孔子儒学之精华》，《中国文化研究》1995 年第 2 期。

产生有益的影响。这主要表现在以下几个方面：第一，有助于消除中国现代化进程中的一些异化现象。第二，有助于丰富中国现代化的指标体系，并使之具有中国的特色。第三，有助于确立中国渐进型的现代化模式。"关于孔子的世俗思想的缺陷，吴忠民指出两点："（1）在孔子的思想体系中，有关神圣的、崇高的成分所占比重极小，而有关世俗化方面的内容的比重却较大，因而这就埋下了一个隐患，即过渡的世俗观念与行为有可能会衍生成一种'过俗'的功利行为。（2）孔子有关民众普遍受益思想实为平均主义的观念，同真正的社会公正观念相距甚远。"①

骆承烈认为："'一国两制'构想的渊源可以追溯到孔子'和而不同'的主张。从哲学思想到社会实践，'一国两制'与'和而不同'正是异曲同工。再从近处看，也和中国共产党的一贯主张相一致的。"②"'和'是孔子思想的精华和核心。孔子'和'的思想使各方面和谐、协调，铸就了中国人民和平善良的性格。21 世纪世界需要'和'：科学技术发展、经济实力竞争、提高综合国力、各国内部都需要'和'。战争挑动者也念和平经。要和谐的'和'不要迎合的'同'"。③

杨汝舟认为："人生在世，不外志气坚定，作事恒毅，言行谨慎，对人和顺，遵守名分，以及适应局势阴阳差错与变化。《六经》是'诗以道志，书以道事，礼以道行，乐以道和，易以道阴阳，春秋以道名分'。故《六经》之'道'，是万古常新的，何止于 21 世纪？孔子的礼运大同思想，不但是 21 世纪人类追求的目标，也是全人类追求的最后理想目标，适用于百世纪。孔子与老子亦师亦友，孔子的礼运大同思想，与老子八十章的道德盛世有相同之处，且可互济有无。"④

张以文认为："社会的发展、变革，自古以来就是以渐变与剧变两种不同方式交替进行着的。孔子反对暴力，主张和平稳定的社会进步方式，他的社会变革思想是属于渐进的。孔子认为，激进的社会要求，是导致社会剧烈冲突的根源。也正是在这样的社会现实中，孔子提出了他的'仁'的思想。'仁'的精神，本质上就是从维护人的立场出发，要求人与人、人与社会、人与自然的协调渐进的发展。减少暴力冲突，缓解人与人之间

---

① 吴忠民：《孔子的世俗化思想与中国的现代化》，《孔子研究》1996 年第 4 期。

② 骆承烈：《"和而不同"与"一国两制"》，香港孔教学院编：《孔子思想与 21 世纪国际学术研讨会论文集》，1997 年。

③ 骆承烈：《孔子"和"的思想与二十一世纪》，香港孔教学院编：《孔子思想与 21 世纪国际学术研讨会论文集》，1997 年。

④ 杨汝舟：《孔子圣之时者也——21 世纪与夫子之道》，香港孔教学院编：《孔子思想与 21 世纪国际学术研讨会论文集》，1997 年。

的矛盾，防止急剧的社会震荡，从而把人从苦难中解脱出来。""孔子关于社会变革渐进的观点，是一种改造世界、推动社会全面进步的方法论，他不属于哪一个阶级，也没有时代性，它既是中华民族的宝贵思想遗产，也是全人类的共同精神财富。今天，将更加富有现实启发意义，更加显示出超时代的恒生命力。"①

柯远扬从天人关系、人本主义、义利关系、大同思想、贵和思想、执两用中、竭力求"安"、德智并重等八个方面，充分论证了孔子的智慧有着适应21世纪人类社会"和平与发展"主旋律的重要观念与颇有价值的思想。他认为："孔子思想作为一种意识形态，相对于是它赖以产生的经济基础，具有相对的独立性，并不随着经济基础的消失而消失，其精华，具有超时代、超民族、超国家的意义。在当今工业文化向信息文化转变时期，以及未来完全的信息时代，孔子思想将会与其他文化融合起来，重放光彩。"②

陈炎认为："孔子思想越具有世界性，就越能与世界性的重大课题紧密地联系在一起。当前和21世纪的世界性重大课题是：人类与环境、和平与发展、经济建设与道德建设等等。孔子思想对这些重大课题均有精辟的阐述。"③

赵光贤认为："孔学是中国民族性的产物，它的现实主义的人生哲学是深深扎根在民族性之中的。孔子的学说是要解决现实的人生问题，用修身、齐家、治国、平天下的一套理论在现实世界中解决民生问题，而不是如一切宗教那样，把解救生民的痛苦放在并不存在的佛国或天堂中。孔子的德治主义，寄希望于圣君贤相，不免有理想主义之嫌；但反对苛政，反对专制，主张明德慎罚，民为邦本，甚至于赞成汤武革命。他的说教虽不免有封建气味，但也有许多来源于生活经验的格言。这些是不受时代和阶级的局限的，在今天仍然可用。儒学之所以还能在20世纪和以后在世界占重要一席，不在于后世的'现代化'，而在孔学确有独立不拔而能和西方哲学较量的地方。孔学能自成体系，独立存在，用不着现代化。如果勉强要把它现代化，等于取消了孔学。"④

---

① 张以文：《孔子渐进论变革思想的现代意义》，香港孔教学院编：《孔子思想与21世纪国际学术研讨会论文集》，1997年。

② 柯远扬：《试论孔子思想与21世纪人类社会的发展》，香港孔教学院编：《孔子思想与21世纪学术研讨会讨论文集》，1997年。

③ 陈炎：《孔子思想的走向世界及其在21世纪的发展的前景》，香港孔教学院编：《孔子思想与21世纪学术研讨会论文集》，1997年。

④ 赵光贤：《孔学新论》，巴蜀书社1992年版，第163页。

赵骏河指出："孔子揭示了人性乃天命，把天与人联为一体，所谓堂堂正正，光明正大地生活就是要尊遵天命，实现人的本性。人之所以成为人，重要一条就是讲究仁。所谓仁是指自身人格完善并热爱他人。仁实现之日就是世界和平到来之时，此所谓人间天堂也。要实现仁就要讲礼，而礼是要把诚敬之意与谦让的形式协调一致起来。建立在上述指导思想之上的五伦，是处理人际关系的最高行为准则。人们出生后首先面临的是父母与子女的关系，其后依次为领导与被领导的关系、男女关系、长幼关系和同辈人之间的关系，人在一生中所遇到的各种关系无非就是以上五种关系。衡量这五种关系的最高标准是亲、义、别、序、信，这是传统伦理的核心问题。在今天争取自由、崇尚平等、尊重人格、解放人性的民主社会中，如何继承传统伦理道德是我们面临的重要课题，为了解除现代人的苦闷，避免道德沦丧的唯一可行的办法是重振传统伦理道德。"①

陈增辉指出："二十世纪是科技迅猛发展的世纪，也是冲突、对抗的世纪。孔子'和'的哲学，是帮助二十一世纪的人们解决两大世界性课题的重要思想资料。而这一哲学本身，则是当时时代精神的精华，经历了一个由萌芽到发展的漫长过程。面对'无义战'的现实，孔子从已有的思想资料出发，创立了自己的以'和'为最高境界的哲学思想。'和'的理论基础是'中庸'，具有普遍性。历史证明，中华民族之所以能蹶而复振、衰而复兴，一个重要原因，便是践行了'和'的哲学。"②

韩秉芳认为，孔子、曾参所推崇的"孝"，至今仍然有现实的价值，还仍然需要在青少年的道德教育中大力提倡。这是因为今天的中国是昨日中国的发展，社会根基虽有变化，但广大农村依然是以乡村为社会基层组织。城镇居民则以小家庭为单位，独立门户。"故若保证家庭成为和睦幸福的'安乐窝'，就必须提倡尊重调节家庭有序关系中最关键品质——孝道。'家和万世兴'，社会有序、国家才能安定团结，兴旺发达！"③

从上述孔子学说与中国现代化关系的讨论可以看出，有较多学者认为孔子和儒家思想的部分内容具有不受时代、阶级限制的永恒的价值。孔子和儒家思想的这部分内容，如仁、义、礼、智、和、中庸等，不仅对于我们今天处理人际关系和建设社会主义精神文明有重要意义，对于经济建设

---

① 赵骏河：《对中国传统伦理的现代理解》，国际儒学联合学术委员会编：《儒学与道德建设》，首都师范大学出版社 1999 年版。

② 陈增辉：《孔子"和"的哲学与世界文明发展》，《孔子思想研究》，上海古籍出版社 1999 年版。

③ 韩秉芳：《清明节有感——兼论"孝"在中华新道德重建中的地位》，《原道》第 6 辑，1993 年。

也有积极作用。但究竟怎样分辨孔子学说中的精华和糟粕，批判继承如何做转化的工作，都还缺乏具体而深入的分析。

在讨论中，也有的人主张用孔子学说代替马列主义，其理由是儒学能够解决当今中国大陆的问题，在当今中国大陆复兴儒学具有非常重大的现实意义。这种意见显然已经偏离了学术和理论讨论的正确方向。

另外一种相反的意见则认为孔子学说是封建社会的产物，随着封建社会的完结，它也就完成了其历史使命。孔子和儒家思想对于中国近代社会转型起了阻碍作用，对于中国的现代化没有现实意义。这种完全否定孔子和儒家思想现代化价值的意见显然也是偏颇的。

结 束 语

20世纪对于中国人来说，是一个让人难以忘怀的翻天覆地的世纪。19世纪末，帝国主义列强加紧了对中国的侵略和掠夺。1900年，列强以义和团运动为借口，八国联军攻占北京。次年，腐朽的清政府被迫与列强签订了屈辱的"辛丑条约"。中国人民在腥风血雨的民族危机中送走了19世纪，又在前所未有的民族觉醒中迎来了20世纪。

20世纪前五十年，中国历史舞台上发生了一系列重大事件：辛亥革命，五四运动，中国共产党诞生，中国国民党改组，国共两党第一次合作，蒋介石叛变革命和十年内战，抗日战争，人民解放战争。经过二十八年坚苦卓绝的革命斗争，中国人民终于在中国共产党领导下推翻国民党的反动统治，建立了中华人民共和国。20世纪的后五十年，中国历史在曲折中前进。新中国进行了土地改革和其他民主改革，实现农业、手工业和资本主义工商业的社会主义改造，社会主义建设的各项事业取得了巨大成就。毛泽东对新中国的建立和社会主义事业的发展有不可磨灭的功勋。但是从50年代中期以后，他的左倾错误指导思想逐渐发展，给社会主义革命和建设事业带来重大损失。他在1966年发动的"文化大革命"，更造成全国空前的灾难。所幸的是，中国共产党是一个以马克思主义理论武装起来的久经考验和锻炼并与人民群众血肉相连的党，1976年毛泽东逝世之后，窃夺党和国家重大权力的"四人帮"迅速被粉碎，"文化大革命"宣告结束。1978年党的十一届三中全会重新确立了解放思想、实事求是的正确路线。邓小平高瞻远瞩，为中国人民推进改革开放和现代化建设指明了正确方向。有中国特色社会主义的伟大事业，在20世纪的最后时段，终于走上了康庄大道。

20世纪中国，无论是马克思主义的学者或是非马克思主义的学者，对孔子与其思想的研究都做了大量工作，也取得了不少成绩。但在这个世纪的大部分时间里，由于政治风云的变幻和政治斗争的干扰，对孔子及其思想的评价却大起大落，誉之者捧至九天之上，毁之者踩于九地之下。在中国众多的历史人物中，恐怕再也找不到有哪个人在这百年中的评价，像孔子那样落差如此之大了。我们要建设有中国特色的社会主义社会，需要批判继承传统文化，包括批判继承孔子的思想遗产。在告别 20 世纪时，我们有责任也有了可能对孔子及其思想在百年中的历史命运进行必要的回顾和梳理，去掉被当做偶像和被神化的装饰，擦净泼在他身上的脏水和污垢，还孔子一个历史的本来面目。

孔子及其思想在 20 世纪中国跌宕起伏的历史命运，为我国人文学科研究提供了十分宝贵的经验教训。在结束本书之时，需要就几个重要的问题集中说明一下我们的观点。

一　尊孔、批孔与 20 世纪中国政治风云的关系

百年中国有两次尊孔高潮和一次批孔高潮，它们并不是在一般语义上对孔子的尊崇和批判，也不是学者们通过学术研究得出的正常价值判断，而是现实的思想政治斗争借助孔子亡灵所演出的闹剧。这几次闹剧对孔子及其思想的学术研究带来巨大的消极作用，但它们却构成了近百年中国思想史和政治史不可忽略的重要篇章。

第一次尊孔高潮发生在民国初年，是以北洋军阀和孔教会为代表的封建半封建势力和少数资产阶级君主立宪派对 1911 年推翻清王朝的共和革命的反动。辛亥革命推翻了封建的君主专制制度，但中国半殖民地半封建的社会性质和积贫积弱的局面并没有根本改变。软弱的资产阶级革命派把辛亥革命的胜利果实拱手送给窃国大盗袁世凯，封建军阀、政客和地主豪绅仍然控制着中央和各省的政权。中国是沿着共和革命的道路继续前进，还是告别革命倒退到辛亥之前的政治生态，各种政治力量之间存在着不同的选择和激烈的斗争。从中华民国诞生之日起，一场复辟和反复辟的斗争实际上就在暗中酝酿。

1912 年元月，由蔡元培担任总长的南京临时政府教育部颁布《普通教育暂行办法》，规定"小学读经科一律废止"。2 月，蔡元培发表《对于新教育之意见》，指出"忠君与共和政体不合，尊孔与信教自由相违"[①]。当年召开的临时教育会议认为，"孔子非宗教家，尊之有其道，教育与宗教不能混合为一；且信教自由，为宪法公例，不宜固定一尊"[②]。教育部还移文内务部，要求将各省文庙学田交由地方自治机关管理，按年征收田租，专充地方补助小学经费之用。蔡元培的意见和临时政府教育部的上述措

---

① 《临时政府公报》第 13 号，引自高平叔编《蔡元培全集》第 2 卷，中华书局 1984 年版。
② 见韩达编《1911—1949 评孔纪年》，山东教育出版社 1985 年版。

施，并无不妥之处，却引起了以康有为、陈焕章为首的孔教会的强烈抗议，在全国掀起一场尊孔的鼓噪。这场尊孔鼓噪从一开始就具有鲜明的政治色彩，把攻击的矛头直接指向辛亥革命。康有为声称：“自共和以来，礼乐并废，典章皆易，道揆法守，扫地无余”，“曾不意数千年文明之中华，一旦沦胥，至为无教之国也”①。陈焕章则诬蔑民国“一利未兴，一弊未除，而惟以废孔教为事”，是“并清季而不如也”②。康有为和孔教会借尊孔为名而大肆攻击共和革命，适应了袁世凯阴谋复辟帝制的需要。袁世凯特意颁布“尊孔祀孔令”，并派代表参加祀孔祭礼大典，而一些孔教会分子则阿谀逢迎，上书袁世凯劝进称帝。由于违反历史潮流和人民意志，洪宪帝制复辟很快夭折，袁世凯忧愤交加病死。但是孔教会仍然顽固坚持“尊孔”的政治诉求。陈焕章等人在上参众两院请定孔教为国教的请愿书中，竟然颠倒黑白地说：“袁氏之所以失败者，亦惟违背孔教之故，非利用孔教之故也。”③ 张勋、倪嗣冲等北洋军阀则纠合各省督军省长致电北京政府和参众两院，扬言如不“定孔教为国教”，就要解散国会，另组宪制机构。1917 年 5 月，国会宪法审议会否决孔教为国教的议案，孔教会的头面人物如丧考妣，不依不饶。陈焕章在告国人书中说：“孔教之命乃惨被此等亡国绝种之宪法所革去矣。邦人诸友，莫肯念乱，谁无父母，其将坐视数千年之大教，断送于违反民意之议员之手乎，抑将以保教为国，保种之道，竭力以自救乎?!”④ 这年 7 月，张勋在北京发动政变，解散国会，拥立前清废帝溥仪复辟，康有为和一些清朝遗老都参与了策划。但民主共和的潮流已深入人心，这次复辟丑剧不到半个月就被粉碎。康有为在美国使馆的庇护下逃出北京。此后他虽然仍坚持反对共和民主的政治立场，继续著文演说鼓吹尊孔，但孔教会的影响已大不如前，康有为本人在政治舞台上也悄然淡出了。

第二次尊孔高潮发生在 30 年代初期，是蒋介石和南京国民政府为推行其反动统治而刻意制造的。1927 年大革命失败以后，蒋介石在南京国民政府中树立了自己的领导地位。他采纳戴季陶的意见，竭力把三民主义儒学化。1928 年 4 月，南京国民政府下令，把“忠孝仁爱信义和平”与“格物、致知、正心、诚意、修身、齐家、治国、平天下”作为国民

---

① 《孔教会序二》，《康有为政论集》下册，中华书局 1981 年版。

② 陈焕章：《论废弃孔教与政局之关系》，《民国经世文编·宗教》第 39 册，上海经世文社 1914 年版。

③ 柯璜编：《孔教十年大事》。

④ 同上。

的道德标准①。1934 年 5 月，国民党中常会通过决议，在全国恢复祭孔。国民政府要员或在纪念孔子大会上发表讲演，或在报刊上著文，鼓吹尊孔复古，大造声势。为加强思想统治，蒋介石还在全国推行"新生活运动"，把"礼义廉耻"和"忠孝仁爱信义和平"作为这个运动的中心准则。他并不讳言"新生活运动"的推行是基于"攘外必先安内"的考虑，是为了配合对中国共产党领导的农村根据地和工农红军的军事围剿，自称："中正于国难期间，在南昌督剿赤匪，鉴于国内人心陷溺，民气消沉，四维不张，国势危弱，内未能共靖赤匪，外未能共湔国耻，爰本革命必先革心之义，倡新生活运动。"② 明白无误地道出了"新生活运动"之所以要提倡恢复"固有道德"的目的。

蒋介石和南京国民政府发动的第二次尊孔复古高潮，无论在规模上和声势上，都大大超过袁世凯和孔教会所发动的第一次尊孔复古高潮。但是它在经过五四新文化运动洗礼后的知识界，却引起了广泛的不满并遭到抵制。鲁迅在 1934 年 8 月发表的一篇杂文中说："今年的尊孔，是民国以来第二次的盛典，凡是可以施展出来的，几乎全都施展出来了。"③ 他还写了一篇题为《在现代中国的孔夫子》杂文，指出那些"权势者们"在"尊孔的时候已经怀着别样的目的，所以目的一达，这器具就无用，如果不达呢，那可更加无用了"。鲁迅举袁世凯、孙传芳和张宗昌为例，说他们都把孔子当做"敲门砖"用，"但是时代不同了，所以都明明白白的失败了。岂但自己失败而已呢，还带累孔子也更加陷入了悲境"④。艾思奇、老舍、沙汀、李公朴、周建人、郁达夫、胡绳、陈望道、叶圣陶等进步人士联合签名发表的《我们对于文化运动的意见》，旗帜鲜明地指出："我们相信复古的运动是不会有前途的。假如读经可以救国，那么，'戊戌维新'、'辛亥革命'全是多事了"。"复古运动发展的结果，将是一服毒药，对于民族的前途，绝对没有起死回生的功效。"⑤《清华周刊》组织了一次"尊孔与复古"问题的讨论，包括冯友兰、张申府等人都认为提倡尊孔复古是一种

① 《国民政府公报》第 51 期，引自韩达编《1911—1949 评孔纪年》，山东教育出版社 1958 年版。

② 蒋介石：《为新生活运动周年纪念告国人》，1935 年 2 月，《新生活》第 2 卷第 2、3 期合刊，引自关志钢《新生活运动研究》，海天出版社 1999 年版。

③ 鲁迅：《不知肉味和不知水味》，《且介亭杂文》，《鲁迅全集》第 6 卷，人民文学出版社 1958 年版。

④ 鲁迅：《在现代中国的孔夫子》、《且介亭杂文二集》，《鲁迅全集》第 6 卷，人民文学出版社 1958 年版。

⑤ 《我们对于文化运动的意见》，《中国文化建设讨论集》，引自关志钢《新生活运动研究》。

历史的倒退①。

以毛泽东为代表的中国共产党，主张对中国传统文化采取批判继承的科学态度。1938 年，毛泽东在《中国共产党在民族战争中的地位》中说："今天的中国是历史的中国的一个发展；我们是马克思主义的历史主义者，我们不应当割断历史。从孔夫子到孙中山，我们应当给以总结，承继这一份珍贵的遗产。"② 中华人民共和国成立以后，在党的"百家争鸣"政策的指引下，关于孔子及其思想的研究，曾出现生动活跃的局面，并取得许多重要成果。毛泽东在不同场合谈到孔子及其思想时，也仍然是既有肯定又有所批评，他把孔子的优点和缺点作为教育干部的历史材料。但是到了"文化大革命"，他对孔子和孔子思想采取的态度却发生了重大变化，以至于使孔子和中国的传统文化遭到了一场空前的浩劫。

1966 年"文化大革命"发动之初，在江青等"四人帮"的煽动下，一些红卫兵以"破四旧"为名，到山东曲阜"造反"，砸毁孔庙孔府的文物。1972 年，林彪反革命集团的阴谋败露和覆亡后，在清查林彪住所的材料时，发现一些抄录的孔孟的语录。毛泽东认为应该批判林彪"尊孔反法"，"四人帮"乘机利用他们窃取的权力，发动"批林批孔"和"批儒评法"运动。他们操纵其写作班子在报刊上发表大量文章，肆意伪造历史，辱骂孔子是"开历史倒车的复辟狂"、"虚伪狡猾的政治骗子"、"凶狠残暴的大恶霸"、"不学无术的寄生虫"、"到处碰壁的丧家狗"等等。而一部中国历史，则被歪曲成儒法斗争史。"四人帮"丑化孔子只是一种手段，他们那些影古射今的文章的真正目的，是要攻击当时主持中央工作的周恩来总理以及邓小平同志。这场"批孔"、"批儒"的政治闹剧，直到1976 年"四人帮"被粉碎才告结束。

毛泽东是伟大的无产阶级革命家，但发动"文化大革命"是他晚年所犯的严重错误。他认为自己关于"文化大革命"的理论和实践是正确的，是为巩固无产阶级专政所必需的，这是他的悲剧所在。林彪反革命集团夺取最高权力阴谋的败露和被粉碎，本来在客观上已宣告了"文化大革命"理论和实践的失败，而且林彪的反革命阴谋与孔子思想和儒法斗争也风马牛不相及，但是毛泽东为了维护"文化大革命"的历史合法性，竟违背他一贯倡导的实事求是的科学态度，听任"四人帮"把林彪和孔子绑在一起，大搞"批林批孔"运动和"批儒评法"，这也是他的悲剧所在。

---

① 韩达编：《1911—1949 评孔纪年》，山东教育出版社 1985 年版。
② 《毛泽东选集》第 2 卷，人民出版社 1991 年版，第 534 页。

　　历史和现实有割不断的联系，历史研究不能完全脱离现实政治的需要。但是历史与现实不容混淆。历史可以为现实提供借鉴，但历史不可以因特定政治目的的需要而随便歪曲和改铸。"文化大革命"以前，"五四"新文化运动曾经批判过孔子和儒家思想，学术界长期以来对孔子和儒家思想的历史评价也见仁见智，意见并不一致。但无论是新文化运动对孔子和儒家思想的批判有所偏颇，或是其后关于孔子和儒家思想的讨论有些意见并不一定站得住脚，但这些都是属于思想界和学术界的历史见解和价值判断问题。"文化大革命"中的"批孔"和"批儒"，性质与此完全不同，它不是也不可能是任何意义上的学术研究和理论探讨。这场政治闹剧对中国历史学和传统文化的传承造成严重的破坏，并给史学工作者和学术工作者留下了深刻的教训。这个教训就是：在任何情况下，历史研究都必须坚持马克思主义的正确理论指导，求真务实。对孔子及其思想的研究，既不能囿于传统儒学的陈旧见解，也不能靠政治权力作出结论，需要依靠广大学者通过百家争鸣，求同存异，与时俱进，不断提高我们认识的水平。

二　怎样看待五四新文化运动批孔批儒的激进思潮

　　五四新文化运动揭橥科学与民主的旗帜，对封建的旧思想、旧道德、旧文化展开了激烈的批判。这是中国历史上从未有过的一场文化革新运动。八十多年来，中国社会发生了深刻的变化和动荡，对新文化运动的评价也一直存在着许多争议。意见归结起来主要是：（一）认为新文化运动可以批判封建礼教，但不应该批判孔子。（二）认为传统道德如忠孝仁爱信义和平等，都有合理的因素，应该继承。（三）认为新文化运动引发的激进主义思潮使我国传统文化遭到了"断裂"，造成全民性价值观的混乱和社会失序。

　　《新青年》创刊初始，并没有把批判的矛头指向孔子。陈独秀在《新青年》创刊号发表的《敬告青年》一文，主旨是宣传新陈代谢、适者生存的进化论。文中虽提出"吾宁忍过去国粹之消亡，而不忍现在及将来之民族，不适世界之生存而消灭也"，但又说"吾愿青年之为孔、墨、而不愿其为巢［父］、［许］由"，通篇并没有贬斥孔子及其思想的意思。可是随后国内局势的发展，表明代表封建旧思想、旧道德和旧文化的势力不但不会自动退出历史舞台，而且还以尊孔为名，竭力要把中国拉向倒退。陈独秀在1916年初发表的《吾人最后之觉悟》得出结论说："吾人果欲于政治上采用共和立宪制，复欲于伦理上保守纲常阶级制，以收新旧调和之效，自家冲撞，此绝对不可能之事。"他因此提出："伦理的觉悟，为吾人最后觉悟之最后觉悟。"① 表明陈独秀此时认识到，政治革命和思想革命是相辅相成的，不批判儒家的纲常伦理，共和政治是无法得到巩固而会被封建复辟势力所颠覆的。事实证明了他的判断。袁世凯帝制复辟夭折和病死后，北洋军阀张勋在康有为等顽固尊孔派的参与下又发动政变，拥戴前清废帝溥仪复位。虽然这场复辟丑剧很快就被粉碎，但尊孔和反尊孔、复辟和反复辟的思想政治斗争仍然十分紧张。正是在这种形势下，陈独秀连续发表了《驳康有为致总统总理书》、《宪法与孔教》、《孔子之道与现代生活》、《袁世凯复活》、《再论孔教问题》、《复辟与尊孔》等一系列文章，大力抨击以封建纲纪伦常为核心的儒家思想，并把批判的矛头指向了孔子。陈独秀认为，张勋、康有为的复辟虽然失败，但是复辟的思想基础在国民中仍然有广泛的影响，而这个思想基础就是孔教。"孔子之道，以伦理政治忠孝一贯，为其大本"，"孔教与共和乃绝对两不相容之物"。"主张尊孔，势必立君；主张立君，势必复辟，理之自然，无足怪者"②。正因为尊孔论和复辟论"相依为命"，要根除复辟论的基础就必须批判孔子和孔教。

　　陈独秀指出只有政治上的共和革命是不够的，还需要批判儒家的纲纪伦常，进行思想上的革命，这个认识并没有错。但是他认为两千多年的封建礼教皆本之"孔子之道"，因而把批判的火力集中对准孔子，这却是一种缺乏历史主义的思想方法。儒家思想作为封建社会的意识形态，在两千多年中是随着封建统治阶级的需要而有所发展和演变的。就以君臣关系而论，孔子说："君使臣以礼，臣事君以忠。"③ 这与后世封建专制制度高度发展条件下所谓"君要臣死，臣不得不死"的观念就有很大的区别。当陈独秀连篇累牍地对孔子的"专制"思想进行批判时，常乃德曾致信他说："谓唐宋诸儒所学与孔道之一部相吻合可也，谓孔道之一部与帝制有关亦犹可也，遂谓孔道即与帝制有不可离散之因缘，是以分概全，未为可也。"④ 常乃德的这个观点不仅在当时能为知识界的多数人所接受，而且在今天看来也是比较实事求是和站得住脚的。

　　近代中国在社会转型过程中，封建的旧思想、旧道德、旧文化受到破坏是历史发展的必然结果，是好事而不是坏事。至于这种批判存在着缺

---

① 《独秀文存》卷 1，安徽人民出版社 1987 年版。

② 《复辟与尊孔》，《独秀文存》卷 1，安徽人民出版社 1987 年版。

③ 《论语·八佾》。

④ 陈独秀：《再答常乃德（古文与礼教）》附录，《独秀文存》卷 3，安徽人民出版社 1987 年版。

点，对传统文化中应该保护的历史遗产没有注意保护，这是需要作为经验教训加以总结的问题，不能因此而否定批判旧思想、旧道德、旧文化的必要性和正当性。陈独秀在《〈新青年〉罪案之答辩书》中说，社会上一些人"所非难本志的，无非是破坏孔教，破坏礼法，破坏国粹，破坏贞节，破坏旧伦理（忠、孝、节），破坏旧艺术（中国戏），破坏旧宗教（鬼神），破坏旧文学，破坏旧政治（特权人治），这几条罪案，本社同人当然直认不讳"①。在陈独秀看来，这几条"罪案"都是拥护民主与科学的人必须承担的。这种认识反映了陈独秀对新文化运动历史任务的理解存在着误区。"孔教"与封建礼教不能等同，"国粹"、"旧艺术"、"旧文学"更不能与"旧政治"相提并论，怎么能说是拥护民主与科学的人都要加以破坏呢？陈独秀这种说法，很容易贻人口实，让人指责新文化运动是要全面破传统文化。事实上，新文化运动没有也不可能全面破坏传统文化。20 世纪中国学术史的发展，恰恰说明正是五四新文化运动的兴起，使传统文化的整理和研究开创了前所未有的新局面。

20 年代和 30 年代，在新文化运动思潮的影响下，我国学术界关于儒家思想和先秦诸子的研究，摆脱传统经学和子学的僵化框架，开拓了新的视野，出版了一批至今仍为学界所称道的哲学史和文化史著作。与此同时，北京大学、清华大学和其他高等学府相继成立国学研究部门，开设有关传统文化的多门课程。继商务印书馆大型古籍丛书《四部丛刊》之后，中华书局出版了《四部备要》。商务印书馆还出版《四库全书珍本》、《丛书集成》和面向广大读者的《国学基本丛书》和《国学小丛书》。有关国学的整理、研究和出版风气之盛，被有的学者赞叹为"国学之黄金时代"②。这一时期学术界和文化界所展开的一些争论，如关于《古史辨》的讨论，关于东西文化的讨论，关于"中国本位的文化建设"的讨论，关于文学革命的讨论，关于整理国故的讨论，关于读经问题的讨论，可以说都与探讨传统文化的继承有关。讨论的参加者虽见仁见智，意见并不一致，但就连主张文化建设要"全盘西化"的人，也并没有完全否定传统文化的价值。

五四新文化运动为马克思主义在中国的传播创造了有利的条件。我国老一辈的马克思主义史学家，大多都得益于新文化运动的思想启蒙。由于马克思主义的理论指导，他们对传统文化总体来说并没有采取过激的批判

---

① 《独秀文存》卷 1，安徽人民出版社 1987 年版。
② 参见龚书铎、金冲及、宋小庆《历史的回答——中国近代史研究中的几个原则争论》中《关于五四新文化运动的评价》，北京师范大学出版社 2001 年版。

态度。郭沫若的《中国古代社会研究》是在国内一片"国故热"的气氛中出版的，他并没有否定"整理国故"的重要性，而是丰富了"国故"的内容，赋予新的涵义。他在书的自序中，非常推崇王国维、罗振玉对中国文化史的整理工夫，认为他们的作品"好像一座崔巍的楼阁，在几千年来的旧学的城垒上，灿然放出了一段异样的光辉"。但郭沫若也提出，"我们要跳出了'国学'的范围，然后才能认清所谓国学的真相"。他给自己规定的任务是：用辩证唯物的观念来整理"国故"，不仅要"知其然"而且要"知其所以然"，"把中国的文化，中国的思想，加以严密的批判"，让大家"看看中国的国情，中国的传统，究竟是杏两样"。

五四新文化运动为我国近代的文化革命和政治革命建立了伟大的功勋。没有新文化运动，孔教会要求定孔教为国教的政治诉求可能就会得逞，继袁世凯、张勋之后中国可能还会出现第三次帝制复辟，妇女在贞节的名义下被剥夺生存权利的惨剧还会不断发生，中国的社会进步不知道还要滞后多少年。但是几十年来，从北洋军阀到南京国民政府，从清朝的遗老遗少到民国的新贵要员，有人总是要打着尊孔和保卫传统文化的旗号，对新文化运动横加指责。蒋介石为配合其反动统治而推行的"新生活运动"，就竭力攻击五四新文化运动。担任"中国文化建设协会"理事长的陈立夫诬蔑说："'五四'运动，纯为一种文化的破坏工作，以致我国固有文化，摧残无余"，"整个的社会，陷于堕落颓废而毫无秩序的状态；整个的民族，日趋衰落灭亡的悲境"，"凡此种种，皆为'五四'新文化运动之遗毒"[①]。新生活运动促进总会干事贺衷寒声称："'五四'的新文化运动，是把外国的东西搬到中国来，把中国固有的东西都摧毁了，我们今天的新生活运动，是要把中国固有的东西来发扬。"[②] 他们攻击新文化运动把我国固有道德文化"摧残无余"的言论，和民国初年北洋军阀与康有为等人攻击辛亥革命使我国"纪纲扫地，法律全废，廉耻弃绝，道德衰蔽"的调子如出一辙。

五四新文化运动是中国人民思想解放和社会进步的光辉里程碑，但这个运动并不是没有缺点。毛泽东说："那时的许多领导人物，还没有马克思主义的批判精神，他们使用的方法，一般地还是资产阶级的方法，即形式主义的方法。他们反对旧八股、旧教条，主张科学和民主，是很对的。

① 陈立夫：《中国国民党员与新生活运动》，《新生活月刊》第 1 卷第 4 期（1934 年 9 月），引自关志钢《新生活运动研究》。
② 贺衷寒：《新生活运动之意义》，《新生活月刊》创刊号，引自关志钢《新生活运动研究》。

但是他们对于现状，对于历史，对于外国事物，没有历史唯物主义的批判精神，所谓坏就是绝对的坏，一切皆坏；所谓好就是绝对的好，一切皆好。这种形式主义地看问题的方法，就影响了后来这个运动的发展。"① 毛泽东对新文化运动的这个批评是实事求是的。新文化运动在反对封建的旧思想、旧道德、旧文化时，采用了形式主义看问题的方法，因而不免犯片面性和绝对化的错误。但是新文化运动并非像有些人所说的"全盘化反传统"，更没有使中国的传统文化"断裂"。

　　有一位批评五四新文化运动"全盘化反传统"的海外学者，对 20 世纪中国历史发展的基本走向作出了这样一个诠释："全盘化反传统运动给中式乌托邦主义带来了极为强大的正当性或合法性资源"，"换句话说，'五四'全盘化反传统主义所造成的'意识形态真空'，为中国知识分子接受中式乌托邦主义提供了结构上的可能"②。评论这位学者的观点不是本书要做的工作，但应该指出的是：（一）把五四新文化运动的激进主义与乌托邦主义混为一谈是很牵强的，新文化运动的一些领导人，无论在当时或以后都不是乌托邦主义者。乌托邦主义在 20 世纪中国有什么影响可以研究，但 20 世纪中国的主要思潮是马克思主义、自由主义和文化保守主义，绝不是乌托邦主义。（二）文中所说的"中式乌托邦主义"究竟何所指，读者是能够领会的。以毛泽东为代表的中国共产党人，把马克思列宁主义的基本原理与中国实际相结合，形成了指导中国革命的毛泽东思想。中国人民革命的胜利和社会主义建设成就，已经证明了毛泽东思想是中国人民伟大的精神财富。中国广大知识分子选择马克思主义、毛泽东思想所指引的道路，是从百年中国的历史教训和自己的亲身经历中得出的结论，而不是什么五四"全盘化反传统"造成了"意识形态的真空"，给"中式乌托邦主义"带来了"强大的正当性或合法性资源"。（三）中国共产党在领导中国人民进行新民主主义革命的过程中，犯过"左"右倾的错误，但这些错误与"乌托邦主义"无关。新中国建立以后，党在领导社会主义建设的过程中也有过错误，但成绩是主要的也是有目共睹的。毛泽东晚年发动"文化大革命"，给党、国家和各族人民带来严重的灾难，这是一个严重的错误。但必须把毛泽东晚年所犯的严重错误，与经过长期历史考验形成为科学理论的毛泽东思想区别开来。而且要看到"文化大革命"这场灾难，最后是由中国共产党中央执行党和人民的意志，粉碎了江青反革命集团而

---

①　《反对党八股》，《毛泽东选集》第 3 卷，人民出版社 1991 年版，第 831—832 页。

②　林毓生：《二十世纪中国的反传统思潮与中式乌托邦主义》，《公共论丛》第 2—3 期，引自许纪霖编《二十世纪中国思想史论》上卷，东方出版中心 2000 年版。

宣告结束的。20 世纪中国充满了各种政治力量和各种思潮的激烈而复杂的斗争，把"全盘化反传统"和"中式乌托邦主义"说成是 20 世纪思想和文化的主流，完全是脱离历史和思想实际而误导公众的一种虚构。

三　"真孔子"与"假孔子"：研究孔子及其思想的方法论问题

20 世纪中国，尊孔与反尊孔的思想斗争时起时伏，有时还十分紧张，这种情况促使人们思考一个问题：长期以来统治阶级所尊崇的孔子，究竟是"真孔子"还是"假孔子"？"文化大革命"结束之后，孔子及其思想的研究重新活跃起来，"真孔子"和"假孔子"的问题又受到学术界的关注。有的学者认为，应当把真假孔子的区别当做一项重要的研究工作和主要方法论。但也有学者不赞成这种意见，认为不同时代关于孔子观念的变化，亦即是儒学或孔学的演变，不能把这个认识过程说成是制造"假孔子"①。

把真假孔子的问题提到方法论的高度来讨论，对于认识孔子的历史地位和正确评价他的历史作用，是有重要意义的。就思想史和文化史的研究而言，究竟要不要区别"真孔子"和"假孔子"？区别"真孔子"和"假孔子"的标准是什么？如何看待传世文献中关于孔子事迹和思想的不实记载？如何看待不同时代对孔子思想的不同理解和诠释？我们可以联系儒学发展的历史过程就这些问题作一些探讨。

（一）史实辨伪与真假孔子

历史研究必须从可靠的史料出发，谈到"假孔子"时，首先容易想到的就是关于孔子事迹和言论的不实记载。但是众所周知，我们能够据以研究孔子的史书，即使是学者们通常认为比较可靠的史书，其真实性也是相对的而不是绝对的。研究孔子生平和思想的第一手材料，有《论语》、《左传》、《孟子》和《史记》的《孔子世家》等。《六经》与孔子有密切的关系，但究竟是什么关系，至今仍是悬案。《墨子》、《庄子》、《荀子》、《韩非子》等书中有若干关于孔子的材料，但有些叙述带有故事的性质。《孔子家语》传说是孔子门人所撰，《汉书·艺文志》虽有著录，但今本被有的学者认为是三国时魏王肃的伪作。上述这些史书，许多学者通常在研究

---

① 参见赵吉惠《关于真假孔子的历史遗案——孔子研究的一个方法论问题》，见《儒学命运与中国文化》，陕西人民教育出版社 1991 年版。这是本书作者见过的较早从方法论高度对真假孔子问题提出质疑的文章。文中强调对孔子再认识的能动反映过程是值得重视的，但是该文完全否定"假孔子"的存在，甚至把纬书中的孔子形象也说成是研究孔子思想的一种观念形态，这种看法并不妥当。

孔子及其思想时都需要引用，但它们显然又不同程度地掺杂一些失实甚至造假的史料。《史记·孔子世家》所载孔子事迹，真伪杂糅，前人多已指出。即以最具史料价值的《论语》而言，因系孔子弟子或再传弟子所记，而非孔子本人著作，也不能尽信为实。传世文献不尽可信，但这并不影响我们在研究工作中加以使用。问题是在引用时要加以识别，去伪存真。如《史记·孔子世家》说："孔子年五十六，由大司寇行摄相事"，"诛鲁大夫乱政者少正卯。与闻国政三月，粥羔豚者弗饰贾，男女行者别于涂，涂不拾遗，四方之客至乎邑者不求有司，皆予之以归"。但《左传》、《荀子》诸书皆称孔子为司寇，不称大司寇。杀少正卯语本《荀子》，有无其事，后人颇有怀疑，姑置不论。而所谓"行摄相事"，江永对此曾有考辨，认为"摄相"只是相礼，非鲁国之相，并没有执国政的权力①。《孔子世家》此处叙述显然不符合历史实际。至于所谓鲁国因孔子执政，卖猪羊的小贩不哄抬价格，男女行路有别，道不拾遗等等，更可以肯定是为孔子饰誉之辞。

先秦诸子和《史记》等书关于孔子的事迹和言论有些是失实或者是不可信的，但不能因此就说先秦诸子和司马迁伪造了一个"假孔子"的形象。就研究孔子的方法论而言，辨别有关孔子史料的真伪，与判断文化史、学术史上的真假孔子，是属于不同层次不同性质的问题，不能画上等号。如果把古书中关于孔子事迹和言论的不实记载都用"假孔子"来加以概括，中国文化史、学术史上的"假孔子"就会满天飞，真假孔子反而莫辨了。传世文献中有没有"假孔子"呢？有的。西汉末至东汉初年间出现的纬书，就塑造了一个神化和妖魔化的假孔子形象。纬书所叙述的孔子不是某些事迹或言论失实的问题，而是完全捏造了一个荒诞不经的假孔子。这个假孔子，既非凡人，也非通常所说的圣人。他生有灵异，长大成人后能预言和作法，是方士和儒生适应当时封建地主阶级政治斗争需要而捏造出来的先知。如《〈孝经〉纬说题辞》称："孔子谓子夏曰：'麟得之月，天当有血书端门。'"② 子夏至期往视，果然如此。诸如此类的记载，显然都是孔子研究中应当摒弃的糟粕。当然，说纬书造作"假孔子"，并非否定纬书对于思想文化史的研究另有其不可忽视的价值，也不是说它关于孔子的所有叙述都毫无依据。

这里，需要谈一下疑古学派研究孔子的方法论问题。以顾颉刚、钱玄

---

① 参见钱穆《先秦诸子系年》上册卷一，《孔子行摄相事诛鲁大夫乱政者少正卯辨》，商务印书馆1936年版。

② 《艺文类聚》卷98引。

同为代表的疑古学派，在考辨伪书、伪史方面是有成绩的，他们对中国近代史学的发展有不可抹杀的贡献。但是他们的毛病是滥用默证的方法，而且没有说清楚历史记载和历史本身的关系。顾颉刚所得出的"层累地造成的古史"观，其实就是"层累地造成的古史记载"观。他所谓的"伪书"，有的只能说是成书的年代较晚或部分内容有不实之处。用这种辨"伪"的方法所构筑的古史，只能是残缺的古史。钱玄同否认孔子有删述或制作《六经》之事，这本来是可以讨论的问题。但他认为"《六经》底大部分固无信史底价值，亦无哲理和政论底价值"①，这就是"疑古"绝对化的偏见了。顾颉刚说："若是我将来能彀做孔子的史，我决计拿时代来同他分析开来。凡是那一时代装点上去的，便唤做那一时代的孔子。例如战国的孔子便可根据了《易传》、《礼记》等去做；汉代的孔子便可根据了《公羊传》、《春秋繁露》、《史记》、纬书等去做，至于孔子的本身，拆开了各代的装点，看还有什么，如果没有什么，就不必同他做史。"② 照此说法，学者的研究工作只能把"孔子的史"按时代"分析开来"，根据《春秋繁露》、纬书等不可靠的记载去"做"，这岂不是把"真孔子"和"假孔子"混为一谈了吗？

（二）儒学演变与真假孔子

孔子开创的儒学，在两千多年的封建社会中，从内容到形式都有不少发展变化。儒学的这种发展变化，也表现为不同历史时期的学者对孔子思想言论关注的重点不同，理解诠释不同。由于记录孔子事迹言论的可靠史料有限，这给后人自由发挥和诠释孔子思想提供了较大的空间。但由此也就产生了一个问题：后人对孔子思想学说的发挥和诠释，是否符合孔子的原意，有没有一个真假孔子的问题？

《韩非子·显学》篇说："孔、墨之后，儒分为八、墨离为三，取舍相反、不同，而皆自谓真孔、墨。孔、墨不可复生，将谁使定世之学乎？"可见早在战国时代，孔门八派弟子就已经有相争孔子真传的问题了。如果说这是对儒家有敌意的法家的说法，那么我们再看看儒家自己是怎么说的。《荀子·非十二子》强调子弓是孔子的真传，而把包括子思、孟子在内的儒家和非儒家的"十二子"都视为"天下之害"而大加挞伐。荀子虽然尊崇孔子，也被视为先秦儒家的集大成者。但他的思想学说在一系列重要问题上，如天人关系、性善性恶、法先王与法后王、王道与霸道、义利关系、礼法关系等等，与孔子的思想学说其实是有相当距离的，因而有些

---

① 钱玄同：《答顾颉刚先生书》，《古史辨》第一册。
② 顾颉刚：《论伪史及〈辨伪丛刊〉书》，《古史辨》第一册。

学者把他说成是"杂家"。而谭嗣同在《仁学》中则认为，孔子死后，孔学衍为两大支，一由曾子传子思而至孟子，一由子夏传田子方而至庄子。"不幸此两支皆绝不传，荀〔子〕乃乘间冒孔之名，以败孔之道。"谭嗣同认为两千年之儒学皆"冒孔之名"、"败孔之道"的"荀学"，这是他的偏激片面之言。但秦汉的儒学已经杂糅了法家和阴阳家的学说，汉以后作为统治思想的儒家学说，在其传承过程中又不断被添加许多并非孔子原来思想的内容，这是不可否认的事实。儒学演变过程中不同学派乃至不同学者对孔子思想的理解和诠释，是否符合孔子的本意，这是值得探讨的问题。但不论正宗儒学代表人物相互之间的思想观点是如何不同，也不论一些被视为"异端"的人物对正宗儒学提出什么惊世骇俗的挑战，都不宜用"真孔子"和"假孔子"的概念来概括他们思想的差异和相互间的论辩。

1902 年，梁启超在《保教非所以尊孔论》一文中，认为"孔教之性质与群教不同"，反对康有为倡"保教"之议。梁启超认为无需保教的观点是正确的，但他在论述孔教的历史演变时，说了这样一段话：

> 自汉以来，号称行孔子教二千余年于兹矣，而皆持所谓表章某某罢黜某某者，以为一贯之精神。故正学异端有争，今学古学有争，言考据则争师法，言性理则争道统，各自以为孔教，而排斥他人以为非孔教。于是孔教范围益日缩小，寝假而孔子变为董江都、何邵公矣，寝假而孔子变为马季长、郑康成矣，寝假而孔子变为韩昌黎、欧阳永叔矣，寝假而孔子变为程伊川、朱晦庵矣，寝假而孔子变为陆象山、王阳明矣，寝假而孔子变为纪晓岚、阮芸台矣。皆由思想束缚于一点，不能自开生面，如群猿得一果，跳掷以相攫；如群妪得一钱，诟骂以相夺，其情状抑何可怜哉！……曾是孔子而乃如是乎？①

梁启超本来的意思是说，孔子提倡自由思想，而后来孔学的发展，"思想束缚于一点"，违背孔子思想的精神。但梁启超用了"寝假而孔子变"一词，就让人认为他有真假孔子之说。30 年代，周予同在《孔子》一书的"引语"中说："汉朝所尊奉的孔子，只是为政治的便利而捧出的一位假的孔子，至少是一位半真半假的孔子，决不是真的孔子。"他又引用梁启超的说法，认为："历代学者误认个人的主观的孔子为客观的孔子。所以孔

---

① 《饮冰室文集》之九，见《饮冰室合集》第 1 册，中华书局 1989 年版。

子虽是大家所知道的人物，但是大家所知道的孔子未必是真的孔子。"① 周予同此说后来为一些学者所接受，真假孔子的问题，在孔子及其思想的讨论中，也就成为一个热门问题了。

孔子死后，他的弟子和再传弟子，以及历代儒学的不同流派和学者，对孔子思想的理解和诠释，既继承了孔子核心的价值观念，但也都会因时代的不同需要，而对孔子的学说有所损益。一部中国古代思想学术史表明，历朝历代对孔子的思想既有继承又有发展，这是孔学演变的规律。即便是继承，也不会是完全照搬孔子的言论，否则孔学就不可能存在两千多年并且影响日益扩大了。如果把孔子思想的继承和发展说成是"真孔子"不断演变为"假孔子"，这根本不符合意识形态发展的客观实际。

我们不妨就汉代以后儒学发展不同阶段的若干思想家略作分析。

董仲舒治《公羊春秋》，以贤良对策得到汉武帝的赏识。作为先秦诸子之后的一代儒宗，董仲舒的思想既继承了先秦儒学的思想，但又接受了阴阳家的许多影响。他在对策中多次引用孔子的言论并加以发挥，建议汉武帝任德教而不任刑罚，以仁义礼乐为治，兴太学，招贤士，补弊纠偏，及时更化等等，这些主张应该说都是本诸孔子的思想学说。董仲舒认为"《春秋》大一统者，天地之常经，古今之通谊也"。他反对"师异道、人异论、百家殊方，指意不同"，提出"诸不在六艺之科孔子之术者，皆绝其道，勿使并进"②。罢黜百家、独尊儒术的思想未必能在孔子的言论中找到依据，但这是董仲舒代表新兴地主阶级要求用孔子学说统一社会舆论的文化主张，也不能说他因此把"真孔子"变成"假孔子"。董仲舒援阴阳家之言解说《春秋》，把儒学神学化，这是董仲舒自己的问题，不是孔子的问题。董仲舒为江都相，"以《春秋》灾异之变推阴阳所以错行"③，由于他对当时灾异的推说十分荒谬，差一点被汉武帝治罪，连他的弟子也认为他的灾异之说"大愚"。这说明在当时人眼里，董仲舒自董仲舒，孔子自孔子，人们并没有把董仲舒解说《春秋》的言论完全当做是孔子的思想。

由于佛教传入中国后影响日益扩大，以至于儒学的思想学说也发生了重要的变化。韩愈在《原道》中编造了一个道统传授的谱系说："尧以是传之舜，舜以是传之禹，禹以是传之汤，汤以是传之文、武、周公，文、

---

① 周予同：《孔子》，见朱维铮编《周予同经学史论著选集》（增订本），上海人民出版社 1996 年版。

② 《汉书·董仲舒传》。

③ 同上。

武、周公以是传之孔子，孔子传之孟轲。轲之死，不得其传焉。"韩愈认为儒家的"道"是古圣贤一脉相传的，由孔子而传至孟轲，孟轲死后就失传了。他表示自己要担当再传道统的重任，"使其道由愈而粗传，虽灭死万万无恨"。但韩愈的思想在当时就受到柳宗元、刘禹锡的挑战。而无论是韩愈或柳宗元、刘禹锡，都不认为他们的思想分歧和论争涉及"真孔子"和"假孔子"的问题。

宋明理学有程朱学派和陆王学派之分。理学的形成和成熟，标志着儒学发展走向更加哲学化、抽象化的阶段。程颢、程颐兄弟受业周敦颐，特别推崇《大学》、《中庸》，将之与《论语》、《孟子》并列。张载称二程"兄弟从十四五时，便脱然欲学圣人，故卒得孔、孟不传之学，以为诸儒倡"①。朱熹门人黄榦说："道之正统待人而后传，自周以来，任传道之责者不过数人，而能使斯道章章较著者，一二人而止耳。由孔子而后，曾子、子思继其微，至孟子而始著。由孟子而后，周（敦颐）、程（颢、颐）、张子（载）继其绝，至熹而始著。"② 在程朱学派眼里，韩愈要当道统的继承人是不够资格的。所以他们继续宣称孟子之后儒家道统失传，而把程朱说成是孔孟的真传。陆王学派也同样认为孟子之后道统中断，但他们却也以孔、孟的继承人自居。陆九渊对人说："闻人诵伊川之语，自觉若伤我者。"又说："伊川之言，奚为与孔子、孟子之言不类？近见其间多有不是处。"③ 王守仁则称："今世学者，皆知宗孔、孟，贱杨、墨，摈释、老，圣人道若大明于世。然吾从而求之，圣人不得而见之矣。"④ 他认为程朱之学"支离无体"，推崇"象山之学，简易直截，孟之后一人"⑤。程朱和陆王的哲学思想、社会思想与政治思想，比之孔子和孟子的思想已有很大的发展，但他们仍把孔孟看成是先师和圣人。他们在争道统真传的时候，都强调孟子之后道统已经中断，但并没有把儒学的门派之争看成是真假孔子的问题。

（三）三个"假孔子"

我们不赞成把传世文献有关孔子的事迹和思想记载的失实，以及儒家学说传承过程中对孔子思想的不同诠释和发挥，说成是"真孔子"不断被"假"化，以至于不断出现许多"假孔子"。因为照此说来，中国的儒学发

---

① 《宋史·道学传·程颐》。
② 《宋史·道学传·朱熹》。
③ 《宋史·儒林传·陆九渊》。
④ 《王文成公全书》卷五《与席元山》。
⑤ 《王文成公全书》卷七《别湛甘泉序》。

展史就将被说成是"真孔子"早已消失,"假孔子"不断出现的历史。而这恐怕是连倡真假孔子说的学者也不会接受的观点。

但是,我们并不否认在中国的学术文化史上,确实产生过"假孔子"。就研究孔子的方法论来说,判断真假孔子的标准,是要看孔子在不同历史时期出现的整体形象是否符合历史的真实,而不应把儒学的发展变化说成是"真孔子"向"假孔子"的演变。按照这个标准,可以说自从汉朝独尊儒术之后,中国历史上曾经产生过三个"假孔子"。

从西汉末年到东汉初年,社会上盛行的符命和纬书,有不少假托孔子的预言。纬书中被神化和妖魔化的孔子,已经不是儒家学派解读孔子思想的一种文化观念,而是被不同封建统治势力利用来制造舆论和夺取政权的"假孔子"。如《春秋纬汉含孳》说孔子"览史记,援引古图,推天变,为汉帝作法,陈叙图录"①。《孝经古契》中说:孔子"作《春秋》、制《孝经》,既成,使七十二弟子向北辰磬折而立,使曾子抱《河》、《洛》事北向。孔子斋戒,簪缥笔,衣绛单衣,向北辰而拜,告备于天"。这时天上有"赤虹自上而下,化为黄玉,长三尺,化为刻文。孔子跪受而读之,曰:'宝文出,刘季握,卯金刀,在轸北,字禾子,天下服'"②。这个"假孔子"显然是在为刘姓天子应天命作宣传的。

1840 年鸦片战争失败以后,中国沦为半殖民地半封建社会,传统儒学在空前未有的社会危机和民族危机面前,毫无应对之力。从封建知识阶层分化出了一批先进分子,力图"师夷之长技"以抵抗西方列强的侵略。但是他们并没有认识到封建的政治经济制度和意识形态是阻碍中国变法图强的绊脚石。在他们的心目中,封建的纲纪伦常和孔子的"圣人"形象,仍然是不容侵犯的。推动戊戌变法的康有为在撰写《新学伪经考》和《孔子改制考》之前,曾上书光绪帝,请求及时变法,还联络各省举子一千多人"公车上书"要求变法,但奏书都被守旧大臣阻隔。守旧派顽固地反对变法,使康有为感到借助孔子亡灵为变法维新制造舆论的必要性。他认为:"圣人但求有济于天下,则言不必信,惟义所在。……布衣改制,事大骇人,故不如与之先王,既不惊人,自可避祸。"③ 变法维新这种"骇人"的大事,如果借助孔子的亡灵开道,不仅可以引起知识阶层对变法的同情,又可以抵抗反对变法的守旧派的攻击。这样,康有为在自己的著作中就竭力渲染孔子是托古改制的圣人。但这个孔子,显然也是一个"假孔子",

---

① 《公羊传》隐公元年疏引。
② 《公羊传》哀公十四年疏引。
③ 康有为:《孔子改制托古考》、《孔子改制考》,中华书局 1958 年版。

只不过这个"假孔子"有别于过去谶纬中那个"假孔子",具有完全不同的性质和作用。反对变法维新的顽固派官僚叶德辉曾斥康有为"其貌则孔也,其心则夷也"[①];另一个顽固派文人曾廉则指责康有为"尝主泰西民权平等之说,意将以孔子为摩西,而已为耶稣,大有教皇中国之意,而特假孔子大圣借宾定主,以风示天下"[②]。这些顽固派对康有为的攻击固然都是信口雌黄,但康有为在"假孔子"的身上寄托了他自己的君主立宪政治思想,则是事实。

借助历史亡灵为特定的政治目的制造舆论,其性质和作用要放在当时的历史环境中具体分析。马克思曾经说:"在观察世界历史上这些召唤亡灵的行动时,立即就会看出它们中间的显著的差别。"[③] 康有为制造了一个"假孔子"来推动戊戌变法,在当时是有积极进步作用的。顽固守旧派之所以竭力攻击康有为的"孔子改制"说,就因为他颠覆了孔子的传统形象,把一个维护封建君主统治的孔子,化装成资产阶级君主立宪先导的孔子。但是中国资产阶级的软弱性和矛盾性格在康有为身上也充分表现出来。康有为在塑造一个近代化的"假孔子"时,却又不愿意完全改变封建统治阶级长期以来对孔子的打扮,甚至连谶纬之类的"假孔子"的糟粕也不舍得扔掉,这反而给顽固守旧派提供了攻击的口实。而当历史跨越了资产阶级改良派的蹒跚步伐,在1911年爆发了辛亥革命和建立共和国之后,康有为却依然坚持君主立宪派的立场,并且组织孔教会,妄图继续借助孔子的亡灵进行政治活动,这就完全是逆历史潮流而动了。

中华人民共和国成立以后,对孔子及其思想的研究,虽仁者见仁,智者见智,意见并不完全一致,但这是不同学术见解的争鸣,并不存在真假孔子的问题。"文化大革命"中,"四人帮"大搞"批林批孔"和"批儒评法",他们用来作为箭靶的孔子,则完全不是什么学术见解,而是根据他们篡党夺权的政治需要捏造的又一个假孔子。"四人帮"操纵的写作班子肆意歪曲史料,丑化孔子形象,辱骂孔子是"开历史倒车的复辟狂"、"虚伪狡猾的政治骗子","凶狠残暴的大恶霸"、"不学无术的寄生虫"、"到处碰壁的丧家狗",他们笔下的这个假孔子和历史上的孔子风马牛不相及。"四人帮"并不讳言,他们捏造这个假孔子的目的,是要"使人联想到林彪一类政治骗子"。但这个"假孔子"的形象又与林彪并不相似,"四

---

① 《叶吏部与刘先端黄郁文两生书》,苏舆编:《翼教丛编》卷6。
② 《戊戌变法》第2册,《中国近代史资料丛刊》,神州国光社1953年版,第494页。
③ 马克思:《路易·波拿巴的雾月十八日》,《马克思恩格斯选集》第1卷,人民出版社1972年版,第604页。

人帮"一再提醒读者这个"政治骗子"当过"宰相",搞"折衷主义",主张"兴灭国,继绝世,举逸民","常常摆出一副平正、公允的面孔,用似是而非、模棱两可的态度来掩盖自己的极右本质"。这样,"四人帮"就暴露了他们的罪恶用心:他们捏造一个"假孔子"的形象,目的是为了诬蔑和攻击周恩来总理,妄图除掉他们篡党窃国的重要障碍。

四　正确评价孔子思想遗产的当代价值

"文化大革命"结束以后,特别是中国共产党第十一届三中全会以后,中国的社会主义现代化建设进入了新的历史时期。关于孔子及其思想的研究和讨论重新活跃起来。孔子作为中国古代伟大的思想家和教育家,这个历史地位在学术界已经成为没有争议的共识。但有关孔子及其思想的研究,无疑还是学术界的一个长期课题。向全国人民和全世界人民正确宣传孔子思想的当代价值和意义,也是学术界在精神文明建设方面需要长期努力的一项重要任务。

恩格斯在谈到哲学等意识形态的传承时说:"历史思想家(历史在这里只是政治的、法律的、哲学的、神学的——总之,一切属于社会的而不仅仅属于自然界的领域的综合)在每一科学部门中都有一定的材料,这些材料是从以前的各代人的思维中独立形成的,并且在这些世代相继的人们头脑中经过了自己的独立的发展道路。"① 孔子思想的文本,已经成为中国哲学史的经典,成为后代思想家由以出发的思想资料,影响了两千多年中国历史的发展。中华民族是一个勤劳勇敢、热爱和平、重视诚信、有容乃大和富于革命传统的民族。以儒家思想为核心的传统文化,在历史长河中对我国民族性格的形成起了重要的积极作用,孔子思想在这方面所起的作用尤其值得我们重视。儒家所强调的群体和责任意识,人格尊严和德性修养,天人调适和社会和谐,在孔子那里都可以找到它的思想源头。在今天建设有中国特色的社会主义现代化事业中,孔子思想必然也还要产生重大的影响。

传统文化是在已经消失或已经变化的历史环境下形成的,随着时代的发展,它的价值和作用也会发生变化。我们重视孔子的思想遗产,要认真总结孔子的思想遗产,是为了古为今用,而不是为了崇古和复古。剔除传统文化中封建性的糟粕,吸收其民主性的精华,是我们建设社会主义精神文明必须遵循的原则。对待孔子的思想遗产,同样必须遵循这个原则。所

---

① 恩格斯:《致弗·梅林》,1893 年 7 月 14 日,《马克思恩格斯书信选集》,人民出版社 1962 年版。

谓"精华"和"糟粕"是我们对孔子思想进行分解的价值判断，并不是孔子思想天然固定的成分差别。也就是说，就孔子思想的原生形态而言，"精华"和"糟粕"可能是混杂在一起的，而且"精华"和"糟粕"的区分是有时代性的。但这并不影响我们对孔子思想从事分析和价值判断。事实上，研究孔子思想的过程也就是分析"精华"与"糟粕"的过程。不作这种分析，所谓批判继承就是一句空话。还应当指出的是，不能把"精华"理解得过于狭窄，也不能认为孔子的思想除了"精华"就是"糟粕"，把一些既称不上"精华"也不能视为"糟粕"，而在认识史和文化史上却有其价值的思想内容，都排除在批判继承的视野之外。总之，孔子思想中那些反映了历史发展和社会进步的内容，那些有利于提高我们民族自信心和现代精神文明建设的内容，都是我们应该加以珍视和批判继承的历史文化遗产。

　　20 世纪 80 年代，冯友兰在探讨中国哲学遗产继承问题时，曾提出一个有名的"抽象继承"的观点，从而在理论界和学术界引起了一场争论。由于"左"倾思想的影响，这场争论以冯友兰被批判而很快销声匿迹。实际上，冯友兰的观点反映了哲学界不少人在继承历史遗产问题上所感到的困惑。时至今日，对于有阶级性的哲学遗产能不能继承这个问题，学术界仍然没有一个明确的共识。新时期以来，在讨论孔子思想时，学者们大都回避了孔子思想的阶级性问题，而只是强调孔子的许多思想具有超时代的普遍性，是应该继承的思想遗产。我们认为，孔子及其思想的研究固然要反对过去那种乱贴阶级标签的庸俗社会学的研究方法，但是完全放弃阶级分析的方法也不是科学的态度。孔子生活在礼乐崩坏、公室衰落、政在私门的春秋末年，经济政治关系和社会秩序的激烈变动对他的思想有深刻的影响，他绝不是一个超时代超阶级的思想家。孔子思想中有些概念和命题，确实具有普遍性的形式，但这并不等于说这些思想就没有阶级性。孔子说：仁者"爱人"，这里所说的"仁"有"泛爱众"的意思，但它又是和"礼"结合在一起，是有等级名分之别的。孔子说："克己复礼为仁……非礼勿视，非礼勿听，非礼勿言，非礼勿动"[1]；"君子而不仁者有矣夫，未有小人而仁者也"[2]。抽象地把孔子说的"仁"，诠释为爱一切人或无差别的普遍的爱，恐怕是很难成立的。认为孔子的思想有阶级性，并不意味着它就没有民主性，更不影响我们对它的批判继承。相反，否定孔子思想的阶级性，则容易导致在继承这份思想遗产时忽略了对它的批判

---

① 《论语·颜渊》。

② 《论语·宪问》。

改造。

毛泽东说："我们必须尊重自己的历史，决不能割断历史。但是这种尊重，是给历史以一定的科学的地位，是尊重历史的辩证法的发展，而不是颂古非今，不是赞扬任何封建的毒素。对于人民群众和青年学生，主要地不是引导他们向后看，而是引导他们向前看。"① 毛泽东所说的这段话，对于我们今天继承历史文化遗产，包括继承孔子的思想遗产，仍然是适用的。近几年来，传统文化的继承问题引起了国人的广泛注意，这是一个可喜的现象。但是也不能不看到，对传统文化不加分析地盲目推崇，鼓吹复古的思潮在某些人群中有所抬头。如有的人在弘扬传统文化的名义下，鼓吹在小学、中学都设置儒学基础课程。有的媒体热心宣传"少儿读经班"的"经验"。这种现象的出现，实际上是一种历史的倒退。袁世凯和北洋军阀控制的北京政府，以及国民党的南京政府，都曾要求或提倡在中、小学设置读经课程，但都受到了广大知识界有识之士的批评和抵制。30 年代，顾颉刚一针见血地指出："一般人不知道，以为《十三经》便是孔子，也便是道德，只要提倡读经，国民的道德就会提高，这真是白日做梦。"② 大多数学者认为大学可以选修少数经书，中学可以讲一点如《论语》、《孟子》这样较为浅显的经书章节，但都反对把读经当做大中学校的必修课程，更反对让天真无邪的儿童读经。周予同指出，经书"应该让少数人客观的去研究"；"在基础教育阶段要养成公民和劳动者，在专科教育阶段要养成国家公仆和生产技术人材。读经和生产教育无关；而养成公民和公仆，也另有其陶冶的方法，决不必求助于读经"③。正是由于受到学术界和知识界许多人的反对，20 世纪两次尊孔复古高潮所掀起的读经运动，在喧闹一阵之后终于都只能偃旗息鼓。在经过大半个世纪之后，在建设社会主义现代化的中国，有什么必要掀起一个读经运动，让少年儿童都来读经呢？

中国人民为了摆脱帝国主义与封建主义的压迫和统治，进行了一百多年英勇卓绝的斗争，终于在中国共产党的领导下取得了人民革命的伟大胜利。毛泽东在 1949 年宣布："自从中国人学会了马克思列宁主义以后，中国人在精神上就由被动转入主动。从这时起，近代世界历史上那种看不起中国人，看不起中国文化的时代应当完结了。伟大的胜利的中国人民解放

---

① 《新民主主义论》，《毛泽东选集》第 2 卷，人民出版社 1991 年版，第 708 页。

② 顾颉刚：《古史辨》第 4 册序言，朴社 1933 年版。

③ 周予同：《对于"读经"问题的意见》，《教育杂志》第 25 卷第 5 号；《周予同经史论著选集》（增订本），上海人民出版社 1996 年版。

战争和人民大革命，已经复兴了并正在复兴着伟大的中国人民的文化。"①
中国的传统文化曾经有过光辉灿烂的历史，但是当西方新兴的资本主义列
强向亚洲实行武力扩张时，传统文化的余辉并没有能够使中国避免沦为半
殖地半封建社会的悲惨命远。只有在中国人民学会了马克思主义并且取得
革命胜利之后，才结束了"近代世界历史上那种看不起中国人，看不起中
国文化的时代"。也只有在这以后，中国的传统文化才像凤凰涅槃一样，
有了在世界上重新展现其光辉的机会。建设有中国特色的社会主义社会，
需要我们在马克思主义的指导下，弘扬传统文化，继承优秀的历史文明遗
产，但绝不能在文化建设的指导思想上搞儒家本位的复古主义，更不能无
批判地向人民群众和青年学生灌输传统文化中的封建糟粕。以孔子为代表
的儒家思想的当代价值，只有在马克思主义的指导下，才能得到科学的解
释和在社会实践层面上正确地实现。

　　值得注意的是，现在有个别以"新儒家"自命的学者，打着弘扬传统
文化和复兴儒学的旗号，公然提出要改变马克思主义在我们国家的指导地
位和中国人民对社会主义道路的选择。他们认为，一百多年来中国走的是
一条"文化歧出"、"以夷变夏"的路，直至今日已经陷入"礼崩乐坏，
学绝道丧"的境地；要解决今日中国"严重的政治合法性危机和文化危
机"，只能走"儒化"之路。与注重探讨儒家的心性之学和中国文化特质
的老一代"新儒家"不同，这些新生代的"新儒家"雄心勃勃，渴望在自
己手上实现"由内圣开出新外王"的伟业。他们要求"用儒学取代马列主
义"，"立儒教为国教"，"儒化共产党"，"儒化社会"，"儒化中国"②。正
如有的学者所指出，这些新生代的"新儒家"很会造势，有些人并不完全
了解他们的学术观点和政治主张，就廉价地做了他们的义务宣传员，这是
很值得警惕的。其实，这些"新儒家"所提出的"儒化中国"的主张，也
不是什么新鲜的思想货色。民国初年孔教会要求定孔教为国教的闹剧，声
势不谓不大。30 年代蒋介石提倡"新生活运动"，更是借助政治权势力图
把儒家的伦理道德规定为全体国民生活的准则。但历史是向前发展的，一
切逆历史潮流而动的主张和行为都只能以失败告终。如果新生代的"新儒
家"能够多熟悉一下近代中国尊孔复古思潮和反尊孔复古思潮的斗争史，
也许头脑就会清醒一些。

---

① 《唯心历史观的破产》，《毛泽东选集》第 4 卷，人民出版社 1991 年版，第 1516 页。

② 参见方克立《关于当前文化问题的三封信》对蒋庆等人的批评，载《中国社会科学院学
术咨询委员会集刊》第 2 辑，社会科学文献出版社 2006 年版。

五　孔子思想与 21 世纪的世界文明

改革开放以来，中国的和平发展取得了举世瞩目的成就。随着中国综合国力的加强和国际地位的提高，我国的传统文化也日益引起世人的关注和兴趣。西方有些人士因为资本主义社会的各种矛盾和弊病无法克服，发达国家和不发达国家之间的文明冲突愈演愈烈，认为以儒家思想为核心的中国传统文化，可以为人际关系、族群关系、国家关系以及人与自然的关系找到一条解脱各种危机的出路。前些年有人盛传，1988 年诺贝尔奖得主在巴黎开会，发表宣言说，人类如果要在 21 世纪继续生存下去，必须回头吸取孔子的智慧。这个不能证实的信息使我国有些学者十分兴奋。于是有人说，孔子思想和儒家文明将引领 21 世纪世界文明的潮流。也有人说，21 世纪将是中国人的世纪。对于这样一些言论，我们应该如何看待呢？

关于东西文明的比较研究和讨论，其实在 20 世纪的百年中始终没有停止过。第一次世界大战的惨祸和资本主义各国的社会危机，促使一些人重新审视东西方文明的历史后果，并且用另一种眼光来评价东西文明的优劣得失。五四运动前后，我国文化界和学术界曾经有过一场关于东西文化差异和中国文化发展取向问题的论争。认为东方文明优越于西方文明的伧父（杜亚泉）指出："自欧战发生以来，西洋诸国日以其科学所发明之利器戕杀其同类，悲惨剧烈之状态，不但为吾国历史之所无，亦且为世界从来所未有。吾人对于向所羡慕之西洋文明，已不胜其怀疑之意见。而吾人之效法西洋文明者，亦不能于道德上或功业上表示其信用于吾人。"[①] 杜亚泉并非对西洋文明采取完全排斥的态度，但他认为西洋各种学说输入我国之后，"吾人之精神界中种种庞杂之思想，互相反拨，互相抵消，而无复有一物之存在"，导致了"精神界之破产"。"产生西洋文明之西洋人，方自陷于混乱矛盾之中，而亟亟有待于救济，吾人乃希望借西洋文明以救济吾人，斯真问道于盲矣！"以此，他主张："救济之道，在统整吾固有之文明，其本有系统者则明了之，其间有错出者则修整之。一面尽力输入西洋学说，使其融合于吾固有文明之中。西洋之断片的文明如满地散钱，以吾固有文明为绳索，一以贯之。"[②] 梁启超 1920 年赴欧洲考察，回国后发表《欧游心影节录》，也以自己亲身经历描绘第一次世界大战后资本主义各国的衰败和苦难，主张"化合"东西文明，"拿西洋的文明来扩充我的文明，

---

① 伧父：《静的文明与动的文明》，《东方杂志》第 13 卷第 10 号，引自陈崧编《五四前后东西文化问题论战文选》，中国社会科学出版社 1989 年版。

② 伧父：《迷乱之现代人心》，《东方杂志》第 15 卷第 4 号，引自陈崧编《五四前后东西文化问题论战文选》。

又拿我的文明去补助西洋的文明，叫他化合起来成一种新文明"①。

历史有时会有惊人的相似之处。五四运动前后关于东西文化的论争，本来已经由 20 世纪历史的发展作出了结论。所谓西洋文明已经破产，世界文明的出路需要中国固有的文明加以"救济"和"统整"的说法，由于经不起历史的检验，在 20 世纪 30 年代以后逐渐销声匿迹。但是近一二十年来，宣扬儒家思想将成为人类 21 世纪文化主流的呼声又不时可以听到了。持这种意见的人士，盼望我们民族的伟大复兴，期待中国能够对世界文明的发展有更多的贡献，这种心情是可以理解的。但是他们对世界文明和历史发展的规律，在认识上却存在着一个很大的误区。且不说儒家思想有其时代的和阶级的局限性，即使是那些对于我们今天建设有中国特色社会主义精神文明值得继承的传统思想和道德，对于别的国家来说也未必能适应他们的国情。何况今天西方世界存在的许多社会弊病和矛盾，是由它们的社会制度、生产方式和意识形态所决定的。西方一些国家的决策者和怀有文化偏见的知识精英，还在那里费尽心思地要把他们的价值观和社会制度推广到中国和其他发展中国家。身处当今的国际环境，竟然还想象中国的儒家思想在 21 世纪要引领西方世界，这岂不是要遭到痴人说梦之讥吗？

资本主义制度"是用血和火的文字载入人类编年史的"②。资产阶级的发生和发展史，伴随着贪婪、罪恶、暴力、战争和灾祸。但是"资产阶级在它的不到一百年的阶级统治中所创造的生产力，比过去一切世代创造的全部生产力还要多，还要大"③。当资本主义生产方式的生命力还没有耗尽时，它是不会退出历史舞台的。恩格斯曾经指出，对资本主义生产方式的弊病"诉诸道德和法的做法，在科学上丝毫不能把我们推向前进；道义上的愤怒，无论多么入情入理，经济科学总不能把它看做证据，而只能看做象征"。"经济科学的任务在于：证明现在开始显露出来的社会弊病是现存生产方式的必然结果，同时也是这一生产方式快要瓦解的标志，并且在正在瓦解的经济运动形式内部发现未来的、能够消除这些弊病的、新的生产组织和交换组织的因素"④。杜亚泉、梁启超等人认为中国要吸取西洋近代社会弊病的教训，不应只注重物质文明而忽视精神文明，这意见是对的。但是他们对西洋文明的批评，恰恰是如恩格斯所说的"诉诸道德和法的做

---

① 梁启超：《饮冰室合集》专集之 23，中华书局 1989 年版，第 35 页。

② 马克思：《资本论》第 1 卷，《马克思恩格斯选集》第 2 卷，人民出版社 1972 年版，第 221 页。

③ 马克思和恩格斯：《共产党宣言》，《马克思恩格斯选集》第 1 卷，人民出版社 1972 年版，第 256 页。

④ 恩格斯：《反杜林论》，《马克思恩格斯选集》第 3 卷，人民出版社 1972 年版，第 189 页。

法，在科学上丝毫不能把我们推向前进"。他们不了解，摆脱资本主义危机的唯一出路，是要"在正在瓦解的经济运动形式内部发现未来的、能够消除这些弊病的、新的生产组织和交换组织的因素"。他们鼓吹"以吾固有文明为绳索，一以贯之"，在此基础上"融合"或"化合"西洋文明，这实际上是一种不切实际的文化选择。

20 世纪的历史巨变证实了马克思和恩格斯的科学论断。资本主义世界的社会弊病是资本主义生产方式的必然结果。只要资本主义生产方式存在，这些社会弊病也就不可能消失。马克思和恩格斯不是算命先生，他们预见资本主义制度必然被社会主义制度所取代的历史命运，但是他们无法预计资本主义的寿命能延续多久，也无法预测资本主义向社会主义变革的历史过程中会遇到一些什么曲折。当人类告别 20 世纪和走向 21 世纪时，经济全球化、政治多极化和文化多元化已形成世界历史和文明发展的新格局。美国哈佛大学教授亨廷顿 1993 年发表的《文明的冲突？》一文及其后出版的《文明的冲突与世界秩序的重建》一书，引起了国际学术界普遍的关注和争论。亨廷顿的许多观点很难令人同意，但他承认："在未来的岁月里，世界上将不会出现一个单一的普世文化，而是将有许多不同的文化和文明相互并存。"① 这个观点已经和正在为世界历史发展的趋势所证实，并得到了国际学术界大多数学者的首肯。其实，文化多元论的观点也并非亨廷顿所首倡。20 世纪上半叶，随着资本主义世界各种社会矛盾的加剧，西方国家有些历史学家和社会学家（如斯宾格勒和汤因比）已经对长期以来在西方学术界相当流行的"欧洲中心论"展开了批判，并且用文化多元论的观点重新审视世界历史的发展。亨廷顿对于世界文明秩序研究的贡献在于：他不仅承认文化多元性是历史的必然，而且探讨了文明的共性和文明的冲突问题。他认为："文化的共存需要寻求大多数文明的共同点，而不是促进假设中的某个文明的普遍特征。在多文明的世界里，建设性的道路是弃绝普世主义，接受多样性和寻求共同性。"② 应该说，这个论点也是国际学术界大多数人可以接受的。

亨廷顿书中最有争议的部分，是他关于文明冲突的论述。他认为文明的差异导致了不同的文明实体之间的冲突，甚至可能导致核心国家之间的战争，"未来的危险冲突可能会在西方的傲慢、伊斯兰国家的不宽容和中国的武断的相互作用下发生"③。这种说法显然掩盖了帝国主义超级大国为

---

① 塞缪尔·亨廷顿：《文明的冲突与世界秩序的重建》中文版序言，新华出版社 1999 年版。
② 塞缪尔·亨廷顿：《文明的冲突与世界秩序的重建》，新华出版社 1999 年版，第 369 页。
③ 同上书，第 199 页。

了攫取经济利益和维护霸权地位而实行的侵略扩张政策的实质。尤其值得注意的，是亨廷顿关于中华文明与西方文明关系的评估和预测。和许多怀有偏见的西方学者一样，亨廷顿对中国的和平发展和永远不称霸采取不信任的态度。他认为"中国的历史、文化、传统、规模、经济活力和自我形象，都驱使它在东亚寻求一种霸权地位。这个目标是中国经济迅速发展的自然结果"①。亨廷顿还从文化的亲缘关系分析了中国和西方冲突的前景，认为"从英国强权下的世界和平到美国强权下的世界和平的和平转移大概归功于两个社会紧密的亲缘关系。在西方和中国之间缺少这种亲缘关系的权利转移中，武装冲突并非一定会发生，但可能性较大"。亨廷顿因此断言："中国的崛起"是"核心国家大规模文明间战争的潜在根源"②。

亨廷顿声称："我所期望的是我唤起人们对文明冲突的危险性的注意，将有助于促进整个世界上'文明的对话'。"③ 我们相信他的这个声明是真诚的。但亨廷顿关于文明冲突的分析和预测，却表明他不但是西方资本主义文明坚定的辩护士，而且他对于非西方文明的看法，根本就没有摆脱冷战时期的思维惯性。在苏联瓦解，东欧巨变之后，亨廷顿把"中国文明"视为西方文明的第一对手，他公开说："未来的世界和平在相当大的程度上依赖于中国和美国的领导人协调两国各自的利益和能力，及避免紧张状态和对抗升级为更为激烈的冲突甚至暴力冲突的能力，而这些紧张状态和对抗将不可避免的存在。"④

在讨论孔子思想与21世纪世界文明的关系时，我们之所以要不厌其烦地引用亨廷顿关于文明冲突的一些言论，目的是为了说明：在展望儒家思想对世界的影响时，不能离开当今世界文明多元化的基本格局自说自话，要对中国文明与世界文明特别是西方文明之间的关系，有一个清醒而现实的估计。亨廷顿的论著之所以在国际学术界引起如此广泛而强烈的关注，包括得到了基辛格和布热津斯基的赞扬，说明他的观点是相当有代表性的。亨廷顿在谈到21世纪的世界文明秩序时，虽然承认西方文明影响力的下降是不可避免的，但他认为像19世纪至20世纪期间西方文明对其他文明具有压倒性影响的那种局面是再不会出现了。我们可以指出亨廷顿的书中存在着这样那样的偏见和错误，但他的上述观点可能是正确的。一种文明的软实力，有可能使它向其他文明地区推广。但历史证明，单靠软实力

① 塞缪尔·亨廷顿：《文明的冲突与世界秩序的重建》，新华出版社1999年版，第255页。
② 同上书，第230页。
③ 同上书，中文版序言。
④ 同上。

是不可能实现对其他文明地区的压倒性优势的。西方文明走向世界并取得支配地位，主要是靠欧洲殖民主义和美国霸权主义的"硬实力"。在欧洲殖民主义和美国霸权主义相继衰落之后，世界文明多元化将获得充分发展的契机，再不会出现一种文明支配其他文明的局面了。中国是一个历史悠久和文明遗产十分丰富的大国。毛泽东曾经说过："中国应当对于人类有较大的贡献。"① 中国人民在中国共产党的领导下，正在为建设有中国特色社会主义现代化强国的伟大事业而努力奋斗。21 世纪的中国，将以崭新的姿态屹立于世界民族之林，对人类作出较大的贡献。中国文明也将以其焕发的异彩，吸引越来越多的世界各国人民的关注。但即使我国实现了社会主义现代化的目标，经济建设、政治建设和文化建设都取得了辉煌的成就，在经济、科技和文化的一些领域，我们和最发达的西方国家比较，也可能还有不小的差距。更重要的是，在经济全球化、政治多极化和文化多元化的基本格局下，各种文明和文明实体之间，依然会保持既有合作和交流，又有竞争和挑战的关系，无论是西方文化或中国文化都不可能取得压倒性的支配地位。21 世纪的未来远景对我们来说并不遥远，也非深不可测。我们前进的道路上还有许多困难，也会有各种风险。奢谈 21 世纪将是中国人的世纪，中华文明将引领世界文明的潮流，这可能会对公众产生一种误导。

以孔子为代表的儒家思想，曾经是推动中国历史发展的重要文明元素。它对东亚一些国家的历史进步也曾起过重要的作用。儒家思想的民主性精华，诸如以人为本、重视诚信、和而不同、追求人和自然的和谐等等，在 21 世纪和以后世界文明秩序的构建中，都可以发挥积极的作用。孔子及其思想已经成为中华文明的标志性历史遗产。我们应该珍惜这份文明遗产，让世人更多地了解这份珍贵的思想遗产。但如果认为孔子可以充当世界文明的教主，并为此而粉饰美化孔子，这完全是一种错误的观念。研究孔子及其思想要以马克思主义理论为指导，宣传孔子及其思想也要以马克思主义理论为指导。只有这样，才是对待孔子及其思想的正确的科学态度。

---

① 《纪念孙中山先生》，《毛泽东选集》第 5 卷，人民出版社 1977 年版，第 312 页。

后　记

本书在 1997 年课题立项时，没有预料到工作量竟是如此浩大，仅就需要阅读的有关资料而言，就真有"汗牛充栋"之感。有些资料时过境迁，不易访求，也增加了工作的难度。我们最初的想法，是要尽可能多为读者提供一些原始资料，但事实上未能做到。全书编撰时间延宕，除了工作量大的原因之外，与我因有其他任务，有一段时间把此项工作搁置下来也有关系。现在完成的书稿，无论是信息量或对问题的认识，都还有许多不足甚至错误的地方，希望得到方家和读者的指正，俟日后有机会加以补充和修改。

本书各章的执笔者分别是：

林甘泉：绪言，第一章，第二章，第三章，第四章，第五章，第六章，第七章，第八章，第九章，第十一章，第十二章，结束语。

田人隆：第十三章。

翟清福：第十章，第十四章，第十五章，第十六章。

林甘泉对全书作了统一修改和补充。翟清福同志在借阅图书、搜集资料方面做了不少工作。本书初稿完成后，送请龚书铎、王俊义、陈其泰、卢钟锋、周自强诸位先生审读，承蒙提出许多宝贵的修改意见，谨此致谢。中国社会科学出版社领导从一开始就对我们的工作给予支持，并表示愿意列入出版计划，这是我们十分感谢的。

林甘泉

2008 年 4 月